教育部人文社会科学重点研究基地重大项目
"211工程"重点学科建设项目
湖北省学术著作出版专项资金资助项目

湖北方言研究丛书
顾问：邢福义　张振兴
主编：汪国胜

安陆方言研究

盛银花／著

华中师范大学出版社

序　言

　　汉语方言研究，意义重大。可以帮助我们追溯古代语音、语汇和语法之源流，更好地了解古代汉语，释读经典，研究中国文化，认识汉民族的发展；可以帮助我们全面了解"整体汉语"，有效地促进现代汉语共同语的发展，推进华语的全球化传播，加强全球华人的相互团结和寻根意识，提高华语在国际交往中的精确性和表述力。

　　湖北省有多种方言，包括西南官话、江淮官话、赣方言等，情况复杂多样，而且有相当大的代表性。多年来，学者们十分关注湖北方言。《湖北方言调查报告》，应是系统性很强的关于湖北方言的第一部重要著作。1936年，赵元任、丁声树、杨时逢、吴宗济等几位先生调查了当时湖北省的71个市县中的64个市县，于1948年由商务印书馆出版了《湖北方言调查报告》。序言中，作者们希望此书"成为方言调查报告的一个模型"，表达了老一辈著名语言学家对发展湖北方言研究的期盼。

　　湖北省智者众多，人才辈出。多位学者，从不同范围、不同角度，对湖北方言研究的推进作出了令人瞩目的贡献。在以往的研究基础上，由汪国胜教授领头，组织编写一套大型的"湖北方言研究丛书"，有二三十部。这是一个浩瀚的工程，将使湖北方言研究进入一个新的阶段。

　　这套丛书，由张振兴先生和我担任顾问。由于我比振兴先生大几岁，他一定要我来写序言。所知甚少，不敢多言。借用苏轼诗句，为这篇短序作结："山鸣谷应，风起水涌。"

邢福义
2014年9月16日

前　言

　　湖北地处我国中部，处于汉语南北方言（官话和非官话）的交汇过渡地带，语言状况相当复杂。根据目前学界关于汉语方言的分区，湖北境内分布有赣语（鄂东南）和属于官话系统的江淮官话（鄂东北）及西南官话（其他地区）。就境内的赣语来说，相邻市县之间有的难以通话，可见内部差异之大。研究湖北方言，无论是对方言史、汉语史和语言（方言）接触问题的研究，还是对湖北地域文化的开发，和谐语言生活的建构，都有着重要的意义。

　　1936 年，赵元任等先生全面调查了湖北方言，并于 1948 年出版了划时代的不朽之作《湖北方言调查报告》；同时，赵先生还重点调查了湖北钟祥方言，于 1939 年出版了方言重点调查的样本《钟祥方言记》，为我们留下了宝贵的方言史料。时隔 70 多年，湖北方言发生了哪些变化？赵先生当年的调查，重点是在语音，湖北方言在词汇、语法方面具有哪些特点？随着普通话的推广，特别是改革开放以来，人际交往的频繁，语言生活的活跃，给方言带来了怎样的影响？这些既是语言学关注的问题，也是社会学研究的课题。尤其是经济快速发展的城镇区域，方言面貌也在快速变化，有的甚至处于濒危状态。记录方言事实，抢救方言资源，已经成为语言学界的当务之急。上世纪 90 年代以来，湖北的语言学者就拟对湖北方言展开全面深入的调查和研究，特别是周边省份方言调查研究成果的不断推出，更增添了我们的使命感和紧迫感。但限于人力和财力等方面条件，工作难以推进，直到 2007 年才开始启动。2007 年 12 月 1 日，华中师范大学"语言与语言教育研究中心"召开"湖北方言研究"项目会议，正式提出研究计划，并邀请张振兴先生到会讲学，就方言调查研究的有关问题提出具体要求。我们的设想是，通过调查研究，弄清湖北语情。力求做到两个结合：一是"点""面"结合，以"点"见"面"，通过重点方言的调查，反映当今湖北方言的基本面貌；二是"语""文"结合，以"语"观"文"，透过方言现象，发掘方言背后的文化内涵，展示地方文化的自然生态。项目的实施拟分两个阶段。第一阶段：方言重点调查；第二阶段：综合比较研究。先期启动第一阶段工程，计划选择20～30个市县方言点，进行全面深入的调查，形成系列成果"湖北方言研究丛书"。

为了便于第二阶段的比较研究，"丛书"在内容和体例上做了统一的规定，并制定了详细的内容大纲和体例规范。特别是语法方面，要求具有相对的系统性，既能显示方言语法的基本格局，又能突出方言语法的主要特点。当然，统一是相对的，在保证基本内容的前提下，作者可以根据各地点方言的实际情况做出适当的变通。比如，"方言的现代发展"要求写成一章，但如果觉得可写内容不多，难以成章，也可放在"导言"部分来叙述。全部书稿，哪怕是后记，要求风格统一，力求朴实，体现良好的学风和文品，反映湖北语言学者一贯坚持的崇实主张。

项目的实施和"丛书"的出版得到了多方面的大力支持。邢福义先生和张振兴先生作为顾问，身体力行，自始至终关心项目和"丛书"的进展，给予具体全面的指导。邢先生还亲自为"丛书"作序，表明对本项工作的高度重视和积极回应。张先生认真审读了每一部书稿，提出了非常详细的修改意见。项目由华中师范大学"语言与语言教育研究中心"组织实施，武汉大学、华中科技大学、中南民族大学等湖北高校的一批方言学者参与合作，得到教育部人文社会科学重点研究基地重大项目和"211工程"重点学科建设项目的资助。"丛书"被列入华中师范大学出版社重点图书出版计划，并得到湖北省学术著作出版专项资金的资助。出版社领导为"丛书"的出版花费了不少心血。对于各方面的支持，我们在此表示衷心的感谢。"丛书"力求客观反映方言事实，揭示方言特点，期望成为一部有价值的作品，能够得到学界的关注和肯定，但能否真正实现这一目标，还有待实践的检验。我们期盼着读者的批评和建议。

汪国胜
2014年10月6日

目　录

第一章　导言 ··· (1)
　一、安陆概况 ··· (1)
　　（一）地理人口 ··· (1)
　　（二）历史沿革 ··· (1)
　　（三）行政区划 ··· (2)
　　（四）语言使用状况 ··· (2)
　二、安陆方言的内部差异 ··· (2)
　三、关于安陆方言的研究 ··· (4)
　四、音标符号 ··· (5)
　　（一）辅音 ··· (5)
　　（二）元音 ··· (5)
　五、发音合作者 ··· (6)
　六、安陆方言的现代发展 ··· (6)
　　（一）语音的发展 ··· (6)
　　（二）词汇的发展 ··· (7)

第二章　安陆方言语音 ··· (8)
　一、语音系统 ··· (8)
　　（一）声韵调分析 ··· (8)
　　（二）声韵调配合关系 ··· (10)
　　（三）音变 ··· (31)
　二、语音特点 ·· (42)
　　（一）音系特点 ··· (42)
　　（二）安陆方言的文白异读 ····································· (44)
　三、安陆方言同音字汇 ·· (48)

四、安陆音系与北京音系比较 (70)
  （一）声母的比较 (70)
  （二）韵母的比较 (73)
  （三）声调的比较 (77)
五、安陆音系与中古音系比较 (78)
  （一）声母的古今比较 (78)
  （二）韵母的古今比较 (81)
  （三）声调的古今比较 (95)

第三章　安陆方言词汇 (97)

一、词汇特点 (97)
  （一）构词方式 (97)
  （二）词义差异 (99)
  （三）特殊词语 (99)
二、分类词表 (102)
  （一）天文 (102)
  （二）地理 (104)
  （三）时令　时间 (106)
  （四）农业 (108)
  （五）植物 (111)
  （六）动物 (114)
  （七）房舍 (118)
  （八）器具　用品 (119)
  （九）称谓 (123)
  （十）亲属 (126)
  （十一）身体 (128)
  （十二）疾病　医疗 (132)
  （十三）衣服　穿戴 (134)
  （十四）饮食 (136)
  （十五）红白大事 (139)
  （十六）日常生活以及行为 (142)
  （十七）讼事 (144)

（十八）交际 …………………………………………… (145)
　　（十九）商业　交通 …………………………………… (147)
　　（二十）文化教育 ……………………………………… (149)
　　（二十一）文体活动 …………………………………… (151)
　　（二十二）动作 ………………………………………… (153)
　　（二十三）位置 ………………………………………… (157)
　　（二十四）代词等 ……………………………………… (158)
　　（二十五）形容词 ……………………………………… (160)
　　（二十六）副词、介词等 ……………………………… (163)
　　（二十七）量词 ………………………………………… (165)
　　（二十八）附加成分等 ………………………………… (168)
　　（二十九）数字等 ……………………………………… (169)

第四章　安陆方言语法 ……………………………………… (174)
　一、词法 …………………………………………………… (174)
　　（一）重叠 ……………………………………………… (174)
　　（二）语缀 ……………………………………………… (177)
　　（三）方所 ……………………………………………… (183)
　　（四）时间 ……………………………………………… (185)
　　（五）趋向 ……………………………………………… (188)
　　（六）数量 ……………………………………………… (195)
　　（七）指代 ……………………………………………… (204)
　　（八）性状 ……………………………………………… (212)
　　（九）程度 ……………………………………………… (219)
　　（十）介引 ……………………………………………… (231)
　　（十一）关联 …………………………………………… (234)
　　（十二）体貌 …………………………………………… (240)
　　（十三）语气 …………………………………………… (271)
　　（十四）拟音（叹词和象声词）……………………… (289)
　　（十五）变音 …………………………………………… (295)
　二、句法 …………………………………………………… (301)
　　（一）处置句 …………………………………………… (301)

（二）被动句 …………………………………………（312）
　　（三）致使句 …………………………………………（316）
　　（四）比较句 …………………………………………（320）
　　（五）疑问句 …………………………………………（329）
　　（六）否定句 …………………………………………（357）
　　（七）可能句 …………………………………………（387）
　　（八）存现句 …………………………………………（394）
　　（九）祈使句 …………………………………………（399）
　　（十）感叹句 …………………………………………（407）
　　（十一）双宾句 ………………………………………（415）
　　（十二）动补句 ………………………………………（420）
　三、语法例句 ……………………………………………（434）
第五章　安陆方言语料记音 …………………………………（458）
　一、故事　传说 …………………………………………（458）
　二、谚语　歇后语 ………………………………………（462）
　三、民谣　儿歌 …………………………………………（465）
附　录 …………………………………………………………（479）
　一、安陆地图 ……………………………………………（479）
　二、安陆民俗文化 ………………………………………（480）
主要参考文献 …………………………………………………（485）
后记 ……………………………………………………………（500）

第一章 导 言

一、安陆概况

(一) 地理人口

安陆市地处湖北省东北部,涢水中游。地跨东经113°19′~113°57′,北纬31°04′~31°29′。安陆市东邻孝感,西接京山,南接云梦,北界广水。东西长约61千米,南北宽约46千米,版图呈蝴蝶状。总面积1355平方千米,总人口568590人(2010年)。全市辖10镇5乡3个办事处,427个村。安陆市政府位于市域腹部偏东,东南距武汉市116千米。

(二) 历史沿革

安陆的命名,自古众说纷纭。1934年《湖北县政概况》记载:"查鄂中地势,自县以南云梦、汉川及监沔一带,古时称为云梦泽。唯安陆地势较高,地形多为平陆,或取意与'安于陆地'之义。"《安陆县志》(武汉出版社,1993年)记载,何光岳认为,陆浑、子爵,分布于河南伊川,公元前525年,晋灭陆浑,"陆子奔楚,其众奔于甘鹿"。奔楚的陆浑之戎遗民,被楚置于郧国故地,叫安陆,意为安置陆人之意。

安陆历史悠久,县内李家店鹿河附近的夏家寨、桑树乡的胡家山等12处新石器时代遗址的发掘证明早在4000多年以前人类就在这里劳动开发、繁衍生息。夏、商时期,安陆属古荆州之域。在周代,安陆为郧子国。春秋战国时期,楚灭郧封钟仪为郧公,安陆为楚国的属县。秦始皇统一天下后把楚国分为四郡,安陆为南郡。当时的安陆县域包括今安陆、云梦、应城、孝感四县及汉川、黄陂、汉阳、京山等县的部分区域。自三国时代吴国开始,安陆慢慢地分离了出来,县域面积逐渐缩小,到隋朝基本形成现状。两汉、三国到魏晋南北朝时期，安陆除隶属的州、郡时有变动外，区域范围基本未变。三国初期，安陆属于吴，后来为魏的江夏郡治，仍然隶属荆州。隋开皇三年（583年）废郡置郧州总管府。开皇十四年（594年）废郧州总管府，仍置安陆郡。唐武德四年（621年）改安陆郡为安州，置总管府。武德七年（624年）改为大都督府。天宝元年（742年）改安州为安陆郡，置都督府。乾元元年（758年）又改为安州都督府。宋宣和元年（1119年）升州为府，德安府领安陆、应城、孝感、应山、云梦五县。金天会八年（1130年），安陆为德安府汉阳镇抚使治所。明洪武元年（1368年）安陆县属德安府，隶湖广行省。清康熙三年（1664年），安陆为德安府治，属湖北布政使司。1949年，成立安陆县人民政府，隶属孝感专署。1959年，孝感专署与武汉市合并，安陆县隶属武汉市。1961年6月，孝感专署与武汉市分治，安陆属孝感专署。1987年9月，国务院批准安陆撤县设市，自1988年1月起行使市建制职能。

（三）行政区划

安陆市是湖北省孝感地区下辖的一个县级市。

1949年后，安陆县辖10区。据《安陆县志》记载，1952年10月、1954年8月、1956年3月、1958年初、1958年9月、1960年8月、1961年4月、1966年9月、1975年2月、1979年春、1980年春、1984年1月随国家政策不同调整合并等，安陆的行政区划一直处于变动之中。1987年9月，安陆撤县设市，隶属孝感市。

（四）语言使用状况

安陆方言属于湖北境内的江淮官话。老百姓一般说安陆话，但在学校一般要求说普通话。还有部分服务行业及会议等正规场合要求说普通话。

二、安陆方言的内部差异

安陆方言内部一致性很大，差异主要是语音。按照语音差异，安陆方言内部可分为3个小片，即城关片、东北片和西北片。城关片范围最大，包括北城办事处、洑水镇、烟店镇、雷公镇、王店乡、桑树乡、棠棣镇、府城办事处、南城办事处、巡店镇、辛榨乡、李店镇、陈店乡。东北片包括跟广水交界的接官乡和赵棚镇。东北片跟城关片在语音上的差异主要体现在声母和声调方面,声母里主要是 x 和 f 相混,城关片、西北片 x 和 f 相区别。声调主要是调值不同。西北片包括跟随州、京山交界的孛畈镇、王义贞店镇和双河镇。与城关片在语音上的差异主要体现在声调调值的不同上。

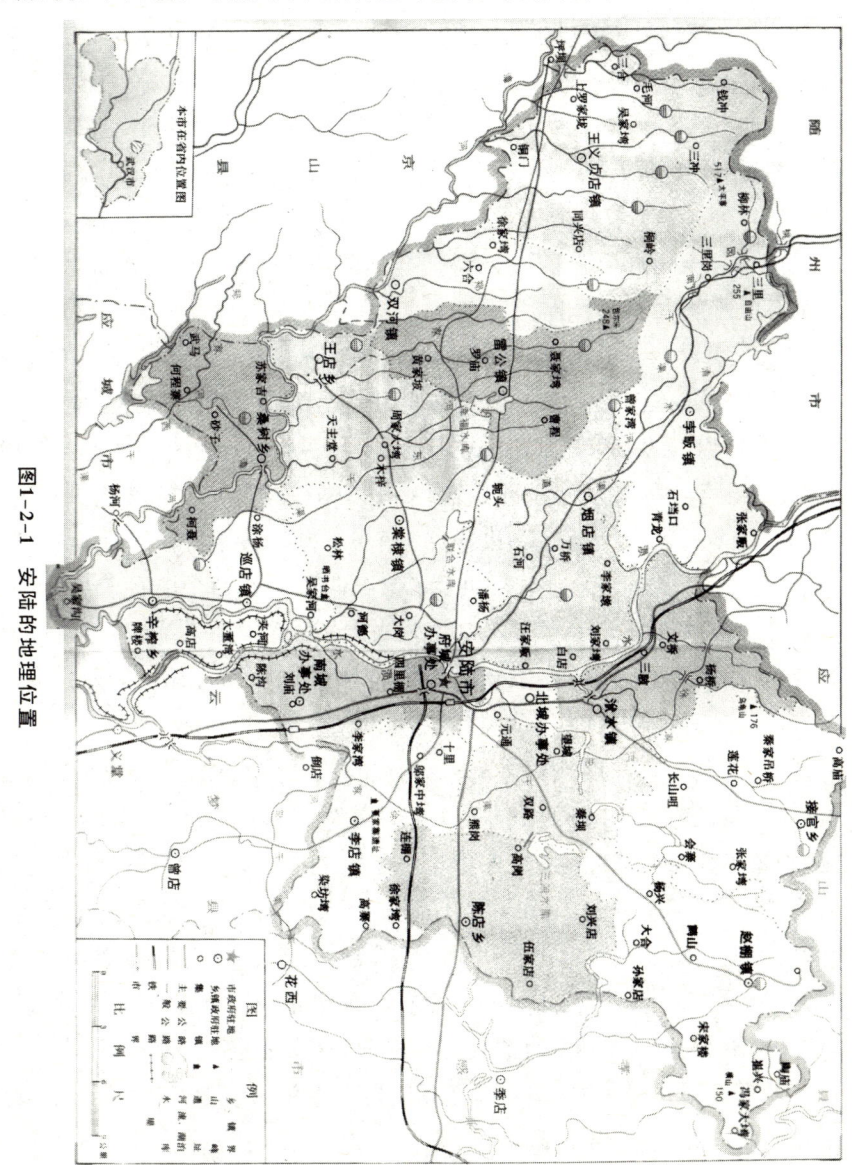

图1-2-1 安陆的地理位置

三、关于安陆方言的研究

20世纪30年代,留学日本的安陆籍学人程家颖先生撰有《安陆方言考》手稿(现存于华中师范大学图书馆),主要考释了安陆方言的语音和部分词汇。

1936年吴宗济先生曾对安陆方言作过调查和记述,主要集中在语音的描写和语料的整理方面,成果见赵元任等《湖北方言调查报告》(商务印书馆,1948年)。

1993年出版的《安陆县志》中"语言习俗"部分记录了安陆的方言、词汇,但内容都比较简略。

《方言》1994年第4期、1995年第1期发表了刘兴策、刘坚、盛银花的《湖北安陆方言词汇》对安陆方言的词汇作了比较详细的整理和描写。

安陆方言语法研究的成果比较多,目前已见到的有:《安陆方言语法研究》(盛银花,华中师范大学出版社,2010年)仅研究了安陆方言的体貌、语气、疑问、否定、程度、指代这六个语法范畴;《安陆方言的助词"了"》(盛银花,《孝感师专学报》,1994年第1期);《安陆方言的词缀"子、儿、娃儿"》(盛银花,《培训与研究》,1999年第6期);《安陆方言中的X得X》(李崇兴、刘晓玲,《南阳师范学院学报》,2004年第4期);《安陆方言物量词的比较研究》(盛银花,《中南民族大学学报》,2005年第5期);《安陆方言程度补语考察》(盛银花,《语言研究》,2006年第3期);《安陆方言的句末助词"得"和"着"》(盛银花,《语文教学与研究》,2006年第9期);《湖北安陆方言的否定词和否定式》(盛银花,《方言》,2007年第2期);《安陆方言研究》(盛银花,湖北人民出版社,2007年);《安陆方言的指示代词》(盛银花,《汉语学报》,2007年第4期);《语气词"吵"及其类型学意义》(盛银花,《湖北教育学院学报》,2007年第5期);《安陆方言的状态形容词》(盛银花,《咸宁学院学报》,2007年第2期);《安陆方言特殊正反问格式"有不有"》(盛银花,《孝感学院学报》,2007年第1期)。

四、音标符号

本书用国际音标标音。以下分项列举本书用到的音标符号。

(一) 辅音

本书所用辅音符号如下表。

表 1-4-1　本书所用到的音标符号

方法	部位	双唇	唇齿	舌尖前	舌尖后	舌面前	舌根
塞	不送气	p		t			k
	送气	pʻ		tʻ			kʻ
塞擦	不送气			ts	tʂ	tɕ	
	送气			tsʻ	tʂʻ	tɕʻ	
鼻		m		n			ŋ
边							
擦	清		f	s	ʂ	ɕ	x
	浊				ʐ		

(二) 元音

本书所用舌面元音符号如下图。

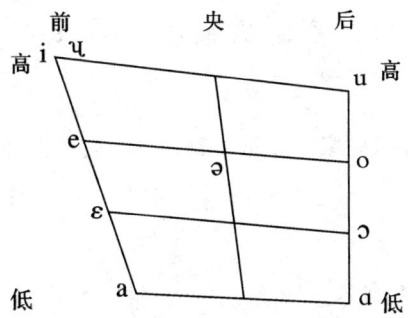

除图上标示的舌面元音外,还有一个卷舌元音 ɚ,两个舌尖元音 ɿ 和 ʅ。ɿ 表示舌尖前元音,ʅ 表示舌尖后元音。

a 分前、央、后,但不具区别意义的作用,所以本书一律只用一个 a

1. 声调

阴平 44，阳平 31，上声 51，阴去 35，阳去 55，入声 24。

2. 方言用字符号说明

本书文读音在字下加两横线表示，如"很"，白读音在字下加一横线表示，如"你"。同音借字在字下加波浪线表示，如"晚行晚上"。没有合适的同音借字，就用方框"□"表示，并注明国际音标和意义。一个字有几个读音，就在该字右下角用数字 1、2、3 标明。

3. 其他符号

注中用代替号"～"代替本字。注音加中圆点"·"的，表示后面的字是轻声。例句后加"×"表示安陆方言中这种说法不能成立，例句后加"?"表示安陆方言中这种说法可说可不说。

五、发音合作者

本书发音合作者有三人：
陆文珍，女，安陆市城关人，1956 年出生，小学文化。
徐　云，男，安陆市雷庵村人，1961 年出生，高中文化。
张明涛，男，安陆市刘畈村人，1964 年出生，初中文化。

六、安陆方言的现代发展

由于最近几十年来国家大力推广普通话，安陆方言在不同人群中的使用有了变化，主要表现在部分语音和词汇使用方面，语法的发展变化较少。

（一）语音的发展

1. 白读字的使用频率逐渐降低，在日常口语中碰到文白字时多倾向于选择文读。比如"很"和"□[xɛv]很"。近指代词读[nieɻ]，远指代词读[nieɻ]，现在一些人在比较正式的场合都选择读[tʂɿɻ]和[naɻ]。再比如说"睡了一觉"，其中的"觉"一般读[kauɻ]，但是现在多读［tɕiau˥］。

2. 某些音读音有变化，典型的是元音［ɛ］，在"说［ʂɥɛ˥］"这个音节里，发音的开口度大于［ɛ］，有点接近［a］，安陆城关人的读音在这方面比较突出。

3. 安陆方言的儿化一般只表示小称和爱称，现在也用在人名、地名上了。

安陆人在称呼人名时，只说名字，不连姓氏。单音节人名直接儿化，双音节人名只在第二个音节后儿化。如：云儿［ɥər˩］、春儿［tʂʻɥər˥］、芬儿［fər˥］、涛儿［tʻaur˥］、辉儿［xuer˥］、光兵儿［kuaŋ˥ piər˥］、智明儿［tʂɿ˥ miər˩］、智英儿［tʂɿ˥ iər˥］、广汉儿［kuaŋ˩ xar˥］等。

安陆人念地名多读儿化。如：高庙儿［kau˥ miar˥］、李畈儿［po˩ far˥］、陈店儿［tʂʻən˩ tiər˥］、雷庵儿［nei˩ ŋar˥］、陈巷儿［tʂʻən˩ xar˥］等。

（二）词汇的发展

1. 双音节化：嘴——嘴巴　绊——绊彪（折腾）

2. 安陆方言里新词的特点是多文读，意义与普通话接近。

3. 某些词语的消失。随着时代的发展，安陆方言中一些太土俗的词如今逐渐淡出人们的口语，多采用普通话的说法。因为这些土俗的词语在人们的日常生活中并不常见，不常见就不常说，再加上现在的人从小读书识字，使得如今的安陆年轻人对一些不常用的词语只说普通话的说法。例如，现在的年轻人大多不知道"才条子"指的就是"牙齿"。类似的还有：

不见天儿［pu˥ tɕiɛn˥ tʻiər］：犁镜

赚头［tʂʻɥan˥ tʻəu˩］：舌头（猪、牛）

顺风［ʂɥən˩ fuŋ˥］：猪耳朵

高客［kau˥ kʻɜ˥］：老鼠

刺女子［tsʻɿ˥ ɥ˩ ·tsɿ］：刺猬

触鳝［tʂʻəu˥ ʂan˥］：蚯蚓

亮光虫［niaŋ˥ kuaŋ˥ tʂʻuŋ˩］：萤火虫

癞狗包［nai˥ kəu˩ pau˥］：癞蛤蟆

4. 某些词义的变化。另外，随着观念、人际关系以及体制的变化，曾经退出人们日常交际中的词语，又重新出现了。比如"村长"，现在管理的范围及行使的职权都远大于过去，这属于词义的变化。

第二章　安陆方言语音

一、语音系统

(一) 声韵调分析

1. 声母

声母22个，包括零声母。

p 帮步班	p' 旁盘朋	m 麦忙米	f 法反方
t 带党蛋	t' 谈图趟	n 难林乱	
ts 字助争	ts' 词楚初		s 森使师
tʂ 正知决	tʂ' 沉产缺		ʂ 杀蛇虚　ʐ 绕人弱
tɕ 甲见叫	tɕ' 轻齐茄		ɕ 些霞先
k 过干古	k' 跨狂看	ŋ 安恩偶	x 汉花黄
ø 二牙万软			

声母的发音及特点：

（1）t组的[n]有自由变读的情况，有时近似于[l]，但通常大都读[n]。北京话中的[l]声母字和大部分[n]声母字安陆话都念成[n]声母，因此安陆方言中"难、兰"，"农、隆"不分。但是，北京话中[n]声母与齐齿呼韵母相拼的字，安陆话都不读[n]声母，而是读作零声母，因而同北京话中的[l]与齐齿呼韵母相拼的字在读音上又有分别了，如"聂"读[iɛ˧]，"列"读[niɛ˧]；"年"读[iɛn˨]，"连"读[niɛn˨]。北京话中[l]声母、[n]声母与撮口呼相拼的字，平声和上声的，安陆话都读作零声母，如"吕"、"女"都读作[ʮ]；去声调的，安陆话读作[n]声母，韵母由撮口呼变作齐齿呼，如"虑"读作[ni˧]，"略"读作[nio˧]。

（2）ts组与普通话ts组发音一致，但还包括少数北京话tʂ组的字，如

"争"读[tsən˧]、"崇"读[tsʻoŋ˩]、"师"读[ʂɿ˧]等。

(3) tʂ组声母与北京话 tʂ 组的发音一致,但北京话中一部分与撮口呼韵母相拼的 tɕ 组字,安陆话中也读作 tʂ 组声母,如"举"读[tʂʯ˩]、"劝"读[tʂʻʯan˧]、"虚"读[ʂʯ˧]。

(4) k 组比北京话 k 组多一个后鼻音声母[ŋ],[ŋ]作为声母通常出现在北京话开口呼零声母音节之前,如"爱"[ŋai˧]、"袄"[ŋau˩]、"偶"[ŋəu˩]、"恩"[ŋən˧]、"饿"[ŋo˧]。

2. 韵母

安陆方言的韵母有 42 个,其中单韵母 9 个,复元音韵母 19 个,鼻韵母 14 个:

ɿ 字次四	i 几起序	u 布扑苦	ʯ 住出书
ʅ 之迟是			
ɚ 而尔耳			
a 马沙他	ia 家恰鸭	ua 话挂挖	ʯa 抓刷耍
o 波坐河若	io 略觉约		
ɛ 白得侧格	iɛ 撒铁夜	uɛ 国或获	ʯɛ 决靴月
ai 摆才鞋	iai 皆懈偕	uai 怪外快	ʯai 拽踹帅
ei 倍对随		uei 贵亏为	ʯei 追吹水
au 包跑好	iau 表票小		
əu 周抽读组	iəu 丢修育蓄		
an 半盘算汉	iɛn 边点见前	uan 关宽完	ʯan 转穿栓
ən 身升村	in 因顶请	uən 棍捆问	ʯən 准春训
aŋ 帮桑项	iaŋ 两将想	uaŋ 光矿黄	ʯaŋ 装窗双
uŋ 送红朋	yŋ 窘胸用		

韵母的发音及特点:

(1) [ʯ]是舌尖后圆唇音,即[ʅ]的圆唇音。北京话中的撮口呼韵母中的[y],安陆话一般读成[ʯ]。此外,北京话中凡与 tʂ 组声母相拼的合口呼韵母中的[u],安陆话基本上也读成[ʯ]。

(2) [a]、[ia]、[ua]、[ʯa]中的[a]的舌位和[au]、[iau]、[aŋ]、[iaŋ]、[uaŋ]、[ʯaŋ]中的[a]的舌位都靠后;而[ai]、[iai]、[uai]、[ʯai]中的[a]和[an]、[uan]、[ʯan]中的[a]的舌位都靠前;[iɛn]

中的 [a] 舌位更高些，接近 [ɛ]。

（3）[o] 在 p 组声母后的读音与普通话完全一致，而在介音 [u] 后从 [u] 到 [o] 的发音动程不及普通话明显，[u] 音很短，[o] 音很长，故安陆话里只用 [o] 韵母记录北京话里的 [o] 韵母和 [uo] 韵母。

（4）北京话里读鼻音韵尾 [əŋ]、[iŋ] 的字，安陆话分别读作 [ən] 和 [in]。

3. 声调

安陆方言的声调有 6 个：

阴平˥　夫西汤诗新
阳平˩　门油糖时牛
上声˧˩˧　府酒米老有
阴去˥˩　富对戏去试
阳去˧˥　妇慢系汗浪
入声˦　哭百客木敌

（二）声韵调配合关系

1. 声韵配合关系

下面分组说明安陆方言声韵的配合关系。

p、p'、m 三个声母只与开口呼、齐齿呼、合口呼相拼，不与撮口呼相拼。

f 声母只拼开口呼和合口呼，不拼齐齿呼和撮口呼。

t、t'、n 只拼开口呼和齐齿呼，不拼合口呼和撮口呼。

ts、ts'、s 只拼开口呼，不拼齐齿呼、合口呼和撮口呼。

tʂ、tʂ'、ʂ 只拼开口呼和撮口呼，不拼齐齿呼和合口呼。

ʐ 只拼开口呼，不拼齐齿呼、合口呼和撮口呼。

tɕ、tɕ'、ɕ 只拼齐齿呼，不拼开口呼、合口呼和撮口呼。

k、k'、x 只拼开口呼和合口呼，不拼齐齿呼和撮口呼。

ŋ 只拼开口呼，不拼齐齿呼、合口呼和撮口呼。

ø 与开口呼、齐齿呼、合口呼、撮口呼都相拼。

2. 声韵调配合表

变韵的声韵调配合关系没有什么特殊之处，表中从略。调类里的轻声也略去。可以写出字形又必须说明的字用黑体；无字可写的音节用圆圈数码表示。每个表下先注释黑体的字，再按数码顺序注释圆圈数码的音节。

表 2-1-1 安陆方言声韵调配合表之一

韵母\调类\声母	a					o				
	阴平 ˧	阳平 ˩	上声 ˥	阴去 ˧˥	阳去 ˥˥	入声 ˧˥	阴平 ˧	阳平 ˩	上声 ˥	阴去 ˧˥	阳去 ˥˥	入声 ˧˥
p	巴		把	坝	**耙**	爸	波	薄	跛	簸		勃
p'	①	爬		怕			坡	婆	颇	破		泼
m	妈	麻	马	**妈**	骂	抹	摸	魔	么		磨	莫
f				罚		法						
t			打	②	大	答	多	夺	躱	剁	舵	⑭
t'	它		踏			塌	拖	驮	妥	唾		脱
n	拉	拿	哪		那	辣	挪	锣	裸		糯	落
ts			砸	咱		眨			凿	左	坐	作
ts'	嚓					擦	搓			错	⑮	痤
s	③			撒		刹	梭		所			⑯
tʂ	渣	闸	④	炸	⑤	扎	着					桌
tʂ'	叉	茶	⑥	岔		插			⑰			⑱
ʂ	纱		傻	啥	厦	杀					⑲	硕
ʐ												弱
tɕ												
tɕ'												
ɕ												
k	**家**		尬				歌		果	过		郭
k'	咖	⑦	卡	⑧	⑨	⑩	棵		颗	课	⑳	扩
ŋ		伢			哑		窝	鹅	我	卧	饿	恶
x	⑪		⑫		⑬		活	火		货	祸	喝
ø	阿							哦				

耙 pa˧˥ 农具。　　**妈** ma˧ 乳房；奶水。

家 ka˧ ·ka～～（外婆）。

①p'a˧ 拨弄：炉火～下亮下。
② ta˧ 用手戳致使别人生气。
③ sa˧ 张开：脚趾甲～倒。
④ tṣa˅ ～毛眼。
⑤ tṣa˧ 吵吵嚷嚷：～花子（吵吵嚷嚷的人）。
⑥ tṣa˅ ～口坛子（口开得较大的坛子）；放～口屁（比喻胡说八道）。
⑦ k'a˧ 大拇指与中指伸展的距离：～把长；跨过。
⑧ k'a˧ 胳下。
⑨ k'a˧ 挤。
⑩ k'a˧ 掐：～菜、～脸。
⑪ xa˧ 抓。
⑫ xa˅ 傻。
⑬ xa˧ 都。
⑭ to˧ 端：把碗～好。
⑮ tsʻo 叠：一～纸。
⑯ so˧ 吸：～妈（吃奶）。
⑰ tṣʻo˅ 大胆泼辣地做事：他到处～；～气（大胆泼辣做事的人）。
⑱ tṣʻo˧ 用器皿装东西；铲除：用锹把泥巴～去走。
⑲ ṣo˧ 歪斜：他的嘴巴～了。
⑳ k'o˧ 颤抖、发抖：他冻得直～。

表 2-1-2　安陆方言声韵调配合表之二

声母＼调类＼韵母	ε					ai				
	阴平 ˧	阳平 ˩	上声 ˅	阴去 ˧	阳去 ˧	入声 ˧	阴平 ˧	阳平 ˩	上声 ˅	阴去 ˧	阳去 ˧	入声 ˧
p	呗	白				北	掰		摆	拜	败	
p'						迫		排		派		
m		麦						埋	买		卖	
f												
t						德	呆		逮	带	在	
t'						特		胎	抬	⑤	太	
n						勒	奶	来	乃		耐	

续表

韵母\调类\声母	ε 阴平	ε 阳平	ε 上声	ε 阴去	ε 阳去	ε 入声	ai 阴平	ai 阳平	ai 上声	ai 阴去	ai 阳去	ai 入声
ts ts' s		责	嘴			摘 册 色	灾 猜 腮	宰 材 ⑧	再 采	⑥ ⑦ 塞		
tʂ tʂ' ʂ ʐ	车 奢	者 扯 蛇	舍	遮	射	折 彻 社 设	斋 差 筛		柴	债	寨 晒	
tɕ tɕ' ɕ												
k k' ŋ x ø	③ 核	嗝 很	② ④			格 克 额 黑	街 开 哀 鞋 唉		改 楷 挨 海 哎	盖 概 矮	爱	艾 害

嘴 tsɛˇ 铲~巴（扇耳光）。

奶：~~（祖奶奶）。

① sɛ˥ 笑：~死了。

② kɛ˥ 锯。

③ kʼɛˇ ~蚂：青蛙。

④ xɛ˥ 笑：打~~：打哈哈。

⑤ tʼai˅ ~子（叫花子）；上了~大的当（上了很大的当）。

⑥ tsai˥ ~到肚子里；勉强全部吃进肚子里去。

⑦ tsʼai˥ 小伢~倒长（小孩在艰苦的环境里不被父母过多爱护地成长）；衣服用来打~穿（衣服用来在非正式的或脏的环境中穿）。

⑧ sai˅ 哆嗦、颤抖。

表 2-1-3　安陆方言声韵调配合表之三

韵母 声母	ei 阴平 ˧	ei 阳平 ˨˦	ei 上声 ˥˧	ei 阴去 ˧˥	ei 阳去 ˥	ei 入声 ˨˦	au 阴平 ˧	au 阳平 ˨˦	au 上声 ˥˧	au 阴去 ˧˥	au 阳去 ˥	au 入声 ˨˦
p	杯			倍	备		包		保	报	抱	
p'		赔	伓	配			抛	跑		炮		
m		霉煤	每		没妹			猫毛	卯		冒貌	
f	非	肥	匪	费								
t	堆			队			刀		倒	到	道	
t'	腿			退			滔	逃	讨	套		
n		①	蕾		垒	类		捞牢	脑	③	闹	
ts		②			最		遭		早	灶	皂	
ts'		催			脆		操	曹	草	糙		
s		虽随			遂		骚			扫	燥	
tʂ							招		找	照	赵	
tʂ'							超	嘲	吵	耖		
ʂ							烧		苕	少	哨	
ʐ								饶	绕		④	
tɕ												
tɕ'												
ɕ												
k							高		搞	告		
k'							敲		考	靠		
ŋ							嗷	熬	咬		傲	
x							蒿	嚎	好		号	
ø												

① nei˧～得（脏）。
② tsei˨˦ 漂亮。
③ nau˧ 热剩菜；炒青菜；拉：把他～倒（把他拉住）。
④ ʐau˨˦ 走路～的～的（走路胳膊一甩一甩的）。

表 2-1-4 安陆方言声韵调配合表之四

声母＼调类＼韵母	əu 阴平 ˧	əu 阳平 ˩	əu 上声 ˥	əu 阴去 ˧˥	əu 阳去 ˥˧	əu 入声 ˧˩	an 阴平 ˧	an 阳平 ˩	an 上声 ˥	an 阴去 ˧˥	an 阳去 ˥˧	an 入声 ˧˩
p							班		⑥	半	办	
pʻ							攀	盘	⑦	盼	⑧	
m	哞	谋	某					蛮	满		慢	
f			否	缶			翻	凡	反	泛	饭	
t	都	毒	肚	斗	豆	笃	单		短	锻	但	
tʻ	偷	头	土	兔		突	贪	谈	毯	叹		
n	搂	楼	努		漏	录		蓝	卵		乱	
ts	租		走	皱	就	足	簪		崭	赞		
tsʻ	初	愁	楚	醋	①	促	参	蚕	铲	灿		
s	搜		擞	诉		速	三		散	算		
tʂ	周	妯	轴	昼	②	粥	沾		展	站	暂	
tʂʻ	抽	仇	丑	臭		触		禅	产	忏		
ʂ	收	熟	手	兽	受	叔	山		闪	扇	善	
ʐ		柔				肉						
tɕ												
tɕʻ												
ɕ												
k	沟		狗	够			甘		感	赣		
kʻ	抠		口	寇		③	刊	槛	坎	看		
ŋ	欧		偶	怄			安	俺		暗	岸	
x	④	侯	吼	⑤	后		酣	含	喊	汉	汗	
ø			噢									

搂 nəu˩ 提：～倒裤子跑。
① tsʻəu˥˧ 擦。
② tʂəu˥˧ 不灵活。
③ kʻəu˧˩ 聪明可爱。
④ xəu˧ 气喘。
⑤ xəu˧˥ 惦记。
⑥ pan˥ ～命；疯得直～。
⑦ pʻan˥˧ 搅拌在一起；混在一起。
⑧ pʻan˧˥ 招惹。

表 2-1-5　安陆方言声韵调配合表之五

韵母 调类 声母	ən 阴平 ˧	阳平 ˩	上声 ˦	阴去 ˥	阳去 ˧˩	入声 ˧˦	aŋ 阴平 ˧	阳平 ˩	上声 ˦	阴去 ˥	阳去 ˧˩	入声 ˧˦
p	奔		本	①	笨		帮		绑		棒	
p'	烹	盆		膀	②		乓	旁	膀		胖	
m		③	门		扪	闷		忙			莽	
f	分	坟	粉	奋	份		方	房	访		放	
t	蹲		等		吨	邓	当		党	⑦	荡	
t'	吞	疼		④			汤	堂	躺		烫	
n		⑤	伦	冷		论		狼	郎	朗		浪
ts	增		怎				脏				葬	藏
ts'	村	层	⑥	衬			仓	藏		创		
s	森		省	渗			桑		嗓	丧		
tʂ	真		整		正	郑	张		掌		帐	丈
tʂ'	称	成		惩	趁		昌	肠		场	唱	
ʂ	身	晨		审	什	盛	伤	常		尚		上
ʐ	扔	人	忍		任			瓤	攘		让	
tɕ												
tɕ'												
ɕ												
k	跟		耿		更		刚		港		杠	
k'	坑		肯				康		扛	⑧	炕	⑨
ŋ	恩				摁	硬			⑩	昂		
x	哼	痕	狠		恨		夯	航				巷
ø												

膀 p'aŋ˩ 蹄～。　　　　　　　　　⑤ nən˩ 用手指捏开。
狼 naŋ˧ ～子、黄鼠～。　　　　　 ⑥ ts'ən˩ 按住；压制。
① pən˧ 挣扎着跑；纯粹为别人争辩而　⑦ taŋ˥ 拦、围。
　　不得好处。　　　　　　　　　⑧ k'aŋ˥ 盖。
② p'ən˧ 靠。　　　　　　　　　　⑨ k'aŋ˧ 覆盖物内空的状态。
③ mən˧ 套着：～子：外套，罩衣。　⑩ ŋaŋ˧ 大声叫喊。
④ t'ən˧ 颠簸：坐在车子高头蛮～人。

表 2-1-6　安陆方言声韵调配合表之六

声母＼韵母调类	uŋ 阴平 ˥	uŋ 阳平 ˩	uŋ 上声 ˦	uŋ 阴去 ˥	uŋ 阳去 ˥	uŋ 入声 ˩	ɿ 阴平 ˥	ɿ 阳平 ˩	ɿ 上声 ˦	ɿ 阴去 ˥	ɿ 阳去 ˥	ɿ 入声 ˩
p	崩			蹦								
pʻ	怦	朋	捧	碰								
m		蒙	猛		梦							
f	风	逢	讽		凤							
t	东		懂	冻	动							
tʻ	通	同	同	痛								
n		聋	农	拢	①							
ts	宗		总	粽	纵		资		子		字	
tsʻ	聪	崇					雌	词	此	次		
s	松	②	耸	送	颂		丝		使	四	寺	
tʂ	中		肿	众	重		知	直	纸	制		职
tʂʻ	冲	虫	宠	铳			痴	迟	齿	斥	③	尺
ʂ							诗	时	始	市	是	室
ʐ		容								④	⑤	
tɕ												
tɕʻ												
ɕ												
k	工		拱	贡	共							
kʻ	空		孔	控								
ŋ	翁			瓮								
x	轰	洪		讧								
ø												

① nuŋ˥ 磨蹭。
② suŋ˩ 畏缩的样子。
③ tʂɿ˥ 不灵活、发呆的样子。
④ ʐɿ˥ 使劲地：～起来跑。
⑤ ʐɿ˥ ～门（苕货）（骂人的话）。

表 2-1-7　安陆方言声韵调配合表之七

韵母＼声母＼调类	i 阴平 ˧	i 阳平 ˩	i 上声 ˥	i 阴去 ˧˥	i 阳去 ˥˧	i 入声 ˧˩	ia 阴平 ˧	ia 阳平 ˩	ia 上声 ˥	ia 阴去 ˧˥	ia 阳去 ˥˧	ia 入声 ˧˩
p	屄	鼻	比	闭	避	必						
p'	批	皮	鄙	屁		劈						
m	眯	迷	米			秘						
f												
t	低	笛	底	帝	第	敌						
t'	梯	提	体	替		踢						
n	①	离	理		累	力						
ts												
ts'												
s												
tʂ												
tʂ'												
ʂ												
ʐ												
tɕ	机		挤	记	技	及	家		假	架		夹
tɕ'	期	齐	起	气	企	七	掐		卡			恰
ɕ	西	席	写	细	系	锡	虾	峡			夏	瞎
k												
k'												
ŋ												
x												
ø	衣	移	椅	亿	艺	一	丫	牙	雅	亚	压	鸭

压 ia˧ 盖：弄一块石头～倒；碾过：滚子把脚～得巧。　① ni˧ 践踏：～乱了。

表 2-1-8　安陆方言声韵调配合表之八

韵母\调类\声母	io 阴平	io 阳平	io 上声	io 阴去	io 阳去	io 入声	iɛ 阴平	iɛ 阳平	iɛ 上声	iɛ 阴去	iɛ 阳去	iɛ 入声
p p' m f							憋	秕①	②			别 撇 灭
t t' n					掠		爹	叠 乜₁	乜₂			跌 铁 列
ts ts' s												
tʂ tʂ' ʂ ʐ												
tɕ tɕ' ɕ	嚼				脚 确 削	学 削	嗟 些	截 茄 斜	姐 且		借 怯 卸 谢	接 切 歇
k k' ŋ x ø					虐		爷		野		夜	页

削 ɕioˇ 去掉：～了光头。
乜₁ niɛˀ 这。
乜₂ niɛˀ 那。

① pʰiɛˀ 拉稀。
② pʰiɛˀ 歪歪倒倒的样子：走路～～倒。

表 2-1-9　安陆方言声韵调配合表之九

韵母 调类 声母	iai 阴平 ˥	iai 阳平 ˧˩	iai 上声 ˥˧	iai 阴去 ˥	iai 阳去 ˧	iai 入声 ˧˥	iau 阴平 ˥	iau 阳平 ˧˩	iau 上声 ˥˧	iau 阴去 ˥	iau 阳去 ˧	iau 入声 ˧˥
p p' m f							标 飘 喵	瓢 描	瓢 秒	表① 漂 妙	票 庙	
t t' n l							叼 挑	条 聊	鸟 了	掉 跳	调 料	
ts ts' s												
tʂ tʂ' ʂ ʐ												
tɕ tɕ' ɕ	皆 谐	鲑	界 懈				交 敲 消	嚼 桥 哼	饺 巧 晓	叫 俏 笑	轿 撬 效	
k k' ŋ x ø							邀	摇	舀	要	尿	

嚼咀嚼；唠叨。① piau˥ 盯梢。　② tʰiau˧˩ 调换；打～胯（光着屁股）。

表 2-1-10　安陆方言声韵调配合表之十

声母＼调类＼韵母	iəu 阴平 ˥	iəu 阳平 ˩˧	iəu 上声 ˥˧	iəu 阴去 ˧˥	iəu 阳去/入声 ˩	iɛn 阴平 ˥	iɛn 阳平 ˩˧	iɛn 上声 ˥˧	iɛn 阴去 ˧˥	iɛn 阳去/入声 ˩
p p' m f						边 篇	骈 棉	扁 ② 免	变 片 面	便
t t' n	丢	溜 流	柳		遛 ①	颠 天	田 连	点 舔 脸	店	电 练
ts ts' s										
tʂ tʂ' ʂ ʐ										
tɕ tɕ' ɕ	纠 秋 修	求	九 朽	救 秀	旧 袖 蓄	尖 千 先	钱 闲	减 浅 显	见 欠 线	贱 现
k k' ŋ x ø		优	由	有	幼	又 狱	烟	言	眼	燕 艳

① niəu˥ 扔。　② p'iɛn˩ 斜切薄片。

表 2-1-11　安陆方言声韵调配合表之十一

声母＼调类＼韵母	in 阴平 ˦	in 阳平 ˨	in 上声 ˅	in 阴去 ˦	in 阳去 ˧	in 入声 ˦	iaŋ 阴平 ˦	iaŋ 阳平 ˨	iaŋ 上声 ˅	iaŋ 阴去 ˦	iaŋ 阳去 ˧	iaŋ 入声 ˦
p	宾		丙	并	病							
pʻ	拼	贫	乒	聘								
m	①	明	敏		命							
f												
t	盯		顶	②	定							
tʻ	厅	停	挺	听								
n		林	领		另			粮	两		亮	
ts												
tsʻ												
s												
tʂ												
tʂʻ												
ʂ												
ʐ												
tɕ	今		紧	进	尽		江		讲	降	匠	
tɕʻ	清	琴	请	庆			枪	强	抢	呛		
ɕ	新	寻	醒	信	幸		香	祥	想	向	象	
k												
kʻ												
ŋ												
x												
ø	因	银	引		应		秧	阳	养		样	

① min˦说（透露消息）。　　② tin˦拌嘴；纳鞋底。

表 2-1-12 安陆方言声韵调配合表之十二

声母\调类\韵母	yŋ 阴平 ˧	yŋ 阳平 ˩	yŋ 上声 ˅	yŋ 阴去 ˥	yŋ 阳去 ˥	yŋ 入声 ˩	u 阴平 ˧	u 阳平 ˩	u 上声 ˅	u 阴去 ˥	u 阳去 ˥	u 入声 ˩
p									补	布	部	不
p'							扑	菩	谱	铺	③	仆
m								模	母		幕	木
f							夫	扶	斧	富	父	复
t												
t'												
n												
ts												
ts'												
s												
tʂ												
tʂ'												
ʂ												
ʐ												
tɕ			窘	①								
tɕ'		穷										
ɕ	胸	雄②										
k							孤		古	故		谷
k'							枯	④	苦	库		哭
ŋ												
x							呼	湖	虎	⑤	户	忽
ø							污	无	五	恶	雾	屋

恶 u˥ ～躁他（讨厌他）。 ③ p'u˧ 趴。
① tɕyŋ˩ 雄赳赳走路的样子。 ④ k'u˩ 蹲。
② ɕyŋ˩ 丰盛：今朝中时的菜蛮～；茂 ⑤ xu˧ 用工具舀水后泼出去或用手舀
  盛：他的屋里的麦子长得蛮～。 水后泼出去：～水。

表 2-1-13 安陆方言声韵调配合表之十三

韵母 调类 声母	ua					uɛ				
	阴平 ˧	阳平 ˧˩	上声 ˥˧	阴去 ˧˥	阳去 ˩˧	入声 ˧	阴平 ˧	阳平 ˧˩	上声 ˥˧	阴去 ˧˥	阳去 ˩˧	入声 ˧
p p' m f											
t t' n											
ts ts' s											
tʂ tʂ' ʂ ʐ											
tɕ tɕ' ɕ											
k k' ŋ x ø	呱 夸 花 蛙	瓜 ① 华 娃	寡 胯 化 瓦	褂 拤 话 洼		刮 哼 挖	国 或				

瓜 kua˧ 冬～；油～（油条）；大瓜（年轻的媳妇）。

哼 k'ua˧ 说话：～瓢；能说会道者；

关：把门～得一哂。

① k'ua˧ 绿～～的（呈现出很绿的状态）。

表 2-1-14　安陆方言声韵调配合表之十四

声母\调类	uai 阴平 ˧	uai 阳平 ˧˩	uai 上声 ˥	uai 阴去 ˧˥	uai 阳去 ˥˧	uai 入声 ˧	uei 阴平 ˧	uei 阳平 ˧˩	uei 上声 ˥	uei 阴去 ˧˥	uei 阳去 ˥˧	uei 入声 ˧
p p' m f												
t t' n												
ts ts' s												
tʂ tʂ' ʂ ʐ												
tɕ tɕ' ɕ												
k k' ŋ x ø	乖　　　　　　怀歪		拐　　　　　　崴	怪块快　　坏外			归亏　　灰威	葵　　回围	鬼傀毁伟	贵溃惠胃	柜跪　　会位	

表 2-1-15　安陆方言声韵调配合表之十五

韵母 调类 声母	uan					uən				
	阴平 ˧	阳平 ˩	上声 ˅	阴去 ˦	阳去 ˥ 入声 ˦	阴平 ˧	阳平 ˩	上声 ˅	阴去 ˦	阳去 ˥ 入声 ˦
p pʻ m f										
t tʻ n										
ts tsʻ s										
tʂ tʂʻ ʂ ʐ										
tɕ tɕʻ ɕ										
k kʻ ŋ x ø	关 宽 　 欢 弯	管 款 　 环 玩	 　 　 缓 晚	惯 ① 　 唤 顽	 　 　 换 万	滚 昆 　 昏 温	 捆 　 魂 文	 　 　 混 稳	棍 困 　 诨 紊	 　 　 　 问

① kʻuan˧ 布扣子；门扣。

表 2-1-16　安陆方言声韵调配合表之十六

声母＼调类＼韵母	uaŋ 阴平 ˧	uaŋ 阳平 ˩	uaŋ 上声 ˅	uaŋ 阴去 ˧	uaŋ 阳去 ˦	uaŋ 入声 ˨	ʅ 阴平 ˧	ʅ 阳平 ˩	ʅ 上声 ˅	ʅ 阴去 ˧	ʅ 阳去 ˦	ʅ 入声 ˨
p p' m f												
t t' n												
ts ts' s												
tʂ tʂ' ʂ ʐ							猪 区 书		主 除 暑	著 处 述	住 处 树	局 出
tɕ tɕ' ɕ												
k k' ŋ x ø	光① 框 慌 汪	黄 忘	广 狂 谎 往	逛 矿 晃 望			迁	鱼	雨	御	遇	入

① kuaŋ˅ 瞪着眼看。

表 2-1-17 安陆方言声韵调配合表之十七

韵母 调类 声母	ʮa					ʮɛ				
	阴平 ˧	阳平 ˧˩	上声 ˥˩	阴去 ˧˥	阳去 ˧˩	入声 ˩	阴平 ˧	阳平 ˧˩	上声 ˥˩	阴去 ˧˥	阳去 ˧˩	入声 ˩
p / pʻ / m / f												
t / tʻ / n												
ts / tsʻ / s												
tʂ / tʂʻ / ʂ / ʐ	抓		③ ④ ⑤ 耍 ⑥	① ②		刷	⑦ ⑧ 靴 穴				决 缺 说
tɕ / tɕʻ / ɕ												
k / kʻ / ŋ / x / ø							惹	⑨	⑩		热

① tʂʮa˧ 僵：手冻～了。
② tʂʮa˧˥ 踢：～他一脚。
③ tʂʻʮa˥˩ 淋：～雨。
④ tʂʻʮa˥˩ 去掉：把乜个角～了它。
⑤ ʂʮa˥˩ 目光快速掠过：他眼睛一～就晓得。
⑥ ʂʮa˧ 没有通过：他笔试通过了，面试的时候尽人家～下来了。
⑦ tʂʮɛ˧˥ 骂人。
⑧ tʂʮɛ˧˥ 后踢腿的动作或样子：牲口打～子；～起来跑。
⑨ ʮɛ˧ 大声哭喊。
⑩ ʮɛ˧ 将就着混：他家～得不像个样子。

表 2-1-18　安陆方言声韵调配合表之十八

韵母 调类 声母	ɥai						ɥei					
	阴平 ˧	阳平 ˩˧	上声 ˨˩˦	阴去 ˧˥	阳去 ˥˧	入声 ˧	阴平 ˧	阳平 ˩˧	上声 ˨˩˦	阴去 ˧˥	阳去 ˥˧	入声 ˧
p pʻ m f												
t tʻ n												
ts tsʻ s												
tʂ tʂʻ ʂ ʐ	①	② 拽	③ 踹	摔	甩	帅	追	吹 垂 谁	水	坠 睡		
tɕ tɕʻ ɕ												
k kʻ ŋ x ø										锐		

① tʂɥai˧ ～在屋里（待在家里）；把脚～倒（把脚缩回去放着）；～倒身子（蜷缩着身子）。
② tʂɥai˥˧ 自命清高、摆谱的样子。
③ tʂʻɥai˨˩˦ 经得起折腾、折磨。

表 2-1-19　安陆方言声韵调配合表之十九

韵母 调类 声母	uan 阴平 ┤	uan 阳平 ┘	uan 上声 ∨	uan 阴去 ┐	uan 阳去 ┐	uan 入声 ┤	uən 阴平 ┤	uən 阳平 ┘	uən 上声 ∨	uən 阴去 ┐	uən 阳去 ┐	uən 入声 ┤
p p' m f												
t t' n												
ts ts' s												
tʂ tʂ' ʂ ʐ	专 穿 栓	转 船 悬	撰 喘 涮	赚 串			军 春 熏	准 群 纯	菌 蠢 瞬	训	顺	
tɕ tɕ' ɕ												
k k' ŋ x ø	冤	员	远	怨	院		晕	云	永	韵	运	

表 2-1-20　安陆方言声韵调配合表之二十

声母＼韵母调类	ɥaŋ 阴平 ˧	ɥaŋ 阳平 ˩	ɥaŋ 上声 ˥	ɥaŋ 阴去 ˧˥	ɥaŋ 阳去 ˧˥	ɥaŋ 入声 ˧˥	ɚ 阴平 ˧	ɚ 阳平 ˩	ɚ 上声 ˥	ɚ 阴去 ˧˥	ɚ 阳去 ˧˥	ɚ 入声 ˧˥
p p' m f												
t t' n												
ts ts' s												
tʂ tʂ' ʂ ʐ	庄 窗 双	床	闯 爽	壮	幢							
tɕ tɕ' ɕ												
k k' ŋ x ø							儿	耳	二		日	

（三）音变

1. 安陆方言的连读变调

安陆方言的连读变调往往是前字不变调，后字变调。而且安陆方言连读变调受轻重节律模式，即前重后轻模式制约，连读变调通常出现在轻音位置上。这与勾漏片粤语的两字连读变调相一致（侯兴泉，2011）。三字组的连读变调往往是中间字变调的多。是否可以认为是向轻声靠拢。

安陆方言有六个声调：

阴平˧ 阳平˨ 上声˩ 阴去˦ 阳去˥ 入声˦

安陆方言两字组连读变调规律见下表：

表 2-1-21　安陆方言两字组连读变调规律

后字 前字	阴平˧	阳平˨	上声˩	阴去˦	阳去˥	入声˦
阴平˧		˨	˨/˩	˦	˦/˨	˦
阳平˨	˨		˩	˦	˦	˦/˨
上声˩	˩		˨/˩		˦	˨/˩
阴去˦	˦/˨					˥
阳去˥			˩		˦/˨	
入声˦	˨		˦		˦/˥	˦/˨

安陆方言两字组连读变调的多，不变调的少。从上表可以看出，两字组连读不变调的有：阴平与阳平连读、阳平与阳平连读、上声与阳平连读、阴去与上声连读、阴去与阳去连读、阳去与阳平连读、入声与上声连读。安陆方言里两字组连读有的变读两个调，如上表里阴平与上声连读变˨调或˩调，表里变读两个调的共有 10 种。

下面分别对两字组和三字组的连读变调进行描述。两字组包括不同的两个音节构成的两字组和相同的两个音节构成的两字组（含称呼语）的重叠变调。

(1) 两字组的连读变调

不同的两个音节构成的词语的连读变调

两字连读，之间用"+"表示。前字阴平不变调，后字阴平变调，加号后第一个调号为后字原调，第二个调号为后字变调（下同）。

阴平＋阴平 [˧＋˧/˨]

新鲜 ɕin ɕien　　花生 xua sən　　医生 i sən　　东西 tuŋ ɕi

生姜 sən tɕiaŋ　　米汤 mi tʻaŋ　　蜘蛛 tʂɿ tʂu　　香蕉 ɕiaŋ tɕiau

西瓜 ɕi kua　　香瓜 ɕiaŋ kua

阴平＋上声 ［˧ ＋˨˦］
烧酒 ʂau tɕiəu　　天井 tʰien tɕin　　开水 kʰai ʂuei　　珍宝 tʂən pau
资本 tsʅ pən　　冬笋 tuŋ sən　　高矮 kau ŋai　　清楚 tɕʰin tsʰəu

阴平＋上声 ［˧ ＋˨˦］
星斗（星星）ɕin təu　　芛笋（指茎部）ŋo sən　　砧板 tʂən pan

阴平＋阴去 ［˧ ＋˧˥］
妖怪 iau kuai　　鞭炮 pien pʰau　　生意 sən i　　光棍 kuaŋ kuən
书店 ʂʅ tien　　天气 tʰien tɕʰi　　花布 xua pu　　冬至 tuŋ tʂʅ
霜降 ʂuaŋ tɕiaŋ　　功课 kuŋ kʰo　　医治 i tʂʅ　　滋润 tsʅ ʯən
般配 pan pʰei　　青菜 tɕʰin tsʰai　　腰带 iau tai　　修正 ɕiəu tʂən
吩咐 fən fu　　通讯 tʰoŋ ɕin

阴平＋阳去 ［˧＋˧˥］
公社 kuŋ ʂɛ　　公路 kuŋ nəu　　豇豆 kaŋ təu　　枫树 fuŋ ʂʯ
香料 ɕiaŋ niau　　丧事 saŋ sʅ　　花样 xua iaŋ　　鸡蛋 tɕi tan
深夜 ʂən iɛ　　乡下 ɕiaŋ ɕia　　街道 kai tau　　医院 i ʯan
公道 kuŋ tau　　车票 tʂɛ pʰiau　　冰棒 pin paŋ　　荒地 xuaŋ ti
忠厚 tʂuŋ xəu　　耽误 tan u　　亲近 tɕʰin tɕin

阴平＋阳去 ［˧ ＋˧˥］
天道（天气）tʰien tau　　　　坡上 pʰo ʂaŋ　　心上 ɕin ʂaŋ

阴平＋入声 ［˧ ＋˧˥］
方法 faŋ fa　　亲戚 tɕʰin tɕʰi　　资格 tsʅ kɛ　　消息 ɕiau ɕi
钢笔 kaŋ pi　　包谷 pau ku　　锅贴 ko tʰiɛ　　工作 kuŋ tso
桑叶 saŋ iɛ　　沙发 ʂa fa　　垃圾 na tɕi　　蜂蜜 fuŋ mi
风俗 fuŋ səu　　生日 sən ər　　收入 ʂəu ʯ　　猪血 tʂʯ ɕiɛ
工业 kuŋ iɛ　　威胁 uei ɕiɛ　　中国 tʂuŋ kuɛ

阳平＋阴平 ［˨ ＋˧˥］
田鸡 tʰien tɕi　　明朝 mən tʂo　　棉花 mien xua　　石灰 ʂʅ xuei
年糕 ien kau　　辣椒 na tɕiau　　连阴 nien in　　黄瓜 xuaŋ kua
麻花 ma xua　　雷公 nei kuŋ　　雷庵 nei ŋan　　调羹 tʰiau kən
学生 ɕio sən　　先生 ɕien sən　　莲花 nien xua　　茶杯 tʂʰa pei
茅斯（茅坑）mau sʅ

阳平＋上声 [˧＋˧˩]

门口 mən kʻəu　　床板 tʂʻuaŋ pan　　牙齿 ia tʂʅ　　锣鼓 no ku
尘土 tʂʻən tʻəu　　茅草 mau tsʻau　　莲子 niɛn tsʅ　　凉粉 niaŋ fən
豺狗 tʂʻai kəu　　油水 iəu ʂuei　　长短 tʂʻaŋ tan　　行李 ɕin ni
黄米 xuaŋ mi　　洋火 iaŋ xo　　白米 pɛ mi

阳平＋阴去 [˧＋˧˥]

铜器 tʻuŋ tɕʻi　　盘算 pʻan san　　淘气 tʻau tɕʻi　　邮票 iəu pʻiau
牢靠 nau kʻau　　禽兽 tɕʻin ʂəu　　迷信 mi ɕin　　麻将 ma tɕiaŋ
学费 ɕio fei　　勤快 tɕʻin kʻuai　　城市 tʂʻən ʂʅ　　毛糙 mau tsʻau
同意 tʻuŋ i　　留意 niəu i　　皮带 pʻi tai

阳平＋阳去 [˧＋˥˧]

徒弟 tʻəu ti　　皮蛋 pʻi tan　　田地 tʻiɛn ti　　蚕豆 tsʻan təu
门面 mən miɛn　　佛事 fo ʂʅ　　责任 tse zən　　渠道 tʂʻʅ tau
活动 xo tuŋ　　学问 ɕio uən　　学位 ɕio uei　　连累 niɛn nei
茶饭 tʂʻa fan　　陪伴 pʻei pan　　材料 tsʻai niau

阳平＋阳去 [˧＋˥˧]

肥皂 fei tsau　　毛病 mau pin　　和尚 xo ʂaŋ

阳平＋入声 [˧＋˧˥]

牙刷 ia ʂua　　毛笔 mau pi　　头发 tʻəu pʻa　　颧骨 tʂʻuan ku
茶叶 tʂʻa iɛ　　荷叶 xo iɛ　　荞麦 tɕʻiau mɛ　　活络 xo no
题目 tʻi mu　　学习 ɕio ɕi　　黄色 xuaŋ sɛ　　名额 min ŋɛ
常识 ʂaŋ ʂʅ　　颜色 iɛn sɛ

阳平＋入声 [˧＋˧˥]

粮食 niaŋ ʂʅ

上声＋阴平 [˧˩＋˧˥]

水缸 ʂuei kaŋ　　草包 tsʻau pau　　点心 tiɛn ɕin　　子孙 tsʅ sən
耳朵 er to　　苦瓜 kʻu kua　　母猪 mu tʂu　　老师 nau ʂʅ
酒杯 tɕiəu pei　　伙夫 xo fu　　丈夫 tʂaŋ fu

上声＋上声 [˧˩＋˧˩]

滚水 kuən ʂuei　　草纸 tsʻau tʂʅ　　古板 ku pan　　手表 ʂəu piau
体统 tʻi tʻuŋ　　走狗 tsəu kəu　　古董 ku tuŋ　　口齿 kʻəu tʂʅ

保管 pau kuan

上声＋上声 [˅＋˅˨]

| 老鼠 nau ʂʅ | 老虎 nau xu | 板眼 pan iɛn |

上声＋阴去 [˅＋˦˨]

爽快 ʂuaŋ kʻuai	韭菜 tɕiəu tsʻai	统计 tʻuŋ tɕi	手套 ʂəu tʻau
水汽 ʂuei tɕʻi	小灶 ɕiau tsau	引线 in ɕien	生菜 sən tsʻai
拐棍 kuai kuən	小气 ɕiau tɕʻi	眼镜 iɛn tɕin	水库 ʂuei kʻu
海带 xai tai	眼线 iɛn ɕien	手气 ʂəu tɕʻi	懒汉 nan xan
伙计 xo tɕi	使唤 ʂʅ xuan	板凳 pan tən	瓦罐 ua kuan
改进 kai tɕin	手术 ʂəu ʂʅ	瓦片 ua pʻiɛn	

上声＋阳去 [˅＋˧˦]

早稻 tsau tau	感动 kan tuŋ	表弟 piau ti	土地 tʻəu ti
子弹 tsʅ tan	体面 tʻi miɛn	鬼话 kuei xua	恐惧 kʻuŋ tʂʅ
冷静 nən tɕin	旅社 ni ʂɛ	考验 kʻau iɛn	左右 tso iəu
保护 pau xu	本事 pən sʅ	小路 ɕiau nəu	

上声＋入声 [˅＋˦˨]

准确 tʂuən tɕʻio	孔雀 kʻuŋ tɕʻio	表格 piau kɛ	粉笔 fən pi
狗肉 kəu zəu	火药 xo io	枕木 tʂən mu	眼色 iɛn sɛ
老式 nau ʂʅ	解决 kai tʂuɛ	组织 tsəu tʂʅ	

上声＋入声 [˅＋˦˨]

| 伙食 xo ʂʅ | 板栗 pan ni | 老实 nau ʂʅ |

阴去＋阴平 [˦＋˦]

| 布衫 pu ʂan | 意思 i sʅ | 卧单（床单）ŋo tan |

阴去＋阴平 [˦＋˦˨]

| 桂花 kuei xua | 信心 ɕin ɕin | 救星 tɕiəu ɕin |

阴去＋阳平 [˦＋˧˨]

| 快活 kʻuai xo |

阴去＋阴去 [˦＋˦˨]

榨菜 tʂa tsʻai	靠背 kʻau pei	记性 tɕi ɕin	气势 tɕʻi ʂʅ
布置 pu tʂʅ	富贵 fu kuei	告示 kau ʂʅ	岁数 sei səu
幼稚 iəu tʂʅ	布置 pu tʂʅ	寿器（棺材）ʂəu tɕʻi	

阴去＋入声 [ㄱ＋ㄐㄴ]

爱惜 ŋai ɕi　　　气色（闻的气味）tɕʻi sɛ

阳去＋阴平 [ㄱ＋ㄱㄴ]

凌冰（冰）nin pin　　　自家 tsๅ ka　　　弟兄 ti ɕyŋ

阳去＋上声 [ㄱ＋ㄥㄴ]

地里 ti ni　　　自己 tsๅ tɕi　　　豆腐 təu fu

阳去＋阴去 [ㄱ＋ㄱㄴ]

大蒜 ta san　　　饭店 fan tiɛn　　　垫絮 tiɛn ɕi　　　外快 uai kʻuai
电视 tiɛn ʂๅ　　　近视 tɕin ʂๅ　　　夜市 iɛ ʂๅ　　　道具 tau tʂๅ
罪过 tsei ko　　　露气（露水）nəu tɕʻi　　　雾气（雾）u tɕʻi

阴去＋阴去 [ㄱ＋ㄱㄴ]

道士 tau ʂๅ　　　厚道 xəu tau　　　罪犯 tsei fan　　　社会 ʂɛ xuei
贺信 xo ɕin　　　烂菜 nan tsʻai　　　调动 tiau tuŋ　　　味道 uei tau
后代 xəu tai　　　便饭 piɛn fan　　　近路 tɕin nəu　　　座位 tso uei
护士 xu ʂๅ　　　动静 tuŋ tɕin　　　大路 ta nəu　　　漏洞 nəu tuŋ
坏蛋 xuai tan　　　想象 ɕiaŋ ɕiaŋ

阴去＋阴去 [ㄱ＋ㄱㄴ]

夜饭 iɛ fan　　　地上 ti ʂaŋ　　　凌柱儿（屋檐上结的冰柱）nin tʂʅ
背静 pei tɕin

阴去＋入声 [ㄱ＋ㄐㄴ]

蛋壳 tan kʻo　　　利息 ni ɕi　　　认识 zən ʂๅ　　　面色 miɛn sɛ
面积 miɛn tɕi　　　道德 tau tɛ　　　办法 pan fa　　　大麦 ta mɛ
技术 tɕi ʂʅ　　　动作 tuŋ tso　　　糯谷 no ku　　　幸福 ɕin fu

入声＋阴平 [ㄐ＋ㄱㄴ]

夹生 tɕia sən　　　竹竿 tʂəu kan　　　国家 kuɛ tɕia　　　北京 pɛ tɕin
北方 pɛ faŋ　　　畜生 tʂʻəu sən

入声＋阳平 [ㄐ＋ㄥㄴ]

骨头 ku tʻəu　　　媳婆 ɕi pʻo　　　日头（太阳）er tʻəu

入声＋阴去 [ㄐ＋ㄱㄴ]

桌凳 tʂo tən　　　客气 kʻɛ tɕʻi　　　阔气 kʻo tɕʻi　　　笔记 pi tɕi
福建 fu tɕiɛn　　　实惠 ʂๅ xuei　　　越剧 yɛ tʂʻy　　　抹布 ma pu

力气 ni tɕʻi　　木炭 mu tʻan　　集市 tɕi ʂʅ　　节气 tɕie tɕʻi
尺寸 tʂʅ tsʻən　　答应 ta in　　栎炭 ni tʻan　　发票 fa pʻiau
入声＋阳去 [˧＋˥˩]
泼妇 pʻo fu　　肃静 səu tɕin　　激动 tɕi tuŋ　　疾病 tɕi pin
铁面 tʻie miɛn　　笔画 pi xua　　赤豆 tʂʅ təu　　铁路 tʻie nəu
决定 tʂɥe tin　　痨病 nau pin　　承认 tʂʻən zən　　难事 nan ʂʅ
作用 tso yŋ　　柏树 pɛ ʂʅ　　绿豆 nəu təu　　陆地 nəu ti
木料 mu niau　　月亮 ɥe niaŋ　　博士 po ʂʅ
入声＋阳去 [˧＋˥˩]
实在 ʂʅ tsai
入声＋入声 [˧＋˧]
隔壁 kɛ pi　　腊月 na ɥe　　七月 tɕʻi ɥ　　墨汁 mɛ tʂʅ
职业 tʂʅ iɛ　　食物 ʂʅ u
入声＋入声 [˧＋˧]
蜡烛 na tʂəu　　出息 tʂʻʅ ɕi

相同的两个音节构成的名词包括称呼语的重叠变调

阴平＋阴平 [˥＋˧]
爹爹 tiɛ tiɛ　　妈妈 ma ma　　姑姑 ku ku　　家家 ka ka（外婆）
哥哥 ko ko　　东东 tuŋ tuŋ　　托托 tʻo tʻo
阳平＋阳平 [˩＋˩]
爷爷 iɛ iɛ　　婆婆 pʻo pʻo
阳平＋阳平 [˩＋˩]
强强 tɕʻiaŋ tɕʻiaŋ　　林林 nin nin
上声＋上声 [˨＋˨]
姐姐 tɕie tɕie　　婶婶 ʂən ʂən
阴去＋阴去 [˥＋˥]
倩倩 tɕʻiɛn tɕʻiɛn　　庆庆 tɕʻin tɕʻin　　架架 tɕia tɕia
阳去＋阳去 [˥˩＋˥˩]
妹妹 mei mei　　弟弟 ti ti
阳去＋阳去 [˥˩＋˥˩]
舅舅 tɕiəu tɕiəu　　面面儿 miɛn miɚ

入声＋入声 [˦ ＋ ˦˨]

刷刷 ʂua˦ ʂua˦   袜袜 ua˦ ua˦   粥粥 tʂəu˦ tʂəu˦

后缀的调值有两个˨和˦。当前字调值是高平调或高降调时，后缀调值是˨，当前字调是由低到高的升调时，后缀调值是˦。如"子"和"头"。

篙子 kau˦ tsɿ˨   椅子 i˨ tsɿ˨   本子 pən˨ tsɿ˨   席子 ɕi˨ tsɿ˨

箆子 pi˦ tsɿ˨   驼子 tʰo˨ tsɿ˨   饼子 pin˨ tsɿ˨   瓜子 kua˦ tsɿ˨

栗子 ni˦ tsɿ˦   褂子 kua˦ tsɿ˦

东头 tuŋ˦ tʰəu˨   西头 ɕi˦ tʰəu˨   南头 nan˨ tʰəu˨

北头 pɛ˦ tʰəu˨   高头 kau˦ tʰəu˨   丫头 ia˦ tʰəu˨

码头 ma˨ tʰəu˦   锄头 tsʰəu˨ tʰəu˨   榔头 naŋ˨ tʰəu˨

枕头 tʂən˨ tʰəu˨   骨头 ku˦ tʰəu˨   木头 mu˦ tʰəu˦

(2) 三字组的连读变调

安陆方言的三字组变调本质上跟二字组的连读变调相同，即前字不变调，中字或尾字变调，当三字组音节为二加一时，是中字变调，如"劳动节"，是"劳动＋节"；当三字组音节为一加二时，是尾字变调，如"老办法"，是"老＋办法"。也就是说，三字组中的二音节相当于两字组的一个词。安陆方言里，两字组的变调规律是前字不变调，后字变调。因此，对三字组的变调分两个类型加以举例描写，描写时，把三个字的声调都标出来，包括变调。如"老领导"这个三字组，是"一加二"型。其连读变调为nau˨ nin˨ tau˦˨。其中，"导"的原调和变调都标明，前面是原调，后面是变调。

"二加一"型三字组连读变调

葵花子 kʰuei˨ xua˦˨ tsɿ˨   邮政局 iəu˨ tʂən˦˨ tʂyʔ˨

黄花菜 xuaŋ˨ xua˦˨ tsʰai˦   劳动节 nau˨ tuŋ˦˨ tɕiɛʔ˦

长筒袜 tʂʰaŋ˨ tʰuŋ˨ ua˦   两面派 niaŋ˨ miɛn˦˨ pʰai˦

照相机 tʂau˦ ɕiaŋ˦˨ tɕi˦   手术室 ʂəu˨ ʂuʔ˦˨ ʂɿ˨

进化论 tɕin˦ xua˦˨ nən˦   电信局 tiɛn˦ ɕin˦˨ tʂyʔ˦

电话局 tiɛn˦ xua˦˨ tʂyʔ˦   干拌面 kan˦ pan˦˨ miɛn˦

压岁钱 ia˦ ɕi˦˨ tɕʰiɛn˨   盐碱地 iɛn˨ tɕiɛn˦˨ ti˦

尾巴长 i˨ pa˦˨ tʂʰaŋ˨   锅巴粥 ko˦ pa˦˨ tʂəu˦

洗脸布 ɕi˨ niɛn˨ pu˦   冷饭坨 nən˨ fan˦˨ tʰo˨

流水账 niəu˅ ʂuei˅˦ tsaŋ˥   先锋队 ɕien˧ fuŋ˦ tei˅
高射炮 kau˧ ʂɛ˦ pʰau˥   工艺品 kuŋ˧ i˧˦ pʰin˅
鱼肝油 y˅ kan˦ iəu˅   雷峰塔 nei˅ fuŋ˦ tʰa˥
年糕米 ien˅ kau˦ mi˅   明信片 min˅ ɕin˧˦ pʰien˥
油印室 iəu˅ in˧˦ ʂʅ˥   龙井茶 nuŋ˅ tɕin˅˦ tʂʰa˅
扬子江 iaŋ˅ tsʅ˅˦ tɕiaŋ˧   蒙古马 muŋ˅ ku˅˦ ma˅
粮食局 niaŋ˅ ʂʅ˦ tsy˅   打字纸 ta˅ tsʅ˧˦ tsʅ˅
组织法 tsəu˅ tʂʅ˧˦ fa˅   老虎洞 nau˅ xu˅˦ tuŋ˧
野战军 iɛ˅ tʂan˧˦ tɕyən˧   五线谱 u˅ ɕien˧˦ pʰu˅
照相馆 tʂau˥ ɕiaŋ˧˦ kuan˅   北京话 pɛ˦ tɕin˧˦ xua˥
日记本 ər˦ tɕi˦ pən˅   烈士墓 nie˦ ʂʅ˧˦ mu˥
木炭画 mu˦ tʰan˧˦ xua˥   绿豆粥 nəu˦ təu˧˦ tsəu˥
实习生 ʂʅ˅ ɕi˧˦ sən˧   越剧团 yɛ˦ tsy˧˦ tʰan˅
农村里 nuŋ˅ tsʰən˧˦ ni˅（乡下）

"一加二"型三字组连读变调

金牙齿 tɕin˧ ia˅ tʂʅ˅˦   煮中饭 tʂu˅ tsuŋ˧ fan˧˦
老领导 nau˅ nin˅ tau˧˦   老伙计 nau˅ xo˅ tɕi˧˦
老办法 nau˅ pan˧ fa˅˦   老毛病 nau˅ mau˅ pin˧˦
核武器 xɛ˅ u˅ tɕi˧˦   城里头 tʂʰən˅ ni˅˦ tʰəu˅（城内）

2. 轻声

安陆方言的轻声变调规律跟普通话基本一致，因为安陆方言的语气词不读轻声。安陆方言的轻声音节有 8 类：

（1）助词"的、地、得、倒（着）、了、过"读轻声。例如：

打鱼的　高兴地　活得不耐烦了　坐倒　吃了　去过

（2）重叠词的后一音节读轻声。例如：

猩猩　妈妈　哥哥　弟弟　粑粑　爸爸　疤疤　□□［pa˅·pa］（小孩的大便）

（3）双音节动词重叠 ABAB 式的 B 音节读轻声。例如：

讨论讨论　考虑考虑　商量商量　研究研究

（4）构词后缀"子、娃儿、头"读轻声。例如：

桌子　椅子　篙子　狗娃儿　椅娃儿　褂娃儿　木头　石头

(5) 方位词或方位语素读轻声。例如：

屋里　地下　脸上　左边　右边　湾子里　教室外面

(6) 动词、形容词后的趋向动词读轻声。例如：

站起来　走过去　出去　上去　拿回来　放下去

(7) 部分三音节、四音节词里加着重号的音节读轻声。例如：

对不起　来不及　糊里糊涂　啰里巴嗦　黑不溜秋

(8) 常用双音节词的第二个音习惯上读轻声。例如：

行李　先生　学生　招呼　力气　客气　护士　蘑菇　伙计　妥当
巴掌　扁担　抽屉　点心　答应　疙瘩　马虎　将就　打听　新鲜
白净　自在　勤快　亲热

3. 儿化

安陆方言有 15 个儿化韵母：

ar、or、ər、aur、əur、iər、iar、ior、iaur、iəur、ur、uar、uər、ʮər、ʮar

表 2-1-22　儿化韵与相应的非儿化韵的对应表

儿化韵母	原韵母	儿化词
ar	a	疤儿、妈儿、茶儿、伢儿
	ai	牌儿、胎儿、袋儿、盖儿
	an	班儿、盘儿、胆儿、三儿
	aŋ	胖儿、帮儿、账儿、场儿
ər	ɛ	德儿、车儿、蛇儿
	ei	辈儿、妹儿、对儿、腿儿
	ən	盆儿、分儿、顿儿、孙儿
	ɿ	字儿、子儿、丝儿、事儿
	ʅ	纸儿、痣儿、式儿
or	o	坡儿、鹅儿、朵儿、昨儿
	oŋ	洞儿、缝儿、筒儿、葱儿
aur	au	包儿、炮儿、套儿

续表

儿化韵母	原韵母	儿化词
əur	əu	兜儿、豆儿、路儿、头儿
iər	iɛ	撇儿、节儿、碟儿、叶儿
	iɛn	烟儿、边儿、片儿、天儿
	in	印儿、信儿、饼儿、铃儿
ior	i	笔儿、米儿、地儿、鸡儿
	io	脚儿、雀儿、药儿
	yŋ	熊儿、牛儿
iar	ia	家儿、架儿、虾儿、鸭儿
	iaŋ	羊儿、亮儿、秧儿、样儿
iaur	iau	表儿、瓢儿、庙儿、调儿
iəur	iəu	丘儿、球儿、阉儿、酒儿
ur	u	壶儿、步儿、谱儿、屋儿
uar	ua	瓜儿、画儿、袜儿、凹儿
	uan	官儿、馆儿、罐儿、碗儿
	uaŋ	光儿、框儿、汪儿、王儿
uər	uei	回儿、辉儿、位儿、味儿
	uən	滚儿、棍儿、捆儿、文儿
ɥər	ɥ	女儿
	ɥɛ	靴儿、诀儿
	ɥei	水儿
	ɥan	砖儿、栓儿、冤儿、院儿
	ɥen	军儿、春儿、云儿、唇儿
ɥar	ɥa	刷儿
	ɥaŋ	桩儿、窗儿、床儿

二、语音特点

(一) 音系特点

安陆方言的音系特点主要从古今比较、与北京音比较、与周围方言比较中归纳概括。包括声母、韵母、声调。

1. 知系二等内转的字今读〔tʂ〕组声母，如：争〔tʂən〕、初〔tsʻəu〕、崇〔tsʻuŋ〕、生〔sən〕，与精组今读洪音的字，如：增〔tsən〕、仓〔tsʻaŋ〕、送〔suŋ〕相混，区别于知系二等外转字，如：桌〔tʂo〕、斩〔tʂan〕、柴〔tʂʻai〕、山〔ʂan〕。

2. 见系遇山臻梗三四等合口字和通三入声字，今拼〔ʅ〕韵或以〔ʅ〕开头的韵母时，今读为〔tʂ〕组声母，如：决〔tʂʅɛ〕、群〔tʂʻʅən〕、虚〔ʂʅ〕、菊〔tʂʅ〕、局〔tʂʅ〕。

3. 古入声今仍读入声，但今读入声的字都读元音韵或元音尾韵，与古阴声韵字今读韵母相同。具体说来，一是咸入尾字今安陆读〔a〕元音，如：腊〔na〕、辣〔na〕；二是咸入尾字、山入尾字、梗入尾字、臻入尾字、曾梗入尾字今安陆读〔ɛ〕韵尾，如：帖〔tʻiɛ〕、叶〔iɛ〕、涉〔ʂɛ〕、列〔niɛ〕、结〔tɕiɛ〕、百〔pɛ〕、格〔kɛ〕、瑟〔sɛ〕、色〔sɛ〕、国〔kuɛ〕等；三是梗入尾字、深入尾字、臻入尾字、曾梗入尾字今安陆读〔i〕韵或〔ʅ〕韵，如：笛〔ti〕、急〔tɕi〕、立〔ni〕、七〔tɕʻi〕、质〔tʂʅ〕、息〔ɕi〕、食〔ʂʅ〕等；四是臻入尾字今安陆读〔ʅ〕韵，如：橘〔tʂʅ〕；五是通入尾字今安陆读〔u〕韵尾，如：笃〔təu〕、哭〔kʻu〕、欲〔iəu〕等。

4. 来母一二等字或今洪音字与泥母一二等字今安陆都读〔n〕声母，如：赖〔nai〕、蓝〔nan〕、伦〔nən〕、乃〔nai〕、南〔nan〕、能〔nən〕等。来母三四等字或今细音字今安陆读〔n〕声母或零声母，如：连〔niɛn〕、两〔niaŋ〕、吕〔ʅ〕。

5. 疑母一二等开口或今洪音字和影母一二等开口或今洪音字今安陆读〔ŋ〕声母，如：鹅〔ŋo〕、艾〔ŋai〕、偶〔ŋəu〕、硬〔ŋən〕、恶〔ŋo〕、哀〔ŋai〕、欧〔ŋəu〕、恩〔ŋən〕等。

6. 端系一等合口字今安陆读开口，如：对〔tei〕、罪〔tsei〕、短

[tan]、乱 [nan]、存 [tsʻən] 等。

7. 庄组阳韵开口字今安陆读合口，如：庄 [tʂuaŋ]、床 [tʂʻuaŋ] 等。

8. 精组三四等合口字今安陆读开口，如：序 [ɕi]、宣 [ɕiɛn]、绝 [tɕie]、旬 [ɕin] 等。

9. 古阳韵舒声梗尾字今安陆读 n 韵尾，如：冷 [nən]、听 [tʻin]、生 [sən]、横 [xuən] 等，与深尾字相同。曾梗尾字今安陆读 n 韵尾，如：恒 [xən]、名 [min]、陵 [nin]、京 [tɕin] 等，与臻尾字相同。

10. 古阴韵模端系字今安陆读 [əu] 韵，如：杜 [təu]、奴 [nəu]、素 [səu] 等，跟鱼虞韵庄组字韵母相同，如楚 [tsʻəu]、初 [tsʻəu]、数 [səu] 等。

11. 古阴韵鱼虞知章日组字今安陆读 [ʮ] 韵，如：猪 [tʂʮ]、如[ʮ]、柱 [tʂʮ]、树 [ʂʮ] 等，与鱼虞见系字今安陆读音相同，如：巨 [tɕʮ]、许 [ʂʮ]、余 [ʮ]、羽 [ʮ] 等。

12. 古阴韵皆佳甲见系开口字今安陆读 [ai] [iai] 韵，如：介 [kai]、皆 [tɕiai]、解 [kai]、鞋 [xai] 等。

13. 古阳韵外转舒声仙元先见系合口字今安陆读 [ʯan] 韵母，如：倦 [tʂʯan]、元 [ʯan]、玄 [ʂʯan] 等。

14. 古阳韵外转舒声仙精组合口字今安陆读 [iɛn] 韵母，如：全 [tɕʻiɛn]、宣 [ɕiɛn] 等。

15. 声调特点见下表：

表 2-2-1　安陆声调特点

类别	例字	安陆调值	安陆调类
(1) 平清	包通仓飞思	˥	阴平
(2) 平浊	头柴寒罗门	˩	阳平
(3) 上清	改总肯丑稳	˅	上声
(4) 上次浊	米暖五染朗	˅	上声
(5) 去清	到政叹菜废	˦	阴去
(6) 去浊	事盛换认万	˦	阳去
(7) 上全浊	柱被静件似	˦	阳去
(8) 入全浊	白读杂舌	˩	阳平
(9) 入次浊	纳力入月物	˦˥	入声
(10) 入清	德执铁促法	˦˥	入声

(二) 安陆方言的文白异读

1. 安陆方言文白异读例说

(1) 声母的文白异读

古精组、庄、崇、群母等今读塞音、塞擦音声母字，如果有送气不送气两读的，一般说来读不送气的是文读，读送气的是白读，例如：

古精组字文读不送气 [ts]，白读送气 [tsʻ]。

例字	文读	白读
躁	tsau˧(急躁)	tsʻau˧(烦躁)
歼	tɕiɛn˧(歼击机)	tɕʻiɛn˧(歼灭)
族	tsəu˧(民族)	tsʻəu˧(族人)
造	tsau˧(创造)	tsʻau˧(造成)

古崇母字"助"文读 [ts]，白读 [tsʻ]。

例字	文读	白读
助	tsəu˧(助词)	tsʻəu˧(助一把)

古群母字"跪"文读不送气 [k]，白读送气 [kʻ]。

例字	文读	白读
跪	kuei˧(跪下)	kʻuei˧(跪倒)

但古庄母的"侧"字相反，读 [tsʻɤ] (身体两侧) 是文读，读[tsɤ] (屋侧边) 是白读。

古滂、禅两母字，如果今读有塞音、塞擦音和擦音两读的，读塞音、塞擦音的是文读，读擦音的是白读，例如：

古滂母字文读 [pʻ]，白读 [f]。

例字	文读	白读
喷	pʻən˧(喷泉)	fən˧(喷水)

古禅母字文读送气塞擦音 [tʂʻ]，白读擦音 [ʂ]。例如：

例字	文读	白读
尝	tʂʻaŋ˩(品尝)	ʂaŋ˩(尝一尝)

但古邪母的"像"字相反，读擦音 [ɕiaŋ] (相像) 是文读，读塞擦音 [tɕiaŋ˧] (长得像哪个) 是白读。

古泥母宕摄开口三等字文读 [n]，白读零声母。例如：

| 例字 | 文读 | 白读 |

娘　　　　niaŋ↘（老娘）　　　iaŋ↘（姑娘）

（2）韵母的文白异读

止摄合口三等非组微母字"尾"文读[uei]，白读[i]。

| 例字 | 文读 | 白读 |

尾　　　　uei↘（结尾）　　　　i↘（尾巴）

止摄合口三等帮组明母、止摄合口三等泥来母、精组和影喻母字以及蟹摄合口三等精组、喻母字，文读韵母是[ei]，白读韵母是[i]。

| 例字 | 文读 | 白读 |

眉　　　　mei↘（画眉）　　　　mi↘（眉毛）
霉　　　　mei↘（倒霉）　　　　mi↘（霉豆腐）
媒　　　　mei↘（多媒体）　　　mi↘（媒人）
泪　　　　nei↑（流泪）　　　　ni↑（眼泪）
累　　　　nei↑（劳累）　　　　ni↑（累人）
雷　　　　nei↘（雷阵雨）　　　ni↘（打雷）
对　　　　tei↑（对联）　　　　ti↑（对子）
堆　　　　tei↑（堆稻草）　　　ti↑（堆子）

（3）声母、韵母都文白异读

见系开口二等字文读声母是舌面音 tɕ、tɕ'、ɕ，白读声母是舌根音 k、k'、x。其中韵母也因声母变化而变化，最重要的是文读韵母都带-i 介音，白读韵母都不带-i 介音。例如：

| 例字 | 文读 | 白读 |

架　　　　tɕia↑（架子）　　　　ka↑（架倒）
甲　　　　tɕia↑（甲子年）　　　ka↑ 指甲
街　　　　tɕiai↑（大街）　　　 kai↑（逛街）
觉　　　　tɕiau↑（睡觉）　　　 kau↑（睡了一觉）
角　　　　tɕio↑（五角钱）　　　ko↑（三角板）
豇　　　　tɕiaŋ↑（豇豆）　　　 kaŋ↑（豇豆）
敲　　　　tɕ'iau↑（推敲）　　　k'au↑（敲门）
窖　　　　tɕiau↑（地窖）　　　 kau↑（地窖）
搅　　　　tɕiau↘（搅乱）　　　 kau↘（打搅）

叫	tɕiau˧ (叫人)	kau˧ (叫花子)
解	tɕiai˨ (和解)	kai˨ (解开)
阶	tɕiai˧ (阶层)	kai˧ (阶级)
届	tɕiai˧ (第一届)	kai˧ (老三届)
介	tɕiai˧ (介词)	kai˧ (介绍)
戒	tɕiai˧ (猪八戒)	kai˧ (戒烟)
界	tɕiai˧ (划界)	kai˧ (交界)
掐	tɕia˧ (掐脖子)	kʻa˧ (掐断了他)
衔	ɕien˨ (军衔)	xan˨ (衔在口里)
项	ɕiaŋ˧ (四项原则)	xaŋ˧ (项目)
巷	ɕiaŋ˧ (三家巷)	xaŋ˧ 巷子
吓	ɕia˨ (吓唬)	xɛ˨ (吓人)
下	ɕia˧ (下去)	xa˧ (等一下)
鞋	ɕie˨ (皮鞋)	xai˨ (鞋子)
咸	ɕien˨ (咸宁)	xan˨ (汤太咸了)
苋	ɕien˨ (苋菜)	xan˨ (马齿苋)

精组蟹摄合口三等、止摄合口三等字和知照组梗摄开口二等字，文读声母是舌尖前音 ts、tsʻ、s，白读声母是舌面音 tɕ、tɕʻ、ɕ。

例字	文读	白读
嘴	tsei˨ (嘴脸)	tɕi˨ (嘴唇)
醉	tsei˧ (醉酒)	tɕi˧ (喝醉了)
罪	tei˧ (罪犯)	tɕi˧ (有罪)
随	sei˨ (随便)	ɕi˨ (随你搞么事)
岁	sei˧ (岁月)	ɕi˧ (压岁钱)
虽	sei˧ (虽然)	ɕi˧ (虽然)
髓	sei˨ (骨髓)	ɕi˨ (脑髓)

古疑母、影母效摄开口二等及蟹摄合口二等字文读零声母，白读声母[ŋ]。

例字	文读	白读
咬	iau˨ (咬人)	ŋau˨ (咬一口)
硬	in˧ (硬件)	ŋən˧ (硬得很)

轧   ia┐（轧花机）   ŋa┐（轧死了）
哑   ia↓（聋哑人）   ŋa┐哑巴

邪母梗通摄合口三等入声字文读［səu］，白读［ɕieu］。例如：

例字   文读   白读
粟   səu↗（罂粟）   ɕieu↗（粟米）

彻母遇摄合口三等字文读［tʂʻ］，白读［tɕʻ］。例如：

例字   文读   白读
去   tʂʻγ┐（去掉）   tɕʻi┐（出去）

"心"母蟹摄合口一等字文读［tsʻei］，白读［ɕi］。例如：

例字   文读   白读
碎   tsʻei┐（粉碎）   ɕi┐（碎米）

(4) 声母、韵母、声调都文白异读。

见系开口二等字文读［tɕia┐］，白读［ka↓］。例如：

例字   文读   白读
家   tɕia┐（家庭）   ka↓（人家）

帮母蟹摄三等字文读［pi┐］，白读［pʻi↓］。例如：

例字   文读   白读
痹   pi┐（麻痹）   pʻi↓（麻痹）

2. 从音韵系统看安陆方言文白异读的特点

(1) 安陆方言声母方面文白异读最普遍的是送气与不送气的对立。有的是文读不送气，白读送气。如古崇母字"助"文读［ts］，白读［tsʻ］；古群母字"跪"文读不送气［k］，白读送气［kʻ］；古帮母字"鄙"和"庇"文读不送气［p］，白读送气［pʻ］；古精组字"躁"、"歼"、"族"、"造"文读不送气［ts］，白读送气［tsʻ］。有的是文读送气，白读不送气。如古庄母字"侧"文读送气［tsʻ］，白读不送气［ts］。另外，有一部分字在同一组声母内出现文白异读，如古邪母字"像"文读［ɕ］，白读［tɕ］。古滂母字"喷"文读［pʻ］，白读［f］。古禅母字文读送气塞擦音［tʂʻ］，白读擦音［ʂ］。还有一部分字在零声母和非零声母上呈现出文白异读，如古泥母宕摄开口三等字文读［n］，白读零声母［ø］。

(2) 韵母文白异读出现最多、也最整齐的是止摄合口三等帮组明母、止摄合口三等泥来母、精组和影喻母字，文读韵母是［ei］，白读韵母是［i］。

（3）安陆方言里文白异读呈现出系统性，以声母、韵母都文白异读居多，而且文白异读的字最多，因为声母的文白异读与韵母的文白异读有关。主要体现在三个方面：一是见系开口二等字，文读声母是舌面音 [tɕ]、[tɕʻ]、[ɕ]，白读声母是舌根音 [k]、[kʻ]、[x]，如"架"、"甲"、"街"、"觉"、"角"、"豇"、"敲"、"窖"、"搅"、"叫"、"解"、"阶"、"届"、"介"、"街"、"戒"、"界"、"掐"、"衔"、"项"、"巷"、"吓"、"下"、"鞋"、"咸"、"苋"等。二是精组蟹摄合口三等字文读声母是舌尖前音 [ts]、[tsʻ]、[s]，白读声母是舌面音 [tɕ]、[tɕʻ]、[ɕ]，如"嘴"、"醉"、"罪"、"随"、"髓"、"岁"、"虽"等。三是古疑母、影母字文读零声母，白读声母 [ŋ]，如"咬"、"硬"、"轧"、"哑"等。当然，另外还有少数几个文白异读字不成系统，如"粟"、"去"、"括"、"碎"等。

（4）安陆方言里，还有少数声母、韵母、声调都文白异读的现象，主要是见系开口二等字"家"文读是 [tɕiaˉ]，白读 [kaˇ]。帮母蟹摄三等字"痹"文读 [piˉ]，白读 [pʻiˇ]。

三、安陆方言同音字汇

本字汇按韵母分类，韵母的顺序是：a、ia、ua、ɣa、o、io、ɛ、iɛ、uɛ、ɣɛ、ɿ、ʅ、ɚ、i、u、ɥ、ai、iai、uai、ɣai、ei、uei、ɣei、au、iau、əu、iəu、an、iɛn、uan、ɣan、ən、in、uən、ɣən、aŋ、iaŋ、uaŋ、ɣaŋ、uŋ、yŋ。

同韵的字按声母的顺序排列如下：p、pʻ、m、f、t、tʻ、n、ts、tsʻ、s、tʂ、tʂʻ、ʂ、z、k、kʻ、ŋ、x、tɕ、tɕʻ、ɕ、ø。

声韵相同的字按声调的次序排列，安陆方言有六个声调：阴平（ˉ）、阳平（ˇ）、上声（ˇ）、阴去（ˊ）、阳去（ˋ）、入声（ˊ）。有音无字或暂未考出本字的用"□"代替。

小字是注释和举例。浪号～表示复举本字。

                a

paˉ　巴芭疤粑　　　　　　paˋ　耙耕田的农具

paˇ　把靶　　　　　　　　paˊ　爸跋捌

paˊ　罢坝霸　　　　　　　pʻaˊ　趴□拨弄：炉火～下亮～；轻拍：七个小伢一～就笑

pʻa↓	爬耙 薅草的农具 琶杷	tṣa↓	闸轧铡
pʻa↑	怕	tṣa↓	眨~毛眼
ma┐	吗妈₁母亲	tṣa↓	炸榨诈乍
ma↓	麻嘛蟆	tṣa┐	喳吵吵嚷嚷。~花子（吵吵嚷嚷的人）
ma↘	马码玛蚂		
ma↑	妈₂乳房；奶水	tṣa↑	扎
ma┐	骂	tṣʻa↑	叉差
ma↑	抹	tṣʻa↓	查茶搽察
fa↓	罚伐乏筏阀~门	tṣʻa↓	敞~口坛子（口开得较大的坛子）；放~口屁（比喻胡说八道）
fa↑	法珐阀军~		
ta↘	打	tṣʻa┐	岔茬诧汊姹杈
ta┐	□用手戳致使别人生气	tṣʻa┐	插
ta┐	大	ṣa┐	沙纱砂莎杉痧裟鲨挲
ta↑	答达搭褡鞑	ṣa↘	傻
tʻa┐	他她它	ṣa┐	啥
tʻa↓	踏	ṣa┐	厦
tʻa↑	塔塌挞蹋榻	ṣa↑	杀
na┐	娜拉啦垃	ka┐	家~~（外婆）
na↓	拿	ka↓	嘎尬
na↘	哪喇	kʻa┐	喀咖
na┐	那	kʻa↓	□大拇指与中指伸展的距离：~把长；跨过
na↑	纳钠呐捺辣蜡腊剌		
tsa↓	杂砸唼	kʻa↘	卡
tsa↘	咱	kʻa┐	胯胯下
tsa↑	眨	kʻa┐	□挤
tsʻa┐	嚓	kʻa↑	掐~菜、~脸
tsʻa↑	擦	ŋa↓	伢
sa┐	撒张开：脚趾甲~倒	ŋa┐	哑压
sa↘	撒洒萨飒	xa┐	哈~~大笑 □抓
sa↓	刹煞~黑（傍晚接近天黑）	xa↘	□傻
tṣa┐	渣喳楂吒		

xa˥	下哈都	no˩	裸
	o	ro˩	诺懦糯喏摞
po˥	波菠玻	no˥	落烙络珞
po˩	薄卜	tso˩	凿
po˩	跛	tso˩	左
po˥	播簸	tso˥	坐座
po˥	拨博驳剥勃钵搏脖帛渤膊	tso˥	作昨佐祚撮嘬
p'o˥	坡	ts'o˥	搓磋嵯蹉
p'o˩	婆鄱	ts'o˥	错挫厝锉
p'o˩	颇剖叵	ts'o˥	□叠：一~纸戳₁~穿
p'o˥	破	ts'o˥	座
p'o˥	泼	so˥	梭蓑唆娑挲
mo˥	摸	so˩	所锁琐唢
mo˩	膜魔模摩摹漠蘑馍	so˥	索□吸~妈：吃奶
mo˩	么抹擦：~药	tʂo˥	着
mo˥	磨	tʂo˥	桌啄灼浊卓茁酌
mo˥	末莫沫寞茉	tʂ'o˥	□大胆泼辣地做事：他到处~。~气（大胆泼辣做事的人）
to˥	多		
to˩	夺	tʂ'o˥	绰辍齪戳₂邮~撮用器皿装东西；铲除：用锹把泥巴~去走。
to˩	躲朵		
to˥	剁跺	ʂo˥	□歪斜：他的嘴巴~了
to˥	舵惰堕踱	ʂo˥	硕烁妁
to˥	咄□端：把碗~好	zo˥	若弱
t'o˥	拖	ko˥	锅歌哥
t'o˩	驮驼鸵陀砣	ko˩	果裹
t'o˩	妥椭	ko˥	过个
t'o˥	唾	ko˥	郭各割掴阁葛戈鸽角
t'o˥	托脱拓佗庹沱	k'o˥	棵科苛柯坷蝌□赤裸着：打~头
no˥	挪	k'o˩	可颗
no˩	罗锣骡箩萝骆逻捋	k'o˥	课

kʻo˧	□颤抖、发抖：他冻得直～	tʂɛ˧	遮
kʻo˩	阔扩括廓壳渴磕	tʂɛ˩	折蛰哲浙谪摺褶
ŋo˧	屙窝蜗涡莴齷喔	tʂʻɛ˧	车
ŋo˩	鹅蛾俄讹峨娥	tʂʻɛ˩	扯
ŋo˨	我	tʂʻɛ˦	撤掣彻澈
ŋo˧	卧	ʂɛ˧	奢赊
ŋo˦	饿	ʂɛ˩	蛇舌佘折～本
ŋo˦	握沃恶鄂噩谔愕腭	ʂɛ˨	舍₁～得
xo˨	和₁河禾何荷盒菏活	ʂɛ˩	射麝赦
xo˨	火伙	ʂɛ˧	社舍₂宿～
xo˦	货□欺骗	ʂɛ˦	设摄涉慑
xo˦	祸和₂把不同的东西放在一起	kɛ˨	嗝
xo˦	豁霍喝合褐鹤涸壑曷□剌得人发痒	kɛ˧	□锯
		kɛ˦	格隔革胳疙膈骼
	ɛ	kʻɛ˨	□～蚂：青蛙
pɛ˧	呗	kʻɛ˦	克刻客咳
pɛ˨	白	ŋɛ˦	额厄
pɛ˦	北百柏佰伯	xɛ˨	核～桃
pʻɛ˦	拍迫魄粕珀	xɛ˨	嘿很
mɛ˦	麦脉墨默陌脉□很	xɛ˧	□笑：打～～（打哈哈）
tɛ˦	得德	xɛ˦	黑赫骇吓
tʻɛ˦	特忑忒		
nɛ˦	肋勒		ai
tsɛ˨	贼责	pai˧	掰歪～（瞎搞）
tsɛ˨	嘴铲～巴（扇耳光）	pai˨	摆
tsɛ˦	则仄摘窄侧₁～边	pai˧	拜
tsʻɛ˦	册侧₂策测厕恻择泽拆	pai˧	败稗
sɛ˧	□笑：～死了	pʻai˨	排牌徘
sɛ˦	色涩瑟塞啬稿	pʻai˧	派
tʂɛ˨	者赭	mai˨	埋霾
		mai˨	买
		mai˧	卖迈

tai˧	呆	tʂai˧	差钗
tai˩	逮歹	tʂai˩	柴豺
tai˨	带戴	ʂai˧	筛
tai˥	代待袋贷怠在	ʂai˥	晒赛
tʻai˧	胎	kai˧	该应~；欠钱街阶
tʻai˩	抬台苔	kai˩	改解
tʻai˨	□~子（叫花子）；上了~大的当（上了很大的当）	kai˨	盖钙芥溉丐届戒
tʻai˥	太态泰	kʻai˧	开揩
nai˧	奶~~（祖奶奶）	kʻai˩	凯楷
nai˩	来莱	kʻai˥	忾概溉
nai˨	乃奶	ŋai˧	哀
nai˥	耐奈赖癞	ŋai˩	挨癌埃呆~板
tsai˧	灾栽哉	ŋai˨	矮蔼
tsai˩	宰崽	ŋai˥	爱碍
tsai˨	再载	ŋai˥	艾
tsai˥	□~到肚子里（勉强全部吃进肚子里去）	xai˩	孩还~有鞋
tsʻai˧	猜	xai˩	海
tsʻai˩	才材财裁	xai˥	害亥
tsʻai˩	采踩睬彩		**ei**
tsʻai˨	菜蔡	pei˧	杯悲碑卑
tsʻai˥	□小伢~倒长（小孩在艰苦的环境里不被父母过多爱护地成长）；衣服用来打~穿（衣服用在非正式的或脏的环境中穿）	pei˩	倍贝辈狈
		pei˨	备
		pʻei˩	陪赔培裴
		pʻei˩	吥
sai˧	腮鳃	pʻei˥	配佩沛
sai˩	□哆嗦、颤抖	mei˧	霉
sai˨	塞~外	mei˩	煤酶枚玫眉梅莓楣
tʂai˧	斋	mei˩	每镁美
tʂai˩	债	mei˧	没
tʂai˨	寨	mei˥	妹寐昧魅

fei˧	非飞菲啡	mau˧	帽貌茂贸冇
fei˩	肥	tau˧	刀叨
fei˩	匪翡	tau˩	倒岛捣祷
fei˧	费肺废吠沸	tau˧	到
tei˧	堆	tau˧	盗道稻悼导蹈
tei˧	对队兑	tʻau˧	掏涛滔焘
tʻei˩	腿颓	tʻau˩	逃桃淘陶萄啕
tʻei˧	退蜕	tʻau˩	讨
nei˧	□～得（脏）	tʻau˧	套
nei˩	蕾雷	nau˧	捞唠
nei˩	垒磊儡	nau˩	牢劳涝痨
nei˧	类内	nau˩	老姥佬脑恼□扛：把东西～在
tsei˩	□漂亮		肩膀高头
tsei˧	最	nau˧	□热剩菜；炒青菜；拉：把他～倒
tsʻei˧	催摧崔璀		（把他拉住）
tsʻei˧	脆翠粹悴萃	nau˧	闹
sei˧	虽	tsau˧	遭糟
sei˩	随隋髓	tsau˩	早枣藻澡蚤
sei˧	碎遂祟燧岁	tsau˧	造灶燥躁
	au	tsau˧	皂
pau˧	包苞胞	tsʻau˧	操
pau˩	饱保宝褒堡葆褓	tsʻau˩	曹槽嘈巢
pau˧	报暴爆豹鲍	tsʻau˩	草
pau˧	抱	tsʻau˧	造糙
pʻau˧	抛	sau˧	搔骚
pʻau˩	跑刨袍庖脬	sau˩	扫嫂
pʻau˧	炮泡咆	sau˧	臊潲
mau˧	猫	tʂau˧	招朝₁昭钊召
mau˩	毛矛锚茅袤牦	tʂau˩	找沼爪
mau˩	卯铆	tʂau˧	照兆罩肇
mau˧	冒	tʂau˧	赵

tʂʻauˉ	抄超钞	fəuˇ	否
tʂʻauˇ	朝₂潮嘲	fəuˋ	缶
tʂauˉ	吵炒	təuˉ	都兜蔸
tʂauˇ	眇	təuˇ	读毒独犊
ʂauˉ	烧捎梢稍筲	təuˋ	斗₁一种容器陡抖蚪堵肚赌睹
ʂauˇ	勺韶苕芍	təuˇ	斗₂争斗妒
ʂauˋ	少	təuˋ	豆逗痘窦度渡镀蠹
ʂauˉ	哨邵绍	təuˉ	督笃
ʐauˇ	饶娆	tʻəuˉ	偷
ʐauˇ	绕扰	tʻəuˇ	投头图涂徒途屠荼
ʐauˉ	□走路～的～的（走路胳膊一甩一甩的）	tʻəuˇ	土吐₁
		tʻəuˋ	透兔吐₂
kauˉ	高膏羔糕皋	tʻəuˉ	秃突凸
kauˇ	搞稿镐皋搅		
kauˉ	告	nəuˉ	搂提：～倒裤子跑
kʻauˉ	敲	nəuˇ	楼娄髅奴炉卢芦颅庐
kʻauˇ	考烤拷犒	nəuˇ	搂篓喽努鲁卤掳虏橹
kʻauˉ	靠	nəuˋ	漏陋露怒路赂
ŋauˉ	嗷	nəuˉ	录鹿陆麓禄戮渌绿
ŋauˇ	熬翱遨鏖	tsəuˉ	邹驺租
ŋauˇ	袄咬	tsəuˇ	走组阻祖诅俎
ŋauˉ	凹傲奥懊澳坳拗	tsəuˉ	揍奏皱做助
xauˉ	蒿薅	tsəuˉ	就₁～是
xauˇ	嚎壕毫豪	tsəuˋ	足卒
xauˇ	好₁郝	tsʻəuˉ	粗初
xauˋ	好₂	tsʻəuˇ	锄愁
xauˋ	号浩灏昊皓	tsʻəuˇ	楚础瞅
		tsʻəuˋ	凑措醋
	əu	tsʻəuˉ	□擦
məuˉ	哞	tsʻəuˉ	促簇族猝
məuˇ	谋眸缪	səuˉ	搜馊飕苏酥簌梳蔬疏
məuˇ	某亩	səuˇ	擞叟艘数₁动词

səu˥	嗽素诉数₂	xəu˥	□气喘
səu˩	速宿俗肃夙缩塑	xəu˩	侯猴喉
tʂəu˥	周洲州舟	xəu˩	吼
tʂəu˩	妯	xəu˥	□惦记
tʂəu˩	轴宙	xəu˥	后厚候逅
tʂəu˥	昼咒纣		**an**
tʂəu˥	□不灵活	pan˥	班般搬斑扳颁癍
tʂəu˩	粥竹筑逐烛瞩嘱	pan˩	版板阪□~命；疯得直~
tsʻəu˥	抽	pan˥	半瓣
tsʻəu˩	仇稠绸酬筹踌惆	pan˥	办拌伴扮
tsʻəu˩	丑	pʻan˥	攀潘
tsʻəu˥	臭	pʻan˩	盘磐蹣
tsʻəu˩	触畜矗束	pʻan˩	□搅拌在一起
ʂəu˥	收	pʻan˥	盼判畔叛
ʂəu˩	熟	pʻan˥	□招惹
ʂəu˩	手首守狩	man˩	瞒蛮馒埋
ʂəu˥	兽售	man˩	满螨
ʂəu˥	受授寿	man˥	慢漫曼谩
ʂəu˩	叔属淑塾赎	fan˥	翻番帆藩蕃
zəu˩	柔揉蹂	fan˩	凡繁烦樊矾梵
zəu˩	肉	fan˩	反返
kəu˥	沟钩勾佝	fan˥	泛贩畈
kəu˩	狗苟	fan˥	饭犯范
kəu˥	够购构垢诟	tan˥	单丹耽眈端
kʻəu˥	扣抠	tan˩	胆短
kʻəu˩	口	tan˥	担石₁—~米锻
kʻəu˥	寇蔻叩	tan˥	但蛋弹₁淡旦氮诞惮段断缎
kʻəu˩	□聪明可爱	tʻan˥	滩摊贪瘫坍湍
ŋəu˥	欧鸥讴	tʻan˩	谈弹₂潭坛痰谭檀昙团
ŋəu˩	呕偶藕	tʻan˩	毯坦
ŋəu˥	怄	tʻan˥	叹探碳炭

nan˩	蓝兰拦篮栏阑婪澜岚难南男喃楠腩峦孪挛	kʻan˧	看
nan˨	懒揽缆览榄卵	ŋan˧	安鞍氨胺庵鹌
nan˧	烂滥乱	ŋan˨	俺
tsan˧	簪钻₁～空子	ŋan˧	按暗案谙黯
nan˨	攒昝崭	ŋan˧	岸
nan˧	赞钻₂～石蘸	xan˧	酣憨鼾
tsʻan˧	参掺餐搀	xan˨	含寒韩涵函颔邯咸
tsʻan˨	蚕残惭谗馋涎	xan˨	喊
tsʻan˨	惨铲	xan˨	汉
tsʻan˧	灿璨孱	xan˧	汗旱焊翰罕撼捍憾悍瀚
san˧	三叁酸		ən
san˨	伞散	pən˧	奔₁
san˧	算蒜	pən˨	本
tʂan˧	沾粘毡瞻詹	pən˧	□挣扎着跑；纯粹为别人争辩而不得好处
tʂan˨	盏展斩	pən˧	笨奔₂夯
tʂan˧	站占战颤	pʻən˧	烹膨
tʂan˧	栈湛绽暂	pʻən˨	盆彭澎
tʂʻan˨	缠阐蝉潺禅	pʻən˧	□靠
tʂʻan˨	产	mən˧	□套着：～子（外套，罩衣）
tʂʻan˧	忏	mən˨	门们
ʂan˧	山衫杉删膻珊	mən˧	扪
ʂan˨	闪陕	mən˧	闷焖
ʂan˧	扇煽	fən˧	分芬纷吩
ʂan˧	善擅赡膳汕讪骟	fən˨	坟焚
kan˧	干₁～净竿甘肝柑尴	fən˨	粉
kan˨	赶感敢杆擀橄	fən˧	奋愤忿粪喷
kan˧	赣干₂～部疳疾病名称	fən˧	份氛
kʻan˧	堪刊嵌勘	tən˧	灯登瞪蹬镫蹲墩敦
kʻan˨	槛	tən˨	等
kʻan˨	砍坎侃	tən˧	凳吨顿钝盾遁炖盹

tən˧	邓囤	ʂən˧	肾剩盛
t'ən˧	吞	zən˧	扔
t'ən˩	疼腾藤誊滕屯臀豚	ʂən˩	人仁仍
t'ən˩	□颠簸：坐在车子高头蛮~人	ʂən˩	忍刃韧纫仞
nən˧	□用手指捏开	ʂən˧	任认妊荏壬饪
nən˩	能轮抡伦仑囵	kən˧	跟根耕庚羹赓
nən˩	冷愣	kən˩	梗耿哽
nən˧	嫩论	kən˧	亘更埂
tsən˧	增曾睁争狰峥	k'ən˧	坑吭铿
tsən˩	怎	k'ən˩	肯啃恳垦
ts'ən˧	参撑村	ŋən˧	恩
ts'ən˩	岑曾层存	ŋən˧	摁
ts'ən˩	□按	ŋən˧	硬
ts'ən˧	蹭衬	xən˧	哼亨
sən˧	森僧参生甥牲笙孙	xən˩	痕衡恒
ts'ən˩	省损笋	xən˩	很狠
ts'ən˧	渗	xən˧	恨
tʂən˧	真针斟珍甄砧臻贞侦祯圳征蒸帧		aŋ
		paŋ˧	帮邦梆浜
tʂən˩	震枕振疹诊赈整拯	paŋ˩	绑榜膀~子谤
tʂən˧	镇正怔证政症	paŋ˧	棒磅镑傍蚌泵
tʂən˧	阵朕郑	p'aŋ˧	乓
tʂ'ən˧	称嗔琛	p'aŋ˩	旁庞彷
tʂ'ən˩	辰臣尘沉陈橙成乘盛城程呈诚丞瞠	p'aŋ˩	膀蹄~
		p'aŋ˧	胖
tʂ'ən˩	惩逞骋□一直：血~放	maŋ˩	忙芒盲茫氓
tʂ'ən˧	趁秤	maŋ˩	莽漭蟒
ʂən˧	身申伸深绅呻声升	faŋ˧	芳方
ʂən˩	神绳晨	faŋ˩	房防坊妨
ʂən˩	婶审沈	faŋ˩	纺访仿
ʂən˧	甚什慎胜圣	faŋ˧	放

taŋ˧	当铛		ʂaŋ˨	尚赏
taŋ˨	党挡档		ʂaŋ˧	上
taŋ˧	□拦、围		ʐaŋ˨	瓤
taŋ˧	荡凼宕砀		ʐaŋ˨	嚷攘
t'aŋ˧	汤		ʐaŋ˧	让
t'aŋ˨	堂糖塘唐搪棠膛螳		kaŋ˧	刚钢纲缸冈肛
t'aŋ˨	躺倘淌傥		kaŋ˨	港岗
t'aŋ˧	趟烫		kaŋ˧	杠
naŋ˧	狼₁~子、黄鼠~		k'aŋ˧	糠康
naŋ˨	狼₂~狗廊郎榔螂囊瓤		k'aŋ˨	扛
naŋ˨	朗		k'aŋ˨	慷□盖
naŋ˧	浪		k'aŋ˧	炕抗亢伉
tsaŋ˧	脏赃		k'aŋ˧	□覆盖物中空的状态
tsaŋ˧	葬		ŋaŋ˧	肮□大声叫喊
tsaŋ˧	藏₁西~臧		ŋaŋ˨	昂盎
ts'aŋ˧	仓沧舱苍		xaŋ˧	夯
ts'aŋ˨	藏₂躲~		xaŋ˨	行航杭沆
ts'aŋ˧	创		xaŋ˧	巷项
saŋ˧	桑丧₁~事			uŋ
saŋ˨	嗓		puŋ˧	绷崩嘣
saŋ˧	丧₂~失		puŋ˧	蹦迸
tʂaŋ˧	张章樟彰漳蟑		p'uŋ˧	砰怦
tʂaŋ˨	长掌涨		p'uŋ˨	棚朋蓬鹏硼篷
tʂaŋ˧	帐账胀仗瘴障幛		p'uŋ˨	捧
tʂaŋ˧	丈杖		p'uŋ˧	碰
tʂ'aŋ˧	昌猖伥娼		muŋ˨	蒙盟檬萌朦蠓
tʂ'aŋ˨	长肠偿嫦		muŋ˨	猛□用手捂住
tʂ'aŋ˨	场厂敞氅		muŋ˧	梦孟
tʂ'aŋ˧	唱畅倡怅		fuŋ˧	风封蜂丰枫疯峰锋烽
ʂaŋ˧	伤商墒殇		fuŋ˨	逢缝₁~补冯
ʂaŋ˨	裳常尝		fuŋ˨	讽

fuŋ˧	奉凤缝₂地～	tʂʻuŋ˥	宠
tuŋ˥	东冬咚	tʂʻuŋ˩	铳
tuŋ˧	懂董	zuŋ˩	容绒融溶熔戎蓉冗榕
tuŋ˩	冻栋	kuŋ˥	工公功弓攻宫供恭躬龚蚣
tuŋ˧	动洞恫	kuŋ˧	拱巩汞
tʻuŋ˥	通彤	kuŋ˩	贡
tʻuŋ˩	同铜筒童桐瞳酮	kuŋ˧	共
tʻuŋ˧	桶捅统	kʻuŋ˥	空箜
tʻuŋ˩	痛恸	kʻuŋ˩	孔恐
nuŋ˥	聋	kʻuŋ˩	控
nuŋ˩	龙笼隆窿珑浓衣脓侬哝	ŋuŋ˥	翁嗡
nuŋ˩	拢垄陇垅	ŋuŋ˩	瓮
nuŋ˥	□磨蹭	xuŋ˥	轰哄₁闹～～烘
nuŋ˧	弄	xuŋ˩	红虹洪宏鸿弘蕻泓
tsuŋ˥	宗棕综踪鬃	xuŋ˩	哄₂～骗讧
tsuŋ˩	总		ɿ
tsuŋ˥	粽	tsɿ˥	资姿咨滋孜眦兹
tsuŋ˧	纵	tsɿ˩	子紫籽仔姊梓秭
tsʻuŋ˥	葱匆聪囱	tsɿ˧	字自
tsʻuŋ˩	从丛崇	tsʻɿ˥	雌差
suŋ˥	松淞嵩崧	tsʻɿ˩	词瓷慈磁辞鹚糍祠
suŋ˩	□畏缩的样子	tsʻɿ˩	此
suŋ˩	耸	tsʻɿ˧	次刺赐
suŋ˧	送宋	sɿ˥	丝撕嘶私思司斯饲厮师狮
suŋ˧	颂诵怂讼	sɿ˩	死使史驶
tʂuŋ˥	中钟终忠衷仲	sɿ˧	四泗肆
tʂuŋ˩	种肿冢	sɿ˧	似寺事柿士仕
tʂuŋ˧	众		ʅ
tʂuŋ˧	重₁	tʂʅ˥	之知支芝枝肢
tʂʻuŋ˥	冲充忡憧	tʂʅ˩	直值
tʂʻuŋ˩	重₂虫	tʂʅ˩	只纸脂址止趾旨咫

tsʰʅ˧	制枝志致至置智稚痔治窒痣	pʰi˧	屁
tsʰʅ˦	蜘织职植执侄挚掷质炙栀	pʰi˦	劈辟僻霹癖
tsʰʅ˧	痴~呆 □湿地打滑	mi˧	眯咪
tsʰʅ˨	迟池持弛驰秩	mi˨	迷谜弥靡糜猕麋霉眉媒
tsʰʅ˨	齿耻侈	mi˨	米
tsʰʅ˦	斥滞	mi˦	密秘蜜觅泌汩
tsʰʅ˧	□不灵活、发呆的样子	ti˧	低堆
tsʰʅ˦	尺赤叱	ti˨	笛籴
ʂʅ˧	尸诗	ti˨	底抵
ʂʅ˨	十时石₂试拾	ti˧	帝缔
ʂʅ˨	屎始矢	ti˧	地第递弟
ʂʅ˦	市试式示逝势释视誓适氏	ti˦	敌的确滴嫡迪狄
ʂʅ˦	是	tʰi˧	梯推
ʂʅ˦	室失施湿蚀实食饰	tʰi˨	提题嚏堤
ʐʅ˧	□使劲地~起来跑	tʰi˨	体
ʐʅ˨	□~门（苕货：骂人的话）	tʰi˧	替剃屉

ɚ

ɚ˨	而儿	tʰi˦	踢蹄剔啼惕倜
ɚ˨	尔洱耳迩	ni˧	□践踏：~乱了
ɚ˦	二贰	ni˨	离梨厘犁黎篱狸漓娌雷 打~、
ɚ˦	日		泪眼~
		ni˨	里李理礼鲤屡履

i

pi˧	屄 女性生殖器官	ni˧	例利丽吏莉荔厉励俐痢累~
pi˨	鼻		不过（很累）
pi˨	比彼匕	ni˦	力立历栗粒沥隶笠匿
pi˧	闭臂背	tɕi˧	机鸡基箕饥肌
pi˧	避弊蔽毙被~窝	tɕi˨	几挤己纪
pi˦	碧必逼毕壁笔	tɕi˧	既记计季寄系际悸嫉忌祭
pʰi˧	批披砒胚~子		继醉
pʰi˨	皮匹脾疲琵啤痹	tɕi˧	技伎妓剂罪
pʰi˨	否痞鄙	tɕi˦	及急即积级极激吉脊击圾迹
			绩棘辑籍集疾寂吸

tɕʰi˧	期妻欺漆凄	ɕia˧	夏下~来、上下
tɕʰi˧˥	其齐骑棋奇祁歧脐崎旗蕲琪琦祺	ɕia˥	瞎
tɕʰi˥˧	起启岂	ia˧	丫鸦
tɕʰi˧	气器汽砌弃契沏	ia˥˧	呀牙芽崖涯衙蚜
tɕʰi˨	企	ia˥	雅讶
tɕʰi˧˩	七戚柒乞祈迄	ia˧	亚□腻: 甜食吃多了~不过
ɕi˧	西稀溪嘻夕悉希熙昔析晰牺犀兮奚浙蟋婿须需	ia˧	压₁盖: 弄一快石头~倒; 碾过: 滚子把脚~得巧
ɕi˥˧	席徐	ia˧	鸭轧押压₂压迫
ɕi˥	洗喜玺禧徙写		io
ɕi˧	细戏叙絮岁	nio˧	略掠
ɕi˨	系序绪	tɕio˥	爵嚼
ɕi˧	熄锡息袭惜习隙媳戌	tɕio˧	觉脚
i˧	衣依医裔伊咿	tɕʰio˧	却确雀鹊榷
i˥˧	移姨仪颐夷胰疑宜彝抑谊遗液泥倪尼霓	ɕio˥˧	学
i˥	椅矣以已	ɕio˥	削₁去掉: ~了光头
i˧	臆肄意忆溢异逸佚	ɕio˧	削₂剥~
i˨	艺毅议义	io˧	虐药约跃岳钥
i˧˩	一乙翼译壹揖奕饴贻亦熠逆		iɛ
	ia	piɛ˧	瘪憋
tɕia˧	家加佳嘉枷稼珈	piɛ˧	别鳖
tɕia˥˧	假贾	pʰiɛ˥	□折断秕~子(秕谷)
tɕia˧	价架驾嫁	pʰiɛ˧	□拉稀
tɕia˧	甲夹荚挟匣	pʰiɛ˧	□歪歪倒倒的样子: 走路~~倒
tɕʰia˧	掐~倒玩	pʰiɛ˧	瞥撇
tɕʰia˥˧	卡~子、发~	miɛ˧	灭蔑篾
tɕʰia˧	恰洽	tiɛ˧	爹
ɕia˧	虾	tiɛ˧	叠碟谍
ɕia˥˧	峡霞狭侠辖暇遐瑕	tiɛ˧	跌蝶
		tʰiɛ˧	铁贴帖

niɛ˥	乜₁这	pʰiau˥	飘嘌
tiɛ˥	乜₂那	pʰiau˩	瓢朴剽
tiɛ˩	列裂猎劣烈冽	pʰiau˩	漂染颜色；学：～了几个字（学了几个字）
tɕiɛ˥	嗟		
tɕiɛ˩	截	pʰiau˥	票
tɕiɛ˩	姐	miau˥	喵
tɕiɛ˥	借	miau˩	苗描瞄
tɕiɛ˥	接节结揭劫竭洁杰捷睫	miau˩	秒藐渺邈缈杪淼
tɕʰiɛ˩	茄	miau˥	妙
tɕʰiɛ˩	且	miau˥	庙
tɕʰiɛ˥	怯窃惬	tiau˥	叼雕刁碉凋貂
tɕʰiɛ˥	切妾	tiau˩	鸟
ɕiɛ˥	些	tiau˥	掉吊
ɕiɛ˩	斜邪	tiau˥	调铞
ɕiɛ˥	卸泻泄	tʰiau˥	挑
ɕiɛ˥	谢	tʰiau˥	条调迢窕
ɕiɛ˥	血挟协胁雪薛	tʰiau˩	□调换；打～胯（光着屁股）
iɛ˩	爷	tʰiau˥	跳眺
iɛ˩	也野冶	niau˩	聊疗燎辽僚寥撩嘹袅
iɛ˥	夜	niau˩	了
iɛ˥	业叶页捏聂孽镊蹑孽	niau˥	料廖
	iai	tɕiau˥	交教焦胶娇骄浇郊蕉椒礁姣
tɕiai˥	皆	tɕiau˩	嚼咀嚼；唠叨
tɕiai˩	解（新）	tɕiau˩	缴饺绞狡剿佼
tɕiai˥	介界	tɕiau˥	叫教
ɕiai˩	谐偕	tɕiau˥	较校矫轿
ɕiai˥	懈	tɕʰiau˥	敲文锹悄
	iau	tɕʰiau˥	桥瞧乔侨荞憔樵跷
piau˥	标彪膘飙飚镖	tɕʰiau˩	巧
piau˩	表婊		
piau˥	□盯梢		

tɕʰiau˥	俏窍峭鞘	iəu˩	由油游尤犹邮酉黝鱿
tɕʰiau˩	撬翘	iəu˩	有友酉
ɕiau˥	消销萧宵肖硝霄嚣潇逍箫	iəu˥	幼诱莠
ɕiau˩	淆哮	iəu˥	又右铀佑
ɕiau˩	小晓	iəu˩	狱育欲
ɕiau˥	笑孝啸酵		iɛn
ɕiau˩	效校	piɛn˥	边编鞭砭
iau˥	妖夭吆幺腰	piɛn˩	扁贬匾褊蝙
iau˩	摇窑尧谣遥瑶姚窈	piɛn˥	变遍辩辨
iau˩	舀杳鸟	piɛn˥	辫便卞汴
iau˥	要耀	pʰiɛn˥	篇翩偏
iau˥	尿	pʰiɛn˩	便骈
	iəu	pʰiɛn˩	□斜切薄片
tiəu˥	丢	pʰiɛn˥	骗片
niəu˥	溜	miɛn˩	棉绵眠
niəu˩	流留刘硫瘤榴琉馏浏	miɛn˩	免缅勉冕娩沔腼渑
niəu˩	柳扭	miɛn˥	面
niəu˩	遛	tiɛn˥	颠滇巅癫
niəu˥	□扔	tiɛn˩	点碘典
tɕiəu˥	揪纠阄鸠赳	tiɛn˥	店掂惦玷踮
tɕiəu˩	九久酒韭玖□拧	tiɛn˥	电殿淀垫奠佃靛甸
tɕiəu˥	救究臼厩灸咎疚	tʰiɛn˥	天添
tɕʰiəu˥	就₂成~舅旧	tʰiɛn˩	田填甜
tɕʰiəu˥	秋丘邱蚯	tʰiɛn˩	舔恬
tɕʰiəu˩	求球泅囚酋裘	niɛn˩	连联莲怜廉帘镰涟
ɕiəu˥	修休庥羞	niɛn˩	脸
ɕiəu˩	朽	niɛn˩	练恋炼链敛殓
ɕiəu˥	锈绣嗅秀旭	tɕiɛn˥	尖间肩兼煎监坚奸缄笺
ɕiəu˥	袖	tɕiɛn˩	减检剪茧柬碱拣捡涧
ɕiəu˩	蓄	tɕiɛn˥	见键建箭健荐剑鉴舰谏
iəu˥	优忧悠幽	tɕiɛn˥	贱俭践渐饯

tɕʰiɛn˧ 千牵签铅迁谦仟阡骞堑歼
tɕʰiɛn˨ 钱前钳乾潜黔虔
tɕʰiɛn˦ 浅谴遣
tɕʰiɛn˥ 欠歉纤倩芡
ɕiɛn˧ 先鲜锨仙
ɕiɛn˨ 闲嫌弦衔贤舷娴
ɕiɛn˦ 显险冼
ɕiɛn˥ 线现献腺宪羡
ɕiɛn˧ 县陷馅限
iɛn˧ 烟咽淹研阉奄鄢胭腌嫣蔫
iɛn˨ 沿盐言严炎岩延蜒颜阎衍檐年
iɛn˦ 眼演掩罨碾
iɛn˧ 厌宴堰燕焰
iɛn˥ 验艳砚雁唁彦谚赝妍念

in
pin˧ 宾彬斌滨缤殡冰兵
pin˦ 丙饼秉柄炳禀
pin˧ 并
pin˥ 病
pʰin˧ 拼
pʰin˨ 贫频姘翩平凭瓶评屏萍苹坪
pʰin˦ 品乒
pʰin˧ 聘□并排
min˧ □说（透露消息）
min˨ 民抿岷名明鸣铭冥溟瞑
min˦ 敏闽皿悯闵
min˥ 命
tin˧ 盯叮丁钉酊
tin˦ 顶鼎

tin˧ □拌嘴；纳鞋底
tin˥ 定订锭
tʰin˧ 厅
tʰin˨ 停亭庭廷婷蜓霆
tʰin˦ 挺艇铤
tʰin˧ 听
nin˨ 林临淋邻磷鳞拎琳霖啉嶙粼麟零铃玲灵龄陵棱菱伶苓吟囹聆
nin˦ 凛懔檩领岭
nin˥ 赁吝蔺躏另令凌
tɕin˧ 今金斤筋津巾靳矜惊经京精荆晶鲸兢茎睛痉迳旌
tɕin˦ 仅紧锦谨瑾井景警境颈憬
tɕin˧ 进劲禁浸晋襟噤觐竟镜敬竞径靖婧俊峻竣骏
tɕin˧ 近尽烬静净
tɕʰin˧ 亲₁~戚侵钦轻清青氢卿氰蜻
tɕʰin˨ 琴勤擒秦芹禽覃情晴擎
tɕʰin˧ 寝请倾
tɕʰin˧ 亲₂~家沁庆磬
ɕin˧ 新心芯欣薪锌辛馨鑫莘星腥猩惺
ɕin˨ 寻行型形刑邢荥
ɕin˨ 醒
ɕin˥ 信衅囟性姓兴
ɕin˧ 杏幸
in˧ 因音阴荫茵殷姻喑鹰英婴樱缨莺嘤膺鹦鹭

in˅	银吟寅淫垠龈迎营蝇赢莹盈萤荧嬴萦	ɕyŋ˦	胸凶兄汹匈
in˅	引饮尹瘾蚓影颖郢	ɕyŋ˅	雄熊
in˦	印胤应映	ɕyŋ˅	□丰盛：今朝中时的菜蛮～；茂盛：他的屋里的麦子长得蛮～

iaŋ

u

niaŋ˅	凉粮梁良梁娘₁	pu˅	补哺
niaŋ˅	两辆俩魉	pu˦	布怖
niaŋ˦	亮量晾谅踉靓酿	pu˦	步部捕簿埠
tɕiaŋ˦	将江浆僵姜疆缰	pu˦	不
tɕiaŋ˅	讲奖蒋桨	p'u˦	扑
tɕiaŋ˦	降酱绛犟糨	p'u˅	蒲葡菩匍□溢出：锅里～了
tɕiaŋ˦	匠像₁相~橡	p'u˅	谱普圃甫
tɕiaŋ˦	枪腔羌戕锵跄	p'u˦	铺
tɕ'iaŋ˦	强墙蔷樯穑	p'u˦	□趴
tɕ'iaŋ˅	抢	p'u˦	仆朴曝瀑讣
tɕ'iaŋ˦	呛炝	mu˅	模~子
ɕiaŋ˦	香乡相箱镶厢湘襄	mu˅	母牡拇姆
ɕiaŋ˅	降翔祥详	mu˦	幕墓暮募慕
ɕiaŋ˅	想响享饷	mu˦	木目牧穆睦沐
ɕiaŋ˦	向像₂~章	fu˦	夫肤
ɕiaŋ˦	象大~	fu˅	扶浮拂氟俘傅弗匐
iaŋ˦	秧殃央鸯怏泱	fu˅	俯斧辅府腐抚釜腑
iaŋ˅	羊洋扬杨阳佯疡徉娘₂	fu˦	富负付附赴赋覆
iaŋ˅	养仰氧痒	fu˦	父妇
iaŋ˦	样漾恙	fu˦	副幅福复服腹辐袱

yŋ

tɕyŋ˦	窘炯迥	ku˦	孤姑咕辜菇
tɕyŋ˦	□雄赳赳走路的样子	ku˅	古股鼓估蛊牯
tɕ'yŋ˦	穷邛穹	ku˦	故顾固雇崮梏
		ku˦	谷骨
		k'u˦	枯骷箍

kʻuˇ	□蹲葫~芦		关：把门~得一哂
kʻuˊ	苦	xuaˉ	花哗
kʻu˥	库裤酷	xuaˇ	华滑猾桦划₁~拳；~船
kʻu˥	哭窟	xua˥	化划₂计~
xuˉ	呼糊贴乎	xua˥	画话
xuˊ	湖壶胡糊弧狐蝴和~牌瑚浒	uaˉ	蛙哇
xuˇ	虎唬	xuaˇ	娃
xu˥	□用工具舀水后泼出去或用手舀水后泼出去：~水	xua˥	瓦
		xua˥	洼凹
xu˥	户互护沪怙核	xua˥	挖袜
xu˥	忽		uɛ
uˉ	污钨鸣乌诬巫坞	kuɛˉ	国帼
uˇ	无吴吾芜梧蜈	xuɛ˥	或获惑
uˇ	五舞捂武伍午侮晤忤		uai
u˥	恶~躁他（讨厌他）	kuaiˉ	乖
u˥	雾误戊务悟鹜	kuaiˇ	拐
u˥	屋物毋勿	kuai˥	怪
	ua	kʻuaiˇ	块
kuaˉ	呱	kʻuai˥	快筷侩会~计
kuaˇ	瓜冬~；油~（油条）；大瓜（年轻的媳妇）	xuaiˇ	怀淮槐徊
		xuai˥	坏
kuaˇ	寡剐	uaiˉ	歪
kua˥	褂卦挂	uaiˇ	崴脚~了（脚扭伤了）
kua˥	刮	uai˥	外
kʻuaˉ	夸₁夸耀、夸奖		uei
kʻuaˇ	□绿~~的（呈现出很绿的状态）	kueiˉ	归规硅龟闺圭
kʻuaˇ	垮胯	kueiˇ	鬼轨诡
kʻua˥	挎跨	kuei˥	贵桂瑰
kʻua˥	夸₂说话：~瓢（能说会道者）；	kuei˥	柜

kʻuei˧	亏盔魁窥岿	uan˩	晚碗挽腕宛婉惋皖蜿
kʻuei˩	奎葵逵暌	uan˧	顽
kʻuei˩	傀	uan˧	万
kʻuei˧	愧溃馈		**uən**
kʻuei˧	跪	kuən˩	滚衮磙
xuei˧	灰挥辉徽恢诙	kuən˧	棍
xuei˩	回蛔茴	kʻuən˧	昆坤琨
xuei˩	毁悔	kʻuən˩	捆
xuei˧	惠晦秽慧贿讳卉彗	kʻuən˧	困
xuei˧	会绘汇烩	xuən˧	昏浑婚
uei˧	威巍薇	xuən˩	魂馄横
uei˩	围微危违唯维惟桅苇为₁作~	xuən˩	混~淆
uei˩	尾伟委韦萎苇逶纬	xuən˧	诨混~帐
uei˧	喂胃伪畏蔚尉慰渭	uən˧	温瘟
uei˧	为₂~了位味卫魏谓未	uən˩	文闻蚊纹汶雯
	uan	uən˩	稳吻刎
kuan˧	关官观₁~察冠₁桂~棺倌鳏	uən˧	紊
kuan˩	管馆	uən˧	问
kuan˧	惯罐灌观₂道~冠₂~军贯盥		**uaŋ**
kʻuan˧	宽髋	kuaŋ˧	光胱
kuan˩	款□踢；胡说八道	kuaŋ˩	□瞪着眼看
kuan˧	□布扣子	kuaŋ˩	广犷
xuan˧	欢	kuaŋ˧	逛
xuan˩	还环桓	kʻuaŋ˧	筐框匡眶诓
xuan˩	缓	kʻuaŋ˩	狂诳
xuan˧	唤幻宦豢	kʻuaŋ˧	矿况旷
xuan˧	换患涣焕痪浣鲩	xuaŋ˧	慌荒肓
uan˧	弯湾豌	xuaŋ˩	黄簧凰皇惶蝗磺煌徨潢璜蟥
uan˩	完玩丸纨	xuaŋ˩	谎恍
		xuaŋ˧	晃幌

uaŋ˧	汪	tʂʰua˩	□淋：～雨
uaŋ˩	忘王亡枉	tʂʰua˩	□去掉：把匸个角～了它
uaŋ˩	往网罔惘	ʂua˩	□目光快速掠过：他眼睛一～就晓得
uaŋ˧	望妄旺		
	ʮ	tʂʰua˩	耍
tʂʮ˧	猪株珠蛛朱诸居车	tʂʰua˧	□没有通过：他笔试通过了，面试的时候尽人家～下来了
tʂʮ˩	主煮举矩咀		
tʂʮ˧	著蛀铸句巨具距锯剧拒惧	tʂʰua˧	刷
tʂʮ˧	住柱注驻		ɥɛ
tʂʮ˧	局菊鞠桔橘	tʂɥɛ˩	□骂人
tʂʰʮ˧	区驱躯黢	tʂɥɛ˩	□后踢腿的动作或样子：牲口打～子；～起来跑
tʂʰʮ˩	除橱储厨踟蹰渠		
tʂʰʮ˩	拄处₁～理；～方	tʂɥɛ˧	拙决掘诀偏抉
tʂʰʮ˧	处₂～长去	tʂʰɥɛ˧	缺阙
tʂʰʮ˧	出曲屈	ʂɥɛ˧	靴
ʂʮ˧	书殊抒舒输虚	ʂɥɛ˩	穴
ʂʮ˩	薯暑鼠许栩	ʂɥɛ˧	说
ʂʮ˧	述术曙署墅庶恕戍	ɥɛ˩	惹
ʂʮ˧	树竖	ɥɛ˧	□大声叫唤
ɥ˧	迂	ɥɛ˧	□将就着混：他家～得不像个样子
ɥ˩	与于鱼余渔愚盂舆娱屿如儒茹蠕孺	ɥɛ˧	热月越阅悦曰
			ɥai
ɥ˩	雨语予羽禹宇女铝吕乳汝	tʂɥai˧	□：～在屋里（呆在家里）；把脚～倒（把脚缩回去放着）；～倒身子（蜷缩着身子）
ɥ˧	玉誉愉郁峪御裕驭		
ɥ˧	遇愈榆俞逾域芋喻寓预豫禹	tʂɥai˩	□自命清高、摆谱的样子
ɥ˧	舆入	tʂɥai˧	拽
	ɥa	tʂʰɥai˩	□折腾、折磨
tʂɥa˧	抓	tʂʰɥai˩	踹
tʂɥa˧	□僵：手冻～了	ʂɥai˧	摔衰
tʂɥa˧	□踢：～他一脚		

ʂuai˅	甩	ɥan˦	院愿苑
ʂuai˧	率帅		ɥən
	ɥei	tʂɥən˦	谆肫军君均钧
tʂɥei˦	追锥椎	tʂɥən˅	准
tʂɥei˧	坠缀赘惴	tʂɥən˧	菌郡
tʂʻɥei˦	吹炊	tʂʻɥən˦	春椿
tʂʻɥei˅	垂锤捶槌	tʂʻɥən˅	唇纯醇淳莼鹑群裙琼
ʂɥei˅	谁	tʂʻɥən˅	蠢
ʂɥei˅	水	ʂɥən˦	熏勋
ʂɥei˧	睡税瑞	ʂɥən˅	纯~粹
ɥei˧	锐	ʂɥən˦	瞬
	ɥan	ʂɥən˧	舜训驯
tʂɥan˦	专砖	ʂɥən˧	顺
tʂɥan˅	转	ɥən˦	晕
tʂɥan˧	传撰篆馔沌	ɥən˅	云匀陨耘郧芸纭殒荣
tʂɥan˦	赚圈猪~	ɥən˅	允永咏
tʂʻɥan˦	穿川	ɥən˧	韵酝愠泳
tʂʻɥan˅	船传椽	ɥən˧	运孕恽
tʂʻɥan˅	喘		ɥaŋ
tʂʻɥan˧	串	tʂɥaŋ˦	装庄桩妆
ʂɥan˦	栓拴闩删掀轩	tʂɥaŋ˧	壮状
ʂɥan˅	玄悬	tʂɥaŋ˧	幢撞₁
ʂɥan˧	涮	tʂʻɥaŋ˦	窗疮
ɥan˦	冤渊鸳	tʂʻɥaŋ˅	床
ɥan˅	员元圆原园援猿源缘袁辕媛阮燃然	tʂʻɥaŋ˧	闯撞₂
ɥan˅	远软染冉	ʂɥaŋ˦	双霜孀
ɥan˧	怨	ʂɥaŋ˅	爽

四、安陆音系与北京音系比较

(一) 声母的比较

安陆话有22个声母，北京话也有22个声母（都包括零声母），即：

安陆话				北京话			
p	pʻ	m	f	p	pʻ	m	f
t	tʻ	n		t	tʻ	n	l
ts	tsʻ	s		ts	tsʻ	s	
tʂ	tʂʻ	ʂ	ʐ	tʂ	tʂʻ	ʂ	ʐ
k	kʻ	ŋ	x	k	kʻ		x
tɕ	tɕʻ	ɕ		tɕ	tɕʻ	ɕ	
ø				ø			

从上面两个声母表可以看出，安陆音和北京音虽然声母总数是一样的，而且读音也相同，但二者还是有些差别：一是安陆音声母与北京音相比是"一多一少"，即k组多了一个 [ŋ] 声母，t组少了一个 [l] 声母。二是一些具体字的读音可能不完全一样，例如安陆音的零声母字范围就比北京音的零声母字范围小。

下面我们按声母表的顺序，从安陆音出发，将安陆音声母与北京音声母逐一比较。实际上是具体的声母对应规律，每条具体规律管的字可能很多，不能全部列举，只列十个字，不合对应规律的在例外字中列出北京读音。例外字反映出虽然安陆音与北京音的声母数和读音都一样，但其中仍有交叉的地方。

安陆音	北京音	例　字
p	p	把波北不班白包边别棒
pʻ	pʻ	怕坡陪批扑喷盘跑偏票
	p	鄙辟庇痹
	例外	
	f	讣甫
m	m	吗摸买米木毛满面忙

f	f		发佛非副反否放风分
		例外	
	p'		喷
t	t		大多德地读到但当等
t'	t'		他拖特提土头套谈躺
n	n		那诺难脑囊能怒浓嫩奶
			拉落勒力路楼蓝老浪冷
ts	ts		杂做则字组走早赞脏总
	tɕ		溅
	tʂ		捉
	tʂ		争
		例外	
	ts'		侧
ts'	ts'		擦错册次粗凑参草舱层
	ɕ		涎
	ts		族
	tɕ'		趣
	tʂ'		戳锄楚础
s	s		撒所色三森孙扫桑僧素
	ɕ		续
	ʂ		使师省生事史狮虱驶柿甥牲笙
tʂ	tʂ		扎桌者住找站真张正只
	tʂ'		翅
	tɕ		句举巨局具距锯剧居菊决卷捐
tʂ'	tʂ'		查绰车产尘成长超出迟
	tʂ		秩拄
	tɕ'		区渠曲屈驱躯琼群裙
ʂ	ʂ		杀硕社是书山少身声上
	tʂ'		辰晨常尝
	s		赛
	ʐ		瑞

	ɕ	许虚悬玄轩
ʐ	ʐ	弱如然让人仍肉睿绕容
k	k	干果个跟更高刚够归古
	tɕ	家街解介界戒届角窖阶
	例外	
	ɕ	械
	x	虹
k'	k'	卡阔克肯坑靠看抗口亏
	tɕ'	掐敲嵌
	k	概溉跪
	x	葫
ŋ	ø	按安袄偶伢我恩昂恶扼
x	x	哈火喝好很混喊航后回
	ɕ	鞋项巷下咸
tɕ	tɕ	加叫见九觉几进静键将
	ɕ	吸像
	ts	嘴醉罪
tɕ'	tɕ'	恰桥前求强起穷亲请切
	例外	
	tɕ	歼
ɕ	ɕ	下些学选先小修想新性
	s	岁虽髓
	tɕ	酵
	例外	
	x	吓
ø	ø	呀也要眼有样因应与月
	n	捏聂孽蹑娘牛扭忸女虐疟年撵碾 蔫你泥拟腻逆呢倪尼
	l	铝吕
	ʐ	荣热惹

（二）韵母的比较

安陆方言的韵母有 41 个，北京话有 39 个，即：

安陆话				北京话			
a	ia	ua	ɥa	a	ia	ua	
o	io			o		uo	
ɛ	iɛ	uɛ	ɥɛ	ɛ	iɛ	yɛ	
ɚ				ɚ			
				ɤ			
ɿ	i	u	ɥ	ɿ	i	u	y
ʅ				ʅ			
ai	iai	uai	ɥai	ai		uai	
ei		uei	ɥei	ei		uei	
au	iau			au	iau		
ɔu	iɔu			ɔu	iɔu		
an	iɛn	uan	ɥan	an	iɛn	uan	yɛn
ən	in	uən	ɥən	ən	in	uən	yn
aŋ	iaŋ	uaŋ	ɥaŋ	aŋ	iaŋ	uaŋ	
uŋ		yŋ		uŋ		yŋ	
				əŋ	iŋ	uəŋ	

从上面的比较可以看出，安陆话比北京话多［ɥa］、［io］、［uɛ］、［iai］、［ɥai］、［ɥei］、［ɥaŋ］七个韵母，安陆话比北京话少［ɤ］、［uo］、［əŋ］、［iŋ］、［uəŋ］五个韵母，安陆话的 ɥ 对应北京话的 y。安陆话与北京话绝大多数韵母相同，读音也一致。现将安陆话韵母中与北京话相应的韵母列详细对照表如下：

安陆话	北京话	例　字
a	a	巴爬妈发大他那拉扎查
	ia	家~~：外婆　掐下等一~
	ua	胯
ia	ia	加假架甲夹洽瞎峡霞辖
ua	ua	挂瓜寡褂跨夸话花滑挖
	uo	括

ua	ua	抓刷耍
o	o	波破摸
	uo	多舵拖脱挪落桌左错我
	ɤ	着个歌饿鹅和合禾搁鸽
	例外	
	əu	剖
io	yɛ	觉爵嚼却确雀学削约跃岳药
	iau	钥脚角
ɛ	ɤ	得德特则择色者折社设核
	o	伯帛柏迫魄珀墨默陌
	ai	百白柏佰麦脉拍摘窄
	例外	
	ei	北给
	ʅ	虱
	ia	吓
iɛ	iɛ	别撇灭爹铁捏列接切些
	yɛ	绝薛
uɛ	uo	国帼或获惑
yɛ	yɛ	决掘倔厥缺阕穴靴月越阅悦曰粤
	uo	说
	ɤ	热惹
ɿ	ɿ	字子资次词辞四撕思饲
	ʅ	事使师史狮驶士柿仕侍
ʅ	ʅ	只知制枝尺持赤是室石
ɚ	ɚ	而二耳儿尔贰饵洱
	例外	
	ʅ	日
i	i	比闭批皮米秘第提泥离
	uei	岁虽髓嘴醉罪堆
	ei	霉眉媒被累泪
	y	絮须需婿绪恤

	例外	
	iɛ	液
u	u	不扑木副古谷哭库湖户
	例外	
	o	佛
ʮ	y	区渠曲屈驱举鱼女具许
	u	出处除橱书树输术殊如
ai	ai	败排买带太耐来该开海
	iɛ	街解屇戒介阶鞋械
iai	iɛ	皆解戒介谐懈
uai	uai	怪乖快块会坏怀槐徊
	uəi	傀刽
ʮai	uai	拽揣踹摔甩率帅衰蟀
ei	ei	杯陪每非内类
	uei	对退最催脆翠碎随遂祟
	例外	
	i	蓖篦
uei	uei	归贵桂亏奎愧回灰为围
ʮei	uei	追缀锥吹垂槌水睡税锐
au	au	包跑毛套闹老早草扫找
	iau	窖敲咬搅
	ua	爪
iau	iau	表票秒掉条料叫桥小要
	例外	
	au	猫
	iəu	谬
əu	əu	某否都头楼走凑周抽手
	u	读度肚土图兔怒努路录
	u	浮母
	au	茂贸
	iəu	六就

	y	绿
iəu	iəu	丢流柳酒旧求秋修锈有
	y	蓄畜旭狱育欲
an	an	半盘满反但谈难蓝暂蚕
	iɛn	嵌咸苋溅涎淹
iɛn	iɛn	边片面点天连见前先眼
	yɛn	全泉痊选旋宣喧癣炫煊
uan	uan	关管惯宽款换环完碗万
	例外	
	iɛn	娩
	yɛn	苑
ɥan	yɛn	卷倦鹃捐绢权劝拳悬玄
	uan	转撰赚穿川船串栓闩拴
	an	染燃冉然删
	例外	
	iɛn	掀
ən	ən	本奔盆分嫩怎森真臣身
	əŋ	等疼能冷增层僧正成声
	uən	吨顿吞屯论轮尊村孙笋寻
	例外	
	iŋ	硬
	yn	逊
in	in	宾品民林临进今亲新因
	iŋ	并平名顶听拧另井请性
uən	uən	滚棍捆昆坤混昏魂问闻
	例外	
	əŋ	横
ɥən	uən	准谆春唇蠢顺瞬
	yn	军君菌群裙云运晕允匀韵陨孕
	uŋ	荣
	yŋ	琼永咏泳

aŋ	aŋ	帮旁忙放当躺囊浪脏张
	iaŋ	项巷
	uaŋ	创
iaŋ	iaŋ	两亮娘将降强想响样仰
uaŋ	uaŋ	光广矿筐黄慌凰望网汪
ʮaŋ	uaŋ	装庄桩窗床疮双霜爽孀
uŋ	uŋ	动同弄龙中冲总从送容
	əŋ	蹦绷泵碰捧猛梦风封缝
	uəŋ	翁嗡瓮蓊
	yŋ	涌拥勇雍庸臃恿
yŋ	yŋ	炯窘穷穹胸凶雄用佣

（三）声调的比较

安陆话有阴平、阳平、上声、阴去、阳去、入声六个声调，普通话只有阴平、阳平、上声、去声四个声调。它们的对应规律如下：

安陆话	北京话	例　　字
阴平 ˧	阴平 ˥	巴趴妈发他拉加虾渣叉沙
阳平 ˩	阳平 ˧˥	鼻皮迷笛提离蹄齐席移仪
上声 ˨˩	上声 ˨˩˦	绑莽访党躺朗港讲抢想掌
阴去 ˧	去声 ˥˩	半盼泛担碳站扇见欠线看
阳去 ˥	去声 ˥˩	办饭但蛋绽善贱现县岸汗
入声 ˧	阴平 ˥	八捌抹发搭答塌踏扎插刹匝咂擦夹掐瞎押鸭压刮刷拨剥钵泼泊咄脱托郭豁桌捉拙涿戳说撮缩搉胳疙割鸽磕瞌喝憋鳖瞥撇跌贴捏切歇蝎撅缺薛削约曰督突凸秃窟哭忽惚叔淑施虱湿失吃鞠曲屈逼劈霹滴踢剔激击积缉圾吸膝悉蟋息熄析淅晰昔惜夕汐锡一壹揖拍摘勒黑粥
	阳平 ˧˥	拔跋答瘩达扎夹荚颊匣博伯泊勃搏驳脖渤帛殖铎国帼苗啄灼浊卓逐擢濯镯琢昨得德格阁革蛤隔膈骼咳壳涸折哲蜇辙辄嫡则择泽额别氅迭翟结节竭洁捷睫劫杰子协胁决绝觉掘诀撅倔抉厥蹶瘸幅福服辐读竹烛逐竺秫赎塾族足卒俗植执

值职侄识食蚀实局菊橘敌嫡涤迪狄及级极吉急
棘即集籍辑丞疾嫉习媳袭檄宅

上声↙ 法砝塔甲钾胛抹索铁雪朴骨谷嘱瞩属蜀辱尺脊百
柏窄北脚角

去声↘ 踏沓榻呐纳钠捺霎恰洽袜迫粕魄末抹沫茉陌莫寞
默墨没殁柝落烙洛骆络扩廓或惑获豁霍绰啜辍龌
硕烁朔妁若弱作柞错沃斡幄握龌特勒各恪赫褐鹤
喝浙撤彻澈掣设涉摄慑热仄册侧策测厕恻塞涩色
啬瑟穑恶噩遏厄扼轭鄂腭鳄别灭蔑聂孽涅镊蹑镍
列裂烈冽猎劣切怯切窃妾挈锲屑亵液掖叶页业谒
虐略掠却确雀鹊阅阙血越月跃阅乐岳悦不瀑木沐
睦目苜穆牧复腹蝮鹿麓漉辘录绿禄陆戮酷触畜蓄
搐黜束入促塑宿肃粟凤物勿挚帜掷质室炙赤叱室
释适饰式试日率律续蓄恤旭煦欲狱育郁壁璧必毕
碧辟密蜜觅惕匿溺逆立粒笠栗砾力历沥雳寂绩迹
役益溢翼逸译驿亿忆抑轶麦脉烙酪

以上列的是现在安陆方言里仍读入声的字，这些入声字分别归入普通话的四个声调中。安陆方言里，虽然入声是一个独立的调类，但一部分全浊字读安陆方言的阳平调↗，列举如下：

伐阀筏伐乏轧铡札察杂砸狭侠峡辖滑猾薄佛夺度踱盒劫阂责叠谍截爵
嚼学穴訇弗拂袱伏茯囫斛熟孰直十拾石鼻笛席贼勺妁

五、安陆音系与中古音系比较

安陆音系指的是现代安陆方言的语音系统，下文称今音。中古音系指的是《切韵》、《广韵》所代表的语音系统，下文称古音。下文以《方言调查字表》为依据，从中古语音系统出发，比较安陆方言音系与中古音系，以考察安陆方言语音的演变。

（一）声母的古今比较

中古声母依据《广韵》按发音部位分为帮系、端系、知系、见系四系

12 组：

帮 滂 并 明 /非 敷 奉 微

端 透 定 /泥 来 /精 清 从 心 邪

知 彻 澄 /庄 初 生 崇 /章 昌 船 书 禅 /日

见 溪 群 疑 /晓 匣 /影 云 以

现代安陆方言的声母共 22 个（包括零声母）。中古声母与现代安陆方言声母的比较见下表：

表 2-5-1　中古声母与现代安陆方言声母比较表一

			清			全　浊	
						平	仄
帮组			帮 巴 pa˧		滂 批 pʻi˧	并 婆 pʻoˇ	步 pu˥
非组			非 府 fuˇ		敷 费 fei˧	奉 凡 fanˇ	饭 fan˥
端泥组			端 多 to˧		透 拖 tʻo˧	定 驼 tʻoˇ	舵 to˥
精组	今洪	精	祖 tsəuˇ	清	醋 tsʻu˧	从 才 tsʻaiˇ	在 tsai˥
	今细		节 tɕiɛ˧		切 tɕʻiɛ˧	前 tɕʻienˇ	贱 tɕien˥
知组	今洪	知	茶 tʂʻaˇ	彻	趁 tʂʻən˧	澄 陈 tʂʻənˇ	阵 tʂən˥
	今细		猪 tʂʮ˧		撑 tʂʻən˧	厨 tʂʻʮˇ	柱 tʂʮ˥
庄组	今洪	庄	责 tsɛˇ	初	楚 tʻuˇ	崇 锄 tʻəuˇ	寨 tsai˧
							事 sʅ˥
	今细		装 tʂʻuaŋ˧		窗 tʂʻuaŋ˧	床 tʂʻuaŋˇ	状 tʂuaŋ˥
章组	今洪	章	蒸 tʂən˧	昌	称 tʂʻən˧	船 乘 tʂʻənˇ	剩 ʂən˥
	今细		主 tʂʮˇ		处 tʂʻʮˇ	船 tʂʻʮanˇ	顺 ʂʮn˥
日母	今洪						
	今细						
见晓组	今洪	见	歌 ko˧	溪	可 kʻoˇ	群 葵 kʻueiˇ	柜 kuei˥
	今细		佳 tɕia˧		巧 tɕʻiauˇ	桥 tɕʻiauˇ	巨 tʂʮ˥
影组			衣 i˧ 乌 u˧ 影 窝 ŋo˧ 碗 uanˇ 袄 ŋauˇ				

表 2-5-2　中古声母与现代安陆方言声母比较表二

次浊	清	全浊平	全浊仄		
明 毛 mauˇ					帮组
微 尾					非组
泥 { 脑 nauˇ / 女 ɲyˇ } 来 老 nauˇ					端泥组
	心 { 苏 səu˥ / 小 ɕiauˇ }	邪 { 随 seiˇ / 斜 ɕieˇ }	寺 sㄱˇ / 袖 ɕieuˇ	今洪 / 今细	精组
				今洪 / 今细	知组
	生 { 洒 saˇ / 帅 ʂuaiˇ }			今洪 / 今细	庄组
	书 { 升 ʂən˥ / 舒 ʂㄱ˥ }	禅 { 成 tʂənˇ / 纯 ʂueˇ }	熟 ʂəuˇ / 树 ʂㄱˇ	今洪 / 今细	章组
日 { 人 zənˇ / 耳 ərˇ / 柔 zəuˇ / 软 ɲyanˇ }				今洪 / 今细	日母
疑 { 饿 ŋoˇ / 瓦 uaˇ / 我 ŋoˇ / 玉 ɲy˥ / 鱼 ɲyˇ / 言 iɛnˇ / 牛 ɲyˇ }	晓 { 火 xoˇ / 牺 ɕi˥ / 虚 ʂㄱ˥ }	匣	河 xoˇ / 湖 xuˇ / 莹 inˇ / 丸 uanˇ / 霞 ɕiaˇ	今洪 / 今细	见晓组
雨 ɲyˇ / 友 iəuˇ / 云 ueiㄱ / 雄 ɕynˇ	爷 iɛˇ / 维 ueiˇ / 以 iˇ / 缘 ɲyanˇ / 欲 iueiˇ				影组

1. 古全浊声母字今安陆读法，平声送气，仄声多数不送气，少数送气。如帮组全浊平声读送气的字"婆 [pʻo˨]"，仄声不送气字"步 [pu˧]"。端泥组全浊平声读送气的字"驼 [tʻo˨]"，仄声读不送气的"舵 [to˧]"。精组全浊平声读送气的字"才 [tsʻai˨]"、"前 [tɕʻiɛn˨]"，仄声读不送气的字"在 [tsai˧]"、"贱 [tɕiɛn˧]"。知组全浊平声读送气的字"陈 [tʂʻən˨]"、"厨 [tʂʻu˨]"，仄声读不送气的字"阵 [tʂən˧]"、"柱 [tʂu˧]"。庄组全浊平声读送气的字"锄 [tʻəu˨]"、"床 [tʂʻuaŋ˨]"，仄声读不送气的字"寨 [tsai˧]"、"状 [tʂuaŋ˧]"，也有极少数仄声读送气的字"闯 [tʂʻuaŋ˨]"。见晓组全浊平声读送气的字"葵 [kʻuei˨]"、"桥 [tɕʻiau˨]"，仄声读不送气的字"柜 [kuei˧]"、"巨 [tɕu˧]"。

2. 古明微母安陆有别。古明母字今安陆的 [m] 声母，如"毛"。古微母字今安陆读零声母。如"尾"。

3. 古泥来母今读洪音相混，细音有别。具体是，来母一二等字或今洪音字与泥母一二等字今安陆都读 [n] 声母。如赖 [nai]、蓝 [nan]、伦 [nən]、乃 [nai]、南 [nan]、能 [nən] 等。来母三四等字或今细音字今安陆读 [n] 声母或零声母，泥母细音读零声母。如连 [niɛn]、两 [niaŋ]、吕 [u]。

4. 古知系二等外转字今安陆读 [tʂ] 组声母，如桌 [tʂo]、斩 [tʂan]、柴 [tʂʻai]、山 [ʂan]。古知系二等内转的字今安陆读 [ts] 组声母，如争 [tsən]、初 [tsʻəu]、崇 [tsʻuŋ]、生 [sən]，与精组今读洪音的字如增 [tsən]、仓 [tsʻaŋ]、送 [suŋ] 相混。

5. 古见系遇山臻梗三四等合口字和通三入声字，今拼 ʯ 韵或以 ʯ 开头的韵母时，今安陆读为 [tɕ] 组声母。如决 [tʂuɛ]、群 [tʂʻuən]、虚 [ʂu]、菊 [tʂu]、局 [tʂu]。

6. 疑母一二等开口或今洪音字和影母一二等开口或今洪音字今安陆读 [ŋ] 声母。如鹅 [ŋo]、艾 [ŋai]、偶 [ŋəu]、硬 [ŋən]、恶 [ŋo]、哀 [ŋai]、欧 [ŋəu]、恩 [ŋən] 等。

（二）韵母的古今比较

根据代表中古音系的《广韵》韵母表的 16 摄顺序排列：果、假、遇、蟹、止、效、流、咸、深、山、臻、宕、江、曾、梗、通。同一摄的分开口、合口，同摄同呼的分一、二、三、四等，每"等"内分别列出中古的音韵地位，再举现代安陆方言读音例字，用国际音标符号注明。

表 2-5-3 古今韵母比较表一

		一等			二等			
		帮系	端系	见系	帮系	泥组	知庄组	见系
果开	例字		多 他	歌				
	安陆		to tʻa	ko				
果合	例字	婆	朵	科				
	安陆	pʻo	to	kʻo				
假开	例字				巴	拿	茶	家 下
	安陆				pa	na	tʂʻa	tɕia ɕia ka xa
假合	例字						沙	瓜 花
	安陆						ʂa	kua xua
遇合	例字	布 模	土	姑				
	安陆	pu mo	tʻəu	ku				
蟹开	例字	贝 沛	待	亥	埋 罢	奶	斋	解 佳
	安陆	pei pʻei	tai	xai	mai pa	nai	tʂai	kai tɕia
蟹合	例字	美	退 堆	会 外				怪 话
	安陆	mei	tʻei tei ti	xuei uai				kuai xua
止开	例字							
	安陆							
止合	例字							
	安陆							

续表

		一等			二等			
		帮系	端系	见系	帮系	泥组	知庄组	见系
效开	例字	帽	刀	羔	跑	闹	罩	交 敲
	安陆	mau	tau	kau	pʻau	nau	tʂau	tɕiau tɕʻiau
								kʻau

表 2-5-4 古今韵母比较表二

		三 四 等							
		帮系	端组	泥组	精组	庄组	知章组	日母	见系
果开	例字								茄
	安陆								tɕʻiɛ
果合	例字								靴
	安陆								ʂɥɛ
假开	例字		爹		姐		扯 蛇	惹	爷
	安陆		tiɛ		tɕiɛ		tʂʻɛ ʂɛ	ɥɛ	iɛ
假合	例字								
	安陆								
遇合	例字	府		女	需	楚 所	诸	如	许 去
	安陆	fu		ɥ	ɕi	tsʻu so	tʂɿ	ɥ	ʂɿ tɕʻɿ
									tɕʻi
蟹开	例字	批 米	题	泥 犁	西 齐		势		鸡 兮
	安陆	pʻi mi	tʻi	i ni	ɕi tɕʻi		ʂɿ		tɕi ɕi
蟹合	例字	废		脆 岁			睡	芮	卫 锐
	安陆	fei		tsʻei sei			ʂɥei	ɥei	uei ɥei
				ɕi					

续表

		三　四　等							
		帮系	端组	泥组	精组	庄组	知章组	日母	见系
止开	例字	眉 皮	地	利	四	师	食 匙	二	基
	安陆	mei pʻi	ti	ni	sɿ	sɿ	ʂɿ ʂɿ	ər	tɕi
止合	例字	肥 尾		类 累	醉 髓	帅	水 蕊		贵 辉
	安陆	fei uei		nei nei ni	tsei sei tɕi	ʂuai	ʂuei ʐuei		kuei xuei
效开	例字	表	条	尿 料	浇		赵	扰	桥
	安陆	piau	tʻiau	iau niau	tɕiau		tʂau	ʐau	tɕʻiau

表 2-5-5　古今韵母比较表三

		一等			二等			
		帮系	端系	见系	帮系	泥组	知庄组	见系
流开	例字	某 牡 剖	豆 头	口 吼				
	安陆	məu mu pʻo	təu tʻəu	kʻəu xəu				
咸舒开	例字							
	安陆							
咸舒合	例字							
	安陆							
深舒开	例字							
	安陆							
山舒开	例字	丹	喊	颁	赧	山	简 苋	
	安陆	tan	xan	pan	nan	ʂan	tɕien ɕien xan	

续表

		一等			二等			
		帮系	端系	见系	帮系	泥组	知庄组	见系
山舒合	例字	般	段	唤			闩 撰	关 环
	安陆	pan	tan	xuan			ʂuan tʂuan	kuan xuan
臻舒开	例字		吞	跟				
	安陆		tʻən	kən				
臻舒合	例字	盆	敦	婚 坤				
	安陆	pʻən	tən	xuən kʻuən				
宕舒开	例字	帮	唐	刚				
	安陆	paŋ	tʻaŋ	kaŋ				
宕舒合	例字			广 黄				
	安陆			kuaŋ xuaŋ				
江舒开	例字				旁		双	讲 江
	安陆				pʻaŋ		ʂuaŋ	tɕiaŋ tɕiaŋ

表 2-5-6 古今韵母比较表四

		三 四 等							
		帮系	端组	泥组	精组	庄组	知章组	日母	见系
流开	例字	富 矛 彪	丢	留	就	瘦	肘	柔	纠
	安陆	u au iau	tiəu	niəu	tɕiəu	səu	tʂəu	zəu	tɕiəu

续表

		三　四　等							
		帮系	端组	泥组	精组	庄组	知章组	日母	见系
咸舒开	例字	贬	添	念	签		沾	染	嫌
	安陆	pien	tʰien	ien	tɕʰien		tʂan	ʯan	ɕien
咸舒合	例字	凡							
	安陆	fan							
深舒开	例字	品		临	寻	森	神	任	琴
	安陆	pʰin		nin	ɕin	sən	ʂən	zən	tɕʰin
山舒开	例字	编	田	年	鲜		善	然	见
	安陆	pien	tʰien	ien	ɕien		san	ʯan	tɕien
山舒合	例字	番万	恋	全		川	软	铅 娟	
	安陆	fan uan	nien	tɕʰien		tʂʰʯan	ʯan	tɕʰien tɕʯan	
臻舒开	例字	敏	邻	亲	衬	珍	仁	今	
	安陆	min	nin	tɕʰin	tsʰən	tʂən	zən	tɕin	
臻舒合	例字	芬 稳	伦	孙		春	润	群	
	安陆	fən uən	nən	sən		tʂʰʯən	ʯən	tɕʰʯən	
宕舒开	例字		良	像	双 创	唱	让	疆	
	安陆		niaŋ	ɕiaŋ	ʂʯaŋ tsʰaŋ	tʂʰaŋ	zaŋ	tɕiaŋ	
宕舒合	例字	芳 望						况	
	安陆	faŋ uaŋ						kʰuaŋ	
江舒开	例字								
	安陆								

表 2-5-7　古今韵母比较表五

		一等			二等			
		帮系	端系	见系	帮系	泥组	知庄组	见系
曾舒开	例字	崩 朋	邓	肯				
	安陆	puŋ pʻuŋ	tən	kʻən				
曾舒合	例字			回 弘				
	安陆			xuei xuŋ				
梗舒开	例字				彭 盲 猛	冷	生 争	耕 杏
	安陆				pʻən maŋ muŋ	nən	sən tsən	kən ɕin
梗舒合	例字							横 轰
	安陆							xuən xuŋ
通舒合	例字	蓬 蒙	东	功				
	安陆	pʻuŋ muŋ	tuŋ	kuŋ				
咸入开	例字		答	鸽 合			插	掐 狭
	安陆		ta	ko xo			tʂʻa	tɕʻia ɕia / kʻa
咸入合	例字							
	安陆							
深入开	例字							
	安陆							
山入开	例字		捺	割	八		扎	瞎 辖
	安陆		na	ko	pa		tʂa	ɕia ɕia

续表

		一等			二等			
		帮系	端系	见系	帮系	泥组	知庄组	见系
山入合	例字	末	夺	活			刷	滑 刮
	安陆	mo	to	xo			ʂua	xua kua

表 2-5-8　古今韵母比较表六

		三　四　等							
		帮系	端组	泥组	精组	庄组	知章组	日母	见系
曾舒开	例字	冰		陵	甄		蒸	扔	英 孕
	安陆	pin		nin	tsən		tʂən	zən	in yn
曾舒合	例字								
	安陆								
梗舒开	例字	兵	定	令	精		整		盈
	安陆	pin	tin	nin	tɕin		tʂən		in
梗舒合	例字								永营兄
	安陆								yən in ɕyŋ
通舒合	例字	冯		隆	从	崇	众	绒	宫 雄
	安陆	fuŋ		nuŋ	tsʻuŋ	tʂʻuŋ	tʂuŋ	zuŋ	kuŋ ɕyŋ
咸入开	例字		贴	猎	捷		摺		业
	安陆		tʻie	nie	tɕie		tʂɛ		iɛ
咸入合	例字	法							
	安陆	fa							

续表

		三　四　等							
		帮系	端组	泥组	精组	庄组	知章组	日母	见系
深入开	例字			粒	辑	涩	十	入	及
	安陆			ni	tɕi	sɛ	ʂʅ	ɻʅ	tɕi
山入开	例字	灭	迭	捏 列	节 薛		设	热	歇
	安陆	miɛ	tiɛ	iɛ niɛ	tɕiɛ ɕiɛ		ʂɛ	ɻɛ	ɕiɛ
山入合	例字	伐 袜			劣 雪		说	血 月	
	安陆	fa ua			niɛ ɕiɛ		ʂuɛ	ɕiɛ ɻɛ	

表 2-5-9　古今韵母比较表七

		一等			二等			
		帮系	端系	见系	帮系	泥组	知庄组	见系
臻入开	例字							
	安陆							
臻入合	例字	不 脖 没	突	骨				
	安陆	pu po mei	tʻəu	ku				
宕入开	例字	薄 泊	托	各				
	安陆	po pʻɛ	tʻo	ko				
宕入合	例字			郭 扩				
	安陆			ko kʻo				
江入开	例字				驳 朴		捉	角 觉
	安陆				po pʻu		tso	tɕio tɕio / ko

续表

		一等			二等			
		帮系	端系	见系	帮系	泥组	知庄组	见系
曾入开	例字	墨	德	黑				
	安陆	mɛ	tɛ	xɛ				
曾入合	例字			国 或				
	安陆			kuɛ xuɛ				
梗入开	例字				百 拍		择 窄	革 吓
	安陆				pɛ pʻɛ		tsɛ tsɛ	kɛ xɛ ɕia
梗入合	例字							划 获
	安陆							xua xuɛ
通入合	例字	扑 木	督	谷 沃				
	安陆	pʻu mu	təu	ku ŋo				

表 2-5-10 古今韵母比较表八

		三 四 等							
		帮系	端组	泥组	精组	庄组	知章组	日母	见系
臻入开	例字	毕		栗	七	瑟 虱	实	日	吉 乙
	安陆	pi		ni	tɕʻi	sɛ sɛ	ʂʅ	ɚ	tɕi i
臻入合	例字	弗		律	恤 卒	蟀	出		橘
	安陆	fu		ni	ɕi tsəu	ʂuai	tʂʻʅ		tʂʅ
宕入开	例字			略	雀		着 绰	若	嚼 约
	安陆			nio	tɕio		tʂo tʂʻo	zo	tɕio io

续表

		三　四　等						
		帮系	端组	泥组	精组	庄组	知章组	日母	见系
宕入合	例字	缚							钁
	安陆	po							tʂʮɛ
江入开	例字								
	安陆								
曾入开	例字	逼		力	息	色	式		棘
	安陆	pi		ni	ɕi	sɛ	ʂʅ		tɕi
曾入合	例字								域
	安陆								
梗入开	例字	壁 碧	滴 笛	历	锡		隻 射 释		吃 益 激
	安陆	pi pi	ti ti	ni	ɕi		tʂʅ sɛ ʂʅ		tɕʰi i tɕi
梗入合	例字								疫
	安陆								ʮ
通入合	例字	腹 目		绿	足 宿	缩	筑 束	肉	玉 菊 曲
	安陆	fu mu		nəu	tsəu səu	səu	tsəu tsʰəu	zəu	ʮ tʂʮ tʂʰʮ

下面按中古十六摄的顺序，详细比较中古韵母与现代安陆方言韵母的对应规律，指明现代安陆方言韵母的来源，同时指明与对应规律不合的例外字韵母。

果摄　帮系端系一等合口、见系一等开口合口今读 [o]，如"婆、朵、歌、科"。端系一等开口今读 [o] [a]，如"多、托、他、那"。见系三等开口今读 [iɛ]，只有"茄"字，合口今读 [ʮɛ]，如"靴、瘸"。

假摄　帮系泥组知庄组二等开口今读 [a]，如"巴、拿、茶"。见系二等开口今文读[ia]，白读[a]，如"家、下、哑"。见系二等合口庄组今读[ua]，如"瓜、花"。知庄组二等合口今读[a]，如"闸、沙"。端组精组和以母三等开口今读[iɛ]，如"爹、姐、爷"。知章组三等今读[ɛ]，如"扯、蛇"。日母今读[ʮɛ]，如"热、惹"。

遇摄　帮系见系一等、非组三等今读[u]，如"布、姑、府"。明母一等今读[o]，如"模"。端系一等、庄组三等今读[ue]，如"土、楚"。泥组、知章组、日母、见系三等今读[ʮ]，如"女、诸、如、许、去"。精组三等今读[i]，如"需、序、絮"。

蟹摄　帮系一等开口、合口，端系一等合口，帮系、精组三等合口今读[ei]，如"沛、美、退、废、脆、岁"。端系、见系一等开口，帮系、泥组、知庄组、见系二等合口今读[ai]，如"待、亥、埋、奶、斋、解"。帮系、端组、泥组、精组、见系三等开口今读[i]，如"闭、米、题、犁、齐、鸡、兮"。见系二等开口又读[ia]，如"佳"。知章组三等开口今读[ʅ]。见系一等、二等合口今读[uei]、[uai]、[ua]，如"会、亏、外、怪、挂、话"。知章组、日母、见系三等合口今读[ʮei]、[uei]，如"睡、芮、锐、卫、惠"。

止摄　端组、泥组、见系三等开口今读[i]，如"地、利、基"。精组、庄组、知章组三等开口今读[ɿ]、[ʅ]，如"四、食、师、匙"。日母三等开口今读[ər]，如"二、日"。帮系三等开口今读[ei]、[i]，如"眉、皮"。帮系三等合口今读[ei]、[uei]，如"肥、尾"。泥组、精组三等合口今读[ei]、[i]，如"类、累、醉、髓"。庄组三等合口今读[ʮai]，如"帅"。知章组、日母三等合口今读[ʮei]，如"水、蕊"。见系三等合口今读[i]、[uei]，如"季、贵、辉"。

效摄　帮系、端系、见系一等，帮系、泥组、知庄组二等，知章组、日母三等开口今读[au]，如"帽、刀、羔、跑、闹、赵、扰"。见系二等、帮系、端组、泥组、精组、见系三等开口今读[iau]，如"交、表、条、浇、消、桥"。见系二等今文读[iau]，白读[au]，如"敲"。

流摄　端系、见系、帮组一等，庄组、知章组、日母三等今读[əu]，如"头、豆、口、吼、某、瘦、愁、受、肘、柔"。端组、泥组、精组、见系三等今读[iəu]，如"丢、留、就、纠"。帮系一等今读[u]、[o]，如"牡、剖"。帮系三等今读[əu]、[u]、[au]，如"谋、富、矛"。帮组三等今读［iau］，如"彪"。

咸摄舒　端系、见系一等开口，帮系三等合口，知章组开口三等今读［an］，如"耽、感、沾"。见系二等开口，帮系、端组、泥组、精组、见系三等开口今读［iɛn］，如"陷、岩、贬、添、签、嫌"。知庄组二等开口今读［an］、［ɥan］，如"衫、赚"。日母三等开口今读［ɥan］，如"染"。

深摄舒　庄组、知章组、日母三等今读［ən］，如"森、神、任"。帮系、泥组、精组、见系三等今读［in］，如"品、临、寻、琴"。

山摄舒　帮系一等合口，端系一等开口、合口，见系一等开口，帮系、泥组、知庄组二等开口，知章组三等开口今读［an］，如"般、丹、段、喊、颁、赧、山、善"。见系二等开口，帮系、端组、泥组、精组、见系三等开口，泥组、精组三等合口今读［iɛn］，如"简、雁、编、田、年、鲜、见、恋、全、选"。见系一等、二等合口，今读［uan］，如"唤、关、环"。知庄组二等合口，知章组、日母三等合口今读［ɥan］，如"闩、撰、川、软"。帮系三等合口今读［an］、［uan］，如"番、万"。见系三等合口今读［iɛn］、［ɥan］、［uan］，如"铅、娟、宛"。

臻摄舒　帮系一等合口，端系一等开口、合口，见系一等开口，泥组、精组三等合口，庄组、知章组、日母三等开口今读［ən］，如"盆、吞、敦、跟、伦、衬、珍、仁"。见系一等合口今读［uən］，如"婚、坤"。帮系、泥组、精组、见系三等开口今读［in］，如"敏、邻、亲、今"。知章组、日母、见系三等合口今读［ɥen］，如"春、润、群"。帮系三等合口今读［ən］、［uən］，如"芬、稳"。

宕摄舒　帮系、端系、见系一等开口，知章组、日母三等开口今读［aŋ］，如"帮、唐、刚、唱、让"。泥组、精组、见系三等开口今读［iaŋ］，如"良、像、疆"。见系一等、三等合口今读［uaŋ］，如"广、黄、况"。帮系三等合口今读［aŋ］、［uaŋ］，如"芳、望"。

江摄舒　帮系二等今读［aŋ］，如"庞"。知庄组二等今读［ɥaŋ］，如"窗、双"。见系二等今读［iaŋ］，如"讲、江"。

曾摄舒　帮系一等开口今读［uŋ］，如"崩、朋"。端系、见系一等开口，精组、知章组、日母三等开口今读［əŋ］，如"邓、肯、甑、蒸、扔"。帮系、泥组三等开口今读［in］，如"冰、陵"。见系三等开口今读［in］、［ɥeŋ］，如"英、孕"。见系一等合口今读［uei］、［uŋ］，如"回、弘"。

梗摄舒　泥组、知庄组二等开口，知章组三等开口今读 [ən]，如"冷、生、争、整"。帮系、端组、泥组、精组、见系三等开口今读 [in]，如"兵、定、令、精、盈"。帮系二等开口今读 [ən]、[aŋ]、[uŋ]，如"彭、盲、猛"。见系二等合口今读 [uən]、[uŋ]、[uaŋ]，如"横、轰、矿"。见系三等合口今读 [ɥən]、[in]、[yŋ]，如"永、营、兄"。

通摄舒　帮系、端系、见系一等，帮系、泥组、精组、庄组、知章组、日母三等今读 [uŋ]，如"蓬、蒙、东、功、冯、隆、从、崇、众、绒"。见系三等今读 [uŋ]、[yŋ]，如"宫、雄"。

咸摄入　端系一等开口，知庄组二等开口，帮系三等合口今读 [a]，如"答、插、法"。见系二等开口今读 [ia]，如"甲、狭"。端组、泥组、精组、见系三等开口今读 [iɛ]，如"贴、猎、捷、业"。知章组三等开口今读 [ɛ]，如"摺"。见系一等开口今读 [o]，如"鸽"。

深摄入　泥组、精组、见系三等今读 [i]，如"粒、辑、及"。庄组三等今读 [ɛ]，如"色"。知章组今读 [ʅ]，如"食"。日母今读 [ɻ]，如"入"。

山摄入　帮系一等合口，端系一等合口，见系一等开口、合口今读 [o]，如"末、夺、割、活"。端系一等开口，帮系二等开口，知庄组二等开口今读 [a]，如"八、扎"。见系二等开口今读 [ia]，如"瞎、辖"。帮系、端组、泥组、精组、见系三等开口，泥组、精组三等合口今读 [iɛ]，如"灭、迭、捏、列、节、薛、歇、劣、雪"。知庄组二等合口今读 [ɥa]，如"刷"。知章组三等合口，日母三等开口今读 [ɥɜ]，如"说"。知章组三等开口今读 [ɛ]，如"设"。见系二等合口今读 [ua]，如"滑、刮"。帮系三等合口今读 [a]、[ua]，如"伐、袜"。见系三等合口今读 [iɛ]、[ɥɜ]，如"血、月"。

臻摄入　帮系三等开口，泥组三等开口、合口，精组、见系三等开口今读 [i]，如"毕、栗、律、漆、吉、乙"。见系一等合口，帮系三等合口今读 [u]，如"骨、弗"。端系一等合口今读 [əu]，如"突"。庄组三等开口今读 [ɛ]，如"瑟、虱"。知章组三等开口今读 [ʅ]，如"实"。日母三等开口今读 [ər]，如"日"。知章组、见系三等合口今读 [ɻ]，如"出、橘"。庄组三等合口今读 [ɥai]，如"蟀"。帮系一等合口今读 [u]、[o]、[ei]，如"不、脖、没"。精组三等合口今读 [i]、[əu]，如"恤、卒"。

宕摄入　端系一等开口，见系一等开口、合口，帮系三等合口，知章组、日母三等开口今读 [o]，如"托、各、郭、扩、缚、着、绰、若"。泥组、精组、见系三等开口今读 [io]，如"略、雀、脚、嚼、约"。见系三等合口今读 [ɥɛ]，如"镢"。帮系一等开口今读 [o]、[ɛ]，如"薄、泊"。

江摄入　帮系二等今读 [o]、[u]，如"驳、朴"。知庄组二等今读 [o]，如"捉"。见系二等今文读 [io]，如"角、觉"。

曾摄入　帮系、端系、见系一等开口，庄组三等开口今读 [ɛ]，如"墨、德、黑、色"。帮系、泥组、精组、见系三等开口今读 [i]，如"逼、力、息、棘"。知章组三等开口今读 [ʅ]，如"式"。见系一等合口今读 [uɛ]，如"国、或"。见系三等合口今读 [ɥ]，如"域"。

梗摄入　帮系、知庄组、见系二等开口今读 [ɛ]，如"百、拍、择、窄、革、吓"。帮系、端组、泥组、精组、见系三等开口今读 [i]，如"壁、碧、滴、笛、历、锡、吃、益、激"。见系二等合口今读 [ua]、[uɛ]，如"划、获"。知章组三等开口今读 [ʅ]、[ɛ]，如"只、释、射"。见系三等合口今读 [ɥ]，如"疫"。

通摄入　帮系一等、三等今读 [u]，如"扑、木、腹、目"。端系一等，泥组、精组、庄组、知章组、日母三等今读 [əu]，如"督、绿、足、宿、缩、筑、束、肉"。见系三等今读 [ɥ]，如"玉、菊、曲"。见系一等今读 [u]、[o]，如"谷、沃"。

（三）声调的古今比较

中古汉语有平声、上声、去声、入声四个声调，现代安陆方言有阴平、阳平、上声、阴去、阳去、入声六个声调。中古四个声调与现代安陆六个声调的对应关系如下：

表 2-5-11　中古四声调与现代安陆六声调对应表

中古四声	平声			上声			去声			入声		
	清	次浊	全浊	清	次浊	全浊	清	次浊	全浊	清	次浊	全浊
安陆六声	阴平	阳平		上声		去声				入声		
						阳去	阴去	阳去	阳去			
例字	衣诗	移芙雷	时多	椅皮茶	美补等	妇两釜	报冻汉	帽怒让	事洞住	一笔急	麦物月	伐侠石

上表的对应关系是基本的，从今天的安陆方言来看，六个声调里还有

极少数的例外声调。下面以现代安陆方言的声调为出发点，看每个声调是从中古的什么声调演变来的。

安陆方言	中古音	例　字
阴平	平声	巴趴妈他拉家虾叉沙初肝天真窗专
	例外字（中古不是平声清声母而安陆今读阴平的字）	
	上声	殴纠几~乎
	去声	殡宾傧
阳平	平声	麻闸茶提鹅奴槽文人难棉田陈涵翔龙时
	例外字（中古不是平声浊声母而安陆今读阳平的字）	
	上声	瞭唯髓靡
	去声	鼻暇
	入声	伐铡杂察辖滑薄夺盒爵学石席贼
上声	上声	把萨椅体古买好喜老口有使稳忍等补美引免
	例外字（中古不是上声清与次浊声母而安陆今读上声的字）	
	去声	珥铒讶佐纬震振统腕惋涧柄辆
	平声	颇脂
阴去	去声	报冻汉半盼泛担炭站扇见欠线看
	例外字（中古不是去声清声母而安陆今读阴去的字）	
	入声	雹
	上声	蕊
阳去	去声	办饭但绽善件现岸汗炼住夯动
	例外字（中古不是上声全浊声母和去声浊声母而安陆今读阳去的字）	
	入声	轧
入声	入声	八发脱月突忽扎折读节决足甲雪骨恰迫木入

第三章　安陆方言词汇

一、词汇特点

安陆方言的词汇特点表现在构词方式、词义差异和特殊词语三个方面。
（一）构词方式
安陆方言词汇的构词方式有复合法、派生法、变音法。
1. 复合法
复合法是词根加词根构成词的方法。安陆方言里大部分词都是按复合法构成的。如：日头［ər˧ ·t'ɤ］太阳、明朝［mɛn˧ tşɔ˧］明天、顺风［ʂuən˧ fuŋ˧］猪耳朵，等等。
2. 派生法
派生法是一个词根加一个词缀构成词的方法，包括名词后缀和形容词叠音后缀两类。
（1）名词后缀
安陆方言的名词后缀有"娃儿"、"子"、"儿"、"头"、"手"。如：
牛娃儿　猴娃儿　袜娃儿　帽娃儿　凳娃儿　棍娃儿　坛娃儿
领子　肠子　褂子　屉子　渣子　路子　耍子　头子　面子　点子
罩子　套子　钳子　锤子　摊子　骗子　麻子　驼子　呆子　胖子
老子　尖子　罐儿　鸡儿　刀儿　狗儿　手儿　财喜儿（猫）条儿
上头　下头　里头　外头　东头　西头　南头　北头　看头　说头
搞头　走头　听头　写头　想头　甜头　苦头　准头　搞手　诊手
打手（收割农作物）
（2）形容词叠音后缀
安陆方言里的双音节叠音后缀 BB 往往附着在单音节词根 A 后面，构成 ABB 式形容词，表示某种状态，既有描述作用，又有程度加深的含义。有如下三个小类：

第一，ABB 式形容词中的词根 A 是形容词。如：

大辣辣　脆嘣嘣　齐陡陡　硬救救　软塌塌　湿润润　湿假假
轻飘飘　红通通　胖笃笃　稳咄咄　光溜溜　蔫妥妥　皱巴巴
矮凿凿　酸唧唧　乱哄哄　空荡荡　阴沉沉　直统统　绿垮垮
明晃晃　黑黢黢　甜□□　［ɥa˥］

第二，ABB 式形容词中的词根 A 为名词。如：

毛乎乎　气鼓鼓　气昂昂　嘴凿凿　心够够　火辣辣　水灵灵
水滴滴　水淋淋　眼巴巴　灰蒙蒙　汗淅淅　雨淅淅　油滴滴

第三，ABB 式形容词中的词根 A 是动词，这一类型的比较少。如：

笑嘻嘻　羞答答

3. 音变法

安陆方言的音变法包括叠音构词和变调构词两种。

(1) 叠音构词

安陆方言里通过叠音方式构成的词有：

丁丁［tin˥·tin］（蜻蜓）、妈妈［ma˥·ma］（奶水；乳房）、搭搭［ta˥·ta］（刘海）

(2) 变调构词

安陆方言的指示代词是二分的，主要靠声调来区别近指"这"和远指"那"。"这"、"那"除了单用外，还可以作为词根，构成一套指示代词系统，它们的近指、远指区别仍是声调。

近指　　　　　　　　　　　　　　远指

乜₁［niɛ˥］（这）　　　　　　　　乜₂［niɛ˧］（那）

乜₁个［niɛ˥·ko］（这个）　　　　　乜₂个［niɛ˧·ko］（那个）

乜₁么［niɛ˥·mo］（这么）　　　　　乜₂么［niɛ˧·mo］（那么）

喏₁儿［nor˥］（这儿）　　　　　　 喏₂儿［nor˧］（那儿）

乜₁里［niɛ˥·ni］（这里）　　　　　乜₂里［niɛ˧·ni］（那里）

□□儿［nia˥ xər］（这里）　　　　 □□儿［nia˧ xər］（那里）

喏₁伙儿［no˥ xuər］（这里）　　　 喏₂伙儿［no˧·xuər］（那里）

乜₁个场儿［niɛ˥·ko tʂʅər˥］（这个地方）　乜₂个场儿［niɛ˧·ko tʂʅər˥］（那个地方）

恁₁咱儿［nin˧ tsər］（这会儿）　　恁₂咱儿［nin˧ tsər］（那会儿）
乜₁些儿［nie˧ ɕiər］（这些）　　　乜₂些儿［nie˧ ɕiər］（那些）
乜₁点儿［nie˧ tiər］（这点）　　　乜₂点儿［nie˧ tiər］（那点）
乜₁个家［nie˧ ko˧ tɕia˩］（这种）　乜₂个家［nie˧ ·ko tɕia˩］（那种）
乜₁样儿［nie˧ iər］（这样）　　　乜₂样儿［nie˧ iər］（那样）

（二）词义差异

这里讲的词义差异指的是安陆方言与北京话词语在意义上的差别。

1. 称谓词语中，有男女通称的词语，如"干儿"，用来称呼父母的弟弟或妹妹。如果是多个，则按"大干儿"、"二干儿"排行称呼。

还有用男称作女称的词语。如"幺爷"，用来称呼父母的妹妹。

2. 语序颠倒：普通话"公鸡"和"母鸡"。安陆话是"鸡公"和"鸡母"。

3. 同名异实或同实异名

安陆方言里同名异实的词语有：普通话里的"媳妇"在安陆话里指的是"儿媳妇"和"老婆"两个意思。普通话里的"上山"有时在安陆话里是"送葬"的意思。

同实异名的有：普通话里的"火柴"在安陆话里叫"洋火"。普通话里的"灯"在安陆话里叫"灯盏"。

（三）特殊词语

1. 称谓词语

老者儿［nau˩ tʂor］　曾祖父

老奶奶［nau˩ nai˧ ·nai］　曾祖母

爹爹（旧）［tiɛ˧ ·tiɛ］　祖父

婆婆（旧）［pʻo˩ ·pʻo］　祖母

家家爹爹［ka˧ ·ka tiɛ˧ ·tiɛ］　外公

家家婆婆［ka˧ ·ka pʻo˩ ·pʻo］　外婆

伯伯（旧）［pɛ˧ ·pɛ］　父亲

叔叔（旧）［ʂəu˧ ·ʂəu］　父亲

亲爷［tɕʻin˧ iɛ˩］　岳父

亲妈［tɕʻin˧ ma˧］　岳母

伯爷 [pɛ˧ ·iɛ]　伯父

伯妈 [pɛ˧ ma˧]　伯母

爷 [iɛ˨]　叔叔

舅爷 [tɕiəu˧ iɛ˨]　舅舅（泛指）

舅伯 [tɕiəu˧ pɛ˧]　专指母亲之兄

姑爷 [ku˧ iɛ˨]　姑母之夫

干儿 [kɐr˧]　姑姑（父亲之妹）；姑父

幺爷 [iau˧ iɛ˨]　父母亲弟弟或妹妹中排行最小的

屋之人 [u˧ tʂɻ˧ zən˨]　妻子

里头的 [ni˧ tʰəu˨ ·ti]　妻子

堂客 [tʰaŋ˨ kʰɛ˧]　妻子；已婚女人的总称

姊妹和里 [tsɻ˨ mi˨ xo˨ ·ni]　兄弟姐妹

抱的儿 [pau˧ ·ti ər˨]　养子

曾孙儿 [tsʰɻr˨ sər]　重孙

玄孙儿 [ʂyan˧ sər]　曾孙的下一辈

男将 [nan˨ tɕiaŋ˧]　爷儿们（男子通称）

女将 [ʮ˨ tɕiaŋ˧]　娘儿们（妇女通称）

娘屋里 [iaŋ˨ u˧ ·ni]　娘家

男的 [nan˨ ·ti]　男家（从外人角度说，婚姻关系中的男方）

女的 [ʮ˨ ·ti]　女家（从外人角度说，婚姻关系中的女方）

家婆屋里 [ka˧ pʰo˨ u˧ ·ni]　姥姥家

亲爷屋里 [tɕʰin˧ iɛ˨ u˧ ·ni]　丈人家

强徒 [tɕʰiaŋ˨ tʰəu˨]　强盗

白抄子 [pɛ˨ tsʰau˧ tsɻ˨]　小偷

2. 婚丧词语

亲戚 [tɕʰin˧ tɕʰi˧]　亲事

做媒的 [tsəu˧ mi˨ ·ti]　媒人

查家 [tʂʰa˨ tɕia˧]　相亲（男女双方见面、看是否合意）

过盒 [ko˧ xo˨]　过嫁妆

接媳婆儿 [tɕiɛ˧ ɕi˧ pʰor]　（男子）娶亲

响房的 [ɕiaŋ˨ faŋ˨ ·ti]　指迎亲时吹号打锣鼓的人

害伢　[xai˧ ŋa˨]　　指怀孕初期的呕吐等生理反应
月母子　[ɥɛ˩ mu˨ ·tsɿ]　　产妇
做月母子　[tsəu˧ ɥɛ˩ mu˨ ·tsɿ]　　坐月子
小残了　[ɕiau˨ tsʻan˨ ·niau]　　小产
掉了　[tiau˧ ·uau]　　流产
衣胞儿　[i˧ par]　　胎盘
洗三　[ɕi˨ san˧]　　小孩出世的第三天由外婆给小孩洗澡
住满月　[tʂʅ˧ man˨ ·ɥɛ]　　婴儿满月时去外婆家小住
刮伢儿　[kua˧ ŋar]　　打胎
吃妈　[tɕʻi˧ ma˧]　　吃奶
过生　[ko˧ sən˧]　　过生日
寿器　[ʂəu˧ tɕʻi˧]　　寿材（生前预制的棺材）
土料　[tʻəu˨ niau˧]　　做棺材用的木料
守夜　[ʂəu˨ iɛ˧]　　守灵
出丧　[tsʻʅ˩ saŋ˧]　　出殡
复山　[fu˧ ʂan˧]　　指死者下葬后第三天亲属去墓地祭奠
大轿大马　[ta˧ tɕiau˧ ta˧ ma˨]　　纸扎（用纸扎的人、马、房子等）
坟园儿　[fən˨ ɥar]　　坟地（坟墓所在的地方）
跳水　[tʻiau˧ ʂɥei˨]　　投水（自尽）

3. 农事词语

整田　[tʂən˨ tʻiɛ˨]　　整用于插秧的水田
谷刁子　[ku˧ tiau˧ ·tsɿ]　　稻穗
稻草梗子　[tau˧ tsʻau˨ kən˨ ·tsɿ]　　稻秆儿
影子　[in˨ ·tsɿ]　　麦芒及碎稻草叶
糠头　[kʻaŋ˧ ·uɛ]　　谷壳
麦刁子　[mɛ˧ tiau˧ ·tsɿ]　　麦穗
搭屎　[ta˧ ʂʅ˨]　　拾粪
泅水　[in˧ ʂɥei˨]　　浇水
牛桊　[ŋ˨ tʂɥan˧]　　牛鼻桊儿（穿在牛鼻子里的木棍儿或铁环）
犁尾巴　[ni˨ uei˨ ·pa]　　犁把
犁辕　[ni˨ ɥan˧]　　犁的弓形部分

不见天儿 [pu˧ tɕiɛn˧ tʰɚr] 犁镜

镵头 [tsʰan˩ tʰəu˩] 犁铧

二、分类词表

说明：

1. 本词表收录的词语主要根据中国社会科学院语言研究所方言组《方言调查词汇表》调查整理所得，并在此基础上有所补充，主要补充方言特色明显的一些词语。词表里的词按《方言调查词汇表》分类为天文、地理、时令（时间）、农业等。

2. 以方言条目领头，每个条目先写汉字，后标国际音标。标音后面是注释。无适当字形可写的，用方框"□"表示。意义大体相同的词，最常用的顶格排起，其他同义词缩一格另行起排。例句中的"～"号表示复指原条目。

3. 词汇分类目录如下：

（一）天文；（二）地理；（三）时令 时间；（四）农业；（五）植物；（六）动物；（七）房舍；（八）器具 用品；（九）称谓；（十）亲属；（十一）身体；（十二）疾病 医疗；（十三）衣服 穿戴；（十四）饮食；（十五）红白大事；（十六）日常生活；（十七）讼事；（十八）交际；（十九）商业 交通；（二十）文化教育；（二十一）文体活动；（二十二）动作；（二十三）位置；（二十四）代词等；（二十五）形容词；（二十六）副词、介词等；（二十七）量词；（二十八）附加成分等；（二十九）数字等

（一）天文

1. 日、月、星

日头 ɚ˧ ·tʰəu 太阳

日头地里 ɚ˧ ·tʰəu tiʔ˧ ·ni 太阳照到的地方

向阳 ɕiaŋ˧ iaŋ˩ 朝向太阳的地方

背阴 pei˧ in˧ 背向太阳的地方

阴罗儿 in˧ nor 树阴或屋檐背阴的地方

天狗吃日头 tʰiɛn˧ kəu˩ tɕʰiʔ˧ ɚ˧ ·tʰəu 日蚀

日晕 ər˧˥ ʮən˧
阳光 iaŋ˥˩ kuaŋ˧
月亮 ʮe˥˩·niaŋ
月亮地里 ʮe˥˩·niaŋ ti˧·ni 月亮照到的地方
月蚀 ʮe˥˩ ʂʮ˧˥
月亮长了毛 ʮe˥˩·niaŋ tʂaŋ˧·ŋau mau˥˩ 月晕
星斗 ɕin˧ təu˥˩ 星星
北斗星 pɛ˧ təu˥˩ ɕin˧
启明星 tɕʻi˥˩ min˥˩ ɕin˧
银河 in˥˩ xo˥˩
遛星 niəu˧ ɕin˧ 流星（名词）
扫帚星 sau˥˩ tʂʮ˥˩ ɕin˧ 彗星

2. 风、云、雷、雨

风 fuŋ˧
大风 ta˧ fuŋ˧
狂风 kʻuaŋ˥˩ fuŋ˧
台风 tʻai˥˩ fuŋ˧
小风 ɕiau˥˩ fuŋ˧
斗风 təu˧ fuŋ˧ 顶风
龙吊尾 nuŋ˧ tiau˥˩ uei˥˩ 龙卷风
旋得风 ɕien˥˩·tɛ fuŋ˧ 旋风
顺风 ʂʮen˧ fuŋ˧
起风 tɕʻi˥˩ fuŋ˧ 刮风
风息了 fuŋ˧ ɕi˧·iau 风停了
云头 ʮən˥˩·tʻəu 云
乌云 u˧ ʮən˥˩
霞 ɕia˥˩
朝霞 tʂau˧ ɕia˥˩
晚霞 uan˥˩ ɕia˥˩

雷 ni˥˩
打雷 ta˥˩ ni˥˩
雷劈了 ni˥˩ pʻi˧·iau 雷打了（大树被～）
霍 xo˧ 闪电（名词）
扯霍 tʂʻɛ˥˩ xo˧ 闪电（动宾）
雨 ʮ˥˩
落雨 no˧ ʮ˥˩ 下雨
掉点（了）tiau˧·tiər 下雨
小雨 ɕiau˥˩ ʮ˥˩
麻喷雨 ma˥˩ fən˧ ʮ˥˩ 毛毛雨
大雨 ta˧ ʮ˥˩
暴雨 pau˧ ʮ˥˩
连阴 niɛn˥˩ in˧ 连阴雨（接连多日阴雨）
雷阵雨 nei˥˩ tʂən˧ ʮ˥˩
雨停了 ʮ˥˩ tʻin˧·niau
杠 kaŋ˧ 虹
□雨 tʂʻʮa˥˩ ʮ˥˩ 淋雨（动宾）

3. 冰、雪、霜、露

凌冰 nin˧ pin˧ 冰
凌柱儿 nin˧ tʂʮər˧ 屋檐上结的冰柱
结凌 tɕiɜ˧ nin˧ 结冰
干枯凌 kan˧ kʻu˧ nin˧ 未下雨而结冰
冰雹 pin˧ pau˥˩
雪 ɕiɛ˧
落雪 no˧ ɕiɛ˧ 下雪
鹅毛大雪 ŋo˥˩ mau˥˩ ta˧ ɕiɛ˧ 鹅毛雪

雪子子 ɕieㄣ tsʅˇ ·tsʅ 雪粒儿/雪
　　珠子
雨夹雪 ɥˇ tɕiaㄣ ɕieㄣ
化雪 xuaㄥ ɕieㄣ
露水 nəuㄣ ʂueiˇ 露
下露气 ɕiaㄣ nəuㄣ tɕʻiㄧ 下露
霜 ʂuaŋㄧ
打霜 taˇ ʂuaŋㄧ 下霜
雾气 uㄧ tɕʻiㄧ 雾
下雾气 ɕiaㄣ uㄧ tɕʻiㄧ 下雾
下罩子 ɕiaㄣ tʂauㄣ ·tsʅ 起雾

4. 气候

天道 tʻienㄧ tauㄣ 天气（最近～不
太好）
晴天 tɕʻinㄣ tʻienㄧ
阴天 inㄧ tʻienㄧ
（天气）热 ɥeㄣ
（天气）冷 nənˇ
伏天 fuㄣ tʻienㄧ
入伏 ɥㄣ fuㄣ
初伏 tsʻəuㄧ fuㄣ
中伏 tʂuŋㄧ fuㄣ
尾伏 ueiˇ fuㄣ 末伏
天干 tʻienㄧ kanㄧ 天旱
涨了水 tʂaŋˇ ·niau ʂueiˇ 涝（了）

（二）地理

1. 地

平畈 pʻinㄣ fanㄣ 平原
干田 kanㄧ tʻienㄣ 旱地
水田 ʂueiˇ tʻienㄣ
菜园 tsʻaiㄣ yanㄣ 菜地
荒地 xuaŋㄧ tiㄧ
沙地 ʂaㄧ tiㄧ 沙土地
坡地 pʻoㄧ tiㄧ
盐碱地 ienˇ tɕienˇ tiㄧ
滩地 tʻanㄧ tiㄧ
地娃儿 tiㄧ ·uar 山地（山上的农业
用地）

2. 山

山 ʂanㄧ
山腰 ʂanㄧ iauㄧ
山边上 ʂanㄧ pienㄧ ·ʂaŋ 山脚

冲 tʂʻuŋㄧ 山谷（两山之间低凹的
地方）
涧沟 tɕienˇ kəuㄧ 山涧（两山夹
水）
山坡 ʂanㄧ pʻoㄧ
山顶上 ʂanㄧ tinˇ ·ʂaŋ 山头（山的
顶部）
山岗垴 ʂanㄧ kaŋㄧ nauˇ 高岗
陡坡子 təuˇ pʻoㄧ ·tsʅ 山崖

3. 江、河、湖、海、水

河 xoㄣ
河里（掉～了）xoㄣ ·ni
渠道 tʂʻʅㄣ tauㄧ 水渠
小水沟 ɕiauˇ ʂueiˇ kəuㄧ
湖 xuㄣ
潭（深的天然的）tʻanˇ

塘 tʻaŋ˯ 水塘

凼子 taŋ˥ ·tsʅ 水坑

海 xai˯

岸坡上 ŋan˥ pʻo˥ ·ʂaŋ 河岸

堤（沿河或沿海防水的建筑物）tʻi˯

堤坝 tʻi˯ pa˥ 坝（河中拦水的建筑物）

洲（水中陆地）tʂəu˥

河滩 xo˯ tʻan˥

水 ʂuei˯

清水 tɕʻin˥ ʂuei˯

浑水 xuən˥ ʂuei˯

雨水 y˯ ʂuei˯

洪水 xuŋ˯ ʂuei˯

发大水 fa˥ ta˥ ʂuei˯

洪峰（涨达最高水位的洪水）xuŋ˯ fuŋ˥

冷水 nən˯ ʂuei˯ 凉水

沁水 tɕʻin˥ ʂuei˯ 泉水

热水 ʅɛ˥ ʂuei˯

温热水 uən˥ ʅɛ˥ ʂuei˯ 温水

滚水 kuən˯ ʂuei˯ 开水

开水（煮沸的水）kʻai˥ ʂuei˯

4. 石沙、土块、矿物

石头 ʂʅ˯ ·tʻəu

大石头 ta˥ ʂʅ˯ ·tʻəu 大石块

小石头 ɕiau˯ ʂʅ˯ ·tʻəu 小石块

石板（板状的石块）ʂʅ˯ pan˯

马郎骨 ma˯ naŋ˯ ku˥ 鹅卵石

沙子 ʂa˥ ·tsʅ

沙土（含沙很多的土）ʂa˥ tʻu˯

沙滩 ʂa˥ tʻan˥

砖 tʂuan˥ 土坯

火砖 xo˯ tʂuan˥ 烧过的青砖红砖

砖坯 tʂuan˥ pʻi˥

碎砖 sei˥ tʂuan˥

瓦 ua˯

瓦绰儿 ua˯ tʂʻor 碎瓦片

扬尘 iaŋ˯ tʂʻən˯ 灰尘

烂泥巴 nan˥ i˯ ·pa 烂泥

□泥巴 nuŋ˥ i˯ ·pa 黏稠的稀泥

土扒 tʻəu˯ pʻa˥ 泥土（干的）

金（指自然状态下的矿物质，下同）tɕin˥

银 in˯

铜 tʻuŋ˯

铁 tʻiɛ˯

锡 ɕi˯

煤 mei˯

炭 tʻan˯

煤油 mei˯ iəu˯

汽油 tɕʻi˥ iəu˯

石灰 ʂʅ˯ xuei˥

水泥 ʂuei˯ i˯

吸铁石 ɕi˯ tʻiɛ˯ ʂʅ˯ 磁石

玉 y˥

木炭 mu˥ tʻan˥

栎炭 ni˥ tʻan˥

5. 城乡处所

场儿 tʂʻar˯ 地方（他是哪～的人？）

城里 tʂʻən˯ ·ni 城市（对乡村而言）

城墙 tsʻənɨ tɕiaŋɿ　　　　　家乡 tɕiaɨ ɕiaŋɨ
沟 kəuɨ　壕沟　　　　　　集市 tɕiɨ ʂʅɨ　（赶）集
城里头 tsʻənɿ niɿ ·təu　城内　　街道 kaiɨ tauɨ
城外头 tsʻənɿ uaiɿ ·təu　城外　　路 nəuɨ
城门 tsʻənɿ mənɿ　　　　　大路 taɨ nəuɨ
巷子 xaŋɿ ·tsɿ　胡同　　　　小路 ɕiauˇ nəuɨ
乡里 ɕiaŋɨ ·ni　乡村（对城市而言）　坟园儿 fənɿ ɥar　坟地
农村里 nuŋɿ tsʻənɿ ·ni　乡下　　坟 fənɿ　坟墓
山里 ʂanɨ ·ni　山沟（偏僻的山村）

（三）时令　时间

1. 季节

春上 tsʻuənɨ ·ʂaŋ　春天　　　　处暑 tsʻʮɨ ʂʮɨ
春天 tsʻuənɨ tʻienɨ　　　　　　白露 peˇ nəuɨ
夏天 ɕiaɨ tʻienɨ　　　　　　　秋分 tɕʻiəuɨ fənɨ
秋天 tɕʻiəuɨ tʻienɨ　　　　　　寒露 xanɿ nəuɨ
冬天 tuŋɨ tʻienɨ　　　　　　　霜降 ʂuaŋɨ tɕiaŋɨ
十冬腊月 ʂʅˇ tuŋɨ naɨ ɥeˇ　冬天　立冬 niɨ tuŋɨ
立春 niɨ tsʻuənɨ　　　　　　　小雪 ɕiauˇ ɕieˇ
雨水 ɥˇ ʂueiˇ　　　　　　　　大雪 taɨ ɕieˇ
惊蛰 tɕinɨ tʂʅˇ　　　　　　　冬至 tuŋɨ tʂʅɨ
春分 tsʻuənɨ fənɨ　　　　　　小寒 ɕiauˇ xanɿ
清明 tɕʻinɨ minɿ　　　　　　　大寒 taɨ xanɿ
谷雨 kuɨ ɥˇ　　　　　　　　　皇历头 xuaŋɿ niɨ tʻəuˇ　历书
立夏 niɨ ɕiaɨ　　　　　　　　农历 nuŋɿ niɨ　阴历
小满 ɕiauˇ manˇ　　　　　　　阳历 iaŋɿ niɨ　公历
芒种 maŋɿ tʂuŋˇ

2. 节日

夏至 ɕiaɨ tʂʅɨ　　　　　　　三十夜 sanɨ ʂʅˇ iɛɨ　除夕（农历一
小暑 ɕiauˇ ʂʮɨ　　　　　　　　　　　　　　　年最后一天）
大暑 taɨ ʂʮɨ　　　　　　　　初一 tsʻueɨ iɨ　（大）年初一
立秋 niɨ tɕʻiəuɨ　　　　　　　拜年 paiɨ ienɨ
　　　　　　　　　　　　　　月半 ɥeˇ panɨ　元宵节（农历正月

十五）

端阳节 tan˧ iaŋ˩ tɕiɛ˧　端午节
（农历五月初五）

大端阳 ta˧ tan˧ iaŋ˩　农历五月
十五

小端阳 ɕiau˩ tan˧ iaŋ˩　农历五月
初五

中秋节(农历八月十五) tʂuŋ˧ tɕʰəu˧
tɕiɛ˧

七月七 tɕʰi˩ ɥɛ˧ tɕʰi˧　七夕（农历
七月初七的晚上）

鬼节 kuei˩ tɕiɛ˧　中元节（农历七
月十五）

重阳节（农历九月初九）tʂʰuŋ˧ iaŋ˩
tɕiɛ˧

寒食节（清明前一天）xan˩ ʂʅ˧ tɕiɛ˧

老日子 nau˩ ər˧ tsʅ　腊月初八

过小年 ko˧ ɕiau˩ iɛn˩　腊月二十
四日

老鼠嫁女 nau˩ ʂu˩ tɕia˧ ȵy˩

请司冥老爷 tɕʰin˩ sʅ˧ min˩ nau˩
iɛ˩　请灶王爷

3. 年

今年 tɕin˧ iɛn˩

去年 tʂʰy˩ iɛn˩

门年 mən˩ iɛn˩　明年

前年 tɕʰiɛn˩ iɛn˩

向前年 ɕiaŋ˩ tɕʰiɛn˩ iɛn˩　大前年

往年（以往的年头）uaŋ˩ iɛn˩

后年 xəu˧ iɛn˩

挨后年 ŋai˩ xəu˧ iɛn˩　大后年

年是年 iɛn˩ ʂʅ˧ iɛn˩　每年

年头 iɛn˩ tʰəu˧　年初

年中 iɛn˩ tʂuŋ˧

年尾儿 iɛn˩ uər　年底

上半年 ʂaŋ˧ pan˧ iɛn˩

下半年 ɕia˧ pan˧ iɛn˩

一年到头 i˩ iɛn˩ tau˧ tʰəu˧　整年

年把 iɛn˩ pa˩　一年左右

年把两年 iɛn˩ pa˩ niaŋ˩ iɛn˩　一
两年

4. 月

正月 tʂən˧ ɥɛ˧

腊月 na˧ ɥɛ˧

闰月 ɥən˧ ɥɛ˧

月初 ɥɛ˧ tsʰu˧

月半 ɥɛ˧ pan˧

月底 ɥɛ˧ ti˩

一个月 i˩ ko˧ ɥɛ˧

前个月 tɕʰiɛn˩ ko˧ ɥɛ˧

上个月 ʂaŋ˧ ko˧ ɥɛ˧

这个月 nie˧ ko˧ ɥɛ˧

下个月 ɕia˧ ko˧ ɥɛ˧

每个月 mei˩ ko˧ ɥɛ˧　每月

上旬 ʂaŋ˧ ɕin˩

中旬 tʂuŋ˧ ɕin˩

下旬 ɕia˧ ɕin˩

大建（农历三十天的月份）ta˧ tɕiɛn˧

小建（农历二十九天的月份）ɕiau˩
tɕiɛn˧

5. 日、时

今朝 tɕin˧ tʂɔ˧　今天

明朝 mən˩ tʂo˧˦　明天
后儿 xər˧˦　后天
挨后儿 ŋai˩ xər˧˦　大后天
昨儿 tsər˧˦　昨天
前儿 tɕʰiər˧˦　前天
向前儿 ɕiaŋ˥ tɕʰiər˧˦　大前天
前几天 tɕʰien˩ tɕi˩ tʰien˧
星期天 ɕin˧ tɕʰi˧ tʰien˧
一星期 i˧ ɕin˧ tɕʰi˧
成天 tʂʰən˩ tʰien˧　整天
天天 tʰien˧ tʰien˧　每天
十几天（比十天多）ʂɿ˩ tɕi˩ tʰien˧
上午 ʂaŋ˥ u˩
下午 ɕia˥ u˩
半天 pan˥ tʰien˧
大半天 ta˥ pan˥ tʰien˧
麻麻擦 ma˩ ma˩ tsʰa˧　凌晨（天快亮的时候）
粉明儿 fən˩ miər　天刚亮
一大早 i˧ ta˥ tsau˩　清晨（日出前后的一段时间）
早晨 tsau˩ ʂən˩　早上
上半天 ʂaŋ˥ pan˥ tʰien˧　午前
中时 tʂuŋ˧ ʂɿ˩　中午
下半天 ɕia˥ pan˥ tʰien˧　午后

日里 ər˧ ·ni　白天
下昼 xa˥ tʂəu˧˦　下午至傍晚的一段时间
□黑儿 sa˩ xər˧˦　黄昏（日落以后星出以前）
晚行 uan˩ ɕin˩　夜晚（从天黑到天亮的一段时间）
半夜 pan˥ ie˧
上半夜 ʂaŋ˥ pan˥ ie˧
下半夜 ɕia˥ pan˥ ie˧
整夜 tʂən˩ ie˧
天天晚行里 tʰien˧ tʰien˧ uan˩ ɕin˩ ·ni　每天晚上

6. 其他时间概念

乜一年 nie˩ i˧ ien˩　指某一年
乜个月 nie˩ ·ko ȵye˥　指某一月
日子（指日期）ər˧ ·tsɿ
几咱儿 tɕi˩ tsər　什么时候（他～来?）
先前 ɕien˧ tɕʰien˩
后来 xəu˥ nai˩
过后 ko˥ xəu˥　后来
落了 no˩ niau˩　最后
恁咱儿 nin˩ tsər　现在

（四）农业

1. 农事

春耕 tʂʰuən˧ kən˧
夏收 ɕia˥ ʂəu˧

双抢 ʂuaŋ˧ tɕʰiaŋ˩　收割早稻，栽种晚稻
秋收 tɕʰiəu˧ ʂəu˧

早秋 tsau˅ tɕʻiəu˦

犁田、耙田 ni tʻiɛ˅ pa˦ tʻiɛ˅　晚秋整地

整田 tʂən˅ tʻiɛ˅　整用于插秧的水田

下种 ɕia˦ tʂuŋ˅

栽秧 tsai˦ iaŋ˦　插秧

谷刁子 ku˦ tiau˦ ·tsʅ　稻穗

稻草梗子 tau˦ tsʻau˅ kən˅ ·tsʅ　稻秆儿

影子 in˅ ·tsʅ　麦芒及碎稻草叶

糠头 kʻaŋ˦ tʻəu　谷壳

麦刁子 mɛ˦ tiau˦ ·tsʅ　麦穗

割谷 ko˦ ku˦　割稻子

割麦子 ko˦ mɛ˦ ·tsʅ　割麦

打场 ta˅ tʂʻaŋ˅

场子 tʂʻaŋ˅ ·tsʅ　场院

薅草 xau˦ tsʻau˅　锄地

薅豌豆 xau˦ uan˦ təu˦　锄豌豆地里的草

松土 suŋ˦ tʻu˅

施肥 ʂʅ˦ fei˅

泼粪 pʻo˦ fən˦　浇粪

窖 kau˦　粪坑

积肥 tɕi˦ fei˅

搭屎 ta˦ ʂʅ˅　拾粪

猪屎 tʂu˦ ʂʅ˅

狗屎 kəu˅ ʂʅ˅

牛屎 ŋy˅ ʂʅ˅

鸡屎 tɕi˦ ʂʅ˅

饼肥 pin˅ fei˅

化肥 xua˦ fei˅

洇水 in˦ ʂuei˅　浇水

灌水（使水入地）kuan˦ ʂuei˅

排水（使水出地）pʻai˅ ʂuei˅

打水（从井里或河里取水）ta˅ ʂuei˅

水井 ʂuei˅ tɕin˅˦

2. 农具

水桶（汲水用的木桶）ʂuei˅ tʻuŋ˅

井绳 tɕin˅ ʂən˅

水车 ʂuei˅ tʂʻɛ˦

大车 ta˦ tʂʻɛ˦

线子车 ɕien˦ ·tsʅ tʂʻɛ˦　独轮车

轭头 ŋɛ˦ tʻəu˅　牛轭

牛桊 ŋy˅ tʂyan˦　牛鼻桊儿（穿在牛鼻子里的木棍儿或铁环）

犁 ni˅

犁尾巴 ni˅ uei˅ ·pa　犁把

犁辕 ni˅ ɥan˅　犁的弓形部分

不见天儿 pu˦ tɕien˦ tʻiər　犁镜

镬头 tsʻan˅ tʻəu˅　犁铧

耙 pa˦　耙子（双排铁齿平整旱田的农具）

耖子 tʂʻau˦ ·tsʅ　单排铁齿平整水田的农具

榔耙 naŋ˅ pʻa˅　除草松土的工具

趟耙 tʻaŋ˦ pʻa˅　木制、无齿的农具，用于场上摊晒或聚拢谷、麦等

掀棚 ɕien˦ pʻuŋ˅　木锹，用于扬麦或扬谷

䇲子（用高粱或芦苇的篾片、竹篾

等编的粗而长的席，可以围起来囤粮食）ɕiˇ·tsɿ

囤子 tənˉ·tsɿ 囤（存放粮食的器具）

利子 niˉ·tsɿ 使米粒跟谷壳分离的农具（木制），现在因为碾米机的出现基本消失

石磙（圆柱形，用来轧谷物，平场地）ʂˇ kuənˇˊ

磨子 moˉ·tsɿ 石磨

磨盘 moˉ pʻanˇ

磨把儿 moˉ pɚ

磨心儿 moˉ ɕiɚ 磨脐儿（磨扇中心的铁轴）

筛子（筛稻米用的）ʂaiˉ·tsɿ

罗筛 noˇ ʂaiˉˊ 筛粉末状细物用的器具

隔筛 kɛˉ ʂaiˉˊ 筛谷物用的器具

晒簄 ʂaiˉ tɕʻiaŋˉ 竹制的大的用于晒谷子、麦子等的器具

连格 niɛnˇ kɤˉ 连枷

碓窝 tiˉ ŋoˉˊ 碓

碓头 tiˉ·tʻəu 碓杵

钉耙 tinˉ pʻaˇ

扬镐 iaŋˇ kauˉˊ 镐（刨硬地用，一头尖形，一头扁小）

锄头 tsʻəuˇ·tʻəu 锄（松土、锄草用，扁形，各地形状不一）

铡刀 tʂaˇ tauˉ

镰 niɛnˇ 镰刀

剁刀 toˉ tauˉ 砍刀（用来劈开或剁断木柴的刀）

锹 tɕʻiauˉ 铁锹（口是平的）

簸箕 poˉ tɕiˉ 盛粮食用的器具

撮箕 tʂʻoˉ tɕiˉ 撮粮食用的器具

灰撮 xueiˉ tʂʻoˉ 撮垃圾用的器具

渣子 tʂaˉ·tsɿ 垃圾

篮子 nanˇ·tsɿ 筐

箩筐 noˇ kʻuaŋˉˊ

扁担 piɛnˇ tanˉ

挑挑子 tʻiauˉ tʻiauˇ·tsɿ 挑担子

竹扫帚 tʂuˇ sauˇ tʂʅˇ 用竹枝扎成，比笤帚大，扫地用

笤帚 sauˉ tʂʅˇ 用高粱穗、黍子穗等绑成，扫地用

筲箕 ʂauˉ tɕiˉ 竹编器具，用于盛饭，装未加工熟的菜等

筦头 ɥanˉ·tʻəu 竹编器具，形似簸箕

土筦 tʻuˇˇ ɥanˉ 装土用的竹编器具

粪筦 fənˇ ɥanˉ 装粪用的竹编器具

钳口 tɕiɛnˇ kʻəuˇˊ 钳子

榔头 naŋˇ·tʻəu 木制的大锤子

钉锤 tinˉ tʂʻɥeiˇ 铁制的锤子

绳子 ʂənˇ·tsɿ 麻制，用于捆东西

索子 soˇ·tsɿ 棉制，用于做鞋等

活疙瘩 xoˇ kɛˉ·ta 活结

死疙瘩 sɿˇ kɛˉ·ta 死结

要子 iauˉ·tsɿ 用稻草拧成的绳状物，用来捆稻秆等

（五）植物

1. 农作物

庄稼 tṣuaŋ˧ tɕia˧˩
粮食 niaŋ˩ ʂʅ˧˩
五谷 u˩ ku˧
杂粮 tsa˩ niaŋ˩
麦子 mɛ˧ ·tsʅ
大麦 ta˧ mɛ˧
小麦 ɕiau˩ mɛ˧
油麦 iəu˩ mɛ˧
荞麦 tɕʰiau˩ mɛ˧
麦桩子 mɛ˧ tṣuaŋ˧ ·tsʅ　麦茌儿
粟米 ɕiəu˩ mi˩　小米
玉蒌包 yu˩ nəu˩ pau˧　玉米
高粱 kau˧ niaŋ˩
秧 iaŋ˧　稻（指植株）
谷子 ku˧ ·tsʅ　稻子（指子实）
早稻 tsau˩ tau˧
晚稻 uan˩ tau˧
优质稻 iəu˧ tṣʅ˧ tau˧
杂交稻 tsa˩ tɕiau˧ tau˧
稗子 pai˧ ·tsʅ
秕子 pʰiɛ˩ ·tsʅ　秕谷
米 mi˩　稻的子实去壳后
糯米 no˧ mi˩
大米（相对糯米而言）ta˧ mi˩
籼米（米粒长而细，黏性小）ɕien˧ mi˩
早稻米 tsau˩ tau˧ mi˩　早米
晚稻米 uan˩ tau˧ mi˩　晚米

糙米 tsʰau˧ mi˩　未舂碾过的米
白米 pɛ˩ mi˩　经过舂碾过的米
棉花 mien˩ xua˧
棉花桃子 mien˩ xua˧ tʰau˩ ·tsʅ　棉花桃儿
麻秆 ma˩ kan˩
苎麻 ɕien˧ ma˩
天麻子 tʰien˧ ma˩ ·tsʅ　蓖麻
芝麻 tṣʅ˧ ma˩
葵花苞 kʰuei˩ xua˧ pau˧　向日葵
葵花子 kʰuei˩ xua˧ tsʅ
红薯 xuŋ˩ ʂu˩
地瓜 ti˧ kua˧
土豆 tʰəu˩ təu˧　马铃薯
芋头（芋块茎的总称）yu˧ tʰəu˩
慈菇 tsʰʅ˩ ku˧
山药（学名叫薯蓣）ʂan˧ io˧
藕 ŋəu˩

2. 豆类、菜蔬

黄豆 xuaŋ˩ təu˧
绿豆 nəu˩ təu˧
黑豆 xɛ˧ təu˧
红小豆 xuŋ˩ ɕiau˩ təu˧
豌豆 uan˧ təu˧
豇豆（细长条的）kaŋ˧ təu˧
四季豆 sʅ˧ tɕi˧ təu˧　扁豆
蚕豆 tsʰan˩ təu˧
茄子 tɕʰiɛ˩ ·tsʅ
黄瓜 xuaŋ˩ kua˧

菜瓜 tsʻai˧ kua˦˥

丝瓜 sɿ˦ kua˦˥

苦瓜 kʻu˧ kua˦˥

南瓜 nan˧ kua˦˥

冬瓜 tuŋ˦ kua˦˥

香瓜 ɕiaŋ˦ kua˦˥

葫芦 kʻu˧ nəu˧

瓠子 xu˦ ·tsɿ

葱 tsʻuŋ˦

洋葱 iaŋ˧ tsʻoŋ˦

葱叶 tsʻuŋ˦ iɛ˦˥

葱蔸儿 tsʻuŋ˦ tər 葱白

大蒜 ta˦ san˦˥ 蒜（指这种植物）

蒜坨 san˦ tʻo˧ 蒜头（蒜的鳞茎，由蒜瓣构成）

蒜苔 san˦ tʻai˧ 蒜苗（蒜的花茎）

蒜末末 san˦ mo˦ ·mo 蒜泥

韭菜 tɕiəu˧ tsʻai˦˥

韭黄 tɕiəu˧ xuaŋ˧

苋菜 xan˦ tsʻai˦˥

土豆 tʻu˧ təu˦˥

西红柿 ɕi˦ xuŋ˧ sɿ˧

生姜 sən˦ tɕiaŋ˦˥ 姜

柿子椒 sɿ˦ ·tsɿ tɕiau˦

大椒 ta˦ tɕiau˦˥ 辣椒

大椒面儿 ta˦ tɕiau˦˥ mier 辣椒面儿

芥菜 kai˦ tsʻai˦˥

芥末 kai˦ mo˦

胡椒 xu˧ tɕiau˦˥

菠菜 po˦ tsʻai˦˥

白菜 pɛ˧ tsʻai˦˥

包菜 pau˦ tsʻai˦˥ 洋白菜（叶子卷成球状的）

小白菜 ɕiau˧ pɛ˧ tsʻai˦˥

白花菜 pɛ˧ xua˦ tsʻai˦˥ 本地的一种蔬菜，因开白色的花而得名

莴笋（指茎部）ŋo˦ sən˧˥

莴笋叶 ŋo˦ sən˧˥ iɛ˦˥

生菜 sən˦ tsʻai˦˥

菜 tsʻai˦˥

芹菜 tɕʻin˧ tsʻai˦˥

芫荽 iɛn˧ ɕi˧

萝卜 no˧ ·po

破了心 pʻo˦ ·au ɕin˦ （萝卜）糠了

萝卜缨子 no˧ ·po in˦ ·tsɿ 萝卜叶子

萝卜饯儿 no˧ ·po tɕier 萝卜干儿

胡萝卜 xu˧ no˧ ·po

茭苞 kau˦ pau˦ 茭白

油菜（做蔬菜用）iəu˧ tsʻai˦˥

油菜苔 iəu˧ tsʻai˦˥ tʻai˧

菜籽 tsʻai˦˥ tsɿ˧ 榨油用的油菜籽

荠菜 tɕʻi˧ tsʻai˦˥

3. 树木

树 sʅ˦

树林 sʅ˦ nin˧

树秧子 sʅ˦ iaŋ˦ ·tsɿ 树苗

树干 sʅ˦ kan˦

树杪子 sʅ˦ miau˧ ·tsɿ 树梢

树根 sʅ˦ kən˦

树叶 ṣʅ˧ iɛ˦
树丫子 ṣʅ˧ ia˦ ·tsʅ 树枝
栽树 tsai˦ ṣʅ˧ 种树（动宾）
砍树（动宾）kʻan˅ ṣʅ˧
锯树 kɛ˦ ṣʅ˧ 把树锯倒
松树 suŋ˧ ṣʅ˧
松毛 suŋ˧ mau˅ 松针
松果 suŋ˧ ko˅ 松球
松香 suŋ˧ ɕiaŋ˧
杉树 ṣa˧ ṣʅ˧
杉树叶子 ṣa˧ ṣʅ˧ iɛ˦ ·tsʅ 杉针
桑树 saŋ˧ ṣʅ˧
桑枣儿 saŋ˧ tsaur˅ 桑葚儿
桑叶 saŋ˧ iɛ˦
杨树 iaŋ˅ ṣʅ˧
柳树 niəu˅ ṣʅ˧
柳条子 niəu˅ tʻiau˅ ·tsʅ 柳枝儿
栅子 tṣa˧ ·tsʅ 荆条
桐子树 tʻuŋ˅ tsʅ ṣʅ˧ 桐油树
桐子 tʻuŋ˅ ·tsʅ
桐油 tʻuŋ˅ iəu˅
面树 miɛ˧ ṣʅ˧ 苦楝树
面树枣 miɛ˧ ṣʅ˧ tsau˅ 苦楝子
红豆树 xuŋ˅ təu˧ ṣʅ˧
橡子树 tɕiaŋ˧ ·tsʅ ṣʅ˧ 橡树
橡子 tɕiaŋ˧ ·tsʅ 橡实
竹子 tṣəu˦ ·tsʅ
竹笋 tṣəu˦ sən˅
冬笋 tuŋ˧ sən˅
春笋 tṣʻən˧ sən˅
笋壳 sən˅ kʻo˦

竹竿儿 tṣəu˦ kɚ˧
竹叶儿 tṣəu˦ iɚ˧
篾片 miɛ˦ pʻiɛn˧ 竹子劈成的薄片
篾黄 miɛ˦ xuaŋ˅
篾青 miɛ˦ tɕʻin˧

4. 瓜果

水果 ṣuei˅ ko˅
干果 kan˧ ko˅
桃子 tʻau˅ ·tsʅ 桃
杏子 ɕin˧ ·tsʅ 杏
李子 ni˅ ·tsʅ
苹果 pʻin˅ ko˅
沙果 ṣa˧ ko˅
枣子 tsau˅ ·tsʅ 枣儿
梨子 ni˅ ·tsʅ 梨
枇杷果 pʻi˅ ·pʻa ko˅ 枇杷
柿子 ṣʅ˧ ·tsʅ
柿饼 ṣʅ˧ pin˅
石榴 ṣʅ˧ niəu˅
柚子 iəu˧ ·tsʅ
橘子 tɕy˧ ·tsʅ
广柑 kuaŋ˅ kan˧
芦柑 nəu˅ kan˧
橘子丝儿 tɕy˧ ·tsʅ sor 橘络（橘瓣上的丝儿）
金橘 tɕin˧ tɕy˧
橙子 tṣʻən˅ ·tsʅ
木瓜 mu˦ kua˧
龙眼 nuŋ˅ iɛn˅
元肉 ɥan˅ zəu˦ 去壳去核的龙眼干

荔枝 ni˧ tʂʅ˧   水仙（花）ʂɥei˅ ɕien˧
芒果 maŋ˅ ko˅   茉莉花 mo˧ ni˧ xua˧
菠萝 po˧ no˅   含羞草 xan˅ ɕiu˧ tsʻu˅
橄榄 kan˅ nan˅   喇叭花 na˅ pa˧ xua˧   牵牛花
银杏 in˧ ɕin˧   映山红 in˧ ʂan˧ xuŋ˧   杜鹃花
板栗 pan˅ ni˧   栗子   芙蓉花（指木芙蓉）fu˅ zuŋ˅ xua˧
核桃 xɛ˅ tʻau˅   万年青 uan˅ ien˧ tɕʻin˧
榛子 tʂən˧ ·tsʅ   仙人掌 ɕien˧ zən˅ tʂaŋ˅
西瓜 ɕi˧ kua˧   花苞儿 xua˧ par   花蕾（没有开放
瓜子 kua˧ ·tsʅ   的花）
甜瓜 tʻien˅ kua˧   花瓣儿 xua˧ pɐr
荸荠 pʻu˅ tɕʻi˅   花心儿 xua˧ ɕiɘr   花蕊
甘蔗 kan˧ tʂa˧   芦苇 nəu˅ uei˅
花生 xua˧ sən˧   香菇 ɕiaŋ˧ ku˧
花生米 xua˧ sən˧ mi˅   蘑菇 mo˅ ku˧
花生衣 xua˧ sən˧ i˧   花生皮（花   冬菇 tuŋ˧ ku˧
   生米外面的红皮）   青苔 tɕʻin˧ tʻai˧

5. 花草、菌类
         黄瓜头 xuaŋ˅ kua˧ tʻəu˅   蒲公英
桂花 kuei˧ xua˧   □蚂叶 kʻɛ˅ ma˅ iɛ˧   车前草
菊花 tʂʅ˅ xua˧   水荷儿 ʂɥei˅ xor   浮萍
梅花 mei˅ xua˧   艾蒿 ŋai˧ xau˧
指甲草 tʂʅ˅ ·ka tsʻau˅   凤仙花   芒子 maŋ˅ ·tsʅ   丛生，叶有锯齿花
荷花 xo˅ xua˧   似芦花
藕荷 ŋəu˅ xo˅   荷叶   鸡蛋苞 tɕi˧ tan˧ pau˧   芡实
莲蓬 nien˅ pʻuŋ˅   里拱子 ni˅ kuŋ˅ ·tsʅ   香附子

（六）动物

1. 牲畜
         牲口 sən˧ kʻəu˅
畜生 tʂʻəu˧ sən˧   家养动物的   公马 kuŋ˧ ma˅
   总称   母马 mu˅ ma˅

骟马（骟过的马）ṣan˧ ma˅　　　啰啰 no˧ ·no　乳猪
牯子 ku˅ ·tsɿ　公牛　　　　　　割猪儿 ko˧ tṣʅ˧　阉猪（动宾）
沙娃儿 ṣa˧ uər　母牛　　　　　赚头 tṣuan˧ tʻəu˅　（猪、牛）舌头
黄牯 xuaŋ˅ ku˅　黄公牛　　　　顺风 ṣuən˧ fuŋ˧　猪耳朵
黄犽 xuaŋ˅ ṣa˧　黄母牛　　　　兔子 tʻəu˧ ·tsɿ
尖娃儿 tɕiɛn˧ uər　雄性小黄牛　鸡子 tɕi˧ ·tsɿ　鸡
水牯 ṣuei˅ ku˅　公水牛　　　　鸡公 tɕi˧　kuŋ˧　公鸡
水犽 ṣuei˅ ṣa˧　母水牛　　　　鸡母 tɕi˧ mu˅　母鸡
牯娃儿 ku˅ uər　雄性小水牛　　镟鸡（公）ɕiɛn˧ tɕi˧　阉过的公鸡
小牛娃儿 ɕiau˅ yŋ˅ uər　牛犊子　抱鸡母 pau˧ tɕi˧ mu˅　孵小鸡的
骡子 no˅ ·tsɿ　骡　　　　　　　　母鸡
骆驼 no˧ tʻo　　　　　　　　　小鸡儿 ɕiau˅ tɕiər　鸡雏
羊子 iaŋ˅ ·tsɿ　羊　　　　　　镟鸡子 ɕiɛn˧ tɕi˧ ·tsɿ　阉鸡（动宾）
小羊娃儿 ɕiau˅ iaŋ˅ uər　羊羔　仔鸡母 tsɿ˅ tɕi˧ mu˅　未成年的小
绵羊 miɛn˅ iaŋ˅　　　　　　　　母鸡
山羊 ṣan˧ iaŋ˅　　　　　　　　仔鸡公 tsɿ˅ tɕi˧　kuŋ˧　未成年的
狗子 kəu˅ ·tsɿ　狗　　　　　　　小公鸡
牙狗 ia˅ kəu˅　公狗　　　　　鸡蛋 tɕi˧ tan˧
草狗 tsʻau˧ kəu˅　母狗　　　　生蛋 sən˧ tan˧　下蛋
狗娃儿 kəu˅ uər　小狗　　　　抱 pau˧　孵（～小鸡儿）
哈巴狗 xa˅ ·pa kəu˅　叭儿狗　　鸡冠子 tɕi˧ kuan˧ ·tsɿ　鸡冠
财喜儿 tsʻai˅ ɕiər　猫（避讳说法。　鸡爪子 tɕi˧ tṣua˅ ·tsɿ
　符合人们求财求喜心理）　　　鸭子 ia˧ ·tsɿ
男猫 nan˅ mau˧　公猫　　　　　鸭公 ia˧ kuŋ˧　公鸭
米猫 mi˅ mau˧　母猫　　　　　鸭母 ia˧ mu˅　母鸭
郎猪 naŋ˅ tṣʅ˧　公种猪　　　　小鸭子 ɕiau˅ ia˧ ·tsɿ　小鸭
脚猪 tɕio˧ tṣʅ˧　公种猪　　　　鸭蛋 ia˧ tan˧
牙猪 ia˅ tṣʅ˧　公猪　　　　　　鹅 ŋo˅
豚子 tʻən˅ ·tsɿ　母猪　　　　　小鹅 ɕiau˅ ŋo˅
犗子 tsʻau˧ ·tsɿ　半大的猪
猪儿 tṣʅ˧ ɿər　小猪　　　　　　　2. 鸟、兽

　　　　　　　　　　　　　　　野兽 iɛ˅ ṣəu˧

狮子 sɿ˧˥ ·tsɿ

老虎 nau˥˩ xu˥˩

母老虎（雌虎）mu˥˩ nau˥˩ xu˥˩

猴子 xəu˥˩ ·tsɿ

狗熊 kəu˥˩ ɕyŋ˧˥ 熊

豹子 pau˧˥ ·tsɿ 豹

毛狗 mau˧˥ kəu˥˩ 狐狸

豺狗 tʂʻai˥˩ kəu˥˩ 狼

狼子 naŋ˧˥ ·tsɿ 黄鼠狼

高客 kau˧˥ kʻɛ˧˥ 老鼠

蛇 ʂɛ˥˩

青水飙 tɕʻin˧˥ ʂuei˥˩ piau˧˥ 一种黑色的蛇

三梗子蛇 san˧˥ kən˥˩ ·tsɿ ʂɛ˥˩ 身上有三条花纹的毒蛇

土聋子 tʻəu˥˩ nuŋ˧˥ ·tsɿ 七寸蛇

蜥蜴 ɕi˧˥ i˧˥

雀子 tɕʻio˧˥ ·tsɿ 鸟儿的总称

老哇 nau˥˩ ua˧˥ 乌鸦

鸦鹊 ia˧˥ tɕʻio˧˥ 喜鹊

麻雀儿 ma˥˩ tɕʻior

燕子 iɛn˧˥ ·tsɿ

大雁 ta˧˥ iɛn˧˥ 雁

斑鸠 pan˧˥ tɕiəu˧˥

鸽子 ko˧˥ ·tsɿ

鹌鹑 ŋan˧˥ tʂʻuɛn˥˩

鹧鸪 tʂɛ˧˥ ku˥˩

磨谷雀儿 mo˧˥ ku˧˥ tɕʻior 布谷鸟

锻磨佬 tan˧˥ mo˧˥ nau˥˩ 啄木鸟

夜猫子 iɛ˧˥ mau˧˥ ·tsɿ 猫头鹰

刺女子 tsʻɿ˧˥ ȵy˥˩ ·tsɿ 刺猬

夜鹰 iɛ˧˥ in˧˥

鹦鹉 in˧˥ u˥˩

八哥儿 pa˧˥ kor

仙鹤 ɕiɛn˧˥ xo˧˥ 鹤

老鹰 nau˥˩ in˧˥

野鸡 iɛ˥˩ tɕi˧˥

野鸭 iɛ˥˩ ia˧˥

鱼鹰 ɥ˥˩ in˧˥ 鸬鹚

鹭鸶 nəu˧˥ sɿ˧˥

檐鼠佬 iɛn˥˩ ʂu˥˩ nau˥˩ 蝙蝠

翅光 tʂɿ˧˥ kuaŋ˥˩ 翅膀

嘴儿 tɕior˥˩ 鸟类之嘴

雀子窝 tɕʻio˧˥ ·tsɿ ŋo˧˥ 鸟窝

3. 虫类

蚕 tsʻan˥˩

蚕蛹 tsʻan˥˩ zuŋ˥˩

蚕沙（家蚕的屎）tsʻan˥˩ ʂa˧˥

地蚕 ti˧˥ tsʻan˥˩ 地蛆

拱拱佬 kuŋ˥˩ kuŋ˥˩ nau˥˩ 蛆

蜘蛛 tʂɿ˧˥ tʂu˥˩

蚂蚁 ma˥˩ i˧˥

蝼蛄 nəu˥˩ ku˧˥

地团鱼 ti˧˥ tʻan˥˩ ɥ˥˩ 土鳖（可入药，又叫地鳖）

触鳝 tʂʻəu˧˥ ʂan˥˩ 蚯蚓

天螺丝 tʻiɛn˧˥ nu˥˩ sɿ˧˥ 蜗牛

推屎虫 tʻi˧˥ ʂɿ˥˩ tʂʻuŋ˥˩ 蜣螂

蜈蚣 u˥˩ kuŋ˧˥

蝎子 ɕiɛ˧˥ ·tsɿ

脚蛇 tɕio˧˥ ʂɛ˥˩ 壁虎

毛虫 mau˥˩ tʂʻuŋ˥˩

肉虫（米里的米色虫）zəuˀtsʻuŋˇ
蚜虫 iaˇtsʻuŋˇ
苍蝇 tsʻaŋ˥inˇ
狗蝇子 kəuˇin˥·tsʅ 狗蝇
蚊子 uən˥·tsʅ
虱子 sɛ˥·tsʅ
鸡虱子 tɕi˥sɛ˥·tsʅ 鸡虱
虮子 tɕiˇ·tsʅ 虱卵
臭虫 tsʻəu˥tsʻuŋˇ
臭大姐 tsʻəu˥ta˥tɕiɛˇ
跳蛇蚤 tʻiau˥kɛ˥tsauˇ 跳蚤
绿蜢 nəu˥muŋˇ 牛虻
灶蜢子 tsau˥muŋˇ·tsʅ 灶蟋蟀
（状似蟋蟀，常出没于厨房）
灶马子 tsau˥maˇ·tsʅ 蟑螂
蚱蜢 tsu˥muŋˇ 蝗虫
修子 ɕiu˥·tsʅ 螳螂
几约儿 tɕi˥ior 蝉（总称）
咝蛾 sʅ˥ɣˇ 蝉（体小，银灰色）
蜂子 fuŋ˥·tsʅ 蜜蜂
长箭蜂 tsʻaŋˇtɕiɛn˥fuŋ˥ 马蜂
锥人 tʂuei˥zənˇ （马蜂）蜇人
蜂窝 fuŋ˥ŋo˥
蜂蜜 fuŋ˥mi˥
蛾子 ŋoˇ·tsʅ 灯蛾
扬长伯儿 iaŋ˥tsʻaŋˇpər 蝴蝶
亮光虫 niaŋ˥kuaŋ˥tsʻuŋˇ 萤火虫
丁丁 tin˥tin˥ 蜻蜓
新姑娘 ɕin˥ku˥iaŋ˥ 瓢虫
牛嘎子 yŋˇka˥·tsʅ 天牛

4. 鱼虾类

鱼 ɣˇ
鱼儿 ɣər 小鱼，鱼肉
红鱼 xoŋˇɣˇ 鲤鱼
喜头 ɕiˇtʻəuˇ 鲫鱼
屎光鳊 ʂʅˇkuaŋ˥pʻiɛnˇ 形似鳊鲅
　　鱼的一种小鱼
鳊 piɛnˇɣˇ
草鱼 tʻauˇɣˇ
黄鱼 xuaŋˇɣˇ
比目鱼 piɛˇmu˥ɣˇ
鳜鱼 tsʅɣɛ˥ɣˇ
鳗鱼 man˥ɣˇ
带鱼 tai˥ɣˇ
鲈鱼 nəuˇɣˇ
平鱼 pʻin˥ɣˇ
鲥鱼 ʂʅˇɣˇ
鲇鱼 iɛnˇɣˇ
白鲦鱼 pɛˇtʻiauˇɣˇ
黑鱼 xɤ˥ɣˇ
墨鱼 mɤ˥ɣˇ
鱿鱼 iəuˇɣˇ
胖头 pʻaŋ˥tʻəuˇ 胖头鱼
家鱼 tɕia˥ɣˇ 鲢鱼
翘嘴白 tɕʻiau˥tɕiˇpɛˇ 一种通体雪
　　白嘴巴上翘的鱼，肉质细嫩
金鱼 tɕin˥ɣˇ
泥鳅 iˇtɕʻiəu˥
鳝鱼 ʂan˥ɣˇ
干鱼 kan˥ɣˇ 鲞（剖开晒干的鱼）
鱼鳞 ɣˇninˇ

鱼刺 ɥ˩ tsʻ˥　　　　　　　　　调味品
鱼鳔儿 ɥ˩ pʻaur　　　　　　　乌龟 u˦ kuei˦　龟
鳍 tɕʻi˩　　　　　　　　　　 脚鱼 tɕio˦ ɥ˩　鳖
鱼腮 ɥ˩ sai˦　　　　　　　　 团鱼 tʻan˩ ɥ˩　鳖
鱼子 ɥ˩ tsʅ˩　鱼的卵　　　　 螃客 pʻaŋ˩ kʻɛ˩　螃蟹
鱼苗儿 ɥ˩ miar　　　　　　　螃客黄 pʻaŋ˩ kʻɛ˦ xuaŋ˩　蟹黄
钓鱼 tiau˦ ɥ˩　　　　　　　　□蚂 kʻɛ˩ ma˦　青蛙
钓鱼竿儿 tiau˦ ɥ˩ kər　　　　 □蚂龙儿 kʻɛ˩ ma˦ nor　蝌蚪
钓鱼钩儿 tiau˦ ɥ˩ kər　　　　 大水□蚂 ta˦ ʂuei˩ kʻɛ˩ ma˦
鱼篓 ɥ˩ nəu˩　　　　　　　　　　　牛蛙
渔网 ɥ˩ uaŋ˩　　　　　　　　 癞狗包 nai˦ kəu˩ pau˦　癞蛤蟆
虾子 ɕia˦ ·tsʅ　虾　　　　　　水蜘蛛 ʂuei˩ tsʅ˦ tsʅ˦　水蛭
（鲜）虾仁儿 ɕia˦ zər　　　　 告户儿 kau˦ xur　蛤蜊
（干）虾米 ɕia˦ mi˩　　　　　 螺蛳 no˩ sʅ˦
虾子 ɕia˦ tsʅ˩　虾的卵，干制后做　蚌王 paŋ˩ uaŋ˩　蚌

（七）房舍

1. 房子

屋 u˦　住宅　　　　　　　　　楼房 nəu˩ faŋ˩
做屋 tsəu˦ u˦　造房子　　　　洋房 iaŋ˩ faŋ˩　旧指新式楼房
房 faŋ˩　单间屋子　　　　　　楼上 nəu˩ ʂaŋ˩
屋 u˦（整座）房子　　　　　　楼下 nəu˩ ɕia˦
院子 ɥan˦ ·tsʅ　　　　　　　　门楼儿 mən˩ nər　大门儿上边牌楼
院墙 ɥan˦ tɕʻiaŋ˩　　　　　　　　　式的顶
厅屋 tʻin˦ u˦　厅堂　　　　　 楼梯 nəu˩ tʻi˦
里头房里 ni˩ ·tʻəu faŋ˩ ·ni　里间　梯子 tʻi˦ ·tsʅ
正房 tsən˦ faŋ˩　堂屋两边的房间　阳台 iaŋ˩ tʻai˦
厢房 ɕiaŋ˦ faŋ˩　天井两边的屋子　晒台 ʂai˦ tʻai˦
倒厅 tau˦ tʻin˦　客厅　　　　 草棚子 tsʻau˩ pʻuŋ˩ ·tsʅ　草房（用
夹脊 tɕia˦ tɕi˦　挨着正房的房间　　　茅草搭起的房子）
平房 pʻin˩ faŋ˩　　　　　　　 **2. 房屋结构**
　　　　　　　　　　　　　　 屋脊 u˦ tɕi˦　房脊

屋顶儿 u˧ tiər　房顶（站在～上）
列架 niɛ˧ tɕia˧　屋架
房檐儿 faŋ˥ iər
过梁 ko˧ niaŋ˥　梁
檩子 nin˥ ·tsɿ　檩
椽子 tʂʻyan˥ ·tsɿ
柱头 tʂʅ˧ tʻəu˥　柱子
磉墩 saŋ˥ tən˧　柱下石
山墙 ʂan˧ tɕʻiɑŋ˥　房屋的外壁
阶沿 kai˧ iɛn˥　台阶儿
坎脚石 kʻan˧ tɕio˧ ʂɿ　门坎、列架
　　下面的基石及阶石
天花板 tʻiɛn˧ xua˧ pan˥
正门 tʂən˧ mən˥
后门 xəu˥ mən˥
边门儿 piɛn˧ mər
阳沟 iaŋ˥ ·kəu　沿墙根开的沟
阴刿 in˧ nəu˥　天井暗通于外面的
　　下水道
门坎儿 mən˥ kʻər
天坎 tʻiɛn˧ kʻan˥　门楣
门壁子 mən˥ pi˧ ·tsɿ　门框
门后边 mən˥ xəu˥ piɛn˧　门扇的
　　后面
门栓 mən˥ ʂyan˧

门扇 mən˥ ʂan˧
锁 so˥
钥匙 io˧ ·ʂɿ
窗子 tʂʻyaŋ˧ ·tsɿ
窗台 tʂʻyaŋ˧ tʻai˥
走廊 tsəu˥ naŋ˥
过道 ko˧ tau˧
楼道 nəu˥ tau˧
楼板 nəu˥ pan˥

3. 其他设施

灶屋 tsau˧ u˧　厨房
灶 tsau˧
窖屋 kau˧ u˧　厕所
茅司 mau˥ sɿ˧　厕所
磨房 mo˧ faŋ˥
马棚 ma˥ pʻuŋ˥
牛栏屋 yŋ˥ nan˥ u˧　牛圈
猪栏屋 tʂʅ˧ nan˥ u˧　猪圈
猪槽 tʂʅ˧ tsʻau˥　猪食槽
羊圈 iaŋ˥ tʂyan˧
狗窝 kəu˥ ŋo˧
鸡窝 tɕi˧ ŋo˧
鸡□儿 tɕi˧ tʂʻər　鸡笼
柴火堆子 tʂʻai˥ xo˥ ti˧ ·tsɿ　柴
　　草垛

（八）器具　用品

1. 一般家具

家具 tɕia˧ tʂʅ˧
柜子 kuei˧ ·tsɿ　柜（衣柜、书柜、
　　碗柜等的通称）
衣柜 i˧ kuei˧
碗柜 uan˥ kuəi˧　碗橱

五屉柜 uˬ tʰi˦˧ kuei˥
电视柜 tiɛn˥ ʂɿ˦˧ kuei˥
桌子 tsoˉ ·tsɿ　方桌
团桌子 tʰanˬ tsoˉ ·tsɿ　圆桌
条台 tʰiauˬ tʰaiˬ　条桌
办公桌 panˉ kuŋˉ tsoˉ
饭桌 fanˉ tsoˉ
桌布 tsoˉ puˉ　台布（铺在桌面上的布）
抽屉 tʂʰouˉ tʰiˉ
椅子 iˬ ·tsɿ
躺椅 tʰaŋˬ iˬ
椅子靠儿 iˬ ·tsɿ kʰaur　椅子背儿
椅娃儿 iˬ uar　小椅子
板凳（长条形的）panˬ tənˉ
骨牌凳 kuˉ pʰaiˬ tənˉ　方凳
凳娃儿 tənˉ uar　小板凳儿
团凳子 tʰanˬ tənˉ ·tsɿ　圆凳
高凳子 kauˉ tənˉ ·tsɿ
矮凳子 ŋaiˬ tənˉ ·tsɿ
秧马 iaŋˉ maˬ　马扎
拜系儿 paiˉ ɕier　蒲团

2. 卧室用具

床 tʂʰuaŋˬ
铺板（一块块的木板，用来拼搭床铺）pʰuˉ panˬ
绷子 puŋˉ ·tsɿ　棕绷
竹床 tsueˬ tʂʰuaŋˬ
帐子 tsaŋˉ ·tsɿ
帐钩 tsaŋˉ kəuˉ
帐檐儿 tsaŋˉ ier
毯子 tʰanˬ ·tsɿ
被窝 piˉ ŋoˉ　被子
被窝筒子 piˉ ŋoˉ tʰuŋˉ ·tsɿ　被窝儿（为睡觉叠成的长筒形的被子）
包单 pauˉ tanˉ　被里
被窝面儿 piˉ ŋoˉ ier　被面
絮 ɕiˬ　棉花胎（棉被的胎）
卧单 ŋoˉ tanˉ　床单
垫絮 tiɛnˉ ɕiˬ　褥子
草席（草编的）tsʰauˬ ɕiˬ
竹席（竹篾编的）tsueˬ ɕiˬ
枕头 tsənˬ ·tʰəu
枕头套子 tsənˬ ·tʰəu tʰauˉ ·tsɿ　枕套儿
枕头胎子 tsənˬ ·tʰəu tʰaiˉ ·tsɿ　枕头心儿
梳妆台 səuˉ tʂuaŋˉ tʰaiˬ
镜子 tɕinˉ ·tsɿ
手提箱 ʂəuˬ tʰiˬ ɕiaŋˉ
衣架（立在地上的）iˉ tɕiaˉ
晒衣架 ʂaiˉ iˉ tɕiaˉ　晾衣架
马桶 maˬ tʰuŋˬ
夜壶 ieˉ xuˬ
手炉 ʂəuˬ nəuˬ
火盆 xoˬ pʰənˬ
火笼儿 xoˬ nor　取暖器物
热水瓶子 ʐɛˉ ʂueiˬ pʰinˬ ·tsɿ　汤壶（盛热水后放在被中取暖用的）
热水瓶 ʐɛˉ ʂueiˬ pʰinˬ　暖水瓶

3. 炊事用具

风箱 fuŋ˧ ɕiaŋ˧

火钳 xo˅ tɕʰiɛn˅

火筷子 xo˅ kʰuai˧ ·tsʅ

火铲 xo˅ tsʰan˅　铲炉灰用的

柴火 tʂʰai˅ xo˅˧　柴草

稻草 tau˧ tsʰau˅　稻秆

麦草 mɛ˧ tsʰau˅　麦秸

高粱秆子 kau˧ niaŋ˅ kan˅ ·tsʅ　高粱秆儿

豆梗子 təu˧ kən˅ ·tsʅ　豆秸

锯米屑 tʂʅ˧ mi˅ ɕiɛ˧　锯末

刨和儿 pau˧ xor　刨花

火柴 xo˅ tʂʰai˅

锅烟子 ko˧ iɛn˧ ·tsʅ

烟囱 iɛn˧ tsʰuŋ˧˧

锅 ko˧

铝锅 ʮ˅ ko˧

沙锅 ʂa˧ ko˧

大锅 ta˧ ko˧

小锅 ɕiau˅ ko˧

锅盖儿 ko˧ kər˧

锅铲 ko˧ tsʰan˅

铫子 tiau˧ ·tsʅ　水壶（烧开水用）

碗（瓷的）uan˅

海碗 xai˅ uan˅

盆子 pʰən˅ ·tsʅ（陶制的比碗大的容器）

大盆子 ta˧ pʰən˅ ·tsʅ

小盆子 ɕiau˅ pʰən˅ ·tsʅ

茶杯子（瓷的带把儿的）tʂʰa˅ pei˧

·tsʅ

碟子 tiɛ˅ ·tsʅ

饭瓢儿 fan˧ pʰaur　饭勺（盛饭用的）

调羹儿 tʰiau˅ kər　羹匙（瓷的，小的）

筷子 kʰuai˧ ·tsʅ

筷笼（放筷子用的）kʰuai˧ nuŋ˅

茶板儿 tʂʰa˅ pər　茶托（木制的方形或圆形的）

盖碗儿 kai˧ uər　喝茶用，有盖不带把儿，下有茶托儿

酒杯 tɕiəu˅ pei˧˧

盘子 pʰan˅ ·tsʅ

酒壶（茶壶形的）tɕiəu˅ xu˅

酒坛子 tɕiəu˅ tʰan˅ ·tsʅ

坛子 tʰan˅ ·tsʅ

罐子 kuan˧ ·tsʅ

抱罐 pau˧ kuan˧˧　熬汤的罐子

炖钵 tən˧ po˧　陶钵

瓢（舀水用的）pʰiau˅

筲箕 ʂau˧ tɕi˧　竹制的滤米的用具

瓶子 pʰin˅ ·tsʅ

瓶盖儿 pʰin˅ kər

菜刀 tsʰai˧ tau˧

砧板 tʂən˧ pan˅˧

案板 ŋan˧ pan˅　面板（厨房里灶台旁垒的平板）

水桶（挑水用的）ʂyei˅ tʰuŋ˅

饭桶（装饭的桶）fan˧ tʰuŋ˅

蒸笼 tʂən˧ noŋ˅

口皮 tsʻʅ˧ pʻi˅　箅子（蒸食物用
　　的）
水缸 ʂuei˅ kaŋ˧
泔水缸 sau˧ ʂuei˅ kaŋ˧
泔水 sau˧ ʂuei˅
抹布 ma˧ pu˧
拖把 tʻo˧ pa˅

4. 工匠用具

刨子 pau˧ ·tsʅ
斧头 fu˅ ·tʻəu　斧子
锯 tsʅ˧　锯子
凿子 tso˅ ·tsʅ
尺 tsʻʅ˧　尺子
曲尺 tsʻʅ˧ tsʅ˧
摺尺 tsɛ˧ tsʅ˧
卷尺 tsʻyan˅ tsʅ˧
墨斗 mɛ˧ təu˧
墨斗线 mɛ˧ təu˧ ɕien˧
钉子 tin˧ ·tsʅ
钳口 tɕʻien˅ kʻəu˅　钳子
老虎钳（用来起钉子或夹断铁丝）
　　nau˅ xu˅ tɕʻien˅
钉锤 tin˧ tʂʻuei˅
镊子 iɛ˧ ·tsʅ
绳子 ʂən˧ ·tsʅ
瓦刀 ua˅ tau˧
泥板（瓦工用来盛抹墙物的木板）i˅
　　pan˅
砧子（打铁时垫铁块用）tʂən˧ ·tsʅ
剃刀 tʻi˧ tau˧
推子 tʻi˧ ·tsʅ

理发剪子 ni˅ fa˧ tɕien˅ ·tsʅ
梳子 ʂəu˧ ·tsʅ
荡刀片儿 taŋ˧ tau˧ pʻier˅　鐾刀布
理发椅子 ni˅ fa˧ i˅ ·tsʅ
缝纫机 fuŋ˅ zən˅ tɕi˧
剪子 tɕien˅ ·tsʅ
熨斗 yən˧ təu˅
烙铁 no˅ tʻiɛ˧
弓子 kuŋ˧ ·tsʅ　弹棉花用的工具
纺车 faŋ˅ tʂʻɛ˧
织布机（旧式的）tsʅ˧ pu˧ tɕi˧
梭子 so˧ ·tsʅ　梭（织布用的）

5. 其他生活用品

东西 tuŋ˧ ɕi˧
洗脸水 ɕi˅ nien˅ ʂuei˅
脸盆 nien˅ pʻən˅
洗脸架 ɕi˅ nien˅ tɕia˧　脸盆架
洗澡盆子 ɕi˅ tsau˅ pʻən˅ ·tsʅ　澡盆
香皂 ɕiaŋ˧ tsau˧
肥皂 fei˅ tsau˧
洗衣粉 ɕi˅ i˧ fən˅
袱子 fu˅ ·tsʅ　毛巾
手帕儿 ʂəu˅ pʻar˧　手绢儿
手袱子 ʂəu˅ fu˅ ·tsʅ　手绢儿
洗脸袱子 ɕi˅ nien˅ fu˅ ·tsʅ　洗脸
　　的毛巾
脚盆 tɕio˧ pʻən˅　洗脚用的盆子
洗脚袱子 ɕi˅ tɕio˧ fu˅ ·tsʅ　擦脚的
　　毛巾
气灯 tɕʻi˧ tən˧
蜡 na˧　蜡烛

罩子灯 tṣauㄧ ·tsʅ tənㄧ 煤油灯（有玻璃罩的）
捻子 iɛnㄚ ·tsʅ 灯芯
灯罩 tənㄧ tṣauㄧ
灯盏 tənㄧ tṣanㄚ
灯草 tənㄧ ts'auㄚ
灯油 tənㄧ iəuㄚ
灯笼 tənㄧ nuŋㄚ
马灯 maㄚ tənㄧ 旧时用的一种手提灯
火镰 xoㄚ niɛnㄚ 一种取火的用具
煤子 meiㄚ ·tsʅ 引火用的细纸卷儿
手提包 ṣəuㄚ t'iㄚ pauㄧ
钱包 ɕiɛnㄚ pauㄧ
章子 tṣaŋㄧ ·tsʅ 图章
望远镜 uaŋㄧ ɣanㄚ tɕinㄧ
浆糊 tɕiaŋㄧ xuㄚ
顶针儿 tinㄚ tṣər
线轴儿 ɕiɛnㄧ tṣər
针窟窿儿 tṣənㄧ k'uㄧ nor 针鼻儿（针上引线的孔）
针尖 tṣənㄧ tɕiɛnㄧ
针脚 tṣənㄧ tɕioㄧ
穿针（动宾）ts'ɣanㄧ tṣənㄧ

锥子 tṣɣeiㄧ ·tsʅ
挖耳勺 uaㄧ erㄚ ṣauㄚ 耳挖子
搓板儿 ts'oㄧ pɐr 洗衣板儿
忙槌 maŋㄚ tṣ'ɣei 清洗衣服用的棒槌
漂 p'iauㄧ 槌衣服用的水边砧石
鸡毛掸子 tɕiㄧ mauㄚ t'anㄚ ·tsʅ
扇子 ṣanㄧ ·tsʅ
蒲扇 p'uㄚ ṣanㄧ
拐棍儿 kuaiㄚ kuər 拐杖（中式的）
文明棍儿 uənㄚ minㄚ kuər 手杖（西式的）
浇瓢 tɕiauㄧ p'iauㄚ 用于浇大粪的瓢
手纸 ṣəuㄚ tṣʅㄚ
腰磨 iauㄧ moㄧ 一种牲畜拉的石磨
靛笔 tiɛnㄧ piㄧ 圆珠笔
砚王 iɛnㄧ uaŋㄚ 砚池
袖笼儿 ɕiəuㄧ nor 手套
兜兜 təuㄧ ·təu 兜肚
片子 p'iɛnㄧ ·tsʅ 尿布
尿片子 iauㄧ p'iɛnㄧ ·tsʅ 尿布
屎片子 ṣʅㄚ p'iɛnㄧ ·tsʅ 尿布

（九）称谓

1. 一般称谓

男的 nanㄚ ·ti 男人；丈夫
男将 nanㄚ tɕiaŋㄧ 男人；丈夫
女的 ɣㄚ ·ti 女人
女将 ɣㄚ tɕiaŋㄧ 多指成年女子
奶伢 naiㄚ ŋaㄚ 婴儿（刚生下不久

的)

小伢 ɕiau˅ ŋa˅　小孩儿

放牛的 faŋ˧ yŋ˅ ·ti　（旧）男孩儿

绣花的 ɕiəu˧ xua˧ ·ti　（旧）女孩儿

儿伢 ər˅ ŋa˅　男孩儿

女伢 ȵy˅ ŋa˅　女孩儿；对姑娘或青年儿媳的爱称

老号 nau˅ xau˧　同名字的人互称

自己屋的 tsɿ˧ tɕi˅ u˧ ·ti　一家子（同宗同姓的）；本家

外头的 uai˧ t'əu˅ ·ti　一家之主

人家 zen˅ ka˅　外人；亲戚

老头儿 nau˅ t'ər

老头子（带贬义）nau˅ t'əu˅ ·tsɿ

老太婆 nau˅ t'ai˧ p'o˅

小伙子 ɕiau˅ xo˅ ·tsɿ

城里人 tṣ'ən˅ ·ni zen˅

乡巴佬 ɕiaŋ˧ pa˧ nau˅　粗俗的乡下人

农村的 nuŋ˅ ts'ən˧ ·ti　乡下人

外乡人 uai˧ ɕiaŋ˧ zen˅　外地人

本地人 pən˅ ti˅ zen˅

外国人 uai˧ kuɛ˅ zen˅

自己人 tsɿ˧ tɕi˅ zen˅

外人 uai˧ zen˅　不是自家人

客 k'ɛ˧　客人

同年的 t'uŋ˅ iɛn˅ ·ti　同庚

内行 nei˧ xaŋ˅

外行 uai˧ xaŋ˅

半吊子 pan˧ tiau˧ ·tsɿ　不聪明的人

（比喻性说法）

哈巴 xa˅ ·pa　傻瓜

苕 ṣau˅　愚蠢之人

木脑壳 mu˅ nau˅ k'o˧　反应迟钝的人

黑耳朵 xɛ˧ ər˅ to˅　比喻不愿听不同意见的人

细耳朵 ɕi˧ ər˅ to˅　比喻偏听偏信的人

汉革 xan˧ kɛ˅　比喻敢于得罪人的人

媒人 mi˅ zen˅

光棍 kuaŋ˧ kuən˧　单身汉

衍子 iɛn˅ ·tsɿ　比喻容易上当受骗的人

包手帕的 pau˧ ṣəu˧ p'a˧ ·ti　泛指妇女

隔壁的 kɛ˧ pi˧ ·ti　邻居或喻指当事人

烧火佬 ṣau˧ xo˅ nau˅　厨师；妇女；妻子

酒坛子 tɕiəu˅ t'an˅ ·tsɿ　喻指女儿

叫鸡公 tɕiau˧ tɕi˧ kuŋ˧　指爱出风头的人

干白嘴 kan˧ pɛ˅ tɕy˅　吃白食的人；又指夸夸其谈的人

伙计 xo˅ tɕi˧　儿子；学徒

老姑娘 nau˅ ku˧ iaŋ˅　剩女

童养媳 t'uŋ˅ iaŋ˅ ɕi˧

二婚头 ər˧ xuən˅ t'əu˅

寡妇 kua˅ fu˧

婊子 piau˅ ·tsʅ

皮判 pʻi˅ pʻan˦˧　姘头

私生子 sʅ˦ sən˦ tsʅ˅

犯人 fan˦ zən˅　囚犯

发横财的 fa˦ xuən˦ tsʻai˅ ·ti　暴发户

小气鬼 ɕiau˅ tɕʻi˦˧ kuei˅　吝啬鬼

败家子 pai˦ tɕia˦ tsʅ˅

告花子 kau˦ xua˦ ·tsʅ　乞丐

讨米的 tʻau˅ mi˅ ·ti　乞丐

走江湖的 tsəu˅ tɕiaŋ˦ xu˅ ·ti

流氓 niəu˅ maŋ˅

人贩子 zən˅ fan˦ ·tsʅ　专门拐卖妇女、小孩的人

土匪 tʻu˅ fei˅

强徒 tɕʻiaŋ˦ tʻu˅　小偷、强盗

百叉子 pɛ˦ tʂʻau˦ ·tsʅ　骗子

三只手 san˦ tʂʅ˦ ʂəu˅　扒手；偷盗者

王大黑 uaŋ˅ ta˦ xɛ˦　指文盲

料条子 niau˦ tʻiau˦ ·tsʅ　指瘦长的人

洋判 iaŋ˅ pʻan˦˧　指外行

2. 职业称谓

工作 kuŋ˦ tso˦

工人 kuŋ˦ zən˅

雇工 ku˦ kuŋ˦

长工 tʂʻaŋ˅ kuŋ˦

短工 tan˅ kuŋ˦

临时工 nin˅ ʂʅ˅ kuŋ˦

农民 nuŋ˅ min˅

做买卖的 tsəu˦ mai˅ mai˦ ·ti

老板 nau˅ pan˅

东家 tuŋ˦ tɕia˦˧

老板娘 nau˅ pan˅ niaŋ˅

伙计（店员或长工）xo˅ tɕi˦˧

学徒 ɕio˅ tʻəu˅

顾客 ku˦ kʻɛ˦

小贩 ɕiau˅ fan˦

摆摊儿的 pai˅ tʻɚ˦ ·ti　摊贩

先生 ɕien˦ sən˦˧　（私塾）教书先生

老师 nau˅ ʅ˦　（学校）教员

学生 ɕio˅ sən˦˧

同学 tʻuŋ˅ ɕio˅

朋友 pʻuŋ˅ iəu˅

当兵的 taŋ˦ pin˦ ·ti　兵（相对百姓而言）

警察 tɕin˅ tʂʻa˅

医生 i˦ sən˦˧

司机 sʅ˦ tɕi˦

手艺人 ʂəu˅ i˦˧ zən˅

博士 po˦ sʅ˧˦　木匠

砌匠 tɕʻi˦ tɕiaŋ˧˦　泥瓦匠

锡匠 ɕi˦ ɕiaŋ˧˦

铜匠 tʻoŋ˅ ɕiaŋ˧˦

铁匠 tʻiɛ˦ ɕiaŋ˧˦

补锅的 pu˅ ko˦ ·ti

焊洋铁壶的 xan˦ iaŋ˅ tʻiɛ˦ xu˅ ·ti

裁缝 tsʻai˅ fuŋ˅

剃头的 tʻi˦ tʻəu˅ ·ti　理发员

屠户 tʻu˅ xu˦˧

錾磨佬 tan˦ mo˦ nau˅　打制石磨

的工匠
送脚的 suŋ˧ tɕio˧ ·ti　脚夫
挑夫 tʻiau˧ fu˧
轿夫 tɕiau˧ fu˧
撑船的 tsʻən˧ tʂʻuan˧ ·ti　艄公
管家 kuan˅ tɕia˧
合伙的 xo˧ xo˅ ·ti　伙计（合作的人）
厨子 tʂʻu˅ ·tsɿ　厨师
喂牲口的 uei˧ ʂən˧ kʻəu˧ ·ti　饲养员
干妈 kan˧ ma˧　保姆

奶妈 nai˅ ma˧
仆人 pʻu˅ zən˅
女仆 ȵy˅ pʻu˅
丫环 ia˧ xuan˅
接生婆 tɕie˧ sən˧ pʻo˅
和尚 xo˅ ʂaŋ˅
尼姑 i˅ ku˧
道士 tau˧ sɿ˅　出家的道教徒
道师 tau˧ sɿ˧　未出家但从事迷信活动的人

（十）亲属

1. 长辈

长辈 tʂaŋ˅ pei˧
老者儿 nau˅ tʂər˧　曾祖父
老奶奶 nau˅ nai˧ ·nai　曾祖母
爷爷（新）ie˅ ·ie　祖父
爹爹（旧）tie˧ ·tie　祖父
奶奶（新）nai˅ ·nai　祖母
婆婆（旧）pʻo˅ ·pʻo　祖母
家家爹爹 ka˧ ·ka tie˧ ·tie　外公
家家婆婆 ka˧ ·ka pʻo˅ ·pʻo　外婆
爸爸（新）pa˧ ·pa　父亲
伯伯（旧）pɛ˧ ·pɛ　父亲
叔叔（旧）ʂəu˅ ·ʂəu　父亲
妈妈（新）ma˧ ·ma　母亲
妈妈（旧）ma˧ ·ma　母亲
亲爷 tɕʻin˧ ie˅　岳父
亲妈 tɕʻin˧ ma˧　岳母
爸爸 pa˧ ·pa　公公（夫之父，面称）

妈 ma˧　婆婆（夫之母，面称）
公公 kuŋ˧ ·koŋ　夫之父，背称
婆婆 pʻo˅ ·pʻo　夫之母，背称
继父 tɕi˧ fu˅
继母 tɕi˧ mu˅
伯爷 pɛ˧ ·ie　伯父
伯妈 pɛ˧ ma˧　伯母
叔叔（新）ʂəu˅ ·ʂəu　叔父
爷（旧）ie˅　叔父
婶儿 ʂər˅　叔母
舅爷 tɕiəu˧ ie˅　舅舅（泛指）
舅伯 tɕiəu˧ pɛ˧　专指母亲之兄
舅妈 tɕiəu˧ ma˧　舅母
姑爷 ku˧ ie˅　姑母之夫
姑妈 ku˧ ma˧　姑母（父亲之姐）
干儿 kɛr˧　姑姑（父亲之妹）；姑父

幺爷 iau˧ iɛ˅　父母亲的弟弟妹妹中排行最小的
姨爷 i˅ iɛ˅　姨父
姨妈 i˅ ma˧　姨母
姨爷 i˅ iɛ˅　弟兄的岳父、姐妹的公公
姨妈 i˅ ma˧　弟兄的岳母、姐妹的婆婆
姑婆 ku˧ pʻo˅　姑奶奶（父之姑母）
姨婆 i˅ pʻo˅　姨奶奶（父之姨母）

2. 平辈

平辈 pʻin˅ pei˧
夫妻 fu˧ tɕʻi˧
丈夫 tṣaŋ˧ fu˧
屋之人 u˧ tṣʅ˅ zən˅　妻子
里头的 ni˧ tʻəu˅ ·ti　妻子
堂客（旧）tʻaŋ˧ kʻɜ˅　妻子；已婚女人的总称
小老婆 ɕiau˅ nau˅ pʻo˅
大哥 ta˧ ko˧　大伯子（夫之兄，面称）
大伯子（夫之兄,背称）ta˧ pɛ˅ ·tsʅ
小叔子（夫之弟）ɕiau˧ ṣueɜ˧ ·tsʅ
大姑子（夫之姐）ta˧ ku˧ ·tsʅ
小姑子（夫之妹）ɕiau˧ ku˧ ·tsʅ
老舅 nau˅ tɕiəu˧　妻之兄弟
大姨妹 i˅ mei˧　大姨子
小姨妹 ɕiau˅ i˅ mei˧　小姨子
姊妹和里 tsʅ˅ mi˅ xo˅ ·ni　兄弟姐妹
弟兄 ti˧ ɕyŋ˧

姐妹 tɕiɛ˅ mei˧　姊妹
哥哥 ko˧ ·ko
嫂嫂 sau˅ ·sau　嫂子
兄弟 ɕyŋ˧ ·ti　弟弟
弟媳妇 ti˧ ɕi˧ fu˧　弟媳
姐 tɕiɛ˅　姐姐
姐夫哥 tɕiɛ˅ fu˧ ko˧　姐夫
妹 mei˧　妹妹
妹夫 mei˧ fu˧
叔伯兄弟 ṣueɜ˅ pɛ˅ ɕyŋ˧ ti˧　堂兄弟
叔伯哥哥 ṣueɜ˅ pɛ˅ ko˧ ·ko　堂兄
叔伯兄弟 ṣueɜ˅ pɛ˅ ɕyŋ˧ ti˧　堂弟
叔伯姐妹 ṣueɜ˅ pɛ˅ tɕiɛ˅ mei˧　堂姊妹
叔伯姐 ṣueɜ˅ pɛ˅ tɕiɛ˅　堂姐
叔伯妹 ṣueɜ˅ pɛ˅ mei˧　堂妹
表兄弟 piau˅ ɕyŋ˧ ti˧
表哥 piau˅ ko˧　表兄
表嫂 piau˅ sau˅
表弟 piau˅ ti˧
表姐妹 piau˅ tɕiɛ˅ mei˧　表姊妹
表姐 piau˅ tɕiɛ˅
表妹 piau˅ mei˧

3. 晚辈

晚辈 uan˅ pei˧
子女（儿子和女儿的总称）tsʅ˅ ʮ˅
儿 ər˅ ·tsʅ
大儿 ta˧ ʮ˅　大儿子
小儿 ɕiau˧ ʮ˅　小儿子
抱的儿 pau˧ ·ti ʮ˅　养子

媳婆儿 ɕi˧ pʻor   儿媳妇（儿之妻）
姑娘 ku˧ iaŋ˩   女儿
女婿伢 y˩ ɕi˧ ŋa˩   对年轻女婿的爱称
女婿 y˩ ɕi˧
孙儿 sər˧   孙子
孙媳婆儿 sən˧ ɕi˧ pʻor   孙媳妇
孙女 sən˧ y˩
孙女婿 sən˧ y˩ ɕi˧
曾孙儿 tsʻən˩ sər   重孙
曾孙女 tsʻən˩ sən˧ y˩   重孙女
玄孙儿 ʂyan˧ sər   曾孙的下一辈
外孙儿 uai˧ sər   女之子
外孙女 uai˧ sən˧ y˩   女之女
外甥 uai˧ sən˧   姐妹之子
外甥女 uai˧ sən˧ y˩   姐妹之女
侄子 tʂʅ˧ ·tsʅ
侄女 tʂʅ˧ y˩
内侄（妻的兄弟之子） nei˧ tʂʅ
内侄女（妻的兄弟之女） nei˧ tʂʅ y˩

4. 其他

连襟 nien˩ tɕin˧
亲家 tɕʻin˧ ka˧   亲家翁
亲家母儿 tɕʻin˧ ka˧ mur   亲家母
亲戚 tɕʻin˧ ɕi˧
走亲戚 tsəu˩ tɕʻin˧ ɕi˧
拖油瓶 tʻo˧ iəu˩ pʻin˩   带犊儿（妇女改嫁带的儿女）
男将 nan˩ tɕiaŋ˧   爷儿们（男子通称）
女将 y˩ tɕiaŋ˧   娘儿们（妇女通称）
娘屋里 iaŋ˩ u˧ ·ni   娘家
婆家 pʻo˩ tɕia˧
男的 nan˩ ·ti   男家（从外人角度说，婚姻关系中的男方）
女的 y˩ ·ti   女家（从外人角度说，婚姻关系中的女方）
家婆屋的 ka˧ pʻo˩ u˧ ·ti   姥姥家
亲爷屋的 tɕʻin˧ iɛ˩ u˧ ·ti   丈人家

（十一）身体

1. 五官

身子 ʂən˧ ·tsʅ   身体
身材 ʂən˧ tsʻai˩
脑壳 nau˩ kʻo˧   头
把脑壳 pa˧ nau˩ kʻo˧   奔儿头（前额生得向前突）
光脑壳 kuaŋ˧ nau˩ kʻo˧   秃头（头发掉光了的头）
光头 kuaŋ˧ tʻəu˩   秃顶（掉了大量头发的头）
脑壳顶上 nau˩ kʻo˧ tin˩ ·ʂaŋ   头顶
后脑壳 xəu˧ nau˩ kʻo˧   后脑勺儿
颈子骨 tɕin˩ ·tsʅ ku˧   脖子

后颈窝 xəu˧˩ tɕin˧˥ ŋo˧˩　后脑窝子
　　（颈后凹处）
头发 t'əu˧˩ p'a˧˩
少年白 ʂau˧˩ iɛn˧˥ pɛ˥　少白头
掉头发（动宾）tiau˧˩ t'əu˧˩ p'a˧˩
肤皮 fu˧˩ p'i˧˩　头皮屑
额壳 ŋɛ˥ k'o˧˩　额
囟命场儿 ɕin˧˩ min˧˩ tʂ'ər˧˥　囟门
鬓角 pin˧˩ ko˧˩
辫子 piɛn˧˥ ·tsɿ
鬏鬏 tɕiəu˧˩ ·tɕiəu　髻（中老年盘在
　　脑后的鬏）
搭搭 ta˧˩ ·ta　刘海儿
脸 niɛn˥
脸蛋儿 niɛn˥ tɐr
脸婆儿 niɛ˥ p'or　颧骨
酒窝 tɕiəu˥ ŋo˧˩
人中 zən˥ tʂuŋ˧˩
腮牙巴 sai˧˩ ia˥ ·pa　腮帮子
眼睛 iɛn˥ tɕin˧˩　眼
眼眶 iɛn˥ k'uaŋ˧˩
眼珠子 iɛn˥ tʂʅ˧˩ ·tsɿ　眼珠儿
眼白 iɛn˥ pɛ˥　白眼珠儿
眼黑 iɛn˥ xɛ˧˩　黑眼珠儿
瞳人儿 t'uŋ˥ zər
棠梨花 t'aŋ˥ ni˥ xua˧˩　眼珠中的
　　白点
眼角儿 iɛn˥ kor　眼梢儿
眼角儿 iɛn˥ kor　上下眼睑的接
　　合处
大眼角 ta˧˩ iɛn˥ kor　眼角儿靠近鼻

　　子的部位
眼圈儿 iɛn˥ tʂ'ʊ̃r˧˩
脸漓 niɛn˥ ni˥　眼泪
眼屎 iɛn˥ ʂʅ˥　眼眵
眼皮儿 iɛn˥ p'iər
单眼皮儿 tan˧˩ iɛn˥ p'iər
双眼皮儿 ʂuaŋ˧˩ iɛn˥ p'iər
眼支毛 iɛn˥ tʂʅ˧˩ mau˥　眼睫毛
眉毛 mi˥ mau˥
皱眉毛 tsəu˧˩ mi˥ ʊ̃˥　皱眉头
　　（动宾）
鼻公 pi˥ kuŋ˧˩　鼻子（五官之一）
鼻子 pi˥ ·tsɿ　鼻涕（液体）
鼻屎 pi˥ ʂʅ˥　干鼻涕（鼻垢）
鼻窟窿 pi˥ k'u˥ nuŋ˥　鼻孔
鼻毛 pi˥ mau˥
鼻子尖儿 pi˥ ·tsɿ tɕiər　鼻子顶端
鼻子尖 pi˥ ·tsɿ tɕiɛn˧˩　嗅觉灵敏
狗鼻子 kəu˥ pi˥ ·tsɿ　比喻嗅觉
　　灵敏
鼻梁 pi˥ niaŋ˥
鼻翅 pi˥ tʂʅ˧˩
红鼻子 xuŋ˥ pi˥ ·tsɿ　酒糟鼻子
嘴巴 tɕi˥ ·pa　嘴
嘴唇儿 tɕi˥ tʂ'ər˥
涎 ts'an˥　①唾沫　②涎水
舌头 ʂɛ˥ ·t'əu
舌苔 ʂɛ˥ t'ai˧˩
团舌头 t'an˥ ʂɛ˥ ·t'əu　大舌头（口
　　齿不清）
财条子 ts'ai˥ t'iau˥ ·tsɿ　牙齿

门牙 mənˇ iaˇ

大牙 taˉ iaˇ

暴牙齿 pauˉ iaˇ tʂʻˑˇ 门牙前突

牙垠 iaˇ inˇ 牙垢

牙更 iaˇ kənˉ 牙床

虫牙 tʂʻuŋˇ iaˇ

耳朵 ərˇ ·to

耳朵眼儿 ərˇ ·to ier

耳屎 ərˇ ʂˑ 耳垢

□巴 tsɛˇ ·pa 耳光

聋子 nuŋˉ ·tsˑ 耳背（听不清）

下巴 ɕiaˉ ·pa

喉咙 xəuˇ nuŋˇ

喉结 xəuˇ tɕieˉ

胡子 xuˇ ·tsˑ

兜嘴胡 təuˉ tɕiˇ xuˇ 络腮胡子

八字胡 paˇ tsˑˉ xuˇ 八字胡子

2. 手、脚

肩膀 tɕienˉ paŋˇ

肩胛骨 tɕienˉ tɕiaˉ kuˉ

妥肩膀 tʻoˇ tɕienˉ paŋˇ 溜肩膀儿

膀子 paŋˇ ·tsˑ 胳膊

倒拐包儿 tauˉ kuaiˇ par 肘关节

倒拐 tauˉ kuaiˇ 胳膊肘儿

胁暗窝 ɕieˇ ŋanˉ ŋoˉ 夹肢窝

手腕 ʂəuˇ uanˇ 手腕子

左手 tsoˇ ʂəuˇ

错手 tsʻoˉ ʂəuˇ 通常指左手

右手 ieuˉ ʂəuˇ

指嘎 tʂˑˉ ka 手指

（指头）关节 kuanˉ tɕieˉ

指嘎丫儿 tʂˑˉ ka iar 手指缝儿

大指嘎 taˉ tʂˑˉ ka 大拇指

食指 ʂˑˉ tʂˑˇ

中指 tʂuŋˉ tʂˑˇ

无名指 uˇ minˇ tʂˑˇ

小指嘎 ɕiauˇ tʂˑˉ ka 小拇指

指嘎棚儿 tʂˑˉ ka pʻor 指甲

指嘎迷子 tʂˑˉ ka miˇ tsˑˉ 指甲心儿（指甲盖和指尖肌肉连接处）

指嘎头 tʂˑˉ ka tʻəuˉ 手指头肚儿（手指末端有指纹的略微隆起的部分）

拳头 tʂʻɥanˇ ·tʻəu

巴掌 paˉ tsaŋˇ 手掌

巴掌（打一~）paˉ tsaŋˇ

手心 ʂəuˇ ɕinˉ

手背 ʂəuˇ piˉ

胯子 kʻuaˇ ·tsˑ 腿（整条腿）

大胯子 taˉ kʻuaˇ ·tsˑ 大腿

大胯丫 taˉ kʻuaˉ iaˉ 大腿根儿

小胯子 ɕiauˇ kʻuaˇ ·tsˑ 小腿

盐包□ ienˇ pauˉ təuˉ 腿肚子

□杆 niaˇ kanˉ 胫骨（小腿内侧的长骨）

克膝包儿 kʻɛˉ tɕʻiˉ par 膝盖

胯骨 kʻuaˇ kuˉ

裆（两条腿的中间）taŋˉ

屁股 pʻiˉ kuˇ

屁眼儿 pʻiˉ ier 肛门

屁股盘子 pʻiˉ kuˇ pʻanˇ ·tsˑ 屁股

蛋儿
屁股沟儿 pʼi˧ kuˇ kər
尾骨 ueiˇ ku˧
鸡巴（男阴）tɕi˧ ·pa
雀雀儿 tɕʻio˧ tɕʻior　鸡鸡（赤子阴）
屄 pi˧　女阴
过喜事 ko˧ ɕiˇ sʅ˧　交合
精液 tɕin˧ iɛ˧
脚脖子 tɕio˧ po˧ ·tsʅ　脚腕子
螺蛳骨 noˇ sʅ˧˦ ku˧　踝（音怀）
　子骨
脚 tɕio˧
赤脚 tʂʻʅ˧ tɕio˧˦
脚背 tɕio˧ pi˧
脚掌 tɕio˧ tʂaŋˇ
脚心 tɕio˧ ɕin˧
脚尖儿 tɕio˧ tɕier
脚趾嘎 tɕio˧ tʂʅ˧ ·ka　脚趾头
脚趾嘎棚儿 tɕio˧ tʂʅ˧ ·ka pʼor　脚
　趾甲
脚苑 tɕio˧ tǝu˧　脚跟（儿）
脚印儿 tɕio˧ iər
鸡眼儿（一种脚病）tɕi˧ iər
心口儿 ɕin˧ kʼər
胸前 ɕyŋ˧ tɕʻiɛnˇ　胸脯
背线 pi˧ ɕiɛn˧˦　背
棚郎骨 pʼuŋˇ naŋˇ ku˧　肋骨
妈儿 mar˧　乳房
妈儿 mar˧　奶汁
肚子（腹部）tǝuˇ ·tsʅ
小肚子（小腹）ɕiauˇ tǝuˇ ·tsʅ

肚□儿 tǝu˧ ɕior　肚脐眼
腰 iau˧
脊背 tɕi˧ pei˧
背郎骨 pei˧ naŋˇ ku˧　脊梁骨

3. 其他

头发旋儿 tǝuˇ pʼa˧ ɕier
双旋儿 ʂuaŋ˧ ɕier
手印儿 ʂǝuˇ iər　按在契约等上面
　的指纹
脶 noˇ 斗（指尖上的圆形指纹）
筲 ʂau˧　簸箕形的指纹
汗毛 xanˇ mauˇ
毛孔 mauˇ kuŋˇ　汗毛眼儿
痣 tʂʅ
骨头 ku˧ ·tǝu　骨
筋 tɕin˧
血 ɕiɛ˧
血管 ɕiɛ˧ kuanˇ
脉 mɛ˧
五脏 uˇ tsaŋ˧
心 ɕin˧
肝 kan˧
肺 fei˧
胆 tanˇ
脾脏 pʼiɛˇ tsaŋ˧˦　脾
胃 uei˧
腰子 iau˧ ·tsʅ　肾
肠子 tʂʻaŋ˧ ·tsʅ　肠
大肠 ta˧ tsʻaŋˇ
小肠 ɕiauˇ tsʻaŋˇ
盲肠 maŋˇ tsʻaŋˇ

（十二）疾病　医疗

1. 一般用语

害病 xai˧ pin˧　病了
小病 ɕiau˩ pin˧
重病 tʂuŋ˧ pin˧
病轻了 pin˧ tɕin˧ ·niau
病好了 pin˧ xau˩ ·uau
请医生 tɕ'in˩ i˧ sən˧˦
治 tʂʅ˧　医（病）
看病 k'an˧ pin˧　诊病
号脉 xau˧ mɛ˦
开药方子 k'ai˧ io˧ faŋ˧ ·tsʅ
偏方儿 p'iɛn˧ far
捡药 tɕiɛ˩ nio˧　抓药（中药）
买药 mai˩ io˧　抓药
（中）药铺 io˧ p'u˧˦
药房（西药）io˧ faŋ˩
药引子 io˧ in˩ ·tsʅ
药罐子 io˧ kuan˧ ·tsʅ　长期的病号
煎药（动宾）tɕiɛ˧ io˧
膏子药 kau˧ ·tsʅ io˧　膏药（中药），
　　药膏（西药）
粉子药 fən˩ ·tsʅ io˧　药面儿（药粉）
抹药 mo˩ io˧　搽药膏
上药 ʂaŋ˧ io˧
发汗 fa˧ xan˧　用药物使身体出汗
去风 tʂ'ʅ˧ fuŋ˧
去火 tʂ'ʅ˧ xo˩
去湿 tʂ'ʅ˧ ʂʅ˧

去毒 tʂ'ʅ˧ təu˩
消食 ɕiau˧ ʂʅ˧
打针 ta˩ tʂən˧　扎针
拔火罐 pa˧ xo˩ kuan˧˦
打银针 ta˩ in˩ tʂən˧　针灸

2. 内科

肚子屙 təu˩ ·tsʅ ŋo˧　泻肚
发烧 fa˧ ʂau˧
发冷 fa˧ nən˩
起鸡皮疙瘩 tɕ'i˩ tɕi˧ p'i˩ kɛ˧ ·ta
伤风 ʂaŋ˧ fuŋ˧
咳 k'ɛ˧　咳嗽
喘气 tʂ'uan˩ tɕ'i˧　气喘
气管炎 tɕ'i˧ kuan˩ iɛn˩
发痧 fa˧ ʂa˧　中暑
上火 ʂaŋ˧ xo˩
积了食 tɕi˧ ·iau ʂʅ˧　积滞
肚子疼 təu˩ ·tsʅ t'ən˧
胸口疼 ɕyŋ˧ k'ən˧ t'ən˧
发晕 fa˧ ɥən˧　头晕
晕车 ɥən˧ tʂ'ɛ˧
晕船 ɥən˧ tʂ'uan˧
脑壳疼 nau˩ k'o˧˦ t'ən˩　头疼
心里不得过 ɕin˧ ·ni pu˩ tɛ˧ ko˧
　　　　　恶心
吐了 təu˧ ·uau　呕吐
打口 ta˩ ɥa˩　干哕
疝气 ʂan˧ tɕ'i˧˦
脱肛 t'o˧ kaŋ˧

子宫脱垂 tsŋ˅ koŋ˧ tʻu˧ tʂʻɥei˅　　疥疮 kai˧ tʂʻɥaŋ˧
打皮寒 ta˅ pʻi˅ xan˅　发疟疾　　癣 ɕiɛn˅
发瘟 fa˧ uən˧　霍乱　　　　　　痱子 fei˧ ·tsŋ
(出)麻疹 ma˅ tʂən˅　　　　　　汗斑 xan˧ pan˧
(出)水痘 ʂuei˅ təu˧　　　　　　修子 ɕiəu˧ ·tsŋ　瘊子
出麻子 tʂʻŋ˅ ma˅ ·tsŋ　出天花　　肉痣 zəu˅ tʂŋ˅　痦子
种痘 tʂuŋ˧ əu˧　　　　　　　　　雀斑 tɕio˧ pan˧
伤寒 ʂaŋ˧ xan˅　　　　　　　　　酒刺 tɕiəu˅ tsʻŋ˧　粉刺
黄疸 xuaŋ˅ tan˧　　　　　　　　狐臭 xu˅ tʂʻəu˧
肝炎 kan˧ iɛn˅　　　　　　　　　口臭 kʻəu˅ tʂʻəu˧
肺炎 fei˧ iɛn˅　　　　　　　　　气包儿 tɕʻi˧ par　大脖子（甲状腺
胃病 uei˧ pin˧　　　　　　　　　　　肿大）
盲肠炎 maŋ˅ tʂʻaŋ˅ iɛn˅　　　　　鼻子不尖 pi˅ ·tsŋ　pu˅ tɕiɛn˧　鼻
夠包 xəu˧ ·pau　痨病（中医指结　　　子不灵（嗅觉不灵）
　　核病）　　　　　　　　　　　鼻子筑了 pi˅ ·tsŋ　tʂəu˧ ·uau　鼻子
　　　3. 外科　　　　　　　　　　　不通气
搭了 ta˧ ·niau　跌伤　　　　　　水蛇腰 ʂuei˅ ʂɛ˅ iau˧　细腰
碰伤 pʻuŋ˧ ʂaŋ˧　　　　　　　　叶声气 iɛ˧ ʂən˧ tɕʻi˧　公鸭嗓儿
擦破皮 tsʻa˧ pʻo˧ pʻi˅　蹭破皮儿　　　(嗓音沙哑)
戳了个口子 tsʻo˧ ·niau ko˧ kʻəu˅ ·tsŋ　独眼龙儿 təu˅ iɛn˅ nor　一只眼儿
　　刺个口子　　　　　　　　　　　(一只眼睛是瞎的)
出血 tsʻŋ˅ ɕiɛ˧　　　　　　　　　独眼龙 təu˅ iɛn˅ noŋ˅　指一只眼
淤血 ŋ˧ ɕiɛ˧　　　　　　　　　　　的人（含不尊重的意味）
红肿 xuŋ˅ tʂuŋ˅　　　　　　　　近视眼 tɕin˧ ʂŋ˧ iɛn˅
灌脓 kuan˧ nuŋ˅　溃脓　　　　　远视眼 ɥan˅ ʂŋ˧ iɛn˅
结壳儿 tɕiɛ˧ kʻor　结痂　　　　　老花眼 nau˅ xua˧ iɛn˅
印儿 iər˧　疤痕　　　　　　　　　肿眼泡 tʂuŋ˅ iɛn˅ pʻau˧　鼓眼泡儿
抱儿疯 pau˅ ər˅ foŋ˧　腮腺炎　　斗鸡眼儿 təu˧ tɕi˧ iər　内斜视
长疮（动宾）tʂaŋ˅ tʂʻɥaŋ˧　　　欺眼睛 tɕʻi˧ iɛn˅ tɕin˧　羞明
长包 tʂaŋ˅ pau˧　长疔（动宾）　　　　4. 残疾等
痔疮 tʂŋ˅ tʂʻɥaŋ˧　　　　　　　　牙牙疯 ia˅ ia˅ foŋ˧　癫痫病

惊风（小儿病）tɕin˧ fuŋ˧
抽风 tʂʻəu˧ fuŋ˧
脑充血 nau˅ tʂʻuŋ˧ ɕiɛ˧　中风
瘫 tʻan˧　瘫痪
跛子 po˅ tsʅ　瘸子
驼子 tʻo˅ tsʅ　罗锅儿
盘胯娃儿 pʻan˅ kʻua˅ uar　罗圈腿
聋 nuŋ˧ tsʅ
哑巴 ŋa˧ ·pa
结巴 tɕiɛ˧ ·pa　口吃
瞎子 ɕia˧ tsʅ
霉气 mei˅ tɕʻi˧˧　傻子
光脑壳儿 kuaŋ˧ nau˅ kʻor　秃子

（头发脱光的人）
麻子（人出天花后留下的疤痕）ma˅ ·tsʅ
麻子（脸上有麻子的人）ma˅ ·tsʅ
独膀娃儿 təu˅ paŋ˅ uar　指一只手的人
一把手 i˧ pa˅ ʂəu˅　一只手
兔子嘴 tʻəu˧ tsʅ tɕi˅　豁唇子
缺巴齿儿 tʂʻʅɛ˅ pa tsʻor　豁牙子
六个指嘎 nəu˅ ko˧ tsʅ˧ ka　六个手指；喻指喜欢乱拿东西的人
错撇子 tsʻo˧ pʻiɛ˧ ·tsʅ　左撇子

（十三）衣服　穿戴

1. 服装

穿戴 tʂʻuan˧ tai˧˧
打扮 ta˅ pan˧˧
理料 ni˅ niau˧˧　打扮
衣裳 i˧ ʂaŋ˧　衣服（总称内外衣内外裤）
制服 tsʅ˧ fu˧
中装 tsuŋ˧ tʂuaŋ˧
西装 ɕi˧ tʂuaŋ˧
袍子 pʻau˅ tsʅ　长衫
马褂儿 ma˅ kuar
旗袍（女装）tɕʻi˅ pʻau˅
絮衣裳 ɕi˧ i˧ ʂaŋ˅　棉衣
袄子 ŋau˅ tsʅ　棉袄
皮袄 pʻi˅ ŋau˅
夹袄 tɕia˧ ŋau˅　夹衣

大衣 ta˧ i˧
短大衣 tan˅ ta˧ i˧˧
褂子 kua˧ tsʅ　衬衫
布衫儿 pu˧ ʂar　外衣
秋衫儿 tɕʻəu˧ ʂar　针织圆领衫
□冷衣裳 ŋo˧ nən˧ i˧ ʂaŋ˅　内衣
领口 nin˅ kʻəu˅　领子
坎肩 kan˅ tɕiɛn˧
领褂 nin˅ kua˧˧　马夹，毛背心
背心 pei˧ ɕin˧　汗背心
衣襟儿 i˧ tɕiər
大襟 ta˧ tɕin˧
小襟 ɕiau˅ tɕin˧˧
对襟儿 tei˧ tɕiər
下摆 ɕia˧ pai˅
领子 nin˅ ·tsʅ

袖子 ɕiəu˧ ·tsʅ
荷包 xo˨ pau˧ 口袋
长袖子 tʂʼaŋ˨ ɕiəu˧ ·tsʅ 长袖
短袖子 tan˨ ɕiəu˧ ·tsʅ 短袖
裙子 tʂʼyən˨ ·tsʅ
衬裙 tsʼən˧ tʂʼyən˨
裤子 kʼu˧ ·tsʅ
絮裤 ɕi˧ kʼu˧ 棉裤
单裤 tan˧ kʼu˧
短裤娃儿 tan˨ kʼu˧ uar 裤衩儿（贴身穿的）
短裤子 tan˨ kʼu˧ ·tsʅ 短裤（穿在外面的）
裤连褂 kʼu˧ niɛn˨ kua˧ 连脚裤
破裆裤 pʼo˧ taŋ˧ kʼu˧ 开裆裤
绠裆裤 kən˨ taŋ˧ kʼu˧ 死裆裤（相对开裆裤而言）
裤裆 kʼu˧ taŋ˧
裤腰 kʼu˧ iau˧
裤腰带 kʼu˧ iau˧ tai˧
裤腿儿 kʼu˧ tʼər
袋娃儿 tai˧ uar 兜儿（衣服上的口袋）
扣襻（中式的）kʼəu˧ pʼan˧
扣子 kʼəu˧ ·tsʅ 扣儿（西式的）
扣眼儿（西式的）kʼəu˧ iər

2. 鞋帽

鞋 xai˨
拖鞋 tʼo˧ xai˨
棉鞋 miɛn˨ xai˨
皮鞋 pʼi˨ xai˨
毡鞋 tʂan˧ xai˨
布鞋 pu˧ xai˨
鞋底 xai˨ ti˨
鞋面 xai˨ miɛn˧ 鞋帮儿
鞋楦子 xai˨ ɕiɛn˧ ·tsʅ
鞋拔子 xai˨ pa˧ ·tsʅ
桶鞋 tʼuŋ˨ xai˨ 雨鞋（橡胶做的）
木屐 mu˧ tɕi˧
鞋带儿 xai˨ tar
袜子 ua˧ ·tsʅ
线袜 ɕiɛn˧ ua˧
丝袜 sʅ˧ ua˧
长筒袜 tʂʼaŋ˨ tʼuŋ˨ ua˧ 长袜
短袜子 tan˨ ua˧ ·tsʅ 短袜
袜带 ua˧ tai˧
尖尖鞋 tɕiɛn˧ ·tɕiɛn xai˨ 弓鞋（旧时裹脚妇女穿的鞋）
裹脚(旧时妇女裹脚的布)ko˨ tɕio˧
绑腿 paŋ˨ tʼei˨ 裹腿（军人用的）
帽子 mau˧ ·tsʅ
皮帽 pʼi˨ mau˧
礼帽 ni˨ mau˧
瓜皮帽 kua˧ pʼi˨ mau˧
军帽 tʂyən˧ mau˧
草帽 tsʼau˨ mau˧
斗笠 təu˧ ni˧
帽檐儿 mau˧ iər

3. 装饰品

首饰 ʂəu˨ ʂʅ˧
手镯 ʂəu˨ tʂo˧ 镯子

戒指 kai˧ tʂʅ˧˥ 　　　　　　　围涎儿 uei˩ tsʻar　围嘴儿（小儿用的）
项链 xaŋ˧ niɛn˧˩ 　　　　　　尿布 iau˧ pu˧
项圈 xaŋ˧ tʂʻyan˧˩ 　　　　　　手帕儿 ʂəu˩ pʻar　手绢儿
百家锁 pɛ˧ tɕia˧ so˩ 　　　　　围巾（长条的）uei˩ tɕin˧˩
别针 piɛ˧ tʂər 　　　　　　　　袖笼儿 ɕiəu˧ nor　手套
簪子 tsan˧ ·tsʅ 　　　　　　　 眼镜 iɛn˩ tɕin˧˩
耳环 ər˩ xuan˩ 　　　　　　　 伞 san˩
胭脂 iɛn˧ tʂʅ˧ 　　　　　　　　蓑衣 so˧ i˧
水粉 ʂuei˩ fən˩ 　粉 　　　　　雨衣 ʏ˩ i˧

4. 其他穿戴　　　　　　　　 手表 ʂəu˩ piau˩

用品 yŋ˧ pʻin˩ 　　　　　　　　带双手表 tai˧ ʂuaŋ˧ ʂəu˩ piau˩
围裙 uei˩ tʂʻyən˩ 　　　　　　　　戴手铐（形象说法）

（十四）饮食

1. 伙食　　　　　　　　　　　饭）

吃饭 tɕʻi˧ fan˧ 　　　　　　　　新鲜饭 ɕin˧ ɕiɛn˧˩ fan˧　刚做
早饭 tsau˩ fan˧˩ 　　　　　　　　 的饭
过早 ko˧ tsau˩　吃早饭 　　　　（饭）煳了 xu˩ ·uau
中饭 tʂuŋ˧ fan˧˩ 　午饭 　　　　（饭）馊了 səu˧ ·uau
夜饭 iɛ˧ fan˧ 　晚饭 　　　　　　锅巴 ko˧ ·pa
垫下 tiɛn˧ ·xa　打尖（途中吃点东 　　粥 tʂəu˧
　　西）　　　　　　　　　　　 米汤（煮饭滗出来的）mi˩ tʻaŋ˧˩
吃的 tɕʻi˧ ·ti　食物 　　　　　　羹 kən˧　米糊（用米磨成的粉做的
零食 nin˩ ʂʅ˩ 　　　　　　　　 　糊状食物）
点心（糕饼之类食品）tiɛn˩ ɕin˧ 　粽子 tsuŋ˧ tsʅ
茶点 tʂʻa˩ tiɛn˩ 　　　　　　　**3. 面食**
夜宵 iɛ˧ ɕiau˧ 　　　　　　　　灰面 xuei˧ miɛn˧˩　面粉
宵夜（吃夜宵）ɕiau˩ iɛ˧ 　　　　面 miɛn˧　面条儿

2. 米食　　　　　　　　　　 挂面 kua˧ miɛn˧　面粉加水、油
饭 fan˧　米饭 　　　　　　　　　盐抻成的面条，又称"齐头面"
现饭 ɕiɛn˧ fan˧　剩饭（吃剩下的 　切面 tɕʻiɛ˧ miɛn˧˩　干切面（机制

的宽的干面条）

汤面（带汤的面条）tʰaŋ˧ miɛn˧˥

肉末 ʐəu˥ mo˧ 臊子

面子羹 miɛn˧ tsʅ ·kən˧ 面糊（用面做成的糊状食物）

疙瘩 kɛ˥ ·ta 面片儿（用面做成的片状食物，吃法与汤面同）

蒸馍 tʂən˧ mo˨ 馒头（没馅的）

包子 pau˧ ·tsʅ 有馅的

粑 pa˧ 一种面粉制成的食品

油瓜 iəu˨ kua˥˧ 油条

火石粑 xo˨ ʂʅ˨ pa˧ 灶里烤的粑

烧饼 ʂau˧ pin˨

软饼 ʮan˨ pin˨ 烙饼（名词）

剁粑 to˧ pa˧ 一种面食

卷子 tɕʮan˨ ·tsʅ 花卷儿

豆折 təu˧ tʂɛ˨ 大米和豆类制的豆丝

饺子（饺子的总称）tɕiau˨ ·tsʅ

（饺子）馅儿 ɕiɛr˧

包面 pau˧ miɛn˧˥ 馄饨

糍粑 tsʰʅ˨ pa˧˥ 糯米制的食品

烧梅 ʂau˧ mei˨ 烧卖

蛋糕（老式小圆形的）tan˧ kau˧

米子 mi˨ ·tsʅ 炒米花

阴米 in˧ mi˨ 糯米蒸熟再晒干的一种米

元宵 ʮan˨ ɕiau˧˥ 汤圆（干湿都可）

汤圆（用湿粉团搓成的，有的有馅，有的无馅）tʰaŋ˧ ʮan˨

月饼 ʮɛ˧ pin˨

饼干 pin˨ kan˧

酵子（发酵用的面团）tɕiau˧ ·tsʅ

4. 肉、蛋

（以下调查的动物身体部位的条目，都是从食物角度而言的）

肉丁 ʐəu˥ tin˧

肉片 ʐəu˥ pʰiɛn˧

肉丝 ʐəu˥ sʅ˧

肉末 ʐəu˥ mo˧

肉皮 ʐəu˥ pʰi˨

肉松 ʐəu˥ suŋ˧

膀腿 pʰaŋ˨ tʰei˨ 肘子（猪腿靠近身体的部位）

猪脚枣儿 tʂu˧ tɕio˧ tsar 猪蹄儿

里脊 ni˨ ti˧

蹄筋 tʰi˨ tɕin˧

蒸肉 tʂən˧ ʐən˧˥ 粉蒸肉

牛赚头 ȵiəu˨ tʂʮan˧ ·tʰəu 牛舌头

猪赚头 tʂu˧ tʂʮan˧ ·tʰəu 猪舌头

下水（猪牛羊的内脏）ɕia˧ ʂʮei˨

肺（猪的）fei˧

肠子（猪的）tʂʰaŋ˧ ·tsʅ

腔骨（猪的）tɕʰiaŋ˧ ku˨

排骨（猪的）pʰai˨ ku˨

牛肚子 ȵiəu˨ təu˨ ·tsʅ 牛肚儿（带毛状物的那种）

牛肚子 ȵiəu˨ təu˨ ·tsʅ 牛肚儿（光滑的那种）

肝（猪的）kan˧

腰子（猪的）iau˧ ·tsʅ

鸡杂 tɕi˧ tsa˨

鸡肫 tɕi˦ tʂʮən˦　　　　　　　　豆浆 təu˦ tɕiaŋ˦
猪血 tʂʮ˦ ɕie˨˩　　　　　　　　霉豆腐 mi˨˩ təu˦ fu˨˩˦　豆腐乳
鸡血 tɕi˦ ɕie˨˩　　　　　　　　线粉 ɕien˦ fən˨˩　粉丝（绿豆做的、
炒鸡蛋 tsʰau˨˩ tɕi˦ tan˦　　　　　　　　细条的）
炸鸡蛋 tsa˨˩ tɕi˦ tan˦　荷包蛋　　线粉 ɕien˦ fən˨˩　粉条（白薯做的,
　　（油炸的）　　　　　　　　　　粗条的）
打鸡蛋 ta˨˩ tɕi˦ tan˦　卧鸡子儿　粉皮（绿豆做的，片状）fən˨˩ pʰi˨˩
　　（水煮的鸡蛋，不带壳）　　面筋 mien˦ tɕin˦
毛壳蛋 mau˨˩ kʰo˦ tan˦　煮鸡子儿　凉粉 niaŋ˨˩ fən˨˩　淀粉、绿豆做的
　　（连壳煮的鸡蛋）　　　　　　　凝冻状的
蒸鸡蛋 tʂən˦ tɕi˦ tan˦　蛋羹（加　藕粉 ŋəu˨˩ fən˨˩
　　水调匀蒸的）　　　　　　　　豆豉 təu˦ ʂʮ˦
皮蛋 pʰi˨˩ tan˦　松花蛋　　　　　干粉 kan˦ fən˨˩　芡粉
盐鸡蛋 ien˨˩ tɕi˦ tan˦　咸鸡蛋　　木耳 mu˨˩ ɚ˨˩
盐蛋 ien˨˩ tan˦　咸鸭蛋　　　　　耳子 ɚ˨˩ ·tsʮ　银耳
灌肠 kuan˦ tʂʰaŋ˨˩　香肠　　　　金针菇 tɕin˦ tʂən˦ ku˦　金针
5. 菜
　　　　　　　　　　　　　　　　海参 xai˨˩ sən˦
（下饭的）菜 tsʰai˦　　　　　　　带皮 tai˦ pʰi˨˩　海带
素菜 səu˦ tsʰai˦　　　　　　　　海蜇 xai˨˩ tʂɛ˦
荤菜 xuen˦ tsʰai˦
腌菜 ien˦ tsʰai˦　咸菜　　　　### 6. 油盐佐料
小菜儿（非正式菜总称）ɕiau˨˩ tsʰar　味道 uei˦ ·tau　滋味（吃的滋味）
豆腐 təu˦ fu˨˩　　　　　　　　气色（闻的气味）tɕʰi˦ sɛ˦
豆油皮 təu˦ iəu˨˩ pʰi˨˩　豆腐皮（可　颜色 ien˨˩ sɛ˨˩
　　以用来做腐竹的）　　　　　　猪油 tʂʮ˨˩ iəu˨˩　荤油
豆棍 təu˦ kuən˦　腐竹　　　　　素油 səu˦ iəu˨˩
千张（薄的豆腐干片）tɕʰien˦　　花生油 xua˦ sən˨˩ iəu˨˩
　　tʂaŋ˦　　　　　　　　　　茶油 tsʰa˨˩ iəu˨˩
干子 kan˦ ·tsʮ　豆腐干儿　　　　菜子油 tsʰai˦ tsʮ˨˩ iəu˨˩
炸豆腐 tsa˨˩ təu˦ fu˨˩˦　油豆腐泡儿　麻油 ma˨˩ iəu˨˩　芝麻油（可以拌凉
豆腐脑儿 təu˦ fu˨˩˦ naur　　　　　菜的那种）
　　　　　　　　　　　　　　　　盐 ien˨˩

粗盐 tsʻəu˧ iɛn˩
精盐 tɕin˧ iɛn˩
酱油 tɕiaŋ˧ iəu˩
芝麻酱 tsʅ˧ ma˩ tɕiaŋ˧
甜面酱 tʻiɛn˩ miɛn˩ tɕiaŋ˧
豆瓣儿酱 təu˧ par tɕiaŋ˧
大椒酱 ta˧ tɕiau˧˩ tɕiaŋ˧　辣酱
醋 tsʻəu˧
料酒 niau˧ tɕiəu˩
红糖 xuŋ˩ tʻaŋ˩
白糖 pɛ˩ tʻaŋ˩
冰糖 pin˧ tʻaŋ˩
糖坨儿 tʻaŋ˩ tʻor　糖块（一块块用纸包装好的）
花生糖 xua˧ sən˧ tʻaŋ˩
打包糖 ta˩ pau˧ tʻaŋ˩　麦芽糖
糖果 tʻaŋ˩ ko˩　炒米花和麦芽糖和在一起制成的食品
佐料 tso˧ niau˧
八角 pa˧ ko˧
桂皮 kuei˧ pʻi˩
花椒 xua˧ tɕiau˧
胡椒粉 xu˩ tɕiau˧ fən˩

7. 烟、茶、酒
烟 iɛn˧

烟叶 iɛn˧ iɛ˧
烟丝 iɛn˧ sʅ˧
香烟 ɕiaŋ˧ iɛn˧
旱烟 xan˧ iɛn˧
黄烟 xuaŋ˩ iɛn˧
水烟袋（铜制的）ʂyei˩ iɛn˧ tai˧
旱烟袋（细竹竿儿做的烟具）xan˧ iɛn˧ tai˧
烟盒（装香烟的金属盒，有的还带打火机）iɛn˧ xo˩
烟油子 iɛn˧ iəu˩ ·tsʅ
烟灰 iɛn˧ xuei˧
火石 xo˩ ʂʅ˩　火镰（旧时取火用具）
火石（用火镰打的那种石头）xo˩ ʂʅ˩
纸媒子 tsʅ˩ mi ·tsʅ　纸媒儿
（沏好的）茶 tʂʻa˩
茶叶 tʂʻa˩ iɛ˧
开水 kʻai˧ ʂyei˩
泡茶 pʻau˧ tʂʻa˩　沏茶（动宾）
倒茶 tau˧ tʂʻa˩
白酒 pɛ˩ tɕiəu˩
水酒 ʂyei˩ tɕiəu˩　米酒
黄酒 xuaŋ˩ tɕiəu˩

（十五）红白大事

1. 婚姻、生育
亲戚 tɕʻin˧ tɕʻi˧　亲事
做媒 tsəu˧ mi˩
做媒的 tsəu˧ mi˩ ·ti　媒人
查家 tʂʻa˩ tɕia˧　相亲（男女双方见面，看是否合意）

上门 ʂaŋ˧ mən˨˩ 相亲（男女双方见面，看是否合意）

样法 iaŋ˧ fa˨˩ 相貌

年纪 iɛn˨˩ tɕi˨˩ 年龄

定亲 tin˧ tɕʰin˧ 订婚

定礼 tin˧ ni˨˩

好日子 xau˨˩ ɚ˧ ·tsɿ 结婚的日子

喜酒 ɕi˨˩ tɕiəu˨˩

过盒 ko˧ xo˨˩ 过嫁妆

接媳婆儿 tɕiɛ˧ ɕi˧ pʰor （男子）娶亲

（女子）出嫁 tʂʰuɿ tɕia˧

嫁姑娘 tɕia˧ ku˧ iaŋ˨˩ 嫁闺女

结婚 tɕiɛ˧ xuən˧

花轿 xua˧ tɕiau˧

拜堂 pai˧ tʰaŋ˨˩

新姑爷 ɕin˧ ku˧ iɛ˨˩ 新郎

新姑娘 ɕin˧ ku˧ iaŋ˨˩ 新娘

送亲的 suŋ˧ tɕin˧ ·ti 姑娘出嫁时陪同去到男方家去的人

响房的 ɕiaŋ˨˩ faŋ˨˩ ·ti 指迎亲时吹号打锣鼓的人

新房 ɕin˧ faŋ˨˩

交杯酒 tɕiau˧ pei˧ ɕiəu˨˩

回门 xuei˨˩ mən˨˩ 姑娘出嫁后的第二天回到娘家

暖房 nan˨˩ faŋ˨˩

改嫁 kai˨˩ tɕia˧ 再醮（寡妇再嫁）

续弦（从男方说）sou˧ ɕiɛn˨˩

填房（从女方说）tʰiɛn˨˩ faŋ˨˩

有喜 iəu˨˩ ɕi˨˩ 怀孕了

害伢 xai˧ ŋa˨˩ 指怀孕初期的呕吐等生理反应

月母子 ɥɛ˧ mu˨˩ ·tsɿ 产妇

大肚子 ta˧ təu˧ ·tsɿ 孕妇

小残了 ɕiau˨˩ tsʰan˨˩ ·niau 小产

掉了 tiau˧ ·uau 流产

生伢儿 sən˧ ŋar 生孩子

接生 tɕiɛ˧ sən˧

衣胞儿 i˧ par 胎盘

洗三 ɕi˨˩ san˧ 小孩出世的第三天由外婆给小孩洗澡

做月母子 tsəu˧ ɥɛ˧ mu˨˩ ·tsɿ 坐月子

满月 man˨˩ ɥɛ˧

住满月 tʂuɿ˧ man˨˩ ɥɛ˧ 婴儿满月时去外婆家小住

头胎 tʰəu˨˩ tʰai˧

双胞胎 ʂuaŋ˧ pau˧ tʰai˧

刮伢儿 kua˧ ŋar 打胎

遗腹子 i˨˩ fu˧ tsɿ 父亲死后才出生的孩子

吃妈 tɕʰi˧ ma˧ 吃奶

妈嘴儿 ma˧ tɕior 奶头

（小孩子）尿床 iau˧ tʂʰuaŋ˨˩

怕丑 pʰa˧ tʂʰəu˧ 害羞

认生 zən˧ sən˧ 小孩怕见陌生人

2. 寿辰、丧葬

过生 ko˧ sən˧ 生日

做生 tsəu˧ sən˧ 为迎接生日而宴请亲戚朋友

祝寿 tʂəu˧ ʂəu˧

寿星 ʂəu˨ ɕin˦

白喜事 pɛ˩ ɕi˩ ·sʅ 丧事

奔丧 pən˦ saŋ˦

死了 sʅ˩ ·au

灵 nin˨ 灵位

灵床 nin˨ tʂʻuaŋ˨

棺材 kuan˦ tsʻai˨

寿器 ʂəu˨ tɕʻi˦ 寿材（生前预制的棺材）

土料 tʻəu˨ niau˦ 做棺材用的木料

入殓 zʅ˨ niɛn˦

灵堂 nin˨ tʻaŋ˨

佛堂 fu˨ tʻaŋ˨

守夜 ʂəu˨ iɛ˦ 守灵

做七 tsəu˦ tɕʻi˦

守孝 ʂəu˨ ɕiau˦

戴孝 tai˦ ɕiau˦

除孝 tʂʻu˨ ɕiau˦

孝子 ɕiau˦ tsʅ˨

孝孙 ɕiau˦ sən˦

出丧 tʂʻu˨ saŋ˦ 出殡

上山 ʂaŋ˦ san˦ 送葬

下土 ɕia˦ tʻəu˨ 下葬

复山 fu˦ ʂan˦ 指死者下葬后第二天亲属去墓地祭奠死者

哭丧棒 kʻu˦ saŋ˦ paŋ˦

大轿大马 ta˦ tɕiau˦ ta˦ ma˨ 纸扎（用纸扎的人、马、房子等）

纸钱 tsʅ˨ tɕʻiɛn˨

坟园儿 fən˨ ɣar˨ 坟地（坟墓所在的地方）

坟 fən˨ 坟墓

碑（不单指墓碑）pei˦

墓碑 mu˦ pei˦

上坟 ʂaŋ˦ fən˨

自杀 tsʅ˦ ʂa˦

跳水 tʻiau˦ ʂuei˨ 投水（自尽）

上吊 ʂaŋ˦ tiau˦

尸骨 sʅ˦ ku˦

骨灰坛子 ku˦ xuei˦ tʻan˨ ·tsʅ

3. 迷信

老天爷 nau˨ tʻien˦ iɛ˨

灶王爷 tsau˦ uaŋ˨ iɛ˨

佛 fu˨

菩萨 pʻu˨ ·sa

观音菩萨 kuan˦ in˦ pʻu˨ ·sa 观世音

土地庙 tʻəu˨ ti˦ miau˦

关帝庙 kuan˦ ti˦ miau˦

城隍庙 tʂʻən˨ xuaŋ˨ miau˦

阎王 iɛ˨ uaŋ˨

祠堂 tsʻʅ˨ tʻaŋ˨

神柜 ʂən˨ kuei˦ 佛龛

香案 ɕiaŋ˦ ŋan˦

上供 ʂaŋ˦ kuŋ˦

烛台 tsəu˦ tʻai˦

蜡烛（敬神的那种）na˦ tsəu˦

线香（敬神的那种）ɕiɛn˦ ɕiaŋ˦

香炉 ɕiaŋ˦ nəu˨

烧香（动宾）ʂau˦ ɕiaŋ˦

签子 tɕʻien˦ ·tsʅ 签诗（印有谈吉

凶的诗文的纸条）

求签 tɕʰiəu˅ tɕʰiɛn˧

打卦 ta˅ kua˧　占卜用的工具，通
　　常用一正一反两片竹片制成

阴（两面都朝下）　in˧

阳（两面都朝上）iaŋ˅

圣（一正一反）ʂən˧

庙会 miau˧ xuei˧

做道场 tsəu˧ tau˧ tsʰaŋ˅

念经 iɛ˧ tɕin˧

测字 tsʰɛ˧ tsʅ˧

看风水 kʰan˧ fuŋ˧ ʂuei˅

算命 san˧ min˧

算命的 san˧ min˧ ·ti　算命先生

看相的 kʰan˧ ɕiaŋ˧ ·ti

巫婆 u˧ pʰo˅

跳神 tʰiau˧ ʂən˧

许愿 ʂʅ˅ ɣan˧

还愿 xuan˅ ɣan˧

（十六）日常生活以及行为

1. 衣

穿衣裳 tsʰʰuan˧ i˧ ʂaŋ˅　穿衣服

脱衣裳 tʰo˧ i˧ ʂaŋ˅　脱衣服

脱鞋 tʰo˧ xai˅

量尺寸 niaŋ˧ tʂʰʅ˧ tsʰən˧　量衣服

做衣裳 tsəu˧ i˧ ʂaŋ˅　做衣服

贴边（缝在衣服里子边上的窄条）
　　tʰɛ˧ piɛn˧

滚边（在衣服、布鞋等的边缘特别
　　缝制的一种圆棱的边儿）kuən˅
　　piɛn˧

锁边儿 so˅ piɐr　缲边儿

鞔鞋帮 man˅ xai˅ paŋ˧

纳鞋底 na˧ xai˅ ti˅　纳鞋底子

据扣子 tʂʅ˧ kʰəu˅ ·tsʅ　钉扣子

绣花 ɕiəu˅ xua˧

打补丁 ta˅ pu˅ tin˧

做被卧 tsəu˧ pi˧ ŋo˧

洗衣裳 ɕi˅ i˧ ʂaŋ˅　洗衣服

洗一水（一次）ɕi˅ i˧ ʂuei˅

汁水 tʂəu ˅ ʂuei˅　投（用清水漂洗）

晒衣裳 ʂai˧ i˧ ʂaŋ˅　晒衣服

浪衣裳 naŋ˧ i˧ ʂaŋ˅　晾衣服

浆衣裳 tɕiaŋ˧ i˧ ʂaŋ˅　浆衣服

熨衣裳 ɣuən˧ i˧ ʂaŋ˅　熨衣服

2. 食

生火 sən˧ xo˅

攘饭 zaŋ˅ fan˧　做饭（总称）

淘米 tʰau˅ mi˅

发面 fa˧ miɛn˧

和面 xo˅ miɛn˧

揉面 zəu˅ miɛn˧

擀面 kan˅ miɛn˧　擀面条

蒸馍 tʂən˧ mo˅　蒸馒头

择菜 tsɛ˧ tsʰai˧

炒菜 tʂʰau˅ tsʰai˧　做菜（总称）

打汤 ta˅ tʰaŋ˧　做汤

饭好了（包括饭菜）fan˧ xau˅ ·uau

米 mi˩ （饭）生
开饭 kʻai˧ fan˧
盛饭 ʂən˩ fan˧
吃饭 tɕiʔ˧ fan˧
□菜 iɛn˧ tsʻai˧　攃菜
舀汤 iau˩ tʻaŋ˧
吃早饭 tɕiʔ˧ tsau˩ fan˧˥
过早 ko˧ tsau˩　吃早饭
吃中饭 tɕiʔ˧ tʂuŋ˧ fan˧˥　吃午饭
吃夜饭 tɕiʔ˧ iɛ˧ fan˧˥　吃晚饭
吃零食 tɕiʔ˧ nin˩ ʂʅ˧
用筷子 yŋ˧ kʻuai˧ tsʅ　使筷子
肉不烂 zəu˧ pu˧ nan˧
嚼不动 tɕio˩ pu tuŋ˧
哽得巧 kən˩ ·tɤ tɕʻiau˩　（吃饭）噎住了
打嗝儿（吃饭后）ta˩ kər
胀死了 tʂaŋ˧ sʅ˩ ·au　（吃得太多了）撑着了
口里冇得味儿 kʻəu˧ ni mau˧ tɛ˧ uər　没食欲
喝茶 xo˧ tʂʻa˩
喝酒 xo˧ tɕiəu˩
索烟 so˧ iɛn˧　抽烟
饿了 ŋo˧ niau

3. 住

起来 tɕʻi˩ nai˩　起床
洗手 ɕi˩ ʂəu˩
洗脸 ɕi˩ niɛn˩
漱口 səu˧ kʻəu˩
刷牙 ʂʉa˧ ia˩

梳头 səu˧ tʻəu˩
梳辫子 səu˧ piɛn˧ ·tsʅ
梳鬏鬏 səu˧ tɕiəu˧ tɕiəu　梳髻
剪指嘎棚儿 tɕiɛn˧ tʂʅ˧ ·ka pʻor　剪指甲
捞耳朵 nau˧ ɻe˩ ·to　掏耳朵
抹汗 ma˧ xan˧　洗澡
擦澡 tsʻa˧ tsau˩
屙尿 ŋo˧ iau˧　小便（动词）
屙屎 ŋo˧ ʂʅ˩　大便（动词）
拾凉 ʂʅ˧ niaŋ˩　乘凉
晒日头 ʂai˧ ɻe˩ ·tʻəu　晒太阳
向火 ɕiaŋ˧ xo˩　烤火（取暖）
点灯 tiɛn˩ tən˧
熄灯 ɕi˧ tən˧
歇下 ɕiɛ˧ xa　歇歇（休息一会儿）
中瞌睡 tʂuŋ˧ kʻo˧ ʂʉei˧　打盹儿
打哈欠 ta˩ xa˧ tɕiɛn˧˥
想睡瞌睡 ɕiaŋ˩ ʂʉei˧ kʻo˧ ʂʉei˧　想睡觉了
铺床 pʻu˧ tʂʻuaŋ˩
睡倒 ʂʉei˧ tau˩　躺下
睡了得 ʂʉei˧ ·iau ·tɤ　躺着
睡着了 ʂʉei˧ tʂo˩ ·niau
打鼾 ta˩ xan˧　打呼噜
睡不着 ʂʉei˧ pu tʂo˩
睡中觉儿 ʂʉei˧ tʂuŋ˧ kar　睡午觉
仰倒睡 iaŋ˧ tau ʂʉei˧　仰面睡
侧倒睡 tsʻɤ˧ tau ʂʉei˧　侧着睡
扑倒睡 pʻu˧ tau ʂʉei˧　趴着睡
失枕 ʂʅ˧ tʂən˩　落枕

抽筋了 tʂʻəu˩ ʨin˧ ·niau　　回家了 xuei˩ ʨia˧ ·niau
做梦 tsəu˩ muŋ˧　　　　　逛街 kuaŋ˧ kai˧
发梦停 fa˩ muŋ˧ tʻin˩　说梦话　散步 san˧ pu˧
熬夜 ŋau˩ iɛ˩　　　　　　打岔 ta˩ tʂʻa˩　插嘴
开夜车 kʻai˧ iɛ˩ tʂʻɿ˧　　出挺 tʂʻɿ˩ tʻin˩　出洋相

4. 行

下地（去地里干活）ɕia˧ ti˩　　舌人 ʂɛ˩ zən˩　丢人
出工 tʂʻɿ˩ kuŋ˧　上工　　　　　该 kai˧　欠
收工 ʂəu˧ kuŋ˧　　　　　　　大脑壳 ta˧ nau˩ kʻo˧　元宝
出去了 tʂʻɿ˩ ʨʻi˩ ·iau　　　　现洋 ɕiɛn˩ iaŋ˩　银圆
　　　　　　　　　　　　　　　上馆 ʂaŋ˧ kuan˩　下馆子

（十七）讼事

打官司 ta˩ kuan˧ sɿ˧　　　不服 pu˩ fu˩
告状（动宾）kau˧ tʂuaŋ˧　上诉 ʂaŋ˧ səu˩
原告 yan˩ kau˧　　　　　　宣判 ɕiɛn˧ pʻan˩
被告 pei˧ kau˧　　　　　　招认 tʂau˧ zən˧
状子 tʂuaŋ˧ ·tsɿ　　　　　口供 kʻəu˩ kuŋ˧
坐堂 tso˧ tʻaŋ˩　　　　　 供 kuŋ˧
退堂 tʻei˧ tʻaŋ˩　　　　　同谋 tʻuŋ˩ məu˩
问案 uən˧ ŋan˧　　　　　　故犯 ku˧ fan˧
过堂 ko˧ tʻaŋ˩　　　　　　误犯 u˧ fan˧
证人 tʂən˧ zən˩　　　　　 犯法 fan˧ fa˩
人证 zən˩ tʂən˧　　　　　 犯罪 fan˧ tsei˧
物证 u˩ tʂən˧　　　　　　 诬告 u˧ kau˧
对质 tei˧ tʂɿ˩　　　　　　连坐 niɛn˩ so˧
刑事 ɕin˩ sɿ˩　　　　　　 保释 pau˩ ʂɿ˩
民事 min˩ sɿ˩　　　　　　 取保 tɕʻi˩ pau˩
家务事 tɕia˧ u˧ sɿ˩　　　 逮捕 tai˩ pu˧
律师 ni˩ sɿ˩　　　　　　　押解 ia˧ tɕiai˩
代书 tai˧ ʂɿ˩　代人写状子的　囚车 tɕʻiəu˩ tʂʻɛ˧
服 fu˩　　　　　　　　　　青天老爷 tɕʻin˧ tʻiɛn˧ nau˩ iɛ˩

赃官 tsaŋ˧ kuan˧
受贿 ʂəu˩ xuei˧
塞坨子 sɛ˧ tʻo˩ ·tsɿ 行贿
罚款 fa˩ kʻuan˅
斩首 tʂan˅ ʂəu˅
枪毙 tɕʻiaŋ˧ pi˧
斩条（插在死囚背后验明正身的木
    条）tʂan˅ tʻiau˅
拷打 kʻau˅ ta˅
打屁股（旧时刑罚）ta˅ pʻi˧ kʻu˅
上枷 ʂaŋ˧ tɕia˧
手铐 ʂəu˅ kʻau˅
脚镣 tɕio˧ niau˅
绑起来 paŋ˅ tɕʻi˅ nai˅
囚禁起来 tɕʻiəu˅ tɕin˅ tɕʻi˅ nai˅
坐牢 tso˧ nau˅
探监 tʻan˧ tɕien˧
越狱 ɥɛ˧ iəu˩
立字据 ni˩ tsɿ˩ tʂʯ˩
画押 xua˧ ia˧
按手印 ŋan˧ ʂəu˅ in˧

捐税 tɕyan˧ ʂuei˧
地租 ti˧ tsəu˧
地契 ti˧ tɕʻi˧
税契（持契交税盖印，使契有效）
    ʂuei˧ tɕʻi˧
纳税 na˩ ʂuei˧
执照 tʂʯ˩ tʂau˧˩
告示 kau˧ ʂʯ˧˩
通知 tʻoŋ˧ tʂʯ˧
路条 nəu˩ tʻiau˅
命令 min˧ nin˧˩
章子 tʂaŋ˧ ·tsɿ 印（官方图章）
私访 sɿ˧ faŋ˅
办交接 pan˧ tɕiau˧ tɕiɛ˧　交代
    （把经手的事务移交给接替的
    人）
上任 ʂaŋ˧ ʐən˧
卸任 ɕɛ˧ ʐən˧
免了 miɛn˧ ·niau　罢免
案卷 ŋan˧ tʂyan˧
传票 tʂʻyan˩ pʻiau˧˩

（十八）交际

应酬 in˧ tʂʻəu˅
来往 nai˅ uaŋ˅
撮赢儿 tsʻo˧ iər　占别人的便宜
过白 ko˧ pɛ˩　说谎
哏 min˧　打招呼；说
承头 tʂʻən˅ tʻəu˅　负责
看人 kan˧ ʐən˅　去看望他人

拜访 pai˧ faŋ˅
回拜 xuei˩ pai˧
客人 kʻɛ˧ ʐən˅
请客 tɕʻin˅ kʻɛ˧　接客
招待 tʂau˧ tai˧˩
男客 nan˩ kʻɛ˧
女客 ny˩ kʻɛ˧

赶情 kanˇ tɕʻinˇ　送礼
搭礼 taㄱ niˇ　回赠礼物
东西 tuŋㄱ ɕiㄧ　礼物
人情 zənˇ tɕʻinˇ
做客 tsəuㄱ kʻɛㄧ
待客 taiㄱ kʻɛㄧ
陪客（动宾）pʻeiˇ kʻɛㄧ
送客 suŋㄱ kʻɛㄧ
慢点走 manㄱ ɕiɛㄧ tsəuˇ　不送了
　　（主人说的客气话）
劳为 nauˇ ueiˇ　谢谢
不客气 puㄧ kʻɛㄧ tɕʻiㄧ
摆酒席 paiˇ tɕiəuˇ ɕiˇ
一桌酒席 iㄧ tsoㄧ tɕiəuˇ ɕiˇ
请帖 tɕʻinˇ tʻieˇ
下请帖 ɕiaㄱ tɕʻinˇ tʻieˇ
入席 ʅㄧ ɕiˇ
上菜 ʂaŋㄱ tsʻaiㄱ
酌酒 tsoㄧ tɕiəuˇ　斟酒
劝酒 tsʻʅanㄱ tɕiəuˇ
干杯 kanㄱ peiㄧ
行酒令 ɕinˇ tɕiəuˇ ninㄱ
不佮 puㄧ koㄧ　（他们俩人）不和
结数 tɕieㄧ səuㄱ　冤家
不平（路见～）puㄧ pʻinˇ
冤枉 ʅanㄱ uaŋˇ
鸡蛋里挑骨头 tɕiㄧ tanㄱㄧ ·ni tʻiauㄱ
　　 kuㄧ tʻəuˊ　吹毛求疵
假做油霉 tɕiaˇ tsəuㄱ iəuˊ meiˇ
　　 做作
摆架子 paiˇ tɕiaㄱ ·tsʅ

坤倒 kʻuənㄱ ·tau　摆架子
装苫 tsʅʻaŋㄱ ʂauˇ　装傻
出洋相 tsʻʅㄧ iaŋㄱ ɕiaŋㄱ
出挺 tsʻʅㄧ tʻinˇ　让人丢脸
丢人 tiəuㄱ zənˇ
巴结 paㄧ tɕieˇ
串门儿 tsʻʅanㄱ mər
添坨 tʻienˇ tʻoˇ　套近乎
看得起 kʻanㄱ ·tɛ tɕʻiˇ　瞧得起
看不起 kʻanㄱ ·pu tɕʻiˇ
敲伙儿 tɕʻiauˇ xor　合伙儿
应承 inㄱ tsʻənˇ　答应、允诺
不答应 puㄧ taㄱ inㄱ
撵出去 iɛnˇ tsʻʅㄧ ·tɕi
惹情 ʅɛˇ tɕʻinˇ　妨碍；招惹
卫护 ueiㄱ xuㄱ　偏袒
在意 tsaiㄱ iㄧ　留神、注意
该债 kaiㄧ tsaiㄧ　欠债
蓄心 ɕiəuˇ ɕinㄧ　留心；有私念
填憨儿 tʻienˇ xar　为别人承担责
　　 任、债务
戳拐 tsʻoㄱ kuaiˇ　挑拨
瞎拐 ɕiaㄱ kuaiˇ　使坏
挤撂 tɕiˇ noㄱ　互相挤压
走溜 tsəuˇ niəuㄱ　说话离开正题
占赢儿 tsanㄱ iər　占便宜
谈津估梁 tʻanˇ tɕinㄱ kuˇ niaŋˇ　不
　　 切实际的瞎议论（贬义）
迓 ərˇ　理睬
张 tsaŋㄱ　理睬
齿 tsʻʅˇ　理睬

格垠 kɛ˧in˩ 害怕
日求 zʅ˧ tɕʰiəu˩ 哄骗；讥讽
扯腿 tʂʰɛ˩ tʰei˩ 争吵
怄气 ŋəu˧ tɕʰi˩ 受气；斗气
扯皮 tʂʰɛ˩ pʰi˩ 闹意见；无理取闹

见判 tɕien˧ pʰan˩ 胡说
噘 tʂyɛ˩ 骂
起停子 tɕʰi˩ tʰin˩ ·tsʅ 打歪主意
眼勤 iɛn˩ tɕʰin˩ 羡慕，眼红

（十九）商业 交通

1. 经商行业

字号 tsʅ˧ xau˧˥
招牌 tʂau˧ pʰai˩
广告 kuaŋ˩ kau˧˥
开铺子 kʰai˧ pʰu˩ ·tsʅ
铺面 pʰu˧ mien˧ 商店的门面
摆摊子 pai˩ tʰan˧ ·tsʅ
跑单帮 pʰau˩ tan˧ paŋ˧
做生意 tsəu˧ sən˧ i˧˥
旅社 ni˩ ʂɛ˧˥ 旅店
馆里 kuan˩ ·ni 饭馆
下馆子 ɕia˧ kuan˩ ·tsʅ
跑堂的 pʰau˩ tʰaŋ˧ ·ti 堂倌儿
布店儿 pu˧ tier
百货店儿 pɛ˩ xo˧ tier
杂货店儿 tsa˩ xo˧ tier
油盐店儿 iəu˩ iɛn˩ tier
粮店儿 niaŋ˩ tier
瓷器店儿 tsʰʅ˩ tɕʰi˧˥ tier
文具店儿 uən˩ tʂy˧˥ tier
茶馆儿 tʂʰa˩ kuar
理发店儿 ni˩ fa˧ tier
理发 ni˩ fa˧
刮脸 kua˧ niɛn˩

刮胡子 kua˧ xu˩ ·tsʅ
肉铺 zəu˧ pʰu˧
杀猪 ʂa˧ tʂʅ˧
油坊 iəu˩ faŋ˧
当铺 taŋ˧ pʰu˧
租房子 tsəu˧ faŋ˧ ·tsʅ
典房子 tien˩ faŋ˧ ·tsʅ
煤铺 mei˩ pʰu˧
煤球 mei˩ tɕʰiəu˩
蜂窝煤 fuŋ˧ ŋo˧ mei˩

2. 经营、交易

开业 kʰai˧ iɛ˧
停业 tʰin˩ iɛ˧
盘存 pʰan˩ tsʰən˩ 盘点
柜台 kuei˧ tʰai˩
开价 kʰai˧ tɕia˧
还价 xuan˩ tɕia˧
香赢 ɕiaŋ˧ in˩ （价钱）便宜
（价钱）便宜 pʰien˩ i˩
（价钱）贵 kuei˧
（价钱）公道 kuŋ˧ tau˧˥
包了 pau˧ ·uau 包圆儿（剩下的全
　　　　 部买了）
生意好 sən˧ i˧˥ xau˩ 买卖好

生意不好 sən˧ i˧˩˧ pu˧ xau˨ 买卖清淡

工钱 kuŋ˧ tɕ'ien˨

本钱 pən˨ tɕ'ien˨

保本 pau˨ pən˨

赚钱 tʂʮan˧ tɕ'ien˨

亏本 k'uei˧ pən˨

路费 nəu˧ fei˧˩˧

利息 ni˧ ɕi˧˩˧

运气好 ɥən˧ tɕ'i˧˩˧ xau˨

该 kai˧ 欠（～他三元钱）

差（～五角十元，即九元五角）tʂ'a˧

押金 ia˧ tɕin˧

3. 账目

账房 tʂaŋ˧ faŋ˨

开销 k'ai˧ ɕiau˧

收账（记收入的账）ʂəu˧ tʂaŋ˧

出账（记付出的账）tʂ'ʮ˧ tʂaŋ˧

该账 kai˧ tʂaŋ˧ 欠账

要账 iau˧ tʂaŋ˧

烂账（要不来的账）nan˧ tʂaŋ˧

水牌（临时记账用的木牌或铁牌）ʂɥei˨ p'ai˨

发票 fa˧ p'iau˧˩˧

收据 ʂəu˧ tʂ'ʮ˧˩˧

存款（存下的钱）ts'ən˨ k'uan˨

整钱（如十元、百元的钱）kən˨ tɕ'ien˨

零钱 nin˨ tɕ'ien˨

票子 p'iau˧ ·tsʮ 钞票（纸币）

角娃儿 ko˧ uar˨ 硬币

铜板儿 t'uŋ˨ par

银元 in˨ ɥan˨

一分钱 i˧ fən˧ tɕ'ien˨

一角钱 i˧ tɕio˧ tɕ'ien˨

一块钱 i˧ k'uai˧ tɕ'ien˨

十块钱 ʂʮ˨ k'uai˧ tɕ'ien˨

一百块钱 i˧ pe˧ k'uai˧ tɕ'ien˨

一张钱 i˧ tʂaŋ˧ tɕ'ien˨ 一张票子（钞票）

一个铜子儿 i˧ ko˧ t'uŋ˨ tsor

算盘 san˧ p'an˨

天平 t'ien˧ p'in˨

戥子 təŋ˨ ·tsʮ 等子

秤 tʂ'ən˧

磅秤 paŋ˧ tʂ'ən˧

秤盘 tʂ'ən˧ p'an˨

秤星儿 tʂ'ən˧ ɕiər

秤杆儿 tʂ'ən˧ kar

秤钩子 tʂ'ən˧ kəu˧ ·tsʮ

秤砣 tʂ'ən˧ t'o˨ 秤锤

秤毫 tʂ'ən˧ xau˨

□起来 tʂʮɛ˨ tɕ'i˨ nai˨ （称物时）秤尾高

妥了得 t'o˨ ·niau ·tɛ （称物时）秤尾低

刮板（平斗斛的木片）kua˧ pan˨

4. 交通

铁路 t'ie˧ nəu˧˩˧

铁轨 t'ie˧ kuei˨

火车 xo˨ tʂ'ʮ˧

火车站 xo˨ tʂ'ʮ˧ tʂan˧

公路 kuŋ˧ nəu˧˩
汽车 tɕʻi˩ tṣʻɛ˧
客车（指汽车的）kʻɛ˩ tṣʻɛ˧
货车（指汽车的）xo˧ tṣʻɛ˧
公共汽车 kuŋ˧ kuŋ˥ tɕʻi˩ tṣʻɛ˧
小轿车 ɕiau˅ tɕiau˧ tṣʻɛ˧
摩托车 mo˅ tʻo˧ tṣʻɛ˧
三轮车（载人的）san˧ nən˅ tṣʻɛ˧
板车 pan˅ tṣʻɛ˧　平板三轮车（拉货的）
自行车 tsɿ˧ ɕin˅ tṣʻɛ˧
大车（骡马拉的运货的车，北方多用。注意车的各部位名称）ta˧ tṣʻɛ˧
独轮车 təu˅ nən˅ tṣʻɛ˧　鸡公车（多用于南方）
船（总称）tṣʻɥan˅

帆 fan˧
篷（织竹夹箬覆舟）pʻuŋ˅
桅杆 uei˅ kan˧
舵 to˧
橹 nəu˅
桨 tɕiaŋ˅
篙 kau˧
跳板 tʻiau˧ pan˅　上下船用
帆船 fan˧ tṣʻɥan˅
舢板（三板）ʂan˧ pan˅
渔船 ɥ˅ tṣʻɥan˅
渡船 təu˧ tṣʻɥan˅
轮船 nən˅ tṣʻɥan˅
坐船过河 tso˧ tṣʻɥan˅ ko˧ xo˅　过摆渡
渡口 təu˧ kʻəu˅

（二十）文化教育

1．学校

学校 ɕio˅ ɕiau˧˩
上学 ʂaŋ˧ ɕio˅　开始上小学；去学校上课
放学（上完课回家）faŋ˧ ɕio˅
逃学 tʻau˅ ɕio˅
幼儿园（年龄较大）iəu˧ ɹe˧ ɥan˅
托儿所（年龄较小）tʻo˧ ɹe˧ so˅
私塾 sɿ˧ ʂəu˧
学费 ɕio˅ fei˧˩
放假 faŋ˧ tɕia˅
暑假 ʂɥ˅ tɕia˅

寒假 xan˅ tɕia˅
请假 tɕʻin˅ tɕia˅

2．教室、文具

教室 tɕiau˧ ʂɿ˧
上课 ʂaŋ˧ kʻo˧
下课 ɕia˧ kʻo˧
讲台 tɕiaŋ˅ tʻai˅
黑板 xɛ˧ pan˅
粉笔 fən˅ pi˧
黑板擦 xɛ˧ pan˅ tsʻa˧　板擦儿
点名册儿 tien˅ min˅ tsʻɚ˧
戒尺 kai˧ tʂʻɿ˧

笔记本儿 pi˧ tɕi˧ pər
课本儿 kʻo˧ pər
铅笔 tɕien˧ pi˧
橡皮 ɕiaŋ˩ pʻi˩
绞笔刀 ɕiau˩ pi˩ tau˧　铅笔刀（指旋着削的那种）
圆规 ɥan˩ kuei˧
三角板 san˧ ko˧ pan˩
作文本儿 tso˧ uən˩ pər
大字本儿 ta˧ tsʅ˧ pər
钢笔 kaŋ˧ pi˧
毛笔 mau˩ pi˧
笔帽 pi˧ mau˧　保护毛笔头的
笔筒 pi˧ tʻuŋ˩
砚台 iɛn˧ tʻai˩
磨墨 mo˩ mɛ˧　研墨（动宾）
墨盒儿 mɛ˧ xor
墨汁（毛笔用的）mɛ˧ tsʅ˧
揿笔（动宾）tɕien˧ pi˧
墨水儿（钢笔用的）mɛ˧ ʂuər
书包 ʂu˧ pau˧

3. 读书识字

读书人 təu˩ ʂu˧ zən˩
认得字的 zən˧ ·tɛ tsʅ˧ ·ti　识字的
睁眼瞎 tsən˧ iɛn˩ ɕia˧　不识字的
文盲 uən˩ maŋ˩　不识字的
读书 təu˩ ʂu˧
温书 uən˧ ʂu˧
背书 pei˧ ʂu˧
报考 pau˧ kʻau˩
考场 kʻau˩ tsʻaŋ˩

入场 ɥ˧ tsʻaŋ˩　进考场
考试 kʻau˩ ʂʅ˧
卷子 tsɥan˧·tsʅ　考卷
满分 man˩ fən˧
零分 nin˩ fən˧
发榜 fa˧ paŋ˩
头名 tʻəu˩ min˩
末名 mo˧ min˩
毕业 pi˧ iɛ˧
肄业 i˧ iɛ˧
文凭 uən˩ pʻin˩

4. 写字

大楷 ta˧ kʻai˩
小楷 ɕiau˩ kʻai˩
字帖 tsʅ˧ tʻiɛ˧
临帖 nin˩ tʻiɛ˧
墨了 mɛ˧ ·niau　涂了
写白字 ɕi˩ pɛ˩ tsʅ˧　写错字（别字）
写斗笔字 ɕi˩ təu˧ pi˧ tsʅ˧　写字笔顺不对
掉字 tiau˧ tsʅ˧
草稿 tsʻau˩ kau˩
写文章 ɕi˩ uən˩ tsaŋ˧　起稿子
誊清 tʻən˩ tɕʻin˧
一点 i˧ tien˩
一横 i˧ xuən˩
一竖 i˧ ʂu˧
一撇 i˧ pʻiɛ˧
一捺 i˧ na˧
一勾 i˧ kəu˧

一挑 i˧ tʰiau˧˥
一画（王字是四画）i˧ xua˧˥
偏旁儿 pʰiɛn˧ pʰãr
单人旁儿 tan˧ zən˩ pʰãr　立人儿（亻）
双人旁儿 ʂuaŋ˧ zən˩ pʰãr　双立人儿（彳）
弓长张 kuŋ˧ tsʰaŋ˩ tsaŋ˧　弯弓张
立早章 ni˧ tsau˩ tsaŋ˧
禾旁程 xo˩ paŋ˩ tsʰən˩
国字框儿 kuɛ˧ tsɿ˧ kʰuãr　四框栏儿（囗）
宝盖头儿 pau˩ kai˧ tʰər　宝盖儿（宀）
秃宝盖儿（冖）tʰəu˧ pau˩ kar
竖心旁儿（忄）ʂɿ˥ ɕin˧ pʰãr
反犬旁儿（犭）fan˩ tsʰuan˩ pʰãr
单抱耳旁儿 tan˧ pau˩ ər˩ pʰãr　单耳刀儿（卩）
双抱耳旁儿 ʂuaŋ˧ pau˩ ər˩ pʰãr　双耳刀儿（阝）
反文旁儿（攵）fan˩ uən˩ pʰãr
斜玉旁儿 ɕiɛ˩ y˩ pʰãr　斜玉儿
提土旁儿（土）tʰi˩ tʰəu˩ pʰãr
竹字头儿（⺮）tʂəu˩ tsɿ˧ tʰər
火字旁儿 xo˩ tsɿ˧ pʰãr
四点水儿 sɿ˧ tiɛn˩ ʂuər　四点（灬）
三点水儿 san˧ tiɛn˩ ʂuər　氵
两点水儿 niaŋ˩ tiɛn˩ ʂuər　冫
病旁儿 pin˧ pʰãr　疒
走之底儿 tsəu˩ tsɿ˧ tior　走之儿（辶）
绞丝旁儿 tɕiau˩ sɿ˧ pʰãr　纟
提手旁儿 tʰi˩ ʂəu˩ pʰãr　扌
草字头儿 tsʰau˩ tsɿ˧ tʰər　艹

（二十一）文体活动

1. 游戏、玩具

风筝 fuŋ˧ tsən˧
躲猫儿 to˩ mor　捉迷藏
躲猫儿 to˩ mor　藏老蒙儿（寻找预先藏匿在某个角落的同伴）
踢毽儿 tʰi˧ tɕiɛr
抓子（用几个小沙包或石子儿，扔起其一，做规定动作后再接住）tʂua˧ tsɿ˩
弹珠子 tʰan˩ tsɿ˧ ·tsɿ　弹球儿
打水漂儿 ta˩ ʂuei˩ pʰiar　在水面上掷瓦片
跳房子 tʰiau˧ faŋ˩ ·tsɿ
翻叉 fan˧ tsʰa˧　翻绳（两人轮换翻动手指头上的细绳，变出各种花样）
划拳（喝酒时）xua˩ tsʰuan˩
出弊子 tsʰɿ˧ pi˧ ·tsɿ　出谜语
猜弊子 tsʰai˧ pi˧ ·tsɿ　猜谜儿
不倒翁 pu˧ tau˩ ŋuŋ˧
牌九 pʰai˩ tɕiəu˩
麻将 ma˩ tɕiaŋ˧

摇色子 iauˇ sɛˇ ·tsʅ　掷色子
押宝 ia˧ pauˇ
炮种 pʻauˋ tʂuŋˇ　爆竹
放炮种 faŋˋ pʻauˋ tʂuŋˇ　放鞭炮
响炮 ɕiaŋˇ pʻauˋ　二踢脚
烟花 iɛn˧ xua˧　烟火
放花炮 faŋˋ xua˧ pʻauˋ

2．体育

象棋 ɕiaŋ˥ tɕʻiˇ
下棋 ɕia˥ tɕʻiˇ
将 tɕiaŋ˧
帅 ʂuai˧
士 sʅ˥
象 ɕiaŋˇ
相 ɕiaŋ˧
车 tʂʅ˧
马 maˇ
炮 pʻau˧
兵 pin˧
卒 tsəu˧
拱卒 kuŋˇ tsəu˧
置士 tʂʅˋ sʅ˥　上士（士走上去）
下士 ɕia˥ sʅ˥　落士（士走下来）
飞象 fei˧ ɕiaŋ˧
回象 xueiˇ ɕiaŋ˥　落象
将军 tɕiaŋ˧ tʂyən˧
围棋 ueiˇ tɕʻiˇ
黑子 xɛ˧ tsʅˇ
白子 pɛˇ tsʅˇ
和棋 xoˇ tɕʻiˇ
拔河 pa˧ xoˇ

打鼓泅 taˇ kuˇ tɕʻiəuˇ　游泳
仰泳 iaŋˇ yən˧
蛙泳 ua˧ yən˧
自由泳 tsʅ˥ ieuˇ yən˧
□□鼓泅 uən˧ ni˥ kuˇ tɕʻiəuˇ
　　潜水
打球 taˇ tɕʻiəuˇ
比赛 piˇ ʂai˥　赛球
乒乓球 pʻin˧ ·pʻaŋ tɕʻiəuˇ
篮球 nanˇ tɕʻiəuˇ
排球 pʻaiˇ tɕʻiəuˇ
足球 tsəu˧ tɕʻiəuˇ
羽毛球 yˇ mauˇ tɕʻiəuˇ
跳远 tʻiau˥ yanˇ
跳高 tʻiau˥ kau˧

3．武术、舞蹈

翻跟头（翻一个跟头）fan˧ kən˧ ·tʻeu
连倒翻跟头 niɛnˇ ·tau fan˧ kən˧
　·tʻeu　打车轮子（连续翻好几
　个跟头）
倒立 tau˧ ni˥
玩狮子 uanˇ sʅ˧ ·tsʅ　舞狮子
玩龙灯 uanˇ noŋˇ tən˧　耍龙灯
划船 xuaˇ tʂʻuanˇ　跑旱船
踩高跷 tsʻaiˇ kau˧ tɕʻiau˧　走高跷
对刀 tei˧ tau˧
玩刀 uanˇ tau˧　耍刀
对枪 tei˧ tɕʻiaŋ˧
玩枪 uanˇ tɕʻiaŋ˧　耍枪
玩流星 uanˇ niəuˇ ɕin˧　耍流星
扭秧歌儿 niəuˇ iaŋ˧ kor

打腰鼓 taˇ iauˉ kuˇ　　　　　　（魔术）
跳舞 tʰiauˉ uˇ　　　　　　　　说书 ʂuɤˉ ʂʅˉ
　　4. 戏剧　　　　　　　　　花脸 xuaˉ niɛnˇ
木偶戏 muˉ ŋəuˇ ɕiˉ　　　　　小丑 ɕiauˇ tʂəuˇ
皮影戏 pʰiˇ inˇ ɕiˉ　　　　　　老生 nauˇ sənˉ
大戏（大型戏曲，角色多、乐器　　小生 ɕiauˇ sənˉ
　　多、演唱内容复杂）taˉ ɕiˉ　武生 uˇ sənˉ
京剧 tɕinˉ tʂʅˇ　　　　　　　　刀马旦 tauˉ maˇ tanˉ
话剧 xuaˉ tʂʅˇ　　　　　　　　老旦 nauˇ tanˉ
戏院 ɕiˉ ɣanˉ　　　　　　　　 青衣 tɕʰinˉ iˉ
戏台 ɕiˉ tʰaiˇ　　　　　　　　花旦 xuaˉ tanˉ
演员 iɛnˇ ɣanˇ　　　　　　　　小旦 ɕiauˇ tanˉ
玩魔术 uanˇ moˇ ʂʅˉ　变戏法　 跑龙套的 pʰauˇ nuŋˇ tauˉ·ti

　　（二十二）动作
　　1. 一般动作　　　　　　　眨眼睛 tsaˉ iɛnˇ tɕinˉ　眨眼
站 tʂanˉ　　　　　　　　　　　碰得巧 pʰuŋˉ·tɛ tɕʰiauˇ　遇见
跍 kʰuˇ　蹲　　　　　　　　　 看 kʰanˉ
跶得巧 taˉ·tɛ tɕʰiauˇ　跌倒了　眼睛乱转 iɛnˇ tɕinˉ nanˉ tʂɣanˉ
爬起来 pʰaˇ tɕʰiˇ naiˇ　　　　 流脸滴 niəuˇ niɛnˇ niˇ　流眼泪
摇头 iauˇ tʰəuˇ　　　　　　　 张嘴 tʂaŋˉ tɕiˇ
点头 tiɛnˇ tʰəuˇ　　　　　　　闭嘴 piˉ tɕiˇ
翘脑壳 tɕʰiauˇ nauˇ kʰoˉˉ　抬起头　努嘴 nəuˇ tɕiˇ
低头 tiˉ tʰəuˇ　　　　　　　　朱嘴 tʂʅˉ tɕiˇ　撅嘴
回头 xueiˇ tʰəuˇ　　　　　　　举手 tɕɣˉ ʂəuˇ
脸车过去 niɛnˇ tʂɛˉ koˉ·tɕʰi　脸转　摆手 paiˇ ʂəuˇ
　　过去　　　　　　　　　　　丢手 tiəuˉ ʂəuˇ　撒手
睁眼睛 tsənˉ iɛnˇ tɕinˉ　睁眼　伸手 sənˉ ʂəuˇ
鼓眼睛 kuˇ iɛnˇ tɕinˉ　瞪眼　　动手 tuŋˉ ʂəuˇ
闭眼睛 piˉ iɛnˇ tɕinˉ　闭眼　　拍手 pʰɛˉ ʂəuˇ
挤眼睛 tɕiˇ iɛnˇ tɕinˉ　挤眼儿　背倒手 peiˉ·tau ʂəuˇ　背着手儿

抱倒手 pau˧ ·tau ʂəu˅　叉着手儿
　　（两手交叉在胸前）
袖倒手 ɕiəu˧ ·tau ʂəu˅　笼着手
　　（双手交叉伸到袖筒里）
扒 pʻa˧　拨拉
捪 muŋ˅　捂住
摸 mo˧　摩挲（用手～猫背）
□倒 to˧ ·tau　（用手托着向上）
施屎 ʂʅ˧ ʂʅ˅　把屎（抱持小儿双
　　腿，方便他大便）
施尿 ʂʅ˧ iau˧　把尿
扶倒 fu˅ ·tau　扶着
弹指嘎 tʻan˧ tʂʅ˧ ka　弹指头
捏拳头 iɛ˧ tʂʻuan˧ ·uɛ˧　攥起拳头
蹬脚 tən˧ tɕio˧　跺脚
踮脚 tien˧ tɕio˧
跷倒胯子 tɕʻiau˧ ·tau kʻua˅ ·tsʅ　跷
　　二郎腿
缩倒胯子 səu˧ ·tau kʻua˅ ·tsʅ　蜷腿
摅胯子 sai˅ kʻua˅ ·tsʅ　抖腿
踢腿 tʻi˧ tʻei˅
弯腰 uan˧ iau˧
伸腰 ʂən˧ iau˧
撑腰 tsʻən˧ iau˧　支持
跶 ta˧　足跌
翘屁股 tɕʻiau˧ pʻi˧ ku˅　撅屁股
捶背 tʂʻuei˧ pei˧
攑 ɕiɛn˅
吸鼻子 ɕi˧ pi˧ ·tsʅ　吸溜鼻涕
打喷嚏 ta˅ fən˧ tʻi˧
闻（用鼻子～）uən˅

嫌弃 ɕiɛn˅ tɕʻi˧
哭 kʻu˧
丢 tiəu˧　扔（把没用东西～了）
说 ʂuɛ˧
跑 pʻau˅
攆 iɛn˅　追赶；赶走
开舔 kʻai˧ tʻiɛn˅　赶紧走
打暂 ta˅ tʂan˧　停留
放（～在桌上）faŋ˧
搀（酒里～水）tsʻan˧
捡场 tɕiɛn˅ tʂʻaŋ˧　收拾房屋等
捡 tɕiɛn˅　拾
扔 nɛ˧　捋
掤 ʂo˧　用手掌打
磕 kʻo˧　敲打：～一棍子
扇 ʂan˧　伸开手掌打；用板子打
掐 xa˧　用两个指甲伤他人的皮肉
瓦 ua˅　舀
攘 zaŋ˧　弄、做、割
隔 kɛ˧　用筛子筛分出粗细
夯开 tʂa˧ kʻai˧　裂开
扒 pa˧　撬开
掼 kʻuan˅　挑
耸 suŋ˅　摇动
捅 tʻuŋ˧　用拳头或棒直击
揭 tɕiɛ˧　把盖在上面的东西拿走
择 tsɛ˅　选择，挑拣
挮 tʻi˧　扯掉，如：～眉毛
摋 sai˅　颤动
抔 pʻa˧　用手或工具挖开

揸 xa˧ 捉、聚拢：～草平整
产 tʂʼan˩ 打：～两嘴巴
撽 tɕiəu˩ 绞干
攦 nəu˧ 捞：～水饺
筑 tʂəu˧ 用手揉食物：～口糍粑
挦 ɕiɛn˩ 拔：～毛
选 ɕiɛn˩ 选择
提起（东西）tʼi˩ tɕʼi˩
捡起来 tɕiɛn˩ tɕʼi˩ nai˩
擦了它 tsʼa˧ ·niau tʼa˧ 擦掉
掉了 tiau˧ ·uau 丢失
掉 tiau˧ 落（因遗忘而把东西落在某处）
找得巧 tʂau˩ tɤ tɕʼiau˩ 找着了
收倒 ʂəu˧ ·tau （把东西）藏（起来）
躲倒 to˩ ·tau （人）藏（起来）
撂起来 no˧ tɕʼi˩ nai˩ 码起来
疴 kʼo˧ 木制家具的门、盖等因变形而与其他部分不相吻合
印 in˧ 量：～米、～布
蠚 xo˧ 虫或某些物质刺激皮肤使人感到痒或痛
褙 pi˧ 粘贴：～灯笼
斗 təu˧ 拼合：～刀把
缭 niau˧ 缝合：～扣子
绗 xaŋ˩ 一种针线活：～袜底
□ ɕi˧ 漏掉；让风吹去糠壳：～米
戽 xu˧ 用水洒
瀌 piau˧ 喷射很急

□ tɕʼiəu˧ 熏
铲 tsʼan˩ 用锨将谷物拢成一堆
掰 pai˧ 制伏
□ tɕʼiəu˧ 转悠
闹 nau˧ 毒死：～老鼠
掐 kʼa˧ 折断：～菜苔
来尿 nai˩ iau˧ 尿床
涮 ʂuan˧ 漂洗
逮 tai˩ 捕捉
□ nau˩ 肩扛
□ kʼaŋ˩ 盖住；掩盖
统倒 tʼuŋ˩ ·tau 装入口袋中

2. 心理活动

晓得 ɕiau˩ tɤ˧ 知道
懂了 tuŋ˩ ·ŋau
会了 xuei˧ ·iau
认得 zən˧ tɤ˧
不认得 pu˧ zən˧ tɤ˧
认字 zən˧ tsʼi˧ 识字
想下 ɕiaŋ˩ ·xa 想想
估计 ku˩ tɕi˧ 估量
出点子 tʂʼi˩ tiɛn˩ tsʼi 想主意
估谱儿 ku˩ pʼur˩ 猜想
料倒 niau˧ ·tau 料定
主张 tʂu˩ tʂaŋ˧
相信 ɕiaŋ˧ ɕin˧
猜倒 tsʼai˧ ·tau 怀疑
闷倒想 mən˧ ·tau ɕiaŋ˩ 沉思
拿不定主意 na˩ pu˧ tin˧ tʂu˩ i˧ 犹疑
招呼 tʂau˧ xu˩ 留神

吓不过 xɛɹ·pu koɿ　害怕
吓得巧 xɛɹ tɛ tɕʰiauᴠ　吓着了
慌了张 xuaŋɿ ŋau tsaŋɿ　着慌
着急 tʂoᴠ tɕiɿ
想 ɕiaŋᴠ　挂念
慊 tɕʰienɿ　想念
放心 faŋɿ ɕinɿ
望 uaŋɹ　盼望
巴不得 paɿ·pu tɛɹ
记倒 tɕiɿ·tau　记着（不要忘）
支误 tʂɿ uɿ　忘记；没注意去做
想起来了 ɕiaŋᴠ tɕʰiᴠ naiɹ·iau
眼红（嫉妒）ienᴠ xuŋᴠ
讨人嫌 tʰauᴠ zənɹ ɕienᴠ　讨厌
恨 xənɿ
眼勤 ienᴠ tɕʰinᴠ　羡慕
偏心 pʰienɿ ɕinɿ
妒忌 təuɹ tɕiɹ　忌妒
怄气 ŋəuɹ tɕʰiɿ
怨 ɣanɿ　抱怨
生气 sənɹ tɕʰiɿ
（对物）爱惜 ŋaiᴠ ɕiɹɿ
痛 tʰuŋɿ（对人）疼爱
喜欢 ɕiᴠ xuanɿ
劳为 nauᴠ ueiᴠ　感谢
惯势 kuanɿ ʂɿɿ　娇惯、宠爱
将就 tɕiaŋɿ tɕiəuɿ　迁就

3. 语言动作

说话 ʂʅɹ xuaɿ
聊天 niauᴠ tʰienɿ

搭话 taɹ xuaɹ　搭茬儿
不做声 puɹ tsueɹ ʂənɿ
唬人 xuɹ zənᴠ　骗人
货 xoɿ　骗（我～你玩的，不是真的）
告诉 kauɿ səuɿ
抬杠 tʰaiᴠ kaŋɿ
强嘴 tɕʰiaŋᴠ tɕiᴠ　顶嘴；还嘴
夸瓢 kʰuaɿ pʰiauᴠ　夸夸其谈
杠祸 kaŋɿ xoᴠ　小孩吵架
讲口 tɕiaŋᴠ kʰəuᴠ　吵架
打架 taᴠ tɕiaɿ
嚼 tʂʅ̩ɣɛᴠ　骂（破口骂）
挨嚼 ŋaiᴠ tʂʅ̩ɣɛᴠ　挨骂
嘱咐 tʂueɹ fuɿ
挨霉 ŋaiᴠ meiᴠ　挨说（挨批评）
裸敛 noᴠ nienᴠ　叨唠
搵 uənɿ　不出言；不露面
瞎款 ɕiaᴠ kʰuanᴠ　乱说
咋花子 tʂaɿ xuaɿ·tsɿ　大声说话
咚 tuŋɿ　怂恿
喏 ɣɛɿ　叫唤；使气
呵施 xoɿ ʂɿɿ　驱赶鸡的声音
嗲牙巴 tiaɿ iaᴠ·pa　说话嗲声嗲气
昂 ŋaŋɿ　喊（～他来）
嘎势 kaɿ ʂɿɿ　开始
舔驼 tʰienᴠ tʰoᴠ　套近乎（贬）
巴结 paɿ tɕieɹ　奉迎
敲伙 tɕʰiauɿ xoᴠ　合伙

（二十三）位置

上头 ʂaŋ˧ ·təu　上边

高头 kau˧ ·tәu　上面

上面 ʂaŋ˧ miɛn˧

下头 ɕia˅ ·tәu　下面

底下 ti˅ ·xa　最下边

地下 ti˧ ·xa

地上 ti˧ ʂaŋ

天上 tʰiɛn˧ ·ʂaŋ

山上 ʂan˧ ·ʂaŋ

路上 nəu˧ ·ʂaŋ

街上 kai˧ ·ʂaŋ

墙高头 tɕʰiaŋ˅ kau˧ ·tәu　墙上

门高头 mən˅ kau˧ ·tәu　门上

桌子高头 tʂo˧ ·tsʅ kau˧ ·tәu　桌上

椅子高头 i˅ ·tsʅ kau˧ ·tәu　椅子上

边儿上 piɚ˧ ·ʂaŋ

里头 ni˅ ·tәu　里面

外头 uai˧ ·tәu　外面

外面 uai˧ miɛn˧

手里 ʂəu˅ ·ni

心里 ɕin˧ ·ni

野外 iɛ˅ uai˧

大门外头 ta˧ mən˅ uai˧ ·tәu　大门外

门外头 mən˅ uai˧ ·tәu　门儿外

墙外头 tɕʰiaŋ˅ uai˧ ·tәu　墙外

窗子外头 tʂʰuaŋ˧ ·tsʅ uai˧ ·tәu　窗

户外头

车子高头 tʂʰɛ˧ ·tsʅ kau˧ ·tәu　车上（~坐着人）

车子外头 tʂʰɛ˧ ·tsʅ uai˧ ·tәu　车外（~下着雪）

车子前头 tʂʰɛ˧ ·tsʅ tɕʰiɛn˅ ·tәu　车前

车子后头 tʂʰɛ˧ ·tsʅ xuɤ˧ ·tәu　车后

前头 tɕʰiɛn˅ ·tәu　前边

后头 xəu˧ ·tәu　后边

落把 no˧ pa˧　最后

摆尾 pai˅ uei˅　最末尾

末了儿 mo˧ niɚ　最后

山前 ʂan˧ tɕʰiɛn˅

山后 ʂan˧ xəu˧

屋后头 u˧ xəu˧ ·tәu　房后

背后 pei˧ xəu˧

以前 i˅ tɕʰiɛn˅

以后 i˅ xəu˧

以上 i˅ ʂaŋ

以下 i˅ ɕia˧

后来（指过去某事之后）xəu˧ nai˅

今后 tɕin˧ xəu˧　从今以后（将来）

从此以后 tsʰuŋ˧ tsʰʅ˅ i˅ xəu˧

东 tuŋ˧

西 ɕi˧

南 nan˅

北 pɛ˦

东南 tuŋ˧ nan˧

东北 tuŋ˧ pɛ˦

西南 ɕi˧ nan˧

西北 ɕi˧ pɛ˦

路边上 nəu˧ piɛn˧ ·ʂaŋ　路边儿

当中 taŋ˧ tʂuŋ˧　当间（儿）

床□下 tʂʻɥaŋ˧ to˦ ·xa　床底下

楼底下 nəu˧ ti˧ ·xa

脚底下 tɕio˧ ti˧ ·xa

（以下三条指器物底部）

碗□儿 uan˧ tər　碗底儿

锅□儿 ko˧ tər　锅底儿

缸底儿 kaŋ˧ tior

旁边 pʻaŋ˧ piɛn˧

附近 fu˧ tɕin˧

跟前 kən˧ tɕʻiɛn˧

哪个场儿 na˧ ko˧ tʂʻər　什么地方

大手 ta˧ ʂəu˧　左边

小手 ɕiau˧ ʂəu˧　右边

往里走 uaŋ˧ ni˧ tsəu˧

往外走 uaŋ˧ uai˧ tsəu˧

往东走 uaŋ˧ tuŋ˧ tsəu˧

往西走 uaŋ˧ ɕi˧ tsəu˧

往回走 uaŋ˧ xuei˧ tsəu˧

往前走 uaŋ˧ tɕʻiɛn˧ tsəu˧

……以东 i˧ tuŋ˧

……以西 i˧ ɕi˧

……以南 i˧ nan˧

……以北 i˧ pɛ˦

……以内 i˧ nei˧

……以外 i˧ uai˧

……以来 i˧ nai˧

……之后 tʂʅ˧ xəu˧

……之前 tʂʅ˧ tɕʻiɛn˧

……之外 tʂʅ˧ uai˧

……之内 tʂʅ˧ nei˧

……之间 tʂʅ˧ tɕiɛn˧

……之上 tʂʅ˧ ʂaŋ˧

……之下 tʂʅ˧ ɕia˧

中坎 tʂuŋ˧ kʻan˧

周转儿 tsəu˧ tʂʻɥar　周围

（二十四）代词等

我 ŋo˧

你 n̩˧

他 tʻa˧

我们 ŋo˧ mən˧

你们 n̩˧ mən˧

他们 tʻa˧ mən˧

你老儿 n̩˧ nor˧　您老，您老人家

（尊称"你"）

他老儿 tʻa˧ nor˧　（尊称"他"）

我的 ŋo˧ ·ti

人家 zən˧ ka˧

大家 ta˧ tɕia˧

哪个 na˧ ko˧　谁？

乜₁ niɛ˧　这

乜₂ niɛ˧ 那
乜₁个 niɛ˧·ko 这个
乜₂个 niɛ˧·ko 那个
喏₁儿 nor˧ 这儿
喏₂儿 nor˧ 那儿
乜₁里 niɛ˧·ni 这里
乜₂里 niɛ˧·ni 那里
□哈儿 nia˧·xər 这里
□哈儿 nia˧·xər 那里
喏₁伙儿 no˧·xor 这里
喏₂伙儿 no˧·xor 那里
乜₁个场儿 niɛ˧·ko tʂʻər 这个地方
乜₂个场儿 niɛ˧·ko tʂʻər 那个地方
恁₁咱儿 nin˧ tsər 这会儿
恁₂咱儿 nin˧ tsər 那会儿
乜₁些儿 niɛ˧ ɕiər 这些
乜₂些儿 niɛ˧ ɕiər 那些
乜₁点儿 niɛ˧ tiər 这点
乜₂点儿 niɛ˧ tiər 那点
乜₁个家 niɛ˧·ko tɕia˧ 这种
乜₂个家 niɛ˧·ko tɕia˧ 那种
哪个？ na˅ ko˧
哪些？ na˅ ɕiɛ˧
哪儿 nar˅ 哪里？
乜₁么 niɛ˧·mo 这么（高）
乜₁样儿 niɛ˧ iər 这么（做）；这样
乜₂么 niɛ˧·mo 那么（高）
乜₂样儿 niɛ˧ iər 那么（做）；那样
么（儿）样 mur˅ iar 怎么（做）？
么（儿）办 mur˅ pan˧ 怎么办？

为么事 uei˧ mu˅ sɿ˧ 为什么？
几咱儿 tɕi˅ tsar 什么时候
么人 mu˅ ʐən˅ 什么人
么事 mu˅ sɿ˧ 什么事
么样 mu˅ iaŋ˧ 怎么样
好多 xau˅ to˧ 多少（钱）？
几 tɕi˅ 多（久、高、大、厚、重）？
我们两个 ŋo˅ mən˅ niaŋ˅ ko˧ 我们俩
我们两个 ŋo˅ mən˅ niaŋ˅ ko˧ 咱们俩
你们两个 n˅ mən˅ niaŋ˅ ko˧ 你们俩
他们两个 tʻa˧ mən˅ niaŋ˅ ko˧ 他们俩
夫妻和里 fu˧ tɕʻi˧ xo˅·ni 夫妻俩
牙儿和里 ia˅ ər˅ xo˅·ni 娘儿俩（母亲和子女）；爷儿俩（父亲和子女）
爷孙两个 iɛ˅ sən˧ niaŋ˅ ko˧ 爷孙俩
妯娌两个 tʂou˅·ni niaŋ˅ ko˧ 妯娌俩
姑嫂两个 ku˧ sau˅ niaŋ˅ ko˧ 姑嫂俩
婆媳和里 pʻo˅ ɕi˅ xo˅·ni 婆媳俩
弟兄两个 ti˧ ɕyŋ˧ niaŋ˅ ko˧ 兄弟俩
弟兄和里 ti˧ ɕyŋ˧ xo˅·ni 哥儿俩

姊妹两个 tsʅ˅ mi˅ niaŋ˧ ko˧ 姐妹俩

姊妹和里 tsʅ˅ mi˅ xo˅ ·ni 姐儿俩

姊妹和里 tsʅ˅ mi˅ xo˅ ·ni 兄妹俩

姊妹和里 tsʅ˅ mi˅ xo˅ ·ni 姐弟俩

舅甥和里 tɕiəu˧ sən˧ xo˅ ·ni 舅甥俩

姑侄和里 ku˧ tsʅ˅ xo˅ ·ni 姑侄俩

叔侄和里 ʂəu˅ tsʅ˅ xo˅ ·ni 叔侄俩

师徒两个 sʅ˧ tʻu˅ niaŋ˧ ko˧ 师徒俩

哪些人 na˅ ɕie˧ zən˅

人们 zən˅ mən˅

妯娌们 tʂəu˅ ·ni mən˅

姑嫂们 ku˧ sau˅ mən˅

师徒们 sʅ˧ tʻu˅ mən˅

先生学生们 ɕiɛn˧ sən˧ ɕio˅ sən˧ mən˅

匕₁些理 nie˧ ɕiɛ˧ ni˅ 这些个理儿们

匕₂些事儿 nie˧ ɕiɛ˧ sor 那些个事儿们

匕₁些桌子 nie˧ ɕiɛ˧ tʂo˧ ·tsʅ 桌子们

匕₁些椅子 nie˧ ɕiɛ˧ i˅ ·tsʅ 椅子们

匕₁些书 nie˧ ɕiɛ˧ ʂʅ˧ 书们

（二十五）形容词

好（这个比那个～些）xau˅

不错（颇好之意）pu˧ tsʻo˧

差不多 tʂʻa˧ ·pu to˧

不么样 pu˧ mu˅ iaŋ˧ 不怎么样

不管用 pu˧ kuan˅ yŋ˧ 不顶事

拐 kuai˅ 坏（不好）

差 tʂʻa˧ 次（人头儿很～｜东西很～）

将就 tɕiaŋ˧ tɕiəu˧ 凑合

刮气 kua˧ tɕʻi˧ 漂亮（多指人的外貌）

确 tɕʻo˧ 漂亮（多指衣服华丽）

俏皮 tɕʻiau˧ pʻi˅ 漂亮；高傲

□tsei˅ 漂亮

丑（难看）tʂʻəu˅

懒散 nan˅ san˅ 懒惰、涣散

拖沓 tʻo˧ tʻa˧ 缓慢

嚼筋 tɕio˅ tɕin˅ 说话唠叨

绵合 miɛn˅ xo˧ 非常贴切

跳钻 tʻiau˧ tsan˧ 有能耐、会办事；机灵

烈翘 nie˧ tɕʻiau˧ 活泼、活跃

绿 nəu˅ 凶狠、发狂

霉霉儿 məi˅ mər 傻

不成器 pu˧ tʂʻən˅ tɕʻi˧ 没出息

晏 ŋan˧ 迟

阴倒 in˧ ·tau 暗地

伤人 ʂaŋ˧ zən˅ （食物）油腻

假嘎马嘎 tɕiaˇ ka˧ maˇ ka˧　装伴，说虚套话

哭鼻流涎 kʻu˧ piˇ niəuˇ ɕiɛnˇ　形容哭得很伤心

打眼 taˇ iɛnˇ　显眼，引人注目

刁钻古怪 tiau˧ tsan˧ kuˇ kuai˧　形容脾气古怪

踹皮 tṣʻʮai˧ piˇ　身体抵抗力强

毛里毛嘎 mauˇ niˇ mauˇ ka˧　毛糙不精

破衣烂衫 pʻo˧ i˧ nan˧ ʂan˧　衣着破烂

油炸马蜡 iəuˇ tṣa˧˥ maˇ na˧　衣着不整洁

要紧 iau˧ tɕinˇ

热闹 ʮɛ˧ nau˧

扎实 tṣa˧ ʂʮ˧˥　坚固

硬 ŋən˧

软 ʮanˇ

时 tṣʻʮ˧　路滑

掣掣儿 tṣʻɛ˧ tṣʻɚ˧　快

麻利 maˇ ni˧˥　动作快而利落

恂 kʻəu˧　聪明

俏 tɕiau˧　受欢迎、畅销

可得 kʻoˇ tɛ˧　行

钻吉 tsan˧ tɕi˧˥　勤劳

搵豆 uən˧ təu˧　不爱说话

卯 mauˇ　做事很卖力

淋净 ninˇ tɕin˧˥　干净

过逾 ko˧ ʮ˧　言辞等失去分寸，超过限度

刁巧 tiau˧ tɕʻiauˇ　刁滑、灵巧

刺人 tsʻʮ˧ zənˇ　难看、令人恶心

邋瓜 na˧ kua˧˥　肮脏

纍堆 nei˧ tei˧˥　脏、不干净

咸 xanˇ

淡 tan˧　不咸

香 ɕiaŋ˧

臭 tṣʻəu˧

酸 san˧

甜 tʻiɛnˇ

苦 kʻuˇ

辣 na˧

清 tɕʻin˧　稀（粥太～了）

稀 ɕi˧　不密

稠 tṣʻəuˇ　粥太～了

密 mi˧

肥 feiˇ　指动物：鸡很～

胖 pʻaŋ˧　指人

瘦 səu˧　不肥，不胖

瘦 səu˧　指肉

熨帖 ʮən˧ tʻiɛ˧　高兴、舒服；自我陶醉

不得过 pu˧ tɛ˧ ko˧　难受

细生 ɕi˧ sən˧˥　节约（～点用）

骏黑 tṣʻʮ˧ xɛ˧　很黑

糗黑 tɕʻiəu˧ xɛ˧　黑到极点

钻 tsan˧　耀眼；鲜艳

窆 ʮ˧　风声急而有力

乖 kuai˧　小孩儿真～

黄拽 xuaŋˇ tṣʮai˧　听话、乖巧

调皮 tʻiauˇ pʻiˇ

（这小伙子）真行 tṣən˧ ɕin˩　　称心 tṣʻən˧ ɕin˧

（那个家伙）不行 pu˧ ɕin˩　　晏 ŋan˧　晚（来~了）

缺德 tṣʻɿ˧ tɛ˩　　多 to˧

竲 tɕyŋ˩　走路有精神，很威风　　少 ʂau˩

绺 tɕiəu˧　树干扭曲，纹理不正　　大 ta˧

勋 ɿ˧　刀、锯等铁器因磨损而变钝　　丁点儿 tin˧ tier　极小

　　　　　　　　　　　　　　　　眼屎大点儿 ien˩ ʂɿ˩ ta˧ tier　极小

巧 tɕʻiau˩　灵巧（她有一双~的手）　　小 ɕiau˩

　　　　　　　　　　　　　　　　长 tṣʻaŋ˩

傲 ŋau˧　行，技艺高　　短 tan˩

糊涂 xu˩ tʻəu˩　　宽 kʻuan˧

死心眼儿 sɿ˩ ɕin˧ ier　　窄 tsɛ˧

脓包 nuŋ˩ pau˧　无用的人　　厚 xəu˧

草包 tsʻau˩ pau˧　孬种　　薄 po˩

小气鬼 ɕiau˩ tɕʻi˧ kuei˩　吝啬鬼　　深 ʂən˧

小气 ɕiau˩ tɕʻi˧　　浅 tɕʻien˩

大方 ta˧ faŋ˧　　高 kau˧

整 kən˩　鸡蛋吃~的　　低 ti˧

浑 xuən˩　~身是汗　　矮 ŋai˩

凸 tʻəu˧　　正 tṣən˧

凹 ŋo˧　　歪 uai˧

凉快 niaŋ˩ kʻuai˧　　斜 ɕie˩

背静 pi˧ tɕin˧　　红 xuŋ˩

活了 xo˩ ·niau　活络（活动的、不稳固）　　朱红 tṣʻɿ˧ xuŋ˩

　　　　　　　　　　　　　　　　水红 ʂɥei˩ xuŋ˩　粉红

地道 ti˧ tau˧　~四川风味　　深红 ʂən˧ xuŋ˩

走火 tsəu˩ xo˩　运气好　　浅红 tɕʻien˩ xuŋ˩

背时 pi˧ ʂɿ˩　不走运　　蓝 nan˩

撇脱 pʻie˧ tʻo˧　干脆利落、无牵无挂　　浅蓝 tɕʻien˩ nan˩

　　　　　　　　　　　　　　　　深蓝 ʂən˧ nan˩

齐头 tɕʻi˩ tʻəu˩　整齐　　天蓝 tʻien˧ nan˩

绿 nəu↗
葱绿 tsʻuŋ˦ nəu↗ 葱心儿绿
草绿 tsʻau˅ nəu↗
水绿 ʂuei˅ nəu↗
浅绿 tɕiɛn˅ nəu↗
白 pɛ↙
灰白 xuei˦ pɛ↙
苍白 tsʻaŋ˦ pɛ↙
漂白 pʻiau˅ pɛ↙
灰 xuei˦
深灰 ʂən˦ xuei˦
浅灰 tɕiɛn˅ xuei˦
银灰 in˅ xuei˦
烟灰 iɛn˦ xuei˦
黄 xuaŋ↙

杏黄 xuaŋ↙
深黄 ʂən˦ xuaŋ↙
浅黄 tɕiɛn˅ xuaŋ↙
谷黄 ku˦ xuaŋ↙
鹅黄 ŋo˅ xuaŋ↙
青 tɕʻin˦
豆青 təu˦ tɕʻin˦
藏青 tsaŋ˦ tɕʻin˦
鸭蛋青 ia˦ tan˦ tɕʻin˦
紫 tsŋ˅
品紫 pʻin˅ tsŋ˅
玫瑰紫 mei˅ kuei˦ tsŋ˅
荷花色 xo˅ xua˦ sɛ˦ 藕荷色
古铜（色）ku˅ tʻoŋ˅
黑 xɛ˦

（二十六）副词、介词等

蛮 man˅ 非常
很 xɛn˅ 表示程度相当高
骚 sau˦ 很（表示程度较高）
冇 mau˦ 没有（副词）
冇得 mau˦ tɛ˦ 没有（动词）
尽 tɕin˦ 全、都；让
瞎 ɕia˦ 乱、胡乱
活亘 xo˅ kən˅ 完全、根本
左矣 tso˅ i˅ 索性
怕不 pʻa˦ pu˦ 或许
估谱儿 ku˅ pʻor 估计
不消 pu˦ ɕiau˦ 不用
先前 ɕiɛn˦ tɕʻiɛn˅ 从前
起先 tɕʻi˅ ɕiɛn˦ 从前

刚刚 kaŋ˦ ·kaŋ 刚才
将将儿 tɕiaŋ˦ tɕiar 刚才
一向 i˦ ɕiaŋ˦ 总是，经常
希和儿 ɕi˦ xor 几乎、差一点儿
恰恰 tɕʻia˦ ·tɕʻia 刚好
光 kuaŋ˦ 净
冤枉 ɰan˦ uaŋ˅ 白白地、枉费力气地
啌啌 ŋaŋ˦ ·ŋaŋ 刚（我～来，没赶上）；刚刚（不大不小，～合适）
刚好 kaŋ˦ xau˅ 恰好
碰巧 pʻuŋ˦ tɕʻiau˅ 刚巧（～我在那儿）

净 tɕin˥ 只（～吃米，不吃面）

有点儿 iəu˩˧ tier 有点（天～冷）

只怕 tʂʅ˩˧ pʼa˥ 怕（也许：～要下雨）

可能 kʼo˩˧ nən˩˧ 也许（明天～要下雨）

差点儿 tʂʼa˥ tier 差点（～摔了）

非要 fei˥ iau˥ 非……不（非要九点开会）

马上 ma˩˧ ʂaŋ˥ 立刻（～就来）

趁早儿 tʂʼən˥ tsar 赶早（～走吧）

随时 sei˩˧ ʂʅ˩˧ 早晚（随时：～来都行）

看倒看倒 kʼan˥ tau˩˧ kʼan˥ tau˩˧ 眼看（～就到期了）

幸亏 ɕin˥ kʼuei˥ 幸好（～你来了，要不然我们就走错了）

得亏 te˥ kʼuei˥ 幸亏

当面 taŋ˥ mien˥ 有话～说

背地 pei˥ ti˥ 不要～说

一路儿 i˥ nər 一块儿（咱们～去）

一个人 i˥ ko˥ zən˩˧ 自己（他～去）

顺便儿 ʂuəŋ˥ pier 请他～给我买本书

就便儿 tɕiəu˥ pier 顺便

就倒 tɕiəu˥ ·tau 顺便

故意 ku˥ i˥ ～捣乱

迭裕 tie˩˧ ʯ˩˧ 故意

最后 tsei˥ xəu˥ 到了儿（他～走了没有，你要问清楚）

根本 kən˥ pən˩˧ 压根儿（他～不知道）

实在 ʂʅ˩˧ tsai˥ 这人～好

快四十 kʼuai˥ sʅ˥ ʂʅ˩˧ 接近四十（这人已经～了）

一共 i˥ kuŋ˥ ～才十个人

总共 tsuŋ˩˧ kuŋ˥ 一共

莫 mo˥ 不要（慢慢儿走，～跑）

白 pɛ˩˧ 不要钱（～吃）

白 pɛ˩˧ 空（～跑一趟）

偏要 pʼiɛn˥ iau˥ 偏（你不叫我去，我～去）

瞎 ɕia˥ 胡（～搞～说）

先 ɕien˥ 你～走，我随后就来

先前 ɕien˥ tɕʼien˩˧ 先（他～不知道，后来才听人说的）

另外 nin˥ uai˥ ～还有一个人

尽 tɕin˥ 被（～狗咬了一口）

把 pa˩˧ ～门关上

对 tei˥ 你～他好，他就～你好

对倒 tei˥ tau˩˧ 对着（他～我直笑）

到 tau˥ ～哪儿去？

到 tau˥ ～哪天为止？

到 tau˥ 扔～水里

……前 tɕʼien˩˧ 头（在……之前：～吃饭，洗手）

在 tai˥ ～哪儿住家？

从（～哪儿走？）tsʼuŋ˩˧

自从（～他走后我一直不放心）tsʅ˥ tsʼuŋ˩˧

照 tʂau˥ ～我看不算错

用 yŋ˥ 使（你～毛笔写）

顺倒 ʂuən˧ ·tau 顺着（～这条大路一直走）
朝（～后头看看）tʂʻau˩
替（你～我写封信）tʻi˧
给（～大家办事）kɛ˩
给（他把门～关上了）kɛ˩
跟我（虚用，加重语气：你～吃干净这碗饭！）kɛ˩ ŋo˩
跟 kən˧ 和（这个～那个一样）
向 ɕiaŋ˧ ～他打听一下

问 uən˧ ～他借一本书
管……叫 kuan˩ tɕiau˧ 有些地方管白薯叫山药
拿……当 na˩ taŋ˧ 有些地方拿麦秸当柴烧
从小 tsʻuŋ˩ ɕiau˩ 他～就能吃苦
往外 uaŋ˩ uai˧ 望外（老王钱多，不～拿）
赶 kan˩ 你得天黑以前～到

（二十七）量词

(本节量词后都附有名词。调查时应从名词问量词)

一把（椅子）i˧ pa˩
一个 i˧ ko˧ 一枚（奖章）
一本（书）i˧ pən˩
一笔（款）i˧ pi˧
一匹（马）i˧ pʻi˩
一头（牛）i˧ tʻəu˩
一封（信）i˧ fuŋ˧
一服（药）i˧ fu˧
一帖（药）i˧ tʻie˧
一味（药）i˧ uei˧
一条 i˧ tʻiau˩ 一道（河）
一顶（帽子）i˧ tin˩
一锭（墨）i˧ tin˧
一档子（事）i˧ taŋ˧ ·tʂ
一朵（花儿）i˧ to˩
一顿（饭）i˧ tən˧
一条（裤子）i˧ tʻiau˩

一辆（车）i˧ niaŋ˩
一子儿（香）i˧ tsor˩
一枝（花儿）i˧ tʂʅ˧
一只（手）i˧ tʂʅ˧
一盏（灯）i˧ tʂan˩
一张（桌子）i˧ tʂaŋ˧
一桌（酒席）i˧ tso˧
一场（雨）i˧ tʂʻaŋ˩
一出（戏）i˧ tʂʻu˩
一床（被子）i˧ tʂʻuaŋ˩
一身（棉衣）i˧ ʂən˧
一杆（枪）i˧ kan˧
一管（笔）i˧ kuan˩
一根（头发）i˧ kən˧
一棵（树）i˧ kʻo˧
一颗（米）i˧ kʻo˩
一粒（米）i˧ ni˧
一块（砖）i˧ kʻuai˩
一头（猪）i˧ tʻəu˩ 一口（猪）

一口（人）i˧ kʰəuˇ 一担（米）i˧ tan˥

两口子（夫妻俩）niaŋˇ kʰəuˇ ·tsʅ 一担（水）i˧ tan˥

一家（铺子）i˧ tɕia˥ 一排（桌子）i˧ pʰaiˇ

一架（飞机）i˧ tɕia˥ 一进（院子）i˧ tɕin˥

一间（屋子）i˧ tɕien˥ 一挂（鞭炮）i˧ kua˥

一所（房子）i˧ soˇ 一对（牛）i˧ ti˥

一件（衣裳）i˧ tɕien˥ 一句（话）i˧ tsʅ˥

一行（字）i˧ xaŋˇ 一位（客人）i˧ uei˥

一篇（文章）i˧ pʰien˥ 一双（鞋）i˧ ʂuaŋ˥

一页（书）i˧ iɛ˥ 一对（花瓶）i˧ ti˥

一节（文章）i˧ tɕiɛ˥ 一副（眼镜）i˧ fu˥

一段（文章）i˧ tan˥ 一套（书）i˧ tʰau˥

一片（好心）i˧ pʰien˥ 一种（虫子）i˧ tʂuŋˇ

一块（肉）i˧ kʰuaiˇ 一伙儿（人）i˧ xor

一面（旗）i˧ mien˥ 一帮（人）i˧ paŋ˥

一层（纸）i˧ tsʰənˇ 一批（货）i˧ pʰi˥

一股（香味儿）i˧ kuˇ 一帮儿（人）i˧ par

一座（桥）i˧ tso˥ 一个 i˧ ko˥

一盘（棋）i˧ pʰanˇ 一起 i˧ tɕʰiˇ

一门（亲事）i˧ mənˇ 一窝（蜂）i˧ ŋo˥

一刀（纸）i˧ tau˥ 一挂（葡萄）i˧ kua˥

一摞（纸）i˧ no˥ 一喀（长）（大拇指与中指张开的

一件（事）i˧ tɕien˥ 　　长度）i˧ kʰa˥

一缸（水）i˧ kaŋ˥ 一虎口（长）（大拇指与食指张开

一碗（饭）i˧ uanˇ 　　的长度）i˧ xuˇ kʰəuˇ

一杯（茶）i˧ pei˥ 一庹（宽）（两臂平伸两手伸直的

一把（米）i˧ paˇ 　　长度）i˧ tʰo˥

一把（萝卜）i˧ paˇ 一指嘎（长）i˧ tsʅˇ ·ka　一指

一包（花生）i˧ pau˥ 　　（长）

一卷儿（纸）i˧ tʂuanˇ 一成儿（把握）i˧ tʂər

一捆（行李）i˧ kʰuənˇ 一脸（土）i˧ nienˇ

一身（土）iɤ ʂən˧
一肚子（气）iɤ təu˅·tsʅ
（吃）一顿 iɤ tən˧
（走）一趟 iɤ tʻaŋ˧
（打）一下儿 iɤ xar
（看）一眼 iɤ iɛn˅
（吃）一口 iɤ kʻəu˅
（谈）一哈儿 iɤ xar 一会儿
（下）一阵（雨）iɤ tʂən˧
（闹）一场 iɤ tʂʻaŋ˅
（见）一面 iɤ miɛn˧
一尊（佛像）iɤ tsən˧
一扇（门）iɤ ʂan˧
一幅（画儿）iɤ fu˧
一堵（墙）iɤ təu˅
一片儿（花瓣）iɤ pʻiar
一个（地方）iɤ ko˧
一部（书）iɤ pu˧
一班（车）pan˧
（洗）一水（衣裳）iɤ ʂuei˅
（烧）一炉（陶器）iɤ nəu˅
一打（鸡蛋）iɤ ta˅
一坨（泥）iɤ tʻo˅
一堆（雪）iɤ tʻi˧
一口（牙）iɤ kʻəu˅
一列（火车）iɤ niɛ˧
一系列（问题）iɤ ɕi˧ niɛ˧
一路（公共汽车）iɤ nəu˧
一师（兵）iɤ ʂʅ˧
一旅（兵）iɤ ni˅
一团（兵）iɤ tan˅

一营（兵）iɤ in˅
一连（兵）iɤ niɛn˅
一排（兵）iɤ pʻai˅
一班（兵）iɤ pan˧
一组 iɤ tsəu˅
一撮（毛）iɤ tsor
一坨（线）iɤ tʻo˅
一子儿（头发）iɤ tsor
（写）一手（好字）iɤ ʂəu˅
（写）一笔（好字）iɤ pi˧
（当）一票（当）iɤ pʻiau˧
（开）一届（会议）iɤ kai˧
（做）一任（官）iɤ zən˧
（下）一盘（棋）iɤ pʻan˅
（请）一桌（客）iɤ tʂo˧
（打）一盘（麻将）iɤ tʂʻɥan˧
（打）一场（麻将）iɤ tʂʻaŋ˅
（唱）一台（戏）iɤ tʻai˅
一丝儿（肉）iɤ sər
一点儿（面粉）iɤ tier
一滴（雨）iɤ ti˧
一盒儿（火柴）iɤ xor
一盒子（首饰）iɤ xo˅·tsʅ
一箱子（衣裳）iɤ ɕiaŋ˧·tsʅ
一架子（小说）iɤ tɕia˧·tsʅ
一柜子（书）iɤ kuei˧·tsʅ
一屉子（文件）iɤ tʻi˧·tsʅ
一篓子（炭）iɤ nəu˅·tsʅ
一炉子（灰）iɤ nəu˅·tsʅ
一包（书）iɤ pau˧
一袋子（干粮）iɤ tai˧·tsʅ

一池子（水）i˧ tʂʻɿ˩ ·tsɿ　　　一杯（茶）i˧ pei˧
一缸（金鱼）i˧ kaŋ˧　　　　一杯（烧酒）i˧ pei˧
一瓶子（醋）pʻin˩ ·tsɿ　　　一瓢（汤）i˧ pʻiau˩
一罐子（荔枝）i˧ kuan˧ ·tsɿ　一勺子（汤）i˧ ʂau˩ ·tsɿ
一坛子（酒）i˧ tan˩ ·tsɿ　　　一勺儿（酱油）i˧ ʂar
一桶（汽油）i˧ tʻuŋ˩　　　　个把两个 ko˧ pa˩ niaŋ˩ ko˧
一吊子（开水）i˧ tiau˧ ·tsɿ　百把来个 pɛ˧ pa˩ nai˩ ko˧
一盆（洗澡水）i˧ pʻən˩　　　千把人 tɕʻien˧ pa˩ zən˩
一壶（茶）i˧ xu˩　　　　　　万把块钱 uan˧ pa˩ kʻuai˩ tɕʻien˩
一锅（饭）i˧ ko˧　　　　　　里把路 ni˩ pa˩ nəu˧
一笼（包子）i˧ nuŋ˩　　　　里把两里路 ni˩ pa˩ niaŋ˩ ni˩ nəu˩
一盘（水果）i˧ pʻan˩　　　　亩把两亩 məu˩ pa˩ niaŋ˩ məu˩
一碟儿（小菜）i˧ tiər　　　　　亩把二亩
一碗（饭）i˧ uan˩

（二十八）附加成分等

后加成分：　　　　　　　　　干头儿 kan˧ tʻəur
一极了 tɕi˧ iau　　　　　　奔头儿 pən˧ tʻəur
一得很 ·tɤ xən˩　　　　　　苦头儿 kʻu˩ tʻəur
一要命（要死）iau˧ min˧　　甜头儿 tʻien˩ tʻəur
一不行 pu˧ ɕin˩　　　　　　前加成分：
一死了 sɿ˩ ·au　　　　　　　胖（阴平）— pʻaŋ˧
一不得了 pu˧ tɤ˩ niau˩　　　哄 — xuŋ˧
一得发慌 ·tɤ fa˧ xuaŋ˧　　　胮 — ŋaŋ˧
一不拉叽的 pu˧ na˧ tɕi˧ ·ti　死 — sɿ˩
最……不过 tsei˧ pu˧ ko˧　　崭 — tsan˩
吃头儿（这个菜没~）tɕʻi˧ tʻəur　生 — sən˧
喝头儿（那个酒没~）xo˧ tʻəur　焦 — tɕiau˧
看头儿（这出戏有个~）kʻan˧ tʻəur　精 — tɕin˧

骏一 tṣʻʅ˧ 了 niau

稀一 ɕi˧ 倒 tau 着

老一 nau˅ 得 tɛ

虚字： 的 ti

（二十九）数字等

一号（指日期，下同）i˧ xau˧　　老四 nau˅ sʅ˧

二号 ər˧ xau˧　　老五 nau˅ u˅

三号 san˧ xau˧　　老六 nau˅ nəu˧

四号 sʅ˧ xau˧　　老七 nau˅ tɕʻi˧

五号 u˅ xau˧　　老八 nau˅ pa˧

六号 nəu˧ xau˧　　老九 nau˅ tɕiəu˅

七号 tɕʻi˧ xau˧　　老十 nau˅ ʂʅ˅

八号 pa˧ xau˧　　老幺 nau˅ iau˧

九号 tɕiəu˅ xau˧　　大哥 ta˧ ko˧˩

十号 ʂʅ˅ xau˧　　二哥 ər˧ ko˧˩

初一 tsʻəu˧ i˧　　末儿 mor˧ 老末儿

初二 tsʻəu˧ ər˧　　一个 i˧ ko˧˩

初三 tsʻəu˧ san˧　　两个 niaŋ˅ ko˧˩

初四 tsʻəu˧ sʅ˧　　三个 san˧ ko˧˩

初五 tsʻəu˧ u˅　　四个 sʅ˧ ko˧˩

初六 tsʻəu˧ nəu˧　　五个 u˅ ko˧˩

初七 tsʻəu˧ tɕʻi˧　　六个 nəu˧ ko˧˩

初八 tsʻəu˧ pa˧　　七个 tɕʻi˧ ko˧˩

初九 tsʻəu˧ tɕiəu˅　　八个 pa˧ ko˧˩

初十 tsʻəu˧ ʂʅ˅　　九个 tɕiəu˅ ko˧˩

老大 nau˅ ta˧　　十个 ʂʅ˅ ko˧˩

老二 nau˅ ər˧　　第一 ti˧ i˧

老三 nau˅ san˧　　第二 ti˧ ər˧

第三 ti˧ san˧
第四 ti˧ sʅ˧
第五 ti˧ u˅
第六 ti˧ nəu˧
第七 ti˧ tɕʰi˧
第八 ti˧ pa˧
第九 ti˧ tɕiəu˅
第十 ti˧ sʅ˅
第一个 ti˧ i˧ ko˧
第二个 ti˧ ər˧ ko˧
第三个 ti˧ san˧ ko˧
第四个 ti˧ sʅ˧ ko˧
第五个 ti˧ u˅ ko˧
第六个 ti˧ nəu˧ ko˧
第七个 ti˧ tɕʰi˧ ko˧
第八个 ti˧ pa˧ ko˧
第九个 ti˧ tɕiəu˅ ko˧
第十个 ti˧ sʅ˅ ko˧
一 i˧
二 ər˧
三 san˧
四 sʅ˧
五 u˅
六 nəu˧
七 tɕʰi˧
八 pa˧
九 tɕiəu˅
十 sʅ˅
十一 sʅ˅ i˧
二十 ər˧ sʅ˅

二十一 ər˧ sʅ˅ i˧
三十 san˧ sʅ˅
三十一 san˧ sʅ˅ i˧
四十 sʅ˧ sʅ˅
四十一 sʅ˧ sʅ˅ i˧
五十 u˅ sʅ˅
五十一 u˅ sʅ˅ i˧
六十 nəu˧ sʅ˅
六十一 nəu˧ sʅ˅ i˧
七十 tɕʰi˧ sʅ˅
七十一 tɕʰi˧ sʅ˅ i˧
八十 pa˧ sʅ˅
八十一 pa˧ sʅ˅ i˧
九十 tɕiəu˅ sʅ˅
九十一 tɕiəu˅ sʅ˅ i˧
一百 i˧ pɛ˧
一千 i˧ tɕʰien˧
一百一十 i˧ pɛ˧ i˧ sʅ˅
一百一十个 i˧ pɛ˧ i˧ sʅ˅ ko˧
一百一十一（一百十一）i˧ pɛ˧ i˧ sʅ˅ i˧
一百一十二（一百十二）i˧ pɛ˧ i˧ sʅ˅ ər˧
一百二十（一百二） i˧ pɛ˧ ər˧ sʅ˅
一百三十（一百三） i˧ pɛ˧ san˧ sʅ˅
一百五十（一百五）i˧ pɛ˧ u˅ sʅ˅
一百五十个 i˧ pɛ˧ u˅ sʅ˅ ko˧
二百五十（二百五）ər˧ pɛ˧ u˅ sʅ˅

二百五（傻子）ərˈ pɛˊ uˇ ɻe
二百五十个 ərˈ pɛˊ uˇ ʂˇ koˈ
三百一十（三百一）sanˈ pɛˊ iˊ iˊ ʂˇ
三百三十（三百三）sanˈ pɛˊ sanˈ ʂˇ
三百六十（三百六）sanˈ pɛˊ nəuˇ ʂˇ
三百八十（三百八）sanˈ pɛˊ paˊ ʂˇ
一千一百（一千一）iˊ tɕʰienˈ iˊ pɛˈ
一千一百个 iˊ tɕʰienˈ iˊ pɛˊ koˈ
一千九百（一千九）iˊ tɕʰienˈ tɕiəuˇ pɛˊ
一千九百个 iˊ tɕʰienˈ tɕiəuˇ pɛˊ koˈ
三千 sanˈ tɕʰienˈ
五千 uˇ tɕʰienˈ
八千 paˊ tɕʰienˈ
一万 iˊ uanˈ
一万二千（一万二）iˊ uanˈ ərˈ tɕʰienˈ
一万二千个 iˊ uanˈ ərˈ tɕʰienˈ koˈ
三万五千（三万五）sanˈ uanˈ uˇ tɕʰienˈ
三万五千个 sanˈ uanˈ uˇ tɕʰienˈ koˈ
零 ninˇ
两斤 niaŋˇ tɕinˈ

二两 ərˈ niaŋˇ
两钱 niaŋˇ tɕʰienˈ
两分 niaŋˇ fənˈ
两厘 niaŋˇ niˇ
两丈 niaŋˇ tʂaŋˈ
两尺 niaŋˇ tʂʰʔˈ
两寸 niaŋˇ tsʰənˈ
两里 niaŋˇ niˇ
两担 niaŋˇ tanˈ
两斗 niaŋˇ təuˇ
两升 niaŋˇ ʂənˈ
二合 ərˈ xoˈ
两项 niaŋˇ xaŋˈ
两亩 niaŋˇ məuˇ
几个 tɕiˇ koˈ
好多个 xauˇ toˈ koˈ
好几个 xauˇ tɕiˇ koˈ
好些个 xauˇ ɕieˈ koˈ
点把（一些）tienˇ paˇ
好一些 xauˇ iˊ ɕieˈ
大一些 taˈ iˊ ɕieˈ
一点儿 iˊ tier
一丁点儿 iˊ tinˈ tier 一点点
大点儿 taˈ tier
十多个（比十个多）ʂˇ toˈ koˈ
一百多个 iˊ pɛˊ toˈ koˈ
十来个（不到十个）ʂˇ naiˇ koˈ
几千个 tɕiˇ tɕʰienˈ koˈ 数千个
百把个 pɛˊ paˇ koˈ
半个 panˈ koˈ

一半 iɤ pan
两半儿 niaŋˇ par
多半儿 toɤ par
一大半儿 iɤ taɤ par
一个半 iɤ koɤ panɤ
……上下 ʂaŋɤ ɕiaɤ
……左右 tsoˇ iəuɤ
成语：
一来二去 iɤ naiˇ ərɤ tɕ'iˇ
一清二白 iɤ tɕ'inɤ ərɤ peˇ
一清二楚 iɤ tɕ'inɤ ərɤ ts'əuˇ
一干二净 iɤ kanɤ ərɤ tɕinɤ
一差三错 iɤ tʂ'aɤ sanɤ ts'oɤ
一刀两断 iɤ tauɤ niaŋˇ tanˇ
一举两得 iɤ tʂyˇ niaŋˇ teɤ
三番五次 sanɤ fanɤ uˇ ts'ɿɤ
三番两次 sanɤ fanɤ niaŋˇ ts'ɿɤ
三年两年 sanɤ ienˇ niaŋˇ ienˇ
三年五载 sanɤ ienˇ uˇ tsaiˇ
三天两头 san⸍ t'ienɤ niaŋˇ t'əuˇ
三天两早起 sanɤ t'ienˇ niaŋˇ tsauˇ tɕ'iˇ
三天两夜 sanɤ t'ienˇ niaŋˇ ieˇ
三长两短 sanɤ tʂ'aŋˇ niaŋˇ tanˇ
三言两语 sanɤ ienˇ niaŋˇ yˇ
三心二意 sanɤ ɕinɤ ərɤ iɤ
三心两意 sanɤ ɕinɤ niaŋˇ iɤ
三三两两 sanɤ sanɤ niaŋˇ niaŋˇ
四平八稳 ʂɿɤ p'inˇ paɤ uənˇ
四通八达 ʂɿɤ t'uŋɤ paɤ taɤ

四面八方 ʂɿɤ mienɤ paɤ faŋɤ
四邻八舍 ʂɿɤ ninˇ paɤ ʂeɤ
四时八节 ʂɿɤ ʂɿˇ paɤ tɕieɤ
五湖四海 uˇ xuˇ ʂɿɤ xaiˇ
五花八门 uˇ xuaɤ paɤ mənˇ
七上八下 tɕ'iɤ ʂaŋɤ paɤ ɕiaɤ
七颠八倒 tɕ'iɤ tienɤ paɤ tauˇ
颠七倒八 tienɤ tɕ'iɤ tauˇ paɤ
乱七八糟 nanɤ tɕ'iɤ paɤ tsauɤ
乌七八糟 uɤ tɕ'iɤ paɤ tsauɤ
七长八短 tɕ'iɤ tʂ'aŋɤ paɤ tanˇ
长七短八 tʂ'aŋɤ tɕ'iɤ tanˇ paɤ
七拼八凑 tɕ'iɤ p'inɤ paɤ ts'əuɤ
七手八脚 tɕ'iɤ ʂəuˇ paɤ tɕioɤ
七嘴八舌 tɕ'iɤ tseiˇ paɤ ʂeˇ
七言八语 tɕ'iɤ ienˇ paɤ yˇ
千辛万苦 tɕ'ienɤ ɕinɤ uanɤ k'uˇ
千真万确 tɕ'ienɤ tʂənɤ uanɤ tɕ'oɤ
千军万马 tɕ'ienɤ tʂyŋɤ uanɤ maˇ
千人万马 tɕ'ienɤ zənˇ uanɤ maˇ
千变万化 tɕ'ienɤ pienɤ uanɤ xuaɤ
千家万户 tɕ'ienɤ tɕiaɤ uanɤ xuɤ
千门万户 tɕ'ienɤ mənˇ uanɤ xuɤ
千言万语 tɕ'ienɤ ienˇ uanɤ yˇ
干支：
甲 tɕiaɤ
乙 iɤ
丙 pinˇ
丁 tinɤ
戊 uɤ

己 tɕi˅　　　辰 ʂən˅
庚 kən˧　　　巳 sʅ˧
辛 ɕin˧　　　午 u˅
壬 zən˅　　　未 uei˧
癸 kuei˅　　申 ʂən˧
子 tsʅ˅　　　酉 iəu˅
丑 tʂʻəu˅　　戌 ɕi˧
寅 in˅　　　亥 xai˧
卯 mau˅

第四章 安陆方言语法

一、词法

(一) 重叠

安陆方言里的重叠主要有名词重叠、动词重叠、形容词重叠等。

1. 名词的重叠

安陆方言的单音节名词除小部分不能重叠使用外,大部分可以用重叠形式,也可以加后缀"子"、"儿"、"娃儿"等,表示小称意义。

(1) 亲属称谓重叠名词 AA,指人,往往不表示小称,由单音名词语素重叠而成。其中一类没有单音节形式,只有重叠形式,如"婆婆"等;另一类既有单音节形式,也有重叠形式,如"爸爸"等。例如:

爹爹爷爷、婆婆奶奶、奶奶祖奶奶

爸爸、妈妈、姐姐、妹妹、哥哥、弟弟

(2) 指物的重叠名词 AA,由单音节名词语素重叠构成,一类不表示小称,一类表示小称。不表示小称的有:

妈妈乳房或乳汁、兜兜

表示小称意义,既可重叠称呼,也能加后缀"儿"或"娃儿"。重叠名词和加后缀名词都有小称意义,二者的区别是:重叠名词是大人对小孩说的儿话或儿童之间说的儿话,加后缀名词是大人说的成人话。例如:

褂褂—褂娃儿、啰啰—猪儿、鸡鸡—鸡儿、牛牛—牛娃儿、马马—马娃儿、盖盖—盖儿

板板—板子、杯杯—杯子、豆豆—豆子、瓣瓣—瓣子、饼饼—饼子、杠杠—杠子、棍棍—棍子、棒棒—棒子、锤锤—锤子

(3) 指物的重叠名词 AABB,由双音节名词重叠构成或由两个单音节

名词构成，表示同一类事物的总称，两个重叠的成分是并列的。例如：

汤汤水水、角角落落、棍棍棒棒、坛坛罐罐、瓶瓶罐罐、日日夜夜、边边角角、头头脑脑（领导的总称）

2. 动词的重叠

普通话里动词的重叠 AA 或 ABAB 表示短时、少量的意义，安陆方言一般不用重叠形式表示短时、少量的意义，而是用动补结构"V 下"表示短时、少量的意义。但是安陆方言里有一种类似动词重叠的用法，即动词的叠结，限于两个可以单用的单音节动词，构成 AABB 式，表示长时间反复做某事，这与普通话是一致的。例如：

走走停停、蹦蹦跳跳、打打闹闹、说说笑笑

安陆方言里还有少数动词有特殊的重叠格式"连 V 直 V"，表示快速做某事。例如：

连搞直搞

或"连 V 带 V"，表示两个动作的并列。例如：

连说带笑、连蹦带跳、连打带闹、连吃带喝、连吃带拿

3. 形容词的重叠

（1）ABB 式形容词

ABB 式形容词是指由单音节词根"A"后附双音节叠音后缀"BB"构成的形容词。如"大辣辣"、"汗兮兮"等。ABB 式形容词有如下几类：

ABB 式形容词中的词根 A 是形容词。如：

大辣辣　脆嘣嘣　齐陡陡　硬救救　软塌塌　湿润润　湿假假　轻飘飘　红通通　胖笃笃　稳咄咄　光溜溜　灰溜溜　蔫妥妥　慢吞吞　皱巴巴　圆鼓鼓　亮堂堂　矮凿凿　干巴巴　酸唧唧　懒洋洋　乱糟糟　乱哄哄　空荡荡　孤零零　孤单单　阴沉沉　直统统　绿垮垮　明晃晃　黑黢黢　甜□□［ŋaŋ］

ABB 式形容词中的词根 A 为名词。如：

毛乎乎　气鼓鼓　气昂昂　嘴凿凿　心够够　火辣辣　水灵灵　水滴滴　水淋淋　眼巴巴　灰蒙蒙　汗渐渐　雨渐渐　油滴滴

ABB 式形容词中的词根 A 是动词，这一类型的比较少。如：

笑嘻嘻　羞答答

ABB 式形容词中的叠音后缀 BB 的作用主要是在词根 A 的基础上增加

形象色彩。有的BB有一定的理性意义，它们所表示的形象色彩比较明显，如"气鼓鼓"、"水滴滴"、"软塌塌"，等等。有的BB意义完全虚化，语义非常模糊，只表示色彩意义，如"皱巴巴"、"大辣辣"、"心够够"等。正因为BB的意义虚化，所以同一词根加上不同的叠音后缀，其色彩意义往往不同，如"水灵灵"、"水滴滴"、"水淋淋"，这三个词的形象色彩因其后缀的不同而不同："水灵灵"指人或植物水分足，非常鲜嫩；"水滴滴"指某物呈现出滴水的状态；而"水淋淋"指某物呈现出淋水的状态，物体上所附的水珠要比"水滴滴"所呈现的小得多。

ABB式形容词里的词根A与叠音后缀BB的组合有两个显著的特征：

第一，组合面窄。也就是说，安陆方言里，ABB式状态形容词的叠音后缀与词根A的结合缺乏普遍性，绝大多数后缀BB只能跟一个或一两个词根组合。例如，"辣辣"也只是跟两个词根组合，构成"大辣辣"、"火辣辣"。同样，"渐渐"也只跟两个词根组合，构成"雨渐渐"、"汗渐渐"。而一般的叠音后缀BB只跟一个词根组合。

第二，具有任意性。绝大多数ABB式形容词中，词根A与叠音后缀的搭配缺乏语法规则的强制性制约。某一个词根A，可以与哪个或哪些词缀组合，往往是方言区人们的习惯性选择，没有理据性，这也印证了吕叔湘先生的论断"单音节形容词A与后缀BB的搭配是习惯性的"。例如"大辣辣"，是形容一个人大大咧咧不拘礼节的样子，为什么是"大"和"辣辣"组合而不是别的词根和"辣辣"组合表示这个意思呢？我们无从考证。

ABB式形容词的句法功能：

ABB式形容词只有后附"的"构成"ABB的"的形式才能进入句子，做谓语、定语、状语或补语。例如：

1) 屋里空荡荡的，么事家具都有得。屋里空荡荡的，什么家具都没有。（谓语）

2) 雨渐渐的天道，跑出去搞噻？雨渐渐的天，跑出去干什么？（定语）

3) 她懒洋洋地坐在那儿，不吃不喝。（状语）

4) 这个伢长得胖笃笃的，几逗人痛哦！这个小孩儿长得胖笃笃的，多么招人喜爱呀！（补语）

(2) ABCD式形容词

这类形容词有独特的形象色彩。ABCD式由单音节形容词性词根和少数单音节名词性词根后附三音节词缀构成。ABCD式形容词中，词根A表示词的理性意义，词缀BCD三个音节主要表示附加意义，给整个词增添附加色彩，即增添词的贬斥和否定的主观评价色彩。常见的有：

花里胡哨　中不溜秋　黑不溜秋　灰不溜秋　黑咕隆咚　圆鼓隆咚
血咕拉稀　弯倒鼓救　干锅捞几　油脂八蜡　黄不拉几

（3）AABB式形容词

AABB式形容词是由重叠的双音节形容词性词根后附双音节叠音后缀构成。安陆方言里常见的有：

鼓鼓囊囊　羞羞答答　稀稀拉拉　稀稀朗朗　晕晕打打　慢慢吞吞
松松垮垮　恿恿弯弯　皱皱巴巴　密密麻麻

安陆方言的AABB式形容词有别于普通话里的双音节形容词重叠式AABB。普通话里的AABB式是双音节形容词AB的重叠形式，双音节形容词AB可以受程度副词的修饰；安陆方言里的AABB式不是AB的重叠，只有"皱皱巴巴"、"慢慢吞吞"、"羞羞答答"、"松松垮垮"这四例比较特殊，可以变化为"ABB"式形容词，但这四例跟其他AABB式一样不受程度副词的修饰。

ABCD式形容词和AABB式形容词都具有描写性强的特点，表示的语义程度相对高于ABB式，而且这两式形容词在感情色彩上大都是贬义的。在句法功能上则与ABB式相同，要带"的"字才能入句，充当句子的谓语、定语、状语和补语。例如：

1）地里的芝麻稀稀拉拉的。（谓语）

2）油脂八蜡的灶台也不抹下。（定语）

3）他松松垮垮地穿倒个衣裳，一点儿都不好看。（状语）

4）他喝酒喝得晕晕打打的。（补语）

（二）语缀

安陆方言里，语缀成分一般是后缀，前缀"第"、"初"、"老"等跟普通话一致，此处不赘述。这里说的后缀有两类，一类是名词语缀，包括"子"、"儿"、"娃儿"、"头"、"手"；一类是形容词语缀，主要指形容词后的重叠语缀"乎乎"、"兮兮"之类。

1. 名词语缀"子"、"儿"、"娃儿"、"头"、"手"

"子"作为构成名词的标志，和普通话里的"子"一样，是一个派生能力很强的形态成分，读轻声。和"子"相对应的是"娃儿"，其派生能力不如"子"强，而且使用范围有一定的限制。"儿"既能起到改变词根概念意义的作用，又能改变词性，派生新词。在某种程度上，"子"与"儿"有联系也有区别。"头"附着在部分单音节动词后面，使之变为名词。下面先分别描写"子"、"儿"、"娃儿"、"头"、"手"的适用范围和各自不同的作用，再分析"子"、"儿"、"娃儿"之间的关系以及"头"与"手"的关系。

(1) 名词语缀"子"、"儿"、"娃儿"、"头"、"手"的意义、用法

第一，名词语缀"子"。

所有附加词缀"娃儿"的语素都可以附加词缀"子"。"子"附加在名词语素、动词语素、形容词语素后面，能产性比"娃儿"强得多。

一是附在名词语素后。这类词很多，分四组来说明。

a组：被附加成分是成词语素，后边带不带"子"，意义无变化，用法也相同，但带"子"在说法上显得轻松些，用的时候多。例如：

肠子　表带子

b组：被附加成分是不成词语素，"子"只是起帮助成词的作用，不改变意义。例如：

褂子　屉子　渣子　燕子　橘子　豆子

c组：被附加成分大都是成词语素，带"子"后多转指跟原来单音节的意义有关联的另一事物。例如：

路子　耍子　头子　面子　点子　空子　里子

d组：被附加成分也是成词语素，独用时只用作量词，带"子"后可成为名词（如下面的前三例）或兼作名词和量词（如下面的后三例）。例如：

个子　片子　块子　箱子　袋子　盒子

二是附加在动词语素后面。例如：

a组：罩子　套子　钳子　锤子

b组：引子　包子　摊子

c组：骗子　贩子　拐子　探子

a组，表工具，b组表对象，c组表施事，含贬义。

三是附加在形容词语素后，主要构成表示人的名词。例如：

麻子　驼子　呆子　胖子　老子　尖子

除"老子"、"尖子"外，表人名词都是病态或品行不好的人，带有

贬义。

第二，名词语缀"儿"。

"儿"是一个不自成音节的词缀，能产性强，可以附在名词、动词、形容词、量词之后，表示各种不同的语法意义和词汇意义。

一是附在名词后表示小称或爱称。例如：

a组：院儿　罐儿　鸡儿　拖拉机儿

b组：刀儿　狗儿　猪儿

c组：嘴儿　手儿　财喜儿猫

a组指同类中小的事物，不附"儿"则泛指整类事物，也可以单指同类中的事物。与a组稍有不同的是，b组不附"儿"只指同类中大的事物，而不表示泛指，如"刀儿"是指小的刀子，"刀儿"与"刀娃儿"完全一致，随时可以换用，而"刀"是指大的刀子，两者的区别是很清楚的。c组除了表示小称的意义外，还带有喜爱的情感在里面。

二是附在某些重叠的单音节动词后，转化成名词，同时改变了词的概念意义。例如：

夸——夸夸儿　说——说说儿　能——能能儿

这一类的单音节动词重叠后附"儿"，变为名词，后面的重叠动词读轻声，而且名词和前面单音节动词的意义不同。"夸"指能说会道，"夸夸儿"则指能说会道的人。"能"指人有能力，是个能愿动词，"能能儿"则指擅长某事的人，"说"指说话动作，"说说儿"指会说话的人，它们变成名词后都含有"擅长某事"或"具备某种才能"的意思。

三是附在形容词后再重叠，有两种格式："A儿A儿"和"AB儿B儿"。例如：

a组：薄儿薄儿　轻儿轻儿　旧儿旧儿　热儿热儿　老儿老儿　贵儿贵儿

b组：光溜儿溜儿　干蹦儿蹦儿　辣乎儿乎儿

a组是对词义的弱化，表示略微具有某种性质，呈现某种状态，有"A了点儿"的意思，在句中通常是带"的"作谓语，例如：今朝的豆腐老儿老儿的，蛮适合作炸豆腐。b组表义都是积极的或中性的，附"儿"是加深或表示喜爱的感情色彩，在句中带"的"作定语、谓语、补语，例如：

辣乎儿乎儿的牛肉火锅蛮好吃（定语）。

他的脑门上光溜儿溜儿的（谓语）。

豆子晒得干蹦儿蹦儿的（补语）。

四是附在量词（主要是物量词）后边。例如：

a组：条儿　节儿　根儿　斤儿　粒儿

b组：套套儿　本本儿　笔笔儿　样样儿　篇篇儿　堆堆儿

a组单音节量词附"儿"，主要表示量少。b组重叠量词附"儿"，用作主语是表达喜爱的感情，用作状语是缓和说话的语气。

第三，名词语缀"娃儿"。

一是"娃儿"放在动物后面，多用于表示小称及喜爱的感情色彩。例如：

牛娃儿　狗娃儿　猪娃儿　猴娃儿

这些都是表示小的动物，用在口语中就具有喜爱的感情色彩。

二是"娃儿"附在衣服鞋袜等名词之后，具有表小的意义。例如：

袜娃儿　裤娃儿　鞋娃儿　帽娃儿

三是"娃儿"附加在容器和用具等有关语素后，表小的意义。例如：

a组：凳娃儿　梳娃儿　棍娃儿

b组：坛娃儿　篮娃儿　缸娃儿

a组表示用具，用"娃儿"有小称意义，而且有亲切之感。b组是与容器有关的名词，附加词缀"娃儿"后指小的容器，大的容器用词缀"子"。

第四，名词语缀"头"。

"头"是一个可以自成音节的语缀，可以附在名词、动词、形容词的后面，表示各种不同的语法意义和词汇意义。

一是"头"附着在方位名词后面构成方位名词，"头"相当于普通话里的"里"或"边"。例如：

上头　下头　里头　外头　东头　西头　南头　北头

二是"头"附着在部分单音节动词后面时，它是语缀，作用是改变所附动词的词性，使之变成名词，表示有价值。例如：

看头　说头　搞头　走头　听头　写头　想头

三是"头"附着在部分单音节形容词后面时，其作用是改变所附形容词的词性，使之变成名词，表示有某种性质。例如：

甜头　苦头　准头

第五，名词语缀"手"。

"手"是一个可以自成音节的语缀,可以附在部分动词的后面,改变所附动词的词性,使之变成名词,表示值得做某事。例如:

搞手 诊手 打手(收割农作物)

(2)"子"、"儿"、"娃儿"的关系

"子""儿""娃儿"三个词缀都是构成名词的标志,它们之间既有联系,又有区别。

"儿"和"娃儿"都有小称意义,表示喜爱、亲切的感情色彩,即对小孩子说话时显出亲切之意。如:把椅娃儿搬进来;把你的盒儿拿出来。小孩自己说则显出喜爱之意。如:这是我的小椅娃儿;我想去买个本儿回来写字。可以附"娃儿"的词一定能附"儿",但能附"儿"的词不一定能附"娃儿"。可见,"娃儿"的适用范围小,能产性不强,被附语素一般都是名词性语素,而且只限于一定范围的名词性语素(见前面)。

"子"和"娃儿"是安陆方言中对应的词缀。"子"指同类中大的事物或整类事物,如"鸡子"、"狗子"、"椅子"、"钵子"等,不改变词的概念意义,只是构成名词的标志。"娃儿"则指同类事物中小的事物,含有亲切、喜爱的感情色彩。不过,"子"比"娃儿"能产,适用面广。

"儿"和"子"都是安陆方言中能产词性强的词尾缀,都有较强的语法意义和词汇意义,都可以附在名词、动词、形容词、量词后构成名词或少数量词。但"儿"可以附在重叠的动词或形容词之后,分别具有不同的词汇意义。

尽管"子"、"儿"、"娃儿"三个词尾缀有相同之处,但也有不同之处,表现在:

其一,从语音形式看,"子"只读轻声,不改变被附音节的语音;"儿"变化最大,多数情况下它改变前一音节的韵母,而且不能自成音节,必须依赖于它前面的音节(其变音规律将另作讨论);"娃儿"不改变被附音节,但它本身的声调有两个——阴平˧或阳平˩。根据词根语素读音而变,其规律是:阴平、阳平、阴去调的后面"娃儿"读阳平调˩,而上声、阴去、入声调的后面"娃儿"读阴平调˧。

其二,从适用范围来看,"子"、"儿"的能产性强,因而其适用面比"娃儿"广得多。所有附"娃儿"的词根都可以附"儿",但不一定都可以附"子"。比较如下:

	椅	猴	猪	牛	桌	稍箕
子	＋	＋	－	－	＋	－
儿	＋	＋	＋	＋	＋	＋
娃儿	＋	＋	＋	＋	＋	＋

"儿"与"子"适用范围的不一致还表现在有的词根只能加"子"，不能加"儿"、"娃儿"，如：粽子、桃子、枣子、粟子、狮子、蚊子；有的只能附"儿"，不能附"子"和"娃儿"，如：量词的重叠、形容词、动词的重叠（引例见前文）。

其三，从语法意义方面看，"娃儿"除了极少数的动词外，一般没有改变被附成分的词性，"儿"和"子"把被附的动词、形容词、量词等变成名词性的成分。

其四，从词汇意义方面看，"子"和"娃儿"仅仅是大、小的关系。"娃儿"的感情更重。"儿"和"子"有时可以同时附在某种词根语素后面，但表达的词汇意义完全不一样，突出体现在部分量词方面。例如：

样：a 样子：指标准，如：鞋样子、绣花样子

　　b 样儿：指规矩，如：你骂长辈，太没有样儿。

片：a 片子：指尿片。

　　b 片儿：指破布或碎布。

点：a 点子：指主意，如：我给你个好点子。

　　b 点儿：指地方，如：蹲点儿。还可作量词。

包：a 包子：指可吃的食物。

　　b 包儿：指疙瘩，如：你脸上怎么长了那么多包儿哇？还可作量词。如：一包儿东西。

杯：a 杯子：指茶杯，如：拿杯子泡茶。

　　b 杯儿：指酒杯，如：把杯儿端起来一口干。

(3) "头"和"手"的关系

"头"和"手"都是安陆方言里附着在动词后面的语缀，都能改变动词的词性，使之变为名词，都表示有某种价值或值得做某事。能产性都不强，只限于跟在部分动词后面。这是二者相同的地方。

二者不同的是，"头"和"手"跟"子"、"儿"、"娃儿"相比适用范围小，而"手"比"头"的适用范围更小。

（三）方所

1. 方所的类型

方所表示方向位置，也叫方位。安陆方言的方位词分单语素方位词和合成方位词两种。

单语素方位词：上、下、左、右、东、南、西、北、前、后、里、外、中、对、底。

合成方位词：上边、下边、左边、右边、东边、西边、南边、北边、上头、下头、东头、西头、南头、北头、前头、后头、里头、窦里 [təu˦·ni]、外头、对门、高头、咄伙 [to˦xo˅]、左手、右手、菀上。

在一些名词后面加方位词构成处所词语，安陆方言里虽然有单语素的方位词，但通常习惯在名词后加合成方位词。在合成方位词里，虽然和普通话一样有加"边"的"上边"之类的方位词，但一般多用加"头"的"上头"之类的方位词。这些合成方位词与普通话里的方位词对应如下：

上边—上面　下边—下面　左边—左面　右边—右面　东边—东面
西边—西面　南边—南面　北边—北面　上头—上面　下头—下面
东头—东面　西头—西面　南头—南面　北头—北面　前头—前面
后头—后面　窦里—里面　里头—里　外头—外面　高头—上面
下头—下面　左手—左面　右手—右面　咄伙—底下（下面）
菀上—最底层

2. 安陆方言特色方位词辨析

安陆方言里方言特色最明显的方位词有四个：高头、咄伙、菀上、窦里。

（1）高头

安陆方言的方位词"高头"相当于普通话里的"上"、"上面"，有五种情况：

第一，"高头"等于"上面"、"上"，表示有平面的事物的上方、上面，往往有参照点，或者是参照人视线所及的上方，要仰视。例如：

1）电视塔高头建了旋转餐厅。

2）柜子高头百么家冇得。柜子上什么都没有。

第二，"高头"等于"上"，表示有平面的事物的上面或俯视。例如：

3) 桥高头人来车往的，□[xɛʋ]很热闹。

4) 椅子高头放了几本书得。椅子上放着几本书。

第三，"高头"等于"上面"，往往表示物体有平面性，但多指能附着的平面上。例如：

5) 裤子高头溅了□[xɛʋ]很多泥巴。

6) 衣裳高头碰了□[xɛʋ]很多灰。

第四，"高头"等于"上"，表示在没有平面、树上面，但在参照人视线所及的上方。例如：

7) 树高头飞过去一群麻雀子。

8) 乜那个大树高头挂了一个风筝得。

第五，"高头"既指事物"上面"，又指事物本身，如"报纸高头"。我们可以说：

9) 报纸高头放了一封信得。报纸上面放了一封信。

10) 报纸高头登的哈是广告。报纸上登的都是广告。

(2) 咄伙

跟"高头"相对的是"咄伙"，相当于普通话里的"底下"、"下"、"下面"，例如：

1) 他躲在桌子咄伙得。

2) 桥咄伙有人在搞破坏。

3) 水流到凳子咄伙去了。

4) 财喜儿一家伙躲到柜子咄伙去了。

5) 他把书收在报纸咄伙得。他把书藏在报纸下面呢。

(3) 蔸上

安陆方言的方位词"蔸上"用于器物里面，一般用于器物里面的最底层的位置，视线从正上方看到器物的底部。而"咄伙"指器物外面的下面，视线从器物的旁边看到的器物的下面。例如：

1) 水缸里的水已经到了缸蔸上。

2) 坛子里的面快完了，已经到了坛子蔸上。

3) 锅里糊的羹有□[xɛʋ]很多粘在锅蔸上去了。

另外，"报纸高头"跟"报纸咄伙"不同于其他处所词语，因为"报纸高头"既指报纸上面,也指报纸本身。而"报纸咄伙"只指报纸下面,不指报纸本身。

(4) 窦里

安陆方言的方位词"窦里"相当于普通话里的"里面",一般用于器物或容器名词后面,表示器物或容器里面的处所意义。例如:

1) 柜子窦里挂了□［xɛv］很多好看的衣裳。

2) 缸窦里装的是谷。

3) 他把种子装在坛子窦里得。

4) 盘子窦里的菜哈都尽我们吃光了。

5) 他挑了一担箩筐,一个箩筐窦里是伢儿,一个箩筐窦里是杂巴拉伙的东西（杂物）。

上述例子中"窦里"都放在实物性的名词后面构成方位词。"窦里"还可以用于虚的事物名词的后面,意思是"里面"。例如:

1) 电视窦里紧打广告。

2) 他一直都在电脑窦里玩游戏,简直有挪窝。

3. 安陆方言方位词的用法

从用法来看,安陆方言的合成方位词能单独充当句子成分,单音节语素方位词一般要和别的语素或词组合后才能充当句子成分。一般充当句中的主语、宾语、介词宾语、定语、补语（介宾短语作补语）等。例如:

1) 桌子高头哈都是灰,也不晓得抹下。（主语）

2) 他在屋里写作业。（介词宾语）

3) 他在教室里头。（宾语）

4) 台子高头的东西我哈都要。（定语）

5) 他们湾里东边是一条河,西边是一座山。（主语）

（四）时间

表示时间概念的有词,也有短语。表示时间的词包括时间名词和时间副词。学界对时间词的研究集中在现代汉语时间词的界定、分类（朱德熙,2003；陆俭明,1991）、时点和时段分析（李向农,1997；周小兵,1995）、时间词的构成方式（姚双云,2010）、时间词的模糊性（章亭、李葆嘉,2006）等等。下面就安陆方言的时间词系统及其用法作具体的描写分析。

1. 安陆方言的时间词系统

安陆方言的时间词系统包括时间名词和时间副词。时间名词是能做"在"、"到"、"等到"的宾语，而且能用"这个时候"、"那个时候"指称的词（朱德熙2003）。安陆方言的时间名词有：恁咱儿现在、现在、过去、往常、以前、今朝今天、明朝明天、后儿后天、挨后儿大后天、昨儿昨天、前儿前天、向前儿大前天、粉明儿、清早、早晨、上半天、半日中时、下半天、煞黑儿傍晚、日里白天、晚行晚上、半夜、年前、年后、年头、年尾、年头岁毕、饭前、饭后、事前、事后、目前、眼前、春上春季、六月间夏天、十冬腊月冬季、之前、之后、一月、二号、一点、星期一、初三、月底。

时间名词分时点和时段两种：时点表示时间的位置和早晚，时段表示时间的长短。对于这一观点，学界的探讨比较多，基本上形成了定论，这里不再赘述。

安陆方言的时间副词有：马上、才将刚才、才蛰〔tʂʻŋ˥〕刚才、刚刚〔ŋaŋ˩ ŋaŋ〕、已经、曾经、又、再、还、从新重新、就、才、经常、老、总、往往、紧一直、到笃到底、永远、还是仍旧、三不时儿偶尔、从来、一向、向来、在、正在、赶紧、渐渐。

2. 安陆方言时间词的用法

(1) 安陆方言里，时间名词可充当多种句子成分，包括主语、谓语、宾语、定语、状语、补语。这些用法跟普通话一致。例如：

1）上半天开会，下半天讨论。（主语）

2）饭前一定要洗手欸。（主语）

3）二号早晨有一个参观团要来。（定语）

4）恁咱儿不比往常。现在不比往常。（主语；宾语）

5）今朝星期三。到时候他们要来的。（主语；谓语）

6）已经到了十冬腊月冬天了，怎么天道还乜这么热活嘞？（宾语）

7）她做事做到半日中时中午才回来。（宾语）

8）他是煞黑儿的时候来的。（定语）

9）今朝的火车已经晚了点嘥。（定语）

10）以后的事以后再说。（定语；状语）

11）今朝的事情要今朝做完。（定语；状语）

12) 昨儿昨天的报纸今朝才送得来，真是不像话。(定语；状语)
13) 我向前儿大前天就跟他说了的，他不会忘记了吧？(状语)
14) 乜这个伢日里晚行哭，还要不要人睡瞌睡欸？(状语)
15) 我之前跟你说的乜个事你还记不记得嘞？(状语)
16) 我事后才想起来他跟我请了假的。(状语)
17) 我做了两个小时才把乜这份卷子做完。(补语)
18) 他在车站里一气儿等了三个小时。(补语)

例1）中的"上半天"和"下半天"作主语。例2）中的"饭前"作主语。例3）中的时间名词"二号"作定语，修饰时间主语"早晨"。例4）中的"恁咱儿"作主语，"往常"作宾语。例5）中的"今朝"作主语，"星期三"作谓语。例6）中的"十冬腊月（冬天）"作宾语。例7）中的"半日中时（中午）"作介词"到"的宾语。例8）中的"煞黑儿"作定语。例9）中的"今朝"作定语。例10）中"以后"作定语和状语。例11）中的"今朝"作定语和状语。例12）中的"昨儿"作定语，"今朝"作状语。例13）中的"向前儿"作状语。例14）中的"日里"和"晚行"作状语。例15）中的"之前"作状语。例16）中的"事后"作状语。例17）中的"两个小时"和例18）中的"三个小时"作补语。

从上述例子来看，时间名词可以在句子里反复出现，充当不同的句子成分。相同的时间名词在句子里可以充当不同的句子成分，如例10）、例11）；也可以是不同的时间名词在句子里充当不同的句子成分，如例3）、例4）、例12）。

（2）安陆方言里，时间副词跟普通话一样可以作状语。例如：

1) 莫紧在唶儿吃，快抹点儿光着把麦子收进去。不要一直在那儿吃，快点帮忙把麦子收进去。
2) 他紧在唶儿说，你就紧听倒。他一直在那儿说，你就一直听着。
3) 他一向就身体不好。
4) 叫他们莫等，我马上就回来。
5) 我们正在吃饭，他在楼下喊我们来了客。
6) 他三不时儿偶尔来下。
7) 我总是把事往好处想。
8) 我们刚刚吃完了。

9）我跟他下棋总冇赢过他的。
10）他才蚩刚才说要出去打工，你同不同意欤？
11）天道渐渐黑了。
12）他们到笃还是冇讲和。他们到底还是没有和解。
13）你赶紧去叫他回来哟。
14）我从来不去管人家的闲事。
15）乜这个伢从来不好生儿地吃饭。
16）小琴在看书，她的伢儿在旁边玩。
17）他的姑娘们经常回来，他的屋里口［xɛv］很热闹。
18）你才将说的个事我又忘记了。
19）你从新把衣裳洗一遍。
20）乜这几天老落雨，把人都嫌死了。
21）他的病老不见好，把一屋人都急死了。
22）事情往往是乜这样儿，你越想好就越出问题。

时间副词作状语一般位于主语之后。有的既可以位于主语之前，也可以位于主语之后，如"才将（刚才）"、"才蚩（刚才）"、"往往"等。

（五）趋向

汉语的趋向范畴由趋向动词充当，表示人或物在空间位置上朝一定的方向移动。它包含三个要素：位移、方向、立足点。安陆方言里表示趋向的动词有单音节趋向动词和双音节趋向动词。单音节趋向动词有：来、去、进、出、过、上、下、起，双音节趋向动词有：进来、进去、出来、出去、上来、上去、下来、下去、回（回来）、回去、过去、起来、起去。从语法功能看，趋向动词能单独充当谓语，如"他回去了"、"我进去，你等一下再进去"、"我进去拿东西"。更常见的是跟在动词或形容词后面表示趋向、结果、状态变化或动作进程，构成的趋向结构用法复杂，形式灵活，意义多样。如"里屋里走出了一个我们不认得的客人"、"他买了口［xɛv］很多东西回来了"、"她读到小学三年级就读不下去了"、"我们干脆走回去吧"、"你恁咱儿走不走得开欤"、"他的电话号码你落记下来了冇"、"树上掉了一个苹果下来了"。下面选取安陆方言里几个典型的趋向动词从用法和意义进行描写。

1. 安陆方言的"来"和"去"

"来"和"去"表示动作主体的空间位移。"来"是"从别的地方到说话人所在的地方",而"去"是"从所在地到别的地方"。(吕叔湘,1999)

(1)"来"的用法

安陆方言里,"来"可以单独作句子的谓语,也可以作句子的补语。有如下几个类型:

第一,S(时间、处所)+来+了+N(施事)。

这类格式是一般的存现句。句子的主语是时间名词或处所名词,宾语为施事宾语。例如:

1) 昨儿来了几个记者。

2) 屋里来了客。

第二,S(施事)+来+N(受事)。

这类格式中的主语是常为代词,表示施事的意义。宾语通常表示受事的意义,由名词或名词性短语充当。例如:

1) 你们一路儿—起来了几个人嘞?

2) 他来了两封信的。

第三,S(施事)+来+N(处所)。

这类格式中的主语是代词,表示施事。"来"的宾语为处所名词。例如:

1) 我来学校看下你们。

2) 他来了医院的。

第四,S+来+VP。

这一格式是"来"和动词(或动词性短语)构成连谓结构,表示要做某事。例如:

1) 我来择菜,你去煮饭。

2) 我们来看下你唦。

第五,S+V+N(受事)+来+了。

这一格式里的"来"作补语,表示动作朝向说话人所在的地方。安陆方言里"来"作趋向补语常位于宾语的后面,而普通话里"来"通常处在宾语的前面。例如:

1) 我借了几本小说来了。正好你可以混下时间。

2) 我老扛了一袋子米来了。

第六，V+得（不）+来。

这一格式里的"来"作可能补语。例如：

1) 谈得来就合作，谈不来就一拍两散。

2) 动得来就动下，动不来就不动。

(2) "去"的用法

"去"可以单独作句子的谓语，也可以作趋向补语。有如下几类用法：

第一，S（施事）+去+N（受事）。

这类格式中的主语是施事，"去"后的名词为指人的受事，意思是派去某人。例如：

1) 他的婆婆死的时候我们去了人的。

2) 你们总要去个把人唦。

第二，S（时间、处所）+去+N（施事）。

这类格式是存现句，句子的主语由时间名词或处所名词充当，宾语是指人的施事。例如：

1) 今朝早晨已经去了两个人。

2) 他们屋里去了三个人。

第三，S（施事）+去+N（处所）+VP。

这类格式为"去"和另一个动词（动词短语）构成的连谓句。"去"后面常常是处所名词。例如：

1) 我去学校接他回来。

2) 他去武汉买东西。

第四，S+去+VP 与 S+VP+去。

这类格式里的主语都是施事，由代词充当。"S+去+VP"是连谓句，"VP"是"去"的目的。而"S+VP+去"中的"去"作句子的补语，它的意义有所虚化。例如：

1) 我去上街。

2) 我去上厕所。

3) 大家去买报纸。

4) 我们去买菜。

5) 你搞么事去欸？我看电影去。

6）我上街去。

7）大家买报纸去。

8）我们买菜去。

以上两种格式的用法，安陆方言和普通话都存在。

第五，S+V+O_1+O_2+去。

安陆方言里，"去"有一个特殊的用法，那就是双宾句句末用"去"，其意义进一步虚化，句子表示未然态。例如：

1）我硕打你两巴掌去。

2）我呼打你两巴掌去。

3）我凿你两栗骨去。

上述句子从语气的角度看都是祈使句，这种祈使句表示威胁的口吻，而且是未然态。当然，并不是所有的双宾句后面都可以用"去"，只是在表示威胁口吻并有祈使意味的双宾句里才用"去"。比较：

4）我硕打他两巴掌。

5）我凿了他两栗骨，他嗯都不敢嗯一声。

这两个句子是陈述语气的双宾句，只叙述事实，所以句末不用"去"。

第六，V+去+走（了）。

这一格式也是安陆方言里"去"的特殊用法。其中，"去"作趋向补语，其后还加一个补语"走"，用以强调"去"，表示人或事物随动作离开说话人所在的地方。例如：

1）你来把钱领去走。

2）你送来的东西哈都让他拿去走了。

3）哪个把我的书拿去走了欸？

4）强徒小偷朝北边跑去走了。

安陆方言里，表达这类强调补语的"走"还可以换成"跑"，如上例2）和例3）中的"走"可以换成"跑"，其他两例不能换。这大概跟句子的动词有关，"拿"可以说"拿跑了"，而"跑"不能说"跑跑了"。

第七，"去了 [tɕʰiɤ ·iau]"合并为"巧 [tɕʰiauv]"。

安陆方言里，"去"和"了"合并为"巧"，作趋向补语，也可以作结果补语。例如：

1）他的姑娘女儿嫁到广州巧。

2）篮子沉到水里巧。

3）他乜埋儿这一次真是吓得巧，回来话都冇说就躲在屋里不出来。

4）乜这一道题我做得巧。

例1）和例2）中的"巧"作趋向补语。例3）"吓得巧"意思是"吓着了"，作结果补语。例4）中的"做得巧"意思是"做到了"，作趋向补语。这是"巧"用在肯定句子中。如果句子是否定的，那么，作趋向补语的"巧"为"去"，作结果补语的"巧"换成"倒"，同时去掉"得"。上述例子的否定式是这样表达的：

5）他的姑娘女儿冇嫁到广州去。

6）篮子冇沉到水里去。

7）他乜埋儿这一次冇吓倒，回来还有说有笑的。

8）乜这一道题我冇做倒。

（3）"V+来+V+去"或"V+去+V+来"

"来"、"去"对举使用，构成"V+来+V+去"或"V+去+V+来"，表示一种动作多次重复的状态。格式中的动词通常是单音节动词。例如：

1）说去说来还是屋里冇得钱。有钱吵么事做不了欸？

2）他在屋里走去走来，像个疯子。

3）有个伢儿在屋里跑去跑来的显得热闹些。

4）他在城里转去转来冇转到个名堂。

2. 安陆方言的"起来"和"起去"

（1）"起来"的用法

第一，S（施事）+起来。

这是"起来"单独作句子的谓语，表示由下到上的移动方向。句子的主语是施事。例如：

1）你起来吵！还紧一直睡倒搞嘞？

2）我早晨起来到恁咱儿这会儿还冇吃饭嘞。

第二，V/A+起来。

安陆方言里，"起来"位于动词或形容词后，后面不带宾语，构成"V/A+起来"的格式。"起来"作趋向补语，补充说明人或物在空间向上的移动方向，是"起来"本身所表示的意义，也可以说，趋向义就是方向义。因为观察者的注意力集中在动作的起点、方向及动作的持续方面。

例如：

1）外头已经落起来了。外面雨已经下起来了。
2）他啦对人好起来恨不得把裤子脱得别个。
3）㔷这个事儿我想起来就气不过。
4）他已经从地上坐起来了。
5）红旗已经升起来了。
6）你把书捡起来。

"起来"的趋向义进一步引申出结果的意义，表示动作有结果或达到了目的，也可以说是动作行为在方向方面有了结果。例如：

7）田里的秧哈都长起来了。
8）他把屋做起来了。
9）他把门关起来了。

当"结果"被凸现以后，"起来"便可以与不再需要具有方向性的动词构成动补结构。"起来"的结果义正式形成。例如：

10）她把冬天穿的衣裳都收起来了。
11）徐云看到他的爸爸来了，赶忙躲起来了。
12）他看不起来呗。他看不中呗。

"起来"作补语还表示动作或状态已经开始。因为趋向动词"起来"不仅表现为物体空间位置的改变，而且表现为物体由静态到动态的改变。在这个过程中，观察者的观察角度显示出一种新状态的开始。从这个角度来看，"起来"作补语时具有表状态的意义。例如：

13）他哭起来不理节制不讲道理。
14）他啦，好起来□[xɛʋ]很好，拐坏起来□[xɛʋ]很拐坏。
15）他吃起来像个饿痨。
16）㔷这个东西看起来不怎么样。
17）他拐坏起来六亲不认。
18）她笑起来很好看。

"起来"作补语还可以表示说话人的一种看法，是说话人对某人或物的评论、说明。这时，"起来"在很大程度上已经虚化成为一个篇章标示语。（吕晓军，2007）例如：

19）说起来还是屋里太穷了，帮不上么事忙。

20）算起来他差不多该到了。

21）乜这个饭吃起来杠杠硬硬的。

第三，V+起+O+来。

这一格式里，"起来"在句子中分开，都作句子的补语。例如：

1）外头已经落起雨来了。

2）他做起事来□[xɛv]很肯卖力气。

3）他说起话来像个抛皮子夸夸其谈者。

4）说起他来，冇得哪个不摇头摆脑壳。

5）他睡起瞌睡来□[xɛv]很不老实。

(2) "起去"的用法

"起去"指的是以说话人为参照点，人或物由低处往高处运动，同时是背离说话人所在位置移动。而且说话人和听话人都在同一位置。有如下几类格式：

第一，S+起去。

这一格式里的"起去"作谓语。这是"起去"本身的意义。例如：

1）你起去吵。

2）快抹点儿快点起去吵。

第二，S+起去+VP。

这类格式是"起去"与动词或动词短语构成连谓结构，格式中的"VP"是"起去"的目的。例如：

1）起去做事吧。

2）你起去把鸡子喂了他。

第三，S+V+起去。

这类格式中的"起去"作趋向补语，补充说明动作的移动方向。例如：

1）汽车已经关上了门，我们已经上不起去了。

2）你把乜这几样东西拿起去。

3. 安陆方言的"上"和"下"

"上"的意思是由低处到高处，"下"的意思是由高处到低处，有以下两种格式：

(1) S+上/下+N（处所）

这类格式是"上/下"单独作句子的谓语或谓语中心。"上/下"的后面带处所名词。例如：

1）他上了大学就冇跟我们来往。

2）你下了课就直接回来。

(2) S+V+上/下

"上/下"用在动词后面，作趋向补语、可能补语、结果补语，又分为三种情况：

第一，V+上/下+N（处所）。

这一格式中，"上"表示人或物随动作从低处到高处，"下"表示人或物随动作离开高处到低处，都作句子的趋向补语。例如：

1）他跳下车就往巷子里头跑了。

2）风筝飞上了天。

3）他已经坐上了火车。

第二，V+ V+得（不）+上/下。

这一格式中的"上/下"作可能补语，表示动作主体或受事能或不能位移到某处。例如：

1）你要考不上就回来种田。

2）我要是报不上名就算了。

3）你要顾得上就多费点儿心。

4）乜个场儿这个地方放得下。

5）行李箱高头还放得下两个箱子。

6）屋里住不下。

第三，V+上+了+N。

这一格式中的"上"作结果补语，表示主体动作的结果使自身处于某状态中。例如：

1）我们已经追上了游行的队伍。

2）玲玲考上了公务员。

3）他评上了三好生。

4）她选上了妇女代表。

（六）数量

这里说的数量是指数词和量词。

1．数词

数词包括统数和序数，还有小数、分数和概数。

安陆方言里的统数除了"万"与普通话不一样以外，其他统数都跟普通话相同。安陆方言里的"万"叫"方"，一万块钱叫"一方钱"，现在也用"万"。

　　序数里"初一"到"初十"跟普通话一样；"第一"到"第十"也跟普通话相同，不过安陆方言在指称小孩的排行时还直接用"老大"、"老二"、"老三"等来指称第一个孩子、第二个孩子、第三个孩子等。还有一个"幺"，在安陆方言里也用得很普遍，指排行最小的，如"幺爷"指最小的叔叔或姑姑，有时直接用"幺"指称排行最小的孩子。

　　小数的说法跟普通话相同。

　　分数的说法多说"成"或"股"，如三成、四成、七成等或一股、三股、六股等。

　　概数的说法有"把"、"大略_{大概}"、"上下"。

2. 量词

　　安陆方言的量词跟普通话一样也包括物量词、动量词、度量衡量词。安陆方言的动量词和度量衡量词与普通话差别不大，这里单就与普通话差别较大的物量词作描写和分析。

　　（1）安陆方言的特殊物量词

　　安陆方言的物量词包括特殊的物量词以及与普通话共有的物量词，也就是说，有些物量词为安陆方言所特有而普通话没有；有的物量词在安陆话和普通话中都有，但安陆方言物量词在适用范围、搭配要求、义项多少、褒贬色彩等方面与普通话存在一些差异。

　　第一，安陆方言特有的物量词。

　　在安陆方言特有的物量词里，有的物量词适用面较宽，有的适用面较窄，有的物量词可以在普通话里找到对应的量词，有的物量词则很难找到对应的量词。

　　道〔tau˧〕① 指在同一块地里作物种植或生长的次数，相当于普通话量词"茬"。如：今年新种了两～萝卜。② 收割同一地里同一农作物的次数，相当于普通话量词"次"。如：韭菜割了三～。③ 磨出面粉过箩的遍数。如：这是头～货。

　　庹〔tʻo˧〕平伸两臂，从这只手的手指尖到另一只手的手指尖的距离，大约相当于五尺。如：这根绳子差不多有两～长。

□ [kʻaˇ] 大拇指指头和中指头（或食指头）之间的水平距离。如：～把长的棍子都瞧得起来（一点点长的棍子都很看重）。

路 [nəu˥] 用于成行的种植物，常儿化，相当于普通话量词"行"[xaŋˇ]。如：田里一～一～的棉花长得几□ [ɕyŋˇ]啊田里一行一行的棉花长得多茂盛啊！

子儿 [tsorˇ] 计算成条状的事物的数量，所计的量比"束"小，常用儿化形式，以说明量的少。若用于计算头发的量，则相当于普通话量词"缕"。如：一～头发。若用于计算其他事物的量，则没有对应的普通话量词。如：一～小麦（几根带麦秸的小麦的量）。

撮儿 [tsor˦] 用于计算成颗粒状或粉状事物的量，量偏小，即大拇指、食指、中指指头合拢所抓起的量。如：一～灰/一～小麦面/一～米。

丁点儿 [tin˧ tiər] 表示数量少，只能同数词"一"结合。如：一～么事他都瞧得起来一点点东西他都很看重。

虱眼儿 [sɛ˧ iər ˇ] 所计的量比"丁点儿"还要小，小到极限，只能同数词"一"结合。如：一～东西都想不到他的（说明"他"吝啬）。这个量词是比喻用法，在使用过程中，实际上有时计的量还比较大，但主观认为它小，所以常取贬义。

筒 [tʻuŋˇ] ①十个为一筒，用于计算可以叠放的圆形对象。如：一～碗/一～酒杯/一～饼子。②用于计算木材，树干锯成一截为一筒。如：一～料。由此引申、比喻，用来喻指小伙子。如：他们说我这么大一～，二三十岁，还当童子军。/按说呢，他倒也是牛高马壮一～柴了。

□ [tsʻo˥] 只限于和名词"纸"搭配，相当于普通话量词"摞"。如：一～纸。

爬 [pʻaˇ] 用于计算人和动物的排泄物如屎、尿、痰等的量。若为"屎、尿"，则相当于普通话量词"泡"，若为"痰"，则相当于普通话量词"口"。如：一～屎/一～尿/一～痰。

匹 [pʻiˇ] 用于计算扁状事物的数量，相当于普通话量词"片"、"根"。如：一～菜叶子/一～篾/一～椽子。

汪 [uaŋ˧] ①用于计算液态事物的数量，相当于普通话量词"滩"。如：一～水/一～血。②用于计算地上的种植物和非种植物，具有普通话量词"片"的部分职能。如：田里这一麦子长得格外□ [ɕyŋˇ]一些田里这一小片麦子长得特别茂盛/一～草皮。

刁 [tiau˦] 用于计算稻穗、麦穗等的数量，具有普通话量词"根"的部分职能。如：一～谷（一根谷穗）/一～麦子一根麦穗。

厢 [ɕiaŋ˦] 用于计算田地和种在田里的粮食、蔬菜等作物的数量，相当于普通话量词"畦"。如：一～田（一畦田）/一～麦子（一畦小麦）一～芝麻（一畦芝麻）。

高 [kau˦] 用于计算下雨、霜、雪的次数，相当于普通话量词"场"。也指收获物晒太阳的次数，相当于普通话量词"次"。如：今朝早晨打了好大一～霜啊今天早上降了好大一场霜啊！/今朝落的一～雨几及时啊今天下的一场雨多么及时啊！/谷只晒了两～日头谷子只晒了两次太阳。

刀 [tau˦] 用于计算某些成套的娱乐工具，只限于和数词"一"搭配，相当于普通话量词"副"。如：一～扑克/一～麻将，"刀"还作为计算纸张的单位（=100张），如：一～卫生纸/一～黄表纸。

第二，与普通话共有的物量词。

安陆方言中虽然有些物量词虽然与普通话所共有，但是在与名词的配合上，二者并不是一一对应的，有的是部分重合、部分相异，而有的则是完全相异。

乘 [tsʻən˨] 普通话里能跟"乘"配合的名词很少，《现代汉语八百词》（吕叔湘，1980）中只见"轿子"一例。安陆方言里，"乘"的适用范围要宽得多：①陆地上有轮子的运输工具。如：汽车、火车、拖拉机、摩托车等。②利用轮轴旋转的用具。如：水车、纺线车、织布机等。③其他用具。如：犁、耙、耖、梯子等，而这些名词在普通话里则分别用量词辆、列、架、张等计量。

坨 [tʻo˨] 用于成团状的东西，但在普通话里适用范围很窄，《现代汉语八百词》里只见"泥"一例。安陆方言里，"坨"的适用面要广得多。①可用于固体物计量，也可用于液体物计量，而这些在普通话里是论"团、块、点"的。如：他脸上溅了几～（点）血，滑稽得很/一～（团）毛线/案板上放了一～（块）精瘦的牛肉。②计算长成团的花、草之类的数量，相当于普通话量词"簇"的部分职能。如：一～～的樱花/一～杂草。

口 [kʻəu˨] 在普通话和安陆方言里，一些与口腔有关或有口的事物都可以论"口"，如气、话、牙齿、井、塘、锅、箱子、水缸、棺材等。但在普通话里有些论"块"的事物，安陆方言也可以论"口"，如：一～砖（一块砖）/一～瓦（一块瓦）。

石 [tan˧]、斗 [təu˩]、升 [ʂən˧] 这三个量词在普通话里只作为容量单位量词，如：一石谷/一斗麦子/五升高粱。在安陆方言中，除了用作容量单位量词外，还用来计算土地的面积，即十升为一斗，十斗为一石，与普通话面积单位量词"亩"的换算方式是：两斗为一亩，五亩为一石。

担 [tan˧] 和普通话一样，安陆方言里成担的东西可以论"担"，如：一～水/一～柴/一～粮食/一～棉花。不同的是，一些成对的用于肩挑的容器或装载工具，在普通话里常用"对"或"副"来计量，但在安陆方言里也可以用"担"，如：一～桶/一～箩筐/一～箢头。

封 [fuŋ˧] 用于装封套的东西。古代五十两银子叫做"一封"，但普通话里似乎只有"信、电报"才论"封"。安陆方言除此之外，某些纸包装物也可以用"封"来计量。如：一～糕（一盒糕点）/一～火柴（十盒火柴用纸包在一起为"一封"）。

桌 [tʂo˧]、把 [pa˩] 这两个量词在普通话和安陆方言中有些用法相同，如：一桌菜/一桌酒/一桌客/一把刀/一把米/一把劲。不同的是，安陆方言里，它们还可分别用来对"酒杯"和"筷子"等餐具计量：十个酒杯为"一桌"，十双筷子为"一把"。

架 [tɕia˧] 和普通话一样，安陆方言中也可用于对有支架的东西计量：一～飞机/一～马车。不同的是，安陆方言中还可用"架"来对"山"计量，相当于普通话量词"座"。如：一～大山。

头 [təu˩] 安陆方言和普通话一致的是都用"头"作为某些动物的计量单位：一～猪/一～牛/一～大象等。不同的是，安陆方言中"头"还兼有普通话量词"截"的部分职能，只限于和"半"搭配，如：说半～话/做半～事，还可兼具普通话量词"样"、"边"的部分职能，常省略后面的中心名词，只限于跟"一"搭配，如：这担土一～重一～轻（这一担土一边重一边轻）。

起 [tɕʰi˩] 普通话和安陆方言都可以指事情的一次或一件，即"件"、"次"义。如：发生了几～案子。还可用来指人的一批或一群，相当于量词"群"、"伙"。如：来了一～人/一～打打笑笑的人/分六～干活。不同的是，安陆方言的"起"还有"份"义，而且必须儿化。如：你的那一～儿我带回来了你的那一份我带回来了。它所表示的量视具体事物可大可小,是个集合量词。

(2) 安陆方言物量词的特点

通过与普通话相比较,我们发现安陆方言物量词在语义和语法搭配方面都有自己的特点。

第一,语义方面的特征:多义性与交叉性、近义性与差异性、具体性与模糊性。

多义性与交叉性:安陆方言物量词和普通话物量词词形相同,意义也有部分相同,但同时安陆方言还另有适用的对象和范围,呈现出有同有异的语义面貌。这里所说的多义性是指安陆方言物量词的语义与普通话相比具有多项意义,这些意义分别对应普通话的物量词;这里所说的交叉性是指安陆方言物量词和普通话相比有同有异,安陆话的物量词至少有一项意义与普通话相同,其余的意义相异。例如:

表 4-1-1　安陆方言中物量词与普通话中物量词用法比较

安陆方言	普通话	例　子	安陆方言	普通话	例　子
乘	乘	一~轿子	担	担	一~米
	架	一~飞机		对或副	一~水桶
	张	一~犁	起儿	起	一~事故
	辆	一~汽车		份	一户~儿
	列	一~火车	头	头	一~猪
口	口	一~气		截	半~话
	块	一~砖		样	图一~
				边	一~重

近义性与差异性:近义性指的是同一名词有时可以随意选用不同的量词,这些量词由于语义相近而形成同义量词义场,即理性意义相同。着眼于事物客观呈现的外在形状的量词来说,它们往往以具有该种外形特征的典型事物作参照物,有点状、线状、面状、块状、团状、口状、眼状、条状等。每一个形状量词里都有一个近义量词群。如"点"状量词群里的量词有"点、粒、颗、滴、坨、星……",安陆方言量词群和普通话量词群里的成员有时完全对等,有时则不完全对等:或者是安陆方言量词群里的成

员多于普通话量词群里的成员，或者是相反。我们以对同一事物"面（面粉）"的计量为例来说明：

安陆方言　　　　　　虱眼儿　丁点儿　撮儿　　把　　捧
普通话（△表缺项）　　△　　　点　　　△　　　把　　捧

这个对比说明，就同一事物不同级别的量所使用的物量词来看，安陆方言物量词的层级比普通话物量词的层级多。这说明安陆方言中至少有一部分物量词和同一名词搭配时分工更严密，但同时还存在着安陆方言量词群内的成员少于普通话量词群内成员的现象。我们以"条状"量词为例：

安陆方言　根线条棵杆枝　　　　△　　子儿　　把　抱　捆
普通话　　根棵株线丝条枝杆茎　　缕绺　束　　　把　抱　捆

在这个量词群中，普通话的层级比安陆方言的层级多一些，特别是第一层级。我们进一步还发现，安陆方言物量词与普通话物量词并不是完全对应，它们各自的层级具有一定的模糊性。像"缕"、"绺"和"束"之间的具体量很难截然分清，量越大二者越趋于一致。

差异性是说近义物量词的理性意义相同但附加成分不同，或者用法不同，或者与别的词的搭配关系不同，这些近义物量词之间存在着一定的差异性。主要表现在：

其一，着眼角度的差异。着眼角度的不同即强调点不同。例如"中药"，普通话中可以选用量词"贴"或"服"，"贴"着眼于外敷，"服"侧重于内服。安陆方言一般用量词"服"。又如"水桶"，普通话选用"副"或"对"，而安陆方言选用"担"，是因为普通话着眼于水桶的成套使用这一角度，而安陆方言则着眼于担水桶的动作这一角度。

其二，附加特征的差异。在主要语义特征相同的条件下，次要的附加语义特征有所不同。例如"员"、"名"、"个"、"位"、"号"，都可以和人组合，如：一员大将/一名将军/一位将军/一个将军/那号人。用"位"是尊称，有褒奖的附加意义；用"员"文言色彩浓；用"名"书面色彩浓；用"个"最为普通，为一般口语；"号"有贬义。一般说来，安陆方言多用"个"而少用"名"、"员"、"位"、"号"，"个"较少显示量词的附加特征，因而它的使用范围更广。

具体性与模糊性：汉语的物量词多取事物的形状、作用或名称表量，如"颗"在《说文》里指"小头"，它借作量词后，计量形状"小而圆"的东西。普通话和安陆方言都沿袭了这种用法，有平面的东西论"张"或

"片",方形而有体积的东西论"块",杆形的东西论"枝"等,这是汉语物量词特有的形象作用。但事物是千姿百态的,不同的事物可能有相同或类似的形状特征,所以几种不同的事物可以与同一个量词配合。例如"泥巴",因为成坨状,安陆方言和普通话都论"坨"。但是,"鼻子鼻涕、血、瘦肉、杂草、樱花、毛线"等就不同了。普通话里因为"鼻子鼻涕、血"等是液体物质,所以用"点、滴"来计量,"瘦肉"却论"块",堆积成团的"杂草、樱花"等论"簇",成团状的毛线论"团"。而安陆方言里却取人们的视觉形象一律都论"坨"。因此,安陆方言和普通话的物量词在词形、词义和适用范围等方面不可能完全相同。一方面它保留了量词具体形象的意义,另一方面又可以和不同的若干名词组合,笼统地计量称说,因而,安陆方言物量词在语义方面表现出具体性与模糊性的特征。

第二,语法搭配方面的特点。

安陆方言物量词与名词的搭配关系不是任意的。物量词要进入句子,成为一个句子成分,必须和数词组合,再来修饰名词。普通话和安陆方言都是如此,即同一个名词可以选用不同的量词,这些量词由于语义相近而形成同义量词场。如"条"状量词:

安陆方言　　根线条棵杆枝
普通话　　　根线条棵杆枝株丝茎

凡"条"状语义的名词都可以选用这些量词,"点"状或"团"状的名词则不能选择这些量词,这就给量词和名词的搭配提供了可能性。然而,安陆方言和普通话的同义量词场内的量词数量是不等的。从上面的比较中我们可以看出,普通话的"条"状量词"株、丝、茎"相对于安陆方言而言附加特征有差异(关于附加特征的差异这一点,上文已经讨论过)。另一方面,同一个名词可以选用不同的同义量词,到底和哪一个量词搭配,要看具体的语言环境。例如:

草:根棵把抱捆担汪(片)　　饭:餐顿口坨桌
筷子:根枝双把　　　　　　人:个伙帮(子)路批家代辈

"草"到底选用哪一个量词,要看它具体所要表达的量是多少:当要表达最小的量时,选择"根"或"棵";当要表达一只手能握住的"草"时,用量词"把",其余依此类推。这说明"名词和量词搭配的时候,只有当名词的语义和量词的语义一致的时候才有搭配的可能性"(邵敬敏,1993)。

(3) 安陆方言物量词与普通话物量词存在差异的原因

安陆方言物量词和普通话物量词在语义特征和语法搭配方面之所以出现差异，根据初步的考察，大致有以下两个方面的原因。

第一，对古汉语的继承和发展不完全一致。

普通话和安陆方言的物量词都有不少是从古汉语继承下来的，但是由于历史的变迁，出现了如下两种变化情况，这成为安陆方言与普通话物量词存在差异的一个重要原因。

一是古汉语的一些量词，有的在安陆方言里还保留着，在普通话里却已经改变或消失了。例如"乘"，古时一车四马叫"乘[ʂəŋ˩]"，发展到现在安陆方言念[tʂʻn˩]。普通话里，能跟"乘"配合的名词很少，但在安陆方言中它作为量词还非常活跃，凡是车辆都用"乘"计量，如汽车、火车、摩托车、拖拉机、自行车、马车、板车等，这些名词虽然现在也用"辆"来计量，但多是受普通话的影响，老百姓口语中还是多用"乘"。后来发展到利用轮轴旋转或外力耕作的用具也用"乘"计量，如：纺线车、织布机、风车、水车、犁、耙、耖子等。最后引申到木制支架型的东西也用"乘"计量，如：梯子、床等。

二是古汉语遗留的一些量词，安陆方言与普通话都在普遍使用，而且是同形同义，但使用对象、范围并不相同。最典型的是量词"个"和"只"。"'个'在《说文》里用作'竹'的计量单位，后来逐渐扩大到鸟类、兽类以及一些无生命的事物，今天普通话中'个'的使用范围进一步扩大。"（黎伟杰，1993）安陆方言"个"的使用范围远远超出普通话的使用范围，如普通话用"颗"计量的"珠子、宝石、沙子、葡萄、种子、瓜子、牙齿、图章、冰雹、钉子、地雷、子弹、炸弹、手榴弹、星星、心、露珠、汗珠"等，在安陆方言里除少数几个词不能用"个"计量外，其余的都能用"个"计量。"只"的本义是"手持一鸟"，后来逐渐扩大到兽类及无生命之物。然而在安陆方言中，能用"只"计量的，多可用"个"计量。笔者对吕叔湘主编的《现代汉语八百词》附录的"名词·量词配合表"做了一个粗略的统计，该表共收录名词439条，其中能与"个"配合的有160条，如果换用安陆方言的说法，表列的439条名词中，可以用"个"字的有230条。由此可见，虽然"个"和"只"都是古汉语的遗留，但在现代汉语各地方言中的发展变化情况并不一样。安陆方言"个"的使用范围远比普通话广泛、自由，而安陆方言的"只"则不如"个"那样广泛地通用。

第二，特有的民俗文化的影响。

物量词因其意义有具体形象的特点，而物量词形象意义的产生要受到民俗民情、生活方式、宗教文化等社会因素的制约，因而呈现出种种不同的情况。比如量词"条"，可以说一条鱼/一条狗，而不说一条人，但可以说一条命/两条人命/一条汉子。究其原因，很大程度上取决于社会成员之间的约定俗成。这正如萨丕尔所言，"现实世界在很大程度上是不知不觉地根据人类集团的语言习惯建立起来的"（引自刘守华，1992）。因此，不同方言的物量词和同一名词搭配时有很大的差异。例如，对同一名词的计量，湖北省的一些方言点所使用的量词就各不相同：

表 4-1-2　安陆方言使用的量词与湖北省其他地方方言使用的量词比较

	安陆	武穴	通城	通山	红安	石首	仙桃	巴东	监利	丹江口
桥	个、座	个、座	座	座	道	座、架	座、拱	个、架	个	座
猪	头、个	头	只	只	口	根	只	个	口	条
羊	只、个	只、个	条	头	头	个、只	个、头	个	个、头	个
鱼	条、个	条、个	只	只	尾	个、尾	个	个、尾	只	条
车	乘	辆	乘	乘	台	架	乘	个	个	乘

为什么"桥"可以用"座"、"个"、"道"、"架"、"拱"等不同的量词来计量呢？这是源于不同方言区的人们对其观察角度和命名角度的差异："座"源于桥的位置的角度；"道"源于道路的角度；"架"源于架桥的动作；"拱"源于桥的拱状外形的描述；"个"源于整体个数的计量。诸如此类的不同量词大约都是种约定俗成的语言习惯。

（七）指代

指代即指示、称代。安陆方言表示指示、称代的词呈系统分布，跟普通话一样分三个子系统，即人称代词、指示代词和疑问代词。下面描写这三个子系统及其用法。

1. 人称代词系统及其用法

（1）人称代词系统

第一人称代词：我（单数）、我们（复数）、人家（单数）、别个（单数）。

第二人称代词：你（单数）、你们（复数）、你老儿（尊称，单数）、你老儿们（尊称，复数）。

第三人称代词：他、她、它（单数）、他们（复数）、他老儿（尊称，单数）、他老儿们（尊称，复数）。

其他人称代词：自家、自己——复称

别个（别人）、人家——别称

大家——总称

安陆方言里三套人称代词的单数和复数跟普通话一样，复数是在单数后加"们"表示。第二人称的尊称"你老儿"用于面称，第三人称的尊称"他老儿"用于背后尊称。"人家"、"别个"既是三身代词之外的表示"别称"的人称代词，也是用于表示第一人称的代词。

（2）人称代词的用法

第一，第一、二、三人称代词。

第一、二、三人称代词都可以在句中作主语、宾语、定语。例如：

1）我从来不把我们之间的事说得别个听。

2）我们的乜₁这个事儿谈得像么样欤？

3）我们不想到他的屋里去，一点儿都不好玩。

4）他□［tʂɥɛ˅］骂我们我们才打他的哟。

5）你莫把我们的黄豆收起走了。你别把我们的黄豆没收了。

6）人家［ka˧］欠想念不过才来看你的哟，一点儿都不领情。

7）别个不想吃，你硬是栽得别个吃，闲死人的。我不想吃，你硬是强迫我吃，讨厌死了。

8）别个屋里忙是死，哪有工夫陪你们玩哟。

9）他眨个眼睛就跑得五远八远的。

10）他到恁₁咱儿［nin˧ tsər˅］还冇来，巴儿是堵车了。他到现在还没有来，可能是堵车了。

11）你老儿的身体还好哟？

12）乜₁这是他老儿的衣裳。

13）你问他老儿，他老儿晓得的。

14）要我说唡，你老儿就莫操乜₂那些闲心，紧他们出去闯下。

"人家［ka˧］"、"别个"只作第一人称单数，带有某种感情色彩，如嗔怪、不耐烦等。如例6）有嗔怪之意，例7）有不满、责备之意，例8）有不耐烦之意。而且"人家［ka↓］"、"别个"往往不作第一人称用复数。

第二，其他人称代词。

复称代词"自家［ka↓］"、"自己"跟第一、二、三人称代词一起构成复指短语，复指短语充当句子的主语、宾语和定语，复称代词也可以单独充当句子的主语、宾语和定语。别称代词"别个"、"人家［ka↓］"本身可以是单数，也可以是复数，在句子中充当主语、宾语、定语。总称代词"大家"是复数，在句子中充当主语、宾语、定语。例如：

1) 我自家［ka↓］吃，不要你喂。
2) 我们自己都顾不了，还能顾哪个嘞。
3) 今年的糯米留到自己吃，不卖。
4) 你自家［ka↓］不晓得自家的身体啊，还去逗能做。
5) 自家［ka↓］的屁股流鲜血还跟别个诊痔疮。
6) 他自己的爷妈爹妈都管不了，哪个还管得了他嘞。
7) 莫尽让别个看得巧。
8) 别个要说尽让他去说。
9) 别个不晓得，你还不晓得？我就只有㐅₁这点儿钱。
10) 别个屋里哈都去了，你怎么还在喏₁儿这儿欨？
11) 你光说别个，怎么不说你自家［ka↓］嘞？
12) 你说人家［ka↓］人家［ka↓］又听不倒，有么用呢？
13) 村长召集大家开会。
14) 大家莫着急，大家的钱会用到大家的头上的。

2. 指示代词系统及其用法

第一，指示代词系统。

安陆方言的指示代词是二分的。近指和远指同形不同调：近指词主要用"㐅［niɛ］"，还有"喏［no］"、"恁［nin］"，都是阴去˥调，远指也用"㐅［niɛ］"，还有"喏［no］"、"恁［nin］"，但都是阳去˨˩调。

近指		远指	
安陆方言	普通话	安陆方言	普通话
㐅₁［niɛ˥]	这	㐅₂［niɛ˨˩]	那
㐅₁个［niɛ˥·ko]	这个	㐅₂个［niɛ˨˩·ko]	那个
㐅₁么［niɛ˥·mo]	这么	㐅₂么［niɛ˨˩·mo]	那么

嗻₁儿 [noɻ˥]	这儿	嗻₂儿 [noɻ˥]	那儿
乜₁里 [niɛ˥ ·ni]	这里	乜₂里 [niɛ˥ ·ni]	那里
□□儿 [niaɻ ɻəx]	这里	□□儿 [niaɻ ɻəx]	那里
嗻₁伙儿 [noɻ xuəɻ]	这里	嗻₂伙儿 [noɻ xuəɻ]	那里
乜₁个场儿 [niɛ˥ ko ·tʂʅɻ]	这个地方	乜₂个场儿 [niɛ˥ ko ·tʂʅɻ]	那个地方
恁₁咱儿 [nin˥ tsəɻ]	这会儿	恁₂咱儿 [nin˥ tsəɻ]	那会儿
乜₁些儿 [niɛ˥ ɕiəɻ]	这些	乜₂些儿 [niɛ˥ ɕiəɻ]	那些
乜₁点儿 [niɛ˥ tiəɻ]	这点	乜₂点儿 [niɛ˥ tiəɻ]	那点
乜₁个家 [niɛ˥ koɻ ·tɕia]	这种	乜₂个家 [niɛ˥ ko ·tɕia]	那种
乜₁样儿 [niɛ˥ iəɻ]	这样	乜₂样儿 [niɛ˥ iəɻ]	那样

成套系统之外的指示代词有：每、各、某、本、另、别的、别么事（别的）、其他、其余等。

第二，指示代词的用法。

一是"乜₁"和"乜₂"的用法。

(1) 单用的近指代词"乜₁"和远指代词"乜₂"可以直接起指代作用，既用于指人，也用于指物。例如：

1) 乜₁是我的舅爷，乜₂是我的姨爷。这是我的舅舅，那是我的姨父。

2) 乜₁是金林的衣裳，乜₂我的衣裳。

(2) "乜₁"、"乜₂"表示程度，修饰形容词。例如：

1) 你怎么乜₁好哦，帮我把东西哈都搬进来了。

2) 甲：你把乜₁碗饭吃了它。

　乙：乜₂多！你要把我胀死了他啦？那么多！你想把我胀死？

(3) "乜₁"、"乜₂"的语法功能。

"乜₁"可作主语，也可作宾语（一般辅以手势）。而"乜₂"只作主语，不作宾语。例如：

1) 我要是哄了你，我就是个乜₁（说话者竖起小手指）。

单用的"乜₁"、"乜₂"一般不作定语，只在"乜₁"、"乜₂"对举使用时才作定语。如果要用指示代词作定语，就必须用合成式的指示代词"乜₁个"、"乜₂个"或者说是"指示代词＋量词"的形式。例如：

2) 我总是冇得空去看你啰！不是乜₁事儿就是乜₂事儿。

3) 乜₂个事儿放在我心里得，你莫着急！

4) 千不该万不该你不该把乜₂本书借得他。你真不应该把那本书借给他。

(4)"乜₁"和"乜₂"用在篇章里的时候，可以回指，而且语义是确定的。不同的是，"乜₂"还可以是虚指，大概"乜₂"是远指代词的缘故。例如：

1) 甲：你把包里的东西清下吵！你把包里的东西整理一下吧！

　　乙：乜₂哪，好说！

2) 甲：莫紧在喏₂儿站倒，帮忙把东西逞往屋里捡吵！别总在那儿站着，帮忙把东西往屋里捡吧！

　　乙：捡乜₁哪？

　　甲：是的，快点！要落雨了！

3) 甲：听说最近你很赚了一点钱，能不能借两个我用下欸？

　　乙：乜₂哪，谈都不谈。

二是"乜₁么"、"乜₂么"的用法。

"乜₁么"和"乜₂么"主要用作形容词修饰语，表示程度，它们和形容词构成的短语，在句中充当主语、谓语、宾语、定语、状语、补语。例如：

1) 乜₁么/乜₂么狠做□[mɛv]什么？哪个怕你啦！这么/那么凶干什么？谁怕你呀！

2) 他乜₁个人乜₂么好，哪个都愿意跟他玩。

3) 他的伢确实是有乜₂么聪明，埋儿埋儿每次考试打一百分。

4) 乜₂么好的人得了癌症，真是可惜得啰！

5) 乜₁个竿子竹竿乜₁么长还不够啊？

6) 哎哟，几年冇看倒，伢都长得乜₁么大啦？

"乜₁么"、"乜₂么"充当修饰语表示程度时与"乜₁"、"乜₂"是等值的，它们可以互换而意思不变，上例都可以换成"乜₁"和"乜₂"。

三是表示处所的指示代词。

安陆方言里，表示处所的指示代词有五套属于同义系列，在句子中可以互相替换。不过，这五套表示处所的指示代词的读音不同：其中乜₁、乜₂的读音受后一音节的影响而发生了变化，如："喏₁儿"、"喏₂儿"、"□□儿[nia˧xər]（这里）"、"□□儿[nia˧xər]（那里）"、"喏₁伙儿"、"喏₂伙儿"。但是，不管读音怎么变，在同一套指示代词中，近指、远指的声母、韵母总是相同，近指、远指的对立仍然依赖声调的变化。

处所指示代词的语法功能，包括：

其一，可以直接放在人称代词或名词后面，表示处所。例如：

1) 我们喏₁儿冇得你要找的乜₂个人。我们这儿没有你要找的那个人。

2) 乜₂棵树喏₂儿好像有个人站了得。那棵树那里好像站着一个人。

3) 他们乜₂个场儿的人几拐哟，动不动就打架。他们那里的人真坏呀，动不动就打架。

其二，充当主语、宾语、定语、状语。例如：

1) 喏₁儿蛮宽敞，砌三间屋还有多的。这儿很宽敞，盖三间房子还有多余的。

2) 我们三个小时以内可以走到喏₂儿。

3) 他们喏₂儿的屋哈都破破烂烂，冇得一间像样。

4) 你在喏₂儿多住些时，跟她做个伴。

四是表示时间的指示代词。

"恁₁咱儿"、"恁₂咱儿"用来指代时间，相当于普通话的"这时"、"那时"或"这会儿"、"那会儿"或"这阵子"、"那阵子"等，既可指代时点，又可指代时段，在句中充当主语、宾语、状语。例如：

1) 恁₁咱儿几点嘞？——只怕转了钟哦。现在几点？——可能凌晨转钟了。

2) 到恁₂咱儿，只怕我们都死得骨头打鼓响了。到那时，恐怕我们早都死了。

3) 她恁₂咱儿只会哭，么事都不晓得搞。她那时只会哭，什么都不知道做。

4) 往常恁₂咱儿的人几造孽啰！吃又冇得吃的，穿又冇得穿的。恁₁咱儿的人几快活嘞！不纺线，不织布，不做鞋，照样有穿的。过去那时候的人真可怜啊！吃又没有吃的，穿又没有穿的。现在的人多快活！不纺线，不织布，不做鞋，照样有穿的。

五是表示数量的指示代词。

安陆方言里，表示数量的指示代词有三套："乜₁些儿"、"乜₂些儿"；"乜₁点儿"、"乜₂点儿"；"乜₁个家"、"乜₂个家"。它们分别表示普通话里的多数、少数和种类，在句中充当主语、宾语、定语的是"乜₁些儿"、"乜₂些儿"；"乜₁点儿"、"乜₂点儿"。"乜₁个家"、"乜₂个家"不作定语，只作主语和宾语，而普通话里，"这一种或这种"与"那一种或那种"是可以作定语的。例如：

1) 乜₁些儿是他的，乜₂些儿是你的。

2）我给你的钱就剩下乜₁点儿啊？

3）乜₁点儿小事儿难不倒我。

4）你说的乜₂个家我怎么不晓得嘞？

5）我要的是乜₁个家，不是乜₂个家。

六是表示方式的指示代词。

"乜₁样儿"和"乜₂样儿"主要用来指代动作行为的方式，以修饰动词为主，有时也可用来替代事物或动作行为的某种状态。它们的语法功能主要有两个方面：

其一，用在动词前，表示动作行为的方式，充当状语。例如：

1）吃饭要乜₁样儿吃，免得饭哈都撒得地下去了。

2）你乜₂样儿跑跑不赢他的。你如果那样跑是跑不赢他的。

其二，替代事物或动作行为的某种方式、状态，可以充当主语、谓语、宾语、定语、补语等。例如：

1）直嘎长期乜₁样儿不行嘞，应该调个门儿。长期这样不行，应该换一个方法。

2）你先乜₁样儿着。你先就这么着吧！

3）他啰，怎么变成乜₂样儿，搞得我们都不认得他了。他怎么变成那样，变得我们都不认识他了。

4）他乜₂样儿的人你们哈都莫觉他，尽让他一个人在喏₂儿。他那样的人你们都别理他，让他一个人在那儿。

5）你看啰，他的嘴巴里烂得乜₂样儿他还在吃大椒。你看，他的嘴里烂成那样他还在吃辣椒。

七是成套系统之外的指示代词。

每、各、某、本、另、别的、别么事别的、其他、其余等。

1）各人拿各人的东西。

2）别的有得嘿，酒总有喝的吵。

3）还有啊别么事要说的耶？

八是安陆方言的"更远指"。

安陆方言的"更远指"不用一个特定的词来表示，而是通过参照点来实现的，即必须在一定的语言环境中有听话人这一参照点，形成"面指"

和"背指",指明更远处的人或物(张邱林,1989)。所谓"面指",是所指对象说话时听话人看得见,或者说话当时看不见但曾经看见过,因而交际时双方心里都明白具体所指的是哪里。表达"更远指"时面指有两种方式:一是"看得见的参照点+那儿(辅以手势)";二是"看不见但交际双方了然于心的参照点+那儿"。例如:

1) 甲:今<u>朝</u>来的人还蛮多啊!站<u>在</u>乜₂棵树(手指向树)喏₂儿的女伢<u>女孩</u>是哪个嘞?

   乙:乜₂个啊,她是我的同事。

   甲:怎么冇看到你的屋里的那个人呢?<u>怎么没有看到你的妻子呢?</u>

   乙:欸,<u>你</u>不晓得,我们喏₂儿在修加油站,她在喏₂儿负个责,简直忙得脚不沾地儿。

甲第一次问乙的时候用的参照点是双方都看得见的"树",并配合手势,听话者乙明白甲具体所指的是谁,交际成功。乙第二次回答甲的问话时用了两次远指代词,指代甲看不见的地方,乙用的参照点是"他家",甲明白乙具体所指的地方,所以交际成功。

所谓"背指",是所指对象说话时听话人看不见但了然于心,或者是看不见而且未曾了然于心。表达"更远指"时背指也有两种方式:一是"看不见但交际双方了然于心的参照点+那儿";二是"看不见且听话人未了然于心的参照点+那儿"。例如:

2) 甲:王师傅喏₂儿缺人,<u>你</u>是不是派几个人过去帮下他嘞!

   乙:哎哟,乜₁两天我的事都做不完。李光明喏₂儿的事我都压了得<u>拖着</u>,实在冇得人。

   甲:那你到刘宗德喏₂儿去问<u>下</u>有不有人。

   乙:刘宗德是哪个嘞?

   甲:他是我的一个远房亲戚。<u>你</u>一说我的名字他就晓得的。

在甲乙双方的对话中,甲说的"王师傅"是交际双方看不见但了然于心的参照点。乙提到的"李光明"也属于交际双方看不见但了然于心的参照点。甲说的"刘宗德"是乙看不见而且不熟悉的一个参照点,乙就要进一步追问这个参照点的情况,要求甲回答。所以表达"更远指"时尽管看不见或听话人不了解参照点的情况用背指的方式,也不影响交际的顺利进行。两种背指方式的区别在于用第二种方式"看不见且听话人未了然于心的参照点＋那儿"时必须有后续句出现，如例2)中乙问的"刘宗德是哪个嘞?"，就是后续句，是乙不明白的参照点，所以甲针对乙的问话作出解释，否则就达不到交际的目的。

3. 疑问代词系统及其用法

(1) 疑问代词系统

问人：哪个谁、哪些人（复数）；

问事：□[mεv]什么、么事什么、哪些事（复数）；

问处所：哪儿、哪个场儿；

问时间：几咱儿、几大哈[xav]儿；

问数量：几、几多；

问动作：怎么、么样儿；

问性状：么样儿；

问程度：几。

(2) 疑问代词的用法

问人的疑问代词指人，在句中作主语、宾语、定语。例如：

1) 哪个说的耶?

2) 哪些人在喏₂儿那儿闹欤?

3) 他们是哪个屋里的亲戚耶?

4) 哪些人的工资发了欤?

问事的疑问代词指事，在句子中作主语、宾语、定语。例如：

5) 隔壁里是么事在叫欤?

6) 你晓得么事哦?他们哈都瞒了你得。

7) 问乜₁[nieㄱ]这多搞□[mεv]什么嘞?

8) 哪些事是他做的耶?

9) 书哈都堆在喏₂儿那儿得。还有哪些事要搞欤?

10) 么样儿?你想搞下啊?哪个怕你啦?

(八) 性状

安陆方言里表示性状的形容词主要用来表示程度和状态，下面也主要从这两个方面加以描述。

1. 形容词的程度表示法

安陆方言里形容词表示程度主要通过重叠或加语缀的方式，重叠表示程度跟普通话是一致的，而通过加语缀的方式表示程度则是极具方言特色的语言现象。

（1）形容词重叠表示程度

第一，单音节形容词重叠 AA 表示程度。

单音节形容词重叠的格式是 AA，使用时后带"的"。如：

高高的、黑黑的、浓浓的、长长的、轻轻的、饱饱的、矮矮的

第二，双音节形容词重叠 AABB 表示程度。

A 组：白白净净、干干净净、自自然然

B 组：空空荡荡、稀稀拉拉、松松垮垮

A 组的形容词是可以单用的双音节形容词 AB，重叠式 AABB 表示程度加深，跟普通话一样有"很"、"非常"的意思。B 组的形容词不重叠时 AB 不能单用，一般只用 AABB 重叠式，表示的程度是"有一点、稍微"。

第三，其他形式的形容词表示程度。

安陆方言里，还有少数形容词以其特殊的重叠形式表示程度稍深的意思，有 A 唔 A、A 唔 AB、A 个 AB、A 里 AB、ABA 等。例如：

早唔早、黑唔黑草、白个白净、小里小气、急忙急

（2）形容词加前缀表示程度

安陆方言里，"蜡糊"、"碰香"一类的形容词表示程度深，我们称为 BA 式形容词，其中以 A 代表其中的形容词词根，以 B 代表其中的前缀。BA 式是安陆方言中常见的一种形容词生动形式，表示程度相当高。如"铁像、卡白、生疼、瘪淡、肮臭、肮苦、碰香、黢黑、蜡黄、蜡糊、嘣干、焦干、崭新、死懒、切湿、稀烂、飞快、滚烫、冰冷、干咸"。

第一，BA 式形容词的构成形式及其语义。

安陆方言里，BA 式形容词的词根一般是形容词性的。为了清楚地说明 BA 式形容词的构成形式，我们根据 B 所表示的语义，将它们分为两类：

B 的意义抽象，程度意义明显，形象色彩模糊。常见的这一类状态形容词有"稀烂、卡白、切湿、黢黑、瘪淡、肮臭、肮苦"等。其中的 B 没有词汇意义，B 和 A 之间的联系没有理据，书写时都是借字记音，表示程度很高，相当于"很"、"非常"。所以，从语法性质上看，B 具有共同的类

化意义，都可以按程度副词来对待。

B有词汇意义，往往表示事物或动作的性状，形容A的程度很高，整个BA式可以按"非常A"的模式理解。这一类常见的有"飞快、滚烫、冰冷、蜡黄、焦干、蜡糊"等。其中的B除了表示程度很高以外，还可以表示性状，因为每一个特定的B都具有独特的形象色彩，能唤起人们对某一特定形象的联想。如"滚烫"的"滚"等，它的语义极为显豁，能让人们联想到开水的翻滚状态。同样，"蜡黄"的"蜡"，让人联想到人的脸色不好，像蜡一样没有血色，呈现出一种灰白的病态。当然，这一类中B的语义清晰度还是有差别的。像"飞、滚、冰、蜡"等，它们的语义极为显豁，而"焦"的语义则相对模糊一些，因而"蜡黄"等词的形象色彩比"焦干"要鲜明得多。

第二，BA式形容词的语法性质。

BA式形容词属于状态形容词，不能受程度副词和否定副词的修饰。可以充当句子的谓语、定语和补语。例如：

1) 他的脸蜡黄，怕不是有病啰？（谓语）
2) 屋里黢黑，又不点个灯。（谓语）
3) 我拉倒他冰冷的手劝他莫伤心。（定语）
4) 滚烫的开水泼到他的脚高头，痛得他跳倒脚直叫。（定语）
5) 衣裳都打得切湿噢，怎么不打个伞嘞？（补语）
6) 把个鸡子炖得稀烂，叫人怎么吃欸？（补语）

BA式状态形容词形容程度很高，故不再受程度副词修饰。但它本身可以按BABA式重叠，所表示的程度比BA式还要高，重叠以后带"的"入句，作谓语、补语。例如：

7) 她的手冰冷冰冷的，像个生铁。
8) 他的脸蜡黄蜡黄的，只怕要去看医生啰。
9) 他跑得飞快飞快的，哪个都撵不上他。
10) 黄豆晒得焦干焦干的，不用再晒了。

部分BA式状态形容词中间还可以加入其他的音节，尤其是第一类，加入其他的音节后表示程度很高很高。如：

切湿→切切大湿　　黢黑→黢黢大黑　　稀烂→稀巴烂、稀狗烂
嘣干→嘣嘣子干、嘣嘣大干　　焦干→焦焦子干　　千咸→千麻子大咸

(3) 形容词加后缀"流了（的）"表示程度

这种格式往往用后缀"流了（的）"来补充说明状态形容词的程度，而且只限于状态形容词。相当于普通话中用程度副词"很"或"极"直接粘合在状态形容词的后面。例如：

1）他神气流了的。他神气极了。

2）他简直造孽流了。他简直可怜极了。

3）她打扮得清爽流了的。她打扮得清爽极了。

4）他们两个人简直亲热流了。他们两个人简直亲热极了。

5）他这个冬季快活流了。他这个冬天快活极了。

6）他身上□□［nai˧ tɛ˩］脏流了。他身上脏极了。

"神气、清爽、亲热、快活、□□［nai˧ tɛ˩］脏、造孽可怜或辛苦"跟"流"结合，表示这种状态的程度，有"很、极"的附加意义，相当于普通话形容词的重叠形式 AABB 式或 ABB 式。在普通话中，往往是用形容词的重叠形式来表示其程度。上面的例子可以这样表达：

1）她打扮得清清爽爽的。

2）他们两个人亲亲热热的。

3）他这个冬天快快乐乐的。

4）他身上脏兮兮的。

5）他可怜兮兮的。

(4) 形容词长音后补结构表示程度

安陆方言里表示程度时还可以在形容词后面加一个形容词作补语，而且作补语的形容词必须念得重而长，约相当于两个音节的时值，表示程度极深，具有夸张的色彩和极强的描绘作用。而且必须出现助词"了"，来补充说明已然的状态。例如：

1）李子红□［ɕin˧］了。李子的颜色红极了。

2）他简直能□［sai˧］了。他简直得意极了。

3）霉豆腐臭烘了。霉豆腐臭烘烘的。

4）乜这些豆子干嘣了。这些豆子干嘣的。

5）商店里冷清了。商店里很冷冷清清的。

6）盆里的水冷冰了。盆里的水冷冰冰的。

这种格式相当于普通话的副词"极"直接组合在形容词的后面或者是

形容词的重叠式 AABB 或 ABB 所表示的程度深的附加意义。这种长音后补结构不仅补充说明形容词的程度极深，而且可以补充说明名词或动词的程度深。例如：

1）雪地里白晃了。雪地里白得耀眼。
2）软饼煎得黄□［niaŋ˧］了。软饼煎得黄灿灿的。
3）麻油香喷了。麻油香喷喷的。
4）他屋里的鸡子肉陀了。他家里的鸡肥嘟嘟的。
5）教室里吵吼了。教室里闹哄哄的。

这些长音结构有的不能移到前边作状语，有的能移到前边作状语。当这些长音后补结构移到前边作状语的时候，它的读音不再延长，而且不需要助词"了"。例如：

1）乇这些霉豆腐臭烘了。→这些霉豆腐烘臭。
2）乇这些豆子干嘣了。→这些豆子嘣干。
3）盆里的水冷冰了。→盆里的水冰冷。
4）麻油香喷了。→麻油喷香。
5）她的脸红通了。→她的脸通红。
6）屋子里黑黢［tɕʰəu˧］了。→屋子里黢黑。
7）菜简直淡瘪了。→菜简直瘪淡。

2. 形容词的状态表示法

（1）ABB 式形容词表示状态

ABB 式形容词是指由单音节词根"A"后附双音叠音后缀"BB"构成的形容词。如"大辣辣"、"汗渐渐"等。通常情况下 ABB 式形容词要后带"的"表示处于某种状态，才能进入句子，单独不能进入句子。

第一，ABB 式形容词的词根和词缀。

ABB 式形容词中的词根 A 是形容词。如：

大辣辣	脆嘣嘣	齐陡陡	硬救救	软塌塌	湿润润	湿假假
轻飘飘	红通通	胖笃笃	稳咄咄	光溜溜	灰溜溜	蔫妥妥
慢吞吞	皱巴巴	圆鼓鼓	亮堂堂	矮凿凿	干巴巴	酸唧唧
懒洋洋	乱糟糟	乱哄哄	空荡荡	孤零零	孤单单	阴沉沉
直统统	绿垮垮	明晃晃	黑黢黢			

ABB 式形容词中的词根 A 为名词。如：

毛乎乎　气鼓鼓　气昂昂　嘴凿凿　心够够　火辣辣　水灵灵
水滴滴　水淋淋　眼巴巴　灰蒙蒙　汗渐渐　雨渐渐　油滴滴

ABB式形容词中的词根A是动词，这一类型的比较少。如：

笑嘻嘻　羞答答

ABB式形容词中的叠音后缀BB的作用主要是在词根A的基础上增加形象色彩。有的BB有一定的理性意义，它们所表示的形象色彩比较明显。如"气鼓鼓"、"水滴滴"、"软塌塌"等。有的BB意义完全虚化，语义非常模糊，只表示色彩意义。如"皱巴巴"、"大辣辣"、"心够够"等。正因为BB的意义虚化，所以同一词根加上不同的叠音后缀，其色彩意义往往不同：如"水灵灵"、"水滴滴"、"水淋淋"这三个词的形象色彩因其后缀的不同而不同。"水灵灵"指人或植物水分足，非常鲜嫩；"水滴滴"指某物呈现出滴水的状态；"水淋淋"指某物呈现出淋水的状态，物体上所附的水珠要比"水滴滴"所呈现的小得多。

第二，词根A和叠音后缀BB的组合特征。

ABB式状态形容词里的词根A与叠音后缀BB的组合有两个显著的特征：

其一，组合面窄。也就是说，安陆方言里，ABB式状态形容词的叠音后缀与词根A的结合缺乏普遍性，绝大多数后缀BB只能跟一个或一两个词根组合。例如，"辣辣"也只是跟两个词根组合，构成"大辣辣"、"火辣辣"。同样，"渐渐"也只跟两个词根组合，构成"雨渐渐"、"汗渐渐"。一般的叠音后缀BB只跟一个词根组合。

其二，具有任意性。绝大多数ABB式形容词中，词根A与叠音后缀的搭配缺乏语法规则的强制性制约。某一个词根A，可以与哪个或哪些词缀组合，往往是方言区人们的习惯性选择，没有理据性，这也印证了吕叔湘先生的论断"单音节形容词A与后缀BB的搭配是习惯性的"。例如"大辣辣"，是形容一个人大大咧咧不拘礼节的样子。为什么是"大"和"辣辣"组合而不是别的词根和"辣辣"组合表示这个意思呢？无从考证。

第三，ABB式状态形容词的句法功能。

ABB式形容词只有后附"的"构成"ABB的"的形式才能进入句子，做谓语、状语或补语。当"ABB的"处在句子末尾的时候，"的"可看作词尾成分；当"ABB的"做定语的时候，仍写作"的"；当"ABB的"作状语的时候，写作"地"，这时可以不把"的"看作词尾成分。ABB 式形容词作句子的谓语、定语、状语、补语。例如：

1) 衣裳水滴滴的，又不晓得揪干一点儿。衣裳水滴滴的，又不知道拧干一点儿。（谓语）

2) 他乜这个人大辣辣的，总不晓得替别个着想。他这个人大大咧咧的，总是不知道替别人着想。（谓语）

3) 雨淅淅的天道，跑出去搞嗯？雨淅淅的天，跑出去干什么？（定语）

4) 看他那个蔫妥妥的样子，事情肯定有办好。（定语）

5) 他干巴巴地念课文。（状语）

6) 她懒洋洋地坐在那儿，不吃不喝。（状语）

7) 乜这个伢长得胖笃笃的，几逗人痛哦！这个小孩儿长得胖笃笃的，多么招人喜爱呀！（补语）

8) 螺蛳炒得硬救救的，蛮好吃。（补语）

（2）ABCD 式形容词和 AABB 式形容词表示状态

这两类状态形容词并不多，但有独特的形象色彩。

第一，ABCD 式由单音节形容词性词根和少数单音节名词性词根后附三音节词缀构成。常见的有：

花里胡哨　中不溜秋　黑不溜秋　灰不溜秋　黑咕隆咚　圆鼓隆咚

血咕拉稀　弯倒鼓救　干锅捞几　油脂八蜡　黄不拉几

ABCD 式形容词中，词根 A 表示词的理性意义，词缀 BCD 三个音节主要表示附加意义，给整个词增添附加色彩，即增添词的贬斥或否定的主观评价色彩。

第二，AABB 式形容词是由重叠的双音节形容词性词根后附双音节叠音后缀构成。安陆方言里常见的有：

鼓鼓囊囊　羞羞答答　稀稀拉拉　稀稀朗朗　晕晕哒哒　慢慢吞吞

松松垮垮　恿恿弯弯　皱皱巴巴　密密麻麻

ABCD 式形容词和 AABB 式形容词都具有描写性强的特点，表示的语义程度相对来说也高于 ABB 式，而且这两种状态形容词在感情色彩上大都是贬义的。在句法功能上跟 ABB 式相同，要带"的"字才能入句，充当句子的谓语、定语、状语和补语。例如：

1) 他穿的衣裳花里胡哨的，一点儿都不好看。（谓语）

2）地里的芝麻稀稀拉拉的。（谓语）

3）油脂八蜡的灶台也不抹一下。（定语）

4）鼓鼓囊囊的一袋子东西背在身上□[xɤ˅]很吃亏。鼓鼓囊囊的一袋子东西背在身上很吃力。（定语）

5）他松松垮垮地穿倒个衣裳，一点儿都不好看。（状语）

6）他还慢慢吞吞地晃过来，一点儿都不着急，把别个都急死了。（状语）

7）乇这棵树长得弯倒鼓救的。（补语）

8）他喝酒喝得晕晕哒哒的。（补语）

（九）程度

安陆方言里程度的表达不仅用程度副词，而且用状态形容词和一些句法格式。状态形容词表示程度见本书"性状"，一些句法格式表示程度见本书"动补句"。这里只描写安陆方言的程度副词。

王力先生根据有无比较的对象，将程度副词分为相对程度副词和绝对程度副词两类："凡有所比较者，叫做相对的程度副词"；"无所比较，但泛言程度者，叫绝对程度副词"。本章主要讨论的是王力先生所说到的绝对程度副词。在安陆方言里，常用的绝对程度副词存在着量级差别：极高级绝对程度副词"死"，较高级绝对程度副词是"□[xɛ]"、哈[xaʋ]"、"几"、"太"、"很"，次高级绝对程度副词是"蛮"、"墨[mɤ]"。下面将对安陆方言里的几个常见的绝对程度副词的意义和用法加以描述和归纳。意义和用法与普通话相同的从略，如"太"，意义和用法相同的两个或几个绝对程度副词只讨论其中的一个，不同者或意义特殊者在讨论相关问题时会加以补充。

1. 程度副词"死"

（1）"死"的语义及句法分布

安陆方言里的极高级绝对程度副词"死"相当于普通话里的极高级程度副词"极"，但普通话里的"极"既可以表示褒义，又可以表示贬义。而安陆方言里的"死"作程度副词时只表示贬义，而且只修饰少数的贬义形容词。例如：

1）他死懒，年月不洗衣裳。他极懒，一年到头从不洗衣服。

2）乇这个伢死强，随你怎么说他都不听。这个孩子极犟，不管你怎么说他都不听。

3）他的屋里人死拐坏，连路都不尽让别个走。他的家里人极坏，连路都不让别人走。

4）他的婆婆死节作，连点儿汤水都舍不得倒。他的奶奶极节省，连一点儿汤水都不舍得倒掉。

"死"也可以像普通话里的"极"一样直接作补语，极言程度深，但"极"作补语时必须带"了"，而安陆方言里的"死"既可以带"了"，也可以不带"了"，句子都可以成立。如上面的例子可以这样说：

5）他懒死（了），年月不洗衣裳。他懒极了，一年到头从不洗衣服。

6）这个伢瞿死（了），随你怎么说他都不听。这个孩子瞿极了，不管你怎么说他都不听。

7）他的屋里人拐坏死（了），连路都不尽让别个走。他的家里人极坏，连路都不让别人走。

8）他的婆婆节作死（了），连点儿汤水都舍不得倒。他的奶奶极节省，连一点儿汤水都不舍得倒掉。

带"了"表达的贬义语气更加强烈。"死"也可以修饰动词性短语，极言程度，仍然表示贬义。例如：

死要面子　死爱赌博　死喜欢吃醋　死好撮拐挑拨离间　死好过白说谎

(2)"死"的否定式

"死"不否定形容词，只否定动词或动词性短语，有两种否定式：一是用"不"否定，构成"死不VP"的格式；二是用"冇得"否定，构成"死冇得NP"的格式。例如：

死不听话　　死不争气　　死不讲卫生　　死不爱学习　　死不要脸
死冇得样儿　死冇得德行　死冇得□［k'uŋ˧］儿礼貌

(3)"死"的入句功能

"死"修饰形容词或动词性短语时作状语，它和形容词、动词构成的"死A/V"格式只作谓语，另外，"死"还可以用在少数形容词后面作补语，这是不同于其他程度副词的方面，如上面的例子。"死"修饰的动词性短语中的动词往往是能带动词性宾语的动词，整个动宾短语往往表达责备、批评的意思。这一类动宾短语进入句子以后，往往后面还有一个表示评价意义的后续句。例如：

1) 他简直是死要面子活受罪。

2) 他死爱赌博，弄得屋里百么事冇得。_{他极爱赌博，弄得家里什么都没有。}

3) 她死喜欢吃醋，弄得别个哈都不敢跟她的男的说话。_{她极喜欢吃醋，弄得别人都不敢跟她的丈夫说话。}

4) 她死好撮拐挑拨离间，弄得他的牙儿伙活的讲口。_{他极喜欢挑拨离间，弄得他的一家人吵架。}

5) 伲这个伢死好过白撒谎，说了无数埋儿都不听。_{这个孩子极喜欢说谎，说了无数次都不听。}

下面再举几个否定式的例子：

1) 伲这个伢死不听话啰，你叫他往东他偏要往西。

2) 我的身子又死不争气，紧跟他们添麻烦啰。_{我的身体又死不争气，一直给他们添麻烦。}

3) 伲那个女人死冇得□［kʻuŋ˦］儿心计，叫她不要瞎说她偏要在喏儿说，弄得别个下不了地。_{那个女人死没有心眼儿，叫她不要瞎说她偏要在那儿瞎说，弄得别人下不了台。}

4) 伲这个狗子死冇得德行，见人就咬。

2. 程度副词"□［xɛv］（□［xav］）"

□［xɛv］是安陆方言中特有的程度副词，用在动词、形容词前面，表示程度很高，含有强烈的感情色彩和极度夸张的语气，相当于普通话里的"很"。"□［xav］"与"□［xɛv］"在意义、用法等方面都相同，唯读音不同，疑为"□［xɛv］"的音变形式。为避免重复，我们先集中描述"□［xɛv］"的意义和用法，也适用于"□［xav］"。例如：

1) 他们两个人对人□［xɛv］好。

2) 他们那儿□［xɛv］多人做生意。

3) 他的屋里□［xɛv］有钱。

（1）"□［xɛv］"的句法分布

"□［xɛv］"修饰性质形容词，构成"□［xɛv］A"的格式。例如：

□［xɛv］大　□［xɛv］小　□［xɛv］好　□［xɛv］拐坏　□［xɛv］大方　□［xɛv］小气　□［xɛv］明朗_{清楚}

"□［xɛv］"修饰动词或动词性短语，构成"□［xɛv］V"或"□［xɛv］VP"的格式。其中，"V"主要是指心理活动动词，"VP"往往是表示评价意义的动宾短语。例如：

A. 1）他□［xɛv］喜欢打毛衣。

2）他□［xɛv］讨人嫌，总喜欢弄别个的头发。他很令人讨厌，总喜欢弄别人的头发。

3）他对自己的病情□［xɛv］了解。

B. 1）他□［xɛv］有头脑。

2）乜这个伢□［xɛv］懂事儿。

3）他教的学生□［xɛv］守纪律。

C. 1）他一丁点儿东西都□［xɛv］看得起来。

2）她哪，憨吃哈睡横长肉，□［xɛv］想得开。

3）乜这件衣裳只要二十块钱，□［xɛv］划得来。

D. 1）他乜这个人啦□［xɛv］敢闯，东南西北到处跑。

2）他的个嘴巴□［xɛv］会说。

3）我□［xɛv］愿意留下来陪你，又怕你不同意。

上例中，A组里的"□［xɛv］"修饰的"V"是表示心理活动的或表示态度、评价意义的动词。常见的有"喜欢、担心、讨嫌讨厌、欠想念、重道重视、了解、操心"等。B组里的"□［xɛv］"修饰的是"VP"，其中的"V"是非动作动词，单独不受"□［xɛv］"的修饰，只有带上宾语，表示某种评价意义的时候，才受"□［xɛv］"的修饰。常见的"VP"动宾短语有"懂礼心懂礼貌、有头脑、有地位、有钱、有板眼有能力、说明问题"等。C组里的"□［xɛv］"修饰的是中补短语，往往是动词带可能补语构成的短语。常见的有"□［xɛv］划得来/□［xɛv］划不来、□［xɛv］想得开/□［xɛv］想不开、□［xɛv］说得出口/□［xɛv］说不出口、□［xɛv］看得起来/□［xɛv］看不起来、□［xɛv］下得了手/□［xɛv］下不了手"等。D组中的"□［xɛv］"修饰的是动词前加部分能愿动词构成的状中短语。常见的是"□［xɛv］能睡、□［xɛv］会说、□［xɛv］肯做事、□［xɛv］愿意帮人、□［xɛv］敢闯"，等等。"□［xɛv］"不修饰"可以、要、应该"等能愿动词构成的状中短语结构。

(2)"□［xɛv］"的入句功能

程度副词"□［xɛv］"用在动词、形容词前面作状语，它和动词、形容词构成的"□[xɛv] A/V"格式在句子中常作谓语、宾语、补语。例如：

1) 他的舅爷□[xɛv]好，一点儿官架子都冇得。他的舅舅很好，一点儿官架子都没有。

2) 他□[xɛv]能吃苦，么事都能做。

3) 他打脾寒打摆子的时候盖两床被卧被子还觉得□[xɛv]冷。

4) 小伢一上学，屋里就显得□[xɛv]冷清。

5) 今年的苹果卖得□[xɛv]贵。

6) 她跟她的妈长得□[xɛv]像。

需要说明的是，"□[xɛv] A/V"只能作少数几个表示主观感受的动词的宾语，而且限于"□[xɛv]"修饰形容词的格式"□[xɛv] A"作宾语。

(3) "□[xɛv]"的否定形式

"□[xɛv]"的否定形式根据其后所修饰的结构成分的不同而用不同的否定词。具体说来，有两个否定词，一是用"不"来否定，构成"□[xɛv]不 A/V"的格式；二是用"冇得"来否定，构成"□[xɛv]冇得 NP"的格式。例如：

A. 1) 这个小伢尽让他的婆婆惯势骄纵得□[xɛv]不懂规矩。这个小孩被他的奶奶骄纵得很不懂规矩。

2) 他们两个的关系□[xɛv]不好。

3) 小王□[xɛv]不会办事儿。

4) 乞这个菜□[xɛv]不好吃。

5) 我今朝今天□[xɛv]不舒服。

6) 他的妈□[xɛv]不喜欢他。

B. 1) 她乞这个人□[xɛv]冇得心眼，总是吃亏。

2) 种田□[xɛv]冇得搞手，还不如出去打工。种田很没有搞头，还不如出去打工。

3) 他乞这个人□[xɛv]冇得脑筋，做事东一下儿西一下儿。他这个人很没有头脑，做事东一下西一下。

4) 乞这个电影□[xɛv]冇得看头，还不如回去睡瞌睡。这个电影很没有看头，还不如回去睡觉。

"不"否定的"□[xɛv] A/V"不具有普遍性,也就是说,上例A组中"不"不是否定所有的动词和形容词,而只是否定其中一部分。"□[xɛv] A/V"中的"A"如果是贬义或消极意义,则一般不用"不"否定。常见的有"坏、丑、贵、难过、骄傲、痛苦"等。"□[xɛv] A/V"中的"V"如果是某些情绪类心理活动动词,也不能用"不"来否定。常见的有"欠想念、讨厌、恨"等。同样"冇得"也不能否定所有的"□[xɛv] A/V"结构,它只否定"□[xɛv]"的中心语是以"有"为动词的动宾短语。

(4)"□[xɛv]"与"很"、"太"的比较

第一,"□[xɛv]"与"很"。

"很"是普通话里使用频率很高的一个程度副词,安陆方言也用"很",但是在程度意义的等级及句法分布等方面有普通话不一致。

在意义方面,虽然安陆方言也用"很"表达程度,但多半显得文雅,可能受普通话影响的因素多一些,而且在极言程度特别高,有强烈的夸张语气和感情色彩的时候,多不用"很"而是用"□[xɛv]"。

在句法分布方面,安陆方言里两个程度副词似乎有明确的分工,一般是"□[xɛv]"用在动词或形容词前面作状语极言程度高,而"很"则用在动词或形容词后面作补语表示程度高。例如:

1)她生了一个□[xɛv]□[tseiv]漂亮的女伢。她生了一个很漂亮的女孩儿。

2)乜这个伢□[tseiv]聪明得很。这个小孩儿聪明得很。

这两例中的程度副词不能互换。可见,在安陆方言中,"□[xɛv]"和"很"在句法分布上具有互补性。

第二,"□[xɛv]"与"太"。

"□[xɛv]"和"太"都是最高级绝对程度副词,在句法分布和入句功能等方面基本一致。不同的是:"□[xɛv]"是表达客观情绪的程度副词,而"太"是表达主观情绪性的程度副词,二者形成明显的对立:

A. 1)英语太难了。

2)托托太聪明了。

3)房子太小了。

4)乜这个问题太难得解决了。

  5）他回答得太好了。

  6）旧时认为太聪明的伢养不大。

B. 1）英语□［xɛv］难。

  2）托托□［xɛv］聪明。

  3）房子□［xɛv］小。

  4）乜这个问题□［xɛv］难得解决。

  5）他回答得□［xɛv］好。

  6）旧时认为□［xɛv］聪明的伢养不大。（×）

  观察上面的 A 组，用程度副词"太"修饰形容词，往往表达说话人的主观感受或主观意愿，同时还带有一定的夸张色彩。而用"□［xɛv］"主要表示客观程度。A 组的最后一个例句成立，而 B 组的最后一个例句却不能成立，原因就在于"太"表示的是主观感受或意愿，"太聪明的伢养不大"在安陆是一种民间的迷信说法，没有任何根据，所以一旦把程度副词换成表示客观意义的"□［xɛv］"，句子就不能成立。

3. 程度副词"几［tɕiv］"

  安陆方言的"几"可以作数词和副词。作数词时表示的是不确定的数目，作副词时既可作疑问副词，如"几大？几多？"等，又可作程度副词，相当于普通话里的"好"或"多么"。下面主要讨论程度副词"几"的用法和特点。

  (1)"几"的句法分布特征

  "几"修饰形容词，构成"几 A"的格式。其中的"A"只是性质形容词，状态形容词不受"几"的修饰。常见的有"大、小、远、近、快、慢、多、少、高、低、深、浅、红、黑、高兴、难受、舒服、痛苦、大方、小气、宽敞、窄、明朗清楚、平稳、□［tseiv］漂亮、聪明、淘神费神"，等等。例如：

  1）他的车开得几平稳喽！

  2）河里的水几清喽！

  3）几宽敞的屋喔！十个八个都住得下。

  "几"修饰动词或动宾短语，构成"几 V"或"几 VP"的格式。

  "V"是心理活动动词或表示评价意义的动词，这些动词本身都可以受"□［xɛv］"或"很"修饰。常见的有"担心、了解、操心、喜欢、讨嫌讨厌、痛疼爱、慊想念、爱、惯势骄纵、溺爱、像"等。

"VP"限于某些表示评价意义的动宾短语。其中的动词是非动作性动词，单独的动词不受"几"修饰。常见的是"有VP"之类的动宾短语。例如：

1）他几爱玩啰！连伢都不管。

2）乜这个伢几逗人痛疼爱噢！恨不得咬他一口。

3）他几有板眼哦！做了那大的生意。

4）乜这个车子放在屋里几占场儿占地方哦！

(2) "几A/V"格式的入句功能

"几"是一个程度很高的程度副词，多用于感叹句中，句末常带语气词，语气词因其前一个音节尾音的不同而不同（详见语气词部分）。"几"本身带有说话人的主观态度和感情色彩，较少用于纯客观的描述，往往是与它所修饰的词语和语境等因素相配合，表达说话人强烈、夸张的感情。程度副词"几"修饰动词或形容词，作状语。但它构成的"几A/V"结构可充当句子的谓语、宾语、定语、补语，不能充当句子的主语和状语。例如：

1）乜这个伢几惯势骄纵、溺爱噢！（作谓语）

2）他不晓得几小气哟！（作宾语）

3）几汹茂盛的棉花啰！今年棉花又要大丰收了。（作定语）

4）她的衣裳穿得几确漂亮啰！（作补语）

(3) "几"的否定形式

有两个否定副词"不"和"冇得"否定"几A/V"。

第一，用"不"、"冇得"否定"几A/V"，构成后否定格式"几不A/V"和"几冇得A/V"。例如：

1）你看她几不大方哦！躲在屋里不出来。

2）他今朝天几不高兴罗！碰到那倒霉的事。

3）他今朝几背时喔！尽强徒把钱偷去走了。他今天几倒霉哟！让小偷把钱偷走了。

4）他几不会办事儿哦！把人都气跑了。

5）他们几冇得良心啰！用烂棉花打絮。他们几没有良心哟！用烂棉花做棉絮。

6）她几冇得□[kʻuŋ˥]儿心眼、心计哦！在那儿鬼款胡说八道。她几没有心眼儿啊！在那儿胡说八道。

7）他几冇得样儿哦！恨不得在他爸爸的脑壳高头做窝儿。他几没有大小啊！恨不得在他爸爸的头上做窝儿。

后加式否定结构"几不/冇得 VP"中的动词或形容词往往是具有消极的意义或带有批评的色彩。

第二，用"冇得"否定"几 A/V"，构成前否定格式"冇得几 A"。其中的"A"是单音节的形容词，而且这个形容词往往是性质形容词中的"正向类"，用于客观的描述和评价。这种用法中的"几"不表示程度高，而是表示程度一般，相当于普通话里的"多"。例如：

1）他谈的个朋友冇得几高。

2）他的爹爹看起来冇得几大个年纪。

3）从嗻儿这里到城里冇得几远。从这里到城里没有多远。

与"正向类"相对的"反向类"性质形容词则不能受"几"的修饰。如不能说"冇得几矮"、"冇得几小"、"冇得几近"。

(4) 两种不同的"几 A/V"结构

安陆方言的"几"除了表示程度很高以外，还可以表示任一程度（吴风华，1995），相当于普通话里的"多"。但具体运用范围与"多"有差别，它只能用在复句中表示任一程度。有以下两种格式：

第一，"S 随他（它）几 A/VP"。

这一格式里的"A"既可以形容人，也可以形容事物。当形容人的时候用指人代词"他"，当形容事物的时候用指物代词"它"。整个句子意为"无论……多……都/也……"。例如：

1）车子随它几高级，总有报废的一天。

2）外头随它几热闹，他都不往跟前去。

3）爸爸随他几狠，他总是为了你好吵。

这一格式里的"S"也可以省略或移到"随"的后面，而不影响句子意思的表达。例如：

4）（乜这个事儿）随它几复杂，总有解决的时候。

5）随哪个说他，都冇得用。

6）随他的屋里几有钱，我还是看不起来看不中。

7）随他几会说，我还是不相信乜这个事儿。

8）随他几不好，总是你的后人吵。

第二，"V1 几 A/VP，就 V2 几 A/VP"。

进入此格式的"V1"一般是"有"、"要"或受"能"修饰的动词。这类句式表示主体具备某种能力、条件或要求要达到的程度，与假设的客观状况成正比关系，整个句式的意义相当于"如果……就……"。例如：

1）有几多钱，就办几多事。

2）你能做几多，就做几多，冇得哪个强迫你。

3）你要几大的码子，就有几大的码子，随便选。

(5) "几"与"太"

"太"修饰性质形容词或动词，可以是单音节，也可以是双音节。用"太"表示程度高或过分，带有强烈的谴责语气，多用于不如意的事情或带有责备、批评的意思。可用于评论人品等重大的事情，也可用于评论生活中的小事。

"太＋形/动"结构可作谓语和补语。例如：

1）他太万恶了，冇把人当个人。他太坏了，没把人当人看。

2）豆腐煎得太老了，不好吃。

"太"可与否定副词搭配构成"太不A/V"的格式。例如：

3）路太不好走了，把人都急死了。

4）他太不懂得人情世故了，动不动就用过去的事儿打比。

"太 A/V"结构可用在感叹句、陈述句、疑问句中。例如：

5）这碗粥太烫了！等下再吃。

6）我中时吃得太饱了，到恁咱儿现在还不饿。我中午吃得太饱了，到现在还不饿。

7）你看下棉花是不是长得太汹了哎？只怕要筑顶罗。你看棉花是不是长得太茂盛了？恐怕要打枝掐顶了。

"几"和"太"都是主观性的程度副词，但二者稍有不同："几"表达夸张的程度和主观强调的语气，因而句子末尾总是要出现表示感叹的语气词"啰"、"喔"、"哟"等；"太"表示程度高或过分，带有强烈的谴责语气，多用于不如意的事情或带有责备、批评的意思，句末语气词没有"几"丰富。

另外,"太"可用于正话反说,即用"太"的句子表面是肯定,实际意思是否定、责备。如:

8) 他太好了,好得叫人冇得话说。

9) 你太高滑_{聪明}了,弄得别个水都冇得喝的。

当然,这种正话反说是在一定的语言环境中形成的,往往是含"太"的句子是一个肯定句,后面必随一个带否定补语的句子,表达批评、责备的意思,以此反衬出前面含"太"的肯定句并非真的"好"或真的"高滑_{聪明}"。"几"则没有这样的用法。

4. 蛮(墨〔mεɹ〕)

(1) "蛮"的句法分布

"蛮"在安陆方言里表示程度较深,通常修饰形容词、动词或动词短语。例如:

蛮松、蛮急、蛮听话、蛮想去、蛮能干、蛮好讲话、蛮有面子

"蛮"一般用于具有积极意义的形容词前,表示对某种性质的肯定和欣赏;用于表消极意义的形容词前,多表示对某种性质的批评或不满意等否定的情感。试比较:

蛮好看——蛮难看　蛮整齐——蛮乱　蛮快——蛮慢　蛮好——蛮坏

蛮□〔tseiɹ〕漂亮——蛮丑　蛮大方——蛮小气　蛮好吃——蛮伤人腻人

(2) "蛮A/V"格式的入句功能

"蛮A/V"格式可以作多种句法成分。可以作谓语、定语、状语、补语等。例如:

1) 他蛮爱学习,成绩在班上是拔尖的。(谓语)

2) 他蛮小气,丁点儿么事都瞧得起来。_{他蛮小气,一点点东西都很看重。}(谓语)

3) 她是个蛮要强的人。(定语)

4) 蛮好的一个伢紧让他教坏了。(定语)

5) 他蛮不讲理地说:"我说的话冇得错的。"(状语)

6) 他蛮大方地说:"今朝_{今天}我请客,哪个都莫走。"(状语)

7) 这个伢的作业做得蛮好。(补语)

8) 他走得蛮快,两个小时就到了城里。(补语)

另外，"蛮 A/V"结构主要用于陈述句、疑问句和感叹句中，不大用于祈使句中。例如：

9）我蛮好说话，了解我的人都晓得。

10）乜这个菜蛮好吃，多吃一点。

11）他还蛮生气？我都冇气他气么个事欤？

12）你觉得她长得蛮好看啦？我觉得不怎么样。

13）乜那个强徒跑得蛮快耶！眨个眼睛就不见了。那个小偷跑得好快呀！一眨眼就不见了。

14）他还蛮大方欤！莫看他的屋里经济条件不好。

(3) "蛮"的否定形式

安陆方言里主要用否定副词"不"否定，构成后否定是式"蛮不 A/V"和前否定式"不蛮 A/V"两种格式，不大用否定副词"冇得"否定。这是"蛮"不同于"□ [xɛʋ]"和"几"的一个方面。例如：

A. 1）他乜这个人蛮不讲理，简直油盐不进。他这个人蛮不讲理，简直什么道理都听不进去。

    2）乜那个家伙蛮不老实。

    3）他蛮不负责任，动不动就喝酒发酒疯。

    4）我今朝今天蛮不舒服，想回去睡一下。

    5）他乜这个人看倒蛮不顺眼。

B. 1）最近身体不蛮好，所以冇来。

    2）他还不蛮习惯，住长了就好了的。

    3）我不蛮舒服，先歇下着先歇一歇再说。

    4）天道天不蛮早了，我们哈都回去吧！

A组是"蛮"的后否定式，B组是"蛮"的前否定式，二者的区别在于：前否定式"不蛮 A"减弱否定的程度，带有委婉的语气，而后否定式"蛮不 A"则增强否定的程度，有时与语气副词共现，起进一步强调的作用。

(4) "蛮"与"墨"和"□ [xɛʋ]"的区别

第一，"蛮"与"墨"。

"蛮"与"墨"都是次高级程度副词，二者都能修饰形容词和动词或动词性短语。不同的是，"墨"只表达肯定的程度，不表达否定的程度，即

"墨"不用于否定式。当它用于肯定句时，用法与"蛮"是一致的。一旦要否定性状或动作行为，则用程度副词"蛮"或"□[xɛv]"。例如：

1）她乜这个人墨会做人，哪个都搁得来。她这个人蛮会做人，和谁都相处得好。
2）乜这张画儿贴在那个墙高头墨好。这张画儿贴在那个墙上蛮好。
3）六月间喝点儿绿豆汤墨舒服。夏天喝点儿绿豆汤蛮舒服。

第二，"蛮"与"□[xɛv]"。

"蛮"作状语时，更强调程度的适中，意思上没有"□[xɛv]"等副词表示的程度深。试比较：

蛮慢——□[xɛv]慢　　　蛮酸——□[xɛv]酸　　　蛮远——□[xɛv]远

前者虽然也表"慢"、"酸"、"远"，但还能承受，后者则更强调超出承受的程度，后者比前者所表示的程度更深。

"蛮"与"□[xɛv]"修饰相同的形容词或动词，表达的意义不仅仅是程度的不同，还蕴含着丰富的情感色彩。例如"蛮听话"与"□[xɛv]听话"相比较，"□[xɛv]听话"仅仅表达一种客观的程度，而"蛮听话"则暗含着一种满意、赞许或欣赏的情感。

（十）介引

介引指的是介词具有介引作用，即介词把它后面的名词或名词性成分介引给句子中的动词或形容词。也可以这么说，具有介引作用的词是介词。它通常依附在实词或短语的前面共同构成介词短语，整体修饰、补充谓词性词语，表明跟动作、性状有关的时间、处所、方式、原因、目的、施事、受事、对象等。下面对安陆方言的介词进行分类，进一步说明安陆方言介词的用法。

1. 安陆方言的介词分类

（1）引出施事的介词有：尽、把得、着、管。例如：

1）伞尽他借去跑了。
2）乜这大年纪把得别个去说，几划不来耶！
3）摩托车着他拿去卖了。
4）他应该管我们叫叔叔哟。

（2）引出受事的介词有"把"。例如：

1) 你去把电费交了他。

（3）引出时间、处所或方向的介词有：在、从、到、自从、朝、往、趁、当倒、顺倒、照倒。例如：

1) 我把钱存在银行里得。

2) 他在屋里做作业。

3) 他从车高头跳下来，把胯子跶断了 把腿摔断了。

4) 他每天晚上玩到半夜三更才睡瞌睡。

5) 他们几个人，从早到晚都在打麻将，硬是不歇气儿。

6) 玲玲说自从她嫁到他的屋里，就冇过一天舒坦的日子。

7) 张光喜朝别个脸上吐痰，紧他的爸爸死打了一顿。

8) 你莫来，我们已经在往回走。

9) 他趁我冇注意就溜出去了。

10) 他当倒我的面说的呗。

11) 你顺倒河边上走，肯定会走到他嗙儿 那里去。

12) 他照倒托托的脑壳就是一栗骨。

（4）引出原因、目的的介词：因为、为、为了

1) 我是因为他才来的。

2) 他们为一点小事打起来了。

3) 托托为了节约时间，周末冇回来。

（5）引出方式、方法、依据、工具、比较的介词有：过 按、比倒 按照、按照、靠、用、凭、通过、根据、拿、比。例如：

1) 卖旧书过秤称，不按书上的价钱卖。

2) 鞋是比倒他的脚做的，穿倒□[xεv] 很舒服。

3) 照倒样子绣就可以了。

4) 按照法律，杀人要偿命的。

5) 恁咱儿靠关系做生意，累死人的。

6) 他用手抹了锅引子 锅灰就朝媒人的脸上揩。

7) 你凭么事说我呗？

8) 他是通过中介办的出国留学手续。

9) 我根据老师提的意见作了一些修改。

10) 他老是拿我去跟他的伢打比 作比较。

11）他天天拿水果当饭吃。

12）晶晶比林林聪明些，但是林林比晶晶用功些。

（6）引出对象的介词有：对、对于、关于、跟、找向、问向、向、给替、除了。例如：

1）我对他一点儿意见都冇得。

2）对于公家的事情，我从来冇含糊过。

3）关于分房子的问题，你直接去问领导。

4）徐明齐向在场的人介绍了他养鸽子的经验。

5）我跟他介绍了一个朋友。

6）跟他一路去搞装修的哈都发了财。

7）你去找他借点钱，绝对冇得问题。

8）他要问你借钱你就说冇得。

9）王敏经常向他请教炒股的经验。

10）你到城里去给我买几件衣裳吧。

11）我们到他的屋里去玩，除了打麻将就是逛街。

2. 安陆方言介词的特点及用法

安陆方言的介词具有和普通话介词一致的特点：介词本身不能单独充当句子成分，只能以介宾短语的身份充当句子成分。它不像连词具有双向性，只有单向性，位于其他词或短语之前。但是它和其他词或短语构成介宾短语后，位置却比较灵活，可以出现在句首，也可以位于主语和谓语动词之间，还可以位于谓语动词之后。

跟介词这一特点相一致的就是介宾短语有的充当句子的状语或补语。作状语的介宾短语可以位于句首，也可以位于主语和谓语动词之间。例如：

1）对于乜这个政策，上头有上头的说法。（句首状语）

2）为了走人家走亲戚，他连夜赶倒把作业哈都做完了。（句首状语）

3）除了他以外，我们哈都发了言的。（句首状语）

4）我为了给你送衣裳，饭都冇顾得上吃就跑来了。（句中状语）

5）妈一生都为我们勤扒苦做的，年月从来冇享么个事福。（句中状语）

6）今年的收成比去年要强一点。（句中状语）

7）我除了星期三以外，其他的每天都要上课。（句中状语）

8）他们几个人说说笑笑往大礼堂去了。（句中状语）

9) 他在屋里一坐就是半天。(句中状语)

10) 我直接从学校来的,还有吃饭嘞。(句中状语)

11) 你照倒屁股打,莫打脑壳。(句中状语)

12) 乜这个伢儿哦,抓到东西就朝口里塞。(句中状语)

13) 乜这些桃子过秤称。(句中状语)

14) 他用脚去踢篮球。(句中状语)

15) 湖北竹溪人把土豆叫做洋芋。(句中状语)

16) 钱着他搞丢了。(句中状语)

17) 他把自己的名字写在书的封面上。(句中状语、补语)

18) 今朝晚行晚上就睡在你喏儿那里。(补语)

19) 他啦,简直尾巴翘到天上去了,随哪个都不放在眼里。

(十一) 关联

起关联作用的词语叫关联词语,包括连词及有连接作用的副词和短语。安陆方言里,关联词语主要有:

连词:而且、或者、不但、不仅、随不管、虽然、但是、如果、因为、所以、即使、只要、还是

副词:就、又、也、才、都

短语:一方面、另一方面、一来、二来

下面就关联词语表达的复句关系,连接部分的构成成分,单用还是合用等方面对安陆方言中关联词语的用法作分类描写。

1. 关联词语表示并列关系

安陆方言里表示并列关系的有副词"又"、"也",短语"一哈儿(一会儿)"、"一来"、"二来"、"一边"、"一方面"等。这些关联词语通常要合用,用来连接分句,构成并列复句。"也"则是单用。并列复句前后分句分别叙述或描写有关联的几件事情或同一事情的几个方面。例如:

1) 今朝今天又是风又是雨的,亏难为他们赶回来了哦。

2) 他一哈儿一会儿说手机是他自家买的,一哈儿一会儿又说是朋友送的。

3) 你一哈儿一会儿喝水,一哈儿一会儿上厕所,作业怎么做得完啰。

4) 她在屋里一边洗衣裳,一边唱歌。

5) 他去逛街,我也要去。

6) 乜这个事真是难办啰！一来有得钱，二来有得人帮忙。

2. 关联词语表示选择关系

安陆方言表示选择关系用连词"或者"、"还是"、"要做_{要么}"，可以合用，也可以单用。只合用的关联词语有"不是 A，就是 B"、"论可_{宁可} A，也 B"、"情愿 A，也"。只单用的关联词语有"还不如"。例如：

1) 或者你来，或者他来，或者另外派一个人来。

2) 我们去看电影，或者去逛街。

3) 你是今朝_{今天}去还是明朝_{明天}去欸？

4) 你喜欢吃饭还是喜欢吃面唻？

5) 要揍你去，要揍他去。

6) 你一个人在屋里，要揍写作业，要揍看下电视。

7) 不是你来，揍是我去。随便。

8) 我揍可不赚乜这个钱，也不会叫他吃亏。

9) 我情愿不要乜这个钱，也不愿意叫他为难。

10) 花钱请人种田一点划算都冇得，还不如不种田。

例1)、例2)、例3)、例4) 是任选复句，说话人分别说出两种或几种可能，让人从中选择。例5)、例6)、例7) 是限选复句，是在未定的选择项中二者选一，非此即彼。例8) 和例9) 是已定选择，是先取后舍的选择复句，往往表示在两种情况中衡量得失，选择其中较好的，舍弃较差的，带有强调的语气。例10) 也是已定选择，但它是先舍后取的选择复句，表示在两种情形都对自己不利的情况下选择其中一种稍好的，是一种择优选择，语气比较委婉。

3. 关联词语表示顺承关系

表示顺承关系的复句前后分句之间有先后相继的关系。安陆方言用关联词"先 A 然后 B 最后 C"，可以单用，也可以合用。单用的还有"落后_{后来}"、"落了_{最后}"。例如：

1) 我在屋里先把地下扫干净了，然后去菜园里挑了一篓子白菜，最后把衣裳哈_都洗干净了。

2) 我准备了□ [xɛv] 很长时间，最后才把文章写好了。

3) 我一进屋他就跟我诉苦。

4) 我先去接老大的一家人，然后去接老三，落了_{最后}接徐慧。

5) 她一直在喏儿这里招呼婆婆，落后后来我来了她才走的。

4. 关联词语表示递进关系

递进关系的复句通常是后一分句的意思比前一分句更进一层。安陆方言表示递进关系的关联词语合用的"不光是A，还要（有）B"、"不光是A，都（也）B"、"不但A，反而/还B"、"莫说A，就是B"。可单用也可合用的关联词语有"不说"。例如：

1) 乜这件事不光是大人晓得，小伢们也晓得。

2) 他学习□［xɛn］很刻苦，不光是白天学习，晚行晚上还要搞到转钟。

3) 不光是你有想法，我也有想法。

4) 他的婆婆七十多岁了，不但要照顾自己，还要照顾她的孙儿。

5) 你不但不去说他，反而还跟倒他和。你不但不去批评他，反而跟着他起哄。

6) 他不帮忙不说，还阴倒背地里说我的瞎话。

7) 高中生活清苦不说，还要承受各种压力。

8) 莫说我不晓得乜这个事，就是晓得也不会乱瞎说的。

9) 莫说是人，就是个石头嚯也焐热了唦。

10) 出了乜这种事，莫说是个小伢，就是个大人也受不了唦。

11) 莫说媳婆儿跟她佮不来，就是她亲生的姑娘都跟她佮不来。

上例1）、例2）、例3）、例4）是一般递进复句，两个分句都是肯定，合用关联词语"不光是A，还/也B"和"不但A，还B"表示层层推进的意思。例5）的前一分句否定，后一分句肯定，表示反面推进。例6）、例7）用关联词语"不说"。例8）、例9）、例10）、例11）用关联词语"莫说"。它们都是衬托递进复句，表示通过降低对某人、某事的评价，借以衬托突出另外的人或事物。

5. 关联词语表示转折关系

转折关系的复句前后分句的意思相反或相对。安陆方言表示转折关系的关联词语有单用的"虽说"、"但是"、"不过"、"就是（只是）"，也有合用的"虽然A，但是B"。单用的关联词语"虽说"出现在前一分句，"但是"、"不过"、"就是（只是）"出现在后一分句。从转折程度来看，"但是"是重转，"不过"是轻转，"就是（只是）"是弱转。另外，安陆方言里表示重转的"但是"出现在后分句的主语前，经常用"但是一条"强调这个重转。例如：

1) 它这篇作文写得不错，但是一条，字数少得点儿。
2) 它这篇作文写得不错，不过字数少得点儿。
3) 它这篇作文写得不错，就是只是字数少得点儿。
4) 虽说他在外头赚钱，出手还冇得我们大方。
5) 虽说他在外头赚钱，我们还是冇作他的指望。
6) 它这样儿做好是好，就是迟了吵。
7) 虽然今朝今天天道天气不好，但是大家还是都到齐了。
8) 他虽然长得瘦，但是从来冇生过病。
9) 他百么事都好，就是嘴巴不饶人。
10) 它这件衣裳贵是贵得点儿，不过做工还可以。

6．关联词语表示条件关系

条件复句通常是前一分句提出条件，后一分句表示在满足这一条件的情况下产生某一结果。安陆方言里表示充足条件的关联词语是"只要 A，就 B"。表示必要条件的关联词语是"只有 A，才 B"和"除凭"或"除凭 A，不然的话，B"。表示无条件的关联词语是"不管"、"随（任凭）A，都 B"。例如：

1) 只要他不来捣乱，我们都好说。
2) 你只要来个人就行了。
3) 只有他说，才管用。
4) 你只有找到证人证明你无罪，才能脱离干系。
5) 他除凭不来，来一回就要讲一回口。（讲口：吵架）
6) 我除凭不做，做就要做好。
7) 除凭你亲自去请，不然的话，他是不会来的。
8) 不管么样儿说，我要等到他们人来了着。
9) 他不管是落雨还是落雪，从冇迟到过。
10) 不管是好的还是拐坏的，哈都拿回来再说。
11) 随不管哪个劝他，他都不听。
12) 随不管你几好的关系，都冇得用。
13) 你们随不管怎么说他，他都不出言。

例1）和2）是充足条件，前一分句表示后一分句的充足条件，后一分句表示满足这一条件后产生相应的结果。例3）和4）是必要条件，前一分句是后一分句的必要条件，表示缺少了前一分句的必要条件，后一分句就无法产生相应的结果。例5）、6）和7）也表示必要条件，只不过表达的是突出强调实现结果的必要条件。也就是说，"除凭"条件复句表示"如果没有这个条件就没有这个结果"。如果 A 分句是否定的，那么 B 分句就肯定，如果 A 分句肯定，B 分句用否定，而且 B 分句前用"不然的话"。这一条件复句的 B 分句里通常隐含着一个假设的条件。例8）、9）、10）、11）、12）和13）表示无条件。前一分句表示排除一切条件，后一分句表示在任何条件下都会产生相同的结果。"不管"和"随"可以位于主语前，也可以位于主语后。从意义方面来看，A 分句表示一种让步，具有任指性和选择性，B 分句提出让步的结果，与 A 分句隐含着转折关系。

7. 关联词语表示假设关系

假设复句是由偏句提出假设，正句表示假设实现后产生的结果。安陆方言里表示假设关系的关联词语是"如果 A，就 B"、"不然"、"不然的话 否则"、"要是 A，就 B"、"就算 即使 A，也 B"、"哪怕 A，也 B"，等等。例如：

1) 如果不来，你就提前打个电话。
2) 如果有得么事，就莫跑去跑来的。
3) 你要是不信就亲自去看下。
4) 我要是不去，他们就收不了场。
5) 要是你有时间嘞，就去看下他。
6) 坐车去，不然会迟到的。
7) 你一定要到场，不然的话他们会争 有意见的。
8) 幸亏带了伞，不然的话，衣裳会□ [tʂʰua˨] 淋得透湿。
9) 就算乜埋儿 这一次 你考得蛮好，也不能骄傲。
10) 就算我不说，别个还是会晓得的。
11) 就算你当时在场，可能也不会有么事办法。
12) 乜这个事就算跟你有得关系，你也不能不管不顾。
13) 哪怕是刀山油锅，我都要去闯下。
14) 哪怕你不说话，只在案头 旁边 看倒，也是对病人的安慰。

例1)、2)、3)、4)和5)都是表示一致关系的假设复句，它的偏句提出假设，正句表示假设成立的结果。关联词语通常合用。例6)、7)、8)也是表示一致关系的假设复句，关联词语"不然"或"不然的话"单用，先说出一件事，接着指出如果不这样就会成为另一件事。"不然"或"不然的话"是对前一分句所表示的命题的一种否定性的假设，再由后一分句逆向推出结果。例9)、10)、11)、12)是假设条件与假设结果相背的假设复句，"就算"引出的假设条件是与既成事实相反的事情，偏句先退一步说，把假设当做事实承认下来，正句说出不因假设实现而改变结果的结论。例13)、例14)也是假设条件与假设结果相悖的假设复句，"哪怕"引出的是未实现的事实，正句说出不管假设的事实是否实现都要做某事。

8. 关联词语表示因果关系

因果关系的复句由偏句说出原因，正句表示原因实现的结果。安陆方言里因果关系的复句用关联词语"因为A，所以B"，可以单用，也可以合用。还有"弄得以至于"、"既然A，就B"。例如：

1) 雨落得太大了，所以我们冇去。
2) 因为屋太窄了，就冇请也那么多人过来。
3) 因为在路上堵了车，所以搞得恁咱儿现在才来。
4) 我太冇得用哦，弄得伢们都跟倒我拖现连累受苦了。
5) 既然你不喜欢，就莫买吵。
6) 你既然不喜欢他，就莫跟他来栽打交道吵。
7) 既然他出面说情，你就给他个面子嘞。

例1)、2)、3)是说明性因果关系，关联词语可以单用在后一分句，也可以用单用在前一分句，还可以前后分句都用。例4)是单用的说明性因果复句，"弄得"多引出不好的情况或说话人不希望出现的结果。例5)、6)、7)是推论性的因果复句，通常以事实为依据推断事物之间的因果关系。关联词语要合用，偏句提出理由或根据，正句据此推出结论。

9. 关联词语表示目的关系

目的关系的复句由偏句表示行为，正句表示行为的目的。安陆方言里目的复句的关联词语有"免得"、"为了"、"好"，都是单用。例如：

1) 自己的事情自己做，免得麻烦别个。
2) 早睡早起，免得到时候又慌忙日火慌慌张张的。

3) 天天起早贪黑,为了么事哦?

4) 妈从来不当你的面说么事,是为了尽让你在外头放心地做事。

5) 他把摩托车修好了,好尽让贝贝骑倒去上班。

例1) 和例2) 是免除性目的复句,表示要避免某种不希望发生的事情。例3)、例4)、例5) 是获得性目的复句,表示希望达到某种目的。

(十二) 体貌

安陆方言"体"的表达与普通话相比有同有异。本章主要讨论安陆方言动词的"体",即动作过程状态和事件过程状态的语法表现。动作的整个过程在不同的阶段用不同的标记词来标记动作的动态进程,即"着"表示先行体,"起"表示起始体,"在"和"正在"表示进行体,"倒"表示持续体,"了"表示完成体,"得"和"了"构成复合体标记"了得"表示存续体,"了"和"的"构成复合体标记"了的"表示经历体①。笔者认为,"短时"不是"体"范畴,因而不作讨论。下面将对这七种体的语法功能和语法意义等问题进行讨论。

1. 先行体标记——"着"

"着"不同于普通话里的动态助词"着"。在安陆方言中,它是先行体标记,表示先行的语气,意为"先……再说",表示一个行为、事件的发生,必须以另一个行为、事件作为先决条件(张一舟等,2001)。语义上是先有 A 行为、事件出现,后有 B 行为、事件出现。句法上常常有 A、B 两句,对于 A 句而言,B 句表示先行的意义,"着"通常出现在 B 句中。

在安陆方言中,先行体标记"着"有时单独出现在句子末尾,即以"NP 着"或"VP 着"的形式出现,有时和"先"共现,即以"先 VP 着"的形式出现;有时和"等"共现,即以"等 VP 着"的形式出现;有时和"紧"共现,即以"紧 VP 着"的形式出现。

(1) "着"的使用格式

第一,"VP 着"与"NP 着"。

---

① 安陆方言中,"得"读 [tɛ],是先行体标记,很多学者用"在"作为先行体的标记,而安陆方言的"在"读 [tai˥],因而不用"在"而用"得"作先行体标记,和"了"配合使用,形成复合体标记"了得"。另外,安陆方言里的经历体不用"过",而用"的" [ti],并和"了"配合使用,形成复合体标记"了的"。

1) 百么事莫想，好生儿地睡一觉瞌睡着。什么都别想，好好地睡一觉再说。
2) 几咱儿去买衣裳欸？什么时候去买衣服呢？——明朝着。明天再说。
3) 几咱儿做作业嘞？什么时候做作业呢？——晚行着。晚上再说。

第二，"先 VP 了着"。

1) 几咱儿要伢欸？什么时候要小孩儿啊？——先玩够了着。先玩够了再说。
2) 等他们来了一路吃。等他们来了一道吃。——管他嘞，先吃了着。管他呢，先吃了再说。

第三，"等 VP 着"。

1) 恁咱儿把乜个事儿跟他说了它吧。现在把那件事跟他说了吧。——等他长大了着。等他长大了再说。
2) 等我说完了着。等我说完了你们再说。

第四，"尽 VP 着"。

1) 尽我想下着。让我想一下再说。
2) 尽我用几天着。让我用几天再说。

上述四种格式中，"VP 着"、"等 VP 着"、"尽 VP 着"都可以与"先"同现。例如：

1) 先玩够了着。先玩够了再说。
2) 等我先看完了着。等我先看完了再说。
3) 尽他们先上去着。让他们先上去再说。

而"NP 着"不能与"先"共现，原因是"着"字句本身表示先后的时间序列，而"NP 着"里的"N"本身就是时间名词，所以不再用"先"。

安陆方言里多用"着"字句，也用"再说"句，而"再说"多半与"先"配合使用，构成"先 VP 再说"、"等先 VP 再说"、"尽先 VP 再说"的格式，也有的与"到"配合使用，构成"到了 NP 再说"。如果用"再说"，则句子的祈使语气不那么强烈。

(2) "着"的语法意义

朱德熙（1982）把现代汉语的句末语气词分为三类：一类表示时态，一类表示疑问或祈使，一类表示说话人的态度或情感。刘坚、江蓝生等（1992）把句末助词分为两类：一类是纯粹表示各种语气的语气词，如"啊"、"吧"之类；另一类是表示时态或事态的助词，如"了₂"等。安陆方言里,"着"位于句子末尾,是个句末助词,既表示语气,也表示时态。

第一,"着"的语气意义。

"着"表示祈使语气。例如:

1) 莫七想八想,好生儿地休息下着!别乱想,先好好儿地休息一下再说!

2) 你莫抢嘴,尽他说完了着。你别插嘴,让他先说完了再说。

表祈使语气的"着"字句,往往用在祈使句中,有规劝、命令等意义。

"着"表示加强疑问的语气。例如:

1) 我要找一个人。——你找哪个着?你先告诉我你找哪一个再说。

2) 王处长住在哪个单元嘞?——你问他住在哪个单元做么事着?你先告诉我问他住在哪个单元是为了什么。

"着"尽管用在疑问句中,可以加强疑问的语气,但它还是含有祈使的成分在内。

"着"表示违逆语气,分布在陈述句、祈使句、疑问句中。例如:

1) 那个凳子坏了,你莫坐。——管它哩,坐了着。那个凳子坏了,你别坐。——管它呢,坐了再说。

2) 快抹点儿进来,天要落雨了。——哎呀,尽我弄完了着。快点儿进来,天要下雨了。——哎呀,让我做完了再说。

3) 哥哥嘞?——你问他做么事着?你先告诉我问他干什么事再说。

表示违逆语气的"着"分布在陈述句、祈使句、疑问句中,往往是不顾对方的劝说、警告,执意要做某事,或者不理会对方的疑问,而强行命令对方先回答问题。

第二,"着"的先行时态意义。

安陆方言的先行时态助词"着"分布在分句或句子末尾,指明一个事件、一个过程所处的状态,表明所陈述的事件是否发生、是否出现了变化或将要发生某种变化(丁加勇,2003)。安陆方言的先行时态助词"着"表示"未然"的语法意义,在带"着"的句法结构中,谓语动词所表示的动作行为都没有实现。具体来说有"先然"和"将然"两种。

"着"表示先然的语法意义。带"着"的动作行为总是在某一动作行为之前先实施、先发生或先完成。这类句子的明显特征就是隐含着"先"或"先"直接和"着"共现。例如:

1) 你把作业做了他吵。——我玩下着。你把作业做了吧。——我先玩一下再说。

2) 把录音机还得他。——尽我用几天着。

3) 我们进去吧！——等他们先进口［tɕʰiauˇ］去了着。等他们先进去了再说。

"着"表示将然的语法意义。带"着"的动作行为在说话时刻都还没有发生，往往表达的是即将发生或即将完成的某件事情。有的在说话之后不久发生，有的在另一个动作之后发生。也就是说，有的动作行为在短时的将来发生或完成，有的动作行为在较远的将来发生或完成。例如：

1) 等他们来了再喝吧！——哎呀，热死了，先喝了着。

2) 把衣裳洗了他吧！——<u>明朝</u>着。明天再说。

3) 看你一身汗啰，先抹个汗吧？——晚行着。看你一身的汗，先洗个澡吧？——晚上再说。

第一个例子中"喝"的动作行为是即将发生的，时间很短，在说话人话语结束后马上开始。有的学者把这种语法意义叫做"即然"（张林林，1991；吴启主，1996；丁加勇，2003），表示话语一出，随即实施或完成某个动作行为。我们认为，这还是一种短期的将然行为，所以不再另外单独列一项。第二、三两个例子中虽然没有出现动词，但这种"N着"格式隐含着这种动作行为，其中的"N"一般是时间名词，表示在将来的某个时候发生或完成某个动作行为，或者说，"N着"是承接上句中的动作行为而言的，省略了动作行为，只表达了动作行为将要发生的时间。

(3) "着"的使用语境

第一，"着"往往在后续句中出现。

句末助词"着"往往在后续句中出现并暗含一个先行句，这个先行句一般是预备发生某个动作行为，而且暗含着两个或两个以上的说话人，这时有一个后续句里就要用到"着"这个句末助词。同时，含句末助词"着"的后续句往往含有否定的意味，这个否定是在隐含的先行句中体现的（盛银花，2006）。例如：

1) 等我说完了着。

2) 先把包儿挂倒着。

例1)中隐含着一个先行句"你先别说"表示否定，同时意味着有两个或两个以上的说话人，也意味着还有后续句"等我说完了，你再说"。因而"'着'表示的'在先'的意义总是在一定的序列中体现的"(萧国政,2000)。同样,例2)中隐含着一个先行句"请坐"或者请做别的什么事,说话人不遵照对方的要求,即对"请坐"之类表示否定,而是说"先把包儿挂倒"以后再做其他的事。

第二,一般用于祈使句。

表达某种要求或愿望,表示先行、违逆的语气(刘平,2002),也可用于疑问句,表示疑问的语气。

先行语气表示说话者要先到了某一时间,然后才实行或考虑是否实行"VP"。例如:

1) 先吃个红薯着,饭一下儿就熟了。先吃一个红薯再说,饭一会儿就熟了。

2) 你莫走着,我还有东西把得你。你先别走,我还有东西给你。

违逆语气表示不顾对方的劝说或警告,执意要做"VP"。例如:

3) 车子高头哈[xaꟲ]都是水,你莫坐。车子上都是水,你别坐。——管它哩,先坐倒着。管它呢,先坐着再说。

4) 等一下再吃饭吧?——管它哩,我先吃了着。管它呢,我先吃了再说。

疑问语气既表示疑问,也表示先行。例如:

5) 张老师住在哪儿欸?——你问他住在哪儿做么事着?

6) 小林唻?——你找他搞么着?你先告诉我找他干什么再说。

例5)中回话人没有直接回答"张老师住在哪儿?"而是先要求对方回答"找张老师有什么事",意味着你先告诉我找张老师做什么后我才回答你"张老师在哪儿"这个问题。所以这样的"着"字句既表示疑问的语气,又表示先行的语气。

第三,一般预示着有某个时点或时段。

在"着"字结构中也往往会出现"时间"意义的词或短语,来表示时间或表示先后顺序。如果把"着"字句的前一句补充出来,往往是问时间或者是要求在某一个时点或时段完成某个动作行为。例如:

1) 几咱儿抹汗唻?什么时候洗澡呢?——我先看下书着。我先看一下书再说。

2) 你几咱儿还书欸?你什么时候还书呢?——等我看完了着。等我看完了再说。

3) 你几咱儿跟他说乜个事儿欤？你什么时候跟他说这件事儿呢？——尽我想下着。让我想一下再说。

4) 快点走！他们哈都等了得。快点走！他们都等着呢。——莫急，尽我喝口水着。别急，让我喝一口水再说。

2. 起始体标记——"起"

安陆方言中，起始体标记是"起"，表示动作即将开始，用在动词后边，动词前有介宾短语，表示从某起点开始。例如：

1) 电费从一月份算起。

2) 报数！从左边报起！

3) 她做起事来还有模有样。

上例中的"算起"、"报起"和"做起"都表示动作的起始。也就是说，都表示动作行为将要发生或变化将要出现，表达说话人的一种愿望或命令。起始体往往隐含有排列顺序的意义。

(1)"起"的句法分布格式

第一，VP起。这一格式不带宾语，往往有状语修饰限制"V起"。例如：

1) 这个学期从三月份算起。

2) 到食堂买饭的人从门口排起。

第二，V起O来VP。(这一格式的特点是："起"插在"V"和"O"之间，其后还有"来"配合使用，往往有后续句。如果没有宾语"O"，则直接是"V起来"，不表示起始的意义。)例如：

1) 他啦，吃起东西来不停口。

2) 他发起脾气来□[xɛʋ]狠，你们哈莫耳他。他发起脾气来很厉害，你们都别理他。

(2) 起始体的语法意义

第一，起始体表明动作行为的起点，往往有"开始"的意义。这种"开始"意义的实现除了体标记"体"的作用以外，还得句法格式里的介词结构或其他VP短语起作用。介词结构往往表明动作行为开始的时间，或者是VP短语用在V起之后表明动作行为的开始。也就是说，介词结构和VP短语是起始体表达的必备条件，没有这两个条件中的一个，句子就不能

表达起始的含义。例如:

1) 报数的时候一般从左边报起。

2) 他打起架来冇得哪个扯得住。

3) 他发起猫来□[xɛʋ]很吓人。他发起火来很吓人。

在上述例子中,没有介词结构或后续成分,句子不成立。如上面的例子不能这样说:

4) 报数的时候一般报起。(×)

5) 他打起架来。(×)

6) 他发起猫来。(×)

例4)完全不知所云,例5)、6)总觉得还没有说完,句子也不成立。

"VP起"和"V起O来VP"这两种格式都有[+开始]的含义,它们的差别就在于二者除了表示[+开始]的意义外,第一种格式还有[+顺序]的意义,第二种格式还有[+一旦开始……就]的含义。

第二,起始体标记"起"表示[+开始]和[+顺序]的意义。

如上面的例子都可以这样说:

1) 这个学期从三月份开始算。或:这个学期从三月份开始算起。

2) 到食堂买饭的人从门口开始排。或:到食堂买饭的人从门口开始排起。

3) 从左边开始数。或:从左边开始数起。

这一格式里,状语一般是一个介词结构,介引一个动作行为的基点,并以此为基点按顺序进行。这个介词结构必须同起始体"起"共现才能表示动词的起始状态,没有这个介词结构,则句子不能成立。

第三,起始体标记"起"表示[+开始]和[+一旦开始……就]的意义。

例如上面的例子可以这么说:

1) 吃起东西来不停口。→他一旦吃起东西来就不停口。

2) 他发起脾气来□[xɛʋ]狠,你们哈都莫迩他。他发起脾气来很厉害,你们都别理他。→他一旦发起脾气来□[xɛʋ]狠,你们哈都莫迩他。他一旦发起脾气来很厉害,你们都别理他。

3) 他打起架来冇得哪个扯得住。他打起架来没有谁能劝得住。→他一旦打起架来冇得哪个扯得住。他一旦打起架来没有谁能劝得住。

3. 进行体标记——"在"、"正在"

(1) 安陆方言的进行体标记"在"、"正在"

安陆方言中，体标记分工不同，每一种体貌都有一个标记，如起始体用"起"，持续体用"倒"，存续体用"了得"，经历体用"了的"，而且这些体标记都位于动词之后，都是助词。只有进行体"在"和"正在"位于动词之前，是副词，有点类似于前附成分，中间不允许插入其他成分。关于"在"的语法意义，过去通常的说法是"在"同"正在"一样表示动作在进行中或状态在持续中。事实上，这一说法与持续体混在一起。陈立民(2002)认为，"在"表示一个事件现在存在。也就是说，它所关注的是一个事件现在是否存在，至于这个事件过去是否存在，以及将来是否存在，它并不关心。我们认为这样的说法如果和以前的说法结合起来，更能反映安陆方言进行体的实际情况。也就是说，进行体"在"、"正在"的语法意义是表示动作现在正在进行中或状态现在正在持续之中。例如：

1) 风在吹。
2) 拖拉机在打田。拖拉机在耕地。
3) 我们几个正在叙家常。我们几个正在聊天。
4) 她在洗衣裳。
5) 他在看小说。

例1)表示"风"现在正在吹，或者说说话人现在看见风"正在吹"，而在之前可能吹，也可能不吹，同样，在这之后，"风"可能继续吹，也可能停止吹。例2)表示"拖拉机"现在正在打田，至于"拖拉机"过去是否打田，将来是否打田，说话人并不作肯定或否定的答复，他只是就眼前出现的情况作出说明。例3)表示"我们"现在正在叙家常。例4)表示"她"现在正在洗衣裳。例5)表示他当前一段时间看小说，这件事也许刚开始不久，也许已经持续了一段时间了。

(2) "在"和"正在"的句法分布

安陆方言中，"在"和"正在"都表示动作现在正在进行或状态现在正在持续，它们的句法分布是相同的，只不过"正在"比"在"更强调"正在进行"的意思。进行体"在"、"正在"分布在如下的三种句法结构中。

第一，"在"、"正在"用于"S+在（正在）＋V+O"格式中。这种格式表示动作现在正在进行，主语多数是施事或者是处所词，谓语动词常带宾语。例如：

1) 我在看电视。

2) 他在洗碗。

3) 他在复习准备考研究生。

4) 我们正在说曹操，曹操就到了。

5) 塘里在放水。

第二，"在"、"正在"用于"S+副词+在+V+O"格式中。例如：

1) 他是在做作业。

2) 他是在想怎么把这个事儿弄团圆。他是在想怎么把这件事做好。

3) 你到底在搞么事欸？

"是"、"到底"、"究竟"、"居然"、"好像"等语气副词，常和"在"共现，表示说话人就当前情况作出判断、推测，一般不大和"正在"共现，因为"正在"更强调"正在进行"，而句中一旦出现起强调作用的副词，就只用"在"了。

第三，"在"、"正在"用于"S+插入语+在+VO"格式或"插入语+S+在+VO"格式中。插入语"看起来"、"你听"之类表示说话人要求听话人注意眼前的事情，常常和"在"共现。

例如：

1) 他看起来在生气。

2) 你听吵，外头在落雨。

3) "在"、"正在"的使用条件

第一，"在"只和表示持续意义的动词共现。

静态动词加上"在"或"正在"以后表示静态的持续。例如：

①我正在考虑要不要给他寄衣裳去。

②他正在回忆过去的事的时候尽让他的儿子打断了。

③我们在体会老师昨儿昨天上午讲的几个问题。

这些例子中的动词"考虑"、"回忆"、"体会"都表示静态的意义，它们的前面用"在"或"正在"修饰，使这些静态的意义呈持续的状态。如果动词是"死"、"拥有"等瞬间实现意义的，则不能和"在"或"正在"搭配。

第二，"在"、"正在"跟自主性事件相联系。

"在"、"正在"表示一个事件的存在，它们往往跟自主性事件相联系（陈立民 2002），不跟非自主性事件相联系。比较下面的两组句子：

甲组：①他在看电视。
　　　②他在吃饭。
　　　③他们在打毛衣。
乙组：①他在讨厌那个女伢。（×）
　　　②那座桥在垮。（？）
　　　③他在散会。（×）

甲组句子动词前加"在"都能说，但乙组句子动词前加"在"都不能说。这跟两组句子所表示的事件的性质有关。甲组句子都是自主事件，事件的存在决定于事件主体，并且伴随着事件主体的动作的存在而存在，例如"他看电视"这个事件由于"他"发出了"看"这个动作而造成，"看"这个动作存在，则意味着"他看电视"这个事件存在，"看"这个动作停止，"他看电影"这个事件也随即不存在。正因为如此，说话人可以就现在来谈论这种事件。也就是说，对于甲组事件来说，现在是独立于过去和将来的。乙组句子都是非自主事件，它们的存在是由外力造成的，不是由事件主体决定的，尤其重要的是，随着外力的消失，这种事件仍然存在，并不随之消失。例如"桥垮"可能是地基下陷的结果，并且即使地基不下陷了，桥仍然是垮的。正因为如此，这种事件总是有某种开始，如果说话人没有看到造成这种事件的外力的存在，则意味着这种事件开始于过去，一直持续到现在，而且可能一直存在下去。对于乙组事件来说，它的现在并不独立于过去和将来。例如乙组句子中的"在"如果换成"了"就能成立。

①那座桥垮了。
②他散会了。
③他讨厌那个女伢了。

(3) 进行体标记"在"、"正在"与持续体标记"倒"

第一，"在"、"正在"与"倒"不能共现。

进行体标记"在"、"正在"与持续体标记"倒"不能共现在同一个句子之中。也就是说，句子里出现了"在"、"正在"表示动作行为现在正在进行或状态现在正在持续，则不出现持续体"倒"（"倒"相当于普通话里的"着")。例如：

1) 他在看电视。
2) 他正在吃饭。
3) 他睡倒看电视。

这很好地说明了"进行"与"持续"是两种不同的体貌，同时也说明不能简单地把进行体和持续体混为一谈，而且也不能笼统地说普通话里的"着"就仅仅表示动作行为的进行或持续。

安陆方言中，要说清楚"在"、"正在"的进行体意义，还必须联系持续体"倒"。只有区分了二者的异同，才能更好地体现"在"、"正在"的特点。

第二，"在"、"正在"与"倒"不能同现的原因。

进行体标记"在"、"正在"与持续体标记"倒"不能同现在同一个句子之中的原因是二者有各自的使用条件，能用"在"、"正在"的句子不能用"倒"。例如：

1) 哎呀，天上有一个风筝在飞。   哎呀，天上有一个风筝飞倒。(×)
2) 她不是在打工。   她不是打倒工。(×)
3) 他妈妈正在跟他穿衣裳。   他妈妈跟他穿倒衣裳。(×)

这些例子中，只能用"在"不能用"倒"，说话人只就当前出现的情况作出陈述，他并不关心这些事件过去是否存在，尤其是例1)中用了一个插入语"哎呀"来表示提醒听话人注意眼前发生的事，更能说明这个事件是发生在现在，即"风筝"是现在飞，而不是在过去和将来。这说明"在"、"正在"和"倒"是两种不同的体貌类型，应该分别看待，不能混为一谈。

(4) 进行体标记"在"、"正在"与存续体标记"得"

不少学者认为"在"不仅用在动词前面，表示动作行为正在进行或状态正在持续，而且还处在句末，是助词，表示动作行为的持续，如湖北的大冶方言（汪国胜，1999）、鄂东方言（陈淑梅，2001；汪化云，2004）、湖北宜都方言（李崇兴，1996）、湖北武汉方言（吴伶，1998）、四川成都方言（鲜丽霞，2002）等。但在安陆方言里，出现在动词前面的"在"和出现在句子末尾的助词"得"读音不同，是两种不同的体标记成分："在 (tai˥)"是进行体标记，"得 [·tɛ]"是存续体标记，即一般所说的持续体标记（详见"存续体'得'"）。"在"也可以出现在动词前面，句子末尾有"得"，但这时它不是副词，而是介词。例如：

1）他在（正在）等你，你快抹点儿回去。他在等你，你快点儿回去。

2）衣裳在（正在）泡，你莫管。

3）他在（正在）睡觉。

4）他在屋里等了得，你快抹点儿回去。他在家里等着呢，你快点儿回去。

5）衣裳在盆子里泡了得。

6）他在屋里睡了得。

例1）、2）、3）这三个例子表达的是动作行为现在正在进行，其体标记是"在"或"正在"。例1）指"等"的动作行为现在正在进行；例2）指"泡"的动作行为现在正在进行；例3）指"睡觉"的动作行为现在正在进行。这几例中都不能出现"得"。例4）、5）、6）这三个例子表达的是动作行为的实现并继续存在的状态，是存续体，"得"是存续体标记。这三个例子中虽然出现了"在"，但这个"在"已经不是副词，而是个介词，其后搭配一个处所词，构成介宾结构，表示句子里动作行为发生的地点。例4）中的"在屋里"表示"等"这个动作行为存续的地点；例5）中的"在盆子里"表示"泡"这个动作行为存续的地点；例6）中的"在屋里"表示"睡"这个动作行为存续的地点。它们都不表示动作行为现在正在进行的语法意义。

4. 持续体标记——"倒"

安陆方言的持续体标记"倒"相当于普通话的"着"。对于"着"，学术界对它有不同的看法。戴耀晶（1991）、石毓智（1992）、袁毓林（1993）、方梅（2000）都认为只有一个"着"，其抽象的语法意义是"持续"，因为"着"附着在具有不同内部时间结构的动词之后，"V着"表示的都是内部均质的状态。戴耀晶等从一系列句法语义特性论证了这一观点。木村英树（1983）将其分为表示动作正在进行的"着"和表示持续状态的"着"。郭锐（1998）将其分为三个："着"表示动态动作的持续；"着"表示动词词义本身指明的静态状态的固定；"着"表示动作结束后留下的状态的固定。安陆方言表达动作正在进行用"在"或"正在"（详细情况见第三节进行体标记"在"和"正在"），表示动态动作的持续用"倒"标记，表示动词状态的固定用"得"标记(详细情况见下面第五节的存续体标记"得")。

(1)"倒"的句法分布

安陆方言的持续体标记是"倒",表示动作在持续或性状在延续。格式如下:

第一,V 倒。

有两种情况,一是主语为施事,二是主语为受事。例如:

1) 站倒!

2) 睡倒!

3) 你在门口等倒,莫尽让他走过巧。在门口等着,别让他走过去了。

4) 你看倒东西,莫尽让别个拿走了。

5) 大衣穿倒。

6) 手表戴倒。

当施事主语省略的时候,"V 倒"仅用于祈使句,表示命令,如例1)和例2)。当施事主语不省略的时候,"S(施)+V+倒"一般不单独成句,往往意味着还有后续句出现,这个后续句里往往有否定词出现,表示请求,如例3)和4)。当主语为受事的时候,"S(受)+V(及物)+倒"构成祈使句,表示命令、请求、提醒等意义,如例5)和6)。这种格式中的动词必须是及物动词,受事主语前可以加介词"把",如例5)和6)可以这样说:

1) 把大衣穿倒。

2) 把手表戴倒。

第二,V 倒 V。

例如:

1) 抿倒嘴巴笑。

2) 斜倒眼睛看。

3) 闭倒眼睛说胡话。

4) 当倒面说清楚。

这种格式里,往往是"V 倒"和后面的动词构成连谓句,"V 倒"表示持续的意义,充当连谓句的前项,表示后项动词的伴随状态。

第三,N(施/受)+V_1倒 V_1倒+V_2"构成陈述句。

例如：

1）大水看倒看倒涨起来了噢！洪水看着看着涨起来了。

2）他坐倒坐倒就眯过巧。他坐着坐着就睡着了。

"V₁倒"叠用，表示动作进行过程中又出现了新情况，或表示后一动作的方式。

第四，V倒得。

例如：

1）我看倒得，你莫着急。我正看着呢，你别着急。

2）我瞄了得，不要紧，你去忙你的。我看着呢，不要紧，你去忙你的。

3）我听倒得。

4）绿豆晒倒得。

"倒"和"得"连用，表示动作正在进行或性状正在持续，相当于普通话里的"着呢"。

第五，V倒个。

例如：

1）他总是佝倒个身子走路，难看死了。

2）他跛倒个脚还东跑西跑的。

3）他挺倒个肚子像怀了七八个月一样，太胖了吵！

4）穿倒个皮鞋，像不像个做事的样子吵。

"V倒个"的句子表达说话人的主观感受，往往带有贬义或批评的口气。这种贬义或批评的意思往往通过"V倒个"的后续部分传达。例2）"跛脚"了按道理应该休息，但"他"却"还东跑西跑"，二者形成对照，暗含说话人的不满或批评之意。这里的"倒"限于表示连续性动作的单音节动词，其后带宾语。上面的例子可变为：

1）皮鞋穿了得。

2）脚跛了得。

"V倒个"和"V了得"这两种格式的区别是：用"得"仅仅是陈述事实，即"穿皮鞋"、"脚跛"；而用"倒"含贬斥义，往往有后续句，表示说话人不满或不以为然的主观态度。

(2) "倒"对动词的选择

第一，对动词音节的选择。

安陆方言中，能和"倒"搭配的动词往往是单音节动词，极少数是双音节动词。常用的有：坐、跪、趴、关、扣、逮、抓、养、栽、补、拦、围、堵、套、炖、蒸、靠、睡、弯、骑、站、闭、锁、粘、贴、泡、箍、糊、绑、系、缠、捆、装、包、堆、摞、挂、吊、盖、遮、夹、抱、搂、撑、插、塞、填、捏、兜、顶、卷、按、眯、接、安顿。

"倒"和单音节动词搭配，大概是因为安陆方言里的动词多保留古汉语单音节，而且和动词本身的语义有关。能和"倒"搭配的双音节很少，似乎只有"安顿"等少数几个词。

第二，对动词词义的选择。

能和"倒"搭配的动词是具有［＋完成］和［＋状态］意义的自主动词（刘祥柏，2000），表示动作的持续状态，也就是说，持续性动态动词加上"倒"以后表示动态的持续。例如：插倒、盖倒、挂倒、贴倒、种倒、跪倒、趴倒、躺倒、坐倒、站倒、听倒、骑倒、卷倒、吊倒、腌倒、养倒、躲倒、关倒、堆倒、弯倒，等等。如果动词不具有［＋完成］和［＋状态］的意义，即使这个动词是自主动词，也不能和"倒"搭配表示持续的语法意义，如动词"跑"、"走"、"唱"、"吵"等都是自主动词，但它们不具备动作一完成后就进入相应的状态，因而"V 倒"这一格式后不能成立。

(3)"倒"对句子的选择

第一，"V 倒"用于祈使句。

1) 你坐倒！莫在我的案头晃来晃去的。你坐着！别在我的旁边晃来晃去的。

"V 倒"用于祈使句中，这样的"V 倒"祈使句还可以变换成"把"字句（刘祥柏，2000）。不过，能变换成"把"字句的必须是及物动词，非及物动词不能变换。例如：

2) 贴倒！ → 把对子贴倒。把对联贴着。

3) 弯倒！ → 把胯子弯倒。

4) 炖倒！ → 把鸡子炖倒。

5) 抓倒！ → 把门把手抓倒。

由祈使句"V 倒"变换成的"把（N）V 倒"仍然有祈使的语气，而且它们都可以单说。如果把"把"的宾语"N"移到"V"的后面作宾语，则句子往往意味着还有后续句出现，这样表达的意思才算完整。如上面的例子转换以后还要再续一个句子：

1）把对子贴倒。→贴倒对子，屋里才看倒像个过年的样子。

2）把胯子弯倒。→弯倒胯子，免得脑壳顶到门框高头巧。_{弯着腿，以免头顶到门框上了。}

3）把鸡子炖倒。→炖倒鸡子都留不住客。

4）把门把手抓倒。→抓倒门把手，免得站不稳。

第二，"V 倒"用于连谓句。

1）站倒说话。

2）盖倒锅盖儿煮。

3）围倒妈妈活蹦乱跳。

4）关倒门说偷话。_{关着门说悄悄话。}

"V 倒"用于连谓句中，作连谓句的前项，往往表示连谓句后项动作行为的方式或状态。如例1）、2）表示动作行为的方式，例3）、4）表示动作行为的状态。

第三，"V 倒"用于复句。

1）吃了饭就去睡倒休息下儿。

2）累不过就坐倒歇下儿。

3）吃了肉伤腻不过就吃点儿生菜压下儿。

在这些复句当中，"V 倒"往往表示后一动作行为的方式，即例1）中"睡倒"是"休息"的方式，例2）中"坐倒"是"歇"的方式，例3）中"吃点儿腌菜"是"压"的方式。它们都处在假设复句的后一分句中，表示假设的结果。

安陆方言中，持续体标记"倒"位于具有［＋动作］和［＋状态］意义的自主动词后面，严格说来，"V 倒"中的"V"所表示的动作行为并没有发生，而是即将发生，尤其是在祈使句里，它是说话人命令听话人去做某事或去完成某个动作行为。当然，在非祈使句中，"V 倒"中的动作行为已经发生了，如连谓句或复句等。因为能和持续体标记"倒"搭配的单音节动词所表示的动作行为往往是瞬间发生的，之后处于某种状态之中。

5. 完成体标记——"了"

普通话里的"了"有两个读音：一个是［liau˨˩］，作动词，如"了结"、"了解"等；另一个是［lə］，作助词，读轻声。语法学界分别称之为"了$_1$"

和"了₂"。"了₁"用在动词后宾语前,主要表示动作的完成;"了₂"用在句末,主要是肯定事态出现了变化或即将出现变化。安陆方言的虚词"了"跟普通话相比有同有异,即作动词用时读 [niauˇ],作完成体标记时不像普通话那样只读轻声 [lə],而是读几种不同的音,呈现出规律性。需要说明的是,"了₁"、"了₂"的读音都随其前一音节的不同而变化,即它们的音变规律是相同的。这里只描写"了"的读音及其变化规律(了₂),讨论作为完成体标记的"了₁",不讨论句末的语气词"了₂"。后文的"了"指普通话里的"了₁"。

(1)"了"的读音及其变化规律

安陆方言里虚词"了"语流中的读音随前一个音节的不同而变化。例如:

讲了 [tɕiaŋˇ·ŋau]　　哭了 [kʻuˊ·uau]　　安了 [ŋan˧·niau]

漏了 [nəuˋ·uau]　　穷了 [tɕyŋˇ·ŋau]　　杀了 [ʂa˧·au]

喝了 [xoˊ·au]　　灭了 [miɛˋ·au]　　盖了 [kai˧·iau]

可见,安陆方言"了"作虚词用时一个重要的特点就是声母脱落,而且读轻声,轻声调值随前一音节的声调的不同而变化,也有变化的规律,变调规律与前面的轻声变调规律相同,因为轻声读音受前一个音节韵母尾音的影响。如果前一个音节韵母的尾音是前鼻音,那么"了"为 [n] 声母;如果前一个音节韵母的尾音是后鼻音,则"了"为 [ŋ] 声母;如果前一个音节韵母的尾音是其他元音,则"了"为零声母。所以说安陆方言里"了"读轻声时出现 [n]、[ŋ] 声母是语流音变中的顺同化现象,虚词"了"音声母的脱落是主流,有其规律可循。

第一,前一个音节韵母为 [ɿ] 时,"了"音为 [au];当前一个音节韵母为 [ʅ] 时,"了"音为 [ʐau]。例如:

撕了 [sɿ˧·au]　　死了 [sɿˇ·au]　　迟了 [tʂʻʅˇ·ʐau]

试了 [ʂʅ˧·ʐau]　　治了 [tʂʅ˧·ʐau]

第二,前一个音节韵母尾音是 [a]、[o]、[ɛ] 时,"了"音在连续的语流里快读(即动词带上"了"以后再带一个宾语)为 [au],读音比较轻短;慢读(即单独一个动词带上"了")为 [niau],带有强调的意味。例如:

拉了(快)[na˧·au](慢)[na˧·niau]

杀了（快）[ʂa˧˥·au]（慢）[ʂa˧˥·niau]
拿了（快）[na˨˩·au]（慢）[na˨˩·niau]
花了（快）[xua˧˥·au]（慢）[xua˧˥·niau]
挂了（快）[kua˧˥·au]（慢）[kua˧˥·niau]
瞎了（快）[ɕia˧˥·au]（慢）[ɕia˧˥·niau]
剥了（快）[po˧˥·au]（慢）[po˧˥·niau]
学了（快）[ɕio˨˩·au]（慢）[ɕio˨˩·niau]
撤了（快）[tʂʰɤ˧˥·au]（慢）[tʂʰɤ˧˥·niau]
切了（快）[tɕʰiɛ˧˥·au]（慢）[tɕʰiɛ˧˥·niau]
说了（快）[ʂyɛ˧˥·au]（慢）[ʂyɛ˧˥·niau]
热了（快）[ʐɛ˧˥·au]（慢）[ʐɛ˧˥·niau]

第三，前一个音节韵母末尾为[i]时，"了"音为[iau]。例如：

提了[tʰi˨˩·iau]　　急了[tɕi˧˥·iau]　　埋了[mai˨˩·iau]
来了[nai˨˩·iau]　　飞了[fei˧˥·iau]　　对了[tei˧˥·iau]
回了[xuei˨˩·iau]　　睡了[ʂuei˧˥·iau]

第四，前一个音节韵母末尾为[u]时，"了"音为[uau]。例如：

跑了[pʰau˨˩·uau]　　好了[xau˨˩·uau]　　扫了[sau˨˩·uau]
到了[tau˧˥·uau]　　交了[tɕiau˧˥·uau]　　了了[niau˨˩·uau]
漏了[nəu˧˥·uau]　　缩了[səu˧˥·uau]

第五，前一个音节韵母末尾为[n]时，"了"音为[niau]。例如：

反了[fan˨˩·niau]　　乱了[nan˧˥·niau]　　偏了[pʰiɛn˧˥·niau]
换了[xuan˧˥·niau]　　分了[fən˧˥·niau]　　问了[uən˧˥·niau]
引了[in˨˩·niau]　　进了[tɕin˧˥·niau]

第六，前一个音节韵母末尾为[ŋ]时，"了"音为[ŋau]。例如：

长了[tʂʰaŋ˨˩·ŋau]　　让了[zaŋ˧˥·ŋau]　　讲了[tɕiaŋ˧˥·ŋau]
养了[iaŋ˨˩·ŋau]　　光了[kuaŋ˧˥·ŋau]　　黄了[xuaŋ˨˩·ŋau]
封了[fuŋ˧˥·ŋau]　　松了[suŋ˧˥·ŋau]　　红了[xuŋ˨˩·ŋau]
用了[yŋ˧˥·ŋau]　　穷了[tɕʰyŋ˨˩·ŋau]　　空了[kʰuŋ˧˥·ŋau]

(2) 安陆方言"了"的句法分布

安陆方言的完成体"了"相当于普通话的"了$_1$"，用在动词的后面，主要表示动作的完成。其句法分布如下：

第一,"了"用于"S+V+了+O(受)"格式中。例如:

1) 我通知了老王。

2) 老陈来了一封信。

3) 他买了一件羊绒大衣。

4) 妹妹吃了三碗饭。

第二,"了"用于"V+了+O+O"的双宾句中。例如:

1) 我给了他一本书。

2) 老大妈送了他两个馍。

第三,"了"用于"把+O(受)+V(及物)+了他"格式中,表达说话人的命令、意愿、提醒等,构成祈使句,带有强烈的强制语气色彩。例如:

1) 把垃圾丢了他。

2) 把饭吃了他。

3) 把谷卖了他。

4) 把衣裳脱了他。

5) 把盘子里头的菜炒了他。

6) 把牛肉切了他。

7) 把南瓜煮了他。

8) 把衣裳洗了他。

这一格式中的动词是及物动词,"把"的宾语是被处置或受影响的人或物。句末的"他"是这一格式必不可少的一个成分,往往复指前面"把"的宾语。能进入这一格式的动词都是自主动词,我们将进入这一格式的动词按有无[+去除]的语义特征进行讨论。一种是,这一格式中的动词都具有共同的语义特征:[+自主]、[+去除]。这样的动词除了"吃"、"丢"、"卖"、"脱"之外,还有"擦"、"抹"、"剃"、"刮"、"撕"、"摘"等。另一种是,这一格式中的动词具有[+自主]、[-去除]语义特征的除了"洗"、"切"、"炒"、"煮"以外,还有"收"、"炸"、"炒"、"择"等。二者的不同之处在于:第1)种句式要求动作使动作对象消失,第2)种句式要求的则是动作使动作对象达到说话者预想的状态,并不要求它消失。

第四,"了"用于"S+V+了+C(数量)"格式中。例如:

1) 托托睡了两个钟头。

2）他才学了两年。

3）小华在门口站了一<u>下</u>儿。

4）老师把他们训了一顿。

这一格式中的"C"是数量补语，可以是时量，如例1）和例2），也可以是动量，如例3）和例4）。

第五，"了"用于"S+V₁+了+V₂"格式中，构成连谓句。"了"用在前一动词之后，表示前一动作完成后再出现另一种情况，或者前一情况是后一情况出现的前提条件。例如：

1）爸爸下了班去买菜。

2）我吃了饭就走。

3）他吃了饭以后出去了。

4）<u>明朝</u>明天我吃了早饭以后再去学校。

5）我们看了电影以后就回来了。

6）他每天做了作业以后就拿一本书看得津津有味。

第六，"了"用于"S+A+了+C"格式中，表示状态、情形的变化。例如：

1）伯伯的身体比以前差了□［xɛʋ］很多。

2）几天下来，菜园里的西红柿红了不少。

3）半年不见，托托高了一大截。

(3)"了"的语法意义

关于"了"，普通话里分为"了₁"、"了₂"、"了₃"。很多学者对它进行过研究，一致认为，"了₁"表达完成的语法意义，"了₂"表示一种新情况的出现或起煞句作用，"了₃"兼"了₁"、"了₂"的语法意义，既表示完成，又表示一种新情况的出现或煞句。吕叔湘（1982）认为，"了"字同时有两个作用：表"动作的既事相"和"决定的语气"。王力（1985）提出，"了"表完成貌。朱德熙（1982）、孔令达（1986）认为"了₁"表示完成，不受时间限制，可以表示过去、现在、将来的完成。刘勋宁（1988）、竟成（1993）都证明普通话里的"了"有"实现"体的意义。赵元任（1996）指出，"了"是完成时词尾，"这个词尾的类义是'动作完成了'"。刘月华（1988）也认为，把"了₁"的意义概括为"实现"也许更好些。王还（1990）针对刘勋宁提出的"实现说"，认为"实现"和"完成"是一致的，要注意的是区分状态和动作,动作可以完成和实现,而状态不能,状态往往是动作完成后的结果。在这之后,李小凡(2000)、徐通锵(1997)、金立鑫(1998、2002)都对"了"的语法意义发表了自己的看法。这些观点对于我们认识"了"的语法意义具有重要的作用。我们认为,安陆方言的完成体"了"的语法意义是完成或实现,当"了"紧跟在表示动作行为的谓词后面时,表示"完成"的语法意义,当"了"紧跟在表示状态的谓词后面时,表示"实现"的语法意义。前面描写了安陆方言"了"分布在六类句法格式里,一至五类格式里的"了"表示动作行为的完成,第六类的"了"则表示状态的实现。再看两个例子:

1)他把一大碗饭吃了个精光。

2)早晨到菜园里一看,大椒辣椒又红了□[xɛv]很多。

例1)里的"了"表示"吃"的动作已经完毕,"了"与时间相关,表示动作行为在参照时间之前发生。例2)里的"了"表示"红"的状态已经实现,或者说表示状态属性超出了预设。虽然这两种意义不完全相同,但密切相关,所以采用同一个形式标记,二者融为一体。根据语法意义必须和语法形式相对应的原则把它们概括为一个体范畴——完成体。李小凡(2000)认为可以在完成体内部区分"完毕体"和"生成体"两个次范畴,这与安陆方言完成体的语法意义不谋而合,他说的"完毕体"即安陆方言的"完成","生成体"即安陆方言状态的"实现"。

6. 存续体标记——"得"

安陆方言存续体"得"不同于普通话里的结构助词"得"。在安陆方言中它是存续体标记①,表示动作行为实现后其状态在延续或存在。这一意义在普通话中用"着"表示。《现代汉语八百词》中列出了"着"的四个义项:1)表示动作正在进行。用在动词后,动词前可加副词"正"、"在"、"正在",句末常有"呢"。如"他们正看着节目呢"。2)表示状态的持续。用在动词、形容词后,动词、形容词前不能加副词"正"、"在"、"正在"。如"门开着呢"。3)用于存在句,表示以某种姿态存在或动作产生的状态。

---

① 对于"进行体"、"持续体"、"存续体"这几个概念,有的把"进行"和"持续"混同,也有的把"存续"称为"持续"。本文根据安陆方言"得"的具体情况,用"存续体"这一术语,从钱乃荣先生的说法。

如"门口围着一群人"。4）动₁＋着＋动₂。构成连动式。动₁多为单音节动词，有时是一个动词重叠或两个动词连用。如"坐着讲"和"想着想着笑了起来"。对应《现代汉语八百词》中"着"的四种用法，第一种用法安陆话与普通话一样，用"正在"、"在"表示动作正在进行。第二、第三种用法安陆话用"得"表示某种状态的持续或以某种姿态存在。第四种用法安陆话中用"倒"表示，指事件里的动作行为呈持续不断的状态。也就是说，安陆方言中用"正在"和"在"表示进行体，用"倒"表示持续体，用"得"表示存续体。安陆方言中，"得"不同于普通话的助词"着"紧跟在动词或形容词之后，而是处在句子的末尾，表示确信无疑和肯定的语气。例如：

1）身上带了钱得。身上带着钱。
2）东西放在那里得。东西放在那儿呢。
3）饭放在桌子高头得。饭放在桌子上呢。

存续体标记"得"在句子中不是紧跟在动词后面，而是处在句子末尾，在安陆方言中有其特殊性。

（1）存续体标记"得"对动态助词"了"或处所性补语的强制性选择

在安陆方言里，"得"虽为存续体标记，但它并不是单独出现在句法结构中，而是必须和"了"或处所性补语同时出现在句法结构中，即以"V＋了＋O＋得"或"V＋了＋得"和"V＋在（处所）＋得"的格式出现。像上面的例子就不能这样说：

身上带钱得。（×）／ 东西放得。（×）／ 饭放得。（×）

这说明尽管安陆方言里"得"是存续体标记，但并不能单独作为体标记出现，存续体还需一个辅助性的标记"了"。也就是说，安陆方言的存续体标记是复合形式"V了得"，其中，"了"表示动作行为的实现，"得"表示动作行为实现后的一种存在状态，二者缺一不可。如上面的例子如果去掉"得"，就成了：

1）身上带了钱。
2）东西放在诺儿。东西放在那儿。
3）饭放在桌子高头。

这些句子不再表示存续体的语法意义，而仅仅表示动作行为的实现。

竟成（1993）认为现代汉语里"了"有"实现—延续"的意义。而安陆方言的存续体表达的正是"实现—延续"的意义，这一意义的表达是标记"得"和"了"相配合的结果。安陆方言存续体标记不同于普通话存续体标记成了竟成的论断的很好的证明。事实上,复合体标记并不是安陆方言独有的现象,曹志耘(2001)提到金华汤溪方言里"得"和"达"共同构成完成并持续的语法意义。他举的例子是:

1) 渠头上个帽戴得达。_{他头上戴着一顶帽子。}

2) 渠身新衣裳着得达。_{他穿着一身新衣服。}

另一方面,安陆方言存续体的表达还必须以处所性补语的共现为必备条件。例如:

A. a. 衣裳放在箱子里头得。

 b. 排骨炖在罐子里头得。

B. a. 驾驶证丢在车子高头得。

 b. 秧头甩在田里得。_{禾苗扔在田里呢。}

C. a. 他睡在床上得。

 b. 林华等在屋里得。

这些例子中的"得"都表示存续的语法意义,也就是动作行为实现后状态的持续,"在+处所词"是"得"表示存续这一语法意义的必要成分,没有"在+处所词",这种格式的存续体就不成立。如不能说:

1) 衣裳放得。(×)

2) 驾驶证丢得。(×)

3) 他睡得。(×)

这一格式里的"得"既表示语气,表明一种事实情况,也表示存在,反映一种持续状态。不用"得",句子虽然也能成立,但只是表明一种事实情况(如上面的C组),有的还可能转化为祈使句(如上面的A组);用"得",则侧重表现一种"存在"的持续状态。

(2)"得"对句法结构的选择

第一,"得"出现在存现句的末尾。

表示存在的状态,是一种静态的存在句。其格式为:S(处所)+V+了+O+得。例如:

1) 台子高头坐了主席团得。_{台上坐着主席团。}

2) 屋里睡了人得。_{屋里睡着人。}

3) 门口坐了一个婆婆得。_{门口坐着一个老太太。}

4）墙高头挂了一张画得。墙上挂着一幅画。

安陆方言里，"得"出现的存现句的主语只表示处所，不表示时间。而普通话里存现句的主语具有时空性，即表示处所的方位词和表示时间的时间名词均可做主语。

第二，"得"出现在非存现句的末尾，谓语由动词或状态形容词充当。格式为："S（受事）＋V/A＋了＋得"。例如：

1）画子贴了得。画儿贴着呢。

2）绿豆汤冷了得。绿豆汤正凉着呢。

3）菜热了得。菜正热着呢。

4）他拿来的东西爸爸甩在门口了得。他拿来的东西爸爸丢在门口呢。

这些例子中的主语往往具有事物性，是受事主语，而整个句子则判定某物处于某种状态，是判定性静态句。

第三，"得"出现在非存现句的末尾，谓语由动词充当。格式是："S＋V＋在＋处所词＋得"。例如：

1）拖拉机停在门口得。

2）镰刀掉在菜园里头得。

3）张老师坐在教室里头得。

这一格式的内部并不单纯，三个例子分别代表了三种不同的情况：

例1）的主语是受事，可以说成"处所词＋V＋倒＋O（受事）＋得"和"O（受事）＋在＋处所词＋V＋倒＋得"的形式。如：

4）拖拉机停在门口得。

5）门口停倒拖拉机得。

6）拖拉机在门口停倒得。

例1）的主语也是受事，但动词的性质不一样：例1）的动词是持续动词，或动作完成后即转化为状态的短时动词；例2）的动词是动作完成后不能转化为状态的短时动词，因此不能像例1）那样变换，如不能说"菜园里头掉倒镰刀得"，也不能说"镰刀在菜园里头掉倒得"。

例3）动词的性质跟例1）的动词相同，但主语的性质不同，不是受事，而是施事。因此，也不能像例1）那样变换。如不能说"教室里头坐倒张老师得"，但可以说"张老师在教室里头坐倒得"。

(3) 存续体标记"得"对句法结构中动词或形容词的选择

"得"往往与静态意义的动词或形容词相联系，这类动词或形容词有"挂"、"带"、"贴"、"醒"、"饿"、"冷"、"热"等。例如：

1）伢醒了得。小孩醒着呢。

2）跑了一大天我还饿了得。跑了一整天我还饿着呢。

3）对子贴了得。对联贴着呢。

这些静态意义的动词或形容词往往表示动作或状态已经发生并持续着。如例1）中的"醒了得"，是指"醒"这一动作已经发生，并处于一种持续醒的状态；例2）"饿了得"是已经发生了饥饿的感觉，而且这一感觉到说话时仍然持续着；例3）"贴了得"是已经发生"贴"的动作，其状态仍然存在。

(4) 存续体标记"得"与持续体标记"倒"

第一，"得"是存续体标记，表示动作行为实现后其状态的延续或存在，往往与静态意义的动词或形容词相联系，见上文。而"倒"是持续体标记，指的是事件里的动作行为呈持续不断的状态，一般与动态意义的动词相联系。这类动词有"走"、"说"、"唱"、"做"、"吃"、"看"、"听"、"插"、"盖"等。例如：

1）灯亮了得。灯亮着。

2）门开了得。门开着。

3）坐倒吃不如站倒吃。坐着吃不如站着吃。

4）大人说么事你都听倒。大人说什么你都听着。

5）说倒说倒他陡然笑起来了。说着说着他突然笑起来了。

第二，"得"永远处在句子的末尾，表示动作已经发生并持续的状态，而"倒"紧跟在动词后面，可以处在句中，也可以处在句末，表示动作的持续。

1）大椒晒了得。辣椒正晒着呢。

2）取暖器开了得。取暖器正开着呢。

3）我是走倒去的。我是走着去的。

4）听倒！等下我们几个一路去。听着！等会儿我们几个一道去。

第三，有些动词既表示动态的意义，也表示静态的意义，这时既可以用"得"表示存续，也可以用"倒"表示持续，不过"得"多用于陈述句中，而"倒"多用于祈使句中。例如：

1) 他坐了得。他正坐着呢。

2) 你坐倒，莫把我挡得巧。你坐着，别把我挡着了。

3) 莫歪倒个身子走路。别歪着身子走路。

4) 我招呼了得，你去忙你的。我正招呼着呢，你去忙你的。

上面两组例子中的"得"和"倒"不能互换，如果互换，则句子的意义不一样。"倒"如果用于陈述句，那么在句型上应是连谓句或者句子里不止一个动词。如：

1) 他坐倒吃饭。他坐着吃饭。

2) 牛站倒喝水。牛站着喝水。

3) 唱倒唱倒他陡然哭起来了。唱着唱着他突然哭起来了。

"倒"和"得"也可以共现。

1) 他坐倒得。他正坐着呢。

2) 他站倒得。他正站着呢。

上例中，"坐"和"站"的动作已经实现，句子表示"坐着"或"站着"的状态的持续。

(5) 存续体标记"得"的语法意义

安陆方言的存续体"得"表示某种动作已经发生并处于持续状态。这类句子侧重于静态的持续性的描写。

第一，"得"用于"N（处）+V+起+M+N（施/受）"格式中的语法意义。

"得"用于"N（处）+V+起+M+N（施/受）"格式中，说明某处某人或某物处于某种状态，表明一种存在的状况。例如：

1) 他的屋门口挂了两挂红大椒辣椒得。

进入这一格式的动词要求动作能够持续的动词，如"围、趴、困、坐"等。有的动词是表示一种短时的动作，但动作完成后即表现为一种持续状态，如"放、挂"等。这一格式可以变换为"N（施/受）+V+在+N（处）"。如上例可以这样说：

2) 两挂红大椒辣椒挂在他的屋门口得。

第二，"得"用于"S+V/A+了+得"格式中的语法意义。

"得"用于"S+V/A+了+得"格式中，强调一种静态的持续性，是判定某物处于某种状态，可称为判定性静态句（曾美勤，2002）。例如：

1) 这间房子空了得。

这种判定性静态句有以下特点：其一，动词前边可以很自然地加表判定的动词"是"，加"是"以后，判定的意味更强；其二，与静态存在句比较，判定性静态句重在强调动作行为的持续，所以动词前可以加时间副词"一直"。

7. 经历体标记——"了的"

安陆方言的经历体主要用句末"的"，而且动词后必用"了"，与"的"构成复合体标记"了的"，很少用"过"，表示过去某个时候曾经完成过某个动作或发生过某种变化，它主要用来强调某种经验或阅历。格式是：V＋了＋的。其中，"V"可以是各种情状类型的动词，"了"和"的"中间也可以插入其他成分。"了的"相当于普通话里表经历意义的"过"。如：

1) 他吃了的。他吃过了。
2) 他年轻的时候当了兵的。他年轻的时候当过兵。
3) 我去了北京的。我去过北京。

复合标记"了的"二者缺一不可。没有"了"只有"的"句子的意义发生了变化，不再表达经历体的语法意义。如上面的例子如果不用"了"，则成为以下的句子：

1) 他吃的。
2) 他年轻的时候当兵的。
3) 我去北京的。

这三个句子不用"了"都能成立，但意义不同，都表达强调的意义。例1) 表示强调，强调是"他"吃的，而不是别人吃的；例2) 也是强调他当兵的时间是年轻的时候；例3) 强调是"我"去北京的，而不是别人，或者是强调"我要去北京"这一件事。

安陆方言里，表达经历体意义的"的"处在句末，表示动作行为已经在过去发生。没有"的"只有"了"，意义也不同。如上面的例子如果不用"的"，则成为下面的句子：

1) 他吃了。
2) 他年轻的时候当了兵。
3) 我去了北京。

例1) 仅仅陈述"吃"的动作已经完成；例2)、例3) 因为动词前面有时间状语或动词带了宾语，所以除了表示动作完成以外，总觉得句子还有后续句出现。总之，这三个例子没有用"的"都不表示经历体的意义。

(1) "了的"的句法分布

第一，"了的"分布在"S＋V＋了＋的"格式中。例如：

1) 他到城里去了的。
2) 我跟他说了的。_{我跟他说过了。}

第二，"了的"用在"S＋V＋了＋C＋的"格式中。例如：

1) 他跟我说了三埋儿的。_{他跟我说过三次。}
2) 他到城里去了几埋儿的。_{他到城里去过几次。}

第三，"了的"用在"S＋V＋了＋O＋的"格式中。例如：

1) 他们哈吃了饭的。_{他们都吃过饭。}
2) 我去买了书的。

第四，"了的"用在句法结构"S＋V＋了＋C＋O＋的"中。例如：

1) 我们前儿_{前天}晚行_晚上还看了一场电影的。
2) 我的屋里吃了几埋儿饺子的。_{我家里吃过几回饺子。}

这些句法结构中的"了的"中的"了"一般都是紧跟在句子的动词之后，这个动词可以不带宾语，如第一类，也可以带宾语，如第三、四两类，还可以带补语，如第二类。句法结构中的"的"总是出现在句子的末尾，它的前面如果没有宾语或补语，则"的"和"了"合在一起，它的前面如果有宾语或补语，则"的"和"了"分开表示经历体的意义。

(2) 经历体"了的"的语法意义

安陆方言里，经历体"了的"中的"了"相当于普通话里的"了$_1$"，主要表示动作完成的语法意义；"的"的语法意义可以概括为"曾然"，即表示曾经发生某一动作或存在某一状态，是语气词与体貌助词的复合体，不是单纯的语气词（刘勋宁，1990）。经历体的复合标记"了的"表达的是在过去的时间内动作行为的完成。往往与时间词共现，如果没有时间词，以说话时间为参照点，即表达的动作行为在过去已经实现。杨永龙（2001）认为，"了"是对事件终结点加以观察，表示事件在参照时间之前完毕；"的"是将事件作为一个整体加以观察，表示事件在参照时间之前结束并与参照时间脱离了联系。孔令达（1986）认为，"了"表示动作完毕，不受任何时间限制；"的"表示曾经有某事，它总是同过去时间相联系。刘月华

(1988)比较了动态助词"过₂"、"过₁"、"了₁"的用法,把"过₂"的意义概括为"曾然",即表示曾经发生某一动作或存在某一状态,"过₁"表示动作完结。这些研究与安陆方言经历体"了的"的语法意义不谋而合,只不过普通话里"了"、"过"用同一形式表达几种不同的语法意义,而安陆方言是一个体标记表达一种语法意义。

(3)安陆方言的经历体标记"了的"与普通话的"了"

第一,学术界对现代汉语"了"的研究回顾。

普通话里的"了₁"表达完成的语法意义,"了₂"表示一种新情况的出现或起煞句作用,"了₃"兼"了₁"、"了₂"的语法意义,既表示完成,又表示一种新情况的出现或煞句。很多学者都对"了"进行了研究,有的认为"了"具有完成的语法意义,有的认为"了"有实现的语法意义(见前述)。其中,竟成(1993)还认为"了"有"实现—延续"的意义。金立鑫(1998)在此基础上指出普通话里的"了₁"是表示"完成—延续"的标记,同时还兼表"过去—近时"的时特征。

第二,安陆方言经历体标记"了的"与普通话里的"了"和"的"的关系。

其一,安陆方言的经历体用的是复合体标记"了的",表达的是在过去的时间内动作行为的完成。其实"了"和"的"的这种用法并不是安陆方言独有的。朱德熙(1982)认为,"了₁"可以出现在表示过去、现在、将来所发生的事件的句子中,它所表现的是事件"完成"的状态。例如:

1)昨天老王买了一本书。(过去完成)

2)现在我知道了这件事。(现在完成)

3)明天你吃了饭来找我。(将来完成)

安陆方言经历体标记"了的"中的"了"如果单独使用,也跟普通话的用法一致,即可以出现在表示过去、现在、将来所发生的事件的句子中;如果和"的"一起表达经历体的意义,则只表示动作行为在过去完成。

其二,"的"常常是一个和"时"紧密联系的概念,它所表示的行为只允许发生在说话之前,不允许发生在说话之后。例如:

1)昨儿我吃中饭前去找了你的,你不在。

2)明朝明天我吃中饭前去找了你的,你不在。(×)

例2)所表示的行为发生在说话之前,因而句子成立。例2)所表示的行为发生在说话之后，句子不能成立。因而安陆方言经历体"了的"的表达总是跟参照点相联系，要么与时间提示词共现，如"已经"、"昨天"之类；要么以说话时间为参照点，这时不出现时间提示词。

王光全（2003）认为，普通话里的"的"就是一个过去完成体标记并举例：

3）你怎么来的？——坐公共汽车来的。

这个"的"，吕叔湘（1980）认为有两个用法：一是表示肯定，二是表示已然。宋玉柱（1981）认为它是表示过去时的"时间助词"。马学良、史有为（1982、1984）认为这个"的"不仅表示过去时，还表示完成体，"而且主要是表示'体'的，建议称为'体—时助词'"。因而我们是否可以认为，安陆方言的经历体标记不用"过"而用"了的"，这是对普通话里的"体—时助词""的"的一个很好的佐证。赵斌在其《谈谈"的"字的动态用法》中认为"的"有一个特殊的用法，作动态助词用。"的"字附在动词形容词之后，表示动作完成，有了某种性状，表明曾经有过某种动作、经历、状态。这个时候必须和明确表示过去的时间名词连用，具有"了"、"过"的语法意义。例如：

4）他昨天去的。

5）你五年前答应的。

6）我刚才打扫的。

7）姑妈前天来的。

8）去年出版的。

9）三天前买的。

其三，安陆方言经历体"了的"和完成体"了"的区别。

安陆方言中，"了的"表示曾经经历某事，在句法结构中可以与"已经"共现，"已经"位于"了的"之前，而"了"表示完成，常与"以后"共现，而且"以后"位于"了"之后。例如：

1）莫扯，我已经吃了早饭的。

2）我晓得，<u>你刚刚儿</u>刚才说了的呗。

3）他想了这些以后，开始想一些别的事儿。

4）他说他的脾气发了以后，人就舒服了一截。

"了的"表达的语法意义是"完成—不延续"（竟成，1993），"了"是

"完成—延续"(金立鑫,1998)。"延续"指的是"了"所外显的动词的时间特性需要一定的时间跨度来维持,这个时间跨度必须是说话人明确提供出来的,并且听话人也能够确定的。例如:

1)我吃了皮蛋粥。(?)
2)我吃了皮蛋粥的。我吃过皮蛋粥。

这两个例子都有"了",例2)能说,例1)总觉得句子表达的意思还不完整,与例2)的区别就在于说话人没有提供一个时间跨度,以满足它"延续"性的要求,因此作为一个句子,它不能独立,好像话还没有说完。"了的"的"完成—不延续"没有时间跨度上的要求,因此第二个例子可以独立成句。"了的"的这种"不延续"性和"了"的"延续"性的对立可以在下面的例子中得到证明:

3)他也离了婚。
4)他也离了婚的。

例3)指仍处于离婚后的状态,例4)是说现在已经结束离婚状态。在只有主动宾的句子中(也就是没有任何时间成分的"中性语境"),"了"由于它的延续性,总是表示话未说完,因此这种句子的独立性很差。

"了的"和"了"的另一个区别是,在中性语境中,都兼有表示"时"的功能。但是"了的"表示的是"过去的远时",而"了"表示的是"过去的近时"。比较以下两组例子:

1)我吃了皮蛋粥的。
2)我吃了皮蛋粥。
3)他当了兵的。
4)他当了兵。

第1)、3)两个例子所指的时间比较远,第2)、4)两个例子所指的时间比较近,甚至可以是"刚刚"。金立鑫(1998)在讨论现代汉语"了"的时体特征的时候作过一个很形象的时间轴,很能说明安陆方言经历体"了的"所处的时间位置。请看下面的时间轴:

```
————————————————————|————————————————→
  过去远时         过去近时      现在        将来
(他去了上海的)   (他到上海去了)           (他去上海)
```

在这个时间轴上,"了"表示完成,既指现在完成,也指过去完成,而经历体"了的"指过去远时完成。

(4) 安陆方言经历体标记"了的"与存续体标记"了得"

"了的"与"了得"都是复合体标记，两种复合体标记中的"了"都是必不可少的因素，即两种复合体标记中的"了"都表示动作行为的实现或完成，中间都可以插入别的成分，"的"和"得"都位于句末。但"了的"与"了得"所表达的体貌意义却有很大差别："了的"着重说明动作行为的变化已成过去，表达的是经历上或阅历上的事件，是安陆方言经历体标记；"了得"则着重说明动作行为已经完成或实现并处于某种状态之中，是安陆方言存续体标记。例如：

1) 他当了县长的。他当过县长。

2) 他当了县长得。他当着县长呢。

这两个例子中都用了"了"，表示"当"这个动作行为的实现。但第一例"了的"表示"他"曾经当过县长，现在不当了，是经历体标记。第二例"了得"表示"他"现在正当着县长，"当"的动作实现以后还在延续，是存续体标记。

(十三) 语气

1. 安陆方言常见的语气词

(1) 啊 [a↘]

第一，用于祈使句。

表示吩咐、强调、提醒或劝阻，读啊 [a↘]，而且是重读，强调或提醒的内容紧接着出现。例如：

1) 作业做完了就快抹点儿赶快上床睡啊。

2) 你们哈都在喏儿这儿啊，我先表个态。

3) 你们先吃倒啊，我去把白菜炒了它着。

4) 你莫在喏儿东嚼西嚼的啊，把我的火惹起来了有你的好看的。别在这儿唠唠叨叨的啊，把我的火惹起来了有你好看的。

5) 他做作业你莫张他啊，尽他安心地做。他做作业你别理他，让他安心地做。

第二，用于疑问句中。

有两种情况：

一是用来表示反问、怀疑，相当于普通话里的"吗"，读啊［a˧］。
例如：

1) 乜大一柜子书未必你哈看完了啊？这么大一柜子书难道你都看完了？
2) 你乜样儿对你的堂客，她受得了啊？你那样对待你的老婆，她受得了吗？
3) 你要是在场的话，他还敢乜狠啊？你如果在场的话，他还敢那么狠吗？（"啊"变读为"啦"）
4) 乜黑的天你还看得清楚啊？这么黑的天你还看得清楚吗？（"啊"变读为"哇"）
5) 乜大一块田哈是你一个人割的啊？这么大一块田都是你一个人割的吗？

二是用于询问，表示对某种原先不知道的情况感到惊讶的语气。例如：

1) 他是你的孙儿啊？我还不晓得嘞。（"啊"读音为［z̞a˧］）
2) 他的伢十四岁就考上了大学啊？真是聪明啰！（"啊"变读为"呀"）
3) 你去他的屋里查了家的啊？像么样儿欤？你去他家相亲了的啊？怎么样啊？（"啊"变读为"呀"）
4) 一年忙到头只落了千把块钱儿啊？一年忙到头只剩下千把块钱？（"啊"变读为［z̞a˧］）

（2）吧［pa˩］

第一，用于疑问句中，表示猜测或不太确定但又不完全否定的语气。例如：

1) 他回了吧？莫乱瞎说。
2) 他乜暗才回来，可能吃了的吧？他这么晚才回来，可能吃过了吧？

"吧"还可用于疑问句中的反问句，表示不敢相信的一种怀疑。例如：

3) 他说他要好生儿地学习，我冇听错吧？
4) 我昨儿还看见了他的，你在过白吧？你在撒谎吧？

第二，用于祈使句，表示建议、请求的语气。例如：

1) 天太冷了，尽我向下火吧！让我烤一下火吧！
2) 天不早了，我们嘎势开始吧！
3) 搞了乜么长时间，我们歇下气儿吧！

（3）呗［pɛ˧］

第一，用于陈述句。表示申明、表白或指明的语气。通常在这个陈述句的后面接一个疑问句，表示反问。例如：

1) 我说了的呗，你怎么还不相信我嘞？
2) 我跟你发了一封信的呗，你有收倒哇？
3) 你的妈走了呗，你还不晓得啦？
4) 乜这本书他买了的呗，你还要买呀？

第二，用于反问句。表示反问的语气，通常含有否定和责备的意味。例如：

1) 你不是说你会做乜这一道题的呗？
2) 不是说调查组今朝今天来的呗？

这一类反问句要成立，必须用语气词"呗"，它所隐含的否定意义可以通过后续否定句明确表达。如上面的例子可以补充后续句：

3) 你不是说你会做乜这一道题的呗？怎么做不倒欸？
4) 不是说调查组今朝今天来的呗？怎么今朝今天冇来耶？

(4) 的 [ti↓]

"的"作为语气词跟北京话里的"的"一样，主要用于陈述句末尾，表示加强肯定的语气。例如：

1) 我跟他打赌的时候总冇没有赢他的。
2) 他说了要来的，怎么还冇来耶？
3) 我的屋里的谷割得差不多了的。
4) 他们哈抹了汗的，就是你冇抹。他们都洗了澡的，就是你没有洗。
5) 你看到他以后莫做声，只当不晓得的。

在这些陈述句中，"的"往往肯定的是已然的情况（吕叔湘，1980），也就是说，从"时"的角度来说，"的"是对曾经发生过的动作的一种肯定。

"呗"也用于陈述句，表示的语气意义跟"的"有点儿近似，但二者存在着细微的差别："呗"表示情况绝对如此，是确证地陈述事实；"的"表示情况本来如此，是肯定地陈述事实。比较下面的例句：

6) 信武从广州回了的。（肯定，不容置疑）
7) 信武从广州回了呗。（确证，可以后接"你还不知道？"这一类的反问句）

(5) 欸 [ei˦]

第一，用于特指问。

用于特指问询问原因,突出说话人的疑问、好奇心理;或者询问事物、时间、数量和方式。"欤"的读音受其前一音节的影响而发生变化。例如:

1) 他的屋里种的南瓜总是好吃些,是个么讲究欤?("欤"变读为"喂")

2) 已经放学了,他怎么还不回来欤?("欤"变读为"耶")

3) 他在搞么事欤?去了乜这么长时间还不回来。

4) 庆平几咱儿什么时候回来欤?回来以后跟我招呼一声。("欤"变读为"耶")

5) 你怎么去的欤?坐车?("欤"变读为"耶")

6) 你的暑假作业做了几多欤?("欤"变读为"嘞")

"欤"还可用于特殊的特指问中(陆俭明,1982),表示疑问,相当于北京话的"呢"。可用于两种格式:

第一种是"欤"直接用在名词、代词或名词性短语后面,询问处所,表示"……在哪儿?"例如:

7) 金花欤?(金花在哪儿呢?)

8) 我的书欤?(我的书在哪儿呢?)

第二种是"欤"用在动词性短语或主谓短语之后,一般询问方式方法,表示"如果……,那么怎么办?"例如:

9) 下雨了欤?如果下雨了,那又该怎么办呢?("欤"变读为"喂")

10) 他不去欤?如果他不去,那又该怎么办呢?("欤"变读为"耶")

第二,用于正反问,表示询问,"欤"的读音受其前一音节的影响而发生变化。例如:

1) 你跟他一路过得好不好欤?你跟他一起过得好不好呢?("欤"变读为"喂")

2) 托托他们来不来欤?("欤"变读为"耶")

第三,用在假设分句里,表示加强假设的语气,同时还有感慨的意味,常跟"要是/要不是"配合使用。例如:

1) 要是他来了欤,我们就莫说他。("欤"变读为"喂")

2) 要是方方在屋里欤,我们做事就圆泛点儿。如果方方在家里,我们做事就方便一些。

3) 要不是他来欤,乜这个事儿还搞不下地。如果他不来,这个事情还搞不定。

4）要不是我病了欵，乜这个事儿就不得拖乜这长时间。

上面例子中的"欵"也都可以换成"吵"，但用"欵"语气显得舒缓一些，用"吵"语气显得强硬一些，"吵"总含有不如意或不愉快的感情色彩。

第四，用于句中，表示列举。例如：

1）他的屋里几有哦！天天如是，都是鱼欵、肉欵，冇干嘴儿的。他家里真富有啊！每天都是鱼啊、肉啊，没有停过嘴地吃。

2）我最怕乜这些动物哦！么事狗子欵、蛇欵（嘞）、财喜儿猫欵、老鼠欵，见到就怕。

第五，用作句首词语或前一小句之后的暂顿，表示委婉、和缓的语气。例如：

1）前一些时欵（嘞）我又冇得空，恁咱儿现在欵我的身体又不好。

2）前些时一直在忙，所以欵冇跟你联系。

3）做生意欵，心不能太黑。

4）要说读书欵，乜这个伢还是个读书的料。

5）平时想吃欵，又冇得，恁咱儿现在病了欵，又吃不进。

6）想买欵，价钱太贵了；不买欵，屋里又冇得用的。真是叫人左右为难啰！

第六，用于主语和谓语之间，表示停顿，用以缓和语气。例如：

1）乜这个钱嘞，应该还得别个。

2）他乜这个人嘞，死好占别个的相银儿。我们哈不跟他来栽。他这个人哪，最好占别人的便宜。我们都不跟他打交道。

(6) 哈 [xaˇ]

第一，用于祈使句表示吩咐或商议，语气读得稍重，"哈"的前面有一个短暂的停顿，以示强调。例如：

1）他要是先来了你就帮忙招呼一下哈！

2）老娘要是病了你就服侍下她哈！老母亲如果病了你就伺候一下她啊！

3）饿了就先吃一根黄瓜哈！

4）明朝我有事，爸爸跟你一路去哈！明天我有事，爸爸跟你一起去行吗？

5）两个人一路一起玩，莫打架哈！

第二，用于祈使句表示叮嘱、提醒或警告。例如：

1) 在路上好生儿的小心点儿哈！过马路的时候看清楚了再过。

2) 到街上去逛街要把钱统装或放好哈！莫尽让白抄子小偷把钱偷去跑了。

3) 你要是再乜这样儿我就对你不客气的哈！

4) 记倒我的话哈！莫跟别个扯皮耶。记住我的话啊！别跟别人争吵。

上例中"哈"表示叮嘱、提醒或警告的语气中往往含有某种祈使的意义，同时也表达了说话人亲切、关心等心理，语气显得温和。这是"哈"与"嗬"的区别所在。

(7) 嗬 [xoᵥ]

第一，表示命令、禁止或警告等，语气生硬，往往读得比较重，相当于北京话里的语气词"啊"。一般用于祈使句中，可以有后续句，也可以没有后续句。例如：

1) 在学校里莫跟别个打架嗬！在学校里别跟别人打架啊！

2) 紧在诺儿嚼，莫把我惹急了嗬！老在那儿唠叨，别把我惹急了啊！

3) 你跟我拿远些嗬！莫在诺儿滴滴冈冈的。你给我走远一点儿啊，别在这儿吵吵闹闹的。

4) 放老实点儿嗬！莫在诺儿动手动脚的。放老实点儿啊！别在这儿动手动脚的。

第二，表示征询的语气，多用于说明看法的句子，常意味着不肯定，希望得到对方的赞同。例如：

1) 我跟他商量了以后再给你答复嗬？

2) 乜这个菜吃得嗬？

上面的例子中如果不用"嗬"，语气是很肯定的，用了"嗬"，语气就变得不那么肯定了，说话人就显得不那么自信了，这样就使得句子带有一种征询的口气，心理上还是希望得到对方的赞同，而不是否定。

(8) 耶 [iɛ˧]

用于疑问句中，主要是特指问、正反问和选择问中，加强疑问语气，相当于北京话里的"呢"。例如：

1) 他几咱儿什么时候来耶？

2）你几咱儿什么时候去耶？

3）他来不来耶？

4）你今朝今天晚行晚上回不回耶？

5）他来还是你来耶？

6）是你去还是他去耶？

7）乇这个东西是你做的还是他做的耶？

(9) 啦 [nɑ˦]

第一，"啦"用于陈述句表示暂顿，相当于普通话里的"呀"。例如：

1）他啦，随你么样儿说都是乇个样儿。他呀，随你怎么说都是这个样儿。

2）他乇这个人啦，不好说得。

第二，"啦"用于是非问句，表示疑问，相当于北京话里的语气词"吗"。例如：

1）你是鑫鑫啦？你是鑫鑫吗？

2）乇啦？这个吗？

3）你说了算啦？你说了算吗？

4）就算他有错，你不能好生儿地说？好好地说啦？

(10) 嘞 [nɛ˨]

第一，用于疑问句表示征询、商议的语气，相当于北京话里的语气词"呢"。例如：

1）天道暗了，我们先回去吧，你说嘞？

2）乇个事儿我们今朝就说在喏儿，你看嘞？这个事儿我们今天就说到这儿，你看呢？

3）先尽伢们吃了着，可不可得嘞？

第二，用于陈述句中表示暂顿，同时有某种犹疑的语气或表示感慨的语气，相当于普通话里的语气词"啊"。例如：

1）他乇这个人嘞，我不好说得。

2）我今朝今天嘞，想吃又不想吃。

3）人嘞，总是乇这山望倒那山高。

4）他嘞，说是风就是雨，一点儿商量的余地都有得。

第三，用于复句的分句末尾表示舒缓的语气。

"嘞"用于复句的分句末尾，表示舒缓的语气，并有加强假设的作用，相当于普通话里的语气词"呀"。例如：

1）想说话嘞，你就大声地说，冇得哪个笑你的。

2）吃得嘞，你就多吃一点儿，吃不得嘞，你就少吃一点儿。

(11) 了

"了"之所以没有注音，是因为它的读音随其前一音节尾音的影响而发生变化，并且呈现出规律性。（详见"体貌"）

第一，用在陈述句末尾表示事情有了变化或即将有变化。例如：

1）乜那本书我已经买到了。

2）天道天晴了，把被窝拿出来晒下。

3）他快回了，你莫着急。

4）天快亮了，我们快抹点儿赶快起去吧！

第二，用于祈使句中表示劝听、阻止。例如：

1）快抹点儿赶快把灯熄了它！免得别个看得巧。

2）把豆子剥了它，等下我好炒得吃。

3）莫尽乜个财喜儿跑了！别让这个猫跑了！

4）把门闩紧，莫尽强徒进来了！别让小偷进来了！

从上面的例子可以看出，这些表示劝听的祈使句往往是"把"字句，"了"并不是出现在句子的末尾，而是出现在句子的倒数第二个位置，句子末尾的"它"往往与"把"的宾语构成同位关系，二者互相复指。而表示阻止意义的祈使句往往是否定性的祈使句。也就是说，"了"用在祈使句中，表示劝听、阻止的意义是有其句法环境的限制的，并不是可以出现在所有的祈使句中。

(12) 啰 [no↓]

第一，用于陈述句末尾，指明事实或情况，表示强调。例如：

1）他今朝非要走，我的心里硬是不过气啰。他今天一定要走，我的心里真难受啊。

2）他乜这个伢就是不听话啰，随你怎么说他都听不进去。

3）他的妈一生都造孽可怜啰，吃又冇吃好的，穿又冇穿好的。

这些例子中如果不用语气词"啰"，就是一种客观的叙述，不含强调的意思。

第二，用于感叹句中，表示感叹、怜惜，通常出现程度副词，整个表达带有夸张的色彩。例如：

1）他们喏儿那儿几吓人啰！

2）我几怕他啰！简直光得病总生病。

3）你看她几造孽啰！乜冷的天道还不穿袄子。你看她多可怜哪！这么冷的天还不穿棉袄。

第三，用于正反问句末尾，表示询问，有点儿不耐烦的提醒口气，作用大体上相当于普通话表示询问的"呢"。例如：

1）你们还吃不吃饭啰？紧在喏儿说。一直在那儿说。

2）你的衣裳还清不清啰？弄了一半就跑出去玩，简直不像话！

在正反句的后面，往往紧跟着一个陈述句，表明说话人询问或提醒听话人的原因，也正是因为在这样的语境中，"啰"才具有不耐烦的提醒语气。

第四，用于句中，表示语意未完，稍有停顿，是口语里特有的标示主位的标记，是显示次要信息与重要信息的分界点（方梅，1994）。从形式上看，有的用在句子主语的后面，有的用在句首的某个词或短语后面。从所表达的语气来看，有的表示强调和感叹的语气，有的表示缓和的语气。例如：

A. 1）他啰，年月一年到头不抹牌。

2）你啰，总是要人说才做点事儿，像个灯草，拨下亮下。

3）你在喏儿在这儿急死急活，他还在喏儿旷儿扬鞭地玩。他还在这儿痛痛快快地玩。

4）你啰，真是有点儿霉傻，乜这个话能说？

B. 1）我觉得啰，他应该去看下医生，免得病得得身上巧去了。

2）原先啰，我一点儿都不喜欢榴莲，闻倒乜个味儿就不舒服。

3）今朝今天啰，要好生儿地吃一顿饭。

4）他乜这种人啰，我一看到就烦。

(13) 嚜 [mɛ↘]

第一，用于陈述句，表示一种确认、肯定的语气，也就是表示所说的事实确凿，可以作证。例如：

1）他是老领导嚜，水平肯定□ [xɛ↘] 很高吵。

2）叫他把钱拿倒他不要嚜，不信你去问林华吵。

3) 我说了的嘪,他肯定有么事瞒倒我们得。

4) 老说语嘪,君子报仇十年不晚。

第二,用于复句的分句中,表示假设或让步转折的语气。例如:

1) 你答应了别个嘪,就要跟别个做好吣。

2) 做事嘪,就应该像个做事的样儿吣。

3) 他能帮嘪,就伸个手帮下吣。

4) 扯谎嘪,就扯到笃底吣。

5) 来了嘪,就好生儿地做事儿吣。

6) 早晓得是乜样儿嘪,我就不来吣。

7) 我再冇得嘪,一顿饭总还请得起吣。

8) 就算你不去嘪,话还是要说到吣。

"嘪"用于复句的前一分句末尾,往往和"吣"配合使用,"吣"用在后一分句的末尾。在这样的假设复句或让步复句里,去掉"吣",句子的表达很别扭,"吣"不可缺少。

"嘪"和"呗"在表意上有点儿接近,但二者不同:"嘪"带有解释说明的语意,而"呗"带有勉强同意或让步的语意。

第三,表示反问、申辩,常和"不是"配合使用,而且和语气词"了"或"的"连用,构成"不是……了嘪"或"不是……了的嘪"的格式。例如:

1) 他的婆婆不是死了嘪?

2) 钱不是交了的嘪?

3) 方林不是来了的嘪?

这样的表达格式往往隐含有言外之意,即面对现实情况或说话人的要求申辩某种动作行为。上述表达式的言外之意可以由后续句给出,也可以由交际双方在具体的语境中去领会。上述表达式的后续句为:

4) 他的婆婆不是死了嘪?怎么又冒出来一个婆婆唡?

5) 钱不是交了的嘪?怎么还要交欸?

6) 方林不是来了的嘪?他恁咱儿现在不在喏儿这儿啊?

(14) 咧 [niɛ˧]

第一,"咧"用于疑问句,但不用于是非问,表示疑问的语气,跟北京话里的"呢"一致。例如:

1) 他把㗳这个东西放到哪儿去了咧？
2) 我说还是不说咧？我说了算不算咧？
3) 我要说的就是㗳这么多，你们看咧？

第二，用在假设分句里加强假设的语气。"咧"像"欬"一样用在假设分句里，表示加强假设的语气时没有"欬"的那种感慨意味，通常是说话人提出做某一件事，另一说话人从反面提出一个问题，言下之意是"如果VP，那该怎么办咧？"常跟"要是"配合使用。而"欬"既可以跟"要是"配合使用，也可以跟"要不是"配合使用。例如：

1) 我们先三个人一组，把㗳这个事儿做了它。要是他来了咧？
2) 明朝明天我们把谷割了以后再去接他。要是明朝明天落雨咧？

(15) 哦 [oˇ]

第一，表示询问，用于特指问和正反问中，相当于北京话的"呢"。例如：

1) 落㗳这大的雨，他们怎么来的哦？
2) 㗳这个东西搞得哪儿去了哦？
3) 㗳这么冷的天他到城里去搞么事哦？
4) 他来不来哦？
5) 㗳这个事儿你们还想不想搞哦？不想搞就早点儿说。
6) 㗳这个凳子是不是高了哦？要不换一个矮一点儿的？

第二，表示推测的语气，句中常有"只怕"一类的推测词，它并不要求得到证实（汪国胜，1995）。如果不用语气词"哦"，则句子仅仅说明事实，语气是肯定的。用了"哦"，就变成了一种推测，语气是不肯定的。例如：

1) 天上的云头㗳这么黑，只怕要落雨哦？
2) 㗳这件衣裳㗳这么贵，只怕冇得人买哦？
3) 天道天不早了，只怕伢们儿已经放学了哦？

(16) 唦₁ [ʂɛ˧]、唦₂ [ʂɛ˧˥]

这两个语气词是安陆方言常见的语气词，而且最能体现方言的语音特色。两个读音表示不同的语气，下面分别加以描写说明。

第一，唦₁ [ʂɛ˧]

其一，"唦₁"用于陈述句，表示特意告诉别人某事，所陈述的事对说话人来说通常是不如意的，或者是不耐烦的肯定。例如：

1）我的钱尽让白抄子偷去走了吵。我的钱让小偷偷走了。

2）我的哥哥六岁的时候掉到塘里浯淹死了吵。

3）看奏欸，你的妈走了吵。你看，你妈妈走了吧。

4）我说了的吵，你怎么还不相信我嘞。

"吵₁"还可以用于陈述句末尾，跟"怪不得"、"难怪"之类的词语配合使用，强调一种醒悟的语气，并常跟说明原因的后续句。例如：

5）怪不得他来跟我打招呼吵，原来是你托之委托了他的。

6）怪不得他把个脸蒙倒吵，原来两个人打了一架，把个脸上打得血咕拉稀血淋淋的。

7）难怪他不跟我说话吵，原来是你在窦里撮的拐。原来是你在里面造谣生事。

"吵₁"还可以用于陈述句末尾，对陈述的语气起着减轻、冲淡的作用，表示"不过如此"的意思或轻视、鄙视的意味。这种"吵"常和"就是（只不过）"等词语呼应使用，相当于北京话里的语气词"嘛"。例如：

8）他就是用了三百块钱吵，值得你乜样儿去说他？他只不过用了三百块钱嘛，用得着你那样去说他？

9）你就是有几个钱儿吵，哪个怕你啦？

10）我就是说了你几句吵，你就乜样儿烟不出火不出的不张我？我只不过说了你几句嘛，你就这样气呼呼的不理我？

其二，"吵₁"用于疑问句末尾，可以把有疑而问的疑问句变成无疑而问的反问句或是带有反驳辩白语气的肯定句。例如：

A. 1）哪个说了的吵？谁说过了？（我根本就没有说过）

  2）你怎么跟他说乜个事儿吵？他是个搂倒裤子跑的人。你怎么跟他说这个事儿呢（你不该跟他说这个事儿）。他是一个藏不住话的人。

  3）哪个来了吵？谁来了？（本来谁都没有来过。）

B. 1）你是不是武汉人吵？你是武汉人?!（其实你不是武汉人。）

  2）你是不是瞧得起吵？（言下之意是：你根本就瞧不起。）

  3）你是不是去了北京的吵？（你本来就没有去过北京。）

C. 1）老师布置的作业你写了有吵？紧在喏儿玩。老在那儿玩。

  2）伢的东西哈都准备了有吵？莫到时候乜有得乜有得。别到时候这也没有那也没有。

3）你到亲妈屋里去带了礼物冇吵？冇带礼物好意思进门？

4）你的卷子高头写了你的名字冇吵？总是丢三落四的尽让人担心。

5）你们两个人要结婚商量好了冇吵？莫到时候扯皮拉筋的闹意见。

6）我说的话你听清楚了冇吵？冇听清楚就好生儿地坐倒听。

A组表面上看是特指问句，实际上是反问句，表达的内容是没有疑问的肯定意思。这种表达比一般的陈述句更具强调的语气。B组是由"是不是"构成的正反问，"是不是"和"吵"配合表达反驳辩白的语气。这种表达同样表面上看是疑问句，实际内容是肯定的意思。C组是由"VP 了冇"构成的正反问，语气词"吵"使疑问句具有反问的性质，同时表达说话人质疑或不耐烦的情绪。

"吵₁"还可用于反问句的末尾，使反问的语气进一步加强，兼表申说的语气。例如：

7）连好拐都听不清楚，还有么说头吵？连好坏都听不清楚，还有什么好说的呢？

8）乇大的事，哪个敢负乇个责吵？这么大的事，谁敢负这个责呢？

9）他是当地有名的地痞，哪个不怕他吵？

其三，"吵₁"用于祈使句，表示命令、责备、催促等语气，并常常伴随着说话人的不满、厌烦等情绪。例如：

1）快走吵！再不走天就黑了。

2）莫打他吵！有么事儿不能好生儿好好地说啦？

3）冇得事儿就把屋里理料下吵！没事儿就把家里收拾一下吧！

4）乇多衣裳一件都看不中啊？先试下吵！这么多衣服一件都看不上吗？先试一下嘛！

5）你快抹点儿赶快说吵！莫把人都急死了。

"吵₁"还可用于祈使句中表示警告、威胁的语气，言外之意是"你再敢 V，我就不客气了"。例如：

1）你再打他试下吵！

2）你再说一句交下吵！你再说一句试一试！

"吵₁"还可以用于祈使句中，表示劝阻或鼓动。例如：

1）你莫做声儿吵，他肯定要吓一跳。

2）你莫哭哟，妈妈一下就要回来的。

3）你直接去跟他说哟，怕□［mɛv］什么？

4）你去找哟，找得巧就归你自家。找着了就归你自己。

第二，哟₂［ʂɛv］

其一，"哟₂"用于正反问中，表示反问的语气往往是"哟"的前面稍有一点儿停顿，而且"哟"读得比较重，它的重读是在本调的基础上增加音强来完成的。例如：

1）你昨儿跟我说的七个人就是他，哟？你昨天跟我说的那个人就是他，是不是？

2）妈不在喏儿你们就做不成事，哟？妈妈不在这里你们就做不成事，是不是？

3）老师不来你们就可以旷儿扬鞭地玩，哟？老师不来你们就可以痛痛快快地玩，是不是？

其二，"哟₂"有时还用在表示反事实的假设分句"要是/要不是……"中，具有强调的意味，强调"要是/要不是……"分句对后一分句内容的决定性影响。例如：

1）要不是江安去了哟，我们今朝今天还回不来。

2）要不是我们走得快哟，只怕恁咱儿这会儿都还冇到。

3）要是你在喏儿哟，他们就不敢乜样儿对于我们。要是你在那儿，他们就不敢这样对待我们了。

4）要是你的爸爸还在哟，我们就可以享点儿福哟。

(17) 哟［iov］

第一，用于陈述句，指明事实或情况。例如：

1）换的衣裳哈堆在喏儿一直冇得空洗哟。换下的衣服都堆在那儿一直没有空洗呀。

2）他们几个人今朝今天是出了大力哟。

3）我们明朝明天到城里去哟。

第二，用于祈使句中，表示催促、命令的语气，相当于北京话里的"吧"。例如：

1）快抹点儿赶快去哟！暗了他们就走了。

2）你快抹点儿赶快来哟！他们已经哈都来了。

3）快抹点儿吃哟！吃了好去上学。

第三，用于感叹句，表示感慨、称赞，相当于北京话里的"啊"。例如：

1）戳了拐哟！锅里的饭蒸糊了。不好了啊！锅里的饭蒸糊了。
2）别个到他的屋里去水都冇得没有喝的，他真是小气哟！
3）她一个妇道人家把三个伢扯大养大几不容易哟！

2. 安陆方言语气词的连用

安陆方言语气词连用构成的复合语气词有：了的、了啊、了哦、的欸（耶）、的呗、的噻、的吵、的哟、了的噻、了的耶、了的哟、了的吵。下面分别加以说明。

(1)"了"和"的"连用为"了的"

"了的"连用表示"肯定"和"确认"的口气更加强烈，其中的"了"在安陆方言里是语气词和动态助词的兼类（吕叔湘，1980），"的"也是语气词和动态助词的兼类。"了"和"的"的动态助词用法可以详见第一章"经历体"部分。这里主要讨论它们的语气词用法。"了"表示肯定事态出现了变化，但这种变化只限于动作的完成；"的"表示已然的肯定。"了"和"的"连用都具有表达作用，缺其中的一个则意思表达不同或者句子不成立。试比较下面的例子：

1）他回了。(现在还在)
2）他回了的。(现在不在，"回"的动作已经完成)
3）他回的。(×)

安陆方言里"了的"连用不同于普通话里的"的了"。普通话里"的"和"了"连用的句子中，谓语由形容词充当，不带补语和宾语，一般要用"怪"、"够"、"已经"等副词作状语，构成"够A的了"。例如：

1）刘翔跑的速度够快的了。
2）现在国家的经济政策已经够宽松的了。

安陆方言里"的"和"了"连用的顺序刚好与普通话相反，是"够A了的"格式。而且安陆方言里"了的"的使用更宽泛一些，不仅出现在形容词作谓语的句式中，而且还出现在动词作谓语的句子中。

第一，"了的"出现在"够A了的"或"A了的"格式中。例如：

1）刘翔跑的速度够快了的。
2）现在国家的经济政策已经够宽松了的。

3) 昨儿晚行晚上他的肚子疼了的。

4) 衣裳干了的。

第二，"了的"出现在"A＋长音后补结构＋了的"结构中。例如：

1) 盆里的水冷冰了的。盆里的水冷冰冰的。

2) 霉豆腐臭烘了的。腐乳臭烘烘的。

3) 商店里冷清了的。商店里很冷冷清清的。

第三，"了的"出现在"A 流了的"结构中。例如：

1) 他神气流了的。他神气极了。

2) 他们两个人简直亲热流了的。他们两个人简直亲热极了。

第四，"了的"出现在"V 了的"结构中。例如：

1) 他上半天来了的，看到你不在就走了。

2) 我昨儿还跟他说了的，叫他莫东想西想的。

安陆方言里，连用的"了"、"的"都具有表达作用，缺其中的一个，则意思不同。"了的"连用的语法意义可以概括为：表示对曾经发生的但已经完成的动作或性状的肯定。

(2) "了"和"啊"连用为"了啊"

"了啊"中的"了"表示肯定事态出现了变化，"啊"在"了"后变读为"哇"，表示反问、怀疑，相当于普通话里的"吗"。例如：

1) 你嫌给的嫁妆少了啊？

2) 他的病好了啊？

3) 你吃的差不多了啊？

(3) "了"和"哦"连用为"了哦"

"了哦"连用，其中"了"表示肯定事态出现了变化，"哦"除了强调肯定以外，还表示遗憾、担忧的语气。例如：

1) 袋娃儿的钱尽让我洗了哦。口袋里的钱让我洗了。

2) 乜这个码子的鞋已经卖完了哦。你又不早点儿来。

3) 钱都尽让他花光了哦。

4) 恁咱儿这会儿去只怕晏了哦。这会儿去只怕迟了。

5) 恁咱儿这会儿赶得去只怕来不及了哦。

6) 莫尽让白抄子跑了哦！别让小偷跑了哇！

(4)"的"和"欸"或"耶"连用为"的欸（耶）"

"的欸（耶）"一般用于疑问句中，其中"欸"受前音节"的"的影响，实际变读为"耶"，表示疑问的同时带责备的口气。例如：

1）乜这是哪个说的欸（耶）？

2）你是么样儿搞的欸（耶）？

3）他是么样儿跟你商量的欸（耶）？

(5)"的"和"嘪"连用为"的嘪"

"的嘪"用于陈述句，其中"的"是对曾经发生过的动作的一种肯定，"嘪"表示一种确认、肯定的语气，起进一步强调的作用。

1）乜这个东西是你的嘪，你就应该好生儿地保管吵。

2）他说的是对的嘪，你就听倒吵。

3）乜这道题你做的是对的嘪，老师给你判错了啊？

上例中的"的嘪"都表达肯定、确实的语气。前两例中的"的嘪"用于推论因果句的前一分句末尾，读音拖长，句子重音落在"你"上面，隐含着"既然"的意思。第三例句子的重音落在"是"上面，不是复句。

(6)"的"和"吵"连用为"的吵"

"的吵"表示确定、申辩的语气。例如：

1）他们说了要来的吵，恁咱儿现在又不来，搞的么名堂吵。

2）是你说的吵，恁咱儿现在又想不认账啊？

3）他说了乜这个人要来的吵，恁咱儿现在又不用人家，叫别个么样儿想欸？

(7)"的"和"哟"连用为"的哟"

"的哟"中"的"表示确定的语气，"哟"感叹的语气。例如：

1）是他说的哟，我冇说乜这个事。

2）他说了要来帮忙的哟，怎么恁咱儿现在还冇来耶？

3）我明明看见的哟，怎么不见了欸？

(8)"了"、"的"、"嘪"三个语气词连用为"了的嘪"

"了的嘪"中"了的"表示对曾经发生的但已经完成的动作或性状的肯定，"嘪"表示反问，相当于北京话里的"吗"，常和"不是"配合使用，构成"不是……了的嘪？"的反问格式。例如：

1）他不是走了的嘪？

2）书不是买了的嘞？

3）我不是跟他说了的嘞？

4）乜这几件衣裳不是洗了的嘞？

这样的反问句式往往隐含有后续句，交际的时候，后续句可以出现，也可以不出现。如上面的例子都可以加上后续句：

5）他不是走了的嘞，怎么又回了欹？

6）书不是买了的嘞，怎么还要我买欹？

7）我不是跟他说了的嘞，他怎么不来耶？

8）乜这几件衣裳不是洗了的嘞，怎么又放到洗衣机窦里巧去了欹？

（9）"了"、"的"、"耶"连用为"了的耶"

"了的耶"中的"了的"表示对曾经发生的但已经完成的动作或性状的肯定，"耶"起强调作用并表示申诉的语气，即应该发生了某动作行为但事实上却没有。例如：

1）我跟他说了的耶，他冇去呀？

2）信发去走了的耶。

3）他回了的耶。

（10）"了"、"的"、"哟"连用为"了的哟"

"了的哟"中的"了"表示动作行为或性质的变化，"的"起辅助作用，加强肯定动作行为或性质的变化，"哟"表示感叹的语气。例如：

1）他已经够快了的哟！莫催他。

2）我已经够烦了的哟！你莫再添油加醋的哈！

3）他对人简直客气流了的哟！

上述例子中，语气词"哟"可以去掉，句子仍能成立，但感叹的意味没有了，只表达一种客观的情形。"的"只起辅助作用，可以去掉。当然，如果去掉"的"，则句子末尾用语气词"哦"，表达的意思基本相同。如上面的例子可以这样说：

4）他已经够快了哦！莫催他。

5）我已经够烦了哦！你莫再添油加醋的哈！

6）他对人简直客气流了哦！

（11）"了"、"的"、"吵"连用为"了的吵"

"了的吵"用于陈述句，"了的"表示对曾经发生的但已经完成的动作或性状的肯定，"吵"表示申述、确认的语气。例如：

1）黄瓜我买了的吵。
2）他昨儿去了的吵。
3）他的婆婆回了的吵。

总之，安陆方言的语气词比较丰富，体现方言特色的语气词有"哈"、"啰"、"吵"。除了极少数的语气词外，绝大多数语气词可以表达多种语气意义，同一语气意义也可以由多个语气词来表达。如表示催促的语气意义的语气词有"哟"、"吵₁"；表示加强假设的语气意义的语气词有"吵₂"、"呢"、"嚟"、"嘞"、"欤"等。同时，安陆方言的语气词不读轻声，而是读其固有的声调，也有"声调别义"和音变性的特点，还有两个语气词连用或三个语气词连用的现象。

（十四）拟音（叹词和象声词）

拟音是摹拟自然界的各种声音。拟音词包括叹词和象声词。安陆方言的拟音词系统及用法如下：

1. 安陆方言的拟音词系统

下面用同音字记录安陆方言的拟音词，声调调值按拟音词的实际调值记，不按汉字的安陆方言调值记。记录顺序为：安陆方言拟音词、拟音词的国际音标、摹拟的声音。

革革哥 kɛ˧ kɛ˧ ko˧ 公鸡打鸣

哥哥…（表示连用）ko˧ ko˧… 母鸡叫

个大，个大，个个大 ko˧ ta˧，ko˧ ta˧，ko˧ ko˧ ta˧ 母鸡生蛋叫

假，假 tɕia˥，tɕia˥ 小鸡叫

嘎，嘎 ka˥，ka˥ 鸭子叫

家，家 tɕia˥ tɕia˥ 喜鹊叫

咕… ku˧… 鸽子叫

叽叽喳喳 tɕi˧ tɕi˧ tʂa˧ tʂa˧ 麻雀叫

昂 ŋaŋ˧ 狗被打叫

喳喳 tʂa˧ tʂa˧ 群鸟叫

汪，汪汪 uaŋ˥，uaŋ˥ uaŋ˥ 狗叫

嗷 au˧ au˧ 狼叫

叽叽 tɕi˥ tɕi˥ 老鼠叫

喵 miau˥ 猫叫

摸儿 mər˥ 牛叫

咩…… miɛ˥…… 羊叫

啊……，啊…… a˥……，a˥…… 猪被杀叫

喔……，喔…… o˥……，o˥…… 猪饿叫

哒哒，哒哒 ta˥ ta˥，ta˥ ta˥ 马蹄声

嗡嗡 uŋ˥ uŋ˥ 蜜蜂、苍蝇飞鸣

够时 xoˇ ʂ˥ 赶鸡声

哧腿 tʂ˥ t'eiˇ 赶牛走声

哑着 ua˥ tʂoˇ 喝止牛声

鸡儿，鸡儿 tɕio˥，tɕioˇ 唤鸡声

鸭儿，鸭儿 iar˥，iar˥ 唤鸭声

喔…… uo˥…… 唤狗声

喵喵 miau˥ miau˥ 唤猫声

啰啰…… no˥ no˥…… 唤猪声

魅儿肉 mər˥ rəu˥ 唤牛声

施……（撮口发出类似口哨的声音）ʂ˥…… 给婴儿催尿或屎

哎哟嘞 ai˥ ioˇ nəˇ 疼痛叫

哦 oˇ 答应声

嗯唉哦 ənˇ eˇ oˇ 同意声

哎 eiˇ 不礼貌的唤人声

当当 taŋ˥ taŋ˥ 锣声

咚，咚 tuŋˇ，tuŋˇ 鼓声

哐啷哐啷 k'uaŋ˥ naŋ˥ k'uaŋ˥ naŋ˥ 火车行驶声；物体碰撞声

呜 u˥ 火车鸣笛

呜 u˥ 船鸣笛

嘀嘀叭叭 ti˥ ti˥ pa˥ pa˥ 汽车喇叭声

嘭 p'uŋˇ 爆炸声

嗵 t'uŋˇ 大爆炸声

啾，啾啾 tiəuˇ，tiəuˇ tiəuˇ 枪声

呼 xu┑ 物体迅速通过声

哐 kʻuaŋ↓ 重物落地声

扑通 pʻu┑ tʻuŋ┑ 落水声

嘀嗒嘀嗒 ti┑ ta┑ ti┑ ta┑ 钟表声

嘶（伴随吸气）sɿ┑ 因寒冷而发吸气声

啊求 a┑ tʻiəu┑ 打喷嚏声

哈哈 xa↓ xa↓ 笑声

嘿嘿 xei↓ xei↓ 笑声

呜，呜，呜 u┑, u┑, u┑ 哭声

哎哟 ai┑ io↓ 呻吟声

噼里啪啦 pʻi┑ ni↓ pa┑ na┑ 打算盘声

叽里咕噜 tɕi┑ ni↓ ku┑ nu┑ 听不懂的话声

轰隆 xuŋ↓ nuŋ↓ 雷声

轰隆隆 xuŋ↓ nuŋ↓ nuŋ↓ 雷声

沙沙 ʂa┑ ʂa┑ 风吹树叶声

呼…xu┑…大风声

哗啦哗啦 xua┑ na┑ xua┑ na┑ 流水声

咕嘟咕嘟 ku┑ tu┑ ku┑ tu┑ 水冒出声

滴滴答答 ti┑ ti┑ ta┑ ta┑ 水滴落声

2．安陆方言拟音词的用法

（1）安陆方言拟声词的构成格式

单音节拟声词格式记作 A，双音节拟声词记作 AB。按照音节组合的不同，安陆方言的拟声词有如下几类构成格式：

第一，A 式。

这是单音节拟声词格式。例如：

哎 ei↓ 不礼貌的唤人声

嘶（伴随吸气）sɿ┑ 因寒冷而发吸气声

哐 kʻuaŋ↓ 重物落地声

嘭 pʻuŋ↓ 爆炸声

嗵 tʻuŋ↓ 大爆炸声

呼 xu┑ 物体迅速通过声

呜 u˦ 火车鸣笛

呜 u˧ 船鸣笛

哦 o˨˩˦ 答应声

喵 miau˧ 猫叫

第二，AA式。

这是单音节拟声词重叠构成的格式。这一格式有不同的节奏，主要是由停顿的不同造成的。包括"A，A"、"AA…"、"AA"、"A，AA"、"AA，AA"、"A…，A…"，等等。例如：

假，假 tɕia˨˩˦, tɕia˨˩˦ 小鸡叫

嘎，嘎 ka˨˩˦, ka˨˩˦ 鸭子叫

家，家 tɕia˧, tɕia˧ 喜鹊叫

咚，咚 tuŋ˨˩˦, tuŋ˨˩˦ 鼓声

当，当 taŋ˧, taŋ˧ 锣声

啰啰… no˧ no˧ … 唤猪声

喵喵 miau˧ miau˧ 唤猫声

沙沙 ʂa˧ ʂa˧ 风吹树叶声

啾，啾啾 tiəu˨˩˦, tiəu˨˩˦ tiəu˨˩˦ 枪声

汪，汪汪 uaŋ˨˩˦, uaŋ˨˩˦ uaŋ˨˩˦ 狗叫

哒哒，哒哒 ta˧ ta˧, ta˧ ta˧ 马蹄声

啊…，啊… a˧ …, a˧ … 猪被杀叫

喔…，喔… o˧ …, o˧ … 猪饿叫

第三，AB式。

这是双音节拟声词格式。例如：

轰隆 xuŋ˨˩˦ nuŋ˨˩˦ 雷声

哎哟 ai˧ io˨˩˦ 呻吟声

豁时 xo˨˩˦ ʂʅ˨˩˦ 赶鸡声

哧腿 tʂʅ˧ tʰei˨˩˦ 赶牛走声

吼着 ua˧ tʂo˨˩˦ 喝止牛声

扑通 pʰu˧ tʰuŋ˧ 落水声

第四，ABB式。

这是双音节拟声词重叠后一音节构成的格式。较少。例如：

轰隆隆 xuŋ˧˩ nuŋ˧˩ nuŋ˧˩ 雷声

第五，ABAB 式。

这是双音节拟声词重叠格式。重叠形式与动词相同。例如：

哗啦哗啦 xua˥ na˥ xua˥ na˥ 流水声

咕嘟咕嘟 ku˥ tu˥ ku˥ tu˥ 水冒出声

嘀嗒嘀嗒 ti˥ ta˥ ti˥ ta˥ 钟表声

哐啷哐啷 kʻuaŋ˥ naŋ˧˩ kʻuaŋ˥ naŋ˧˩ 火车行驶声；物体碰撞声

第六，AABB 式。

这是双音节拟声词重叠格式。重叠形式与形容词相同。例如：

滴滴答答 ti˥ ti˥ ta˥ ta˥ 水滴落声

嘀嘀叭叭 ti˥ ti˥ pa˥ pa˥ 汽车喇叭声

叽叽喳喳 tɕi˥ tɕi˥ tʂa˥ tʂa˥ 麻雀叫

第七，ABC 式。

这是三音节拟声词格式。例如：

哎哟嘞 ai˥ io˧˩ nə˧˩ 疼痛叫

魅儿肉 mər˥ rəu˥ 唤牛声

第八，ABCD 式。

这是四音节拟声词格式，安陆方言中使用的频率不高。例如：

噼里啪啦 pʻi˥ ni˧˩ pa˥ na˥ 打算盘声

叽里咕噜 tɕi˥ ni˧˩ ku˥ nu˥ 听不懂的话声

第九，A 儿 A 儿式。

这是单音节拟声词儿化后重叠格式。例如：

鸡儿，鸡儿 tɕio˥, tɕio˥ 唤鸡声

鸭儿，鸭儿 iar˥, iar˥ 唤鸭声

(2) 安陆方言拟声词的句法功能

这里说的句法功能指的是拟声词充当句子成分的功能。安陆方言里，拟声词能充当句子的谓语、宾语、定语、状语、补语，也能独立成句。

第一，拟声词作句子的谓语。例如：

1) 栏里的猪紧在<u>喏儿喔，喔</u>，巴儿是饿了。栏里的猪一直在那儿喔，喔，恐怕是饿了。

2) 一哈儿_{一会儿}蚊虫<u>嗡</u>过来，一哈儿_{一会儿}苍蝇<u>嗡</u>过去，烦死人的。

3) 屋檐沟的水滴滴答答的，叫人听了心烦。

4) 他们两个人在喏儿那儿叽里咕噜的，不晓得在说么家什么。

5) 我喊他，他就是哦了一声，冇说么事。

安陆方言的拟声词作谓语时，不能是孤零零的拟声词作谓语，必须在拟声词前后有其他成分出现，使得拟声词成为句子的谓语中心，否则，句子的语义不自足。通常有拟声词前面出现状语，如例1)；或者拟声词后面出现补语，如例2)和例5)；或者拟声词后出现"的"，构成"的"字短语后作句子的谓语，如例3)和例4)。

第二，拟声词作句子的宾语。安陆方言的拟声词不能直接自由地作宾语，而是限于"一……就"格式。拟声词出现在前一分句的宾语位置上。例如：

1) 她一唤"啰啰"，她屋里的猪就回了。

2) 他一说"呕着"，牛就在前头停下来了。

第三，拟声词作句子的定语。例如：

1) 听倒"哐"的一声，我抬头一看，楼上掉下来了一个花盆。

2) 我听不懂他们叽里咕噜的声音。

第四，拟声词作状语。例如：

1) 他哐啷哐啷地开倒个拖拉机来了。

2) 塘里的鸭子在嘎嘎地叫。

3) 他在喏儿那儿噼里啪啦地打算盘，根本冇听倒我们喊他。

4) 他把门踢得哐啷哐啷响。

5) 窗子尽被风吹得哐啷哐啷地响。

安陆方言里，拟声词可以直接作句子的状语，如上例2)、3)和例4)。也可以间接作状语，主要是指拟声词构成的状中短语作句子的补语。如上例5)。

第五，拟声词独立成句。例如：

1) 哎哟嘞！哎哟嘞！屋里的病人疼得直叫。

2) 鸭儿，鸭儿！养鸭子的人只要乜这样儿一叫，鸭子就哈都围拢来了。

（十五）变音

这里讨论的安陆方言的音变现象有轻声变调、指示代词变调区分近指和远指、助词"了"变音以及语气词的音变。所谓音变，主要是与普通话相比较而表现出来的语音差异。这些音变现象中有的只是单纯的语音问题，有的跟语法关系很密切。

1. 轻声变调

安陆方言里，轻声的调值不是固定的，而是随前一音节声调的不同而有变化。安陆方言有六个声调，调值分别是：阴平˧、阳平˩、上声˨˩˦、阴去˥、阳去˥˩、入声˧。相应的，这些声调后面跟的轻声音节的调值则是：阴平˧——轻声2、阳平˩——轻声1、上声˨˩˦——轻声3、阴去˥——轻声5、阳去˥˩——轻声3、入声˧——轻声4。

(1) 轻声词前一音节的声调是阴平调˧时，其后的轻声调值是2。

巴掌 [pa˧ ·tṣaŋ]	车子 [tṣʽɿ˧ ·tsɿ]	东西 [tuŋ˧ ·ɕi]
功夫 [kuŋ˧ ·fu]	村子 [tsʽən˧ ·tsɿ]	哥哥 [ko˧ ·ko]
姑姑 [ku˧ ·ku]	甘蔗 [kan˧ ·tṣa]	挑子 [tʽiau˧ ·tsɿ]
庄稼 [tṣʅaŋ˧ ·tɕia]	家伙 [tɕia˧ ·xo]	官司 [kuan˧ ·sɿ]
规矩 [kuei˧ ·tṣʅ]	妈妈 [ma˧ ·ma]	星星 [ɕin˧ ·ɕin]

(2) 轻声词前一个音节的声调是阳平调˩时，其后的轻声调值是1。

白净 [pɛ˩ ·tɕin]	学生 [ɕio˩ ·sən]	石匠 [ʂɿ˩ ·tɕiaŋ]
实在 [ʂɿ˩ ·tsai]	人家 [zən˩ ·ka]	蘑菇 [mo˩ ·ku]
狐狸 [xu˩ ·ni]	名字 [min˩ ·tsɿ]	儿子 [ər˩ ·tsɿ]
绸子 [tṣʽəu˩ ·tsɿ]	锤子 [tṣʽuei˩ ·tsɿ]	肠子 [tṣʽaŋ˩ ·tsɿ]
裁缝 [tsʽai˩ ·fuŋ]		

(3) 轻声词前一个音节的声调是上声调˨˩˦时，其后的轻声调值是3。

本事 [pən˨˩˦ ·sɿ]	饼子 [pin˨˩˦ ·tsɿ]	耳朵 [ər˨˩˦ ·to]
姐姐 [tɕie˨˩˦ ·tɕie]	老实 [nau˨˩˦ ·ʂɿ]	老师 [nau˨˩˦ ·sɿ]
嘴巴 [tɕi˨˩˦ ·pa]	比方 [pie˨˩˦ ·faŋ]	嗓子 [saŋ˨˩˦ ·tsɿ]
尾巴 [i˨˩˦ ·pa]		

(4) 轻声词前一个音节的声调是阴去调˥时，其后的轻声调值是5。

| 盖子 [kai˥ ·tsɿ] | 怪物 [kuai˥ ·u] | 豹子 [pau˥ ·tsɿ] |
| 队伍 [təi˥ ·u] | 个子 [ko˥ ·tsɿ] | 簸箕 [po˥ ·tɕi] |

安陆方言研究

杠子 [kaŋ˥ ·tsʅ]	故事 [ku˥ ·sʅ]	罐子 [kuan˥ ·tsʅ]
记号 [tɕi˥ ·xau]	镜子 [tɕin˥ ·tsʅ]	燕子 [iɛn˥ ·tsʅ]
扣子 [kʰəu˥ ·tsʅ]	片子 [pʰiɛn˥ ·tsʅ]	亲家 [tɕʰin˥ ·ka]
太太 [tʰai˥ ·tʰai]	意思 [i˥ ·sʅ]	这个 [niɛ˥ ·ko]
算计 [san˥ ·tɕi]		

（5）轻声词前一个音节的声调是阳去调˥时，其后的轻声调值是3。

调子 [tiau˥ ·tsʅ]	袋子 [tai˥ ·tsʅ]	缎子 [tan˥ ·tsʅ]
轿子 [tɕiau˥ ·tsʅ]	弟兄 [ti˥ ·ɕyŋ]	豆腐 [təu˥ ·fu]
舅舅 [tɕiəu˥ ·tɕiəu]	院子 [ɤan˥ ·tsʅ]	自在 [tsʅ˥ ·tsai]

（6）轻声词前一个音节的声调是入声调˥时，其后的轻声调值是4。

指嘎 [tsʅ˥ ·ka]	月亮 [ɤɛ˥ ·niaŋ]	特务 [tɤ˥ ·u]
答应 [ta˥ ·in]	拨弄 [po˥ ·noŋ]	木头 [mu˥ ·tʰəu]
阔气 [kʰo˥ ·tɕʰi]	叶子 [iɛ˥ ·tsʅ]	骆驼 [no˥ ·tʰuo]
力气 [ni˥ ·tɕʰi]	客气 [kʰɛ˥ ·tɕʰi]	爸爸 [pa˥ ·pa]
脖子 [po˥ ·tsʅ]	福气 [fu˥ ·tɕʰi]	脾气 [pʰi˥ ·tɕʰi]
格子 [kɛ˥ ·tsʅ]	屋里 [u˥ ·ni]	叔叔 [ʂəu˥ ·ʂəu]
瞎子 [ɕia˥ ·tsʅ]	疙瘩 [kɛ˥ ·ta]	

总之，安陆方言的轻声变调趋势是轻声词前一音节调值上升的，则其后的轻声调值高，如入声调˥和阴去调˥，它们后面的轻声调值分别是4和5；如果轻声词前一音节调值读降调或平调，则其后的轻声调值低，如阳平调˨和上声调˩，它们的调值下降，其轻声调分别是1和3，平调的有阴平调˥和阳去调˥，它们后面的轻声词调值也读低调，分别是2和3。

2. 指示代词变调区分近指和远指

安陆方言的指示代词是二分的，主要靠声调来区别近指"这"和远指"那"。"这"、"那"除了单用外，还可以作为词根，构成一套指示代词系统，它们的近指、远指区别仍是声调。

	近指		远指	
	安陆话	普通话	安陆话	普通话
	乜₁ [niɛ˥]	这	乜₂ [niɛ˧]	那
直接称代：	乜₁个 [niɛ˥ ko˥˩]	这个	乜₂个 [niɛ˧ ko˥˩]	那个
程　度：	乜₁么 [niɛ˥ mo˧]	这么	乜₂么 [niɛ˧ mo˧]	那么

处　　所：喏₁儿 [nor˧]　　　　这儿　　　　喏₂儿 [nor˥]　　　　那儿
　　　　　乜₁里 [niɛ˧·ni]　　　这里　　　　乜₂里 [niɛ˥·ni]　　　那里
　　　　　□哈儿 [nia˧·xər]　　这里　　　　□哈儿 [nia˥·xər]　　那里
　　　　　喏₁伙儿 [no˧·xor]　　这里　　　　喏₂伙儿 [no˥·xor]　　那里
　　　　　乜₁个场儿 [niɛ˧ ko˧˩ tṣʰər˧˥]　这个地方　乜₂个场儿 [niɛ˥ ko˧˩ tṣʰər˧˥]　那个地方
时　　间：恁₁咱儿 [nin˧·tsər]　这会儿　　　恁₂咱儿 [nin˥·tsər]　那会儿
数　　：乜₁些儿 [niɛ˧·ɕior]　这些　　　　乜₂些儿 [niɛ˥·ɕior]　那些
　　　　　乜₁点儿 [niɛ˧·tiər]　这点　　　　乜₂点儿 [niɛ˥·tiər]　那点
　　　　　乜₁个家 [niɛ˧ ko˧˩ tɕia˧˥]　这种　乜₂个家 [niɛ˥ ko˧˩ tɕia˧˥]　那种
方　　式：乜₁样儿 [niɛ˧·iar]　这样　　　　乜₂样儿 [niɛ˥·iar]　那样

3. 助词"了"的音变

普通话里的"了"有两个读音：一个是 [liau˧˥]，作动词，如"了结"、"了解"等；另一个是 [lə]，作助词，读轻声。语法学界分别称之为"了₁"和"了₂"。"了₁"用在动词后宾语前，主要表示动作的完成。"了₂"用在句末，主要是肯定事态出现了变化或即将出现变化。安陆方言的虚词"了"跟普通话相比有同有异，即作动词用时读 [liau˧˥]，作完成体标记时"了"不像普通话那样只读轻声 [lə]，而是读几种不同的音，呈现出规律性。需要说明的是，安陆方言里，"了₁"、"了₂"的读音都随其前一音节的不同而变化，即它们的音变规律是相同的。例如：

　　讲了 [tɕiaŋ˧˥·ŋau]　　　哭了 [kʰu˧·uau]　　　安了 [ŋan˧·niau]
　　漏了 [nəu˥·uau]　　　　穷了 [tɕyŋ˧˥·ŋau]　　杀了 [ʂa˧·au]
　　喝了 [xo˧·au]　　　　　灭了 [miɛ˥·au]　　　盖了 [kai˥·iau]

可见，安陆方言"了"作虚词用时一个重要的特点就是声母脱落，因为轻声读音受前一个音节韵母尾音的影响。如果前一个音节韵母的尾音是前鼻音，那么"了"为 [n] 声母；如果前一个音节韵母的尾音是后鼻音，则"了"为 [ŋ] 声母；如果前一个音节韵母的尾音是其他元音，则"了"为零声母。所以说安陆方言里"了"读轻声时出现 [n]、[ŋ] 声母是语流音变中的顺同化现象，虚词"了"音声母的脱落是主流，有其规律可循。

(1) 前一个音节韵母为 [ɿ] 时，"了"音为 [au]；前一个音节韵母为 [ʅ] 时，"了"音为 [ʐau]。例如：

　　撕了 [sɿ˧·au]　　　　死了 [sɿ˧˥·au]　　　　迟了 [tṣʰʅ˧˥·ʐau]

试了 [ʂʅ˥ ·ʐau]　　　治了 [tʂʅ˥ ·ʐau]

(2) 前一个音节韵母尾音是 [a]、[o]、[ɛ] 时，"了"音在连续的语流里快读（即动词带上"了"以后再带一个宾语）为 [·au]，读音比较轻短；慢读（即单独一个动词带上"了"）为 [·niau]，带有强调的意味。例如：

拉了（快）[na˥ ·au]（慢）[na˥ ·niau]
杀了（快）[ʂa˥ ·au]（慢）[ʂa˥ ·niau]
拿了（快）[na˩ ·au]（慢）[na˩ ·niau]
花了（快）[xua˥ ·au]（慢）[xua˥ ·niau]
挂了（快）[kua˥ ·au]（慢）[kua˥ ·niau]
瞎了（快）[ɕia˥ ·au]（慢）[ɕia˥ ·niau]
剥了（快）[po˥ ·au]（慢）[po˥ ·niau]
学了（快）[ɕio˩ ·au]（慢）[ɕio˩ ·niau]
撤了（快）[tʂɛ˥ ·au]（慢）[tʂɛ˥ ·niau]
切了（快）[tɕʰiɛ˥ ·au]（慢）[tɕʰiɛ˥ ·niau]
说了（快）[ʂuɛ˥ ·au]（慢）[ʂuɛ˥ ·niau]
热了（快）[ȵɛ˥ ·au]（慢）[ȵɛ˥ ·niau]

(3) 前一个音节韵母末尾为 [i] 时，"了"音为 [·iau]。例如：

提了 [tʰi˩ ·iau]　　　急了 [tɕi˥ ·iau]　　　埋了 [mai˩ ·iau]
来了 [nai˩ ·iau]　　　飞了 [fei˥ ·iau]　　　对了 [tei˥ ·iau]
回了 [xuei˩ ·iau]　　　睡了 [ʂuei˥ ·iau]

(4) 前一个音节韵母末尾为 [u] 时，"了"音为 [·uau]。例如：

跑了 [pʰau˩ ·uau]　　　好了 [xau˩ ·uau]　　　扫了 [sau˩ ·uau]
到了 [tau˥ ·uau]　　　交了 [tɕiau˥ ·uau]　　　了了 [niau˩ ·uau]
漏了 [nəu˩ ·uau]　　　缩了 [səu˥ ·uau]

(5) 前一个音节韵母末尾为 [n] 时，"了"音为 [·niau]。例如：

反了 [fan˩ ·niau]　　　乱了 [nan˥ ·niau]　　　偏了 [pʰiɛn˥ ·niau]
换了 [xuan˥ ·niau]　　　分了 [fən˥ ·niau]　　　问了 [uən˥ ·niau]
引了 [in˩ ·niau]　　　进了 [tɕin˥ ·niau]

(6) 前一个音节韵母末尾为 [ŋ] 时，"了"音为 [·ŋau]。例如：

长了 [tʂʰaŋ˩ ·ŋau]　　　让了 [zaŋ˥ ·ŋau]　　　讲了 [tɕiaŋ˩ ·ŋau]

养了 [iaŋ˅ ·ŋau]	光了 [kuaŋ˧ ·ŋau]	黄了 [xuaŋ˩ ·ŋau]
封了 [fuŋ˧ ·ŋau]	松了 [suŋ˧ ·ŋau]	红了 [xuŋ˩ ·ŋau]
用了 [yŋ˧ ·ŋau]	穷了 [tɕʰyŋ˩ ·ŋau]	空了 [kʰuŋ˧ ·ŋau]

从安陆方言助词"了"的音变现象来看，一种方言里的动态助词丰富可能跟"了"的音变有关，应是同一个助词"了"的多个语音变体，而不是一种方言里有多个动态助词。

4. 语气词的音变

普通话里的语气词"啊"具有音变的特点，它随前一音节尾音的不同而变化。安陆方言里的语气词除了"啊"跟普通话里的"啊"一样有变化外，还有其他几个语气词也具有音变的特点。具体来说，安陆方言里具有音变特点的语气词有"了"和"耶"、"嘞"、"啦"、"啰"、"哟"等。

(1) 安陆方言语气词"了"的音变规律

"了"在语流中的读音随前一个音节的不同而变化，不过，变的只是声母，韵母和声调仍然保留。其变化规律见第三部分。

(2) 安陆方言语气词"耶"、"嘞"、"啦"、"啰"、"哟"的音变

这五个语气词是别的语气词在语流中受其前一音节尾音的影响变化而来的。具体情况是："耶"、"嘞"是由语气词"欸"变化而来的。当"欸"前的音节尾音为 [i] 时，变读为"耶"；当"欸"前的音节尾音为 [n] 时，变读为"嘞"。语气词"啦"是由语气词"啊"变化而来的。安陆方言里，语气词"啊"的音变同普通话里"啊"的音变基本一致，即：当"啊"前的音节尾音为 [u] 时，"啊"变读为"哇"；当"啊"前的音节尾音为 [ŋ] 时，"啊"变读为 [ŋa˅]，仍用"啊"字记录；当"啊"前的音节尾音为 [ɿ] 或 [ɚ] 时，"啊"音变读为 [za˅]，仍用"啊"字记录；当"啊"前的音节尾音为 [ʅ] 时，"啊"音变读为 [tsa˅]，仍用"啊"字记录。不同的是：当"啊"前的音节尾音为 [n] 或 [a]、[o]、[e] 时，安陆方言里的"啊"变读为"啦"。而普通话里，当"啊"前的音节尾音为 [i]、[y]、[e]、[o]、[ê]、[a] 时，"啊"变读为"呀"。在这一点上，安陆方言与普通话有交叉的地方，即"啊"前的音节尾音为 [a]、[o]、[e] 时，变读为"啦"，其他的 [i]、[y]、[ê] 三个尾音，安陆方言与普通话一样，变读为"呀"。安陆方言里，"啊"用得并不普遍。经常用来表达感叹等语气的语气词是"哦"。由"哦"产生音变的语气词有"啰"和"哟"两个，

并且在安陆方言中用得非常普遍,表达多种语气。当"哦"前的音节尾音为 [n] 或 [o] 时,变读为"啰";当"哦"前的音节尾音为 [i] 时,变读为"哟"。这五个音变语气词只是变化其声母,不改变其韵母和声调。

这说明方言里的语气词多于普通话里的语气词,除了合音造成的语气词外,可能也跟语气词的音变有关。方言里的语气词能否看成不同于普通话的另外的语气词,还有必要讨论清楚。

5. 结语

这里讨论了安陆方言四个方面的音变现象,包括轻声变调、指示代词的变调二分、助词"了"的音变和语气词的音变,这些音变现象都呈现出规律性。除了轻声变调外,其他几种音变现象多少跟语法有关。当我们研究方言语法的时候,如果适当考虑语音的作用对我们正确认识方言语法的特点是大有帮助的。张振兴 2004 年 12 月在华中师范大学召开的第二届汉语方言语法国际学术研讨会上总结时指出,语音与语法有很大关系,并还提到:李荣先生曾提出语法应该与词汇、语音相结合,丁声树先生也曾强调语法研究不能脱离语音。这些见解对我们有很大的启发。刘丹青(2005)认为:"研究指示词要特别注意语音关系,语音关系可能是语义对立和聚合关系的关键因素。"的确,在研究安陆方言语法的过程中,我们发现有很多地方如果不联系语音,就不易总结安陆方言语法的个性特点。

安陆方言的指示代词是二分的,主要靠声调来区别近指"这"和远指"那"。这种依赖声调显示近指代词与远指代词区别的特点正是安陆方言指示代词的最大特点,这一特点与古代汉语的指示代词是一致的,也与其他有关方言相一致。安陆方言指示代词二分的特点支持志村良治(1995)的观点,即古代汉语指示代词不具有近指、中指、远指的对应关系,上古汉语指示代词是二分的对立,这种对立关系在相当长的时间内一直保持着。安陆方言保留了古代汉语指示代词二分的用法。

在研究安陆方言体范畴的时候我们也发现,完成体"了"的读音随前一个音节的不同而变化,而且有一定的规律性。这种音变现象有助于我们正确认识安陆方言的完成体标记。也就是说,六种音变只是"了"的变体,它们的语法功能和语法意义都与"了"同一,不能把它当作不同的体标记看待。曾看到一篇文章描写某地方言的体貌标记竟达二十多个,我们怀疑这其中可能就有体标记的音变问题。

安陆方言的语气词也与语音有关联，表现在两个方面：

第一，安陆方言的语气词不读轻声，而是读其固有的声调。这一特点与古代汉语语气词的情况相同。我们认为，安陆方言的语气词在声调上的特点是古代汉语语气词特点的遗留。另外，安陆方言语气词也同其他方言一样有"声调别义"的特点。如"吵₁[ʂɛ˥]"、"吵₂[ʂɛ˩]"是安陆方言典型的语气词，有两个不同的读音，表示不同的语气意义。

第二，安陆方言的语气词具有音变性的特点。一是语气词"了"，二是五个音变语气词"耶"、"嘞"、"啦"、"啰"、"哟"，它们是由其他的语气词变化而来的，即安陆方言里有些语气词发音时往往受其前字读音的影响而产生读音的变化。音变语气词变的只是声母，韵母和声调基本保留不变。正因为有音变语气词和非音变语气词的区别，所以才会有同一语气可以用不同的语气词来表达的特点，正是这种区别显示出安陆方言语气词的独特个性。

二、句法

（一）处置句

安陆方言的处置句与普通话相比有同有异。下面对安陆方言处置句的格式和特点进行描写和分析。

1. 安陆方言处置句的格式

(1) 把＋NP＋V＋了＋他

"NP"指"把"处置的对象，是名词、代词或名词性短语。"他"复指"把"的处置对象，不是代词的称代用法，而是已经虚化为一个复指性的后置语法成分，不能随意去掉。例如：

1）你把鸡子杀了他。

2）去把衣裳收了他。

这类格式的祈使句是说话人直截了当请求或建议受话人对某物进行处置，而且是未然的事。安陆方言里，"把"字处置句虽然表达的是未然的事，但格式里的"了"和"他"字是必须出现的，否则，句子很别扭，不完整。试比较：

3）把猪杀了他。（祈使句）　　　　把猪杀了。（陈述句）

4）把钱还了他。（祈使句）　　　　把钱还了。（陈述句）

5）把猪杀他。（?）

6）把猪杀了他哨，还留倒搞嘌，快要过年呗。

　　从上例可以看出，如果没有"他"，一般情况下句子是陈述句，陈述一个事实。如果在这样的语境中说"去，把猪杀了"，则句子是个祈使句，表示不容商量的命令语气。这样的情况有，但少见。这一类"把"字祈使句里的"他"是一个不可缺少的语法成分，就像李崇兴、胡颖（2006）所说的，"他"只有句法作用，一个纯粹的表示将然的语法标志。众所周知，处置句里面的动词不能是光杆动词，必须有前加成分或后附成分才能成句。从韵律的角度来看，在"把"字句动词前头或后头添加适当的成分，可以矫正由于动词挂单所引起的韵律上的不和谐。解决韵律和谐的问题，最简便的办法是在动词后头加上一个助词冯胜利（1996）。另外，安陆方言"把"字祈使句还可以在句末加语气词"哨"，既有请求、建议的祈使语气，又有催促的语气，如例6）。

　　有时候，在对话的语境中，在交际双方都明确处置对象的前提下，可以省略"把＋NP"，构成"V＋了＋他"的句子格式，此时，"他"仍是复指性的后置语法成分。例如：

7）排骨汤盛在喏儿得，吃了他。排骨汤盛在那儿呢，把它吃了吧。

　　安陆方言里，"把＋NP＋V＋了＋他"祈使句比"V＋了＋他"更常见，后者需上下文语境。武汉话里，更常见的是"V＋他"祈使句，周建民（1986）、李崇兴、胡颖（2006）指出，武汉话中，"把＋NP＋V＋他"同"把＋NP＋V＋了＋他"、"V＋他"和"V＋了＋他"基本上等值，所以带"了"不带"了"比较随意。这与安陆方言里的"把＋NP＋V＋了＋他"祈使句或"V＋了＋他"祈使句中必出现"了"略有不同，但都带虚化的语法成分"他"则是一致的。

　　这类格式中动词"V"后还可以带结果补语，用 C 表示，结果补语 C 通常是单音节的动词或形容词"完"、"光"、"死"、"断"等，构成"把＋NP＋V＋C＋了＋他"。例如：

8）把饭吃光了他。

9）把猪杀死了他。

10）把绳子割断了他。

当要否定"把"字祈使句时，用"莫"字表示否定，即禁止受话人不做某事，"他"不出现，如上例的否定祈使句可以这么表达：

11）莫把鸡子杀了。

12）莫把猪杀了。

13）莫把衣裳收了。

14）莫把饭吃光了。

15）莫把绳子割断了。

（2）把＋NP＋V＋了

安陆方言里，这一格式的处置句对第二人称的使用有限制，即第二人称作主语的"把＋NP＋V＋了"不能直接像主语为第一人称、第三人称的那样成句，必须后带语气词，而且整个句子为疑问句时才能成句。如果不是疑问句，则句子末尾要出现"他"才能成句，即上面说的第一种格式。在普通话里，第二人称作主语的"把＋NP＋V＋了"可以直接成句，是祈使句。安陆方言里如果要表达祈使语气的处置句，则用下面的三种格式。

1）你把衣裳洗了哇？

2）你把钱存了冇？

3）他把田里的水哈都放了。

4）他把肉哈都吃了，不与别个相干。

5）我把衣裳洗了。

（3）把＋NP＋V＋倒

这一格式里的"倒"相当于普通话里的"着"，整个格式一般不单说，都有后续句出现。当句子的主语为第二人称时，句子为祈使句；当句子的主语为第三人称时，句子为陈述句。

1）你把米淘倒，菜我择。

2）你把屋里的电话安倒，方便些。

3）他把吃的东西哈都收倒，哪个都莫想他的。他把吃的东西都藏着，谁都别想他的。

4）他把个衣裳反倒穿倒，像个神经病。

5）他们把金花选倒当村长，真是选对了人啰！

（4）把＋NP＋V＋了＋再＋VP

这一格式表达的意思是先处置了某事之后再去做另外的某事，通常是要求受话人做某事，因此，句子的主语常常为第二人称。

1）你把衣裳洗了再去上班。

2）你把伢喂了再出去。

(5) 把+NP+V（成了）+NP

这一格式是一个固定格式，其中的动词多为单音节动词，与普通话一致。例如：

1）他把你说的话当耳旁风，和梗完全是个二百五。

2）他把文林认成了文兵。

3）他们把刘晓林选为村长。

4）"文革"期间，不识字的老百姓把"团结紧张，严肃活泼"说成了"坛子紧装，腌菜萝卜"。

从上面的例句可以看出，这些例子不是严格的处置某人或某物，而是表示一种"对待"，即这一类处置句表示施事如何对待某人或某物，这一类处置句的结果并不都是受事的变化或受到的影响，也可以是施事自己的变化或受到的影响。正如吕必松（2010）所概括的这一类处置句的语义结构特点："施动者对受动者怎么样，受动者或施动者自己因此而怎么样（未然）或怎么样了（已然）。"

(6) 把+NP+V+C+（了）

这一格式中的C是补语，包括处所补语、程度补语、结果补语、趋向补语等。

第一，C是处所补语，例如：

1）你把对子贴在门高头。

2）你把画子贴在壁子高头。你把画贴在墙上。

3）他把豆子哈都验在地下去了。他把豆子都撒在地上去了。

4）他把挎包掉在学里去了。

5）他把个钵儿丢在地下跶得一哼[kua˦]。他把一个钵子丢在地上摔得喱啷一响。

6）他把个杯子一家伙錾在冰冰的脑壳高头，錾得血逞放。他把杯子一下子砸在闻冰的头上，砸得血直流。

这一格式的处置句是动词后面出现介宾短语，表示处所。有时，在句子的介宾短语后再出现一个动词，句子则为"把"字连谓句。如例3)、4)、5)。有时，这一格式还有后续句出现，如例6)。

第二，C是程度补语，通常动词"死"作程度补语，例如：

1) 乜这个伢硬是把人磨死了，动不动就病了。
2) 他把人都笑死了。

第三，C是结果补语，由动词或形容词充当，表示动作的处置结果，例如：

1) 他把几个亲戚哈都走丢了。
2) 他把几个人哈都得罪干净了。
3) 他把隔壁的狗子一家伙就打死了。
4) 他把帽子戴歪了。
5) 两个人引照顾伢还把伢搞病了。
6) 他把我吼痴呆了。

第四，C是趋向补语或数量补语，通常由趋向动词充当趋向补语，由动量词充当数量补语，例如：

1) 她穿的么衣裳吵？恨不得把妈儿乳房都露出来了。
2) 她每天早晨把鸡子放出来，暗点傍晚把鸡子唤回去。
3) 你把他屋里的情况了解一下。

(7) 把＋NP＋V＋得＋C

这一格式中的动词后出现带"得"的补语，补语通常是状态形容词或表示状态的动词性短语，例如：

1) 他把伢们吼得吓死八人的。
2) 他把个衣裳穿得歪七扭八的。
3) 他把个云搞得上不上下不下。
4) 他把屋里的鸡子撵得满天飞。

例1)的"吓死八人"，例2)的"歪七扭八"都是状态形容词作补语。而例3)的"上不上下不下"和例4)的"满天飞"都是动词性短语作补语，表示某种状态。

(8) 把＋NP＋V＋了＋得

这一格式是安陆方言里较特别的格式，句末的"得"字必不可少，表示动作的存续。格式中的动词通常都是持续性动词，表示某人或某物处于某种状态，例如：

1) 我把钱存了得。

2) 她的胯子_腿到如今还跛了得，□[xɛɹ]_很不方便。

3) 他们把乜个强头捆了得。

4) 我把筒子骨头煨在炉子高头得。_{我把筒头煨在炉子上呢。}

5) 我把电脑打开了得。

(9) 把＋NP＋一＋V

这一格式与普通话相同，格式中的"一"是状语，"V"通常都是单音节动词。例如：

1) 他把两个手一摊，说："我么事都冇拿，你看吵。"

2) 他把手一绕_挥，车就停在他的案头_{身边、附近}去了。

3) 她把个伢儿扯命一□[ɥɛɹ]_{使劲一吼}，吓得个伢一家伙就哭起来了。

(10) 冇＋把＋NP＋V＋NP

这一格式是"把"字句的否定式，否定词"冇"位于"把"的前面，这与普通话里的否定词用法一致，例如：

1) 你们冇把妈当个事喔，一点儿都不讲点儿么家_{什么}。

2) 他冇把你说的话当回事。

格式中的第一个"NP"是"把"字的宾语，可以是指人，如例1)，也可以指物，如例2)。有时否定词"冇"的前面还可以出现副词"完全"、"简直"等。例如：

3) 他完全冇把你说的话当回事嚁。

4) 他简直冇把你说的话放在心上喔。

(11) 把＋NP＋不＋V＋NP

这一格式也是"把"字句的否定式，否定词"不"位于"把"的后面。"把"后的"NP"可以指人，也可以指物。例如：

1) 他把你不当个人就结了。

2) 他把钱不当个钱，抓一把撒一把的。

3) 他完全不把乜个事放在心上。

2. 安陆方言处置句的特点

安陆方言处置句的语义结构特点与普通话一致，即表示施动者有意的行动，施动者行动的目的是对某人或某物进行处置，使其发生某种变化或受到某种影响。下面从处置句的被处置成分、动词、否定、时态、人称等方面总结安陆方言处置句的特点，这些特点大部分与普通话一致。

(1) 被处置成分

第一，受事处置成分。

安陆方言处置句的被处置成分指"把"后的成分 NP。从语义的角度来看，安陆方言处置句的被处置成分主要是受事，是处置句动作行为所涉及的对象。这一类处置句里的动词往往表示有结果的动作，动词后有结果补语出现。例如：

1) 他把一大碗粥哈都吃光了。
2) 我已经把饭煮熟了，你吃了再走。

第二，施事处置成分。

被处置成分为受事的是典型的处置句。而广义处置句的被处置成分并不限于受事处置句，还有施事处置句，即被处置成分在意念上是动作行为的发出者，谓语大多是不及物动词，整个处置句多用来表达不如意的事情，特别强调由于什么原因导致了什么结果、状态。例如：

1) 挖了一天的红薯简直把我累死了。
2) 如今的书包简直把伢们哈都背成了驼子驼背。
3) 他做事慢腾腾的，把人都急死了。

第三，处所处置成分。

被处置成分为处所，表示动作行为发生的空间位置。例如：

1) 我把安陆城跑高遍了。
2) 他把旮旮旯旯都搜了一遍，还是有找倒。

第四，工具处置成分。

被处置成分是工具，是动作行为所凭借的工具。例如：

1) 乜这个伢成天吃糖，把牙齿都吃坏了。
2) 他拿起皮带就抽，把皮带都抽断了。

(2) 处置句谓语的特点

处置句的谓语不能只是一个简单的动词，动词前后必须还有其他成分（刘月华等，2003），要么动词后有其他成分，包括动态助词、补语或复指成分；要么动词前有状语；要么动词前有状语，同时后有补语。例如：

1）他把衣裳洗了。

2）我把书放在书架高头得。

3）牛把地里的庄稼啃光了。

4）你把屋里捡下_{收拾一下}吵！来个人都下不了脚。

5）过年的时候把猪杀了他。

6）他把衣裳扯命_{使劲}一拉，衣裳尽让他撕得八丈凤乱七八糟。

7）他把饭哈_都吃光了。

上例1）动词"洗"带了动态助词"了"。例2）动词后带介词短语作补语，同时句末带助词"得"。例3）动词"啃"后带补语"光"。例4）动词"捡"带数量补语"下"，安陆方言里表达短时、少量意义的补语通常不用动词重叠形式，而是直接在动词后带"下"来表示。这也是安陆方言与普通话相区别的地方。例5）是安陆方言特有的一种处置句式，动词后带动态助词"了"，同时还必须带复指成分"他"。例6）是在动词前面出现状语"扯命_{使劲}"和状语"一"。例7）的动词前有状语"哈_都"，后有补语"光"。这些例子都印证了学者们注意到的处置句的谓语动词不能只是一个孤零零的动词。

(3) 否定

普通话里，作为状语的否定副词、助动词等一般只能放在"把"的前面，不能放在"把"的后面、动词的前面。安陆方言则灵活一些，否定副词等状语可以在"把"的前面，也可以在"把"字短语和动词之间。例如：

1）他把我一家伙就打倒了。/他一家伙就把我打倒了。

2）他完全不把它这个事放在心上。/他完全把它这个事不放在心上。

3）你完全冇把人当个事噻！/你完全把人冇当个事噻！

4）他简直把钱不当个钱啰，抓一把撒一把的。/他把钱简直不当个钱啰，抓一把撒一把的。

上例1）—4）里的状语都比较灵活，斜线"/"前后的例子都成立。当然，安陆方言里也有少数否定副词"不敢"、"莫"等必须位于"把"前面的，这说明安陆方言的处置句有与普通话相同的一面，更有与普通话不同的一面，由此显示出方言特色。看下面的例子：

1）他不敢把新衣裳穿出去。

2）你莫把人当霉气傻瓜盘_{糊弄}啰！其实我的心里哈_都晓得。

(4) 时态

这里说的时态是借用英语语法里的概念，主要用来指动词表示的动作发生的时间，分为已然态、进行态和未然态。在传统英语语法里，有过去时、现在时和将来时三种。时态和时间关系密切，但并不总是一一对应。时间是一个普遍的概念，世界各国的人都有"过去"、"现在"和"将来"的时间概念，但各国语言表达时间概念的语法手段却不尽相同。汉语是通过添加词汇的办法来实现表达不同的时间概念的，没有类似于英语和法语中的动词词尾标志来表达不同的时间概念。前面第二部分描写了安陆方言处置句的十一种格式，这些格式并不是所有的时态都适用的，有的只能是未然态，有的只能是已然态，有的只能是进行态，有的格式还兼属不同的时态。

第一，未然态处置句。

未然态处置句表示动作发生在将来，有"把＋NP＋V＋了＋他"、"把＋NP＋V＋倒"、"把＋NP＋V＋了＋再＋VP"三种格式。下面各举一例：

1) 你把钱交了他。

2) 你把书包背倒。

3) 我把作业做了再来。

第二，已然态处置句。

已然态处置句表示动作发生在过去，有"把＋NP＋V＋了"、"把＋NP＋V（成了）＋NP"、"把＋NP＋V＋C＋（了）"、"把＋NP＋V＋得＋C"、"把＋NP＋一＋V"、"冇＋把＋NP＋V＋NP"、"把＋NP＋不＋V＋NP"七种格式。例如：

1) 我把衣裳洗了。

2) 温聪的妈把温聪当成亲儿子来养。

3) 他把鞋穿破了。

4) 他把门口的路挖得稀烂。

5) 他把人扯命_{使劲}一吼，吓死八人的。

6) 他简直冇把人当个客嘞。

7) 他把你给的东西不当个东西。

第三，进行态处置句。

这里所说的"进行态"实际上是一种宽泛的从众的说法，严格说来，安陆方言里的处置句"把＋NP＋V＋了＋得"表示动作已经发生并处于持续状态，这类句子侧重于静态的持续性的动作。例如：

1) 我把门打开了得。

2) 他把灯关了得。

"把＋NP＋V＋C＋（了）"式处置句可以兼属未然态和已然态，这取决于句子的人称和是否带"了"。当主语为第二人称，而且未带"了"时，句子是未然态；当主语为第一人称和第三人称，而且带"了"时，句子是已然态。例如：

1) 你把钉子钉在壁子_{墙壁}高头去。（未然态）

2) 他说的话把人都笑死了。（已然态）

3) 我已经把菜择干净了。（已然态）

(5) 人称

安陆方言的处置句还牵涉到句子主语的人称问题。在上面所说的三种时态里，并不是所有的人称都适用。具体说来，有如下几个方面：

第一，未然态处置句的人称。

"把＋NP＋V＋了＋他"只适用于第二人称，表示命令，第一人称和第三人称都不用这一格式。例如：

1) 你把书包了他。

2) 我把书包了他。（×）

3) 他把书包了他。（×）

上例中"×"号表示该句子不成立。下同。

未然态里的另一格式"把＋NP＋V＋了＋再＋VP"则适用于所有的人称。例如：

1) 我把伢喂了再去上班。

2) 你把伢喂了再去上班。

3) 她把伢喂了再去上班。

第二，已然态处置句的人称。

一是"把＋NP＋V＋了"式处置句的人称：这一格式的处置句只用于第一人称和第三人称，不用于第二人称。例如：

1) 我把桃子哈_都吃了。

2) 他把桃子哈_都吃了。

3) 你把桃子哈都吃了。（×）

例3）单独不能成句，但如果表示未然，而且作为复句的分句则可以成立，我们可以说"你把桃子哈都吃了我们吃囗［mɛv］什么嘞?"

二是"把＋NP＋V（成了）＋NP"式处置句的人称：这一格式的处置句适用于所有的人称，不过，第二人称不能是陈述句，必须是疑问句，句子才成立。例如：

1) 我把张老师认成了汪老师。

2) 他把张老师认成了汪老师。

3) 你把张老师认成了汪老师。（×）

4) 你把张老师认成了汪老师啊？

三是"把＋NP＋V＋C＋（了）"式处置句的人称：这一格式的处置句适用于第一人称和第三人称，不用于第二人称。例如：

1) 我把旅游鞋穿破了。

2) 他把旅游鞋穿破了。

3) 你把旅游鞋穿破了。（×）

四是"把＋NP＋V＋得＋C"式处置句的人称：这一格式的处置句适用于第一人称和第三人称，用于第二人称时必须有后续句，否则，句子不成立。例如：

1) 我把乜这一课的英语单词背得滚瓜烂熟。

2) 他把乜这一课的英语单词背得滚瓜烂熟。

3) 你把乜这一课的英语单词背得滚瓜烂熟。（×）

4) 你把乜这一课的英语单词背得滚瓜烂熟以后才能回去。

五是"把＋NP＋一＋V"式处置句的人称。例如：

1) 我把牛尾巴扯命使劲一逮，牛就囗［mauv］起来使劲地跑。

2) 他把牛尾巴扯命使劲一逮，牛就囗［mauv］起来使劲地跑。

3) 你把牛尾巴扯命使劲一逮，牛就囗［mauv］起来使劲地跑。

六是"冇＋把＋NP＋V＋NP"式处置句的人称：这一格式的处置句适用于所有的人称。例如：

1) 我冇把你当个客啰。

2) 他冇把人当个客嘿。

3) 你冇把人当个客嘿。

七是"把+NP+不+V+NP"式处置句的人称:这一格式的处置句只适用于第三人称,用于第一人称和第二人称时,要有后续句,句子才能成立,否则,句子不成立。例如:

1)他把你给的东西不当个东西哟!
2)我把你给的东西不当个东西,看你有么狠气?
3)你把他给的东西不当个东西,他不生气呀?

第三,进行态处置句的人称。

进行态处置句"把+NP+V+了+得"不适用于第二人称,而适用于第一人称和第三人称。例如:

1)我把灯开了得。
2)他把灯开了得。
3)你把灯开了得。(×)

从时态和人称的角度探讨安陆方言处置句的特点,一方面说明安陆方言的处置句的各种格式具有互补性,另一方面也说明,有些处置句虽然单独不能成立,但进入复句后句子是成立的,这佐证了邢福义先生(2001)的句管控观点。

(二)被动句

被动句是用介词"被"、"叫"、"让"等引进施事(主动者),同时指明主语是受事(被动者)的句子。一般认为现代汉语被动句有两类:一是标记被动句,用"被"、"叫"、"让"、"给"等介词引进施事。二是无标记被动句,又叫意念被动句。这一类没有形式标志表明被动语态,由语义关系决定句子作被动理解。下面拟在前人研究的基础上,描写安陆方言标记被动句的类型及其特点。安陆方言的标记被动句有如下几个类型:"尽"字被动句、"把得"被动句、"着"字被动句。

1. "尽"字被动句

安陆方言里,"尽"字相当于普通话里的"让",兼动词和介词。作动词用时表示"使役"义,可构成致使句。作介词用时表示"被动"义,引出施事,构成被动句。"尽"字被动句是安陆方言典型的被动句,使用频率非常高。有三种格式:

(1)受事+尽+施事+V+了

这一格式的"尽"字作介词,与其引出施事构成介宾短语,修饰句子里的谓语动词。介宾短语前面也可出现范围副词"哈都"。谓语动词后带助词"了"必须出现，表示动作的完成。例如：

1) 管子尽让渣子堵了。
2) 鸡子尽让黄鼠狼吃了。
3) 他尽让汽车撞了。
4) 他尽让蜂子蜜蜂把手锥蜇了。
5) 衣裳哈都尽让火烧了。
6) 田里的谷哈都尽让虫子吃了。

(2) 受事＋尽＋施事＋V＋C＋了

这一格式里的"C"表示补语，补充说明动作行为的结果。补语后面的"了"是这一格式必不可少的。例如：

1) 他的屋里的狗子尽让别个打死了。
2) 床尽让伢们跳塌了。
3) 碗尽让冰冰打破了。
4) 纸哈都尽让他们用光了。
5) 屋里的家业哈都尽让他败干净了。
6) 鱼尽让财喜儿猫吃干净了。
7) 煨的排骨哈都尽让他吃干净了。
8) 河边上田里的白菜尽让水潦［uˀ］淹死了。
9) 我的书尽让他拿去走了。
10) 乜那件衣裳已经尽让别个买去走了。
11) 军训的教官尽让二班的学生请去走了。
12) 门高头的对子对联尽让别个撕去跑了。
13) 电线尽让百抄子小偷偷去跑了。

上述例子中"尽"字引出的施事大部分指人，小部分指物，如例6)和例8)。从补语的角度来看，有动词补语，如例1)、例2)、例3)、例8)，有形容词补语，如例4)—6)，还有趋向补语和结果补语同时出现的，如例9)—13)。

(3) 受事＋尽＋施事＋V＋得＋C

这一格式的谓语动词后面出现带"得"的补语，补充说明动作行为的某种状态，可以是状态形容词充当补语，也可以是短语充当补语。补语后面不出现"了"。例如：

1) 道场高头晒的谷尽让雨□［tʂʰʅ↘］淋得切湿。
2) 菜园里的菜尽让强徒小偷偷得一根毛都冇得。

"尽"字被动句的否定用副词"莫"，"莫"在"尽"的前面。例如：

3) 千万莫尽让他听得巧。
4) 你要争一口气，莫尽让别个耻笑。

安陆方言表示被动义的介词"尽"引出句子的施事，同时指明句子的受事。施事和受事都是"尽"字被动句必须出现的成分。"尽"字表被动来源于它的动词义"致使、容许、任凭"。虚化为被动标记词的过程与普通话里的"叫"相似，在江淮官话和西南官话区域内作被动句的标记非常普遍。（左林霞，2004；管龙、张宗，2009）

2. "把得"被动句

这一格式的被动句主语多为指人的受事，"把得"引出的施事也是指人的，常为不定指的"别个"，不能省略，其格式为：受事＋把得＋施事＋V。与"尽"字被动句不同的是，谓语动词后面不带助词"了"，也不带补语，表面上看谓语动词是光杆动词，实际上这一格式的被动句有一个不可缺少的词"去"，它和另一个谓语动词构成连谓结构，"去"可以在"把得"之前，也可以在"把得"之后。例如：

1) 你去把得别个说，几划不来耶！
2) 你老了老了把得别个去谈讲，你未定舒服啊？
3) 你的媳婆老婆把得别个去谈斤估量议论的，你不管下啊？

这一格式的被动句通常指人遭受某人的议论，其动词常常是"说"、"谈讲"、"谈斤估量"等，这几个动词在安陆方言里是同义词，相当于普通话里的"说三道四"或"谈论"、"议论"。另外，安陆方言里，"把得"被动句常作为句子的一个分句，即"把得"被动句通常有后续句出现。

与安陆紧邻的孝感方言里，有"把"字被动句，也有"把得"被动句，二者可以互换，它们都是从动词的"给予"义演变而来的（左林霞，2004）。安陆方言里只有"把得"被动句，没有"把"字被动句，而且"把得"被动句的使用范围不如"尽"字被动句广泛，它只用于施事、受事都指人的被动句里，表示某人遭受某人的议论。当然，与孝感方言一样，"把得"也有动词和介词两种词性。动词"把得"有"给予"义，相当于普通话里的

"给",如"你把钥匙把得他",介词表示被动义,相当于普通话里的"被",如"他经常把得别人去谈讲,心里真是有得坨坨儿没有数"。

安陆方言里,"尽"字被动句比"把得"被动句的使用频率要高,"把得"被动句可以换成"尽"字被动句,但"尽"字被动句不一定全能换成"把得"句,因为如前所述,"把得"被动句有其特殊的使用范围,"把得"被动句的主语一般指人,"尽"字被动句的主语一般指物;"把得"被动句一般不能单独成句,句子的谓语动词后可不带动态助词、补语、宾语等成分,有后续句,其否定式是用"莫"表示否定。例如:

4)你莫去把得别个说。

3. "着"字被动句

这一格式的被动句里受事、施事必须出现,受事可以指人,也可以指物。"着"相当于普通话里的"被",其后的施事指人,不能省略,格式为:受事+着+施事+V(+C)+了。例如:

1)他的屋着他卖了。
2)废报纸着他拿去卖了。
3)它这把锹着他拿去跑了。
4)钱着百抄子小偷偷去跑了。
5)山上的树着别个砍光了。
6)他的家家爹爹外公着日人日本人杀了。

"着"字被动句通常表示已经完成的遭受意义,所以动词后要出现动态助词"了"。如果要表达否定的意义,则"着"字被动句改成"尽"字被动句,否定词用"冇"或"莫"。如上面的例子可以这么否定:

1)他的屋莫尽让他卖了。
2)废报纸冇尽让他拿去卖。
3)它这把锹莫尽让他拿去跑了。
4)钱莫尽让百抄子小偷偷去跑了。
5)山上的树莫尽让别个砍光了。
6)他的家家爹爹外公冇尽让日人日本人杀死。

4. 结语

安陆方言的标记被动句除了上述三种格式外,还有"被"字被动句,是受普通话影响的结果,往往是读书人或年轻人说。如"张三被别个怀疑偷了李四屋里的鸡子"。

安陆方言的三种常用标记被动句总体上看施事必须出现，这是三种格式的共性，也是安陆方言标记被动句与普通话被动句的差别之一。除此之外，"把得"和"尽"在安陆方言里兼有动词和介词两种用法，表明它们并没有像普通话里的"被"那样完全虚化成一个单纯的表示被动的介词。"着"则没有动词用法，它的虚化程度很高（郑宏，2006）。

从使用频率上看，这三种标记被动句中"尽"字句使用频率最高，在安陆方言中口语性最强、最地道，一旦表示遭受意义，则可用此句式，完全可以无条件地替换其他两种格式。"着"字被动句可能是邻近方言进入的，"它在孝感方言的几种标志被动句中使用范围最广，可以看作孝感方言标记被动句的代表形式"（左林霞，2004）。"把得"被动句也是安陆方言比较地道、使用频率比较高的一种被动句。在湖北江淮官话的鄂东方言里有这种格式，湖北赣语的通山话里有这种现象（陈淑梅，2005），湖北西南官话的武汉话里也有这一用法。安陆处在江淮官话和西南官话的毗连地带，对江淮官话和西南官话的被动标记采取了兼容的方式。

（三）致使句

致使句是由一类动词的作用而致使、引起、导致另一类动词的出现，并成为其前一类动词的结果，前一类动词具有［＋致使］语义特征的句子（邢欣，2004）。致使句是由一个动宾短语和一个主谓短语套叠构成的，包括致使主体、致使客体、致使动作和致使结果四个要素。致使句的基本结构形式是 NP1＋VP1＋NP2＋VP2。NP1 是名词或名词性短语，在致使句中发出 VP1 动作，是句子的主语。NP2 身兼两职，既是 VP1 的宾语，同时又是 VP2 的主语，既是 VP1 的受事，同时又是 VP2 的施事。致使句中 VP1 和 VP2 之间有因果或目的结果关系。对致使句的分类，主要依据 VP1 的语义特征。游汝杰（2002）把语法学界所提到的 V1 总结为 11 类，包括使令、命令、劝令、委托、提供、推举、协同、协助、跟随、喜恶、有无等。根据 VP1 的语义特征，兼顾典型的句法结构和意义表达，可把安陆方言的致使句分为八大类进行描写。

1. "使令"义致使句

"使令"义致使句包括请求、命令、催逼、派遣四个小类。

(1)"请求"类致使句

安陆方言里，这一类致使句的第一个动词常见的有"请"、"请求"、"要"、"求"等，表达强使役的意义，后一个动词表达前一个动词的目的或结果。例如：

1）我们请他到屋里来做客。

2）他要我们先走。

3）张燕求我给她的屋里打个电话。

(2)"命令"类致使句

命令类致使句的第一个动词常见的有"尽让"、"叫"、"命令"、"劝"等。例如：

1）尽让他吃饱喝足。

2）尽让他先说。

3）莫尽让他占我们的便宜。

4）他尽让他的伢参军去了。

这类致使句有"放任某人做某事"之意。还有一类致使句有强使役的意思。例如：

5）我要叫他晓得我的狠气_{厉害}。

6）老师叫我们不到河里去玩水。

7）婆婆劝我放马虎些，莫跟他们一般见识。

8）上级命令我们马上出发。

(3)"催逼"类致使句

安陆方言里常见的这类动词有"催"、"逼"。这类致使句的第一个动词表示催促、逼迫的意义。例如：

1）他们催新方快抹点儿_{快点儿}攘饭_{做饭}吃。

2）他逼倒托托做作业。

(4)"派遣"类致使句

这类致使句的第一个动词有"派遣"的意义，常见的有"派"、"动员"、"鼓励"等。例如：

1）学校派他去参加比赛。

2）乡政府农闲时动员群众修渠挖塘。

3）县里派他们来我们唶儿_{这儿}检查计划生育工作。

4）老师鼓励他大胆地讲出自己的心里话。

2. "有无"类致使句

安陆方言里,这类致使句的第一个动词是"有"、"冇得",兼语一般表示存在的事物,第二个动词是用来说明、叙述兼语的。例如:

1) 田里有一群鸡子在吃谷。
2) 天上有一只老鹰在飞。
3) 雪地里有一群麻雀子在找吃的。
4) 乜这个事儿根本就冇得人过问。
5) 他们唡儿那儿冇得哪个认得我。
6) 他有个弟弟在广州工作。
7) 我们唡儿那儿冇得哪个喜欢他。
8) 他们湾里有个木匠叫张光海。
9) 他们湾里有个人得了传染病。

上述致使句都是主谓句。也有非主谓句的致使句,常见的是兼语短语单独成句。一类是"有"字开头的致使句,一类是"是"字开头的致使句。例如:

1) 有人在城里看见了他的。
2) 有人把教室的玻璃打破了。
3) 有个东西顶在脑壳高头总比打嗑头强些。有个东西顶在头顶上总比淋雨强。
4) 是他们不讲理唦。
5) 是一个过路的人把他的伢从河里救起来的。

3. "称说"类致使句

这一类致使句的第一个动词表示认定或称谓的意义,常见的有"说"、"认"、"选"、"骂"、"拿"等。第二个动词跟第一个动词呼应,常见的有"是"、"做"、"当"等。例如:

1) 别个都说他是个万金油。
2) 托托认她做干妈。
3) 村里选金花当村长。
4) 同学们骂他是个铁公鸡。
5) 莫在唡儿那儿拿倒鸡毛当令箭啰。

4. "嘱托"类致使句

这类致使句的第一个动词表示"嘱咐"、"委托"的意义，常见的动词有"嘱咐"、"托"、"提醒"、"号召"等。例如：

1) 妈总是嘱咐我们做事要打心上过认真。
2) 他托我给他买火车票。
3) 他拜托老师关照下他的小伢儿。
4) 他的媳婆儿提醒他注意安全。
5) 党中央号召知识青年上山下乡。

5. "允许"类致使句

这类致使句的第一个动词表示"允许"的意义，常见的动词有"准"、"许"等，这类致使句是弱使役，表示"允许某人做某事"的意思。例如：

1) 我的妈准我去读书。
2) 我的婆婆不准我去看电影。
3) 我的屋里不准我到河里去玩水。
4) 你许我说我就说。

6. "VNP"类致使句

这类致使句又叫意念致使句，即字面上没有一般致使句必备的两个动词，而是一个动词。在安陆方言里，这个动词本身是不及物动词，带宾语或补语，表示"致使某人做某事"的意思。其中的"NP"通常为指人的"人"或人称代词。例如：

1) 你看他几急人啰！滚子都轧不出一个屁来。
2) 几怄人啰，他还不回来。
3) 看你几嫌人啰，老在别个身上蹭去蹭来的。
4) 你看他几怄我啰，说半天都不听。

上例中，句子的前一分句就是典型的意念致使句，形式上是一个不及物动词带一个指人宾语，指人宾语由"人"或人称代词充当。动词具有使宾语发出某种动作行为的作用，如上例中的"急人"、"怄人"、"嫌人"、"怄我"，意思是"使人着急"、"使人怄气"、"使人嫌弃"、"使我怄气"。在古代汉语里，有不及物动词用作使动动词的现象，就是主语使宾语发出动词所表示的动作行为。如"庄公寤生，惊姜氏（《左传·隐公元年》）"。其中"惊姜氏"的意思是"使姜氏惊"。安陆方言的这类致使句应是古代汉语动词用作使动用法的遗留。

安陆方言里，还有一种跟这一格式相关的意念致使句，即 S＋把＋人（指人的名词性成分）＋V＋C（＋O），表示"V 得让人 C"的意思。句子中的动词有不及物动词，也有及物动词。例如：

5）他把他的舅爷气去跑了。
6）把人都笑死了。
7）你又把他说翻了？
8）天天在他的屋里吃饭，莫把他的屋里吃穷了欸。
9）把人都气昏了头。
10）一天到黑睡瞌睡，把人都睡懒了骨头。

上例都是意念致使句。"气"、"笑"、"睡"是不及物动词，"吃"是及物动词。格式中的"把 NP"必不可少。例 5）的意思是"气得让他的舅爷跑了"。例 6）的意思是"笑得让人快要死了"。例 7）的意思是"说得让他翻脸了"。例 8）的意思是"吃得让他的屋里穷了"。例 9）的意思是"气得让人昏了头"。

（四）比较句

比较是一种常见的思维方式，是语言里很重要的一种范畴，汉语里最早研究比较问题的是马建忠先生，他把古代汉语的比较分为平比、差比和极比三类（马建忠，1983）。吕叔湘先生在其《中国文法要略》中全面分析讨论了现代汉语广义的比较句（吕叔湘，1982）。现代汉语比较句是指谓语中含有比较词语或比较格式的句子（车竞，2005）。比较句"在语义上由四个方面的五项要素构成：a. 参比项，包括参比甲项（比较主项）和参比乙项（比较客项或称参照项）；b. 比较；c. 比较视点；d. 比较结论"（邢福义，2002）。根据汉语比较句的定义和构成要素，考察安陆方言的比较句，在描写安陆方言比较句格式类型的基础上分析安陆方言比较句的特点和各类比较句格式的构成条件，这无疑会丰富普通话比较句的研究，加深对普通话比较句的理解和认识。根据比较的目的，把安陆方言的比较句分为两大类：示差比较和显同比较，每一类各有若干小类。

1. 示差比较

示差比较是通过比较显示出参比项在某方面的差异。示差比较句主要有不及比较、胜过比较、递进比较、极度比较等。

（1）不及比较

不及比较指参比项的一方不及另一方，在语言形式上出现否定词，不出现"比"，最终显示一方与另一方的差异。不及比较又可以叫否定比较。在安陆方言里有如下几类格式：

第一，甲冇得乙A。这一格式不出现比较词"比"，只出现否定词"冇得"，"甲"指参比项的比较主项，"乙"指参比项的比较客项，"A"指比较结论，往往是形容词，下同。属于否定比较，相当于普通话里的否定比较"甲不如乙"。例如：

1）小莲冇得艳艳贼_{漂亮}。

2）猪肉冇得鸡肉香。

3）火车冇得飞机快。

此格式含有"甲比乙更A"的意思，而且格式中的形容词往往为褒义的。如上两例通常不说：

4）小莲冇得艳艳丑。

5）猪肉冇得鸡肉臭。

6）火车冇得飞机慢。

因此，否定比较往往更强调比较中的"乙项"，说明"乙项"的程度更深，相当于英语里的比较级"更怎么样"。如第1）例说的是"艳艳更贼_{漂亮}"，第2）例说的是"鸡肉更香"，第3）例说的是"飞机更快"。另外，"冇得"比较句可以在其形容词前面加"乜那"，表示程度。通常在"冇得"比较句里出现"乜"往往比较的是量的程度差异。例如：

7）我们诺儿冇得他们诺儿乜热闹。_{我们这里没有他们那里那么热闹。}

第二，甲不如乙A。这一格式是直接比较两个方面，比较的两个对象可以是人、物，也可以是动作行为。这一格式也是否定比较，不及比较。例如：

1）倩倩不如艳艳巴家_{顾家}。

2）六生不如新林彻趟_{敏捷、灵活}。

3）打工不如读书有出息。

4）吃肉不如喝汤。

5）求人不如求己。

从上面的例子可以看出，这一格式可以不出现表示评价的形容词，而是出现动宾格式，如"有出息"。有的还直接表明对象"甲"不及对象"乙"，通常两个比较对象是动作行为，如上例的"吃肉"、"喝汤"等。当然，形容词的出现与否要看说话人所要表达的重点是什么。当说话人想要强调自己的评价时，形容词当然要出现；当说话人想要强调比较的双方，尤其是两个动作行为的比较时，形容词不出现。

第三，甲不像乙 A。这一格式也是否定比较、不及比较。不出现比较词"比"，参比项一般多是人或物，也可以是动作行为。比较结论一般都要出现，可以是性状，也可以是动作行为，同时在性状和动作行为前往往有指示代词"乜么那么"或"乜那"修饰。例如：

1）他不像他的兄弟乜么那么横筋蛮不讲理。
2）他不像他的妈乜结作吝啬。
3）许辉不像肖金乜么那么会做生意。
4）上班不像在屋里，想么样搞就么样搞。

"冇得"比较句和"不像"比较句都表示一方不及另一方，是否定比较，在性质形容词、心理活动动词、能愿动词构成的动宾短语这几个方面，二者都能成立。但状态形容词和复杂谓词性成分只适用于"不像"比较句。在语用方面，"冇得"比较句重在对"甲"的否定，表明在某一性状中，甲不如乙。"不像"比较句重在对乙的肯定，表明在某一性状上"乙"强于"甲"。比较下面的句子：

1）我冇得他有板眼。（我没有板眼，他有板眼。）
2）我不像他有板眼。（我有板眼，但他比我更有板眼。）

第四，甲不比乙。这一格式也是否定比较、不及比较。跟前面几类不及比较句不同的是，直接在比较词"比"前加否定词"不"构成的否定比较，而且这个"比"是动词。参比项多是时间，比较结论一般不出现，往往有后续句出现。例如：

1）恁咱儿现在不比往常过去，随么事方便多了。
2）你恁咱儿现在不比年轻的时候，莫动不动就喝拆了喝醉了。
3）今朝今天不比昨儿昨天，来了乜这么多人，你莫乱瞎搞。

第五，甲比不上乙。这一格式也是否定比较、不及比较。格式中的"比"不是介词，而是动词，其否定比较是通过动词"比"的可能补语实现的，而且，比较结论不是直接跟在参比项后面，而是有一个后续句表达比较结论，而且这个表达比较结论的后续句是一个肯定的比较句，往往是否定、肯定并存，以强调比较的差异。例如：

1) 秦镇林比不上黎光胜，黎光胜忠厚些。
2) 今年的糯米比不上去年的，去年的产量高一些。
3) 他做的新屋比不上徐国强的，徐国强的看起来大样_{气派}些。

第六，甲抵不倒乙。这一格式不出现比较词"比"，通常不出现比较结论，或者说比较结论隐含在句中。就参比项来说，比较甲项在整体数量上要多于比较乙项，但"抵不倒"比较乙项，强调的是甲乙两个参比项数量上或质量上的不等同。例如：

1) 我们两个人的收入加起来还抵不倒文林一个人的。
2) 他们三个人的力气加起来还抵不倒他一个人的。
3) 恁咱儿_{现在}的高中生还抵不倒往常的高小生_{小学生}。
4) 三个臭皮匠抵不倒一个诸葛亮。

第七，甲跟不倒乙。这一格式也是否定比较、不及比较。格式里不出现比较词"比"，而是用"跟不倒"，表示"比不上"的意思。参比项往往是人或动作行为，比较结论可以紧随比较项出现，也可以不紧随比较项出现，不紧随比较项出现时，须在下文出现，即有后续句补充比较的结论，出现的比较结论可以是性质，也可以是动作行为。例如：

1) 前头走的跟不倒后头爬的。
2) 在外头做事随么样_{不管怎么样}跟不倒屋里舒服。
3) 江安的媳婆儿跟不倒木安的媳婆儿，木安的媳婆儿懂事儿些。
4) 学木匠跟不倒学砌匠，学砌匠赚钱些。

第八，甲不及如乙。这一格式也是否定比较、不及比较。格式里不出现比较词"比"，而是用"不及如"，表示"比不上"的意思。比较的往往是甲乙双方在技术、水平、能力等方面的差异。参比项多是人或事，往往不是动作行为，比较结论不出现。例如：

1) 我混得差些，总是觉得不及如人。
2) 周晓兵的技术不及如陈东晖的技术。
3) 乜件衣裳的式样还不及如你身上穿的乜一件。

（2）胜过比较

胜过比较字面上都是肯定比较，通过比较，显示出一方在某方面胜过另一方，体现出比较双方的差异。包括如下几个格式：

第一，跟甲相比，乙 A 一些。这一格式出现比较词"比"，引出比较的对象，相当于普通话里的典型比较句式"乙比甲 A 一些"。例如：

1）跟小莲相比，艳艳贼漂亮一些。

2）跟小平比，大平矮一些。

3）跟坐汽车比，坐火车舒服一些。

这些比较句跟普通话里典型的比较句式相比，甲、乙两项的顺序正好相反。如果用普通话表达，上例表述为：

4）艳艳比小莲贼漂亮。

5）大平比小平矮。

6）坐火车比坐汽车舒服。

当然，这一格式普通话里也常见，是普通话和方言里都有的比较句式。

第二，在 X 范围中，其中某一项 A 一些。这一格式不出现比较词"比"，但要求有一个特定的范围，通常由一个介词结构引出这个比较的范围。整个比较句强调的是这个范围里的某一个个体更怎么样。例如：

1）在他们几个当中，刘林要差一些。

2）在我的几个初中同学中，就是他的屋里条件好一些。

3）托托的语数外三门课中，外语差一些。

上面的例子里都有一个介词结构引出的范围，这个介词结构作整个句子的状语。另外，这一格式里的形容词跟其他比较格式里的形容词一样都有反义词，像"差"、"强"等形容词有其反义词形容词"好"、"弱"，这些形容词本身含有等级的比较，即"差"、"强"含有两个或两个以上的比较而显示出的等级特性。

这一格式里还有一个不可缺少的成分"一些"，用以补充说明形容词的程度。上面例子里的"一些"都不能省略。如果省略，则句子表达不完整。这一格式也是普通话和安陆方言都有的比较句式。

第三，甲＋A＋乙＋数量。这一格式不用比较词"比"，直接把形容词放在需要比较的两者之间，其后必带比较的数量。例如：

1）他小我三岁。

2）托托高冰冰一个脑壳。

3）他矮我一大截。

这一格式相当于普通话里的"乙＋比＋甲＋A＋数量"。上面的例子都可以用普通话表达为：

4）他比我小三岁。

5）托托比冰冰高一个脑壳。

6）他比我矮一大截。

这一格式也可以调换"甲"和"乙"的位置，调换以后必须用句中形容词的反义词，这样表达的意思和调换前是一样的，比较句格式表面看也一样。如上例都可以这么说：

7）我大他三岁。

8）冰冰矮托托一个脑壳。

9）我高他一大截。

这一变化格式用普通话这么说：

10）我比他大三岁。

11）冰冰比托托矮一个脑壳。

12）我比他高一大截。

这一比较格式里所用的数量往往显示出比较的具体方面，给人明确具体的比较程度，如"三岁"、"一个脑壳"。也可以是模糊数量，如"一大截"。当句子里用具体数量时，形容词前面可以出现"至少"、"最多"之类的副词；当句子里用模糊数量时，形容词前面不能出现副词。上面的例4）、5）两例可以用"至少"、"最多"来修饰句子中的形容词，而例6）则不能用"至少"、"最多"修饰句子中的形容词。

第四，甲比乙A一些。这一格式用了比较词"比"，普通话里也常见这一格式。例如：

1）梨子比苹果水分足一些。

2）女伢比儿伢乖一些。

3）语文比数学好学一些。

这一格式里也出现了补充说明的数量"一些"，不过跟其他格式里出现的"一些"略有不同，那就是这一格式里的"一些"可以去掉而不影响比较句意思的表达。加上"一些"，使表达显得舒缓、自然，口语意味更浓一

些。如上例都可以这么说:

4) 梨子比苹果水分足。

5) 女伢比儿伢乖。

6) 语文比数学好学。

第五,甲跟乙 A 些。这一格式中的"跟"相当于普通话里的"比",整个格式等于普通话的"甲比乙 A 一些"。例如:

1) 我的饭量跟他的饭量大些。

2) 冬天南上屋里跟北上屋里热和些。

3) 今朝今天跟昨儿昨天热些。

这一格式里的形容词后面直接加"些"表示补充,使表达舒缓,同时表明说话者的主观感受。如果省略这个"些",则使表达显得武断、生硬,表达一种客观的评价。试比较下面的例句:

4) 小林的衣裳跟小琴的衣裳贵些。

5) 小林的衣裳跟小琴的衣裳贵。

因此,安陆人用这一格式表示比较的时候一般不会省略"些"。而普通话里"一些"的省略与否不影响句子意思的表达。如上面的例子在普通话里都这么说:

6) 我的饭量比他的饭量大一些。/我的饭量比他的饭量大。

7) 冬天南边屋里比北边屋里暖和一些。/冬天南边屋里比北边屋里暖和。

8) 今朝今天比昨天热一些。/今天比昨天热。

9) 小林的衣裳比小琴的衣裳贵一些。/小林的衣裳比小琴的衣裳贵。

第六,甲跟乙哪个 A 些嘞?这一格式是疑问句里的比较,其中的"跟"是连词,不是介词,相当于连词"和"。特点是直接用连词"跟"连接两个比较的对象,其后用疑问代词"哪个"表示疑问,"形容词+些"表示比较。例如:

1) 麦子跟谷哪个贵些嘞?

2) 他跟你哪个大些嘞?

3) 豆豆跟丁丁哪个高些嘞?

与肯定比较句不同的是,疑问比较只是提出比较的疑问,并没有得出比较的结论,比较的结论要在其后的答话中给出。跟普通话疑问比较不同的是，这一格式的比较句不出现比较词"比"，而普通话的疑问比较要出现比较词"比"或"相比"。如上面的例子可以这么说：

4）麦子跟谷相比哪一个贵一些？
5）他跟你相比哪一个大一些？
6）豆豆跟丁丁相比哪一个高一些？

普通话里的这类疑问比较句句末一般没有语气词，这跟安陆方言疑问句的表达特点有关，详细情况可参见安陆方言疑问句。

(3) 递进比较

递进比较是比较数量上的递增或递减，格式是"时间数量＋A＋时间数量"。这一格式不用比较词"比"，而是在比较的对象后面直接用两个表示时间的数量结构，而且在两个数量结构中间用一个形容词。在内容上不断递进，即所谓的递比句。例如：

1）爹爹一年老一年，要好生儿地招呼。
2）伢们一年大一年，要好生儿地教他们。
3）猪儿一天大一天，要加一点儿粥吃。

这一结构相当于普通话的"时间数量＋比＋时间数量＋A"，也就是说普通话里这一类比较格式里形容词的位置跟安陆方言的这一类比较句不同。上面的例子普通话这么说：

4）爷爷一年比一年老，要好好地照顾。
5）孩子们一年比一年大，要好好地教育他们。
6）猪崽一天比一天大，要加一点儿粥吃。

这一格式的否定不是在形容词前加否定词"不"，而是跟递比的形容词的意义有关，当说话人表达递增的比较意义时，比较句没有否定形式。如上面的例子都不能这么说：

7）爹爹一年不老一年，要好生儿地招呼。(×)
8）伢们一年不大一年，要好生儿地教他们。(×)
9）猪儿一天不大一天，要加一点儿粥吃。(×)

当说话人表达消极的递进比较意义时，用"不如"表示否定。例如：

10）他的身体一年不如一年。
11）生意不好做，恁咱儿现在的收入一天不如一天。
12）他的徒弟一届不如一届。

2. 显同比较

显同比较是通过比较显示出参比项的同一，包括精确显同比较和模糊显同比较两类。

(1) 精确显同比较

精确显同比较格式是"甲跟乙一样 A"。这一格式不用比较词"比"，而是用"一样"表示两个比较的对象同等。虽然两个对象具有相同的性质，但整个句子还是含有比较的意味。说两个对象性质同等，是在比较之后得出的结论。所以这一格式可以说是隐性比较，这种隐性比较是说话者得出结论之前的心理比较。看下面的例子：

1) 苹果跟香蕉一样贵。
2) 晶晶跟星星一样高。
3) 萝卜跟白菜一样相赢便宜。

这一格式里比较的视点，即参比两项进行比较的方面，隐含在形容词里，也就是说例1) 的比较视点是"价钱"，而这个"价钱"并没有在字面上出现，而是附着在其后的形容词"贵"上，指价钱的贵。同样，例2) 的比较视点是身高，例3) 的比较视点是价钱。如果出现比较的视点，则句子里的形容词不出现。上面的例子我们可以这样说：

4) 苹果的价钱跟香蕉一样。
5) 晶晶的身高跟星星一样。
6) 萝卜的价钱跟白菜一样。

只不过这样的表达仅仅是一种客观的评价，着重强调比较对象的同一性。所以，一般情况下还是出现形容词，来表示说话者的主观感受。普通话和安陆方言都有这一格式。

(2) 模糊显同比较

模糊显同比较指比较后比较双方不完全等同，而是大致等同。格式是"甲跟乙差不多 A"或"他们差不多 A"。这一格式不用比较词"比"，而是用"差不多"，表示两个比较的对象大致等同。这一格式也属于隐性比较，即说话者在得出这一大致同等结论之前的心理比较。例如：

1) 他们两个人的个子差不多大。
2) 琪琪跟月月的鞋码子差不多大。
3) 他的老人跟你的老人年纪差不多大。

这一格式跟精确显同比较一样是隐性比较，显同比较格式用"一样"，表示完全等同，这一格式用"差不多"，表示大致等同。除此之外，二者最大的差别是这一格式里比较视点都出现了，而且其中的形容词完全可以省去不说，这样并不影响意思的表达。如上面的例子都可以这么说：

4) 他们两个人的个子差不多。
5) 琪琪跟月月的鞋码子差不多。
6) 他的老人跟你的老人年纪差不多。

3. 结论

安陆方言比较句跟普通话相比有同有异，同的是小部分，异的是大部分。从整体表示比较的句子格式来看，安陆方言比普通话丰富。从比较的目的来看，安陆方言的比较句分为两大类：示差比较和显同比较，包括平级比较和非平级比较、肯定比较和否定比较、疑问比较和陈述比较、标记比较和非标记比较等。这些都是从不同的角度的分别。安陆方言特色的比较句有自己的构成条件。一是有的比较句必须带数量，如胜过比较句；有的比较句必须带不定量"一些"，有的可带可不带"一些"，带上只是表达缓和的语气；时间数量结构只有在表达顺序义，且程度差别随时间而变时才能构成比较句，而且前后两个数量结构的数量相同，如递进比较。二是比较必须有范围，包括显性和隐性。大部分比较是显性比较，如示差比较；小部分是隐性比较，如显同比较。三是形容词本身含比较意味，即形容词一般是性质形容词，有褒义和贬义，选择其中的一个意义，就意味着舍弃相对的另一个意义，说话人在表达的时候是经过比较才做出的选择。四是比较句多为不带标记词"比"的格式，语序跟普通话相比多有不同，而且大部分比较句里的比较项有两项，但有的比较句只在字面上出现一项。就比较句格式的使用频率来看，安陆方言也有带"比"字的比较句，但多数是不带"比"的比较句。不带"比"的比较句使用频率高一些。

（五）疑问句

对于汉语的疑问句，吕叔湘先生先分为两类，一是特指问，二是是非问，后来在《语法学习》中，吕先生将疑问句分为三类：特指问、是非问、选择问。在《现代汉语语法提纲》中，他将疑问句分为四类：特指问、是非问、正反问、选择问（吕叔湘，1976，转引自林裕文，1985）。1985年朱德熙先生在《中国语文》上发表《汉语方言的两种反复问句》以后，汉语的反复问句逐渐成为人们关注的热点,对反复问句的定义、结构、生成以及在汉语各方言中的分布,国内外的学者都进行了较为深入的探讨,初步达成了一些共识,但仍存有一些分歧意见:一是"K-VP"句型是不是反复问句;二是"K-VP"与"VP-neg-VP"两种句式能否共存于同一种方言。朱德熙(1985)、刘丹青(1991)、李希凡(1999)等先生对"K-VP"句型进行了深入的探讨。对于第二点,朱德熙(1985)曾指出,这两种句式互相排斥,不能在同一个方言里并存,但随后王世华(1985)、施其生(1990)发现,在扬州和汕头方言里,两种句式是并存的。

安陆方言的疑问句系统与普通话相比有同有异,尤其是是非问和正反问[①],与北京话的差异较大,这主要表现为疑问句的格式及语气词的运用有差别。下文将对安陆方言的疑问句系统进行描写,并在此基础上将安陆方言疑问句与北京话疑问句进行比较,进一步分析安陆方言疑问语气词在疑问句中的地位,最后探讨安陆方言正反问句的历史层次及其发达的原因。

1. 安陆方言的疑问句

(1) 特指问

特指问是用疑问代词提问的疑问句。安陆方言的特指问主要有两种类型,句末都要用语气词。

第一,"IP+欤"式特指问。

格式里的"IP"是疑问代词 interrogative pronoun 的缩写,语气词"欤"相当于普通话里的语气词"呢",但在句子里会随其前音节的尾音变化而发生变化。这种问句的词序跟陈述句一样,提问句子的哪个成分,就把疑问代词放在哪个成分的位置上。在这一点上,安陆方言与普通话是一致的,只不过安陆方言的疑问代词与普通话的疑问代词在词形上略有区别:安陆方言的"哪个"相当于普通话里的"谁","么事"或"母事"或"嚜[mεv]"相当于普通话里的"什么","几多"相当于普通话里的"多少","几"相当于普通话里的"多","做么事"相当于普通话里的"为什么","怎么儿"相当于普通话里的"怎么"或"怎么样","几咱儿"相当于普通话里的"什么时候","哪哈儿"或"哪儿"相当于普通话里的"哪里"。

---

① 对疑问句的小类名称,我们采用吕叔湘先生的分类术语:特指问、是非问、正反问、选择问。

例如：

1) 乜那群学生里头哪个是你的儿子欹？
2) 你们班上有几多学生嘞？
3) 你一天到黑在屋里搞嘿嘞？总是看不倒你的人影。
4) 你来做么事欹？
5) 你乜埋儿这次出去打工赚了几多钱嘞？
6) 你的屋里离倒城里有几远嘞？
7) 你做么事要打我嘞？我又有惹请你。你为什么要打我呢？我又没有惹你。
8) 落乜这大的雨，他是怎么儿来的耶？
9) 他的屋里人对于你怎么样欹？
10) 怎么儿欹？你今朝今天不能去送他啦？
11) 他们昨儿晚行晚上几咱儿到的屋欹？
12) 他乜这几天到哪儿去了欹？老看不倒他。

第二，"NP＋欹"式特指问。

格式里的"NP"可以是名词、代词或名词性短语，语气词"欹"相当于普通话里的语气词"呢"。这一格式的特指问用来询问处所，表示"……在哪儿"的意思。例如：

1) 托托，你的英语书欹？
2) 肖遥欹？
3) 你的行李耶？

这一格式的特指问往往作为始发句，有时后面再接一个特指问句，表示说话人的强调疑问。如上面的例子后面都可以根据说话人的需要再加一个特指问：

4) 托托，你的英语书欹？你放到哪儿巧欹？
5) 肖遥欹？怎么儿眨个眼睛就不见了欹？
6) 你的行李耶？放在哪儿哪里巧欹？

第三，"S＋欹"式特指问。

格式里的"S"是一个陈述句，语气词"欹"同样会因其前音节尾音的不同而发生变化，相当于普通话里的语气词"呢"，它附在陈述句的后面构成特指问，表示"如果……，那么应该怎么办或做什么？"的意思。例如：

1) 到了唡儿以后欹？到了那里以后做什么呢？

2) 他不跟我说嘞？他如果不跟我说，那该怎么办呢？

3) 学校不出钱嘞？学校如果不出钱，那我们该怎么办呢？

(2) 是非问

是非问是提出一个问题，要求作出肯定或否定回答的问句。安陆方言的是非问，从形式上看，有以下三类：

第一，语调型是非问。

这一格式的在语表形式上，不出现任何疑问词或疑问语气词，只是用上扬的语调（零形式）来表示疑问，如果句末不用问号，说话时不用上扬的语调，则是一个陈述句。例如：

1) 你吃了的？（见面打招呼）

2) 我们哈都去？那你的屋里怎么住得下呢？

3) 你硬是要走？我们怎么就留不住你啦？

这种语调型是非问完全靠语调的上扬来表达疑问的语气。书面上如果不用问号而用句号，则是一个陈述句，口头表达的时候语调如果不上扬就是肯定的陈述句。在语用价值上，这种类型的是非问句疑问度很低，几乎是明知故问。如第一例，是见面打招呼的用语，虽然是疑问的形式，但这种疑问几乎并不问什么，只是把自己有把握或已认识到的事实用疑问的形式说出来，要求交际对方的附和或是诱导对方作出更明确的解释回答。

安陆方言里不带语气词的是非问需要在一定的语境中使用，而且说话人往往用这一格式表达惊讶、怀疑等情绪，有时候语气显得比较生硬。

第二，"吵"字是非问。

"吵"字是非问相当于北京话里的"吧"字是非问。安陆方言里，疑问度很低的是非问句末尾通常用语气词"吵"，有时也直接用语气词"吧"，不过这样的用法比较少，不如用"吵"地道。例如：

1) 今朝今天蛮冷吵？看你的脸冻得通红哦。

2) 我好像听哪个说了乜这个事儿的，是他又尽让公安局里抓去走了吵？

3) 你老儿身体还扎实吵？

4) 他哈都晓得了，是你跟他说的吵？

5) 今朝今天要考试，大家哈都到齐了吵？

从上面的例子我们可以看出，安陆方言的"吵"字是非问的疑问度很低。如最后一例表达的甚至只是问话人的一种愿望，疑问度甚至为零。这一类问句表示揣度语气，问话人有很强的心理倾向，只是还没有十分的把握，发问的目的只是想证实自己的想法或征询对方的看法，期待肯定的回答，而且在表达上，这类问句显得客气、委婉。

第三，"啊"字是非问。

安陆方言里，这一格式里的"啊"相当于北京话里表达是非问的语气词"吗"，它因前一音节尾音的不同而变化，这和安陆方言语气词具有音变性的特点分不开，也是安陆方言这一类型是非问的特点之一。例如：

A. 1) 乜这个电影你们哈都看了的呀？几咱儿去看的耶？

    2) 他还睡了得啦？怎么冇得哪个去喊下他嘞？

    3) 他们还在开会呀？到了恁咱儿现在来了还不晓得回来吃饭。

B. 1) 他一个人来呀？

    2) 他就是乜那个□[xɛv]很有名的演员啊？

    3) 你就是小王介绍来的清洁工啊？

    4) 我们今朝今天哈都去吃饭啦？

A组的语气词"啊"受前一音节尾音的影响而变来的，相当于普通话里的是非问语气词"吗"。从上面的例子我们可以看出，安陆方言的这一类是非问的疑问度比语调型是非问稍高，但总起来看它的疑问度不如特指问高，它是有所推测、有所探询的疑问。问话人一般已知或已推知某事，只是用这样的问句来证实自己的推测。如A组的第二个例子，问话人这样发问，实际上问话人估计他还睡着，只是用这样的一个问句希望得到对方的证实。所以问话人接着又问："怎么冇得哪个去喊下他嘞？怎么没有谁去喊一下他呢？"这一类问句的疑问度非常低。B组是为了证实某种情况，表示追问的是非问。这种追问式是非问往往是在原先不知道或不愿如此的事实成为现实的情况下，为了进一步证实，同时表现出不满、惊讶甚至反对等感情的时候运用。追问式是非问除了疑问的语气之外，还有一种反问的意味。当然，它毕竟又不同于一般的反问句，因为一般的反问句是不必回答的，而这里既然要证实，自然是要听话人作出回答的。

"啊"字是非问里的B组是追问式的是非问，它与A组和"吵"字是非问的区别在于：如果用正反问的形式来表达，就只能用"是不是＋VP＋语气词"的格式，用来强调追问。而A组和"吵"字是非问既可以用"VP

了冇"式正反问来表达，也可以用"V 不 VP＋语气词"式正反问来表达，还可以用"是不是 VP 语气词"式正反问来表达。如"啊"字是非问里的 A 组和 B 组及"吵"是非问都可以用正反问的形式来表达：

"啊"字是非问用正反问的形式表达为：

A. 1) 乜这个电影你们哈都看了冇？几咱儿什么时候去看的耶？

2) 他是不是还睡了得嘞？怎么冇得哪个去喊下他嘞？

3) 他们是不是还在开会耶？到了恁咱儿现在来了还不晓得回来吃饭。

B. 1) 他是不是一个人来耶？

2) 他是不是就是乜那个□[xɛv]很有名的演员欸？

3) 你是不是就是小王介绍的清洁工欸？

4) 我们今朝今天是不是哈都去吃饭嘞？

"吵"字是非问用正反问的形式表达为：

5) 今朝今天是不是蛮冷嘞？看你的脸冻得通红哦。

6) 我好像听哪个说了乜这个事儿的，是不是他又尽让公安局里抓去走了欸？

7) 你老儿身体还扎不扎实欸？

8) 他哈都晓得了，是不是你跟他说的耶？

9) 今朝今天要考试，大家哈都到齐了冇？

从上面的例子可以看出，无论是"吵"字是非问还是"啊"字是非问，用正反问的形式表达以后，语气词也有相应的变化。这说明安陆方言里，对于疑问句的构成来说，语气词起着非常重要的作用。关于语气词对疑问句的成句作用，我们还将在后面的章节里专门讨论。

第四，"冇/不＋VP＋语气词"式是非问。

格式里的"冇"是相当于北京话里的否定副词"没有"。安陆方言里，这一格式的是非问是带语气词的是非问的否定形式，因为否定词不同，表达的疑问意思也有细微的差别，所以单独作为一个部分来讨论。安陆方言里的否定式是非问一般要出现语气词。例如：

1) 他还冇来呀？

2) 你今朝今天冇去看展览啦？昨儿不是说好了要去的呗？

3) 你冇到深圳去打工啊？

4) 他们两个人冇离婚啦？怎么又在一路一起欤？

从这些例子我们不难看出，问话人在发问时带有明显的倾向性，根据某一事实或经验他有自己的看法。如例1），"他"按理是早就该来了。例2）里"你"事先说过今天要去看展览，说话人理所当然地认为"你"今天要去。例3）中按经验或已经了解的事实，"你"应该已经到深圳去打工了。例4）里说话人看到的事实与他以往所知的信息不相符合，所以对他们已经离婚的事感到怀疑。

安陆方言还可以用"不"表达否定性的是非问。例如上面的例子有的能用"不"表达，有的用"不"时句子里有的成分要调整：

5) 他不来呀？

6) 你今朝今天不去看展览啦？昨儿不是说好了要去的呗？

7) 你不到深圳去打工啊？

8) 他们两个人不离婚啦？

例5）中用"不"则要去掉"还"；例8）中用"不"则后续句取消，也就是说，"不"不用于有后续句"怎么又待（在）一路一起欤？"这样的语言环境中。这说明，在安陆方言里，否定词"不"和"冇"用来表示否定性的是非问时有区别：一是二者与"体"有很大的关联，"冇"否定"已然"的事实，而"不"否定"未然"的情况；二是"不"和"冇"在语用方面还表现出已然评定性与客观叙述性的差异，"冇"表示客观的评定性否定，而"不"则表示主观意愿的叙述，即表达句子里主语的意愿性否定。"不"否定句子里的主语的主观意愿性，同时表明，否定的动作行为还没有实现，而"冇"表达的否定具有客观性，同时表明，它否定的动作行为一般已经实现。

安陆方言里，语调型是非问和"S+语气词"式是非问都可以用正反问来表达，只有"冇+VP+语气词"式是非问不能用正反问的形式来表达。如果我们进一步对这类带否定词的是非问作分析，就会发现，这一类是非问的语义表达，对问话人来说，已经具有某种"反问"的意味。但这种"反问"又与问而不答的反问句有区别，尤其是对听话人来说，仍然觉得问话人是有疑而问，所以理应有问必答，有时，答话的内容可能跟问话人所想的情况相反。

(3) 正反问①

正反问是并列正反两个方面的问题，要求选择其中一个方面的问题作出回答的问句。安陆方言的正反问句复杂多样，根据否定词的不同及其位置的不同，安陆方言的正反问分两大类别："V 不 VP＋语气词"式和"VP 了冇"式。这两类格式有各自的使用范围："VP 了冇"用于已然态的正反问，即所问的动作行为或事实性质已经实现；"V 不 VP＋语气词"用于未然态的正反问，即所问的动作行为或事实性质即将实现。其中有五种比较特殊的正反问，它们是由"V 不 VP＋语气词"格式变化而来的正反问格式："在不在 VP＋语气词"式正反问、"是不是 VP"式正反问、"S，咓？"、"VVP＋语气词"式正反问和"有不有"式正反问。安陆方言里，已然态的正反问和未然态的正反问正好互补，共同组成正反问句系统。下面从形式的角度对这两类格式及其变化形式进行描述。

第一，"VP 了冇"式正反问。

格式中的"V"可以是单音节或双音节动词，也可以是单音节或双音节形容词。安陆方言里，这一格式不用语气词即可形成问句形式，和"V 不 VP＋语气词"式正反问相对，用于询问已经发生的动作或事件，也可以用来询问某一性状是否产生或变化，它的具体格式有三种：

A. "V 了冇"式正反问。

格式里的"V"既可以是动词，也可以是形容词，包括单音节和双音节，但以单音节的动词或形容词居多，用于询问已经发生的动作或事件，或者是用来询问某一性状是否产生或变化。例如：

1) 他们走了冇？
2) 老师布置的作文你写了冇？
3) 等下归你发言，你准备了冇？
4) 你的腰高头的伤好了冇？
5) 等下要炒的菜你择了冇？
6) 明朝明天就要走，东西哈都清整了冇？

---

① "正反问"即朱德熙先生所说的"反复问"。早在 1976 年，吕叔湘先生就把现代汉语的疑问句分为四类：特指问、是非问、正反问、选择问。我们从吕先生的分类，认为"正反问"这一概念更切合安陆方言的正反问特点。

B. "V了O冇"式正反问。

当动词带宾语（O）时，"VP了冇"式正反问具体表现为"V了O冇"式正反问。例如：

1) 外头<u>在</u>落雨，<u>你</u>带了伞冇？
2) 乜<u>这么</u>冷的天<u>道天</u>，<u>你</u>戴了袖笼<u>手套</u>冇？
3) 今<u>朝</u>下半天你打了球冇？
4) 昨儿晚<u>行晚上</u>你喝了酒冇？
5) 你上了闹钟冇？

"V了O冇"式正反问句的主语都是施事主语，而"V了冇"式正反问的主语往往是受事主语，这两种格式可以互相转换，"V了冇"式正反问里的受事主语移到宾语的位置则变成"V了O冇"式正反问。不过，两种格式的主语不同，表达的疑问对象也有细微的区别：用"V了冇"式正反问表达疑问时，疑问的重心在句子里的受事主语，即"物"上，是问对方对这个"物"如何处置的；用"V了O冇"式正反问时，句子的疑问重心在施事主语"你"上，即问"你"怎么样了。

C. "VC了冇"式正反问。

格式中的"C"表示句子的补语。当句子的谓语中心语动词或形容词带补语时，安陆方言里的"VP了冇"式正反问的"了"处于补语之后，形成"VC了冇"式正反问。例如：

1) 价钱<u>你</u>谈妥了冇？
2) 老师讲的内容<u>你</u>听清楚了冇？
3) 我的皮鞋<u>你</u>修好了冇？
4) 上<u>埋儿次</u>跟<u>你</u>说的乜<u>那</u>个事儿<u>你</u>想起来了冇？
5) <u>你</u>到北京去了一<u>埋儿次</u>冇？
6) <u>你</u>到你的姑娘<u>喏儿那儿</u>去了回把冇？

格式里的补语多数为形容词，少量为趋向动词或数量结构，数量结构补语里的数词往往为"一"或大约的量词，如"回把"，而不能是大于"一"的数。因为安陆方言里这一格式往往表达的是说话人的一种推测或试探，心里没有底，只能从最小的量去推测。

以上三种"VP了冇"式正反问一般情况下都没有带语气词。事实上，在安陆方言中，正反问格式"VP了冇"的后面可以带语气词"哦"或

"吵"。例如：

1) 老师布置的作业你写了冇哦？
2) 伢的东西哈都准备了冇哦？
3) 你到亲妈屋里去带了礼物冇哦？
4) 你的卷子高头写了你的名字冇哦？
5) 你们两个人要结婚商量好了冇哦？
6) 我说的话你听清楚了冇哦？

带上语气词"哦"有加强疑问的作用，同时表示说话人的怀疑和担心。带语气词"吵"使疑问句具有反问的性质，同时表达说话人质疑或不耐烦的情绪，但它同一般的反问句还是有区别，即需要听话人回答问话，而一般的反问句是答在问中。上面的例子都可以带"吵"：

7) 老师布置的作业你写了冇吵？紧在喏儿玩。一直在那儿玩。
8) 伢的东西哈都准备了冇吵？莫到时候乜冇得乜冇得。别到时候这也没有那也没有。
9) 你到亲妈屋里去带了礼物冇吵？冇带礼物好意思进门？
10) 你的卷子高头写了你的名字冇吵？总是丢三落四的尽让人担心。
11) 你们两个人要结婚商量好了冇吵？莫到时候扯皮拉筋的闹意见。
12) 我说的话你听清楚了冇吵？冇听清楚就好生儿地坐倒听。

D. "V了冇"式正反问的否定式。

安陆方言里，"V了冇"式正反问是已然态的正反问，这一格式不能直接加否定词"冇"，不说"冇V了冇"，解决的办法是在句中加"是不是"，同时去掉句子的已然态助词"了"，而且句子末尾表示正反问的否定词移到"是不是"的后面，构成"是不是＋冇＋V＋语气词"的格式表示否定式的正反问或者用否定式的是非问"冇VP啊"格式表示。例如：

1) 他们是不是冇走欸？
2) 老师布置的作文你是不是冇写耶？
3) 外头在落雨，你是不是冇带伞嘞？
4) 乜么冷的天道天，你是不是冇戴袖笼手套欸？
5) 老师讲的内容你是不是冇听清楚欸？
6) 我的皮鞋你是不是冇修好欸？

用"是不是＋冇＋V＋语气词"的否定式正反问往往表示说话人的一

种怀疑性的疑问，说话人往往根据已有的事实或现象对听话人提出一种质疑，其实答案已在说话人心中。这一格式的疑问效果有点类似于反问句，不过在形式上同反问句还是有区别，那就是反问句不需要听话人答话，而这一格式的正反问还是需要听话人的答话，答话人可以回答"是冇 VP"或着"VP 了"。

安陆方言的否定式正反问也可以用否定式的是非问"冇 VP 啊"格式表示。如上面的例子都可以这样表达：

7) 他们冇走哇？

8) 老师布置的作文你冇写呀？

9) 外头在落雨，你冇带伞啦？

10) 它这么冷的天道天，你冇戴袖笼手套啊？

11) 老师讲的内容你冇听清楚哇？

12) 我的皮鞋你冇修好哇？

只不过用否定式的是非问格式表示的时候，语气词要变成"啊"，并且"啊"在句中随其前一音节的尾音发生音变。这一格式的疑问度要比否定式正反问"是不是＋冇＋V＋语气词"格式大，问话人需要听话人确切地回答"是 VP"还是"冇 VP"。

第二，"V 不 VP＋语气词"式正反问。

这是安陆方言典型的正反问格式，根据动词短语"VP"的构成情况及其在句法结构中的不同分布，"V 不 VP＋语气词"式正反问有十种具体的问句格式：

A. "V 不 V＋语气词"式正反问。

当句子的谓语中心是单音节动词或形容词时，安陆方言的正反问句用"V 不 V"格式，用来询问未发生、即将发生的动作行为或事物的性状，或者用来询问人的意愿。例如：

1) 今朝今天妈要来的，你来不来耶？

2) 它这个盒子还要不要欤？不要就把它丢了他。

3) 作业还写不写哟？不写就把书包清好。

4) 它这个挑子担子重不重欤？重就尽让他去挑。

5) 五号字小不小欤？小就用四号字。

6) 壁子高头的挂历高不高欤？高就往下挪下。墙壁上的挂历高不高呢？高了就往下移一下。

这一格式的句子末尾都可以带上不同的语气词，有加强疑问的作用。

B. "V不VO+语气词"式正反问。

当动词"V"带宾语时，"V不VP+语气词"在句法结构中的形式具体表现为"V不VO+语气词"，其中的动词"V"一般为单音节形式，安陆方言的双音节动词用于正反问时一般要拆开，下面将会讨论这一格式。单音节动词的肯否并列构成正反问是安陆方言正反问的常见格式。例如：

1) 到了十一点钟了，写不写作业嘞？
2) 看天道_{天气}只怕要落雨哦！带不带把伞嘞？
3) 今朝_{今天}到城里去搭不搭车嘞？

C. "A不AB+语气词"式正反问。

当句子的谓语中心为双音节动词或形容词时，安陆方言的正反问形式是"A不AB+语气词"。其中，"AB"代表两个音节。例如：

1) 你跟他谈朋友你的屋里同不同意耶？
2) 今朝_{今天}讨不讨论他的入党问题耶？
3) 小王晓不晓得他的媳婆儿_{老婆}今朝_{今天}要来耶？
4) 老师不在的时候，教室里头安不安静嘞？
5) 我穿的乜这件衣裳漂不漂亮欤？
6) 她的小伢聪不聪明嘞？

安陆方言里的正反问格式"V不VP+语气词"是一种强势格式，具有极强的类推性。这表现在它不仅用于句子谓语中心的正反重叠构成正反问，而且还可以用于状语、补语位置里构成成分的重叠，形成正反问句。下面描写的几类格式都是"V不VP+语气词"式类推而来的变化格式。

D. "aux不aux+VP+语气词"式正反问。

格式中的"aux"代表助动词，即汉语中的能愿动词"能"、"会"、"可以"、"该"、"肯"、"愿意"等，在句子中作状语，双音节的能愿动词仍拆开构成正反问。这种格式用来询问动作行为或性状的可能性、必要性和意愿性等。例如：

1) 我们能不能晚一点儿来耶？我还有点儿事冇做完。
2) 他会不会出么事儿欤？到恁咱儿_{现在}还冇见到人影儿。
3) 他该不该打嘞？把米验_撒得到处是的。

4）你愿不愿意来吵？冇得哪个勉强你的。
　　5）乜这件衣裳可不可以耶？可以我就把它买倒。
　E."A 不 A＋VP＋语气词"式正反问。

　　格式里的"A"表示句子状语位置的形容词，它们也可以正反重叠构成正反问句。例如：

　　1）昨儿落了雨的，路上好不好走欸？
　　2）今朝_{今天}要来客了，多不多炒点儿菜耶？
　　3）你快不快点儿走吵？他们哈_都走了的。

　　这一格式与"aux不aux＋VP＋语气词"式正反问相同，它们都是状语位置词语的正反重叠构成的问句，只是充当状语的词一个是能愿动词、一个是形容词。之所以分成两种格式来描述，是因为这两种格式所询问的内容不同，"aux不aux＋VP＋语气词"式正反问牵涉到下面要描述的补语位置的正反问格式。

　F."V 不 V＋得＋语气词"和"V 不 V＋的得＋语气词"式正反问。

　　安陆方言里，这两种格式可以自由转换，表达的意义相同。它们都用来询问可否，即询问主客观条件是否允许实现某种动作行为，意为"能不能 VP"。例如：

　　1）乜这杯水我喝不喝得嘞？
　　2）你说乜这些话我说不说得嘞？
　　3）乜这床被窝_{被子}我盖不盖得嘞？
　　4）乜这碗菜我搛不搛得嘞？

　　以上这些句子，都可以自由地转换为以下各句，表达的意义完全相同。

　　5）乜这杯水我喝不喝的得嘞？
　　6）你说乜这些话我说不说的得嘞？
　　7）乜这床被窝_{被子}我盖不盖的得嘞？
　　8）乜这碗菜我搛不搛的得嘞？

　　这一格式是可能补语的疑问形式，对这一疑问的回答有两种可能：一是"V 得"（能 V）；二是"V 不得"（不能 V）。因而"V 不 V＋得＋语气词"式正反问可以转换成"A 不 A＋VP＋语气词"式正反问里的"能不能＋VP＋语气词"。上面的例子可以这样说：

　　1）乜这杯水我能不能喝嘞？

2) 你说㞣这些话我能不能说嘞?

3) 㞣这床被窝被子我能不能盖耶?

4) 㞣这碗菜我能不能搛嘞?

回答"能不能＋VP＋语气词"正反问的时候，也是两种可能："能 V"和"不能 V"。

G. "V 不 V＋得＋了＋语气词"和"V 不 V＋得＋下＋语气词"式正反问。

安陆方言里，这两种格式可以自由转换，表达的意义相同。它们是询问可能性的正反问，表示主客观条件是否容许实现某种动作的结果或趋向。例如：

1) 㞣这么多米一个袋子装不装得了欤?

2) 㞣这大个饼子你一个人吃不吃得了哦?

3) 有五包东西，你一个人拿不拿得了吵?

上述"V 不 V＋得＋了＋语气词"式正反问例句都可以自由转换为以下的句子，意义完全相同。不过，转换以后有的语气词也会相应的变化，因为安陆方言里的语气词具有音变性的特点，它会随其前一音节的尾音的不同而发生变化。

4) 㞣这么多米一个袋子装不装得下嘞?

5) 㞣这么大个饼子你一个人吃不吃得下啰?

6) 有五包东西，你一个人拿不拿得下吵?

这类格式的句子是询问某件事完成或成功的可能性，在安陆方言中一般都不用能愿状语的正反问格式表达。

H. "V 不 V＋得＋倒＋语气词"式正反问。

这是安陆方言中询问能力的一种正反问格式，往往用来询问是否会做某事，是否具备某种能力。例如：

1) 㞣这道题你做不做得倒欤? 我硬是想不出来。

2) 医生写的㞣这个处方你认不认得倒欤? 我看他简直是鬼画桃符。

3) 你开不开得倒车嘞? 明朝明天下了班以后来接下我。

4) 你打不打得倒拖拉机耶? 我们来玩下。

因为这种正反问格式是用来询问能力，所以可以用"H 不 H＋VP＋语气词"式正反问里的"会不会＋VP＋语气词"格式替换。只不过问话人用

"会不会 VP 语气词"这样的格式来询问的时候显示出他的疑虑,担心对方是不是具备做某事的能力。上面的例子都可以这样说:

5)乜这道题你会不会做欤?我硬是想不出来。

6)医生写的乜这个处方你会不会认唡?我看他简直是鬼画桃符。

7)你会不会开车唡?明朝_{明天}下了班以后来接下我。

8)你会不会打拖拉机耶?我们来玩下。

I. "V 不 V+得+C+语气词"式正反问。

这一格式用来询问可能性或结果。例如:

1)一早晨就走起,走到恁咱儿_{现在}还走不走得动欤?

2)菜高头的农药洗不洗得掉欤?

3)不戴眼镜看不看得清黑板高头的字欤?

4)你晚行睡得乜暗法,早晨起不起得来耶?_{你晚上睡得那么晚,早晨起不起得来呢?}

这一格式一般是用来询问某种可能性,因而可以用"aux不aux+VP+语气词"式正反问里"能不能+VP+语气词"格式来替换:

5)一早晨就走起,走到恁叧儿_{现在}还能不能走欤?

6)菜高头的农药能不能洗掉欤?

7)不戴眼镜你能不能看清黑板高头的字欤?

8)你晚行睡得乜暗法,早晨能不能起来耶?_{你晚上睡得那么晚,早晨能不能起来呢?}

不过,替换格式"能不能+VP+语气词"在安陆方言里显得文雅,一般人用得比较少。

J. "V 得 A 不 A+语气词"式正反问。

格式里的"A"是补语位置的形容词。这一格式的正反问用来询问事件的情况。例如:

1)她的字写得好不好看唡?好看就跟倒学。

2)你打字打得快不快耶?

3)她们寝室的卫生做得干不干净唡?

4)她长得漂不漂亮欤?

这一格式的疑问焦点在补语的位置上,它在安陆方言里没有其他的替换格式。

第三，安陆方言的特殊正反问。

安陆方言有五种比较特殊的正反问，它们是由"V 不 VP"格式变化而来的，用于表达特定疑问的正反问，即："在不在 VP"式正反问、"是不是 VP"式正反问、"S，吵?"、"VVP＋语气词"式正反问和"有不有"式正反问。

A. "在不在 VP＋语气词"式正反问。

在安陆方言里，进行态多用是非问形式表示，少用"V 不 VP"式正反问形式表示。除非表示强调，进行态通过副词"在"的肯否并列构成特殊正反问格式"在不在 VP＋语气词"，或者用"是不是＋在＋VP＋语气词"的正反问格式表示。事实上，进行态在某种意义上来说也表示动作行为已经实现，也属于已然态，与未然态的正反问"V 不 VP＋语气词"相对。例如：

1) 他在不在打牌耶？
2) 我简直口都说干了，你在不在听吵？

进行态的正反问格式"在不在 VP"因为询问的是现在的事实，所以安陆方言里多用"是不是在 VP"的格式来强调询问现在进行的动作行为。上面的例子多数情况下这样表达：

3) 他是不是在打牌耶？
4) 我简直口都说干了，你是不是在听吵？

B. "是不是＋VP＋语气词"式正反问。

这一格式是安陆方言里唯一能通用的一种格式。也就是说，"VP 冇"式正反问只用于已然态，"V 不 VP＋语气词"式正反问只用于未然态，而"是不是 VP"式正反问既可以用于表示未然态的正反问，也可以用来表示进行态的正反问，还可以用来表示已然态的正反问。这一格式是"V 不 VP＋语气词"式正反问类推的结果，也可以说是它的一个变化格式。

其一，"是不是（要）＋VP＋语气词"式正反问。

这是一种强调式的正反问，它强调的是"VP"所表示的动作行为。表示未然态时加能愿动词"要"、"该"等则未然的时态更明显，不加"要"、"该"等能愿动词，在一定的语境中也可以用于未然态，这要靠交际双方在一定的语境中领会。例如：

1) 你是不是要喝水耶？

2）你是不是该睡瞌睡欸？

3）你是不是把场捡下欸？是不是该清理清理了？

4）你是不是吃饭嘞？（语境：说话人本来在干别的事，想起该吃饭了，突然去问听话人。）

其二，"是不是＋在＋VP＋语气词"式正反问。

这一格式在安陆方言里表示进行态的强调式，在强调的同时带有试探性，问话人用这种格式来询问是希望自己的猜测得到证实。

1）他们是不是哈都在看电视欸？

2）小明是不是在做作业嘞？

3）妈妈是不是在烧火做饭嘞？

4）托托是不是在玩电脑欸？

其三，"是不是＋VP了＋语气词"式正反问。

1）你是不是吃了吵？有吃就再找一点儿。

2）他是不是发了财耶？乜饱法。这么大手大脚的样子。

3）你是不是做了卫生的耶？看屋里乜干净法。看家里这么干净的样子。

4）他是不是吃了枪子的耶？火气乜大法。火气这么大的样子。

这一格式往往是说话人强调性或试探性的询问。如第1）例，是在听对方告诉说话人已经吃过了以后，说话人再强调一遍，问是不是真的吃过了。而例2）、3）和4）则表达说话人就眼前的事实试探性地询问，以求得听话人的证实或认同。

"是不是＋VP＋语气词"式正反问的特殊性除了适用于一切时态以外，还在于它在句子中的位置相当灵活，可以出现在句子里任何需要强调的词语之前。例如：

5）前儿前天是不是小明来了的耶？

6）小明是不是前儿前天来了的耶？

7）小明前儿前天是不是来了的耶？

8）小明前儿前天来了的，是不是欸？

这一格式只有"V不V"一种形式，并无其他变化。"是不是"能在主语之前，如例5）；也能在状语之前，如例6）；也能在动词之前，如例7）；也能在句末，如例8）。但句子的疑问点却不像一般的"V不VP"上，即疑问点不在"是不是"本身，例5）—8）中的疑问点都在"是不是"后头最靠近的成分上。例5)的疑问点是"小明",例6)的疑问点是"前儿前天",例7)的疑问点是"来了的"。只有例8)没有疑问点,如果一定要突出疑问点,那就用句中的重音来表示。所以从疑问点的角度来看,用"是不是"的正反问句同是非问句非常接近。从答问的情况来看,"是不是 VP"与一般的正反问也不完全一样。句子里没有疑问点的,回答用"是"或"不是",句子里有疑问点的,还要回答疑问点,如"是小明""不是,是张林"。

三是"S,唦?"式正反问。

格式里的"S"表示小句,是一个陈述句形式,之后有一个停顿,书面上用逗号。语气词"唦"具有正反问的功能,去掉"唦",则句子只是一个陈述句。可见,安陆方言里,"唦"是构成这一种正反问的必不可少的条件,相当于"是不是的耶",只出现在句子末尾。"唦"读得比较重,它的重读是在本调的基础上增加音强来完成的。例如:

A. 1) 我不管伢你就也不过问,唦?
　　2) 妈不在喏儿这儿你们就做不成事,唦?
　　3) 我不在屋里你就放心大胆地玩电脑,唦?

B. 1) 他在抹汗洗澡,唦?
　　2) 小李在打牌,唦?
　　3) 他昨儿昨天回了的,唦?
　　4) 你的学费交了的,唦?
　　5) 是他叫你来说情的,唦?

A组的"唦"字正反问带有一定的推断性,并且带有假设的性质,从时态上看表示未然的动作行为。"唦"前的句子形式上是一个紧缩复句,用"不……就"这一对关联词语连接,最后用"唦"进行强调,表达说话人的不满情绪,并带有质问的语气。B组的"唦"字正反问表示的是已然态的疑问,而且往往表达说话人的据实性的疑问。也就是说,说话人先说出某个事实,然后用"唦"询问,只是要听话人证实自己的判断。因此,这一类正反问的疑问度比一般的正反问要低。

"唦"字正反问与"是不是+VP+语气词"式正反问相比有相同的一面,也有不同的一面。二者相同,是指这两种正反问都属于特殊的正反问格式,都是用来表达强调的正反问,都可以表示未然态和已然态的正反问。

二者不同之处在于：一是二者的句法位置不同，"吵"字正反问只用在句末，而"是不是＋VP＋语气词"式正反问里的"是不是"则可以出现在句子的任何一个需要强调的句法位置；二是二者表达疑问意义的同时所表达的附加意义有区别，虽然二者表达的疑问都具有推测性或推断性，但"吵"字正反问的推断里带有假设的性质，并表达说话人的不满情绪。"是不是＋VP＋语气词"式正反问的推测里带有试探的性质，往往是希望听话人证实自己的猜测。

四是"VVP＋语气词"式正反问。

这一格式的正反问是因为说话人在口语表达中快速说话造成"V不VP＋语气词"中"不"的脱落而形成的。其中的"V"一般是单音节的动词或形容词，极少数为双音节的动词或形容词。这是安陆方言里非常特殊的一类正反问格式，几乎适用于"V不VP＋语气词"式正反问的所有变化格式。

其一，"V不V＋语气词"式正反问变成"VVP＋语气词"式正反问：

1）乜这个盒子还要要欤？不要就丢了它。

2）五号字小小欤？小就用四号字。

其二，"V不VO＋语气词"式正反问变成"VVP＋语气词"式正反问：

1）到了十一点钟了，还写写作业嘞？

2）今朝_{今天}到城里去搭搭车嘞？

其三，"A不AB＋语气词"式正反问变成"VVP＋语气词"式正反问：

1）小王晓晓得他的媳婆儿_{老婆}今朝_{今天}要来耶？

2）老师不在的时候，教室里头安安静嘞？

其四，"aux不aux＋VP＋语气词"式正反问变成"VVP＋语气词"式正反问：

1）我们能能晚一点儿来耶？我还有点儿事冇做完。

2）他该该打嘞？把米验撒得到处是的。

第五，"V不V＋得＋语气词"式正反问变成"VVP＋语气词"式正反问：

1）乜这杯水我喝喝得嘞？

2）你说乜这些话我说说得嘞？

3) 乜这床被窝_{被子}我盖盖得嘞？

但是与这一格式同义的"V不V+的得+语气词"式正反问却不能变成"VVP+语气词"式正反问。如安陆方言不说：

4) 乜这杯水我喝喝的得嘞？（×）

5) 你说乜这些话我说说的得嘞？（×）

6) 乜这床被窝_{被子}我盖盖的得嘞？（×）

其六，"V不V+得+倒+语气词"式正反问变成"VVP+语气词"式正反问时有变化，即省略"不"的同时也省掉了"得"，变成"VV+倒+语气词"式正反问：

1) 乜这道题你做做倒欤？我硬是想不出来。

2) 医生写的乜这个处方你认认倒欤？我看他简直是鬼画桃符。

3) 你开开倒车嘞？明朝_{明天}下了班以后来接下我。

4) 你打打倒拖拉机耶？我们来玩下。

安陆方言里的"VV+倒+语气词"式正反问格式用来询问能力，相当于"会不会+VP+语气词"的格式，而这一格式同样可以省略"不"，同时也省掉助词"倒"，变成"会会+VP+语气词"的格式。上例都可以这样说：

5) 乜这道题你会会做欤？我硬是想不出来。

6) 医生写的乜这个处方你会会认欤？我看他简直是鬼画桃符。

7) 你会会开车嘞？明朝_{明天}下了班以后来接下我。

8) 你会会打拖拉机耶？我们来玩下。

其七，"V得A不A语气词"式正反问变成"VVP+语气词"式正反问：

1) 她的字写得好好看嘞？好看就跟他学。

2) 你打字打得快快耶？

3) 她们寝室的卫生做得干干净嘞？

4) 她长得漂漂亮欤？

其八，"是不是+VP+语气词"式正反问变成"是是+VP+语气词"式正反问：

1) 你是是要喝水耶？

2) 你是是该睡瞌睡欤？

3) 他们是是哈都在看电视欸?
4) 小明是是在做作业唠?
5) 你是是吃了吵? 冇吃就再找一点儿。
6) 他是是发了财耶? 㐅㔾咆法。这么大手大脚的样子。

以上的"是是＋VP＋语气词"式正反问表达说话人的强调疑问,既强调未然态的正反问,如例1)和2),又强调进行态的正反问,如例3)和4),也强调已然态的正反问,如例5)和6)。

上述"VV＋语气词"式正反问格式是由"V不V＋语气词"式正反问格式省略"不"构成的,它是说话人在口语表达中快速说话造成"不"脱落的结果,不是"两个动词或形容词'重叠'构成的"(项梦冰,1997),而是一种语法格式的简化省略,表意功能完全等同于上述三种格式。二者的区别主要表现在语用方面,即用"V不V＋语气词"式正反问反映说话人慢条斯理的性格特征,有时带有强调的语气,而用"VV＋语气词"式正反问则反映说话人急躁的性格特征。

五是安陆方言的特殊正反问格式"有不有NP"。

安陆方言中,与"有"相对的否定词是"冇得",相当于普通话里的"没有"。普通话里,"有"和"没有"可以构成正反问"有没有NP"的格式。而安陆方言里,构成正反问相当于普通话"有没有"格式的是"有不有",用来询问有无①。

其一,"有不有"及其相关格式。

安陆方言里,"有"构成的正反问格式最典型的是"有不有NP＋语气词?",格式中的"NP"代表名词或名词性短语,作"有不有"的宾语。下同。例如:

1) 你有不有㐅这本书欸?
2) 嗒儿这儿有不有人唠?

"有不有NP＋语气词?"这一格式在口语表达中经常省略"不",形成第二种格式"有有NP＋语气词?"。例如:

---

① 本文只讨论"有没有NP"这一种格式,即邢福义先生(1990)划分的四种格式里的第一种。这四种格式是:1. 有没有＋NP。如:教室里有没有暖气? 2. 有没有＋AP。如:他的水平有没有这么高? 3. 有没有＋NV。如:有没有人找你? 4. 有没有＋VP。如:我有没有告诉你? 安陆方言没有第四种格式。

1) 你有有乜这本书欸?

2) 喏儿这儿有有人唠?

第二种格式"有有 NP+语气词?"是一种语法格式的简化省略,表意功能完全等同于第一种格式。这两种格式的差别主要表现在语用方面,即用第一种格式反映了说话人慢条斯理的性格特征,有时带有强调的语气,而用第二种格式则反映了说话人急躁的性格特征。第二种格式进一步弱化,在口语表达中简省两个相同音节的一部分,再垫上一个音节"啊"构成第三种格式"有啊 NP+语气词?"。例如上面的例子都可以这样说:

1) 你有啊乜这本书欸?

2) 喏儿这儿有啊人唠?

前面的这三种格式还可以用"是不是"来强调,构成第四种格式"是不是有 NP+语气词?"。例如:

3) 厨房里是不是有一股怪味儿欸?

4) 包里是不是有一支笔耶?

第四种格式在口语表达中可以简省"不",构成第五种格式"是是有 NP+语气词?"。例如上面的例子都可以这样说:

1) 厨房里是是有一股怪味儿欸?

2) 包里是是有一支笔耶?

第四、第五两种格式同第一、第二、第三这三种格式相比略有区别,即这一类正反问是对有无加以试探性的反复询问,带有希望交际的对方确认或认同的意味。而且"是不是"在句子里位置灵活,不仅可以居于句首,而且还可以处在句子的末尾表示询问。例如:

3) 是不是他的屋里有钱尽他尽读书欸? 是不是他家里有钱让他一直读书呢?

4) 他的屋里有钱尽他尽读书,是不是的耶? 他家有钱让他一直读书,是不是?

其二,"有不有"与一般单音节动词构成的正反问的联系与区别。

安陆方言里,一般的单音节动词构成的正反问格式是:

① "V不VP+语气词"式正反问。例如:

1) 你喝不喝唠?

2) 乜这本书你还看不看唠?

3）你吃不吃饭嘞？（你吃不吃饭？）

② "VV＋语气词"式正反问或者"VVP＋语气词"式正反问。例如：

1) 你喝喝嘞？

2) 你吃吃饭嘞？

3) 它这本书你还看看嘞？

③ "是不是VP＋语气词"式正反问。例如：

1) 你是不是吃饭吵？

2) 他是不是今朝今天回来吵？

④ "是是VP＋语气词"式正反问。例如：

1) 你是是吃饭吵？

2) 他是是今朝今天回来吵？

"有不有NP"与一般单音节动词构成的正反问的相同点。

与正反问格式"有不有NP"相比，一般单音节动词构成的正反问也有几个变化格式，即第②种格式"VV＋语气词"实际上是第①种格式"V不VP＋语气词"省略了"不"，它是说话人在口语表达中快速说话造成"不"脱落的结果，不是"两个动词或形容词'重叠'构成的"（项梦冰，1997），而是一种语法格式的简化省略，表意功能完全等同于第①式。这两种格式的区别跟"有不有"格式一样，主要表现在语用方面，即用第①种格式反映说话人慢条斯理的性格特征，有时带有强调的语气，而用第②种格式则反映说话人急躁的性格特征。同样，第③、第④是用"是不是"或"是是"来试探性地反复强调询问动作行为。因为"有"也属于动词，所以它构成正反问格式时与一般动词构成的正反问格式有相同的一面。

"有不有NP"与一般单音节动词构成的正反问的区别。

变化格式不完全相同。"有"构成的正反问有五种变化形式，这五种格式如前所述。而一般单音节动词构成的正反问只有四种，即"有不有NP"这种格式有一种变化式是"有啊NP"，一般单音节动词构成的正反问里没有这一变化格式。"有啊NP"是"有有NP"进一步弱化的结果，在口语中简省两个相同音节的一部分，再垫上一个音节"啊"构成。

语义不同："有不有NP"是询问有无，而一般的单音节动词是询问动作行为。例如：

3）你有不有笔耶？
4）他走不走欸？

这种语义的不同与动词本身的语义有关，动词"有"表示一种有无的存在状态，而一般的单音节动词如"走"表示"走路"这种动作行为。

否定回答不同："有不有 NP"的否定回答不是"不有"，而是"冇得"。而一般单音节动词构成的正反问"V 不 V"或"V 不 VO"的否定回答是"不 V"。例如：

5）你的屋里有不有冰糖欸？——有得。
6）你吃不吃饭嘞？——不吃。

否定回答的不同跟安陆方言的否定词有关。安陆方言有四个否定词"冇"、"冇得"、"不"和"莫"。大致说来，"冇"相当于普通话的"没"或"没有"，是副词，"冇得"相当于普通话的"没有"（动词），"莫"相当于普通话的"不要"和"别"。"莫"跟安陆方言的正反问没有关系，这里不涉及。在安陆方言中，"冇"和"冇得"的区别：首先表现在从词性上，"冇"是个否定副词，修饰大部分动词或动宾短语，像系动词、能愿动词等就不能用"冇"修饰，只能用"不"修饰。"冇得"是表示否定意义的动词，与动词"有"相对。其次表现在句法分布方面，"冇"可以出现在"经历体"结构中，而"冇得"不能；"冇"还可以用于句末，形成正反叠用的正反问格式，而"冇得"不能用于句末。"不"与"冇"的区别表现在："冇"用于疑问句末，构成"VP 了冇"式正反问，"不"用于疑问句中，构成"VP 不 VP"式正反问；"冇"用于询问已然的动作行为，"不"用于询问未然的动作行为。当"冇"和"不"用于回答特指问时，它们的区别是：用"冇"仅仅是对"说"作否定回答，或仅仅表达出第三者对这个特指问的主语"他"的否定性述说。而用"不"时，除了对"说"作出否定外，还传递出主语"他""态度坚决"之类的信息（详见第六章的"否定词"部分）。

(4) 选择问

选择问是用复句的形式把要选择的两种或几种可能用"是……还是……语气词"连接起来，要求答话人选择其中之一作为答案的疑问句。安陆方言的选择问与普通话基本相同，只在句子末尾用一个问号，前面的每个分句末尾都用逗号。只是安陆方言的选择一般要用语气词，除非是特别强调或语气特别重的地方，就不用语气词。根据选择问所问的句法成分，安陆方言的选择问有以下几个小类：

第一，"是 S……还是 S……欤"式选择问。

此处的"S"是句子的主语 subject 的简称。这一格式是问主语的选择问，"是"和"还是"位于分句之前。例如：

1) 是我先走，还是你先走欤？
2) 是他去邮局，还是你去邮局欤？

第二，"是 P……还是 P……欤"式选择问。

格式中的"P"是谓语 predicate 的省略字母。这一格式是问句子谓语的选择问，"是"和"还是"都放在谓语的前面。例如：

1) 你是去学校，还是留在屋里耶？
2) 你是睡瞌睡，还是看电视欤？

第三，"是 O……还是 O……欤"式选择问。

格式里的"O"表示句子里的宾语 object 的简称形式。这一格式是问宾语的选择问，"是"和"还是"都放在谓语的前面。例如：

1) 你是去苏州，还是去杭州，还是去上海耶？
2) 你是回来拿吃的，还是回来拿用的耶？

第四，"是 FS……还是 FS……欤"式选择问。

格式里的"FS"表示分句。这一格式是问全句的选择问，"是"和"还是"都用在两个分句之前。例如：

1) 是你来接我，还是我自己搭车回去耶？
2) 是你通过邮局寄过来，还是托别个带过来耶？

2. 安陆方言的反问句

反问句是不是问句，曾经引起过讨论。一般认为，反问句是无疑而问，它在语言形式上表现为询问。因此，从听话人的立场来看，反问句也有二重性：既可理解为说话人在传信，也可理解为说话人在传疑。就功能来说，反问句的作用是通过反问来表示强调，而吕叔湘先生（1982）认为反问是一种否定的方式。我们把反问句和其他类型的问句进行一番比较之后发现，反问句和疑问句有着根本的区别；使用反问句，一般有一显一隐两个目的，隐藏着的那个目的才是说话人真正的目的；使用疑问句，一般就只有一个目的，即希望得到一个明确的回答。运用反问句可以有效地表达说话人的主观感情。因为反问句与特指问、是非问、正反问和选择问都有联系，也有显著的不同,所以尽管安陆方言的反问句与北京话里的反问句差别不大,我们还是在这里对其句作形式化的描写,以从某种程度上反映安陆方言疑问句的某些特征。

陈述句和各种疑问句都可以加上反问语气构成反问句(刘月华,2003)。反问句是用反问的语气来肯定或否定一个明显的道理或事实,能够达到加强语势的目的。反问句的特点是以否定形式出现的句子用来加强肯定表达,以肯定形式出现的句子用来加强否定表达。这与普通话里的反问句是一致的。反问语气重的时候句末多用问号,包含感叹意味的时候多用感叹号。

(1) 特指问形式的反问句

第一,"一般特指问+反问语气"构成的反问句。

这一格式的反问句需要语境,句中的疑问代词是它的原义,只是全句并不表示疑问,而是表示反问。例如:

1) 他狠得很_{他厉害得很},哪个能说他吵?(谁都不能说他。)
2) 我怎么儿不认得他嘞?他化成灰我都认得。(我认得他。)
3) 我几咱儿_{什么时候}跟他说了的耶?(我从来没有跟他说。)
4) 他到处戳别个的拐_{说别人的坏话},哪个不说他啰?(谁都说他)

第二,"怎么儿"类反问句。

"怎么儿"用在谓语中,并不表示方式、原因,而是表示反问的语气,通常后面有能愿动词"会"、"敢"等。例如:

1) 我看到他走的,他怎么儿会还在唶儿_{这儿}呢?(不会还在这儿)
2) 既然你有难处,我们怎么儿会不帮你呢?(会帮你的)
3) 看他抓一把撒一把的,怎么儿能存得倒个钱吵?

第三,"V/A+么事"类反问句。

这一格式的反问句往往是答话人用来表示对某一性状或某种判断的否定。其中的"V"只能是心理活动动词,"A"是形容词。例如:

1) 他是不是对你□[xɛv]很好欸?好么事欸?成天板倒个脸。
2) 乜这个题目是不是□[xɛv]很难嘞?难么事欸?初中生都会做。
3) 你是不是□[xɛv]很喜欢你的孙儿欸?喜欢么事哦?他太调皮了。
4) 你是不是□[xɛv]很慊_{想念}你的外孙儿欸?慊_{想念}么事哦?还不是痴家家_{外婆}痛疼爱外孙儿,有么事用呢?

第四，复句"不 VP……＋疑问代词……"构成的反问句。

复句（包括紧缩复句）的前一分句用"不"否定，后一分句为特指问，整个复句表达的是肯定的意思，反问的语气比较强烈。例如：

1）我是你的妈,你不养我,哪个养我嘞？（你应当养我）
2）乜这个事我不问你问哪个嘞？（只能问你）
3）我到了乜这个年纪,不搞乜这搞嘿什么嘞？

第五，"V/A＋么事＋语气词"式反问句。

A. 1）哭么事欸？你的妈又还有死！
   2）吵么事欸？别个在做作业！
   3）钱哈都用光了,还要买么事欸？
   4）电影散都散了场,你还去搞么事欸？

B. 1）乜₁这双皮鞋好么事欸？苋子鞋跟乜₂那么高,穿倒未定舒服啊？
   2）乜₁这个手机贵么事欸？一点儿都不贵！
   3）他的屋宽么事欸？还有得我的屋宽。
   4）慊想念么事欸？我慊想念得再很也不能叫他们不做事回来陪我哟！

A 组是在一般动词的后面加"么事",表示"没有必要"或"不应该"、"不能实现"等意思。如例 1）表示"不应该哭",例 2）表示"不应该吵",例 3）表示不能实现买别的东西的愿望,例 4）表示"没有必要再去了"。这种反问句往往带有某种不满意、不赞成或责备的语气。B 组是在形容词或某些心理活动动词的后面加"么事",表示对某一性状或某种判断的否定,带有不同意或反驳的语气。

这一格式的反问句有一个特殊的格式,那就是动词"有"带上"么事"构成的"有么事"形式,放在形容词前面,表示反问。如果句子以肯定的形式出现,全句表示否定的意思,如果句子以否定的形式出现,则全句表示肯定的意思。例如：

1）他有么事好欸？屋里穷得叮当响。
2）乜那有么事远嘞？坐车眨个眼睛就到了！
3）你还有么事不满意耶？吃又尽让你吃了,喝又尽让你喝了。
4）恁咱儿现在割谷有么事难嘞？请个车子一下就搞就完了。

这类反问语气比较强烈,说话人的态度也很坚决。

第六,"哪个说(的)+S+语气词"式反问句

这一格式的反问句是在句首用"哪个说"或"哪个说的"表示否认对方或某人的判断,带有反驳的意味。格式中的"S"表示句子。例如:

1) 哪个说的我冇做清洁嘞?我明明做了的。

2) 哪个说你是个苕欸?

3) 哪个说他不好欸?他好得很!

(2) 是非问形式的反问句

第一,"不是+VP+呗?"式的反问句。

这一格式强调肯定,提醒注意某种明显的事实,有时句子略带不满的语气。例如:

1) 我不是早就跟你说了的呗?叫你莫跟他们敲伙儿合伙做生意。(我早就跟你说过了)

2) 你不是跟他说好了的呗?他怎么还不来耶?(你跟他说好了)

3) 他不是来的呗?怎么儿冇见到他的人影儿欸?(他来了)

第二,"冇+VP+啊"式反问句。

这一格式形式上是否定,但内容上是强调肯定,提醒对方事实已经如此或确实曾经如此,含有责备、不满的语气。例如:

1) 我冇跟你说啦?他乜这个人□[xɛv]很不是个东西,千万莫上他的当!

2) 你冇看出来呀?他们三个人是一伙儿的,专门抬轿子设骗局赢你的钱。

3) 你冇看电视啊?天气预报说是今朝今天要落大雨。

(3) 正反问形式的反问句

第一,用"是不是的耶"强调肯定。

表示所提到的事实是在意料之中的。表示反问的"是不是的耶"往往用在句子的末尾或句子的开头,不用在句子中间。例如:

1) 我一来,他们就哈都来了,是不是的耶?

2) 老师一说你就晓得了,是不是的耶?

3) 是不是的耶?我冇说错吧,他乜这个人□[xɛv]很客气。

4) 是不是的耶?他肯定要来的。

第二,用副词"还"表示反问,强调否定。

例如：

1）他们紧在喏儿吵，还尽不尽别个睡瞌睡的耶？<small>他们一直在那儿吵，还让不让人睡觉？</small>（他们这是不让人睡觉）

2）你天天逼倒我要钱，还要不要我多活两年儿欤？（你这是不要我多活两年）

3）要是尽你的老婆晓得了，你还想不想活命嘞？（你这是不想活命了）

第三，句首用插入语表示反问。

句首用插入语"你看下"、"你说"、"你想下"之类，有说服对方或希望对方能有同感的意思。整个句子表示反问，意思是肯定的，强调确实如此或一定如此。例如：

1）你看下㕍个强徒恨不恨人嘞？把我的鸡子哈偷去走了。<small>你看看这个小偷可恨不可恨？把我的鸡都偷走了。</small>

2）他对我的伢拳打脚踢，你想下我气不气耶？

3）他们哈都有，就是我有得，你说我伤不伤心嘞？

4）我一直是起五更睡半夜地做，你说我恁咱儿现在应不应该歇下欤？

（4）选择问形式的反问句

用选择问的形式列举出两种或几种情况，用反问的语气表达说话者的不满情绪。例如：

1）你们是来讲理的，还是来讲口吵架的耶？

2）他是来当官的，还是来做老爷的耶？

3）我是你的佣人嘞，还是你的丫鬟嘞？

上述例子表达的是说话人根据对某些现象的观察和了解，认为听话人的行为不对，因而在话语中带有质问或责备的语气。例1）的说话人由于看到某些现象表明"你们"并没有讲理，而是气势汹汹的，觉得"你们"是在吵架，所以提出这样的质问。例2）的说话人看到"他"并不像个当官的样子，而是讲派头，讲排场，讲享受，所以提出质问甚至是谴责。例3）列举了两种情况，用反问的语气全部否定，表达了说话人的主要意思，即我既不是你的佣人，也不是你的丫鬟。

（六）否定句

否定是语言中一个重要的语义范畴，它的基本意义是否认，否认事物、性质、动作、关系、状态等概念的存在，或者否认有关命题的真实性。各种语言都有自己的表现方式,汉语中常用"不"、"没(有)"、"别"等词进行否定。叶斯帕森(1988)认为,否定的本质是 less than,就是"少于、不及"的意思。否定既涉及否定词,也牵涉到否定词所在的句法结构,还涉及否定词所管辖的范围。这些对我们准确地理解句子的意义很有帮助。

安陆方言用否定词"冇"、"冇得"、"不"和"莫"表示否定,这是标记否定,它们有各自的用法。下面对这些否定词的用法和特点加以描述。还讨论学界较少讨论的无标记否定及否定的度量和辖域,以期对汉语的否定范畴有进一步的认识。

1. 安陆方言的标记否定

(1) 安陆方言的否定词

安陆方言属于湖北境内的江淮官话——黄孝片①,其否定词有四个:冇②、冇得、不、莫。大致说来,"冇"相当于普通话的"没"或"没有","冇得"相当于普通话的"没有"(动词),"莫"相当于普通话的"不要"和"别"。

第一,"冇"和"冇得"的区别。

从词性上看,"冇"是个否定副词,修饰大部分动词或动宾短语,不修饰判断动词和能愿动词。"冇得"是表示否定意义的动词,与动词"有"相对,可以后接名词或名词性短语;也可以后接形容词性短语。例如:

1) 他一直坐在喏儿得,冇说话。他一直坐在那儿,没有说话。

2) 他们哈都来了,就是张进冇来。

3) 我早晨冇读书。

4) 他昨儿晚行昨天晚上冇咳嗽。

5) 我忙得一天到黑冇得空。

---

① 中国社会科学院和澳大利亚人文科学院合编的《中国语言地图集》(1987年,香港朗文)把安陆方言划入江淮官话。

② 湖北境内相当于普通话"没"或"没有"的否定词,赵元任先生记为"冒",我们在这里记为"冇"。一方面,从语音的角度来看,湖北方言分属三个不同的次方言,即西南官话区、江淮官话区、湘赣方言区。而安陆方言属于江淮官话,有六个声调,"冒"和"冇"分别属于阴去和阳去两个声调,"冒"读[mau˥],而"冇"念[mau˥]。另一方面,"冇"是一个俗字,是"有"字去掉里面的两横而来的,表示"没有"。

6）他跟他的堂客老婆冇得话说，像两个外人一样。

7）乜这个伢儿简直冇得大小，紧在喏儿那儿鬼款。一直在那儿胡说八道。

8）她做事真是冇得深浅。

在句法分布方面，首先，"冇"可以出现在"经历体"句法结构中，而"冇得"不能。例如：

9）我冇到街上去。

10）我冇到街上去过。

11）他们冇商量这个事。

12）他们根本就冇商量过这个事。

13）桌子高头冇得书。

14）教室里冇得学生上课。

15）他们在一起冇得话说。

在这些句法结构当中，"冇"和"冇得"都相当于普通话的"没有"，但是在安陆方言中却不能互换。"冇得"作为一个表示否定意义的动词，后接名词，而"冇"是否定副词，修饰动词或动词性短语，而绝大部分动词可以表示"经历过某事"的语法意义。

另外，"冇"可用于句末，形成正反叠用的疑问句格式，而"冇得"则不能用于句末。例如：

16）你剃了头冇？你理发了没有？

17）他的弟弟考上了大学冇？

由此可以看出，安陆方言的否定词"冇"和"冇得"有严格的区分，表意及句法分布非常明确，不像普通话的"没有"是个兼类词，既可以作动词，也可以作副词，这也是安陆方言否定词与普通话否定词的最大差别之一。

第二，"不"与"莫"、"冇"的区别。

用于陈述句中的区别。三者的用例如下：

我冇说。（√）（已然的）　我不说。（√）（将来的）　我莫说。（×）

你冇说。（?）成立　你不说。（√）（阻止）　你莫说。（√）（劝阻）

他冇说。（√）（已然、评定性）　他不说。（√）（客观叙述）　他莫说。（×）

当这三个否定词用于陈述句中时，首先表现为"莫"和"冇"这两个否定词对其主语有人称上的选择,"冇"用于第一人称和第三人称,用于第二人称时"你冇说"单独不能成句,但与"他冇说"一起表示对举时可用于复句之中,如"你冇说,他冇说,那是哪个说的耶"。"莫"用于第二人称,表示劝阻(它既能否定自主动词,也能否定非自主动词。在鄂东所有的方言中用得较普遍。)"不"没有人称上的选择,三种人称都能用。其次,否定词的运用与"体"有很大的关联:在第一人称中,"冇"与"不"虽然都能说,但是"冇"否定"已然"的事实,而"不"否定"将来"的情况。这一点与普通话中的"不"和"没有"同哪些体貌成分相容同哪些体貌成分不相容是一致的。第三,三个否定词表现出否定程度的差异:在第二人称中使用否定词"不"和"莫"时,"不"表示"阻止",程度重,而"莫"表示"劝阻",没有那么重的强制性。第四,否定词的运用在语用方面还表现出已然的评定性与客观叙述性的差异,同样用于第三人称,"冇"表示已然的评定性的否定,而"不"则表示客观的叙述。

用于回答疑问句的区别:"莫"不用于回答疑问句,"冇"、"不"用于回答疑问句时有"体"和语用上的区别。例如:

1) 他说了冇?   回答:他冇说。
2) 他说不说叻?   回答:他不说。
3) 他去了学校冇?   回答:冇。/冇去。
4) 他去不去学校欸?   回答:不去。
5) 他去冇去学校?(×)

"冇"和"不"都用于疑问句,"冇"用于疑问句末,"不"用于疑问句中;"冇"用于询问已然的动作行为,"不"用于询问未然的动作行为。当"冇"和"不"用于回答特指问时,它们的区别是:用"冇"仅仅是对"说"作否定回答,或仅仅表达出第三者对这个特指问的主语"他"的否定性述说。用"不"时,除了对"说"作出否定外,还传递出主语他"态度坚决"之类的信息。

(2) 安陆方言否定词的来源

安陆方言的否定副词"不"古已有之,从古代汉语到近代汉语到现代汉语,"不"都是表示单纯的否定。

表示禁止否定的副词"莫"产生于西汉,《史记》中已见使用。近代汉语中,"莫"已经成为一个很常见的表示禁止的否定副词。据杨荣祥(1999)

研究,《敦煌变文》中表示禁止否定的"莫"有 316 例。在近代汉语早期,"莫"与同期的表示禁止的否定副词"休"、"别"相比处于绝对的优势。到元明时期,"休"处于绝对的优势,"莫"在北方方言中开始衰落。到现代汉语时期,"莫"为"别"所取代,只保留在一些方言当中。安陆方言里表示禁止否定不用"别"而用"莫",正是古汉语的遗留用法在方言中的反映。

安陆方言的否定副词"冇"来源于古代汉语的"无"。"冇"与"无"在词义方面是相通的。据徐时仪研究,"无"的上古音为明母平声鱼部,《广韵》中的音韵地位为微母平声虞韵。《后汉书·冯衍传》记载:"饥者毛食。"唐代的李贤注所加的按语云:"《衍集》'毛'字作'无',今俗语犹然者,或古亦通乎?"《冯衍传》中的"毛"即"冇"。明人方以智《通雅》说:"江楚广东呼'无'为'毛'。"今安陆方言表示"没有"义的"无"读 [mau˥],字作"冇",由此我们可以说"无"与"冇"的替换应始于唐代①。

至于安陆方言的否定动词"冇得",最初应该是一个偏正性的短语,副词"冇"修饰动词"得",最终成为一个固定的词。这就像普通话里的否定词"没"和"没有"。据蒋冀骋、吴福祥(1997)研究,"没有"原本是动词"有"的否定形式,它的出现可能是受古汉语"无有"形式的类化影响。香坂顺一(1997)指出:"'无'不是作为跟'有'相对的一个概念,而是意味着跟'有'相对的否定词。可以解释成具有综合性的'无',也用作分析式的'无有'。""无有"最初应是一个偏正词组,随着"无"为"没"所取代,出现了"没有"与"无有"平行的现象,"没有"亦逐渐取代了"无有"。我们也可以这样推测,随着"无"为"冇"所取代,"冇得"经常作为与动词"有"相对的否定性动词短语使用,再加上汉语词汇双音节化的影响,最终固定为一个否定动词。

(3) 安陆方言的否定式

第一,"冇"字否定式。

---

① 罗杰瑞《建阳方言否定词探源》一文认为闽北方言里相当于普通话"没有"的 mau³(建瓯)、mɔ⁹(石陂)、mo²(镇前) 等,"都可以看作是'无有'的合音:ma+wu→maw"。潘悟云先生也认为温州方言里相当于普通话"没有"的否定副词"毛"是"无"和"有"合音的结果。我们认为,安陆方言的"无"和"有"的读音与闽方言有区别,因而不采纳否定副词"冇"为"无"和"有"合音的说法。

"冇+V"或"冇+V+宾语"。例如：

1）他冇做作业。

2）他冇出去。

3）我冇睡瞌睡。我没有睡觉。

"冇"只能修饰大部分动词；系动词、能愿动词等就不能受"冇"的修饰。

"V+了+冇"或"V+了+宾语+冇"。例如：

4）罐子窦里肉烂了冇？罐子里的肉烂了没有？

5）乜这本书你看了冇？

6）你吃了饭冇？

7）今朝今天开了会冇？

安陆方言里，"不"和"冇"都可以构成正反疑问句，但格式不同，在句中出现的位置不同，所用的时态不同，询问的目的不同。"冇"出现在正反问句的末尾，形成"V+了+冇"的格式，往往用来询问动作是否已经发生，相当于普通话的"V+过+没有"，不用于询问未发生的事。询问未发生的事用"不"构成的正反问格式"V+不+V+语气词"（"VV+语气词"）或"V+不+V+宾语+语气词"（"VV+宾语+语气词"）来表达（见下文"不"字式否定式）。

第二，"冇得"否定式。

"冇得"是表示否定意义的动词，与动词"有"相对，一般带名词或名词性短语作宾语。安陆方言里有六种具体的表达式。

A．"冇得 NP"。例如：

1）书库里头冇得书。

2）今朝今天我们冇得课。

3）今朝晚行今天晚上冇得电影。

4）灶里头冇得火。

5）他乜个家伙冇得翻正。他这个家伙没有主见。

6）搜人袋，冇得伴。①

---

① 《孝感地区歌谣集（下）》，中国民间文艺出版社，1989年，第282页。

7)……花果山，水帘洞，变了猴子冇得用①。

B."N都冇得"。"N都冇得"这一格式不能单独成句，它往往用于复句的前一个分句中，而且还预示着有后续成分，这个后续成分往往是一个反问句。这个复句"N都冇得了，还……?"的意思是"冇得N，就不（别）VP"。例如：

1) 书都冇得了，还上个么事学哟[ʂɛ˧]? (书都没有了，还上什么学呢?)

2) 话都冇得说的，还坐在喏儿那儿搞嘞[mɛv]? 话都没有说的，还坐在那儿干什么?

C."冇得AP"，"冇得"后接形容词作宾语的时候，往往不是直接带单个的形容词，而是通过后接反义形容词构成的并列短语来表示某种状态。如上例"冇得大小"指不分长幼尊卑的状态，不能直接说"冇得大"或者"冇得小"。"冇得深浅"是说处于一种无知的状态。其中的"AP"指的是反义形容词并列短语作宾语，表示"不知道……"。而一般的形容词只能用"不"修饰。例如：

1) 㐌这个伢哟冇得一点儿大小。

2) 他真是冇得深浅。

D."甲冇得乙怎么样"构成的比较句。例如：

1) 我弟弟冇得我高。(我比我弟弟高。)

2) 小王蛮会下象棋，我冇得他狠。(小王很会下棋，他比我厉害。)

3) 我的哥哥冇得我喜欢看书。(我比我哥哥更喜欢看书。)

4) 王林读书冇得张雨狠。(张雨读书比王林厉害。)

5) 李丽冇得刘艳贼[tseiv]漂亮。(李丽没有刘艳漂亮/李丽没有刘艳聪明。)

这种否定式往往表达"甲比不上乙"或"甲不如乙"的意思，相当于普通话里的"比"字句"乙比甲更怎么样"。当然，安陆方言里也用"乙比甲更怎么样"的格式，因为这两种格式都是"显示比较双方的差异"（邢福义，2002），但二者表达的语义重点不同：通常"甲冇得乙怎么样"从反面强调"甲不如乙"，而"比"字句用肯定的形式强调"乙"与"甲"之间的

---

① 《孝感地区歌谣集（下）》，中国民间文艺出版社，1989年，第271页。

差异。

E. "冇得 N+动词"构成连谓结构。这一类连谓结构中,第二个动词是及物动词,"冇得"的宾语在意念上是第二个动词的受事。例如:

1) 今朝_{今天}早晨冇得饭吃,我们吃馒头。

2) 六月间在畈里做事冇得水喝,把人都渴死了哦! _{六月间在田地做事没有水喝,把人都渴死了!}

3) 他埋埋儿_{每次}下乡都冇得车坐。

4) 今朝_{今天}是星期六,冇得学上。

F. "冇啊冇得"构成的复句

安陆方言的否定动词"冇得"与动词"有"相对,相当于普通话里的"没有"和"有"相对。普通话里,"没有"和"有"可以直接构成"有没有+宾语"的格式,询问有无。而安陆方言里,"冇得"和"有"不能直接构成"有冇得+宾语"的格式来询问有无,只能构成"有不有+宾语"的格式(这一格式在"不"字否定式中讨论)。但是,"冇得"与"有"可以构成"有啊冇得"的格式。这一格式不能单独使用,只能出现在复句之中,预示着有后续分句出现。例如:

1) 不管有啊冇得菜,你老儿将就着吃一点吧。_{不管有没有菜,您就将就着吃一点吧。}

2) 不管教室里有啊冇得学生上课,你都要把它打扫干净。_{不管教室里有没有学生上课,你都要把它打扫干净。}

3) 不管有啊冇得人来,我们都要做好准备。_{不管有没有人来,我们都要做好准备。}

4) 不管有啊冇得车,我今朝都要回去。_{不管有没有车,我今天都要回去。}

这里,"啊"实际上是表示"还是"义的连接词,连接在肯定否定两部分之间①,不能省略。武汉方言里同样用否定动词"冇得",却可以直接和"有"构成"有冇得 N"的格式。例如:

---

① 李如龙(2001)在其著作《汉语方言学》里也谈到这一现象:"闽南一带在连接肯定与否定部分时会加个表'还是'义的连接词'阿'。"如:厦门:汝有读册阿无?(你有没有念书?)潮州:汝爱去阿无?(你要去吗?)有时候这个"阿"也可以省去。如:厦门:汝有看见无?(你看见了吗?)

5）停顿了一下，电话那边又传来一句话，蛮平静的声音："喂，你觉得像我刚才那样说，到底有冇得效果吵？"（《午夜电话》载《楚天都市报》2005-8-31）

第三，"不"字否定式。

安陆方言里，否定副词"不"修饰动词、形容词，这一点和普通话一样。不同的是，"不"构成的正反疑问句比较特别，下面加以描写和说明。

其一，单音节动词、形容词构成的正反问格式是："V＋不＋V＋语气词"（"V＋不＋V＋宾语＋语气词"）和"VV＋语气词"（"VV＋宾语＋语气词"），它往往用来询问动作、性质等。例如：

1）你喝不喝嘞？你喝吗？/你喝不喝？

2）你喝喝嘞？你喝吗？/你喝不喝？

3）乜本书你还看不看嘞？这本书你还看吗？

4）乜本书你还看看嘞？这本书你还看吗？

5）屋里头的东西多不多嘞？

6）屋里头的东西多多嘞？

安陆方言里，第二种格式"VV＋语气词"实际上是第一种格式"V＋不＋V＋语气词"省略了"不"，它是说话人在口语表达中快速说话造成"不"脱落的结果，不是"两个动词或形容词'重叠'构成的"[①]，而是一种语法格式的简化省略，表意功能完全等同于第一式"V＋不＋V＋语气词"。这两种格式的区别主要表现在语用方面，即用第一种格式反映说话人慢条斯理的性格特征，有时带有强调的语气，第二种格式则反映说话人急躁的性格特征。

安陆方言正反问格式"VV＋语气词"里的"VV"不是动词重叠表示尝试的意思。这种格式表示正反问不会让人发生误会，因为用这种格式表示正反问时还要加上语气词，正反问否定句才能成立，同时"VV"随时可以还原为"V＋不＋V"，两者使用的概率差不多。

安陆方言正反问格式"VV＋语气词"里的"VV"也不同于紧缩句里

[①] 项梦冰先生（1997）认为连城客家话反复问最常见的形式是"VV"或"AA"，这种格式是由两个动词或形容词"重叠"构成的，前一个音节的声调必须是（1）调。项先生认为这种"重叠"是由合音造成的，即在两个重叠的音节之间加上否定词"唔"构成。我们认为，严格说来，这种现象应该是一种格式的简化省略。

两个动词的表面重叠。在紧缩句里，往往两个表面上重叠的动词之间有明显的语音停顿。例如：

7）说/说不得，打/打不得，你几狠啰！说又说不得，打又打不得，你好厉害呀！

单音节动词构成正反问在安陆方言里有一种比较特殊的格式，即由动词"有"构成的正反问，用来询问有无。在普通话中，"有"往往和"没有"相对，二者构成正反问格式"有没有"。安陆方言中由"有"构成的正反问格式有三种：

"有不有＋宾语＋语气词"、"有有＋宾语＋语气词"、"有啊＋宾语＋语气词"。例如：

8）你有不有乜本书欸？你有没有这本书？

9）喏儿有有人嘞？这儿有没有人？

10）房里有啊么事欸？房里有没有什么事啊？

安陆方言中，用动词"有"来询问有无构成的三种正反问格式，否定回答时不用"不有"来单独回答，而是用否定动词"冇得"来回答。上面三例都可以这样回答。例如：

11）你有不有乜本书欸？你有没有这本书？回答：冇得。

12）喏儿有有人嘞？这儿有没有人？ 回答：冇得。

13）房里有啊么事欸？房里有没有什么事啊？ 回答：么家都冇得。什么都没有。

安陆方言的"有有＋宾语＋语气词"这种格式江苏淮阴话里也有。江苏淮阴话也属于江淮官话，王开扬在论文《淮阴市方言语法》① 中说"有有 N"格式相当于普通话的"有没有 N"。王先生认为，普通话和方言的各种格式在淮阴方言是并存关系，而不仅仅是对换关系。甄尚灵（1981）在《遂宁方言里的"有"和"没有"》中说"四川遂宁话中有这样的格式'有不有 N'"，"'有'和'不有'构成反复问时，'不有'不能单独用来回答问题"。

安陆方言的正反问格式和四川话、江苏淮阴话有相同的一面，这是因为安陆方言处在江淮官话的西端，和西南官话交界，而遂宁话属于西南官话。可以这样说，安陆方言兼有西南官话和江淮官话的语法现象。

---

① 此文的主要内容收录在《汉语方言语法类编》中。

其二，由双音节词（设双音节词为 AB）构成的正反问格式有如下四种：

A. "A 不 AB＋语气词"。例如：

1) 你认不认得他嘞？

2) 王为一做了乇这么多拐事，你说他下不下作嘞？王为一做了这么多坏事，你说他可耻不可耻？

3) 你恁咱儿现在回不回去耶？

4) 他晓不晓得你到武汉来耶？

B. "AAB＋语气词"。例如：

1) 你认认得他嘞？你认得不认得他？

2) 你今朝回回去耶？你今天回去不回去？

3) 他喏儿看看到铁路欤？他那儿看得到铁路吗？

C. "是不是＋AB＋语气词"。

1) 你是不是晓得他从北京回来了喂？

2) 你是不是恁咱儿现在回去耶？

3) 他们是不是商量了乇这个事儿欤？

D. "是是＋AB＋语气词"。例如：

1) 你是是认得他嘞？你是不是认得他？

2) 李言做了乇这多拐事，你说他是是□[xεv]很下作嘞？李言做了这么多坏事，你说他是不是很可耻？

3) 你是是恁咱儿现在回去耶？

第二种格式 "AAB＋语气词" 是第一种格式 "A 不 AB＋语气词" 的简省形式，在口语表达中省略了否定词 "不"。第四种格式 "是是＋AB＋语气词" 是第三种格式 "是不是＋AB＋语气词" 省略 "不" 的结果。同第一式、第二式相比略有区别，即这一类正反问是对动作行为加以试探性的反复询问，带有求证的意味，而且 "是不是" 在句子结构里位置灵活，不仅可以居于句中，而且还可以居于句子的末尾表示询问。例如：

4) 他们哈都抹了汗，是不是的耶？他们是不是都洗过澡了？

安陆方言里也有 "AB 不 AB" 这样一种结构，但它不是双音节词的正反问格式，而是一种表示转折的紧缩句。例如：

5) 叫她烧火不烧火，拿着火钳打婆婆。叫她挑水不挑水，拿着扁担打乌龟。

6) 叫她扫地不扫地，拿着扫帚玩把戏。叫她穿伢不穿伢，拿着衣裳做蛤蟆。

第四，"莫"字否定式。

安陆方言里，"莫"往往用在祈使句中，相当于普通话的"别"，表示禁止性或劝阻性否定。例如：

1) 百么事有人做，你就莫管。什么事都有人负责，你就别管了。

2) 乜这个事儿已经□[xɛv]很清楚了，莫紧在喏儿说。这个事情已经很清楚，别一直在那儿说了。

3) 莫吵莫吵！尽我去看下到底是么样回事儿。别吵别吵，让我去看一下到底是怎么回事。

4) 莫慌着！我分开来把得你们吃。先别慌！我分开来给你们吃。

安陆方言中表示劝阻的否定祈使句主要有以下两种格式：

A. 莫+动词性词语。例如：

1) 天道快黑了，你莫走。天快黑了，你别走。

2) 你莫买，乜个东西一点儿都不好。你别买，这个东西一点都不好。

3) 你莫说得他听，他受不起乜这个打击。

4) 雷在天上烧，莫把粮食糟。

5) 好哭佬，卖灯草，卖到河边狗娃咬，狗娃狗娃你莫咬，我的灯草卖完了。

B. 莫+形容词性词语。例如：

1) 莫恼火，恼火有么事用呢？别生气，生气有什么用呢？

2) 莫在喏儿那儿假嘎马嘎虚情假意的，我早就晓得你想的是么事。

上面两种格式都可以在句末加上语气词"啊"。例如：

3) 莫尽小伢在塘边上玩啊！别让小孩在塘边上玩！

4) 莫尽他跑了啊！别让他跑了！

5) 莫马马虎虎的啊！别马马虎虎的！

6) 莫能的能气啊！别逞能！

语气词"啊"要重读，语调上升。这种祈使句劝阻口气比不加语气词"啊"更为强烈。这种劝阻性否定祈使句在湖北省各地方言中都有。

(4) 安陆方言某些否定式的成活条件

邢福义先生（2001）说："小句的组词与表意，语句的联结与相依，规律的形成与生效，方言的语法差异，都依存于特定的句法机制，都或大或小、或多或少、或直接或间接地取决于特定的句法机制。"的确，在安陆方言里，某些否定说法单独说站不住，但在一定的句法环境中却可以说。有两个因素影响安陆方言否定句的成活：

第一，语气或语气词是构成否定疑问句的必要条件，不同的语气词所表示的附加意义不同。

安陆方言里，有些否定格式受主语人称的制约单独不能说，但加上疑问语气或疑问语气词后就可以成活。例如：

我冇说。（√）　　　我不说。（√）　　　我莫说。（×）
你冇说。（×）　　　你不说。（√）　　　你莫说。（√）
他冇说。（√）　　　他不说。（√）　　　他莫说。（×）

"你冇说"作陈述句一般不能成立，但加上疑问语气或语气词后句子就能成立。可以这样说：

1) 你冇说？（言外之意是"我还以为你已经说了呢！"）
2) 你冇说吵？你没有说吧？
3) 你冇说啊？你没有说吗？
4) 你冇去上课？你怎么没有去上课呢？

这些疑问句之所以能成立，是因为说话人选择的是疑问的语气，表示说话人预设交谈的对象应该做什么而事实上没有做的疑问。可见，说话语气或语气词对否定表达式有促使其成活的作用。再比如：

5)《毛主席语录》你有冇欤？→你有冇《毛主席语录》欤？
　　回答：冇得。

6)《毛主席语录》你有不有欤？→你有不有《毛主席语录》欤？
　　回答：冇得。

7)《毛主席语录》你有啊欤？→你有啊《毛主席语录》欤？
　　回答：冇得。

上面的三个句子都是安陆方言正反问的三种格式。在这三种格式当中，语气词是这三种格式成活的重要条件之一，没有语气词，这三种格式在安陆方言中是很难站得住的。而且，同样意思的问句，成分调换以后语气词也跟着变化。这说明安陆方言的语气词非常丰富，语气词随句子末尾音节的不同而发生变化,这给理解带来了一定的困难。

语气词不同,疑问意义不同。例如:

8) 你冇说吵?你没有说吧?

9) 你冇说啊?你没有说吗?

在这两个相同的句法结构中,使用了不同的语气词,其附加的疑问意义也不相同,主要表现为语用意义不同,即不同的语气词反映了不同的心理期待:用语气词"吵"表明说话人不希望对方说,但不能确定对方是否说了,所以用的是一个否定疑问句的形式来表达说话人的心理期待;用语气词"啊"时则表明说话人希望对方说,同样不能确定对方是否说了,所以也用一个否定疑问句来表达说话人的心理期待。再看一组不同的语气词:

10) 你相不相信嘞?

11) 你相相信嘞?

12) 你相不相信吵?

13) 你相相信吵?

上例中,11) 是 10) 的省略形式,13) 是 12) 的省略形式,二者虽然表面形式不同,但疑问意义完全相同。10) 与 12)、11) 与 13) 之间虽然结构形式完全相同,但由于二者的语气词不同,所表达的语用信息就有一定差别。具体表现在:用语气词"嘞"仅仅表示一种纯客观的疑问,表示事实不容置疑,有时候还意味着有后续成分。例如:"你相不相信嘞?他还活了得。(你相信吗?他还活着。)"用语气词"吵"时,则含有话题事实值得怀疑,问话人不能肯定对方是"相信"还是"不相信",所以,问话人除了一正一反并列询问以外,再加一个语气词"吵"来表达附加的隐含意义。另外,用语气词"吵"往往反映了说话人一种不耐烦情绪或者不友好的态度。同样的例句还有:

14) 你有啊工夫跟我说嘞?

15) 你有啊工夫跟我说吵?

16) 你有不有工夫跟我说嘞?

17) 你有不有工夫跟我说吵?

以上四个句子都是"你有没有空跟我说?"的意思,但用语气词"吵"的句子往往表达说话人一种不耐烦的情绪。

第二,"有啊冇得"只能用在复句当中。

否定动词"冇得"与动词"有"相对，相当于普通话里的"没有"和"有"相对。普通话里，"没有"可以和"有"直接构成"有没有N"的格式来询问有无。安陆方言里，"冇得"和"有"不能直接构成"有冇得N"的格式来询问有无，只能在中间用一个语气词，构成"有啊冇得"的格式。值得注意的是，说安陆方言里"有啊冇得"格式不能单独使用，只能出现在复句之中，其后有后续分句出现。如：

1) 不管有啊冇得人来，我们都要做好准备。不管有没有人来，我们都要做好准备。

2) 不管有啊冇得车，我今朝都要回去。不管有没有车，我今天都要回去。

2. 安陆方言的无标记否定

(1) 无标记否定的含义

电视剧《还珠格格》里有这样一个情节：皇上令太监杖打容嬷嬷，容嬷嬷被打得疼痛无比，大喊大叫，皇后求情都没有用。皇上盛怒之下说谁要是再说"不打"为容嬷嬷求情就连他一起处罚。这时聪明的紫薇作了一首诗并念给皇上听：月移西楼更鼓罢/渔夫收网转回家/雨过天晴何须伞/铁匠熄灯正喝茶/樵夫担柴早下山/猎户唤狗收猎叉/美人下了秋千架/油郎改行谋生涯/人老不堪棒槌苦/请求皇上饶恕她。这首诗通篇没有一个"不打"，却句句都含"不打"，皇上只好饶恕了容嬷嬷。紫薇作的诗隐含的"不打"是用近似谜底、谜面的形式，这种语言表达很有魅力，也可以说是一种无否定词的否定，即无标记否定，是相对于有标记否定而言的。有标记否定是指用否定词"不"、"冇"、"冇得"或"莫"等表示的否定，无标记否定是指不用否定词却仍然表示否定意义的语言现象。例如：

1) 肖遥他妈妈气得了气得不得了，说："你从深圳回来了乜这些时，天天在屋里玩，也不想下将来该怎么搞……"肖遥气鼓鼓地说："哪个在玩唠？我天天在屋里做事……"

例1) 中"哪个在玩了？"意思是"我没玩"，它所表示的意思都是否定的，但又没有用否定副词，我们称之为无标记否定。所谓的"无标记否定"指的是这样一种语言现象：在特定的交际情境中，出于一定的交际需要，答话人不用否定词"不"、"冇"、"冇得"、"莫"等却表达出了否定的含义，使发话人的话语和答话人的话语形成对立。

很显然，无标记否定意义的形成有其语言环境，明显地划分为两个部分：一是前提部分，即说话人已经说出的某个观点的部分（记作 A 部分），如例 1）中的"你从深圳回来了乜这些时，天天在屋里玩，也不想哈下将来该怎么搞……"；二是答话部分，即听话人用来否定说话人某观点的后续句部分（记作 B 部分），如例 1）中的"哪个在玩嘞?"因而整个无标记否定意义的形成过程就可以描写为："A。——B。"（"——"表示说话人话语和答话人话语之间的界线或另起一行）。无标记否定意义一般出现在对话中的后续句部分，是对说话人观点的否定或否定性评价。

对于汉语答话中的无标记否定现象，吕叔湘先生（1982）早在《中国文法要略》里就论述过反问形式的否定作用："反诘实在是一种否定的方式，反诘里没有否定词，这句话的用意在否定；反诘句里有否定词，这句话的用意在肯定。"他还在《现代汉语八百词》中提到疑问代词表示否定。王力先生也认为"反诘语可以作否定语用，这是很自然的道理，不过反诘语的语意更重罢了"。尹世超先生（2004）在讨论否定性答句否定的隐显与程度的问题时，对否定性答句进行了分类，其中的隐性否定答句即无标记否定。邱莉芹（2000）谈了"哪里"的否定用法，李一平（1996）谈到了"什么"表示否定和贬斥的用法，寿永明（2002）分析了疑问代词的否定用法。我们将在前贤有关论述的基础上结合安陆方言探讨无标记否定的类型、语法意义及特征等问题。

(2) 无标记否定的类型

无标记否定的类型结合 A 部分（说话人）和 B 部分（答话人）的话语分为两大类。

第一，A 部分是肯定句，B 部分可细分为四种情况。

A. A 部分是肯定句，往往表达说话人的某种赞美性或倾向性的评价。而 B 部分往往是用反问句对发话人的肯定性赞美进行评价，含义是否定的。格式是：肯定性的感叹句——反问句，即：X——X 个什么？或 X——X？。例如：

1) 他的媳妇儿几好哦！见人就笑。——好个么事什么吵？一肚子坏水。

2) 我们会尽快地解决这些问题的，大家莫着急！——尽快呀？到么时候才算尽快耶？

3) 老柴压低嗓门、气急败坏地说:"够了!够了!莫在嗒儿这儿瞎扯淡哈!"——"么事欸?够了啊?乜这一点儿钱儿就想打发我啦?"

例1)中,答话者用反问句"好个么事什么吵?"表示"他的媳妇儿不好"。例2)中用"尽快呀?"表示对对方的怀疑,认为是不会尽快的。例3)用"够了啊?"表示反问,意思是"不够",表达的语气非常强烈。

B. A部分是肯定句,而B部分用疑问代词"怎么"、"么事什么"之类来反问质疑表示否定性的意义。格式是:一般肯定句——"么事"类反问句,即X——么事X。例如:

1) 张小劲为难地说:"当然……当然……"——李大力打断他说:"么事当然当然嘞?快抹点儿赶快把钱拿来!"

2) 乜这是你的爸爸。——么事什么爸爸嘞?乜多年数这么些年他到哪儿去了欸?我从来就冇看到他。

3) 他们说在深圳口[xɛv]很好赚钱,是不是真的耶?是不是他们瞎说嘞?——怎么是瞎说嘞?深圳的机会是蛮多,只要肯出力做事,赚一点儿小钱还是蛮容易的。

C. A部分是肯定句,B部分用疑问代词"哪儿"之类表示谦虚礼貌意义的否定。格式是:肯定句——哪儿欸?即X——哪儿欸?……例如:

1) 听你的口音,像是大悟人。——哪儿欸?我是花园人。

2) 乜埋儿你搞住了个作,真有点儿板眼儿哦!这一次你做对了,真有本事啊!——哪儿欸?我乜埋儿是瞎猫子逮得巧个死老鼠,过碰的。哪里哪里?我这次是瞎猫逮到个死老鼠,碰巧而已。

例1)中,用"哪儿欸"表示在对方对说话人产生误解时,或同时因此推辞某事时委婉地表示不同意对方的话,进而进行解释,请对方不要误解、推辞。例2)用"哪儿欸"表示谦虚的否定。

D. A部分为肯定的陈述句,B部分由"鬼"、"屁"等词表示否定意义。格式是:X——X个鬼(屁)。例如:

1) 我明明看见了他在屋里的。——看见了个屁,你就在嗒儿光着他打马虎眼儿你就在那儿帮着他打马虎眼儿,以为我不晓得。

2) 小华交了电费的呗。——交了个鬼,就是数他欠的最多。

第二,A部分是疑问句,B部分包括以下几种情况。

A. A部分是疑问句,B部分的否定意义往往由含贬义或虚幻的词

"鬼"、"屁"等承担。其格式是：X 不 X？——X 个屁/鬼。例如：

1) 你吃不吃欸？——吃个鬼！你一天到黑只晓得吃，也不怕吃成个胖子。

2) 他的屋里有不有钱嘞？——有个屁的钱，他在外头摆浪子屋里肯酱子。

这类句子经常出现单个量词"个"作修饰成分，用词俚俗。

B. A 部分是疑问句，B 部分的否定意义用疑问代词反问质疑来表示。其格式是：X 不 X？——"么事"类反问句。例如：

1) 伢们儿一年到头不在屋里，你慊不慊想不想他们嘞？——有么事好欠的耶？我一个人在屋里还自在一些。

2) 他出了事你晓不晓得嘞？——我天天在屋里拽倒待着怎么晓得他的事儿哦？

C. A 部分为疑问句，B 部分是汉语或方言里一些特定的词，在答话中表示否定的意义。例如：

1) 他的屋里是不是□［xɛʋ］很有欸？他家里是不是很富裕？——八啰！就是三间瓦屋娃儿，百么事冇得，穷死烂爷什么都没有，穷得要死。

2) 你的伢儿读书是不是□［xɛʋ］很聪明嘞？——鬼哟！他只晓得跟我要钱去玩。

D. A 部分为疑问句，B 部分是一个肯定性的陈述句，也就是答话人不正面否定问话人的问题，而是从另一个角度来说，委婉地表示不同意问话人的意见。它的格式是：疑问句——肯定性的陈述句。例如：

1) 他是不是在打球欸？——他在看书。

2) 小林是不是看他去了欸？——她买种子去了。

这一格式的无标记否定的 A 部分一般是正反疑问句，回答形式有肯定和否定两种。而答话人在回答的时候既不选择肯定，也不选择否定词直接否定，而是用陈述句的形式选择第三种情况作为回答。从表达效果上来看，这种回答方式显得含蓄、委婉而又明确地表明了自己的意见，很有表现力。

(3) 无标记否定的语用意义

无标记否定和标记否定是等值的。曾毅平、杜宝莲（2004）认为，反问句的否定功能可以通过语气转换和表层结构与深层结构的转化显示出来。例如：

1）我跟你的妈就该累死。
2）难道我跟你的妈就该累死？
3）我跟你的妈就不该累死。

上述例子中，例1）与例2）矛盾对立，例2）与例3）基本意义等值。三者之间具有转换关系：例1）是肯定陈述句，附加上反问语气成为例2），而例2）的深层结构是例3）。例2）这样的句子在反问语气的作用下，意思与例1）相反；反问句例2）去掉反问语气要加否定词成为例3）后才能保持例2）的意思。例3）与例1）在意义上二元对立，其差别在于有无否定词。可见反问语气与否定词在促使句子发生二元对立的转化方面具有相同的功能。

无标记否定是一种语用否定，它的语用意义大致有如下几个方面：

第一，无标记否定表示质疑、不以为然的意思。例如：

1）等下护士打针的时候，你要忍倒欤，莫哭，哈？——我会哭啊？七那是不可能的。

2）武汉真好！——好个么事哟！热得要死。

第二，无标记否定表示愤怒的情绪。表示愤怒情绪的时候，语气强烈，情绪激动或感情激扬。例如：

1）交警也来了气，说："那我就教你一回。你超了车。"——王跃跃说："我哪儿超了车嘞？明明是你有得事找事做，我一直注意了得嚜。"

2）徐天云说："几多钱嘞？"——小李说："我们弟兄和里还讲么事钱嘞，用完你再还得来了就行了。"

第三，无标记否定表示答话人自谦或客气的寒暄。例如：

1）恭喜哟！你的伢今年高考考得七那好法。——哪儿欤，也就是一般般。别个的伢考得还好些啰！

2）今年很赚了一些钱吵？——哪儿欤，赚的两个钱刚刚够糊住嘴儿，冇剩几个。

3）你七这么忙，我还老尽让你操心，真是不好意思哦！——又说见外的话，还你们我们的。

第四，无标记否定表示不满或斥责。例如：

1）听说你七埋儿这次买股票又赚了。——赚你个头哦！又套进去了。

2）你的儿七这个月又给你寄了钱的呀？——鬼的妈打架嘞！他不跟我

要钱就是好的！

第五，无标记否定表示不相信或根据不可靠的否定。例如：

1) 高广汉昨儿昨天死了，你晓啊得嘞？——鬼款瞎说八道！我前儿前天还看见了他的，身体看起来还蛮扎实嘞。

2) 听说你把别个的女朋友抢过来了，是不是真的耶？——瞎说，我是乜那样的人啦？你还不了解我？

第六，无标记否定表示答话人不喜欢的否定。例如：

1) 他这个人为人像么样欶？——马屁精一个，一天到黑只晓得拍马屁。

2) 你乜埋儿这次请的一个人蛮会做事吧？——和梗完全是个饭桶，百么事不会做，你说下她就动下。

第七，无标记否定表示答话人回避的态度或不同意对方意见的辩解。例如：

1) 他去城里买肥去了哇？——他到医院去看病去了。

2) 小小到上海打工去了哇？——小小到武汉读书去了。

3) 那就只好又建立一个"维持会"哟！——哪儿欶？要一直调解到他们不愿意离婚为止。既然不离了，就说明还是有感情基础的，家庭就还是幸福的。

这是一种闪避性的无标记否定，即不正面否定，但又必须表明自己的态度。同一时间内一个人不可能做两件事，做了其中一件就意味着没做其他的，从而达到否定的目的。如例1)，不说"他没有去城里买肥"，而是说"他去医院看病"，实际上否定了"他去城里买肥"的说法。同样，例2)中用"小小到武汉读书去了"否定"小小到上海打工去了"的说法。例3)里答话人用"哪儿欶"表示不同意"建立'维持会'"的说法，并进一步进行辩解为什么不是另一个"维持会"。

(4) 无标记否定的特征

无标记否定与标记否定等值，表白、客气、谦虚、拒绝、制止，等等，表达其他的附加意义，其产生跟无标记否定的特征有关。无标记否定的特征主要表现在：

第一，无标记否定具有句管控性。

也就是说，无标记否定必须有上下文语境，在答话中产生否定意义。

其格式为"肯定句或疑问句＋答语无标记否定"，它构成一个言语举动，出自两人之口共同完成。单独的反问句或某个特定的词不表示否定的意义。例如：

1) 老丁哭笑不得地小声说："莫太过分哈！别个看到几难为情嘞！"——难为情啦？有么事_{什么}难为情的耶？他们有看到别个亲热的呀？

2) 小关慌慌张张地四处找电视遥控器："么事新闻嘞？是不是厂里的改制方案今朝_{今天}出台了欸？"——"鬼哟！你不是说你自己有得问题的呗？怎么恁_咱儿现在也这么紧张欸？"

例1) 中的"难为情啦？"如果单独作为一个问句，则仅仅表示疑问"是不是难为情"。但如果用在例1) 中这样一个特定的语境，则表示"没有难为情"的意思。同样，例2) 中的"鬼哟！"单独只是表示感慨或惊讶，但结合例句中的上下文则分明表示"今天没有出台出厂里的改制方案。"

从篇章关联来看，所有的无标记否定句都是后续句，而且绝大多数都是信息传递过程中的承接句。换句话说，从语义连贯的角度看，无标记否定句所表达的内容是承接前面的表述而来的否定性叙述，有时还在无标记否定的后面再加一个标记否定句，进一步强调。例如：

3) 刘老师海量吧？——哪儿欸，我不会喝酒。

第二，答话否定。

无标记否定总是否定从发话人话语中推断出来的内容，它的语义必须以它所推断的话语的语义为基础。因此无标记否定的出现就必然受上下文语境的限制，很少单独成句。它们所在的句子一般都不是始发句，而是后续句，也就是答语。前面说到一些句子如反问句表达否定的意义。除此之外，在句管控下，一些特定词语在答语中表示否定意义，往往是"鬼"、"八"、"么事"、"哪儿"之类的词语。这些词要么意义比较虚，如"鬼"、"八"等，要么含贬义，如"屁"等，要么是代词，如"么事"、"哪儿"等。因为虚幻的意义或者贬义本身就含有"不真实"的意义，在一定的语境中自然产生了否定的意义，而代词的最大特点是它的游移泛代性，所以在答语中与上文意思形成对立，因而产生否定的意义。

一方面，句管控下的疑问代词在答语中表示否定的意义。例如：

1) 他到深圳去了五六年，很赚了几个钱吧？——哪儿赚得倒钱啰？能自己养活自己就不错了！

2) 乜这种饼干还是许晴作的广告欸，肯定□[xɛv]很好吃！——有个么事吃头哦？一点儿味儿都有得。

例1）的意思是"没有赚钱"，疑问代词"哪儿"不表示疑问，在这个语境中，答话人的意思刚好与问话人的意思对立，它是通过疑问代词的反问显示出来的。同样，例2）中的"有个么事吃头哦"表示"没有什么吃头"。

另一方面，句管控下的"鬼"之类意义较虚的词或贬义词在答语中表示否定的意义。大致说来有这样一些：

一是在答话中常用"差得远"、"胡说八道"等词语表示不相信的否定。例如：

3) 我打断他的话说："你老儿乜这么大的年纪，病病歪歪，还乜样儿这样关心国家大事，真是不多见啰！""差得远啰！你千万不要误解哈，后半辈子我么事都不关心，只是看看、听听、想想，连讲都不愿意讲，也有得哪个听我讲，欸！"

二是在答话中常用"瞎说"、"造谣"等词语表示无来由、无根据或根据不可靠的否定。如：

4) 听说你把丈夫气跑了，有不有乜这回事欸？——瞎说，我是那样的人啦？你还不了解我啦？

5) 他的老二尽让公安局里抓去跑了，是不是有乜这个事儿欸？——完全是造谣，我刚刚还在他的屋里看见了他的。

三是在答话中常用"鬼"、"马屁精"、"倒胃口"等词表示答话人不喜欢的否定。例如：

6) 她乜埋儿这次穿的乜那件衣裳是不是□[xɛv]很好看嘞？——鬼哟！她乜那个水桶身材穿么事什么都不好看。

7) 他的屋里乜埋儿这次请客的酒席蛮好吃吧？——倒胃口得很啰，厨子的手艺一点儿都不强，还不如在屋里吃。

第三，无标记否定带有非预期性。

无标记否定的结构形式是：发话人和答话人有一个话轮，无标记否定意义隐含在答话中，而且始发句信息是发话人的预期状态，而现实状态令答话人不满，故答话人在答语中隐含对发话人的预期状态的否定，通常还有一个否定标记的后续句进一步否定，往往表达答话人的评价意义。

无标记否定是在句管控下形成的,通常在答话中与发话人的信息形成对立,构成否定关系,而发话人的信息对答话人来说是非预期性的,是答话人所没有料想到的。在言语交际过程中,人们所说的话语常常隐含着一些意思,有时表达了某种心理期待,希望答话人有如意的感觉,有时对答话人进行肯定性的褒扬,而听话人对所接受的预期性信息进行推断与联想。如果这些推断和联想与听话人具备的已知信息一致,则不需要否定。否则答话人就要对发话人的预设信息进行否定。无标记否定在表达功能上的特点就是:它们所在的否定性结构一般不去直接否定某一特定的话语,而是否定从发话人的话语中推断出来的内容,通过这种对推断的否定来反驳某种说法、看法或说明事实真相或道理。这种否定往往附加了答话人的某种情绪,在表达效果上往往要比直接否定某一话语更为鲜明有力。例如:

1)你还说呃!你的媳婆儿_{老婆}看了你的信以后,乱骂了半夜……一边骂一边哭……——她还会哭啊?我还从来冇见过她掉过一滴眼泪。

在这个例子中,发话人给了答话人一条信息"你的老婆哭了"。答话人从这条信息中推断出"老婆哭"是一种非预期性信息,因此他对此表示不相信,在怀疑之后又用反问的形式否定了这非预期性信息,以此说明这种怀疑是有道理的

第四,无标记否定带有情绪性。

无标记否定是一种语用否定,它与一般的标记否定句句意表达虽基本一致,却有较大的语用差别。试比较下面的两个句子:

1)听说你对她的兄弟有点儿意思,唦?——屁哟!你有么事证据欸?我就是托他买了两本书你就在嗻儿_{那儿}瞎说啦?看我不撕烂你的嘴。

2)听说你对她的兄弟有点儿意思……——我对她的兄弟冇得意思……

从否定的语义强度来看,例1)的否定强度远远高于例2)。此外,从句式所体现的感情色彩看,例1)往往表现说话者"极度不满"的主观感情,语气强烈,例2)往往是以客观事实作为评价标准的,客观性强,表达的语气平淡。

无标记否定反映的是答话人的某种情绪,多表示答话人的主观态度,往往是说话人在愤怒、激动、生气等情绪较为激烈时作出的语言反应,主观色彩相当浓厚,感情倾向十分明显,常带有贬斥的词语或句子与之配合。

无标记否定的语气有强弱之分,有自谦和埋怨之别,其核心语气或说

它的语义基础主要是表示不满,如:斥骂、责难、嘲弄、鄙夷、讨厌、不屑一顾、自谦、自嘲等。一般可以分为两种情形:一是言他,表示完全不同意对方的观点,否定的语气较强,常含有一种"不满"或"不屑"的感情色彩;二是曰己,否定的语气极弱,其实是一种客气的说法,即当别人对己或与己有关的人或事做出褒扬时,说话者用无标记否定来表达自己的谦虚。

通过上述分析,我们不难发现,无标记否定与相应的标记否定比较,语义值相等,但表达效果却有明显不同。无标记否定在语用效果上具有委婉作用或强调作用,它不仅达到了否定的目的,而且还可以使否定变得礼貌得体,或者使否定的意义显得更加强烈。因此,在交际活动中,我们既要深刻体会无标记否定的会话含义,领会其"言外之意,弦外之音",从话语的表层意义深入到深层去理解其真实的含义,也应注意无标记否定的灵活运用。

3. 否定的度量与否定的辖域

无论是普通话还是方言里的否定,都有否定的度量和辖域问题。否定的度量是指否定程度的高低或大小,有的否定形式表示全然否定,有的否定形式表示有保留的否定,表现出否定度量的相对性。否定的辖域则指否定在句子中所管辖的范围,它牵涉到句类中否定的作用及句法结构中否定的焦点等问题。

(1) 否定的度量

第一,相对否定。否定形式所表达的有时是全然否定,有时是相对否定。例如:

1) 你去不去看电影欸?——不去。
2) 他们来了冇?——冇来。
3) 你想不想买钻戒欸?——我冇得钱!
4) 你想不想买条围巾嘞?——我冇得钱!
5) 买一双袜子吧?——我冇得钱!

例1)和例2)的否定答话都是全然否定,不留余地。但并不是所有的否定形式都表达全然否定,例3)和例4)中的"冇得钱"都是钱少、钱不够,但在程度上有差异:例3)是说钱不够用来买钻戒,但买一条围巾肯定绰绰有余;例4)是说钱不够用来买一条围巾,但买一双袜子肯定是够的;例5)说钱不够买袜子,相对于例3)、例4)来说就极少极少了,有可能答话人是真的一文不名,这时的否定可能就是"零"了。这说明否定的度量具有一定的相对性,在特定的语境当中,否定往往意味着"不够",正如叶斯帕森(1988)在其《语言哲学》中所说的,否定的本质是 less than,就是"少于"、"不及"的意思。那么,是什么原因导致否定度量具有相对性的特点呢?邢福义(1995)先生认为,使用否定形式,否定的度量要受到语境的规约,包括显性的规约和隐性的规约两个方面,显性的规约指出现在上下文中的相关词语或句子,隐性的规约指心理预设、情绪氛围和势态夸张等。

无标记否定在某种程度上来说也是一种相对的否定,尤其是当别人对自己或与自己有关的人或事作出褒扬时,说话者往往用无标记否定来表达自己的谦虚,这时否定的语气极弱,它其实是一种客气的说法。

第二,一重否定表达肯定。从否定的语用信息来看,理解否定句时,我们往往最先抓住的是否定词,这是初级过程。然后看否定词否定的是动词还是形容词,考虑是动词或形容词框架起作用还是它们和否定词一起起作用。一重否定表达肯定跟否定词所否定的词语有关,往往是否定词与形容词组合形成,即否定词与反义形容词的下限组合,表达肯定的含义。例如:

1)我找老婆的标准是不能太丑、不能太笨、不能太穷。

我们最先对上例的初步理解是"不"和"能"组合,而进一步理解说话人的表达意图则是:"不能"否定后面的形容词,表达肯定的含义,这是深层理解。同时,上例所表达的否定含义和格赖斯的会话合作原则的关系十分密切。"不能太丑"包括除了"丑"以外的一切情况,也包括了"漂亮"。这给听话人传递的信息一般是"不很丑"的意思。交际双方一般情况下都遵守一个基本的交际原则,即"向对方提供足量的信息",也就是格赖斯所讲的"量的原则"。而否定所提供的信息量是很低的,"漂亮"准确地告诉别人一件事,信息量很高,"不能太丑"包括"长相不太丑"、"长相一般"、"长相很漂亮"等信息,传达的信息很模糊,信息量很小。在交际过程中,说话双方都认为对方遵守着"量的原则",所以当一方用否定来传达信息的时候,受话人会从否定的多种可能中选择一种信息量最大的解释加以接受,这个信息量最大的解释往往表达肯定的内容。

第三,双重否定表达肯定。双重否定等于肯定,但在日常语言中,有些双重否定和肯定式的含义是很不相同的。吕叔湘(1986)先生曾指出双

重否定得到的肯定,并不是除去两个否定后剩下的东西。例如:

1) 我不能不来。

2) 我不敢不去。

3) 他不能不去。

例1)是"我必须来"的意思,而不是"我能来"的意思;例2)是"我只好去"的意思,并不是"我敢去"的意思;例3)是"他必须去"的意思,不是"他能去"的意思。这说明日常语言中的否定不单纯是一种逻辑现象,同时还是一种语用现象。

(2) 否定的辖域

我们这里要讨论的否定的辖域(scope)是指否定词在句子中所管辖的范围,它具体指两个方面:一方面是指否定在句类中的辖域,另一方面是指否定在句法结构中的否定焦点。这两个方面不仅适用于安陆方言,而且适用于普通话。下面我们就这两个问题展开讨论。

第一,否定在句类中的辖域。

否定在不同的句类中所管辖的范围不一样,表达的意思有区别。

一是否定与疑问句。

在正反问句中,否定词的辖域有着非此即彼的意义,是事物性质的两端,被否定的一项不是"少于"、"不及"的意思。例如:

1) 乇这件衣裳贵不贵耶?

2) 他出的主意好不好欤?

例1)中的"不贵"就是"便宜"的意思,没有"不太贵"的意思;例2)中的"不好"就是"差"的意思,没有"不太好"的意思。

在选择问句中,有时否定的辖域和正反问句一致,有时不一致。例如:

3) 乇这件衣裳究竟是质量不好欤还是不太好?

4) 乇这件衣裳你究竟是不喜欢还是不太喜欢嘞?

例3)中的"质量不好"就是"质量差"的意思;例4)中的"不喜欢"就是"讨厌"的意思,否则就不能和"不太好"、"不太喜欢"构成选择问。

正反问的正反两项和选择问的两个选项本质上都是为了确定一个求取信息的范围,不同的是正反问确定范围的方式是"举其两端",所以正反问句中正反两项各自代表事物性质的一极。而选择问确定范围的方式是列举语义相关的选项，它所列举的相关语义选项可以包括正反问的两极，因而其中的否定项既可以理解为"少于"、"不及"的意思，也可以理解为事物性质否定的一端。

否定在是非问句中表面上是否定某一个成分，有其管辖范围，实际上是提供一个预设，从而表达说话人的观点和看法，往往含有"（按常理）应该"、"我认为会"之类的意思"。例如：

5) 你出去了几年，不慊想屋里呀？（按常理应该慊想）

6) 蹦蹦跳跳了一大天一整天，不累人啦？（我认为应该累了）

是非问句的结构主体是一个否定的命题，表示一个否定性的事实，这个事实往往是某种预设的结果。如例5)，当说话人问听话人"你出去了几年，不欠想屋里呀？"时，这个问话是"按常理应该欠想屋里"这个预设结果。同样，例6)里当说话人问听话人"不累人啦？"时，这个问话是"我认为或者我觉得你应该是累了"这个预设的结果。

在特指问句中，否定用在特指疑问中的位置不同，所管辖的范围也不同，导致所起的作用也不同。否定用在特指问中的疑问代词前，它否定的是这个疑问代词，使疑问代词不表示疑问，整个句子成为陈述句。例如：

7) 学习冇得么事窍门。学习没有什么诀窍。

8) 我冇注意他们还做了么事什么。

上述例子中，否定词"冇得"和"冇"用在疑问代词的前面，否定了句子中的疑问代词，使特指问句变成了陈述句。石毓智（2001）认为，"没/不＋动＋疑问代词＋其他"是否定性结构，其中的疑问代词丧失了疑问功能。如例7) 去掉否定词后就是一个特指疑问句"学习有么事窍门儿欤？"；例8) 去掉否定词后也是一个特指疑问句"他们还做了么事？"

否定用在特指疑问句中的疑问代词之后，它否定的是整个句子，使这个特指疑问句变成为反问句，表达肯定的意思。例如：

9) 他天天在屋里摔摔打打的，哪个不说他啰？

10) 他么事拐坏事冇做尽啰？

在这样的否定结构中，表面上否定词否定的是其后的动词，实际上它否定的是整个句子，形成了反诘式整体否定，句子表达肯定的意思。例9)的意思是说"人人都说他"，如果去掉否定词，则句子为特指问"哪个说他啰？"例10)的意思是说"他做尽了所有的坏事"，如果去掉否定词，句子也是一个特指问"他做了么事拐坏事欤?"可见,否定在特指问句中的管辖范围比较特别,所起的作用也很大,能够取消疑问代词的疑问功能,使疑问句变为陈述句。

二是否定与祈使句。

祈使句表达命令或禁止等语气,否定在祈使句里管辖的是它后面的成分。一般认为,肯定式表示命令,否定式表示禁止,但有时祈使语气的否定式不仅表示禁止,还表示请求。例如:

11) 过来!(表示命令)

12) 莫过来!(表示禁止)

13) 莫过来,好不好欤?(既表示禁止又表示请求)

例11)的祈使句表示命令的语气,例12)的祈使句表示禁止的语气,例13)的祈使句既表示禁止又表示请求。这说明否定在祈使句中影响了祈使句的语气发生变异。以上说的是祈使句里的一重否定。祈使句里的双重否定与祈使句一重否定所表示的语气又有区别。例如:

14) 莫吃药!

15) 莫不吃药!

例14)是一重否定的祈使句,它是由一般的祈使句和否定词"莫"构成的,其中,"吃药"是表示命令的祈使句。例15)是双重否定的祈使句,它是在否定一个陈述句的基础上,加上否定词"莫"构成的。我们可以看出,一重否定祈使句和双重否定祈使句在结构上是不同的。另外,一重否定的祈使句和双重否定的祈使句否定的对象不同。一重否定的祈使句里否定的是具体行动,双重否定否定的是主观意愿。如"莫吃药"是禁止"吃药"这种行为,在要求某人不吃药的时候说明某人已经吃药了;"莫不吃药"不表示禁止某种行为,因为"吃药"这一动作还没有实行,不能被否定,它所否定的是结束听话人不愿意吃药这种状态,让听话人开始吃药。

三是否定与感叹句。

在感叹句中,否定可以用标记否定来实现,也可以通过无标记的形式来实现的,感叹句中的无标记否定更多地表现为极性反义词的否定。例如:

16) 他的女婿几高哦!

17) 他的女婿几矮哟!

18) 他的女婿几不高哦!(×)

19）几贼漂亮的女伢儿_{女孩}哦！

20）几丑的女伢儿_{女孩}哦！

21）几不贼漂亮的女伢儿_{女孩}哦！（×）

例16）和例17）中的"高"和"矮"是一对极性反义词，"矮"是对"高"的否定，但没有用否定词，属于无标记否定，这种无标记否定反而不能用否定标记，如例18）用"不"来否定"高"句子却不能成立。同样，例19）和例20）中的"贼"和"丑"是一对极性反义词，"丑"是对"贼"的否定，同样不能用否定标记来否定。但是，一些表示主观可控的形容词却可以用"不"来否定。例如：

22）几勤快哟！

23）几不勤快哟！

这类感叹句不能充当定语，一般情况下只能充当谓语。例如：

24）小华几勤快哟！

25）几不勤快的小华哟！（×）

第二，否定与句法结构中的否定焦点。

在句法结构的线形序列中，否定词常常位于谓词性成分的前面，一般情况下其否定语义的作用范围是其后面的部分。否定词否定语义的作用范围是否定范围。否定词与否定范围内成分的语义关系有两种可能性：一种是否定了谓语动词，以及否定范围内的所有成分同主语的关系；一种是仅仅否定了否定范围内的某些成分，谓语动词本身并没有被否定，仍然可以作为肯定语义来理解。例如：

1）小林不去学校。

2）他冇看这本书。

3）我冇天天上班。

例1）、2）否定了谓语动词，也否定了整个命题；例3）中的否定词只是否定了否定范围内的个别成分"天天"，整个句子的肯定语义并没有被否定。

否定范围内实际被否定的成分是否定焦点，它处于否定范围内的中心位置，只属于句子的某个成分而不属于全句。例如：

4）我冇一直工作，有时中途休息一<u>下</u>。

5）我一直冇工作，就在<u>屋</u>里当家庭妇女。

例4)中的否定焦点是"一直工作";例5)中的否定焦点是"工作"。否定的焦点不同,所表达的意义不同,这从两个例子的后续句看得出来:例4)的意思是有时工作有时休息,例5)的意思是从来就没有工作,就在家里。当否定范围内只有一个成分时,这个成分无疑就是否定焦点。当否定范围内不止一个成分时,否定焦点与句子的预设有关。一般情况下,预设是不被否定的,因为句子的预设意义属于旧信息,它是一个句子得以成立的前提条件,不是说话人关注的表达重点。因此,如果否定范围内的某个成分属于句子的预设,它就不是句子的焦点,否则,就有可能成为句子的焦点。例如:

6)昨儿晚行昨天晚上,小华冇在屋里吃饭。(吃饭了,但没在家吃。)
7)小王不是个聪明人。(小王是人,但不聪明。)
8)他冇弄坏电脑。(弄电脑了,但没坏。)

这些例句的否定范围内不止一个成分,只有加点部分才是否定焦点,它们是句子所传递的新信息,其余部分是句子的预设,预设不能成为否定焦点(袁毓林,2000)。就汉语的句子来看,否定范围大都在谓语部分,谓语部分中的状语、定语和补语经常会充当否定焦点。如上面的例6)、7)和例8),因为这些成分一般不是构成句子谓语所必需的句法成分,它们一旦在否定句谓语中出现就成为语义重点。

吕叔湘(1985)先生认为,否定的焦点是指"不"或"没"以后的全部词语。一个词在不在否定范围之内,有时候会产生重大的意义差别。出现对比重音时,句子全部的重点信息都有集中到对比焦点上了,而否定的焦点成了很不显眼的成分。例如:

9)他冇泄露我们的秘密。(是别人泄露了我们的秘密。)
10)他冇泄露我们的秘密。(他隐藏了我们的秘密。)
11)他冇泄露我们的秘密。(他泄露的是别人的秘密。)

上述例子中的加点部分为句子的对比焦点,上面的否定焦点都被对比焦点"抢了镜头",但否定焦点仍然是"冇"后的成分,只是跟新出现的对比焦点相比不显眼罢了。对比焦点跟否定焦点的关系比较复杂,对比焦点的出现,可以无视否定焦点的存在。它可以出现在否定范围之外,如例9);也可以出现在否定范围之内,如例11);还可能直接把否定词作为对比焦点,如例10)。当对比焦点出现在否定范围之内,对比焦点就跟否定焦点合一,如例10)。另一方面,否定焦点的出现,必须跟着对比焦点转。杨鲜灵(2002)认为,在一个包含对比焦点的句子里,想要再出现否定焦点,这个否定焦点必须跟对比焦点一致,也就是把对比焦点变成否定的焦点,所以,否定词一定得出现在对比焦点之前,否则句子就不合格。例如:

12)我是回答了老师的问题。

13)我不是回答了老师的问题。

14)我是不回答了老师的问题。(×)

例14)不合格的原因就在于否定词"不"出现在对比焦点之后,造成否定焦点与对比焦点不一致。

(七) 可能句

可能句是表达动作可能性的句子。普通话里表达动作的可能性有两种方式:一是在动词前面加能愿动词"能"、"会"等;二是格式"V+得+C"或"V+不+C"表示肯定的可能性或否定的可能性。其中,"V"是动词符号,"C"是补语符号。可能补语补充说明动词谓语表达的动作行为产生某种结果的可能性。事实上,是否产生这种结果则不一定,通常有肯定的可能性,也有否定的可能性。安陆方言里表达动作的可能性有两类四种格式:第一类是在动词前面加能愿动词"能"、"会"等,这与普通话一致;第二类有三种具体格式:一是肯定式"V+得",否定式"V+不+得";二是肯定式"V+的+得",否定式"V+不+得";三是肯定式"V+得+C",否定式"V+不+C"。下面对安陆方言的可能句作具体的描写和分析。

1. 安陆方言的能愿动词可能句

安陆方言里,由能愿动词表示的可能句与普通话相同。常用"能"、"能够"、"可以"、"会"、"可能"等表示可能的意义,包括五个小类(吴福祥,2002):

(1)能愿动词表示具备实现某种动作或结果的主观能力。例如:

1)我可以帮他,但是一条,他必须听我们的安排。

2)你莫搞错了胯子,他其实会说武汉话。

(2)能愿动词表示具备实现某种动作或结果的客观条件。例如:

1)我能挑一百斤重的担子。

2)乜这个宿舍能住六个学生。

(3) 能愿动词表示对某一命题的或然性的肯定。例如：

1) 下乜这大的雨，他们还能不能来哟？

2) 看样子，乜这个雨会落一阵子。

(4) 能愿动词表示情理上的可能的许可。例如：

1) 他可以去，你也可以去。

(5) 能愿动词表示一种准许。例如：

1) 我可不可以吃饭嘞？

能愿动词可能句通常用来回答能愿动词构成的正反问"能不能＋V"。

2. 安陆方言的"V＋得/不得"可能句

安陆方言里这一格式的可能句与普通话在结构形式上是相同的，但所表达的语法意义不一致。孙利萍（2007）认为，普通话里"V得/V不得"可能句表示说话人对动作的适当性的判断，表示"禁止"、"许可"、"应该/不应该"之类的意义。而安陆方言的"V得/V不得"可能句则表示"能不能V"的语法意义，充当谓语中心的动词通常是"吃"、"喝"、"做"、"动"、"看"等。例如：

1) 乜这个面包吃得，还冇坏。/乜这个面包吃不得，已经坏了。

2) 你吃得就多吃一点，吃不得就少吃一点。

3) 井里的水喝得呢。/生水喝不得，小心得病！

4) 我做得就做，做不得就不做。

例1) 和例2) 中的"吃得/吃不得"是"能吃/不能吃"的意思。例3) 中的"喝得/喝不得"是"能喝/不能喝"的意思。例4) 中的"做得/做不得"是"能做/不能做"的意思。安陆方言的"V＋得/不得"可能句常用来回答正反问"V不V得"或"VV得嘞"。另外，安陆方言"V＋得/不得"可能句的肯定式在一定的语境中，"得"后还经常加"下"，表示少量的可能性。例如：

5) 我乜这个身体还动得下，不要紧的。/他的爹爹中了风，半边文身身子动不得。

6) 乜这个瓜莫看样子不好看，吃还吃得下。

7) 他的伢已经长到了九岁，做事还做得下。

8) 乜这个电影还看得下。

上述四个例子中的可能句具体的语法意义为"能V一下"。

3. 安陆方言的"V＋的＋得/V＋不＋得"可能句

这一格式的可能句与"V 得"可能句表达的语法意义相同，即表示"能 V"。"V 的得"是肯定式可能句，表示肯定的可能性。用来回答正反问"V 不 V 得"或"VV 得嘞"。其否定式是"V 不得"，充当谓语中心的动词通常是"做"、"去"、"穿"、"吃"、"喝"等。例如：

1）你老做的得就帮倒做下，做不得就好生儿地休息。
2）他们唶儿那里发大水涨水，去不得啰。
3）乜这件衣裳大小正合适，穿的得。
4）乜这件衣裳太小了，穿不得。
5）桔子已经熟了，吃的得。
6）桔子还有熟，吃不得。
7）乜这个汤还有点儿热气，喝的得。

4. 安陆方言的"V＋得＋了/V＋不＋了"可能句

这一格式的可能句与普通话相同，补语"了"表示有能力足以完成或全部实现，同时表示一种主观断定。例如：

1）乜这碗饭我吃得了/吃不了。
2）他们来得了/来不了的。
3）今朝今天买的东西我一个人拿得了/拿不了。
4）空调温度打得太低，人受不了。
5）时间充足得很，我们完成得了。
6）事太多了，我们今朝今天只怕完成不了。

上述例子里的动词有单音节，也有双音节。"V 得了/V 不了"可能句用来回答正反问"V 不 V 得了"。

5. 安陆方言的"V＋得＋C/V＋不＋C"可能句

安陆方言的"V＋得＋C/V＋不＋C"可能句与普通话相同，通常表示是否具有实现某种结果或位移的可能性。下面根据这一格式补语的不同构成成分及所表达的语法意义分四个类别加以描写。

(1) 趋向动词充当可能补语

趋向补语多为单音节的趋向动词"下"、"上"、"起"、"来"、"进"、"去"等，也有双音节趋向动词"出来"，表示中心语具有实现某种位移的可能性。句子的谓语中心多是动词"住"、"坐"、"跟"、"起"、"评"、

"进"、"吃"、"听"、"猜"、"取"等。例如：

1) 乜这间屋住得下三个人。/乜这间屋住不下乜这么多人。
2) 1202 教室坐得下 60 个学生。/1202 教室坐不下 60 个学生。
3) 托托在班上学习还跟得上。/学习跟不上就要仔细找原因，要继续努力。
4) 早上六点半起床跑步，我们寝室的同学都起得来 /起不来。
5) 评得上模范当然更好，评不上模范也不要有思想包袱。
6) 乜这个场儿地方进得去 /进不去。
7) 吃得进是吃，吃不进也是吃。
8) 我说的话他听得进 /听不进的。
9) 乜这个弊子谜语我们猜得出来 /猜不出来。
10) 存在银行的钱取得出来 /取不出来。
11) 他爬得起来 /爬不起来。

(2) 行为动词充当可能补语

第一，动词"倒"和"起"充当可能补语。可能补语"倒"和"起"表示由于主观条件的作用，施事能否实现某种动作位移或变化。其前面的中心语有"看"、"读"、"吃"、"打"、"说"、"够"、"找"、"开"、"做"、"穿"、"买"、"卖"、"住"、"输"、"惹"、"躲"、"养"、"赔"等。例如：

1) 乜这个灯底下我看得倒 /看不倒。
2) 乜这个英语单词我读得倒 /读不倒。
3) 他用乜这个受伤的手吃得倒 /吃不倒饭。
4) 我打得倒 /打不倒斗地主。
5) 我说得倒 /说不倒英语。
6) 他够得倒 /够不倒篮球框。
7) 我找得倒 /找不倒钥匙。
8) 我开得倒 /开不倒车。
9) 老师布置的作业我做得倒 /做不倒。
10) 凭他的条件，他穿得起 /穿不起名牌衣裳。
11) 乜这件大衣他买得起 /买不起。
12) 他住得起乜这好的房子啊？凭他的收入他住不起乜这样的房子。
13) 卖得起就卖，卖不起就不卖。

14) 他乜这个人打牌又输不起，又喜欢打。

15) 他□[xɛv]很拐坏，冇哪个惹得起他。

16) 我们惹不起躲得起吣。

17) 在城市里乜这一点儿工资养得起一个伢啊？/养不起伢就不生吣。

18) 我赔得起/赔不起你的车子。

"V得倒"和"V得起"表示施事做得了某事，即"会V"、"有能力V"。"V不倒"和"V不起"则表示施事做不了某事，即"不会V"、"没有能力V"。

第二，动词"动"充当可能补语。"动"作可能补语表示施事或受事能否通过某种动作实现自身的位移或变化。其前的中心语动词通常有"走"、"跑"、"爬"、"抱"、"拉"、"抬"、"拿"、"提"、"挑"、"搬"、"叫"、"啃"、"转"、"切"、"挖"、"咬"、"请"、"撬"，等等。例如：

1) 我走得动/走不动。

2) 我跑得动/跑不动。

3) 我爬得动/爬不动。

4) 我抱得动/抱不动乜这捆书。

5) 我拉得动/拉不动乜这个板车。

6) 我抬得动/抬不动乜这一箩筐谷。

7) 我拿得动/拿不动我的行李。

8) 我提得动/提不动乜这桶水。

9) 我挑得动/挑不动乜这担柴火。

10) 我搬得动/搬不动乜这个水缸。

11) 我叫得动/叫不动他。

12) 乜这个事你要请得动他才能办成，请不动他就办不成。

13) 我啃得动/啃不动乜这个梨子。

14) 我切得动/切不动牛肉。

15) 乜这块地我挖得动/挖不动。

16) 我咬得动/咬不动乜这块肉。

17) 乜这个门我转得动/转不动。

18) 我撬得动/撬不动他的嘴巴。

例1)—3)中的可能补语"动"的语义指向施事，"V得/不动"可能句的语法意义是施事能否通过某种动作使自身实现位移。例 1)的"走得动"指的是"我"通过"走"使自身实现位移,"走不动"则指"我"不能通过"走"使自身实现位移,因而这类可能补语句没有宾语。能实现自身位移或不能实现自身位移这两种可能性取决于主观条件的作用。

例 4)—10)中的可能补语"动"的语义指向施事和受事,"V 得/不动"可能句的语法意义是施事能否通过某种动作使受事实现位移。例 4)的"抱得动"指的是"我"通过"抱"使受事"乜这捆书"实现位移,"抱不动"则指"我"不能通过"抱"使受事"乜这捆书"实现位移,因而这一类可能补语句都有受事宾语。能实现受事位移或不能实现受事位移这两种可能性既取决于主观条件的作用,也取决于客观条件的作用。

例 11)—18)中的可能补语"动"的语义指向受事,"V 得/不动"可能句的语法意义是施事能否通过某种动作使受事发生变化。如例 11)的"叫"和例 12)的"请"与"动"构成的可能补语句,"动"的受事是人,表示施事能否通过某种动作使人在思想、态度或行为方面发生变化。例 13)—18)中可能补语"动"的受事是物,表示施事能否通过某种动作使受事改变形状。如"啃得动",指"我"可以通过"啃"使"梨子"改变形状。能实现受事发生变化或不能使受事发生变化这两种可能性既取决于主观条件的作用,也取决于客观条件的作用。

第三,动词"开"、"住"、"过"、"掉"、"赢"、"完"、"会"、"活"、"见"、"拢"等充当可能补语。这一类"V 得/不 C"的语法意义是施事能否通过某种动作使施事或受事达到某种结果。例如:

1) 四桌酒席在屋里摆得开/摆不开。
2) 乜这个水龙头我救拧得开/救拧不开。
3) 我听得见/听不见他说话的声音。
4) 哪个都留不住他。
5) 他管得住/管不住他的媳妇媳妇。
6) 他乜这个人靠得住/靠不住。
7) 冇得哪个留得住他。
8) 乜这些树种得活/种不活。
9) 乜这个场儿地方的房子卖得掉/卖不掉。
10) 衣裳高头的油洗得掉/洗不掉。

11) 我一个人扫得完/扫不完我们的教室。
12) 乜这碗饭我吃得完/吃不完。
13) 他做得完/做不完老师布置的作业。
14) 我比得过/比不过他。
15) 你斗得过他啦？你斗不过他的。
16) 我学得会/学不会英语的。
17) 要我坐一天我坐得住/坐不住。
18) 你打得赢就打，打不赢就开跑。
19) 他们谈得拢/谈不拢。

例1）—13）里补语的语义指向受事，表示施事能否通过某种动作使受事达到某种结果。如例2）的"拧得开"，指的是"我"通过"拧"这种动作能使"水龙头"达到"开"这种结果，而"拧不开"则指"我"通过"拧"这种动作不能使"水龙头"达到"开"这种结果。其余各例相同。

例14）—19）里补语的语义指向施事，表示施事能否通过某种动作达到某种结果。如例16）的"学得会"，指的是"我"通过"学"这种动作使"我"能达到"会"这一结果，而"学不会"则指"我"通过"学"这种动作使"我"不能达到"会"的结果。其余各例相同。

(3) 形容词充当可能补语

这一类"V+得/不 C"的语法意义是施事能否通过某种动作使施事或受事处于某种状态。充当可能补语的形容词大多是单音节的，也有少数是双音节的。例如：

1) 他站得稳/站不稳。
2) 他的腰伸得直/伸不直。
3) 我吃得饱/吃不饱。
4) 乜这棵树长得高/长不高的。
5) 我想得通/想不通。
6) 乜这个事我到哪儿都说得清。
7) 我真是跳到黄河里也说不清啰！
8) 我分得清楚/分不清楚好拐坏。
9) 我说得清楚/说不清楚。

10) 皮鞋我擦得亮/擦不亮。

11) 他做的风筝飞得高/飞不高。

12) 门关得拢/关不拢。

13) 乜这个凼子填得平/填不平。

14) 魔芋煮得熟/煮不熟。

15) 看今朝_{今天}的天气，麦子晒得干/晒不干的。

16) 车子修得好/修不好。

17) 蹄髈炖得烂/炖不烂。

例1）—9）里补语的语义指向施事，表示施事能否通过某种动作使自身处于某种状态。如例1）的"站得稳"，指的是"我"通过"站"这种动作能使自身处于"稳"的状态，而"站不稳"则指"我"通过"站"这种动作不能使自身处于"稳"的状态。其余各例相同。

例10）—17）里补语的语义指向受事，表示施事能否通过某种动作使受事处于某种状态。如例10）的"擦得亮"，指的是"我"通过"擦"这种动作能使"皮鞋"处于"亮"的状态，而"擦不亮"则指"我"通过"擦"这种动作不能使"皮鞋"处于"亮"这种状态。其余各例相同。

（八）存现句

存现句是表示某时或某处存在、出现或消失某人或某物的句子，是确认人或物的存在或消失，整个句子的语义中心不在动词所表示的动作，而在通过动作所产生的结果或状态来说明人或物的情况，所以"存在"是整个存现句的语义中心。其基本格式是：时间词/处所词＋存现动词＋名词短语。格式里的时间词/处所词为存现句的前段，用 A 表示；存现动词为中段，常带动态助词"着"、"了"，用 B 表示；名词短语存现句的后段，用 C 表示。如"窗台上放着几盆花"。其中，"窗台上"为前段 A，是处所词；"放着"是中段 B，"放"为存现动词，其后带"着"；"几盆花"是后段 C，为名词性短语。学术界对存现句的研究和讨论集中在存现句的句法结构（范方莲，1963；宋玉柱，2007）、类别（聂文龙，1989；雷涛，1993）、句型（范晓，1998；王智杰，2004）、语用意义（彭兰玉、欧阳竹，2008）等。同时对存现句结构有分歧的是时间词语是否能充当存现句的主语，一派认为，时间词语不能充当存现句的主语，如宋玉柱（2007）、黄伯荣、廖序东（2000）、刘月华（2001）等；另一派认为时间词语跟处所词语一样具有充当存现句句首成分的功能，如林祥媚（1995）、范晓（1998）、储泽祥（1997）等。实际上，事物存在的位置既有空间位置，也有时间位置，所以时间词语是可以充当存现句主语的。下面结合安陆方言描写存现句的类型，分析存现句的特点。

1. 安陆方言的存在句

存在句指的是某地存在某人或某物，整个句子具有存在的意义。安陆方言的存在句有如下几类：

（1）某地＋V＋了＋O＋得

这一格式的存在句主语为处所词，与普通话不同的是，安陆方言的存在句里有一个必须出现的后置语法成分"得"，位于句子末尾，表示动作正在进行或状态正在持续。紧跟在动词后的不是"着"，而是"了"，表示动作实现，也是一个不可缺少的成分，它和"得"共同构成安陆方言的存在句。格式中的"V"是动词，"O"是宾语。例如：

1）屋里住了人得。屋里住着人。

2）后头屋里喂了猪得。

3）道场里场院里堆了谷得。

4）塘里喂养了鱼得。

5）田里兴种了藕得。

6）门高头贴了对子对联得。

7）他的脑壳高头头上戴了个帽子得。

8）壁子高头贴了画子得。墙上贴着画。

9）墓碑高头刻了字得。

10）床上睡了一个人得。

11）他的身上□[mən˧]了个□[mən˧]子得。他的身上罩着一件罩衣。

12）我的身上带了钱得。

安陆方言存在句的主语都是处所词语，有"××里"、"××高头（上面）"和"××上"三类，表示某人或某物存在的位置。上例中动词的动作都已经实现并持续，表示一种状态。上例中的宾语要么指人，要么指物，一般是不定指的。如例1），只说了住人，到底是男人还是女人，是老人还是孩子，都不得而知。例10）的宾语虽然说有具体的数量"一个"，但信息仍然是不定指的。即便是指物的宾语，也是给人一个笼统的概念，并不是具体的"物",如例2)的"猪",是大猪还是小猪,都不明确,因而存在句宾语通常表示不定指。如果宾语是定指,尤其是指人宾语是定指,则不用存在句表达,而用施事主语句表达。试比较下面的例子:

13) 门口跐了一个伢得。

14) 他的伢跐在门口得。

15) 门口跐了他的伢得。(×)

16) 台子高头坐了人得。

17) 舅舅坐在台子高头得。

18) 台子高头坐了舅舅得。(×)

例13)和例16)的宾语是不定指的,而例14)的"他的伢"和例17)的"舅舅"都是具体指向某人的,作句子的主语。为什么会这样呢?笔者认为这可能跟表达的焦点信息有关:当所指的人为特定的某人,也就是定指时,为了强调这个定指对象而将其提前作句子的主语,整个句子不再是存现句,而是施事主语句。

(2)某地+V+了+O

安陆方言这一格式的存在句与普通话一致。其中,动词为持续性动词,后带动态助词"了",表示完成。整个句子表示动作处于完成的状态。宋玉柱(2007)称这一类型的存在句为完成体存在句。例如:

1) 食堂里排了口[xɛv]很长的队。

2) 菜园里兴种了一园子菜,都吃不完。

3) 学校操场里长满了草。

这种存在句往往有比较强的叙述性,叙述某地存在某人或某物的事实已经实现,即某地存在的人或物从无到有的过程。例1)叙述"食堂里"的长队开始没有,后来排起来。例2)叙述"菜园里"开始没有菜,经过"兴种"这一动作的实现,有了一园子的菜。例3)叙述"学校操场里"开始没有草,经过一个暑假,结果长满了草。所以,这一类型的存在句动作的完成往往表现为一定结果的出现。

(3)某地+V+了+的

这一格式的存在句也是安陆方言里比较特别的,是一种曾经的存在状态。其中的"了"和"的"是这一格式必不可少的成分。这一格式中的动词表示一种动作的存在,"了"和"的"则共同表示这种动作曾经出现过,相当于普通话里的动态助词"过"。这一格式的动词是可持续的静态意义的动词。例如：

1) 这块田里兴种了西瓜的。
2) 窗子高头贴了窗花的。
3) 书皮高头写了名字的。
4) 台子高头摆了花盆的。

上例中的"兴种"、"贴"、"写"、"摆"在句子中都表示一种静止的状态，不同于"我在贴窗花"中"贴"的动态动作，而是表示这一动作曾经出现过。如上面的例子可以这么说：

5) 这块田里兴种了西瓜的，今年冇兴种。
6) 窗子高头贴了窗花的，怎么不见了欸？
7) 书皮高头写了名字的，别个捡倒书会还回来的。
8) 台子高头摆了花盆的，印儿印痕还在喏儿这儿呗！

上述例子加了后续句后，"曾经存在"的意义已经非常明确地显示出来了。

(4) 某地＋有＋O

这一格式的存在句与普通话相同，动词"有"表示一种静态的存在，宾语通常是由数量短语或量词修饰的偏正短语。例如：

1) 她的眉心有个痣。
2) 他的屋侧边有个窖屋儿厕所和一间牛栏屋儿。
3) 山上有个洞，洞里有个和尚。
4) 桌子高头有几本书。
5) 院子里有一口井。
6) 树高头有一个丫雀喜鹊在叫。
7) 地下有几个蚂蚁在爬。

这些"有"字存在句都是对静态的人或物的存在进行叙述，动词"有"的后面一般不再带动态助词或别的补充成分。当"有"的后面带动态助词"了"的时候，句子表示变化完成的意义，不再是存在句，而变为隐现句了。

(5) 某地＋是＋O

这一格式的存在句不同于"是"字判断句，而是表示"某地存在着什么",存在句的主语和宾语之间的关系不是判断句中的同一关系或从属关系。整个句子是叙述静态的人或物的存在。动词"是"的后面不需要带别的补充成分。例如:

1) 菜园边儿上是秧田。
2) 山边上是他的屋里的菜园。
3) 南上_{南边}冲里是他的屋里分的田。
4) 乜这一条街两边全部是店铺。
5) 首义园里是全国各地最著名的小吃。

2. 安陆方言的隐现句

隐现句是表示人或物出现或消失的句子。

(1) "某处+V+了+O" 出现句

这一格式的隐现句表示某处出现了某人或某物,其谓语动词具有出现的动作义,能够直接充当谓语中心词,后面带动态助词"了",表示动作的实现。宾语则是由数量短语修饰的偏正短语。例如:

1) 他的屋里来了三个客。
2) 今朝_{今天}我们班上来了一个新同学。
3) 塆里_{村子里}来了一个卖打包糖_{麦芽糖}的。

(2) "某处+V+趋向动词+O" 出现句

这一格式的隐现句也表示某处出现了某人或某物,与上一格式不同的是,它是由动作动词带趋向动词来表示某处出现了某人或某物的。例如:

1) 你看啰,对面跑过来一个财喜儿_猫。
2) 天上飞过来一群大雁。
3) 塆子里一家伙猖冲出来一个狗子。
4) 山上跑下来一群羊子。
5) 北边天上涌出来一坨黑云头_{一团黑云}。
6) 茶壶里冒出来一股白气。

上述隐现句都是趋向动词直接接在动词的后面,这些动词如"跑"、"飞"、"猖冲"、"涌"、"冒"等,本身表示的是可持续的动作义,往往带有动作变化义或具有位移性。由于隐现句表达的是变化的信息,所以这些动词后要加上趋向动词,表示这种变化义或完成义。另外,这一格式里的趋向动词的位置并不是固定的,趋向动词也可以出现在宾语的后边,也有的复合趋向动词分离，分别位于动作动词后面和宾语后面。不过，趋向动词的位置变化后，句子里的谓语中心语和句末就要带"了"。例如：

7) 巷子里一家伙猖冲了一个狗子出来了。

8) 屋里跑了一条蛇进来了。

9) 天上已经现出日头花儿来了。

(3) "某处＋V＋了＋O" 消失句

这一格式的隐现句表示某处消失了某人或某物。其中的动词为瞬间性动词，表示的动作义不能持续，往往带有突变性，动作都是瞬间发生并立刻完成的。例如：

1) 他的屋里死了三只鸡子。

2) 塘里死了□ [xɛʌ]很多鱼。

3) 柜子高头掉了□ [xɛʌ]很多油漆。

4) 他的屋里少了两个人。

上述例子中的动作动词"死"、"掉"、"少"等都是瞬间发生并立刻完成的，不可能持续。

（九）祈使句

祈使句是表示命令或请求的句子（邢福义，1996），是根据句子的语气划分出来的一种句子类型，在言语活动中指发话人对受话人的命令、请求、建议、号召、禁止、叮嘱、催促等，包括肯定性祈使句和否定性祈使句。肯定性祈使句是命令或请求受话人采取某种行动，保持某种状态。否定性祈使句建议、劝说受话人不采取某种行动，停止某种活动或结束某种状态。从语气的角度来讲，安陆方言的祈使句跟普通话一样，主要表示请求、命令、建议、禁止、催促、号召、叮嘱，等等。这些意义的祈使句在安陆方言里使用广泛，有其常用的特定格式。下面拟对安陆方言的祈使句所表示的意义类别和特定格式进行具体的描写，这两个大方面本身有交叉，在结构形式上有与普通话一致的，也有安陆方言特有的。对于前人研究较多的意义类别和格式只是简单说明，而对安陆方言特有的格式及其特点则详细描写。

1．"把"字祈使句及相关格式

"把"字祈使句表达处置性的请求或命令的意思，具体有三个不同的小类，有不同的结构形式和语用意义。

(1) 把＋NP＋V＋了＋他

"NP"指"把"处置的对象,是名词、代词或名词性短语。"他"复指"把"的处置对象,不是代词的称代用法,而是已经虚化为一个复指性的后置语法成分。例如:

1) 你把鸡子杀了他。

2) 去把衣裳收了他。

这类格式的祈使句是说话人直截了当请求或建议受话人对某物进行处置,而且是未然的事。安陆方言里,"把"字处置句虽然表达的是未然的事,但格式里的"了"和"他"字是必须出现的,否则,句子很别扭,不完整。试比较:

3) 把猪杀了他。(祈使句)   把猪杀了。(陈述句)

4) 把钱还了他。(祈使句)   把钱还了。(陈述句)

5) 把猪杀他。(?)

6) 把猪杀了他唦,还留倒搞嚜,快要过年呗。

从上例可以看出,如果没有"他",一般情况下句子是陈述句,陈述一个事实。如果在这样的语境中说"去,把猪杀了",则是祈使句,表示不容商量的命令语气。这样的情况有,但比较少见。这一类"把"字祈使句里的"他"是一个不可缺少的语法成分,正如李崇兴、胡颖(2006)所言,"他"只有句法作用,一个纯粹的表示将然的语法标志。处置句中的动词不能是光杆动词,动词前面或后面有附加成分。从韵律的角度来看,在"把"字句动词前头或后头添加适当成分,可以矫正动词挂单所引起的不和谐,解决这一问题最简便的办法是在动词后头加上一个助词(冯胜利,1996)。另外,安陆方言"把"字祈使句还可以在句末加语气词"唦",既有请求、建议的祈使语气,又有催促的语气,如例6)。

对话中的交际双方都明确处置对象的前提下,有时可以省略"把＋NP",构成"V＋了＋他"的句子格式。此时,"他"仍是复指性的后置语法成分。例如:

7) 排骨汤盛在喏儿得,吃了他。排骨汤盛在那儿呢,把它吃了吧。

安陆方言里,"把＋NP＋V＋了＋他"祈使句比"V＋了＋他"更常见,后者需上下文语境。武汉方言里,更常见的是"V＋他"祈使句,李崇兴、胡颖(2006)指出,武汉话中,"把＋NP＋V＋他"同"把＋NP＋V＋

了+他"、"V+他"和"V+了+他"基本上等值，所以带"了"不带"了"比较随意。这与安陆方言里的"把+NP+V+了+他"祈使句或"V+了+他"祈使句中必出现"了"略有不同，但都带虚化的语法成分"他"则是一致的。

这类格式中动词 V 后还可以带结果补语，用 C 表示，结果补语 C 通常是单音节的动词或形容词"完"、"光"、"死"、"断"等，构成"把+NP+V+C+了+他"。例如：

8）把饭吃光了他。

9）把猪杀死了他。

10）把绳子割断了他。

当要否定"把"字祈使句时，用"莫"字表示否定，即禁止受话人不做某事，"他"不出现。如上例的否定祈使句可以这么表达：

11）莫把鸡子杀了。

12）莫把猪杀了。

13）莫把衣裳收了。

14）莫把饭吃光了。

15）莫把绳子割断了。

从这个角度来看，安陆方言里，"他"是肯定性"把"字祈使句的语法成分，"莫"是否定性"把"字祈使句的语法成分。当然，"莫"不止否定"把"字句，这在后文还有描写分析。

(2) 把+NP+V+下

这一"把"字祈使句不出现助词"了"，动词可以是单音节，也可以是双音节，动词后出现表示短时量的"下"，读 [·xa]。例如：

1）把狗子喂<u>下</u>。

2）把屋里清整理<u>下</u>。

3）把伢抱<u>下</u>。

4）把人数点<u>下</u>。

5）把他屋里的情况介绍<u>下</u>。

6）把麦子晒<u>下</u>。

7）把伢的书包<u>下</u>。

格式里的"下"相当于北京话的"一下"，在句中作补语，表示短时量,是这类"把"字句中不可缺少的一个成分,和"把"共同构成"把"字祈使句的句式语义,没有它,句子不成立。同时,"下"可以使句子的口气显得缓和些,是汉语祈使句委婉、有礼貌地表示建议或请求的重要手段,通常是委婉、有礼貌地建议或请求受话人去做某事,暗含着"请你做某事"的意思。整句话相当于普通话里的祈使句"请你+把+NP+V—V"或"请你+把+NP+VV"。另外,"下"还表示确定的动量,有明确的终点意义,无论是持续进行的还是交替反复的,都可以在有效的时间内自行结束(崔希亮,1995;张谊生,1997)。

(3) 把+NP+V+C

这一个"把"字祈使句里同样不出现助词"了",动词后面出现结果补语,用C表示。结果补语常常是动词或形容词。这一格式的祈使句与普通话相同。例如:

1) 把衣裳挂倒!

2) 把场子扫干净!

这一类"把"字祈使句命令语气坚决,与"把+NP+V+下"的委婉、客气形成对照。当然,命令语气坚决的祈使句并不限于这一类"把"字祈使句,其他表示说话人对受话人说话不客气的祈使句也有,与普通话一致,可带第二人称主语,也可不带第二人称主语。例如:

3) 你等倒!

4) 你给我拿远些! 你走开!

5) 站倒!

2. "莫"字祈使句及相关格式

跟"莫"有关的祈使句都是表示否定的祈使句,有劝阻、禁止或警告等意思,语气相对于肯定祈使句要强硬得多。

(1) "莫"字祈使句

"莫"相当于北京话的"别",用于否定动作行为或性质状态,禁止或警告受话人做某事或处于某种性质状态。

第一,莫+VP。

格式中的VP可以是动词,也可以是动词性短语。例如:

1) 莫吃烟! 别抽烟!

2) 莫吐痰!

3）莫听他的，他是个神经病。

4）哈都莫说他，尽让他自家想清楚。

5）莫在喏儿那里嚼啰嗦啰，尽让我安静下。

6）莫把伢烫得巧烫着了！

7）莫把粥煮得太稠了！

8）莫把菜炒咸了！

9）莫把饭煮岗硬了！

第二，莫＋AP。

格式里的 AP 为形容词或形容词短语，其中 A 可以是性质形容词"粗心"、"调皮"等，也可以是状态形容词"A 里 AB"。用"莫"否定这些形容词，表示警告的意思。例如：

1）考试莫粗心哈，想清楚了再做。

2）今朝今天有客，千万莫调皮哈。

3）莫慌里慌张的，放沉稳些。

4）莫啰里啰嗦的，别个听倒烦。

(2) "少"字祈使句

"少"字祈使句的动词后常出现"下"、"些"、"点"等表示少量、短时的补语，构成"少＋VP＋下/些/点"格式，有缓和语气的作用，整个祈使句表示减量的意义，又表示劝阻的意义，带有一定程度的否定。例如：

1）你劝下他少说些！

2）少管些他们的闲事！

3）少吃点，免得又不舒服。

4）少戳点拐哟，他们本来就不佮，你一戳拐挑拨离间，他们越色更加不好。

5）少吹点牛。

6）少说点怪话！

上面的例子通常都带有补语，如果 VP 是中性色彩的，则整个祈使句偏重于表示减量，即允许动作进行，但对动作的量或动作对象的量要有所限制，如例 1)、2)、3)。也有不带补语的，如"少到托托的学校去，免得托托不高兴"。因为其中的"到托托的学校去"是中性意义，因而这样的祈使句仍然表示减量。当句子中的 VP 表达贬义时，整个祈使句偏重于表示劝阻，即委婉含蓄地禁止动作的进行，如例4)、5)、6)。

(3)"不"字祈使句

"不"字祈使句是带否定词"不"的祈使句，表示禁止受话人做某事或劝告受话人不做某事。在这一类具体的祈使句中，什么情况下表示禁止，什么情况下表示劝告，跟祈使句的主语有关：如果主语是第二人称或隐含第二人称，则表示告诫、禁止；如果主语是第一人称，则表示劝告，即劝告受话人不做某事，实际上是委婉地禁止。例如：

1) 你不准跟别个说屋里的事。
2) 老师说么事就听倒，不要抢嘴插嘴。
3) 我们哈都不迩理睬他，看他怎么搞。
4) 我们不喊他，尽他睡个够。

例1) 主语是第二人称，例2) 隐含着第二人称主语，都是告诫对方不要做某事，语气比较强烈，有不容置疑的意味。例3)、4) 的主语是第一人称复数，表面上看是包括说话人自己在内的否定，实际上是说话人委婉地劝告他人不要进行某种动作行为。

3. "吵"字祈使句及相关格式

与"吵"字祈使句相关的格式主要是带语气词"吵"、"吧"等构成的祈使句格式，它们所表达的意义有区别。

(1)"吵"字祈使句

第一，"吵"字祈使句往往表示请求、责备、催促等语气，并伴随着说话人的不满、厌烦等情绪。例如：

1) 你说吵，有么事欤？
2) 快走吵！火车要开了。
3) 莫打他吵！有么事不能好生儿地说啦？
4) 老师说你就听倒吵！
5) 电视看完了再走吵！慌么事欤？
6) 给我看下吵，莫匸结作不要那么小气。

例1)、2) 表示催促的语气，例3) 表示责备的语气，例4) 是不容置疑地劝告受话人怎么做，例5)、6) 请求受话人做某事。

第二，"吵"字祈使句还表示警告、威胁的语气。例如：

7) 你再偷东西试下吵！

8) 你再强嘴交下吵！你再还嘴试一试！

9) 你再迟到试下吵！

这些祈使句都是警告、威胁受话人不再做某事，言外之意是"你再敢V，我就不客气了"，说话人的最终目的就是阻止受话人再行动。整个句子隐含着这样的语义信息：如果受话人重复刚才的动作行为，说话人不会再忍耐，会对受话人不客气甚至采取相应动作。

(2) "吧"字祈使句

"吧"字祈使句主要表示建议、协商、劝告等语气，与北京话一致。例如：

1) 我们跟他一路儿一起去吧。

2) 时间不早了，你们先回去吧。

3) 到我喏儿那里去吧。

4) 我们哈都出去吧，她的伢在睡瞌睡。

这些祈使句都带有建议、协商、劝告等语气。语气词"吧"的核心语气意义是"不确定"（张小峰，2009）。这种"不确定"主要是指说话人的心理态势，说话人主观上不能明确地支配别人的动作行为，因而用语气词"吧"表明一种模糊的态度，体现出协商姿态，给受话人留有余地，透露出说话人的礼貌，进而达到建议、劝告的目的。

"吵"字祈使句和"吧"字祈使句都是带语气词构成的，语气词对祈使句有很重要的作用，不同的语气词对祈使句也有不同的作用。比较：

5) 坐倒！

6) 坐倒吵！

7) 坐倒吧！

例5) 是不带语气词的祈使句，表示说话人不容置疑的命令口气；例6) 带语气词"吵"，表示说话人要求受话人坐下，同时含有说话人的不满情绪，就是希望受话人坐着，而不是站着或躺着；例7) 带语气词"吧"，表示说话人有礼貌地建议受话人坐着。这是语气词"吵"和"吧"显示的不同的祈使意义。即使二者表示相同的祈使意义，也有细微的差别。比较：

8) 把屋里捡收拾下吵。

9) 把屋里捡收拾下吧。

这两个祈使句都表示催促的祈使意义，差别就在语气词"吵"和"吧"

上：" 吵 " 除了表示催促外，还有说话人的主观情绪，对受话人的不满情绪；" 吧 " 只表示催促，同时带有商量的口吻。

4. " 招呼 " 祈使句

" 招呼 " 在安陆方言里是 " 小心 " 的意思，其后通常接一个动词性短语，构成 " 招呼＋VP " 结构，表达提醒、告诫或警告的意义。例如：

1）招呼别个看得巧。小心别人看到了。
2）把钱统好，招呼百抄子偷去走了。把钱放好，小心小偷偷走了。
3）上课把老师讲的哈都记倒，招呼忘记了。
4）爸爸正在气头上，莫作声，招呼挨霉小心被批评。
5）再瞎说招呼他攮你一顿。再瞎说招小心他揍你一顿。
6）乱瞎说招呼我打死你。

例 1）、2）、3）这三个祈使句表示提醒的意义，例 4）、5）、6）则表示警告的意义。" 招呼 " 祈使句是表示提醒还是表示警告，与这类祈使句中共现的 VP 的语义特征有关。当祈使句中的 VP 具有［＋消极性］的语义特征时，则整个祈使句表示提醒；当祈使句中的 VP 具有［＋损毁性］和［＋夸张性］的语义特征时，则整个祈使句表示警告（黄均凤，2006）。

5. " 着 " 字祈使句

安陆方言里，先行词 " 着 " 不光用于祈使句，还用于陈述句和疑问句，它的使用格式、语法意义和使用语境等问题在词法 " 体貌 " 这一部分里有详细的描写。这里主要描写 " 着 " 用于祈使句的情况。带先行词 " 着 " 的祈使句表示规劝、命令、要求、违逆等语义。例如：

1）莫急忙急忙地走，好生儿地歇下着！别匆匆忙忙地走，先好好儿地歇一下再说！
2）先吃个苹果着！晚饭一下儿就好了。先吃个苹果再说，晚饭一会儿就好了。
3）先跟他说一声着！先跟他说一声再说！
4）你们先去街上转下着！你们先去街上转悠一下再说！
5）尽我想下着！让我先想一下再说！

这一类祈使句里的 " 着 " 作为先行体标记词，意为 " 先……再说 "，同时表达说话人的主观要求或愿望，规劝受话人先做某事再做其他的事。" 着 " 字祈使句还可以表示先行、违逆的语气意义。例如：

6) 东西放倒着!

7) 我们先不说,等他来了着!

8) 凳子高头哈是灰,你莫坐。——管它哩,先坐倒着!

9) 等下儿再吃西瓜吧?——管它哩,我先吃了着!

例6)和例7)的祈使句表示先行的语气,即说话者要先到了某一时间,然后才实行或考虑是否实行"VP";例8)和例9)表示违逆的语气,即不顾对方的劝说或警告,执意要做"VP"。

(十) 感叹句

1. 引言

现代汉语感叹句具有丰富的表现形式和语用功能,充分体现了汉语重意合、灵活多变的特点。现代汉语教材或专著对感叹句的定义有不同的表述,有的主张根据句子的语气(黄伯荣、廖序东,2002;胡裕树,1981),有的主张根据句子的用途或功能(吕叔湘,1980;朱德熙,1982;北大本,1993;邢福义,1991),有的主张根据句子的用途和语气(徐青,1990)。这些表述其实并不矛盾:说语气,肯定会指出语气的用途或功能;说用途或功能,也一定会说明这跟句子的语气关系密切。因此,学术界对感叹句定义的认识基本上是一致的,感叹句是表达感叹语气、抒发强烈感情的句子。感叹句要么表达说话人喜爱、赞同、赞美、惊叹、感慨、感触、愤怒、悲哀、快乐、意外等情感意义,要么表达说话人讽刺、嗔怪、鄙视、斥责等情感意义。感叹句的构成成分包括感叹语调、感叹词、感叹语气词、疑问代词和副词等(王光和,2002;李广明,1994;李莹,2008)。感叹句的作用是表达感情,但同时也报道信息(朱德熙,1982)。感叹句的语用功能是表情功能、期待功能、评判功能(徐枢,2005)。这些有关感叹句的研究往往以现代汉语书面语为例,对口语中的感叹句的关注不够。下面根据感叹句的特定标记手段,结合感叹句所表达的意义,对安陆方言的感叹句作分类描写,以期弥补汉语口语感叹句研究之不足,丰富现代汉语感叹句的研究。

2. 安陆方言感叹句的类型

(1)"么NP吵!"感叹句

这一感叹句格式里的"么"不表示疑问,而是表示抱怨、轻蔑等感情意义。整个句子是感叹句。格式里的NP往往是个名词,语气词"吵"为这一格式必不可少的构成要素。例如：

1) 是个么人吵！
2) 搞的么名堂吵！
3) 你是个么东西吵！

(2) "几"字感叹句

"几"字感叹句表示赞叹。"几"用于感叹句时是一个表示程度很高、含有夸张语气和强烈感情色彩的副词，在句子中作状语，相当于普通话里的"多"或"多么"。普通话里的"多（么）"感叹句句末可以出现语气词，也可以不出现语气词。但安陆方言里，"几"字感叹句句末都要出现语气词。包括以下几个具体的格式：

第一，几＋AP＋语气词！

格式里 AP 为形容词或形容词性短语。这一感叹句用来感叹形容词性状的程度。例如：

1) 他乜这个人几好哦！
2) 乜这个狗子几恶啰！
3) 他的伢几聪明啰！

对这一格式的否定通常不是字面上用否定词"不"，而是取 AP 的反义词。对上面的几个例子的否定可以这么说：

4) 他乜这个人几拐坏哟！
5) 乜这个狗子几熟分温顺啰！
6) 他的伢几蠢啰！

第二，几＋VP＋语气词！

格式里的 VP 为动宾结构，其中的动词通常为心理活动动词或有无动词"有"。例如：

1) 他几好吃哟！
2) 乜这个伢几好哭喔！
3) 乜这个伢几喜欢玩电脑喔！
4) 他的爷妈父母几有素质哦！
5) 乜这个伢长得几有味儿喔！
6) 他的屋里几有钱啰！

上面的例子都是肯定性的感叹。对这一格式的否定因动词的不同而不同，即如果感叹句里是有无动词"有"，则用否定动词"冇得"表示否定；如果感叹句里的动词是心理活动动词，则用否定副词"不"表示否定。例如：

7）他几冇得德性啰！

8）你看我几冇得记性啰！眨个眼睛就忘记了。

9）它这个狗子几冇得德性啰，见人就咬。

10）我几不喜欢他啰！见人总是假模假式的虚情假意的。

值得注意的是，安陆方言里有一种"几"字感叹句，字面上用了否定副词"不"，但实际表达的意思仍然是肯定的，带有一定的夸张性，那就是"几"的前面用"不晓得"修饰。例如：

11）他的妈不晓得几好哦，随哪个都欢喜她。

12）它这个场儿不晓得几好玩！

13）他们单位的效益不晓得几好！别个哈都想去。

有意思的是，"几"的前面用"不晓得"和"晓得"修饰，整个句子感叹句都表示肯定性的夸张的意思。例如：

14）它个伢晓得几逗人痛哦！这个孩子真逗人喜欢啊！

15）他的伢晓得几听话啰，读书完全不要人管闲儿。

VP 有时也为状中结构。例如：

16）他几会说啰！

17）他几肯做事哦！

这一格式往往是能愿动词作状语，可用"不"否定。例如：

18）她几不会做人啰！把别个哈得罪了。

19）他几不肯做事哦！

第三，几＋A＋的＋NP＋语气词！

1）几好的屋哦！

2）几确漂亮的衣裳哦！

3）几恶的狗子哦！

4）几好的天道喔！

这一格式的否定通常是用形容词的反义词，但少数像"好"这样的形容词可用其反义词表示否定，也可用"不"否定，如"几不好的天道喔"。

（3）"真是"感叹句

"真是"感叹句是指以副词"真是"为标记的感叹句,"真是"即"的确"、"实在"的意思。这一格式的感叹句主要是用来加强说话者的主观判断语气,抒发说话者的感情色彩,它所表达的程度在说话者心中是很高的。有三个小类:

第一,真是+A+语气词!

1)他的伢真是狠<u>厉害</u>啰!今年考到清华大学去了。

2)他们<u>喏儿那里</u>过年真是热闹!放烟花啰,划船啰,玩龙灯啰,百么事都有。

第二,真是+VP+语气词!

1)他的堂客真是冇得空儿哦!随么事话都往外头说。<u>他的老婆真是没心眼啊!不管什么话都往外面说。</u>

2)㑚这个人真是有板眼<u>本事</u>哦!会修车子,还会修电脑。

3)秦建均真是会说啰!死人都尽<u>让</u>他说活了。

第三,真是+个+NP+语气词!

"真是"位于数量名结构的前面,对整个数量名结构有修饰作用,"真是"与NP的语义关系密切,隐含着"好NP"意。数词"一"有时省略,量词大多为"个"。例如:

1)他真是个苕哦!㑚这么冷的天道都不加一件衣裳。

2)你真是个半转儿<u>二百五</u>哦!连话都不晓得说。

(4)"太"字感叹句

第一,太+冇得 NP+语气词!

1)你太冇得家教了吵!随么话都说得出口。

2)陈四太冇得板眼儿吵!把个堂客都罩不住。

第二,太+AP+语气词!

1)㑚这个伢简直得怕处儿喔,胆子太堆<u>大</u>了吵!

2)他太下作了吵!把别个田里的水<u>哈</u>都放了。

3)你太客气了哦!尽<u>让</u>我们又吃又拿。

4)她太苕了吵!不晓得说啦?

这一格式的感叹句常常要在形容词后面用"了",句末再用一个语气词,通常语气词"吵"用在消极意义的 AP 后面,表达说话者的不满情绪,是对程度超出限度的不满;语气词"吵"用在积极意义的 AP 后面,则表达说话者的讽刺性言外之意。另外，如果"太"后的 AP 是积极意义的形容词，句末不用语气词"吵"，而用语气词"哦"，则表达说话者的慨叹。如例3）即是这样。

(5) "乜+A+法"式感叹句

"法"在安陆方言里是一个后置语法成分，可构成"乜（这么/那么）+A+法"这样的固定结构，其中，A 为形容词，"法"复指前面的"乜这么/那么"，表示达到让人不可思议的程度。例如：

1）田里的秧长得乜这么□［ɕyŋˇ］茂盛法！今年种田的人走火运气好啰！
2）他的爸爸乜那刚强法！随怎么都不叫一声苦。
3）屋里乜这闷法！怎么不晓得把门开倒欬？
4）他乜这个人怎么乜这么拐法！不尽让别个从他的门前过。
5）把个饭煮得乜糊法把饭煮得那么糊！叫人怎么吃得下去哟？
6）把个画子贴得乜歪法把画儿贴得那么歪！叫人看了几不舒服喔！

这一类感叹句是对形容词的程度的感叹，通常有后续句与"乜+A+法"相呼应。如果感叹句中的形容词是褒义的，则后续句为褒义，如例1）、2）；如果感叹句中的形容词是贬义，则后续句为贬义，如例3）、4）、5）、6）。

(6) "好"字感叹句

"好"字感叹句与普通话一致，"好"是副词，可以修饰形容词或动词性短语，构成两种感叹句格式。

第一，好+A+语气词！

1）好干净嘞！
2）好黑嘞！
3）他好混账欬！
4）好大嘞！
5）好烦嘞！

与"好+A+语气词"相关的感叹句是"好+A+的+NP+语气词"，这两个格式可以互相转化，"好+A+语气词"感叹句中的感叹对象人或事物在一定的语境中省略了，如果还原，则感叹的对象人或事物处于主语的位置，整个感叹句从结构形式上看是主谓结构。如例3）没有省略主语，例4）还原主语则是"胆子好大呀"。再举几个"好+A+的+NP"式感叹句：

6）好大的胆子欸！

7）好香的饭嘞！

8）好恶的狗子欸！

9）好确漂亮的衣裳欸！

10）好大的雪嘞！

通常情况下，"好＋A＋语气词"感叹句和"好＋A＋的＋NP＋语气词"感叹句都会带上感叹语气词，使感叹表达得更为充分。"好"的语义直接指向后面的名词，是对人或事物的评价和赞美。

第二，好＋VP＋语气词！

这一格式中的 VP 多限于动词"有"构成的动宾短语，这个动宾短语具有描写的性质。例如：

1）他的屋里好有钱嘞！

2）他好有板眼_{本事}欸！百么事会搞_{什么都会搞}。

上例中的"有钱"或"有板眼"是说处于有钱或有板眼的状态中。

对"好＋VP＋语气词"这一感叹句格式的否定用否定词"冇得"。例如：

3）乜这个狗子好冇得德性嘞！

"几"字感叹句与"好 A"式感叹句有细微的差别：形式上，"几"字感叹句后用语气词"啰"、"哟"，而"好 A"式感叹句后用语气词"嘞"。

(7)"好好 V"式感叹句

格式里的第一个"好"相当于普通话里的"多"或"多么"感叹句。安陆方言里，这一格式的感叹句也可用"真"或"真是"感叹句替换，只不过其后的语气词要换成"哟"或"啰"。

1）今朝_{今天}好好玩嘞！

2）香蕉好好吃耶！

3）今朝_{今天}的电影好好看嘞！

这一格式用来表示说话人赞叹谈论的对象在某方面特别使人满意，这个赞叹的对象通常作句子的主语，是受事，而且只能是有定的，不能是无定的，也不能是施事。如果句子的主语是施事，那么句子表达的是祈使义，而不是感叹义。如"你好好吃吧"就是一个祈使句。祝清凯（2009）在描述四川方言中的这一格式的感叹句时注意到格式中的 V 一般是单音节的，通常是与五官联系的动词，如"看"、"听"、"打"、"唱"、"吹"、"抓"、"摸"、"担"、"踩"、"穿"、"关"、"盖"等，一般不是双音节的或非动作的动词。这一格式表肯定，没有否定形式。这些特点与安陆方言里的"好好 V"式感叹句的特点是一致的。

(8)"日＋A"或"日＋母老＋A"式感叹句

安陆方言里的"日"或"日母老"相当于普通话里的"非常"、"很"、"特别"之类的程度副词，格式中的 A 为形容词，即这一格式是对性质形容词的程度进行感叹，感叹句末不用语气词。例如：

1) 他乜这个人日好！
2) 他乜这个人日母老好！
3) 解放鞋日经穿！解放鞋特别耐穿！
4) 他的媳婆儿日确！他的老婆特别漂亮！
5) 他的媳婆儿日丑！他的老婆特别丑！

(9)"V/A＋个＋NP"式感叹句

"V/A＋个＋NP"式感叹句是无标记否定感叹句，即表达否定的感叹句。其中 V 是动词，A 是形容词，NP 是一个特定的名词，多为具有贬义色彩的词，相对于格式中的动词或形容词而言，是一个封闭的类，常见的有"屁"、"鬼"等。例如：

1) 乜这个儿伢条件几好喔！——好个屁！屋屋有得，钱钱有得。
2) 你去睡吧。——睡个鬼哟！床都冇铺好。

这一类格式形式上并没有出现否定词，但整个句子的内容表达的是否定意思，其否定表达是由"个＋NP"来承担的，它的主要功能就是表示否定感叹。这一格式的感叹句用来抒发说话人强烈不满、愤怒等思想情感或轻蔑的态度。如果是改成标记否定句则为一般的陈述句，陈述句是客观地叙述，无法表现说话人的强烈的思想感情。"V/A＋个＋NP"最适宜表达消极的情感和情绪。从使用场合来看，说话人的那些消极的情感和情绪往往都是由他人的言行引发的，"V/A＋个＋NP"常常被用来否定他人的言行，因此，"V/A＋个＋NP"常出现在答句中，很少作为始发句使用。因而，这种格式也就常常体现出回声否定的特点，"V/A"常常是说话人对对方已说话语中核心成分的重复。例如：

3) 他的屋里做屋，你去帮下忙哨。——帮个鸡蛋的忙！我的屋里做屋的时候他齿理睬都不齿理睬。

从我们收集到的材料来看，这种用法占了绝大多数，因此，我们不妨把回声否定看成"V/A＋个＋NP"最基本的语用功能之一（杜道流，2006）。

(10) 独词感叹句

由单个的词加上语调构成的感叹句叫独词感叹句。这类感叹句简短有力，意义丰富。一般是说话人在紧急的时候来不及发出一个完整的长句，先将最主要的部分脱口而出造成的，或是感情太复杂，一时说不清，只能发出一个感叹词来表明自己复杂的情感，让别人去细细体会。

第一，警示性独词感叹句。

由单个的名词构成的感叹句。一般是猛然看到或听到令自己吃惊的或盼望已久的东西，自然发出惊喜或恐惧的感叹，同时提醒别人注意。这种句子是在特定的语境下形成的。例如：

1) 蛇！

2) 火！

第二，情感发泄性独词感叹句。

"N＋语气词"，安陆方言中通常用这样的独词句表达否定意思，发泄说话人心中的强烈的不满情绪，多为骂人的话，不雅俚语、俗语，一般表示消极的感情，如用于詈骂、不满的语气中。这些词用在感叹句中，能增强句子的感叹色彩，加强感叹的程度，使表达的感情更为丰富强烈。例如：

1) 鬼哟！

2) 屁耶！

3) 八嘞！

4) 瘟嘞！

5) 扯淡！

第三，讽刺性感叹句。

1) 净是的！

第四，赞美性独词感叹句。

1) 好！

2) 好哦！

第五，惊讶性感叹句。

1）妈嘞！
2）天啦！
3）舍了喔！不得了啊！
4）戳了拐哟！不得了啊！

这些表示惊讶、震惊的感叹句句尾多用语气词，通常有后续句进一步说明惊讶的具体原由。

第六，慨叹性独词感叹句。

通常指的是由感叹词独用构成的独词感叹句。感叹词一般都有特定的表情内容，如"哟嘞"、"哎哟"、"哦"等，有表示惊讶、应答、理解，或表示不理解、不满、伤感等。这种句子只是发出一种慨叹，而这简短的感叹中体现出说话人的情感是很复杂的。这种复杂的心态一时来不及细说或找不到恰当的言语来表达，或是心情太激动，一时无法把话说出来，于是用这种简短的感叹句（朱晓亚，1994）。

总之，单个的名词、动词、形容词只有在特定的语境中才可能担负起传递说话人丰富的感情和心理活动等复杂信息的任务。

安陆方言的感叹句与普通话比较有同有异。从形式上看，安陆方言感叹句格式丰富，有方言特色和口语特色的格式多于普通话。整个感叹句的形式特点是感叹句多用程度副词修饰感叹中心；句中用感叹词，句尾多用语气词；感叹句的语调复杂多样，随说话人情感的不同而不同；口语性强，句式简短。从内容来看，安陆方言感叹句基本上与普通话一致，即感叹的内容往往是对某一事、物、人本身的感叹，对事、物、人的某一性质或特点的感叹，对事、物、人的处境或状态的感叹，对某种动作、行为的感叹。从感叹句所抒发的感情来看，有惊喜、伤心、痛苦、哀叹、愤恨、不满、厌恶、赞叹、感慨，等等，这些也与普通话一致。

（十一）双宾句

双宾句是一个动词带两个宾语的句子，其中一个是间接宾语，指人，用 O_1 表示；一个是直接宾语，指物，用 O_2 表示。直接宾语和间接宾语都可以单独和动词构成动宾结构。双宾句的格式为：$S+V+O_1+O_2$。这是指普通话的格式，安陆方言就不完全是这样的。安陆方言的双宾句有各种不同的句法格式，它是由动词的语义特征、双宾语的次序、连谓兼语双宾语混合句等因素决定的。下面主要按动词的语义特征对安陆方言的双宾句进行分类描写。

1. "给予"义双宾句

"给予"义双宾句是安陆方言里比较典型的双宾句格式。有如下几种格式：

(1) "V+O₂+O₁"式双宾句

安陆方言里，构成这一格式的动词有"把"、"找"、"还"、"送"、"借"等，"把"是"给"的意思。构成双宾句时，指物的直接宾语在前，指人的间接宾语在后，这一点与普通话不同，例如：

1) 你把钱他他又不领你的人情。
2) 你莫把钱他，看他还赌不赌博。
3) 他是个白抄子哦！你冇把钱他哟？他是个骗子哦！你没给他钱吧？
4) 快抹点儿快点找钱他，免得他又在唠儿那里嚼唠叨。
5) 他来还书你。
6) 去送一点儿米他。
7) 借十块钱我，可不可得嘞？

(2) "V+O₂+得+O₁"式双宾句

这类格式的双宾句是指物宾语在前，指人宾语在后，而且双宾语中间有一个相当于普通话里"给"的"得"。构成这类格式的动词有"给予"义的"给"、"借"、"把"等，也有本身没有"给予"义的动词"拈"等。这些动词和"得"共同构成表达"给予"意义的双宾句。例如：

1) 给两个钱得他。
2) 你能不能借一千块钱得我嘞？
3) 你拈点儿菜得他，尽让他在边儿上去吃。
4) 他把了一件衣裳得我巧。

双宾句的O₁前面使用"得"，这种情况不光是安陆方言中存在，南方的好些方言里也有这种情况，只是有的在形式上有所不同。以下这些方言的"到"、"得"、"分"、"拨"等相当于"给"。如属赣语的大冶方言（汪国胜，2000）。

5) 派几个后生家了我，莫又搞几个不裸效个来。派几个年壮的给我，别又弄几个不能干的来。

属江淮官话的黄冈方言（何洪峰，1996）。

6）你叫章儿把条扁担到你。

7）药筒子我把到建国儿了。

赣语的泰和方言（戴耀晶、李如龙等，1997）：

8）我要汇一笔钱得小时间教我作手艺个师傅。

9）格件衣服送得渠禾。

客家话的长汀方言（饶长溶，1997）：

10）你交一封信得大哥，送几本书得老弟。

11）女这几色果子拿得石水（尝），解那一斗米量得大伯（食）。

湘语的益阳方言（崔振华，1998）：

12）把杯茶得我。

13）还一百块钱得他。

闽语的汕头方言（施其生、李如龙等，1997）：

14）乡里批一块塍分伊起厝。

15）伊无发电影票分我。

吴语的苏州方言（刘丹青、李如龙等，1997）：

16）拨一条活鱼拨郑国葛子产。给一条活鱼给郑国的子产。

17）俚拨仔交交关关衣裳拨乡下葛亲眷。他给了许许多多衣服给乡下的亲戚。

大冶方言的"了"、黄冈方言的"到"，泰和、长汀、益阳方言的"得"，汕头方言的"分"以及苏州方言的"拨"，都是跟安陆方言助词"得"相当的成分；而且黄冈、泰和、长汀等方言当 O_1 前置后，O_2 前面仍可用"到"或"得"。

(3) "V+O_1+O_2"式双宾句

这一格式的双宾句分两个小类，一类是双宾句的两个宾语都指物，紧挨动词的指物宾语是有生命的名词，后一个指物宾语为无生命的名词。这跟普通话里的双宾句是一样的。例如：

1）他喂了财喜儿猫两块鱼。

2）他丢给财喜儿猫两块鱼。

另一类双宾句格式与普通话里的典型双宾句相同，指人宾语在前，指物宾语在后。构成这一格式的动词通常有"送"、"托之（托付）"、"开"、

"批"、"奖"、"补"、"还"、"发"、"交"、"赔"等。例如:

3) 他的女婿第一埋儿第一次上门的时候送了他的姑娘□[xɛv]很多东西。

4) 托托的同学送了他一个"书呆子"的绰号。

5) 他托之托付我招呼照顾一下他的伢。

6) 我做了两个月,老板只开了我一个月的工钱。

7) 我只批了梅子两天假。

8) 单位里奖了他五千块钱。

9) 队里补了他三百块钱。

10) 章大海还了我们六斤绿豆。

11) 学校发了我们十三个月的工资。

12) 我已经交了他的屋里半年的房租。

13) 交警大队赔了他的屋里三万块钱。

安陆方言里还有少数动词,本身没有"给予"义,但因后带"给",使得组合的"V给"具有"给予"义,因而能构成双宾句。具体的有"丢给"、"买给"。例如:

14) 我买给他的伢一套玩具,他□[xɛv]很高兴。

15) 老板丢给他们三百块钱,说是当饭钱。

2."获取"义双宾句

"获取"义双宾句指双宾句里的动词具有"获取"的意义,通常指的是动词的主体发出者获取。"获取"义的双宾句有两个小类。

(1) "V+O_1+O_2"双宾句

这类"获取"义的双宾句是指人宾语在前,指物宾语在后,与普通话里的"获取"义双宾句相同。常见的"获取"义动词有"偷"、"货骗"、"赢"、"要"、"该欠"等。例如:

1) 百抄子小偷偷了他三百块钱,他急得跳脚。

2) 他货骗了我两百块钱跑了。

3) 我赢了他两盘棋。

4) 他的屋里要了人家□[xɛv]很多彩礼。

5) 他的屋里该欠我们两万块钱。

(2) "V+他+O_2"双宾句

这一格式的双宾句,也是指人宾语在前,指物宾语在后,只不过指人宾语限于"他",而且"他"是虚指,不指具体的某个人。这一格式跟普通话相同。例如:

1) 我今年过年买了他十斤瓜子、十斤蚕豆、五斤开心果,尽让伢们吃个够。

2) 我今朝_{今天}割了他六斤肉。

3) 不管么样说,我买他三双鞋再说。

4) 每天赚他个二三十块钱,有么事不好呢。

5) 一年赚他个两万块钱不成问题。

3. "称说"义双宾句

"称说"义双宾句的动词具有称说的意义,常见的有"叫"、"夸"等。例如:

1) 大家都叫他半调子。

2) 我们应该叫他哥哥。

3) 我们应该叫他老者儿_{太爷爷}。

4) 塆里人个个夸他好孩子。

4. "告知"义双宾句

这类双宾句中的动词通常是"告知"一类的意义,有"告诉"、"教"、"答应"、"问"等。也是指人宾语在前,指物宾语在后,指物宾语多是短语。例如:

1) 你告诉我他们几点钟的火车。

2) 妈妈教我们打算盘的口诀。

3) 婆婆教了我□[xεv]很多做月母子的事儿。

4) 他答应我们一定会回来的。

5) 他昨儿问我你的屋里几咱儿请客。

6) 徐老师问你今朝去不去学校。

7) 小王问我钱找得巧冇?_{小王问我钱找着了没有?}

5. "$V_1＋O_2＋O_1＋V_2$"兼语双宾句

这类格式的双宾句实际上是双宾和兼语混合的句子,可称之为兼语双宾句,它的前半部分是指物宾语在前、指人宾语在后的双宾句,指人宾语又作后一动作的主语,构成兼语形式。格式里第一个动词多是"给予"义的动词，有"把"、"喂"等。例如：

1）把杯茶我喝下。
2）把本书我看下。
3）把点儿钱我用下。
4）把点儿饼干我吃下。给我一点儿饼干吃一吃。（兼语双宾句）
5）快抹点儿快点儿喂伢妈妈吃，看他的样子饿昏了。

另外，安陆方言里还有少数动词虽然不是典型的"给予"意义，但仍然能构成双宾句，其实整个句子是双宾句和兼语句混合的句子。例如：

6）我打了一碗鸡蛋他吃了。
7）乜这几天加班太辛苦了，你煨点汤我喝下。

例6）中的"打"和例7）中的"煨"本身没有"给予"的意义，也没有"获取"、"称说"义或"告知"义，但它们仍然能构成双宾句。如例6）不能单独说前面的"我打了一碗鸡蛋他"，但有后一个动词"吃"构成双宾语兼语句，整个句子就能成立了。从某种程度上说，兼语句促成了双宾句的形成。

（十二）动补句

动补句是动词或形容词后带有补语的句子，是汉语里一种特殊而重要的句子。汉语的动补句本身结构复杂多样，历来受到语法学界的关注。学术界对动补句的研究主要集中在补语和动补结构的定义（朱德熙，1982；邢福义，2002；李临定，1986；赵元任，1979；齐沪扬，2000；李子云，1991），补语和动补结构的分类（朱德熙，1982；李子云，1991；齐沪扬，2005；邢福义，1997），动补结构构成的句式功能（范晓，1993），动补结构的句法核心（赵元任，1979；李临定，1984；袁毓林，2000），动补结构的来源（梅祖麟，1991），动补结构的类型学考察（石毓智，2000；沈家煊，2003）等。安陆方言的动补句结构类型更加复杂多样，有其特定的表达功能和语用意义。下面对安陆方言的动补句从程度补语、趋向补语、数量补语、时地补语、结果补语等方面作较为详细的描述。可能补语见"可能句"部分，这里不再赘述。

1. 程度补语

现代汉语的程度补语大致有三种类型：第一类是程度副词作补语；第二类是形容词"出奇"作补语，而且要用"得"；第三类是"不得了、要死、要命、不行、不能再 X 了"等结构作补语（邢福义，1997）。安陆方言中程度副词作补语和形容词"出奇"作补语都与普通话相同，其他程度补语的表达方式与普通话相比更丰富多彩，有鲜明的方言特色。

(1) V 得了

这种格式里的"得"直接作粘合式补语，补充说明动作的程度深。在安陆方言中，"得"是一个表示实在意义的动词，作补语时不读轻声，而是读它的本音 [tɛ˧]。"了"是这一格式的常项，它必不可少，读轻声 [niau]。例如：

1) 我简直气得了。我简直生气极了。

2) 拿到大学的入学通知书，他的一屋人都喜得了。他的一家人都高兴极了。

3) 看到一条蛇向她爬过来，她吓得了。看到一条蛇向她爬过来，她害怕极了。

"V 得了"相当于普通话的程度补语"V 得不得了"。上面的例子可以这样表达：

4) 我简直气得不得了。

5) 拿到大学的入学通知书，他的一屋人都喜得不得了。

6) 看到一条蛇向她爬过来，她吓得不得了。

在安陆方言中，也可以用"V 得不得了"这一格式，大概是受普通话影响的缘故。当粘合式补语格式"V 得了"变为组合式补语格式"V 得不得了"时，第二个"得"是助动词，有"能够"的意思，"了"为动词，有"了结"的意思。"V 得不得了"是普通话中的一个常见的程度补语格式，其中的第二个"得"也读本音，"了"也读本音 [liau˧]，有"了结"之意。

如何理解"V 得了"这一格式中的"得"呢？笔者认为，安陆方言中"V 得了"这一格式中的"得"念其本音，读音重而长，而且"得"后面必须带"了"，否则不成立。这一格式与普通话里的"看把他气得"是有区别的。赵日新（2001）认为程度补语的零形式"A 得"是"A 得补"的省略形式。这种省略出于两方面的原因：一是"形得补"结构都具有（深的）程度意义，这就使"形得补"结构信息量过剩，成为一种完形结构，这样即使补语不出现，"形得"同样能够表达"形得补"的意义；二是可能因为形容词所带的程度补语大都是"很（狠）"、"要命"、"死"、"会死"、"死绝"等不吉利的字眼，人们出于避讳不愿直接说出来，或者因为这种极端的程度难以描摹，因而无法说出来。易亚新（2005）讨论了常德方言里的"V得"结构，认为这一结构是省略程度补语的结果，但与普通话有些差异。首先，普通话里省略程度补语，往往是事实在眼前，无需说出，大多表示一种嗔怪的语气。如"看把他美得、看这丫头疯得、瞧他神气得"。常德方言则无此限制，只要是强调程度深或者说话人一时无法用语言形容，常用这种形式表达，而且一般动词可带"得"。如"急得"、"瘦得"、"糊涂得"、"赶得"、"打得"、"喊得"。其次，"得"作为程度补语在普通话里念轻声，在常德方言里可以念轻声，但有的也要念重音，而且延长音程，语气夸张，表程度极深。如"把他气得"是一般说法，而"把他气得——"是强调说法。有时"得"念重音且延长音程后停顿，然后再把补语说出。如"他气得——脸上都白哒"、"我忙得——饭都吃不到嘴巴里"。安陆方言里的"V得了"不是省略"得"后的补语，而是"得"直接作补语，表示程度深。

（2）"A/V死了"与"A/V得要死"和"A/V得要命"

"A/V死了"中的"死"不是结果补语，而是程度补语。在安陆方言中，"A/V死了"是粘合式程度补语。这三种格式中的"死"、"要死"、"要命"都是虚化的，没有实在的意义，在格式中仅仅表示程度很高，并有强烈的夸张色彩。这一格式中的形容词，如马庆株（1992）指出："带程度补语的形容词仅限于性质形容词，状态形容词和非谓形容词不能带程度补语。"状态形容词（如"笔直"、"绿油油"、"老老实实"等）因为本身大都具有程度意义，所以不能再带程度补语；非谓形容词因为不能受程度副词修饰，自然也就不能带程度补语。后文出现的带程度补语的形容词如没有特殊说明都指的是性质形容词。例如：

1) 他得到匕这个信儿以后，简直气死了。
2) 听说她找到了满意的工作，全家都喜死了。
3) 手上切了一刀，简直疼死我了。

这几个例子中的"死"都是程度补语，补语说明动作的程度。此时，"死"的词汇意义已经虚化了。至于"死"的词汇意义如何虚化表示程度，许多学者已经讨论过，如吴福祥（1999）、梅祖麟（1991）。这里就不再赘述了。

在安陆方言中，与"A/V死了"这一格式的语义选择基本相同的是用"要死"、"要命"来补充说明动作、性质的程度。不过，"要死"、"要命"是组合式程度补语。例如：

4) 牙儿和里一家人脾气都拐坏得要命。

5) 快要高考了，屋里的人都担心得要死。

"要死"和"要命"的句法分布是一样的，语义选择也基本相同。因此，在同一语境中，"要死"和"要命"常常可以互换。如：

6) 他这个人讨厌得要死。

7) 他这个人讨厌得要命。

8) 他说起话来啰嗦得要死。

9) 他说起话来啰嗦得要命。

但是，"要死"和"要命"在语用上有一些细微的差别。"要死"传递的是含否定性的主观评价，而"要命"则既可表示否定性的主观评价，也可以表示肯定性的主观评价。例如：

10) 他们两个关系好得要命。（肯定性）

11) 他们两个关系好得要死。（×）

12) 她婆婆结作客啬得要命。（否定性）

13) 她婆婆结作客啬得要死。

"A/V死了"与"A/V得要死"或"A/V得要命"都表示程度，但它们略有区别：从结构上来说，"A/V死了"是粘合式补语，而"A/V得要死"或"A/V得要命"是组合式补语；从语义来看，"A/V死了"所表示的程度比"A/V得要死"或"A/V得要命"要深一些，同时，"A/V死了"只用于表示否定性的主观评价或贬斥的语义色彩，不用于肯定性的主观评价。如上面的几例不完全能用"A/V死了"来替换：

14) 他们两个关系好死了。（×）

15) 她婆婆结作客啬死了。

16) 他说起话来啰嗦死了。

17) 他这个人讨厌死了。

后三例都能说是因为它们都表示否定性的主观评价或带贬斥的语义色彩。第一例不能换，因为它是表示肯定性的主观评价，带褒扬的语义色彩。如可以说"他这个人坏死了"。

(3) A 得点儿

这种格式往往用来补充说明性质形容词的程度不怎么深,而且只限于性质形容词,用的是组合式的补语形式。例如:

窄得点儿　宽得点儿　大得点儿　小得点儿　多得点儿　少得点儿

"点儿"表示程度不深,补充说明其前面形容词的程度超过了发话者的主观愿望,但超过的程度不深,只是稍微有点儿 A。因此,这种表达式往往都可以变换成如下格式:

稍微有点儿窄　　稍微有点儿宽　　稍微有点儿大
稍微有点儿小　　稍微有点儿多　　稍微有点儿少

在安陆方言中,如果要补充说明这些性质形容词的程度深,则和普通话相同,即用程度副词"很"直接放在"得"的后面构成组合式程度补语。例如:

窄得很　宽得很　大得很　小得很　多得很　少得很

如果要对这种程度补语进行否定,则直接在性质形容词的前面加否定词"不":

不窄　不宽　不大　不小　不多　不少

安陆方言里,四种程度补语表达式"V 得了"、"A/V 得要死、A/V 得要命"、"A/V 得不得过"中都用了"得",但它们的用法和语义是不同的,反映了"得"的虚化过程。

首先,"V 得了"中的"得"保留着比较实在的意义,它和普通话中表示可能的补语不同。普通话中,"V 得"和"V 不得"表示两种可能,例如:"这个话说得;这话能说/这个话说不得/这话不能说。"其中的"得"是一个半自由的动词,至少是一个后置的助动词,它的意义还是比较实在的。像安陆方言的第一种格式中的"V 得不得了"中的第二个"得"都只能认为是助动词。

其次,"得"由助动词再进一步虚化,成为补语的标志词。安陆方言中,"V 得不得了"、"A/V 得要死"、"A/V 得要命"中的第一个"得"以及"A 得点儿"中的"得",都属于结构助词。可以这么说,安陆方言"得"的这几种用法,大体上反映了"得"的虚化过程:"得"由动词虚化为助动词,再虚化为结构助词。

(4) A/V+不过

在表达程度方面,"不过"作粘合式补语,构成"A 不过"、"V 不过"

的格式。例如：

1) 伢们都出去打工去了，很有点儿慊_{想念}不过。
2) 今朝_{今天}简直忙不过哟！
3) 饭吃多了，肚子硬是胀不过。

在上述三例中，"不过"直接用在动词"慊_{想念}"和形容词"忙"、"胀"的后面，有"不超过"的意义，作粘合式补语，表示程度深，它不再是现代汉语中通常意义的转折连词，而且，只有"不过"作粘合式补语时，才表示程度深的意义。

能够在"不过"之前充当中心语的动词、形容词往往受到限制，常见的有以下几个：

累不过、忙不过、饿不过、胀不过、冷不过、热不过、痒不过、臭不过、烫不过、恨不过、气不过、喜不过、急不过、慊_{想念}不过、痛_{疼痛}不过；疼_{喜爱}不过

上述短语中的动词或形容词具有三个共同的特征：

其一，都是单音节的动词或形容词；

其二，都表示人的自身感受；

其三，除了"喜不过"和"痛不过"之外，大部分都是贬义的或是消极意义的。

实际上，这三个特征成为构造"A不过"或"V不过"的必要条件，只要其中有一个条件得不到满足，组合就不成立。例如：

4) 衣服□□［nai˧ tɕʌ］_脏不过。（×）
5) 气味香不过。（×）

例4) 中的"□□［nai˧ tɕʌ］_脏"不表示人的自身感受，而是表示一种客观存在的状态，例5) 中的"香"是褒义词。由于句法或语义方面不符合构成"A不过"或"V不过"的三个条件，所以这三个例子都不成立。

在安陆方言里，像上面的动词、形容词若用组合的方式来表达程度补语的话，不是直接用"不过"，而是用"不得过"。例如：

累得不得过、忙得不得过、饿得不得过、胀得不得过、冷得不得过、热得不得过

痛得不得过、痒得不得过、烫得不得过、恨得不得过、气得不得过，喜得不得过。

这种"A得不得过"或"V得不得过"的格式，相当于普通话的"A得不得了"或"V得不得了"。安陆方言里，"A/V不过"这一程度补语格式也可以用另外两种格式来表达，即肯定式"A/V得了"和否定式"A/V得不得过"，而普通话里只有"V得不得了"这一种否定形式。

"A/V不过"这种动补结构分布的范围很广，除了安陆所属的江淮官话外，还分布在湖北境内的西南官话区、赣方言区，甚至在湖南的一部分方言区都有这种结构。常用的有：

V不过：怕不过　想不过　疼不过　爱不过　喜不过　怄不过　喜欢不过　担心不过

A不过：气不过　急不过　烦不过　累不过　困不过　忙不过　冷不过　热不过　辣不过　酸不过　冻不过　渴不过　胀不过　麻不过　咸不过　痒不过　淡不过　闷不过　拖沓不过　啰嗦不过　利索不过

6) 顿顿儿咽酸萝卜，心里骚很寡不过。（引自刘海章，1992）

7) 穿个空筒毛线衣，里头也不衬点儿么事，几扎不过。（同上）

8) 放牛娃冷不过，就拼命地推磨子。（引自王群生，1993）

从历时的角度看，"A/V不过"这一动补结构很早就已产生。据赵新(2000)研究，"V不过"的产生早于"A不过"。"V不过"可能产生于宋代，但用例不多，元代"V不过"用例增多，并开始出现"被V不过"。"A不过"的产生最晚，大约是明代，明清是"不过"补语句的鼎盛时期，用法最丰富，既表可能，又表结果、程度和状态，而且使用频率也很高，仅次于"V不得"。"A/V不过"程度补语分为两种：

一种是"不过"用于形容词之后，构成"A不过"的格式，补充说明行为状态所达到的程度很高。"A不过"在句中作谓语或定语。常见的有：

气不过　疼不过　闲不过　闷不过　穷不过　饿不过　热不过
痒不过　聪明不过　乖巧不过　俊俏不过　欢喜不过　苦恼不过
恼怒不过　寂寞不过　岑寂不过　奋发不过　狠毒不过　忠直不过
恩爱不过　小心不过　气愤不过　气恼不过　胆小不过　扫兴不过
暴躁不过　懊恨不过　俗气不过　疑惑不过　虚怯不过　肉麻不过
吃亏不过　聒絮不过　大轩敞不过

另一种是"不过"用于动词之后，构成"V不过"的格式，补充说明动作行为的频度很高。文献中用作程度补语的"V不过"用例不多。常见

的有:

思想不过　感情不过　熬煎不过　央求不过　盘问不过

可见,"A/V不过"这一程度补语格式具有悠久的历史,安陆方言里的这一格式还非常活跃,常见的是单音节形容词和动词后带"不过"作程度补语,双音节的形容词、动词很少,这是对古汉语动补结构的保留。普通话中已不直接使用"A不过",而必须在形容词前加上"再"或"最",变成"再(最)A不过"的格式,表示达到的程度很高,形容词一般都可以进入这个格式(非谓语形容词除外),可作谓语,也可作定语(赵新,2000)。例如:

9)这个故事不长,但肯定是最倒霉不过的。

10)这是件再好不过的事了。

11)坐这种车,再舒服不过了。

(5) A+长音后补结构+了

这种格式的特点是作补语的词是形容词,而且作补语的形容词必须念得重而长,约相当于两个音节的时值(朱建颂,1992),表示程度极深,具有夸张的色彩和极强的描绘作用。而且还必须出现助词"了",来补充说明已然的状态。例如:

1)李子红□[ɕin˥]了。李子的颜色红极了。

2)他简直能□[sai˥]了。他简直得意极了。

3)霉豆腐臭烘了。霉豆腐臭烘烘的。

4)乜这些豆子干迸了。这些豆子干迸迸的。

5)商店里冷清了。商店里冷冷清清的。

6)盆里的水冷冰了。盆里的水冷冰冰的。

这种格式相当于普通话的副词"极"直接组合在形容词的后面或者是形容词的重叠式AABB或ABB所表示的程度深的附加意义。这种长音后补结构不仅补充说明形容词的程度极深,而且还可以补充说明名词或动词的程度深。例如:

7)雪地里白晃了。雪地里白得耀眼。

8)软饼煎得黄□[niaŋ˥]了。软饼煎得黄灿灿的。

9)麻油香喷了。麻油香喷喷的。

10)他屋里的鸡子肉陀了。他家里的鸡肥嘟嘟的。

11)教室里吵吼了。教室里闹哄哄的。

这些长音结构有的不能移到前边作状语，有的能移到前边作状语。当这些长音后补结构移到前边作状语的时候，它的读音不再延长，而且不需要助词"了"。例如：

12) 乜这些霉豆腐臭烘了。→这些霉豆腐烘臭。
13) 乜这些豆子干进了。→这些豆子进干。
14) 盆里的水冷冰了。→盆里的水冰冷。
15) 麻油香喷了。→麻油喷香。
16) 她的脸红通了。→她的脸通红。
17) 屋子里黑黢［tɕʻuei˧］了。→屋子里黢黑。
18) 菜简直淡瘪了。→菜简直瘪淡。

(6) A 流了（的）

这种格式往往用"流了（的）"来补充说明状态形容词的程度，而且只限于状态形容词。相当于普通话中用程度副词"很"或"极"直接粘合在状态形容词的后面。例如：

1) 他神气流了的。他神气极了。
2) 他简直造孽流了。他简直可怜极了。
3) 她打扮清爽流了的。她打扮得清爽极了。
4) 他们两个人简直亲热流了。他们两个人简直亲热极了。
5) 他乜这个冬季快活流了。他这个冬天快活极了。
6) 他身上□□［nai˧ tɤ˩］流了。他身上脏极了。

"神气"、"清爽"、"亲热"、"快活"、"□□［nai˧ tɤ˩］脏"、"造孽可怜；辛苦"跟"流"结合，表示这种状态的程度，有"很、极"的附加意义，相当于普通话形容词的重叠形式 AABB 式或 ABB 式。在普通话中，往往是用形容词的重叠形式来表示其程度，而且重叠以后要带"的"。上面的例子可以这样表达：

7) 她打扮得清清爽爽的。
8) 他们两个人亲亲热热的。
9) 他乜这个冬天快快乐乐的。
10) 他身上脏兮兮的。
11) 他可怜兮兮的。

程度补语表示程度的时候往往有深浅之别。在现代汉语中，形容程度深的语法意义，既可以用"状＋形"这样的语法形式来表示，如"很好"，也可以用"形+得+补"这样的语法形式表示，如"好得很"；形容程度浅的语法意义，则只能用"状+形"表示，如"挺好"，而不能用"形+得+补"表示。正如马庆株（1992）所说："程度补语表示程度和幅度，只表示程度高，不表示同样的程度和较低的程度；而程度状语可以表示各种程度。"表示程度高到极点以至无以复加，这正是"形容词+得+程度补语"这种结构的语法意义。而安陆方言的六种程度补语表达式虽然都表示程度，但有深浅之别："A得点儿"程度轻，主要用来表示补充说明程度超过了发话者的主观愿望；"A+长音后补结构+了"和"A流了的"所表示的状态的程度是着眼于普遍性，程度稍重；"A/V不过"和"V得了"所表示的程度较前重，即表示不超过某种程度；"A/V死了"和"A/V得要死或A/V得要命"所表示的程度最重。

2. 趋向补语

趋向补语是由趋向动词充当的补语。趋向动词有单音节趋向动词"上、下、来、去、进、出"，有复合趋向动词"上来、上去、下来、下去、进来、进去、出来、出去"等。补语后面有时带宾语，有时不带宾语。

（1）V+趋向补语

安陆方言里，只带趋向动词作补语，后面不带宾语的动补句有与普通话一致的，也有不完全一致的。

第一，V来V去。

这一格式是动词带单音节趋向动词作补语。安陆方言里，趋向动词作补语的多为双音节趋向动词。普通话里动词带"来"或"去"是自由的，但安陆方言里要么是带"来"，要么是带"去"，后面还有其他成分，下面会详细描述。安陆方言里，单音节的趋向动词作补语往往是同一个动词带两个反义趋向动词。例如：

1）想来想去还是来一趟好些。

2）他半夜三更还在房里走来走去。

普通话里，动词后直接带单音节趋向动词"来"或"去"作补语的（毛宇，2000），安陆方言里却要加别的成分构成动补结构，即"来"不直接放在动词后作补语，而是在动词和趋向补语之间有一个虚词"得"，构成"V+得+来+了"。例如：

3）快抹点儿跑！他们已经从后头撵得来了。快点儿跑！他们已经从后面追来了。

4) 他把一床新被窝抱得来了。

5) 他把钱还得来了。

第二，V+双音节趋向动词作补语。

动词带双音节趋向动词作补语的用法跟普通话一致。例如：

1) 一个癞毒包_{癞蛤蟆}从门旮旯里蹦出来了。

2) 几条金鱼在塘里游过来游过去。

3) 他拿起锄头就冲进去了。

4) 乜那么大个沟，他一家伙_{一下子}就跳过去了。

5) 伢们长大了，一个个的哈_都飞出去了。

6) 屋里发了火，老鼠哈_都跑出来了。

7) 把椅子搬进来，要落雨了。

(2) V+趋向补语+O

这一格式里的趋向补语位于动词之后、宾语之前，有双音节趋向动词"回来"、"出来"等，也有单音节趋向动词"回"或"来"。宾语"O"一般是名词性短语。例如：

1) 洞里跑出来了□［xɛv］很大一条鳝鱼。

2) 松树林子里跑出来了一头野猪，吓了他们一跳。

3) 他们抬回了一箩筐新米。

4) 我拿回来了一挎包的东西，还不够分啦？

5) 他从武汉寄回了□［xɛv］很多书。

6) 他今朝_{今天}骑回了一辆新自行车。

7) 他从屋里抱来了一床新被窝。

上例1)、2) 中，趋向补语前的动词有不及物动词"跑"，表示主体事物自身的位移动作，与趋向动词"出来"的结合频率很高，表示实指趋向，宾语一般是施事宾语。例3) 的"抬"、例4) 的"拿"、例5) 的"寄"、例6) 的"骑"、例7) 的"抱"是表示具体动作的及物动词，而且是呈持续状态的及物动词，与单音节趋向动词"回"或"来"结合的频率很高，表示实指趋向，句子的宾语是受事宾语。

(3) V+O+趋向补语

这一格式的趋向补语位于宾语后面，有双音节趋向动词补语，也有单音节趋向动词补语。与动词结合频率较高的趋向动词是"回来"、"回"、"来"等，表示实指趋向，宾语同样是受事宾语。例如：

1) 每年过年的时候，伢们的都要寄些钱回来。

2) 他每埋儿_{每次}来的时候总要带□[xɛv]很多东西来。

3) 他从城里拉了一板车大白菜回了。

4) 他挑了一担谷回了。

5) 他提了一篓子柿子回了。

6) 他从屋里抱了一床新被窝来了。

7) 他捧了一大把花来了。

安陆方言里，趋向动词作补语位于宾语之后时，如果是动作已经完成，除了在句中的谓语动词后出现"了"之外，还要在趋向动词补语后出现"了"。如例 3)、4)、5)、6)、7)。而例 1) 和例 2) 句末未出现"了"，是因为句子为一般现在时。

3. 数量补语

安陆方言里，数量补语由数量短语充当，其中，量词一般是动量词。

(1) V+数量补语

动词后面只带数量补语或量词补语，不带宾语。例如：

1) 他到城里去了三埋儿_{三次}。

2) 我催了无数大八遍啰。

3) 他来了几回我都冇碰倒。

4) 他到武汉去了一趟。

5) 乜这个筒子楼我们住了三年。

6) 乜这本书我硬是看了三天才看完。

7) 我们走了一晚行_{晚上}才到场儿。

8) 他把乜这个狗子□[tʂua˧]踢了一脚。

9) 他杀鸭子杀了三刀，鸭子才死。

10) 他走下停下，急死个人的。

上例中的数量补语都是动量词和数词构成短语，或者量词单独作补语。安陆方言的动量词有表示动作次数的专用动量词，如例 1) 的"埋儿 (次)"、例 2) 的"遍"、例 3) 的"回"、例 4) 的"趟"。有表示动作时间的专用动量词，如例 5) 的"年"、例 6) 的"天"、例 7) 的"晚行（晚上)"。还有借用动量词,如例8)的"脚"、例9)的"刀"等。另外,安陆方言里,专用动量词"下"可以单独位于句子的动词后面,作补语。如例10),这是省略数词"一"的结果。

(2) V+数量补语+O

普通话里数量补语一般在宾语后面,而安陆方言里通常是数量补语在宾语前面,且常常省略数词,只有量词单独充当补语,常见的是专用动量词"下",相当于普通话的"一下"。例如:

1) 我还说要帮下你嘞,哪晓得你一点儿都不领情。
2) 晶晶还小,你们一定要帮下他嘞。
3) 有空就在屋里练下毛笔字吵。
4) 你送下他吵。

上述例子如果不省略数词,则数量补语位于宾语的后面,与普通话的结构相同。

4. 时地补语

时地补语表示中心语行为所涉及的时间位置或方所位置,通常由介词结构充当,介词结构表示时间或方所意义。例如:

1) 他总是看书看到半夜三更。
2) 他一天做到黑都不歇气。
3) 我们一直走到半日中时中午才到屋。
4) 他吃了中饭以后就一直睡在床上得。
5) 他一家伙就倒在地上去了。
6) 我的书掉在屋里去了。
7) 建名差点儿掉在塘里浯 [uʌ] 淹死了。

上例中,表示时间的补语通常由介词"到"和时间名词构成的介宾短语充当,如例1)、2)、3)。表示方所的补语则常由介词"在"和方所词语构成的介宾短语充当,如例4)、5)、6)、7),这与普通话的时地补语一致。稍有区别的是,安陆方言里表示方所意义的补语后常常要加"去了",这样句子便成为连谓句,其中的一个连谓项是动补结构。也就是说,安陆方言表示方所的补语有时候不是单独位于句子的动词后面,经常还有一个连谓项。如例5)的"在地上"和例6)的"在屋里"后面都有"去了",而普通话里只有"了",没有"去"。例7)的补语"在塘里"后面出现的是连谓项"浯 [uɹ] 淹死了"。

5. 结果补语

结果补语是中心语行为性状所导致的状态。有带"得"的结果补语，也有不带"得"的结果补语。

(1) V+结果补语

句子里动词后面只带结果补语，不带宾语。有两种情况：一种是带"得"的结果补语，通常"得"后的补语由状态形容词充当；另一种是不带"得"的结果补语，不带"得"的补语由动词或短语充当。例如：

1) 他眨个眼睛就跑得无远八远的。

2) 他一家伙跶摔得仰个四天。他一下子摔得四脚朝天。

3) 乜这棵树长得弯倒鼓救的。

4) 他们把乜这个楼板踩塌了。

5) 他们两个人闹翻了。

6) 托托看到一条蛇在路上，简直吓麻了爪子吓得不知所措。

7) 我硬是急得眼泪流。

(2) V+结果补语+O

这一格式的动补句跟普通话里的动补句结构一致。句子里动词后既带结果补语，又带宾语。结果补语直接出现在动词后面，通常由动词、形容词充当，动词包括趋向动词。例如：

1) 他的伢读书□[xɤʋ] 很潜心努力、认真，做完了数学做物理，根本不要人说。

2) 两个伢在屋里简直闹翻了天。(动补—动动)

3) 把人都气昏了头。

4) 衣裳尽被刺刮破了一道口子。

5) 他天天打麻将，硬是打上了瘾。(动补—动趋)

6) 他看小说看入了迷。

7) 一天到黑睡瞌睡，把人都睡懒了骨头。

8) 学好了本事做么事都不怕。

9) 他真是个赌棍啰！已经输红了眼睛嘿。

10) 你把话说清楚，我对你怎么不好吵？(动补—动形)

这一格式的结果补语不带"得"。如果补充说明已然的动作行为，则表示完成的动态助词"了"出现在补语的后面，而不是紧跟着动词；如果补充说明未然的动作行为，则不出现动态助词"了"，如上例7），其他都是表示已然的动作行为，都在补语后面出现"了"。结果补语多为单音节的动词，如例1）的"完"、例2）的"翻"、例3）的"昏"、例4）的"破"。结果补语也可以是单音节的趋向动词，如上例5）的"上"、例6）的"入"。结果补语还可以由形容词充当，有单音节形容词，如例7）的"懒"、例（8）的"好"、例9）的"红"。也有双音节形容词，如例10）的"清楚"。

(3) V＋去＋V＋了（结果补语）

这一格式是安陆方言特有的结果补语句格式。第一个动词后面的"去"是必不可少的成分，用普通话来表达这一结构时，是"V＋V＋了"；第二个动词作结果补语。句末的"了"也是这一格式必不可少的成分。整个格式可以看成是趋向补语和结果补语的结合，也就是说，这种格式既有趋向补语，又有结果补语。不过，结果补语意义多一些。例如：

1) 他拿倒棍子呼过去，把强徒小偷撵去跑了。
2) 他把他的舅爷气去跑了。
3) 菜园的大椒辣椒哈都尽被强徒小偷摘去跑了。
4) 他拿根篙子朝树上一呼，树上的雀子鸟哈都飞去跑了。
5) 他们把家具哈都搬去走了。

并不是所有的动词都能作这一格式的结果补语，通常是跟趋向动词"去"有关，表示［＋离开］意义的动词才能作这一格式的结果补语，如"跑"、"走"等。在普通话里，"跑"、"走"等动词直接位于动词后面作结果补语。上面的例子里动补结构为"撵跑了"、"气跑了"、"摘跑了"、"飞跑了"、"搬走了"。例3）的"摘去跑了"普通话还可以说"摘去了"，其他几例不能说成"V＋去＋了"。

三、语法例句

说　明

本语法例句根据以下几个来源综合：(1) 中国社会科学院语言研究所

方言组《方言调查词汇表》第 31 部分"语法",参看《方言》1981 年版,第 201—203 页;(2) 丁声树《方言调查词汇手册》第 18 部分,参看《方言》1989 年版, 第 91—97 页;(3) 中国社会科学院语言研究所"汉语方言重点调查"课题组编印"语法调查例句"(未刊);(4) 中国社会科学院重大研究课题"中国濒危语言方言调查研究与新编《中国语言地图集》"编印"词汇语法调查条目"(未刊);(5) 根据通行语法著作适当选取的一些语法例句。

001 (这句话用××话怎么说?)

乜句话用安陆方言怎么说嘞?

nie˧ tʂʮ˧˦ xua˨ yɤ˥ ŋan˧ nəu˨ xua˨ tsoŋˇ mo˨ ʂɥe˧ nɛ˧?

002 (你还会说别的地方的话吗?)

你还会不会说别个场儿的话嘞?

n̩ˇ xai˨ xuei˧ ·pu xuei˧ ʂɥe˧ pie˧ ko˧ tʂar ·ti xua˨ nɛ˧?

003 (不会了,我从小就没出过门,只会说××话。)

不会了,我从小就冇出过门,只会说安陆方言。

pu˧ xuei˧ ·iau, ŋoˇ tsʰuŋˇ ɕiauˇ tsəu˧ mau˨ tʂʰʮ˧ ko˧ mən˨, tʂʮˇ xuei˧ ʂɥe˧ ŋan˧ nəu˨ xua˨。

004 (会,还会说××话、××话,不过说得不怎么好。)

会,还会说武汉话,就是说得不怎么好。

xuei˧, xai˨ xuei˧ ʂɥe˧ u˨ xan˧ xua˨, tsəu˧ sʮ˥ ʂɥe˧ ət pu˧ tsən˨ moˇ xauˇ。

005 (会说普通话吗?)

会不会说普通话唉?

xuei˧ ·pu xuei˧ ʂɥe˧ pʰuˇ tʰuŋ˧ xua˨ ai˨?

006 (不会说,没有学过。)

不会说,冇学过。

pu˧ xuei˧ ʂɥe˧, mau˨ ɕio˨ ko˧。

007 (会说一点儿,不标准就是了。)

会说一点儿,就是不标准。

xuei˧ ʂɥe˧ i˧ tiar, tsəu˧ sʮ˥ pu˧ piau˧ tʂən˨。

008 (在什么地方学的普通话?)

在哪儿学的普通话唉？

tai˧ nar ɕio˧˩ ·ti pʻu˧˩ tʻuŋ˧ xua˧ ai˧˩?

009（上小学中学都学普通话。）［此种情形为普通话与安陆方言的表述方式一致，下同］

ʂaŋ˧ ɕiau˧˩ ɕio˧˩ tʂuŋ˧ ɕio˧˩ təu˧ ɕio˧˩ pʻu˧˩ tʻuŋ˧ xua˧。

010（谁呀？我是老王。）

哪个嘞？我是老王。

na˧˩ ko˧ nɛ˧˩? ŋo˧˩ ʂʅ˧ nau˧˩ uaŋ˧˩。

011（您贵姓？我姓王，您呢？）

你老儿贵姓嘞？我姓王，你老儿唉？

n̩˧˩ nar kuei˧ ɕin˧ nɛ˧˩? ŋo˧˩ ɕin˧ uaŋ˧˩, n̩˧˩ nar ai˧?

012（我也姓王，咱俩都姓王。）

我也姓王，我们两个哈姓王。

ŋo˧˩ iɛ˧˩ ɕin˧ uaŋ˧˩, ŋo˧˩ mən˧˩ niaŋ˧˩ ko˧ xa˧ ɕin˧ uaŋ˧˩。

013（巧了，他也姓王，本来是一家嘛。）

真是巧喔，他也姓王，本来是一家嘞。

tʂən˧ ʂʅ˧ tɕiau˧˩ o˧˩, tʻa˧ iɛ˧˩ ɕin˧ uaŋ˧˩, pən˧˩ nai˧˩ ʂʅ˧ i˧ tɕia˧ mɛ˧˩。

014（老张来了吗？说好他也来的！）

老张来了冇？说好了他也来的。

nau˧˩ tʂaŋ˧ nai˧˩ ·iau mau˧? ʂyɛ˧ xau˧˩ ·uau tʻa˧ iɛ˧˩ nai˧˩ ·ti。

015（他没来，还没到吧。）

他冇来，还冇到吧。

tʻa˧ mau˧ nai˧˩, xai˧˩ mau˧ tau˧ pa˧˩。

016（他上哪儿了？还在家里呢。）

他到哪儿去了唉？还在屋里。

tʻa˧ ta˧ nar tɕʻi˧˩ ·iau ai˧˩? xai˧˩ tai˧ u˧ ·ni。

017（在家做什么？在家吃饭呢。）

在屋里做么事唉？在屋里吃饭。

tai˧ u˧ ·ni tsou˧ mo˧˩ ʂʅ˥ ai˧˩? tai˧ u˧ ·ni tɕʻi˧ fan˧。

018（都几点了，怎么还没吃完？）

都几点了唉，怎么还冇吃完嘞？

təu˧ tɕi˧˩ tien˧˩ ·niau ai˧˩, tsən˧˩ mo˧˩ xai˧˩ mau˧ tɕʻi˧ uan˧˩ nɛ˧˩?

019 (还没有呢，再有一会儿就吃完了。)

　　还冇，等一下儿就吃完了。

　　xai˩ mau˧, tən˩ i˧ xar tsəu˩ tɕʰi˧ uan˩ ·niau。

020 (他在哪儿吃的饭？)

　　他在哪哈儿吃的饭嘞？

　　tʰa˧ tai˧ na˩ xar tɕʰi˧ ·ti fan˧ nɛ˩?

021 (他是在我家吃的饭。)

　　他在我的屋里吃的饭。

　　tʰa˧ tai˧ ŋo˩ ·ti u˧ ·ni tɕʰi˧ ·ti fan˧。

022 (真的吗？真的，他是在我家吃的饭。)

　　真的呀？是真的，他是在我的屋里吃的饭。

　　tsən˧ ·ti ia˧? ʂʅ˩ tsən˧ ·ti, tʰa˧ ʂʅ˩ tai˧ ŋo˩ ·ti u˧ ·ni tɕʰi˧ ·ti fan˧。

023 (先喝一杯茶再说吧！)

　　先喝一杯茶着！

　　ɕiɛn˧ xo˧ i˧ pei˧ tsʰa˩ tso˩!

024 (说好了就走的，怎么半天了还不走？)

　　说好了马上走的，怎么乜长时间了还不走唉？

　　ʂue˧ xau˩ ·uau ma˩ ʂaŋ˧˩ tsəu˩ ·ti, tsən˩ mo˩ nie˧ tsʰaŋ˩ ʂʅ˩ tɕiɛn˧ ·niau xai˩ pu˧ tsəu˩ ai˩?

025 (他磨磨蹭蹭的，做什么呢？)

　　他磨磨蹭蹭的，在搞嘿嘞？

　　tʰa˧ mo˩ ·mo ·tsʰən ·tsʰən ·ti, tai˧ kau˩ mɛ˩ nɛ˩?

026 (他正在那儿跟一个朋友说话呢。)

　　他正在喏儿跟一个朋友说话呢。

　　tʰa˧ tsən˧ tai˧ nor kən˧ i˧ ko˧ pʰuŋ˩ iəu˩ ʂue˧ xua˧ nɛ˩。

027 (还没说完啊？催他快点儿！)

　　还冇说完啦？催他快抹点儿哟！

　　xai˩ mau˧ ʂue˧ uan˧ na˧? tsʰei˧ tʰa˧ kʰuai˧ ma˧ tiər ʂɛ˧!

028 (好，好，他就来了。)

　　好，好，他马上就来了。

　　xau˩, xau˩, tʰa˧ ma˩ ʂaŋ˧˩ tsəu˧ nai˩ ·iau。

029 (你上哪儿去？我上街去。)

你到哪儿去耶？我到街上去。

ŋ˅ tau˧ nar tɕʰi˧ iɛ˧? ŋo˅ tau˧ kai˧ ·ṣaŋ tɕʰi˧。

030 (你多会儿去？我马上就去。)

你几咱儿去耶？我马上就去。

ŋ˅ tɕi˅ tsər tɕʰi˧ iɛ˧? ŋo˅ ma˅ ṣaŋ˧ tsəu˧ tɕʰi˧。

031 (做什么去呀？家里来客人了，买点儿菜去。)

去搞么家唉？屋里来了客，去买点儿菜。

tɕʰi˧ kau˅ mo˅ tɕia˧ ai˅? u˧ ·ni nai˅ ·iau kʰɛ˧, tɕʰi˧ mai˅ tiər tsʰai˧。

032 (你先去吧，我们一会儿再去。)

你先去吧，我们等下儿再去。

ŋ˅ ɕiɛn˧ tɕʰi˧ pa˅, ŋo˅ mən˅ tən˅ xar tsai˧ tɕʰi˧。

033 (好好儿走，别跑！小心摔跤了。)

好生儿地走，莫跑！招呼跶得巧。

xau˅ sər ·ti tsəu˅, mo˧ pʰau˅! tsau˧ xu˧ ta˧ ·tɕʰiau˅。

034 (小心点儿，不然的话摔下去爬都爬不起来。)

小心一点儿，不然的话掉下去爬都爬不起来的。

ɕiau˅ ɕin˧ i˧ tiər, pu˧ ɣan˅ ·ti xua˧ tiau˧ ɕia˧ tɕʰi˧ pʰa˅ təu˧ pʰa˅ pu˧ tɕʰi˅ nai˅ ·ti。

035 (不早了，快去吧！)

天道不早了，快抹点儿去吧！

tʰiɛn˧ tau˧ pu˧ tsau˅ ·uau, kʰuai˧ ma˧ tiər tɕʰi˧ pa˅!

036 (这会儿还早呢，过一会儿再去吧。)

恁咱儿还早，等一下儿再去吧。

nin˧ tsər xai˧ tsau˅, tən˅ i˧ xar tsai˧ tɕʰi˧ pa˅。

037 (吃了饭再去好不好？)

吃了饭再去好不好唉？

tɕʰi˧ ·iau fan˧ tsai˧ tɕʰi˧ xau˅ ·pu xau˅ ai˅?

038 (不行，那可就来不及了。)

不行，乜样儿就来不及了。

pu˧ ɕin˅, niɛ˧ iar tsəu˧ nai˅ ·pu tɕʰi˧ ·iau。

039 (不管你去不去，反正我是要去的。)

随你去不去，反正我是要去的。

sei˅ n̩˅ tɕʰi˦ ·pu tɕʰi˦, fan˦ tʂən˦ ŋo˅ ʂʅ˦ iau˦ tɕʰi˦ ·ti。

040 (你爱去不去。你爱去就去，不爱去就不去。)

n̩˅ ŋai˦ tɕʰi˦ pu˦ tɕʰi˦。n̩˅ ŋai˦ tɕʰi˦ tsəu˦ tɕʰi˦, pu˦ ŋai˦ tɕʰi˦ tsəu˦ pu˦ tɕʰi˦。

041 (那我非去不可！)

乜哪，我非去不可！

niɛ˦ na˦, ŋo˅ fei˦ tɕʰi˦ pu˦ kʼo˅!

042 (那个东西不在那儿，也不在这儿。)

乜个东西不在喏儿，也不在喏儿。

niɛ˦ ko˦ tuŋ˦ ·ɕi pu˦ tai˦ nor, iɛ˅ pu˦ tsai˦ nor。

043 (那到底在哪儿？)

乜到底在哪儿唉？

niɛ˦ tau˦ ti˅ tai˦ nar ai˅?

044 (我也说不清楚，你问他去！)

我也说不清楚，你去问他！

ŋo˅ iɛ˅ ʂɥe˦ pu˦ tɕʰin˦ tsʼu˅, n̩˅ tɕʰi˦ uən˦ tʼa˦!

045 (怎么办呢？不是那么办，要这么办才对。)

怎么办呢？不是乜样儿办，要乜样儿办才对。

tsən˅ mo˅ pan˦ nɛ? pu˦ ʂʅ˦ niɛ˦ iar pan˦, iau˦ niɛ˦ iar pan˦ tsʼai˅ tei˦。

046 (要多少才够呢？)

要几多才够唉？

iau˦ tɕi˅ to˦ tsʼai˅ kəu˦ ai˦?

047 (太多了，要不了那么多，只要这么多就够了。)

太多了，要不了乜多，只要乜多就够了。

tʼai˦ to˦ ·niau, iau˦ ·pu niau˅ niɛ˦ to˦, tʂʅ˅ iau˦ niɛ˦ to˦ tsəu˦ kəu˦ ·uau。

048 (不管怎么忙，也得好好儿学习。)

随你怎么忙，都要好生儿地学习。

sei˅ n̩˅ tsən˅ mo˅ maŋ˅, təu˦ iau˦ xau˅ sər ·ti ɕio˅ ɕi˦。

049 (你闻闻这朵花香不香？)

　　你闻下乜朵花香不香唉？

　　n̩˧˩ uən˧˩ xa˧˩ nie˧ to˧˩ xua˧˩ ɕiaŋ˧ ·pu ɕiaŋ˧ ŋai˧˩?

050 (好香呀，是不是？)

　　xau˧˩ ɕiaŋ˧ ŋa˧˩, ʂʅ˧ ·pu ʂʅ˧?

051 (你是抽烟呢，还是喝茶？)

　　你是抽烟，还是喝茶嘞？

　　n̩˧˩ ʂʅ˧ tʂʰəu˧ iɛn˧, xai˧˩ ʂʅ˧ xo˧˩ tʂʰa˧˩ nɛ˧˩?

052 (烟也好，茶也好，我都不会。)

　　iɛn˧ iɛ˧˩ xau˧˩, tʂʰa˧˩ iɛ˧˩ xau˧˩, ŋo˧˩ təu˧ pu˧ xuei˧.

053 (医生叫你多睡一睡，抽烟喝茶都不行。)

　　医生叫你多睡下，抽烟喝茶都不行。

　　i˧ ·sən tɕiau˧ n̩˧˩ to˧ ʂuei˧ xa˧, tʂʰəu˧ iɛn˧ xo˧ tʂʰa˧˩ təu˧ pu˧ ɕin˧˩.

054 (咱们一边走一边说。)

　　我们一边走一边说。

　　ŋo˧˩ mən˧˩ i˧ piɛn˧ tsəu˧˩ i˧ piɛn˧ ʂue˧.

055 (这个东西好是好，就是太贵了。)

　　乜个东西好是好，就是太贵了。

　　nie˧ ko˧ tuŋ˧ ·ɕi xau˧˩ ʂʅ˧ xau˧˩, tsəu˧ ʂʅ˧ tʰai˧ kuei˧ ·iau.

056 (这个东西虽说贵了点儿，不过挺结实的。)

　　乜个东西虽说贵得点儿，不过还蛮结实。

　　nie˧ ko˧ tuŋ˧ ·ɕi sei˧ ʂue˧ kuei˧ ·tɛ tiər, pu˧ ko˧ xai˧˩ man˧˩ tɕie˧ ʂʅ˧˩.

057 (他今年多大了？)

　　他今年几大唉？

　　tʰa˧ tɕin˧ iɛn˧˩ tɕi˧˩ ta˧ ai˧˩?

058 (也就是三十来岁吧。)

　　iɛ˧˩ tsəu˧ ʂʅ˧ san˧ ʂʅ˧˩ nai˧˩ ɕi˧ pa˧.

059 (看上去不过三十多岁的样子。)

　　kʰan˧ ·ʂaŋ tɕʰi˧˩ pu˧ ko˧ san˧ ʂʅ˧˩ to˧ ·ɕi ti˧ iaŋ˧ ·tsʅ.

060 (这个东西有多重呢？)

七个东西有几重唉?

nie˧ ko˧˧ tuŋ˧ ·ɕi iəu˯ tɕi˯ tʂuŋ˧ ai˯?

061（怕有五十多斤吧。）

只怕有五十多斤啰。

tʂʅ˯ p'a˧ iəu˯ u˯ ʂʅ˧ to˧ tɕin˧ no˯.

062（我五点半就起来了，你怎么七点了还不起来?）

ŋo˯ u˯ tien˯ pan˧ tsən˧ tɕ'i˯ nai˯ ·iau, n̩˯ tsən˯ mo˯ tɕ'i˯ tien˯ ·niau xai˯ pu˧ tɕ'i˯ nai˯ iɛ˯?

063（三四个人盖一床被。一床被盖三四个人。）

三四个人盖一床被窝。一床被窝盖三四个人。

san˧ sʅ˧ ko˧˧ zən˯ kai˧ i˧ tʂ'ɥaŋ˧ pi˧ ŋo˯. i˧ tʂ'ɥaŋ˯ pi˧ ŋo˯ kai˧ san˧ sʅ˧ ko˧˧ zən˯.

064（一个大饼夹一根油条。一根油条外加一个大饼。）

i˧ ko˧ ta˧ pin˯ tɕia˧ i˧ kən˧ iəu˯ t'iau˯. i˧ kən˧ iəu˯ t'iau˯ uai˧ tɕia˧ i˧ ko˧ ta˧ pin˯.

065（两个人坐一张凳子。一张凳子坐了两个人。）

niaŋ˯ ko˧ zən˯ tso˧ i˧ tʂaŋ˧ tən˧ ·tsʅ. i˧ tʂaŋ˧ tən˧ ·tsʅ tso˧ ·niau niaŋ˯ ko˧ zən˯.

066（一辆车装三千斤麦子。三千斤麦子刚好够装一辆车。）

i˧ niaŋ˯ tʂ'ɛ˧ tʂɥaŋ˧ san˧ tɕ'ien˧ tɕin˧ mɛ˧ ·tsʅ. san˧ tɕ'ien˧ tɕin˧ mɛ˧ ·tsʅ kaŋ˧ xau˯ kəu˧ tʂɥaŋ˧ i˧ niaŋ˯ tʂ'ɛ˧.

067（十个人吃一锅饭。一锅饭够吃十个人。）

ʂʅ˯ ko˧ zən˯ tɕ'i˧ i˧ ko˧ fan˧. i˧ ko˧ fan˧ kəu˧ tɕ'i˧ ʂʅ˯ ko˧ zən˯.

068（十个人吃不了这锅饭。这锅饭吃不了十个人。）

十个人吃不了乜锅饭。乜锅饭吃不了十个人。

ʂʅ˯ ko˧ zən˯ tɕ'i˧ ·pu niau˯ nie˧ ko˧ fan˧. nie˧ ko˧ fan˧ tɕ'i˧ ·pu niau˯ ʂʅ˯ ko˧ zən˯.

069（这个屋子住不下十个人。）

nie˧ ko˧˧ u˧ ·tsʅ tʂʅ˧ ·pu ɕia˧ ʂʅ˯ ko˧ zən˯.

070（小屋堆东西，大屋住人。）

ɕiau˯ u˧ tei˧ tuŋ˧ ·ɕi, ta˧ u˧ tʂʅ˧ zən˯.

071（他们几个人正说着话呢。）

　　他们几个人正在说话呢。

　　tʻa˧ mən˩ tɕi˩ ko˧ zən˩ tʂən˩ tai˥ ʂɥe˧ xua˧ ni˩。

072（桌上放着一碗水，小心别碰倒了。）

　　桌子高头放了一碗水得，小心莫碰得巧。

　　tʂo˧ ·tsʅ kau˧ ·təu faŋ˧ ·ŋau i˧ uan˩ ʂɥei˩ ·te，ɕiau˩ ɕin˧ mo˧ pʻuŋ˧ ·te tɕʻiau˩。

073（门口站着一帮人，在说着什么。）

　　门口站了一帮人得，在说么事。

　　mən˩ kʻəu˩ tʂan˧ ·niau i˧ paŋ˧ zən˩ ·te，tai˥ ʂɥe˧ mo˩ sʅ˧。

074（坐着吃好，还是站着吃好？）

　　坐倒吃好，还是站倒吃好唉？

　　tso˧ ·tau tɕʻi˧ xau˩，xai˩ sʅ˧ tʂan˧ ·tau tɕʻi˧ xau˩ ai˩？

075（想着说，不要抢着说。）

　　想倒说，不要抢倒说。

　　ɕiaŋ˩ ·tau ʂɥe˧，pu˧ iau˧ tɕʻiaŋ˩ ·tau ʂɥe˧。

076（说着说着就笑起来了。）

　　说倒说倒就笑起来了。

　　ʂɥe˧ ·tau ʂɥe˧ ·tau tsəu˧ ɕiau˩ tɕʻi˩ ·nai ·iau。

077（别怕！你大着胆子说吧。）

　　莫怕！你大倒胆子说吧。

　　mo˧ pʻa˧！n̩˩ ta˧ ·tau tan˩ ·tsʅ ʂɥe˧ pa˩。

078（这个东西重着呢，足有一百来斤。）

　　乜个东西蛮重，足足有百把斤。

　　nie˧ ko˧˩ tuŋ˧ ·ɕi man˩ tʂuŋ˧，tsəu˧ tsəu˧ iəu˩ pe˧ pa˩ tɕin˧。

079（他对人可好着呢。）

　　他对人不晓得几好。

　　tʻa˧ tei˧ zən˩ pu˧ ɕiau˩ te˧ tɕi˩ xau˩。

080（这小伙子可有劲着呢。）

　　乜个小伙子不晓得几有劲啰。

　　nie˧ ko˧˩ ɕiau˩ xo˩ ·tsʅ pu˧ ɕiau˩ te˧ tɕi˩ iəu˩ tɕin˧ no˩。

081 (别跑，你给我站着！)
　　莫跑，你给我站倒！
　　mo˧ pʻauˇ, n̩ˇ kɛˇ ŋoˇ tʂan˧ ·tau!
082 (下雨了，路上小心着！)
　　落雨了，路上好生儿的！
　　no˧ ʮˇ ·zau, nəu˧ ʂaŋ xauˇ sər ·ti!
083 (点着火了。着凉了。)
　　tiɛnˇ tʂoˇ xoˇ ·niau。tʂoˇ niaŋˇ ·ŋau。
084 (甭着急，慢慢儿来。)
　　莫着急，慢慢儿来。
　　mo˧ tʂoˇ tɕi˧, man˧ mar naiˇ。
085 (我正在这儿找着你，还没找着。)
　　我正在嗻儿找你，还冇找倒。
　　ŋoˇ tʂən˧ tai˧ nor tʂauˇ n̩ˇ, xaiˇ mau˧ tʂauˇ tauˇ。
086 (她呀，可厉害着呢！)
　　她啦，很有点儿厉害！
　　tʻa˧ na˧, xənˇ iəuˇ tiər ni˧ xai˧!
087 (这本书好看着呢。)
　　乜本书真好看啰。
　　niɛ˧ pənˇ ʂʅ˧ tʂən˧ xauˇ kʻan˧ noˇ。
088 (饭好了，快来吃吧。)
　　fan˧ xauˇ ·uau, kʻuaiˇ naiˇ tɕʻi˧ paˇ。
089 (锅里还有饭没有？你去看一看。)
　　锅里还有不有饭嘞？你去看下咇。
　　ko˧ ·ni xaiˇ iəuˇ pu iəuˇ fan˧ nɛ? n̩ˇ tɕʻi˧ kʻan˧ xa˧ ʂɛ˧。
090 (我去看了，没有饭了。)
　　我去看了的，冇得饭。
　　ŋoˇ tɕʻi˧ kʻan˧ ·niau ·ti, mau˧ tɛ˧ fan˧。
091 (就剩一点儿了，吃了得了。)
　　就剩一点儿了，吃了算了。
　　tsəu˧ ʂən˧ i˧ tiər ·zau, tɕʻi˧ ·iau san˧ ·niau。
092 (吃了饭要慢慢儿的走，别跑，小心肚子疼。)

吃了饭要慢慢儿地走，莫跑，招呼肚子疼。

tɕʰi˧ ·iau fan˧ iau˧ man˧ mar ·ti tsəu˯, mo˧ pʰau˯, tʂau˦ xu˧ təu˯ ·tsɿ tʰən˯。

093（他吃了饭了，你吃了饭没有呢？）

他吃了饭的，你吃了饭冇？

tʰa˧ tɕʰi˧ ·iau fan˧ ·ti, n̩˯ tɕʰi˧ ·iau fan˧ mau˧?

094（我喝了茶还是渴。）

ŋo˯ xo˧ ·niau tʂʰa˯ xai˯ sɿ˧ kʰo˧。

095（我吃了晚饭，出去溜达了一会儿，回来就睡下了，还做了个梦。）

我吃了夜饭，出去转了一下儿，回来就睡了，还做了个梦。

ŋo˯ tɕʰi˧ ·iau iɛ˧ fan˧, tʂʰy˧ tɕʰi˧ tʂuan˧ ·niau i˧ xar, xuei˯ nai˧ tsəu˧ ʂuei˧ ·iau, xai˯ tsəu˧ ·uau ko˧ muŋ˧。

096（吃了这碗饭再说。）

吃了乜碗饭着。

tɕʰi˧ ·iau niɛ˧ uan˯ fan˧ tʂo˯。

097（我昨天照了像了。）

我昨儿照了像的。

ŋo˯ tsor tʂau˧ ·uau ɕiaŋ˧ ·ti。

098（有了人，什么事都好办。）

iəu˯ ·uau zən˯, ʂən˧ mo˯ sɿ˧ təu˧ xau˯ pan˧。

099（不要把茶杯打碎了。）

莫把茶杯打破了。

mo˧ pa˯ tʂʰa˯ pei˧ ta˯ pʰo˧ ·niau。

100（你快把这碗饭吃了，饭都凉了。）

你快抹点儿把乜碗饭吃了他，饭都凉了。

n̩˯ kʰuai˧ ma˧ tiər pa˯ niɛ˧ uan˯ fan˧ tɕʰi˧ ·iau tʰa˧, fan˧ təu˧ niaŋ˯ ·ŋau。

101（下雨了。雨不下了。天晴开了。）

落雨了。雨住了。天放晴了。

no˧ y˯ ·zau。y˯ tʂy˧ ·zau。tʰien˧ faŋ˧ tɕʰin˯ ·niau。

102（打了一下。去了一趟。）

ta˅ ·niau i˧ xa˥。tɕ'i˧ ·iau i˧ t'aŋ˧。

103 (晚了就不好了，咱们快点儿走吧！)

晚了就不好了，我们快抹点儿走吧！

uan˅ ·niau tsəu˧ pu˧ xau˅ ·uau，ŋo˅ mən˅ k'uai˧ ma˧ tiər tsəu˅ pa˅！

104 (给你三天时间做得了做不了？)

给你三天时间做不做得了唉？

kɛ˅ n̩˅ san˧ t'ien˧ ʂ˩˥ tɕien˧ tsəu˅ ·pu tsəu˧ ·tɛ niau˅ ai˅？

105 (你做得了，我做不了。)

n̩˅ tsəu˧ ·tɛ niau˅，ŋo˅ tsəu˧ ·pu niau˅。

106 (你骗不了我。)

n̩˅ p'ien˧ pu˧ niau˅ ŋo˅。

107 (了了这桩事情再说。)

了了乜桩事着。

niau˅ ·uau nie˧ tʂuaŋ˧ ʂ˩ tʂo˅。

108 (这间房没住过人。)

乜间房冇住过人。

nie˧ tɕien˧ faŋ˅ mau˧ tʂʅ˧ ko˧ zən˅。

109 (这牛拉过车，没骑过人。)

乜头牛拉过车，冇骑过人。

nie˧ t'əu˅ yŋ˅ na˧ ko˧ tʂ'ɛ˧，mau˧ tɕ'i˅ ko˧ zən˅。

110 (这小马还没骑过人，你小心点儿。)

乜匹小马还冇骑过人，你好生儿的。

nie˧ p'i˅ ɕiau˅ ma˅ xai˅ mau˧ tɕ'i˅ ko˧ zən˅，n̩˅ xau˅ sər ·ti。

111 (以前我坐过船，可从来没骑过马。)

i˅ tɕien˅ ŋo˅ tso˧ ko˧ tʂ'uan˅，k'o˅ ts'uŋ˅ nai˅ mei˅ tɕ'i˅ ko˧ ma˅。

112 (丢在街上了。搁在桌上了。)

丢在街上去了。放在桌子高头得。

tiəu˧ tai˧ kai˧ ·ʂaŋ tɕ'i˧ ·iau。faŋ˧ tai˧ tʂo˧ tsʅ˧ kau˧ ·t'əu ·tɛ。

113 (掉到地上了，怎么都没找着。)

掉到地上去了，随么样儿都冇找倒。

tiau˧ tau˧˩˧ ti˧ ·ʂaŋ tɕ'i˧ ·iau，sei˅ mo˅ iar təu˧ mau˧ tʂau˅ tau˅。

114 (今晚别走了，就在我家住下吧！)

今朝晚行莫走了，就在我的屋里住下吧！

tɕin˧ tsoˇ uanˇ ɕinˇ moˇ tsəuˇ ·uau, tsəu˧ tai˧ ŋoˇ ·ti u˩ ·ni tʂʅ˧ ɕia˧ pa˩!

115 (这些果子吃得吃不得？)

乜些果子吃不吃的得嘞？

nie˧ ɕie˧ ko˩ ·tsʅ tɕʰi˧ ·pu tɕʰi˩ ·ti te˩ ne˩?

116 (这是熟的，吃得。那是生的，吃不得。)

乜是熟的，吃得。乜是生的，吃不得。

nie˧ ʂʅ˧ ʂəuˇ ·ti, tɕʰi˩ te˩。nie˧ ʂʅ˧ sən˧ ·ti, tɕʰi˩ ·pu te˩。

117 (你们来得了来不了？)

你们来不来得了唉？

n̩ˇ mənˇ nai˩ ·pu nai˩ te niau˩ ai˩?

118 (我没事，来得了，他太忙，来不了。)

我冇得事，来得了，他太忙，来不了。

ŋoˇ mau˧ te˩ ʂʅ˩, nai˩ ·te niau˩, tʰa˧ tʰai˧ maŋˇ, nai˩ ·pu niau˩。

119 (这个东西很重，拿得动拿不动？)

乜个东西□很重，拿不拿得动唉？

nie˧ ko˩˧ tuŋ˧ ·ɕi xɛˇ tʂuŋ˧, na˩ ·pu na˩ ·te tuŋ˧ ai˩?

120 (我拿得动，他拿不动。)

ŋoˇ na˩ ·te tuŋ˧, tʰa˧ na˩ ·pu tuŋ˧。

121 (真不轻，重得连我都拿不动了。)

tsən˧ pu˧ tɕʰin˧, tʂuŋ˧ ·te nienˇ ŋoˇ təu˧ na˩ ·pu tuŋ˧ ·ŋau。

122 (他手巧，画得很好看。)

tʰa˧ ʂəuˇ tɕʰiauˇ, xua˧ ·te xɛˇ xauˇ kʰan˧。

123 (他忙得很，忙得连吃过饭没有都忘了。)

他忙得很，忙得连自己是不是吃过了饭都忘记了。

tʰa˧ maŋˇ ·te xən, maŋˇ ·te nienˇ tsʅ˧ tɕiˇ ʂʅ˧ ·pu ʂʅ˧ tɕʰi˧ ko˧ ·niau fan˧ təu˧ uaŋ˧ tɕi˧ ·iau。

124 (你看他急得，急得脸都红了。)

n̩ˇ kʰan˧ tʰa˧ tɕi˧ ·te, tɕi˧ ·te nienˇ təu˧ xuŋˇ ·ŋau。

125 (你说得很好，你还会说些什么呢?)

你说得□很好，你还会说点么事呢?

ȵʋ ʂɥɛ˦ ˑtɛ xɤˇ xauˇ, ȵʋ xaiˇ xuei˦ ʂɥɛˇ tiɛnˇ moˇ sɿ˥ ˑni?

126 (说得到，做得了，真棒!)

ʂɥɛ˦ ˑtɛ tau˦, tsəu˦ ˑtɛ niauˇ, tʂən˦ paŋ˥!

127 (这个事情说得说不得呀?)

乜个事情说不说的得嘞?

niɛ˦ ko˦ sɿ˥ tɕʰin˦ ʂɥɛ˦ ˑpu ʂɥɛ˦ ˑti tɛ˦ nɛ˦?

128 (他说得快不快？听清楚了吗?)

他说得快不快耶？听清楚了冇?

tʰa˦ ʂɥɛ˦ ˑtɛ kʰuai˦ ˑpu kʰuai˦ iɛ˦? tʰin˦ tɕʰinˇ tsʰəuˇ ˑuau mau˥?

129 (他说得快不快？只有五分钟时间了。)

tʰa˦ ʂɥɛ˦ ˑtɛ kʰuai˦ ˑpu kʰuai˦? tʂɿˇ iəuˇ uˇ fən˦ tʂuŋ˦ sɿˇ tɕiɛn˦ ˑniau。

130 (这是他的书。)

乜是他的书。

niɛ˦ sɿ˥ tʰa˦ ˑti ʂɥ˦。

131 (那本书是他哥哥的。)

乜本书是他的哥哥的。

niɛ˦ pənˇ ʂɥ˦ sɿ˥ tʰa˦ ˑti ko˦ ko ˑti。

132 (桌子上的书是谁的？是老王的。)

桌子高头的书是哪个的唉？是老王的。

tʂo˦ ˑtsɿ kau˦ tʰəu ˑti ʂɥ˦ sɿ˥ naˇ ko˦ ˑti ai˦? sɿ˥ nauˇ uaŋˇ ˑti。

133 (屋子里坐着很多人，看书的看书，看报的看报，写字的写字。)

屋里坐了很多人得，看书的看书，看报的看报，写字的写字。

u˦ ˑni tso˦ ˑniau xɤˇ to˦ zən˦ ˑtɛ, kʰan˦ ʂɥ˦ ˑti kʰan˦ ʂɥ˦, kʰan˦ pau˦ ˑti kʰan˦ pau˦, ɕiˇ tsɿ˥ ˑti ɕiˇ tsɿ˥。

134 (要说他的好话，不要说他的坏话。)

要说他的好话，莫说他的拐话。

iau˦ ʂɥɛ˦ tʰa˦ ˑti xauˇ xua˦, mo˦ ʂɥɛ˦ tʰa˦ ˑti kuaiˇ xua˦。

135 (上次是谁请的客？是我请的。)

上埋是哪个请的客嘞？是我请的。

ʂaŋ˧ mai˥ ʂɿ˧ na˥ ko˧˥ tɕʰin˥ ·ti kʰɤ˧ nɤ˧? ʂɿ˧ ŋo˥ tɕʰin˥ ·ti。

136（你是哪年来的？）

你是哪一年来的耶？

n̩˥ ʂɿ˧ na˥ i˧ iɛn˥ nai˥ ·ti iɛ˥?

137（我是前年到的北京。）

ŋo˥ ʂɿ˧ tɕʰiɛn˥ iɛn˥ tau˧ ·ti pɤ˧ tɕin˧。

138（你说的是谁？）

你说的是哪个唠?

n̩˥ ʂuɛ˧ ·ti ʂɿ˧ na˥ ko˧˥ nɤ˧?

139（我反正不是说的你。）

ŋo˥ fan˥ tʂən˧˥ pu˧ ʂɿ˧ ʂuɛ˧ ·ti n̩˥。

140（他那天是见的老张，不是见的老王。）

tʰa˧ niɛ˧ tʰiɛn˧ ʂɿ˧ tɕiɛn˧ ·ti nau˥ tʂaŋ˧, pu˧ ʂɿ˧ tɕiɛn˧ ·ti nau˥ uaŋ˥。

141（只要他肯来，我就没的说了。）

只要他肯来，我就有得么事话说。

tʂɿ˥ iau˧ tʰa˧ kʰən˥ nai˥, ŋo˥ tsou˧ mau˧ tɤ˧˥ mo˥ ʂɿ˧˥ xua˥ ʂuɛ˧。

142（以前是有的做，没的吃。）

i˥ tɕʰiɛn˥ ʂɿ˧ iou˥ ·ti tsou˧, mei˧ ·ti tɕʰi˧。

143（现在是有的做，也有的吃。）

ɕiɛn˧ tsai˧˥ ʂɿ˧ iou˥ ·ti tsou˧, iɛ˥ iou˥ ·ti tɕʰi˧。

144（上街买个蒜啊葱的，也方便。）

ʂaŋ˧ kai˧ mai˥ ko˧ san˧ na˧ tsʰuŋ˧ ·ti, iɛ˥ faŋ˧ piɛn˧˥。

145（柴米油盐什么的，都有的是。）

tsʰai˥ mi˥ iou˥ iɛn˥ ʂən˧ mo˥ ·ti, tou˧ iou˥ ·ti ʂɿ˧。

146（写字算账什么的，他都能行。）

ɕi˥ tsɿ˧ san˧ tʂaŋ˧ ʂən˧ mo˥ ·ti, tʰa˧ tou˧ nən˥ ɕin˥。

147（把那个东西递给我。）

把乜个东西递得我。

pa˥ niɛ˧ ko˧˥ tuŋ˧ ɕi˧ tɤ˧˥ ŋo˥。

148（是他把那个杯子打碎了。）

是他把乜个杯子打破了的。

ʂʅ˧ tʼa˧ pa˯ niɛ˧ ko˧┤ ·pei˧ ·tsʅ ta˯ pʼo˧ ·niau ·ti。

149（把人家脑袋都打出血了，你还笑！）

把别个的脑壳打出了血，<u>你还笑</u>！

pa˯ piɛ˧ ko˧┤ ·ti nau˯ kʼo˧ ta˯ tʂʼʅ˧ ·ʐau ɕiɛ˧, n̩˯ xai˯ ɕiau˧!

150（快去把书还给他。）

快抹点儿去把书还得他。

kʼuai˧ ma˧ tiər tɕʼi˧ pa˯ ʂʅ┤ xuan˯ tɛ˧ tʼa˧。

151（我真后悔当时没把他留住。）

我真失悔当时冇把他留倒。

ŋo˯ tsən┤ ʂʅ˧ xuei˯ taŋ┤ ʂʅ┤ mau┤ pa˯ tʼa˧ niəu˯ ·tau。

152（你怎么能不把人当人呢？）

n̩˯ tsən˯ mo˯ nən˯ pu˧ pa˯ ʐən˧ taŋ┤ ʐən˧ ni˧?

153（有的地方管太阳叫日头。）

iəu˯ ·ti ti┤ faŋ┤ kuan˯ tʼai┤ iaŋ˯ tɕiau┤ ər˧ ·tʼəu。

154（什么？她管你叫爸爸！）

么事唉？她管<u>你</u>叫爸爸？

mo˯ sʅ┤ ai┤?   tʼa┤ kuan˯ n̩˯ tɕiau┤ pa˧ ·pa?

155（你拿什么都当真的，我看没必要。）

<u>你拿么事都当真的</u>，我看冇得必要。

n̩˯ na˯ mo˯ sʅ┤ təu┤ taŋ┤ tsən┤ ·ti, ŋo˯ kʼan┤ mau┤ tɛ˧ pi˧ iau┤。

156（真拿他没办法，烦死我了。）

真拿他冇得办法，烦死我了。

tsən┤ na˯ tʼa˧ mau┤ tɛ˧ pan┤ fa˧, fan˯ sʅ˯ ŋo˯ ·niau。

157（看你现在拿什么还人家。）

看你恁咱儿拿么事还人家。

kʼan┤ n̩˯ nin┤ tsar na˯ mo˯ sʅ┤ xuan˯ ʐən˧ ka˯。

158（他被妈妈说哭了。）

他尽妈妈说哭了。

tʼa˧ tɕin┤ ma┤ ·ma ʂuɛ˧ kʼu˧ ·uau。

159（所有的书信都被火烧了，一点儿剩的都没有。）

所有的书信都着火烧了，一点儿剩的都冇得。

soꜜ iəuꜜ ·ti ʂʅ˧ ɕin˧ təu˧ tsoꜜ xoꜜ ʂau˧ ·uau, i˧ tiər ʂən˧ ·ti təu˧ mau˧ tɛ˧。

160（被他缠了一下午，什么都没做成。）

尽让他缠了一下午，么事都有做成。

tɕin˧ t'a˧ tʂ'anꜜ ·niau i˧ ɕia˧ uꜜ, moꜜ sʅ˧ təu˧ mau˧ tsəu˧ tʂ'ənꜜ。

161（让人给打懵了，一下子没明白过来。）

尽让别个打懵了，一下儿冇反应过来。

tɕin˧ piɛ˧ ko˧ taꜜ muŋ˧ ŋau, i˧ xar mauꜜ fanꜜ in˧ ko˧ naiꜜ。

162（给雨淋了个浑身湿透。）

着雨□得浑身透湿。

tʂoꜜ ʯꜜ tʂ'ʯaꜜ tɛ xuənꜜ ʂən˧ t'əuꜜ ʂʅ˧。

163（给我一本书。给他三本书。）

把一本书我。把三本书他。

paꜜ i˧ pənꜜ ʂʅ˧ ŋoꜜ。 paꜜ san˧ pən˧ ʂʅ˧ t'a˧。

164（这里没有书，书在那里。）

嗻儿冇得书，书在嗻儿。

nor mau˧ tɛ˧ ʂʅ˧, ʂʅ˧ tai˧ nor。

165（叫他快来找我。）

叫他快抹点儿来找我。

tɕiau˧ t'a˧ k'uai˧ ma˧ tiər naiꜜ tʂauꜜ ŋoꜜ。

166（赶快把他请来。）

kanꜜ k'uai˧ paꜜ t'a˧ tɕ'inꜜ naiꜜ。

167（我写了条子请病假。）

ŋoꜜ ɕiꜜ ·iau t'iauꜜ ·tsʅ tɕ'inꜜ pin˧ tɕiaꜜ。

168（我上街买了份报纸看。）

ŋoꜜ ʂaŋ˧ kai˧ mai˧ ·iau fən˧ pau˧ tʂʅꜜ k'an˧。

169（我笑着躲开了他。）

我笑倒躲开了他。

ŋoꜜ ɕiau˧ ·tau toꜜ k'ai˧ ·iau t'a˧。

170（我抬起头笑了一下。）

ŋoꜜ t'aiꜜ ·tɕ'i t'əuꜜ ɕiauꜜ ·uau i˧ xa˧。

171 (我就是坐着不动，看你能把我怎么着。)

我就是坐倒不动，看你能把我怎么样。

ŋoˇ tsəu˧ ʂɿ˧ tso˧ ·tau pu˧ tuŋ˧, kʻan˧ n̩ˇ nən˅ pa˅ ŋoˇ tsən˅ mo˅ iaŋ˧。

172 (她照顾病人很细心。)

tʻa˧ tsau˧ ku˧⊦ pin˧ zən˅ xɛ˅ ɕi˧ ɕin˧。

173 (他接过苹果就咬了一口。)

tʻa˧ tɕiɛ˧ ko˧⊦ pin˅ ko˅ tsəu˧ ŋao˅ ·uau i˧ kʻəu˅。

174 (他的一番话使在场的所有人都流了眼泪。)

他的一番话尽让在场的所有人都流了眼泪。

tʻa˧ ·ti i˧ fan˧ xua˅ ɾau˧ tɕin˅ tai˧ tʂʻaŋ˅ ·ti so˅ iəu˅ zən˅ təu˧ niəu˅ ·uau niɛn˅ ni˅。

175 (我们请他唱了一首歌。)

ŋoˇ mən˅ tɕʻin˅ tʻa˧ tʂʻaŋ˅ ·nau i˧ ʂəu˅ ko˧。

176 (我有几个亲戚在外地做工。)

ŋoˇ iəu˅ tɕi˅ ko˧ tɕʻin˧ tɕʻi˧ tai˧ uai˧ ti˧ tsəu˧ kuŋ˧。

177 (他整天都陪着我说话。)

他整天都陪倒我说话。

tʻa˧ tʂən˅ tʻiɛn˧ təu˧ pʻei˅ ·tau ŋoˇ ʂɥɛ˅ xua˧。

178 (我骂他是个大笨蛋，他居然不恼火。)

ŋoˇ ma˧ tʻa˧ ʂɿ˧ ko˧ ta˧ pən˧ tan˧⊦, tʻa˧ tʂy˧ ɥan˅ pu˧ nau˅ xo˅。

179 (他把钱一扔，二话不说，转身就走。)

tʻa˧ pa˅ tɕʻiɛn˅ i˧ zən˧, ər˧ xua˧ pu˧ ʂɥɛ˧, tʂʻɥan˅ ʂən˧ tɕiəu˧ tsəu˅。

180 (我该不该来呢？)

ŋoˇ kai˧ ·pu kai˧ nai˅ ni˧?

181 (你来也行，不来也行。)

n̩ˇ nai˅ iɛ˅ ɕin˅, pu˧ nai˅ iɛ˅ ɕin˅。

182 (要我说，你就不应该来。)

iau˧ ŋoˇ ʂɥɛ˧, n̩ˇ tsəu˧ pu˧ in˧ kai˧ nai˅。

183 (你能不能来？)

n̩ˇ nən˅ ·pu nən˅ nai˅?

184 (看看吧，现在说不准。)

　　k'an˧ ·k'an pa˅, ɕiɛn˥ tsai˧˩ ʂuɛ˧ ·pu tṣuən˅。

185 (能来就来，不能来就不来。)

　　nən˅ nai˅ tsəu˥ nai˅, pu˧ nən˅ nai˅ tsəu˥ pu˧ nai˅。

186 (你打算不打算去?)

　　你打不打算去耶?

　　n̩˅ ta˅ pu˧ ta˅ san˧˩ tɕ'i˥ iɛ˥?

187 (去呀！谁说我不打算去?)

　　去耶！哪个说我不打算去耶?

　　tɕ'i˥ iɛ˥! na˅ ko˧˩ ʂuɛ˧ ŋo˅ pu˧ ta˅ san˧˩ tɕ'i˥ iɛ˥?

188 (他一个人敢去吗?)

　　他一个人敢不敢去耶?

　　t'a˧ i˧ ko˥ zən˅ kan˅ ·pu kan˅ tɕ'i˥ iɛ˥?

189 (敢！那有什么不敢的?)

　　敢！乜有么事不敢的耶?

　　kan˅! niɛ˥ iəu˅ mo˅ ʂ˥˧ pu˧ kan˅ ·ti iɛ˥?

190 (他到底愿不愿意说?)

　　他到底愿不愿意说嘞?

　　t'a˧ tau˥ ti˅ yan˅ ·pu yan˧˩ ʂuɛ˧ nɛ˥?

191 (谁知道他愿意不愿意说?)

　　哪个晓得他愿不愿意说嘞?

　　na˅ ko˧˩ ɕiau˅ tɛ˧ t'a˧ yan˅ ·pu yan˥ i˧˩ ʂuɛ˧ nɛ˥?

192 (愿意说得说，不愿意说也得说。)

　　yan˥ i˧˩ ʂuɛ˧ tɛ˧ ʂuɛ˧, pu˧ yan˥ i˧˩ ʂuɛ˧ iɛ˅ tɛ˧ ʂuɛ˧。

193 (反正我得让他说，不说不行。)

　　反正我要尽让他说，不说不行。

　　fan˅ tṣən˧˩ ŋo˅ iau˧ tɕin˥ t'a˧ ʂuɛ˧, pu˧ ʂuɛ˧ pu˧ ɕin˅。

194 (还有没有饭吃?)

　　还有不有饭吃耶?

　　xai˅ iəu˅ ·pu iəu˅ fan˧ tɕ'i˥ iɛ˥?

195 (有，刚吃呢。)

有，刚刚才吃呢。

iəu˅, ŋaŋ˅ ŋaŋ ts'ai˅ tɕi˧ ni˅。

196（没有了，谁叫你不早来！）

冇得了，哪个叫你不早点来耶！

mau˧ tɛ˧ ·niau, na˅ ko˧ tɕiau˧ n̩˅ pu˧ tsau˅ tien˅ nai˅ iɛ˅!

197（你去过北京吗？我没去过。）

你去过北京冇？我冇去过。

n̩˅ tɕi˧ ·ko pɛ˧ tɕin˧ mau˧? ŋo˅ mau˧ tɕi˧ ko˧。

198（我十几年前去过，可没怎么玩，都没印象了。）

我十几年前去了的，但是冇怎么玩，都冇得么印象了。

ŋo˅ ʂʅ˅ tɕi˧ iɛn˅ tɕiɛn˅ tɕi˧ ·iau ti, tan˧ ʂʅ˧˩ mau˧ tsən˅ mo˅ uan˅,
təu˧ mau˧ tɛ˧ mo˅ in˧ ɕiaŋ˩ ·ŋau。

199（这件事他知道不知道？）

乜件事他知不知道唉？

niɛ˧ tɕiɛn˧ ʂʅ˧ t'a˧ tʂʅ˧ ·pu tʂʅ˧ tau˧˩ ai˅?

200（这件事他肯定知道。）

乜件事他肯定知道。

niɛ˧ tɕiɛn˧ ʂʅ˧ t'a˧ k'ən˅ tin˧ tʂʅ˧ tau˧˩。

201（据我了解，他好像不知道。）

tʂy˧ ŋo˅ niau˅ kai˅, t'a˧ xau˅ ɕiaŋ˩ pu˧ tʂʅ˧ tau˧˩。

202（这些字你认得不认得？）

乜些字你认不认得嘞？

niɛ˧ ɕiɛ˧ tsʅ˧ n̩˅ zən˧ ·pu zən˧ tɛ˧ nɛ˧?

203（我一个大字也不认得。）

ŋo˅ i˧ ko˧ ta˧ tsʅ˧˩ iɛ˅ pu˧ zən˧ tɛ˧。

204（只有这个字我不认得，其他字都认得。）

tʂʅ˅ iəu˅ niɛ˧ ko˧˩ tsʅ˧ ŋo˅ pu˧ zən˧ tɛ˧, tɕ'i˅ t'a˧ tsʅ˧ təu˧ zən˧ tɛ˧。

205（你还记得不记得我了？）

你还记不记得我嘞？

n̩˅ xai˅ tɕi˧ ·pu tɕi˧ tɛ˧˩ ŋo˅ nɛ˧?

206（记得，怎么能不记得！）

tɕi˧ tɛ˧˩, tsən˅ mo˅ nən˅ pu˧ tɕi˧ tɛ˧˩!

207 (我忘了，一点都不记得了。)

　　我忘记了，一点都不记得了。

　　ŋoˇ uaŋˇ tɕiˉ ·iau, iˉ tiɛnˇ təuˉ puˇ tɕiˉ tɛˉ ·niau。

208 (你在前边走，我在后边走。)

　　nˇ taiˉ tɕʰiɛnˉ ·piɛn tsəu, ŋoˇ taiˉ xəuˉ ·piɛn tsəuˇ。

209 (我告诉他了，你不用再说了。)

　　ŋoˇ kauˉ səuˉ tʰaˉ ·niau, nˇ puˇ yŋˉ tsaiˉ ʂuɛˉ ·niau。

210 (这个大，那个小，你看哪个好？)

　　ɐ ge大，ɐ ge小，你看哪一个好一些嘞？

　　niɛˉ koˉ taˉ, niɛˉ koˉ ɕiauˇ, nˇ kʰanˉ naˇ iˉ koˉ xauˇ iˉ ɕiɛˉ nɛˇ?

211 (这个比那个好。)

　　ɐ 个比 ɐ 个好。

　　niɛˉ koˉ piˇ niɛˉ koˉ xauˇ。

212 (那个没有这个好，差多了。)

　　ɐ 个冇得 ɐ 个好，差多了。

　　niɛˉ koˉ mauˉ tɛ niɛˉ koˉ xauˇ, tʂʰaˉ toˉ ·niau。

213 (要我说这两个都好。)

　　iauˉ ŋoˇ ʂuɛˉ niɛˉ niaŋˇ koˉ təuˉ xauˇ。

214 (其实这个比那个好多了。)

　　其实 ɐ 个比 ɐ 个好多了。

　　tɕʰiˇ ʂˇ niɛˉ koˉ piˇ niɛˉ koˉ xauˇ toˉ ·niau。

215 (今天的天气没有昨天好。)

　　今朝今天的天气冇得昨儿好。

　　tɕinˉ tʂoˇ ·ti tʰiɛnˉ tɕʰiˉ mauˉ tɛ tsor xauˇ。

216 (昨天的天气比今天好多了。)

　　昨儿的天气比今朝今天好多了。

　　tsor ·ti tʰiɛnˉ tɕʰiˉ piˇ tɕinˉ tʂoˇ xauˇ toˉ ·niau。

217 (明天的天气肯定比今天好。)

　　明朝明天的天气肯定比今朝好。

　　mənˇ tʂoˇ ·ti tʰiɛnˉ tɕʰiˉ kʰənˇ tinˉ piˇ tɕinˉ tʂoˇ xauˇ。

218 (那个房子没有这个房子好。)

乜个房子冇得乜个房子好。

niɛ˧ ko˧ɬ faŋ˩ ·tsʅ mau˧ tɛ˧ niɛ˧ ko˧ɬ faŋ˩ ·tsʅ xau˩。

219（这些房子不如那些房子好。）

乜些房子不如乜些房子。

niɛ˧ ɕiɛ˧ faŋ˩ ·tsʅ pu˧ ʮ˩ niɛ˧ ɕiɛ˧ faŋ˩ ·tsʅ。

220（这个有那个大没有？）

乜个有不有乜个大嘞？

niɛ˧ ko˧ɬ iəu˩ ·pu iəu˩ niɛ˧ ko˧ɬ ta˧ nɛ˩？

221（这个跟那个一般大。）

乜个跟乜个一般大。

niɛ˧ ko˧ɬ kən˧ niɛ˧ ko˧ɬ i˧ pan˧ ta˧。

222（这个比那个小了一点点儿，不怎么看得出来。）

乜个比乜个小了一丁点儿，不怎么看得出来。

niɛ˧ ko˧ɬ pi˩ niɛ˧ ko˧ɬ ɕiau˩ ·uau i˧ tin˧ tiɚ, pu˧ tsən˩ mo˩ kʻan˧ ·tɛ tʂʻʮ˧ nai˩。

223（这个大，那个小，两个不一般大。）

乜个大，乜个小，两个不一般大。

niɛ˧ ko˧ɬ ta˧, niɛ˧ ko˧ɬ ɕiau˩, niaŋ˩ ko˧ɬ pu˧ i˧ pan˧ ta˧。

224（这个跟那个大小一样，分不出来。）

乜个跟乜个大小一个样，分不出来。

niɛ˧ ko˧ɬ kən˧ niɛ˧ ko˧ɬ ta˧ ɕiau˩ i˧ ko˧ iaŋ˧, fən˧ pu˧ tsʻʮ˧ nai˩。

225（这个人比那个人高。）

乜个人比乜个人高。

niɛ˧ ko˧ɬ zən˩ pi˩ niɛ˧ ko˧ɬ zən˩ kau˧。

226（是高一点儿，可是没有那个人胖。）

是高一点儿，可是冇得乜个人胖。

ʂʅ˧ kau˧ i˧ tiɚ, kʻo˩ ʂʅ˧ɬ mau˧ tɛ˧ niɛ˧ ko˧ɬ zən˩ pʻaŋ˧。

227（他们一般高，我看不出谁高谁矮。）

他们一般高，我看不出哪个高哪个矮。

tʻa˧ mən˩ i˧ pan˧ kau˧, ŋo˩ kʻan˧ ·pu tʂʻʮ˧ na˩ ko˧ɬ kau˧ na˩ ko˧ɬ ŋai˩。

228（胖的好还是瘦的好？）

p'aŋ˦ ·ti xau˧ xai˧ ʂʅ˦ səu˦ ·ti xau˧?

229（瘦的比胖的好。）

səu˦ ·ti pi˧ p'aŋ˦ ·ti xau˧。

230（瘦的胖的都不好，不瘦不胖最好。）

səu˦ ·ti p'aŋ˦ ·ti təu˦ pu˦ xau˧，pu˦ səu˦ pu˦ p'aŋ˦ tsei˦ xau˧。

231（这个东西没有那个东西好用。）

乜个东西冇得乜个东西好用。

nie˦ ko˦ tuŋ˦ ·ɕi mau˦ te˦ nie˦ ko˦ tuŋ˦ ·ɕi xau˧ yŋ˦。

232（这两种颜色一样吗？）

乜两种颜色是不是一样唉？

nie˦ niaŋ˧ tʂuŋ˧ ien˧ sə˦ ʂʅ˦ ·pu ʂʅ˦ i˦ iaŋ˦ ai˧?

233（不一样，一种色淡，一种色浓。）

不一样，一种颜色浅，一种颜色深。

pu˦ i˦ iaŋ˧，i˦ tʂuŋ˧ ien˧ sə˦ tɕ'ien˧，i˦ tʂuŋ˧ ien˧ sə˦ ʂən˦。

234（这种颜色比那种颜色淡多了，你都看不出来？）

乜种颜色比乜种颜色浅多了，你都看不出来呀？

nie˦ tʂuŋ˧ ien˧ sə˦ pi˧ nie˦ tʂuŋ˧ ien˧ sə˦ tɕ'ien˧ to˦ ·niau，n̩˧ təu˦ k'an˦ pu˦ tʂ'ʅ˦ nai˧ ia˧?

235（你看看现在，现在的日子比过去强多了。）

你看看恁咱儿，恁咱儿的日子比过去强多了。

n̩˧ k'an˦ ·k'an nin˦ tsər，nin˦ tsər ·ti ər˦ ·tsʅ pi˧ ko˦ tʂ'y˦ tɕ'iaŋ˧ to˦ ·niau。

236（以后的日子比现在更好。）

以后的日子比恁咱儿更好。

i˧ xəu˦ ·ti ər˦ ·tsʅ pi˧ nin˦ tsər kən˦ xau˧。

237（好好干吧，这日子一天比一天好。）

好生儿地干吧，乜日子一天比一天好。

xau˧ sər ·ti kan˦ pa˧，nie˦ ər˦ ·tsʅ i˦ t'ien˦ pi˧ i˦ t'ien˦ xau˧。

238（这些年的生活一年比一年好，越来越好。）

乜些年的生活一年比一年好，越来越好。

niɛ˧ ɕiɛ˧ iɛn˧ ·ti sən˧ xo˅ i˧ iɛn˅ pi˅ i˧ iɛn˅ xau, ɥɛ˧ nai˅ ɥɛ˧ xau˅。

239（咱兄弟俩比一比谁跑得快。）

我们兄弟和里比下看哪个跑得快些。

ŋo˅ mən˧ ɕyŋ˧ ti˧ xo˅ ni pi˅ xa˧ kʻan˧ na˅ ko˧ pʻau˅ ·tɛ kʻuai˧ ·ɕiɛ。

240（我比不上你，你跑得比我快。）

ŋo˅ pi˅ pu˧ ʂaŋ˧ ȵ˅, ȵ˅ pʻau˅ ·tɛ pi˅ ŋo˅ kʻuai˧。

241（他跑得比我还快，一个比一个跑得快。）

tʻa˧ pʻau˅ ·tɛ pi˅ ŋo˅ xai˅ kʻuai˧, i˧ ko˧ pi˅ i˧ ko˧ pʻau˅ ·tɛ kʻuai˧。

242（他比我吃得多，干得也多。）

tʻa˧ pi˅ ŋo˅ tɕʻi˧ ·tɛ to˧, kan˧ ·tɛ iɛ˅ to˧。

243（他干起活来，比谁都快。）

他干起活来，比哪个都快。

tʻa˧ kan˧ tɕʻi˅ xo˅ nai˅, pi˅ na˅ ko˧ təu˧ kʻuai˧。

244（说了一遍，又说一遍，不知说了多少遍。）

说了一遍，又说一遍，不晓得说了几多遍。

ʂɥɛ˧ ·au i˧ piɛn˧, iəu˅ ʂɥɛ˧ i˧ piɛn˧, pu˧ ɕiau˅ tɛ ʂɥɛ˧ ·au tɕi˅ to˧ piɛn˧。

245（我嘴笨，可是怎么也说不过他。）

我嘴巴笨，怎么也说不过他。

ŋo˅ tɕi˅ ·pa pən˧, tsən˅ mo˅ iɛ˅ ʂɥɛ˧ pu˧ ko˧ tʻa˧。

246（他走得越来越快，我都跟不上了。）

tʻa˧ tsəu˅ ·tɛ ɥɛ˧ nai˅ ɥɛ˧ kʻuai˧, ŋo˅ təu˧ kən˧ pu˧ ʂaŋ˧ ·nau。

247（越走越快，越说越快。）

ɥɛ˧ tsəu˅ ɥɛ˧ kʻuai˧, ɥɛ˧ ʂɥɛ˧ ɥɛ˧ kʻuai˧。

248（慢慢说，一句一句地说。）

man˧ ·man ʂɥɛ˧, i˧ tʂʅ˧ i˧ tʂʅ˧ ti ʂɥɛ˧。

第五章 安陆方言语料记音

一、故事 传说

ni˅ pɛ˅ fei˧ pi˧ tʂˀə n˅ tsŋ˧
李 白 飞 笔 成 字

ɕiaŋ˧ tʂʰɥan˅, ni˅ pɛ˅ pu˅ tɕin˅ ʂŋ˧ ko˧ "təu˧ tɕiəu˅ ʂŋ˧ pɛ˧ pʰien˧" ·ti
相　传，李 白 不 仅 是 个 "斗 酒 诗 百 篇" 的

ʂŋ˧ zən˅, tʰuŋ˅ ʂŋ˅, xai˅ ʂŋ˧ ko˧ nən˅ fei˧ pi˧ tʂʰən˅ tsŋ˧ ·ti ʂu˧ fa˅ tɕia˧。
诗 人， 同 时， 还 是 个 能 飞 笔 成 字 的 书 法 家。

kʰai˧ ɥan˅ ʂŋ˧ nəu˅ ien˅ tɕien˧, ni˅ pɛ˅ "tʂaŋ˧ tɕien˧ tʂʰy˧ kuɛ˅, tsʰŋ˅
开 元 十 六 年 间， 李 白 "仗 剑 去 国， 辞

tɕʰin˧ ɥan˅ iəu˅" nai˅ tau˧·uau ŋan˧ nəu˅, tʂu˧ tai˅ pɛ˅ tʂau˧ ʂan˧ tʰau˅ xua˧
亲 远 游" 来 到 了 安 陆， 住 在 白 兆 山 桃 花

ien˅ ɕia˧ ·ti pɛ˅ tʂau˅ sŋ˧ nei˅。 xan˅ tʂʰɥaŋ˧ kʰu˅ təu˅, in˧ tɕiəu˅ fu˅ ʂŋ˧,
岩 下 的 白 兆 寺 内。 寒 窗 苦 读， 饮 酒 赋 诗，

tɕʰiəu˅ ɕien˅ uən˅ tau˧, tɕiɛ˧ tɕiau˧ xau˅ ɕyŋ˅。 tɕi˅ təu˅ tʂʰən˧ tɕʰiəu˧ xəu˅,
求 仙 问 道， 结 交 豪 雄。 几 度 春 秋 后，

min˅ tɕʰi˧ xɛ˅ ta˅。 pu˧ tɕiəu˅, tsəu˧ kən˧ tʰaŋ˅ kau˧ tsuŋ˧ ʂŋ˅ xəu˅ tsəu˧ ko
名 气 很 大。 不 久， 就 跟 唐 高 宗 时 候 做 过

tsai˅ ɕiaŋ˧ ·ti ɕy˅ ɥ˅ ʂŋ˧ ·ti sən˧ ˅y tɕiɛ˅ ɕia˅ ·niau tʂuŋ˧ ʂən˅。 tei˅ niɛ˅
宰 相 的 许 圉 师 的 孙 女 结 下 了 终 身。 对 乜这

ko˧ ʂŋ˅, ŋan˧ tsəu˧ fu˅ nei˅·ti kuan˧ ni˅ pɛ˅ ɕin˧ tɕʰi˅ ʂən˧ tʂʰən˅ xo˧,
个 事， 安 州 府 内 的 官 吏 百 姓 齐 声 称 贺，

təu˧ ʂuɛ˧ niɛ ko˧ in˧ ɥan˅ ʂŋ˅ tsʰai˅·tsŋ tɕia˧ zən˅, nuŋ˅ fuŋ˅ tʂʰən˅ pʰei˧。
都 说 乜这 个 姻 缘 是 才 子 佳 人， 龙 凤 成 配。

tʂŋ˅ iəu˅ ko˧ ɕin˧ fei˅ min˅ po˅·ti tʂaŋ˅ ni˅, ɕin˧ tʂuŋ˧ pu˅ fu˧: niɛ˅ ɕin˧
只 有 个 姓 斐 名 卜 的 长 吏， 心 中 不 服：乜这 姓

niV ·ti tsəu˧ ʂʅ˧ xuei˧ tɕiV tʂʅV fən˧ kən˧ minV mən˩
李 的 就   是 会 几 句 诗 文, 有 么 福 分 跟 名 门

kuei˧ ɕiəu˧ ueiV xuən˧, tau˧ ʂʅV xəuV, ŋoV i˧ tin˧ iauV xauV sɚ˧ ·ti tʂʻʅV
闺 秀   为 婚,   到   时   候,   我 一 定   要 好   生 儿 的 出

xa˧ tʻa˧ ·ti iaŋV ɕiaŋ˧.
下 他 的 洋   相。

　　　tɕiə˧ xuən˧ niə˧ tʻiə˧, feiV tʂaŋV ʅi˧ peiV ·iau i˧ fən˧ poV ʅiV, nai˧ tau˧
　　　结   婚 那 天, 斐   长 吏 备   了 一 份 薄 礼, 来   到

ʂy˧ fuV fu˧ iən˧, tɕiəuV ku˧ san˧ ɕin˧, feiV tʂaŋV ʅi˧ tɕʻiV ʂən˧ ʂuə˧: "tʂy˧
许 府 赴 宴, 酒   过 三   巡,   斐   长   吏 起   身   说: "诸

uei˧˥, tɕin˧ ɚ˧ naiV niV koŋ˧·tsʅ taʂ ɕiʂʅV ʅ˧e, pʻiV zəuV ɕin˧, kuŋ˧
位,   今 日 乃   李 公   子   大 喜 之 日, 鄙 人   有   幸, 躬

fuŋV ʂən˧ tɕien˧, pʻinV ɚ˧ ·ni təuV niV kuŋ˧·tsʅ ·ti ʂʅ˧ uən˧, ɕyuŋV tɕʻiV xauV
逢   盛   饯, 平   日 里 读 李   公   子 的 诗   文, 雄   奇   豪

faŋV, tsʻai˧ xuaV xuən˧ i˧, tɕy˧·tɕy˧ tʂy˧ tɕi˧, tsʻai˧ ɕiaŋV niV kuŋ˧·tsʅ ʂy˧ fa˧
放,   才   华   横   溢, 句   句   珠   玑,   猜   想   李   公 子   书 法

ieV i˧ tin˧ ʂʅ˧ nuŋ˧ fei˧ fuŋV uV, tɕieV miauV tʂʻauV zənV, tʂʅV uV ɕin˧ nin˧
也 一 定 是 龙 飞 凤 舞, 绝   妙   超   人,   只 是 无 幸 领

tɕiau˧. tɕin˧ ɚ˧ fuŋV tsʻʅV tɕiaV ʂʅV niaŋV tʂʻənV, xoV puV tɕʻin˧ niV kuŋ˧·tsʅ
教。   今 日 逢   此   佳   时   良   辰,   何 不 请   李 公 子

niaŋ˧·niaŋ ʂy˧ fa˧, tɕin˧ 　 ŋoV tənV pauV ·pau ienV fuV, ieV tsʻuə˧·tsʻuə iaV
亮   亮   书 法, 尽   让 我   等   饱   饱   眼 福, 也 凑   凑   雅

ɕin˧, tʂy˧ uei˧˥ i˧ ɕiaʂyV xoV iaʔ?" tʂyŋ˧ zənV i˧ tʻin˧, təuV nienV nienV
兴,   诸   位   意 下 如 何 呀?"   众   人 一 听, 都   连   连

ʂuə˧ xauV. in˧ ueiʂ˧ nieV niV peV pʻinV ʂʅV tsoV ʂʅ, tʂʻu˧ kʻəuV tʂʂənV tʂaŋ˧,
说   好。 因 为   乜 这 李 白   平 时 作 诗, 出   口   成   章,

xənV ʂauV yŋV piʂ, in˧ tsʻʅV xənV ʂauV iəuV zənV tʂʅ˧ tauV tʻa˧ ·ti ʂy˧ fa˧.
很   少   用   笔, 因   此   很   少   有   人   知   道 他 的 书 法。

tɕin˧ feiV tʂaŋV ʅi˧ i˧ tʻi˧, taʂ tɕia˧ təu˧ tɕioV tɚ˧˥ iəuV ʅiV, tsəu˧ tɕʻiV ʂən˧
经   斐   长 吏 一 提, 大 家   都   觉   得   有   理,   就   齐 声

fu˧ xoV, iauV niV peV xuei˧ xauV.
附 和, 要   李 白   挥   毫。

　　　tsʻʅV ʂʅV, niV peV iV tɕin˧ tɕiV peiˤ tɕiəuV ɕiaʂ təuV, ɕin˧ tʂʅ˧˥ tʂən˧
　　　此   时,   李   白 已 经   几   杯   酒   下 肚,   兴   致   正

kau˧, tʻin˧ zənV ʂuə˧ iauˤ kʻanˤ tʻa˧ ·ti ʂy˧ fa˧, tsəu˧ ɕin˧ ɣanV ta˧ inˤ ·niau,
高,   听   人   说   要   看 他 的 书 法, 就   欣   然   答 应 了,

tɕiauˤ tɕia˧ zənV tɕʻyV uənV faŋV ʂʅ˧ pauV naiV. feiV tʂaŋV ʅi˧ naʂ tʂyV niV
叫   家   人 去   取   文   房   四 宝 来。 斐   长   吏 拉 住 李

pə˥ ˧ti tɕia˧ zən˩ tau˩ pʼaŋ˩ pien˧, suŋ˥ ʂaŋ˧ tsau˩ i˩ pei˩ xau˩ ˧ti pi˩ mə˩
白 的 家 人 到 旁 边， 送 上 早 已 备 好 的 笔 墨

tsʅ˩ ien˧, ʂuɛ˧: "pʼi˩ zən˩ tai˧ nor˧ kuŋ˥ xəu˩ ˑuau ˑtɛ." tʼa˧ i˩ mien˧ ʂuɛ˧
纸 砚， 说："鄙 人 在 嗻儿 恭 候 了 得。" 他 一 面 说

i˩ mien˧ tʼan˧ kʼai˧ i˩ fu˩ ər˧ tʂʅ˩ kʼuan˧, i˩ tʂaŋ˩ u˩ tʂʅ˩ tʂʼaŋ˧ ˧ti pə˩
一 面 摊 开 一 幅 二 尺 宽， 一 丈 五 尺 长 的 白

nien˧ nai˧. ni˩ pə˩ kʼan˧ niau˧ kʼan˧ niɛ˩ fu˩ pə˩ nien˧, nɛ˩ tɕʼi˩ ɕiəu˩ ˑtsʅ,
练 来。 李 白 看 了 看 那 幅 白 练， 捋 起 袖 子,

tɕiɛ˧ ˑko təu˩ pi˩, pau˩ tsan˧ nuŋ˩ mə˩, tʼi˩ pi˩ iəu˩ ɕia˩. fei˩ tʂaŋ˧ ni˩ tɕʼo˩
接 过 斗 笔， 饱 蘸 浓 墨， 提 笔 欲 下。 斐 长 吏 却

iəu˩ nan˩ tʂʅ˩ ʂuɛ˧: "ni˩ kuŋ˧ ˑtsʅ, tɕin˧ ər˧ tɕia˧ tɕʼi˧, tɕʼi˩ kan˩ ta˧ nau˩,
又 拦 住 说："李 公 子， 今 日 佳 期， 岂 敢 大 劳,

tsʅ˩ fan˧ n̩˩ tai˧ niɛ˩ tʂaŋ˧ u˩ pə˩ nien˧ ʂaŋ˧ tsʼʅ˧ ʂaŋ˧ i˩ tsʅ˧, iɛ˩ tsəu˩ sʅ˩
只 烦 你 在 㞥这 丈 五 白 练 上 赐 上 一 字， 也 就 是

pʼi˩ zən˩ iəu˩ ɕin˧ niau. tʂʼaŋ˩ ien˧ tau˩: 'tɕʼi˩ tʂən˧ i˩ pau˩ ʂau˩ uei˩ kuei˧
鄙 人 有 幸 了。 常 言 道：'奇 珍 异 宝 少 为 贵

ma˩!'" ni˩ pə˩ tʼin˧ niɛ˩ iar˧ i˩ ʂuɛ˧, ɕin˧ ˑni iəu˩ ɕiɛ˧ uei˩ nan˩, in˧
嘛！'" 李 白 听 㞥这 样 儿 一 说， 心 里 有 些 为 难， 因

uei˧ʅ˧ fa˧ tɕiaŋ˧ tɕiəu˧ iau˧ ɕin˩ yn˩ niəu˩ ʂuei˩, i˩ xuei˧ ər˧ tɕiəu˧,
为 书 法 讲 究 要 行 云 流 水， 一 挥 而 就,

kʼo˩ ʂʅ˧ niɛ˩ ko˧ i˩ tʂaŋ˩ u˩ ˑti pə˩ nien˧ iəu˩ tsɛ˧ iəu˩ tʂʼaŋ˩, tsʅ˩ ɕi˩ i˩
可 是 㞥这 个 一 丈 五 的 白 练 又 窄 又 长， 只 写 一

ko˧ tsʅ˧, pu˧ xau˩ pu˧ tʂʼy˩ pu˧ ʂuɛ˧, tsʅ˧ tɕi˩ u˩ tʂʼʅ˩ tʂʼaŋ˧ ˑti ʂən˧ ˑtsʅ,
个 字， 不 好 布 局 不 说， 自 己 五 尺 长 的 身 子,

nien˩ zən˩ tai˧ ʂəu˩ xai˩ pu˧ kəu˩ i˩ tʂaŋ˩, tsən˧ mo˩ nən˩ ɕiɛ˩ xau˩ i˩ tʂaŋ˩
连 人 带 手 还 不 够 一 丈， 怎 么 能 写 好 一 丈

u˩ tʂʼʅ˩ tʂʼaŋ˧ ˑti tsʅ˩ niɛ? tʼa˧ na˩ ˑni ɕiau˩ tɛ˧ niɛ˩ ʂʅ˩ fei˩ tʂaŋ˧ ni˩ ku˧
五 尺 长 的 字 呢？ 他 哪 里 晓 得 㞥这 是 斐 长 吏 故

i˧ tʂʼy˧ ˑti nan˩ tʼi˧, iau˧ tʂʼy˧ tʼa˧ ˑti iaŋ˧ ɕiaŋ˧ ˑti.
意 出 的 难 题， 要 出 他 的 洋 相 的。

  ni˩ pə˩ pa˩ pi˧ faŋ˧ ˑɕia ˑnai, ɕiaŋ˩ ˑŋau i˩ xar, ɕin˧ sən˧ i˩ tɕi˧.
  李 白 把 笔 放 下 来， 想 了 一 下 儿， 心 生 一 计。

kan˩ maŋ˩ tɕiau˧ tɕia˧ zən˩ tɕʼi˧ tɕʼien˧ i˩ pʼi˩ ma˩ nai˩, xai˩ tɕiau˧ fei˩ tʂaŋ˧
赶 忙 叫 家 人 去 牵 一 匹 马 来， 还 叫 斐 长

ni˩ kən˧ tʂuŋ˧ zən˩ i˩ nər˧ ˑtuei tau˩ mən˩ tɕʼien˧ ˑti tʂʼaŋ˧ ˑtsʅ ˑni, ta˧ tɕia˧
吏 跟 众 人 一 路 儿 都 到 门 前 的 场 子 里， 大 家

na˩ ko˧ təu˧ pu˧ ɕiau˩ tɛ˧ ni˩ pə˩ tai˧ kau˩ mo˩ min˩ ˑtʼaŋ. ni˩ pə˩ tsəu˩
哪 个 都 不 晓 得 李 白 在 搞 么 名 堂。 李 白 走

460 安陆方言研究

·tʂʰʅ˧ ·nai, fan˧ ʂən˧ ʂaŋ˧ ma∨. tɕiau˧ nian˧ ko˧⊦ zən∨ pa∨ nie˧ ko˧⊦ pe∨
出　来，翻　身　上　马。叫　两　个　人　把　乇那 个　白

nien˧ na˧ tɕin∨, yŋ˧ tɕio˧ tʂʅ˧ ·ka tɕia˧ ·tau təu∨ pi˧, iaŋ˧ pien˧ tsʰei˧ ma∨,
练　拉　紧，用　脚　指　嘎　夹　倒　斗　笔，扬　鞭　催　马,

uaŋ∨ pe∨ nien˧ pien˧ ·ʂaŋ fei˧ tʂʰʅ˧ ɚ˧ nai∨. ma∨ tau˧ ·uau pe∨ nien˧ ŋan∨
往　白　练　边　上　飞　驰　而　来。马　到　了　白　练　案〜

·təu∨, tʂʅ∨ tɕien˧ tʰa˧ tʰai∨ tɕio˧ i˧ xuei˧, "ʂua˧" ·ti i˧ ɕia∨, pe∨ nien˧ kau˧
头，只　见　他　抬　脚　一　挥，"刷" 的　一　下，白　练　高

·tʰəu tʂʰʅ˧ ɕien˧ ·niau i˧ tau˧ pi˧ tʂʅ˧ pi˧ tʂʅ∨ ·ti me˧ kaŋ˧. nie˧ ko˧⊦ fei∨
头　出　现　了　一　道　笔　直　笔　直　的　墨　杠。乇那 个　斐

tʂaŋ∨ ni˧ ɕien˧ ʂʅ˧ i˧ nən˧, tən˧ tau˧ tsʅ˧ ɕi˧⊦ kʰan˧ ·ti ʂʅ∨ xəu˧⊦, pu˧ tɕin˧
长　吏　先　是　一　愣，等　到　仔　细　看　的　时　候，不　禁

pʰuŋ∨ tau təu∨ tsʅ ɕiau˧ uan˧ ·niau iau˧, ʂuɛ∨: "ni∨ kuŋ˧ tsʅ tʂən˧ ʂʅ˧ ʂən˧ pi˧,
捧　倒　肚　子　笑　弯　了　腰，说："李　公　子　真　是　神　笔,

nie˧ ko˧⊦ 'i˧' tsʅ˧ ɕi∨ tɜ xau∨, pu˧ ko˧, tsau∨ ɕiau∨ tɜ˧⊦ iaui ɕi∨ 'i˧'
这　个 '一'　字　写　得　好，不　过，早　晓　得　要　写 '一'

tsʅ˧, tsəu˧ pu˧ kai˧ iau˧ ŋ∨ tuŋ˧ tɕia˧ nau∨ ʂən˧ ·niau, pien˧ ·tan tau∨ ɕia ·nai
字，就　不　该　要　你　动　驾　劳　神　了，扁　担　倒　下　来

pu˧ tsəu˧ ʂʅ˧ 'i˧' tsʅ˧ ma?" tʂuŋ˧ zən∨ i˧ tʰin˧, ie∨ tɕio˧ tɜ˧⊦ man∨ ·uei
不　就　是 '一' 字　吗?" 众　人　一　听，也　觉　得　蛮　有

·uər, təu˧ kən˧ tau ɕiau∨ tɕʰi ·nai iau. ko∨ ʂʅ˧⊦ ɕiau∨ ʂən˧ xai∨ mau˧ tʰin˧
味儿，都　跟　倒　笑　起　来　了。可　是　笑　声　还　有　停

tʂʅ∨, tʂʅ∨ tɕien˧ nian∨ tʂaŋ˧ i∨ uai˧, ni∨ pe∨ tʂən˧ tiau˧ tʂuan∨ ma∨ təu∨, tʰi∨
止，只　见　两　丈　以　外，李　白　正　调　转　马　头，提

pi˧ tai˧ ʂəu∨, tʰin˧ tau ·səu˧⊦ ·ti i˧ ʂən˧, nie˧ ko˧⊦ təu pi∨ ʐ∨ ni∨ kuŋ˧
笔　在　手，听　倒 "嗖" 的　一　声，乇那 个　斗　笔　如　离　弓

tsʅ˧ ʂʅ∨, ɕiaŋ˧ pe∨ nien˧ fei˧ nai∨, "pʰɛ˧" ·ti i˧ ɕia∨, pu˧ pʰien˧ pu˧ ɕie∨,
之　矢，向　白　练　飞　来，"啪" 的　一　下，不　偏　不　斜,

tʂən˧ xau∨ no˧ tai˧ nie˧ tau˧ xɤ˧ kaŋ˧ iəu˧ ·pien. tɕiaŋ˧ pien˧ ɕi˧ fa˧ i˧ iaŋ˧,
正　好　落　在　乇那 道　黑　杠　右　边。像　变　戏　法 一 样,

pe∨ nien˧ ·ʂaŋ tsʰʅ˧ ɕien˧ ·niau i˧ ko˧ pʰiau∨ ·pʰiau ·niaŋ ·niaŋ ti "pu∨" tsʅ˧.
白　练　上　出　现　了　一　个　漂　漂　亮　亮　的 "卜" 字。

tʂuŋ˧ zən∨ i˧ kʰan˧, tɕin˧ tʰan˧ pu˧ i∨, təu˧ pu˧ tʂʅ˧ ·ti tʂʰən˧ tsan˧ ʂuɛ∨:
众　人　一　看，惊　叹　不　已，都　不　住　地　称　赞　说:

"ʂən∨ pi˧!" "ʂən∨ pi˧!" nie˧ ko˧⊦ fei∨ tʂaŋ˧ ni˧ ʯ˧ sɛ∨ mu˧ tən˧ kʰəu∨ tai˧
"神　笔!" "神　笔!" 乇那 个　斐　长　吏　越　色　目　瞪　口　呆,

ɕin˧ ·ni ɕiaŋ∨: nie˧ ko˧⊦ ɕin˧ ni˧ ·ti tʂən˧ iəu∨ tien˧ pan∨ ien∨⊦, kʰəu∨ ·ni
心　里　想：乇这 个　姓　李　的　真　有　点　板　眼，口　里

tɕ'io˧ fu˧ ien˅ ·ti ʂɥɛ˅: "ni˅ kuŋ˧ ·tsʅ tɕ'i˅ ts'ai˅! ni˅ kuŋ˧ ·tsʅ tɕ'i˅ ts'ai˅!" ts'uŋ˅
却　敷　衍　地　说："李　公　子　奇　才！李　公　子　奇　才！"从

tsʅ˅ i˅ xəu˧, t'a˧ tei˅ ni˅ pɛ˅ sʅ˧ ɕin˧ ɥɛ˅ tʂ'ən˅ fu˧, u˅ t'i˅ t'əu˅ ti˧。
此　以　后，他　对　李　白　是　心　悦　诚　服，五　体　投　地。

tsʅ˧ ts'ʅ˅ i˅ xəu˧, ni˅ pɛ˅ ·ti min˅ ʂən˧ kən˧ kau˧ ·uau, t'a˧ tai˧ ŋan˧
自　此　以　后，李　白　的　名　声　更　高　了，他　在　安

nəu˧ i˧ tʂʅ˧ tsəu˧ sʅ˅ ien˅, tʂʅ˧ tau˧ fuŋ˧ tʂau˧ tɕin˧ tɕin˧ ts'ai˅ ni˅ k'ai˧。
陆　一　住　就　是　十　年，直　到　奉　诏　进　京　才　离　开。

ni˅ pɛ˅ tsəu˅ ·uau i˅ xəu˧, zən˅ mən˅ uei˧ iau piau˅ ta˧ tei˧ t'a˧ kau˧ tʂ'au˧
李　白　走　了　以　后，人　们　为　了　表　达　对　他　高　超

ʂu˧ fa˧ i˧ ʂu˧ ·ti tɕin˧ mu˧, tsəu˧ pa˅ pɛ˅ tʂau˧ ʂan˧ pɛ˅ ·mien ·ti i˧ tɕia˧
书　法　艺　术　的　敬　慕，就　把　白　兆　山　北　面　的　一　架

i˧ mɛ˧ san˧ fuŋ˧ ·ti ʂan˧ tɕ'i˅ min˅ uei˧ pi˧ tɕia˧ ʂan˧, pa˅ pɛ˅ tʂau˧ sʅ˧
一　脉　三　峰　的　山　取　名　为　笔　架　山，把　白　兆　寺

xəu˧ ·mien ·ti i˧ ko˧ tɕ'ien˅ ʂɥei˅ tʂ'ʅ˅ tɕ'i˅ min˅ uei˧ ɕi˅ pi˧ tʂ'ʅ˧。
后　面　的　一　个　泉　水　池　取　名　为　洗　笔　池。

二、谚语　歇后语

谚语

人怕伤心，树怕伤根。
zən˅ p'a˧ ʂaŋ˧ ɕin˧, ʂu˧ p'a˧ ʂaŋ˧ kən˧。

七选八选，选个漏油的灯盏。
tɕ'i˧ ɕien˅ pa˧ ɕien˅, ɕien˅ ko˧ nəu˧ iəu˅ ·ti tən˧ tʂan˅。

人上一百，各种各色。
zən˅ ʂaŋ˧ i˧ pɛ˅, ko˧ tʂuŋ˅ ko˧ sɛ˧。

外头摆浪子，屋里啃橡子。
uai˧ ·t'əu pai˅ naŋ˧ ·tsʅ, u˧ ·ni k'ən˅ tɕiaŋ˧ ·tsʅ。

生苕甜熟苕粉，夹生苕冇得整。
sən˧ ʂau˅ t'ien˅ ʂəu˅ ʂau˅ fən˅, tɕia˧ sən˧ ʂau˅ mau˧ tɛ˧ tʂən˅。

吃不穷，穿不穷，算计不来一生穷。
tɕ'i˧ pu˧ tɕ'yŋ˅, tʂ'ɥan˧ pu˧ tɕ'yŋ˅, san˧ tɕi˧˧ pu˧ nai˅ i˧ sən˧

tɕʻyŋ˅。

吃得苦中苦，方为人上人。

tɕʻi˧ tɛ˧ kʻu˅ tʂuŋ˧ kʻu˅，faŋ˧ uei˅ zən˅ ʂaŋ˧ zən˅。

羊肉冇吃倒，惹得一身膻。

iaŋ˅ zəu˧ mau˧ tɕʻi˧ ·tau，ȵɛ˅ tɛ˧ i˧ ʂən˧ ʂan˧。

说话无人答，脸上像虾子夹。

ʂɥɛ˧ xua˧ u˅ zən˅ ta˧，niɛn˅ ·ʂaŋ tɕiaŋ˧ ɕia˧ ·tsɿ ka˧。

猴子不上树，多打几遍锣。

xəu˅ ·tsɿ pu˧ ʂaŋ˧ ʂɿ˧，to˧ ta˅ tɕi˅ piɛn˧ no˅。

麻雀随倒斑鸠飞，飞断它的腿。

ma˅ tɕʻio˧˧ sei˅ ·tau pan˧ tɕiəu˧ fei˧，fei˧ tan˧ tʻa˧ ·ti tʻei˅。

满桶不荡半桶荡。

man˅ tʻuŋ˅ pu˧ taŋ˧ pan˧ tʻuŋ˅ taŋ˧。

鸭子死了嘴壳子硬。

ia˧ ·tsɿ sɿ˅ ·au tɕi˅ kʻo ·tsɿ ŋən˧。

货问三家不上当。

xo˧ uən˧ san˧ tɕia˧ pu˧ ʂaŋ˧ taŋ˧。

穷不输志，富不惊狂。

tɕʻyŋ˅ pu˧ ʂɥ˧ tʂɿ˧，fu˧ pu˧ tɕin˧ kʻuaŋ˅。

河里无鱼虾也贵。

xo˅ ·ni u˅ ȵ˅ ɕia˧ iɛ˅ kuei˧。

人误地一时，地误人一年。

zən˅ u˧ ti˧ i˧ ʂɿ˅，ti˧ u˧ zən˅ i˧ iɛn˅。

人勤地生宝，人懒地生草。

zən˅ tɕʻin˅ ti˧ sən˧ pau˅，zən˅ nan˅ ti˧ sən˧ tsʻau˅。

人不哄地皮，地不哄肚皮。

zən˅ pu˧ xuŋ˅ ti˧ pʻi˅，ti˧ pu˧ xuŋ˅ təu˅ pʻi˅。

有水无肥一半谷，有肥无水望天哭。

iəu˅ ʂɥei˅ u˅ fei˅ i˧ pan˧ ku˧，iəu˅ fei˅ u˅ ʂɥei˅ uaŋ˧ tʻiɛn˧ kʻu˧。

只种不管，会丢饭碗。

tʂɿ˅ tʂuŋ˧ pu˧ kuan˅，xuei˧ tiəu˧ fan˧ uan˅。

想吃大米饭，田里转三转。

ɕiaŋ˅ tɕʻi˧ ta˥ mi˅ fan˥, tʻien˅ ·ni tʂuan˧ san˥ tʂuan˧.

月亮长了毛，大水要淹桥。

ɥɛ˧ niaŋ˧ tʂaŋ˅ ·ŋau mau˅, ta˥ ʂuei˅ iau˥ ien˥ tɕʻiau˅.

东虹日头西虹雨。

tuŋ˥ kaŋ˥ ər˧ tʻəu˧ ɕi˥ kaŋ˥ ɥ˅.

狗子咬青草，天气晴不了。

kəu˅ ·tsɿ ŋau˅ tɕʻin˥ tsʻau˅, tʻien˥ tɕʻi˧ tɕʻin˅ ·pu niau˅.

歇后语

瞎子擤鼻子——乱甩。

ɕia˧ ·tsɿ ɕien˅ pi˅ ·tsɿ —— nan˥ ʂuai˅.

断膀娃儿抠藕——下独（毒）手。

tan˥ paŋ˅ uar ŋəu˧ ŋəu˅ —— ɕia˥ təu˅ ʂəu˅.

半天云里跑马——露出了马脚。

pan˥ tʻien˥ ɥ̃n˅ ·ni pʻau˅ ma˅ —— nəu˥ tʂʻɿ˧ ·au ma˅ tɕio˧.

锅里烧茶——铁味特为。

ko˧ ·ni ʂau˧ tsʻa˅ —— tʻiɛ˧ uei˥.

米汤泡饭——就地还原。

mi˅ tʻaŋ˧ pʻau˧ fan˥ —— tɕiəu˥ ti˥ xuan˅ ɥan˅.

杨杈打兔子——空儿里过。

iaŋ˅ tʂʻa˧ ta˅ tʻəu˅ ·tsɿ —— kʻor ·ni ko˧.

豆腐掉进灰堂里——摸不得，打不得。

təu˥ ·fu tiau˧ tɕin˧ xuei˥ tʻaŋ˅ ·ni —— mo˧ ·pu tɛ˧, ta˅ ·pu tɛ˧.

沙锅炒豆子——乱蹦乱跳。

ʂa˧ ko˧ tʂʻau˅ təu˅ ·tsɿ —— nan˥ puŋ˥ nan˥ tʻiau˧.

坛子里捉乌龟——手到擒来。

tʻan˅ ·tsɿ ·ni tso˧ u˧ kuei˥ —— ʂəu˅ tau˧ tɕʻin˅ nai˅.

阳沟的马郎骨——又臭又硬。

iaŋ˅ kəu˧ ·ti ma˅ naŋ˅ ku˧ —— iəu˥ tʂʻəu˧ iəu˥ ŋən˥.

狗子死了靠倒墙——不倒架子。

kəuˇ ·tsʅ sʅˇ ·au kʻau˧ ·tau tɕiaŋˇ —— pu˧ tauˇ tɕia˧ ·tsʅ。
狗子舔磨凳——一张白嘴。
kəuˇ ·tsʅ tʻiɛnˇ mo˧ tən˧ —— i˧ tʂaŋ˧ pɛˇ tɕiˇ。
狗子坐椅轿——不受抬举。
kəuˇ ·tsʅ tso˧ iˇ tɕiau˧ —— pu˧ ʂouˇ tʻaiˇ tʂʅˇ。
陕西的驴子作马叫——怪腔怪调。
ʂanˇ ɕi˧ ·ti noˇ ·tsʅ tso˧ maˇ tɕiau˧ —— kuai˧ tɕʻiaŋ˧ kuai˧ tiau˧。
刷子掉了毛——光板眼。
ʂua˧ ·tsʅ tiau˧ ·uau mauˇ —— kuaŋ˧ panˇ iɛnˇ。
穿蓑衣打火——惹火上身。
tʂʻuan˧ so˧ i˧ ta˧ xoˇ —— ʐɛˇ xoˇ ʂaŋ˧ ʂən˧。
虾子炒豆芽——都不是伸头的脚（角）。
ɕia˧ ·tsʅ tʂʻauˇ təu˧ iaˇ —— təu˧ pu˧ sʅ˧ tʂʻən˧ tʻəu ·ti tɕio˧。
猴子向火（烤火）——朝自己怀里扒。
xəuˇ ·tsʅ ɕiaŋ˧ xoˇ —— tʂʻauˇ tsʅ˧ tɕiˇ xuaiˇ ·ni pʻa˧。
叫花子争门楼——天亮了是人家的。
kau˧ xua˧ ·tsʅ tsən˧ mənˇ nəuˇ —— tʻien˧ niaŋ˧ ·ŋau sʅ˧ zənˇ kaˇ ·ti。

三、民谣 儿歌

小媳妇歌
ɕiauˇ ɕi˧ pʻoˇ˧ ko˧

锅水滚，倒香茶，怎么比得<u>在</u>娘家，
ko˧ ʂueiˇ kuənˇ, tau˧ ɕiaŋ˧ tʂʻaˇ, tsənˇ moˇ piˇ ·tɛ tai˧ niaŋˇ tɕia˧ˇ,

娘家睡到早饭熟，婆家睡的子夜啼，
iaŋˇ tɕia˧ˇ ʂuei˧ tau˧˧ tsauˇ fan˧˧ ʂouˇ, pʻoˇ tɕia˧ˇ ʂuei˧ ·ti tsʅˇ iɛ˧ tʻi˧,

端倒碗，守倒吃，恶言恶语<u>在</u>心里。
tan˧ ·tau uanˇ, ʂouˇ ·tau tɕʻi˧, ŋo˧ iɛnˇ ŋo˧ ʮˇ tai˧ ɕin˧ ·ni。

婆婆说：

pʻo˅ ·pʻo ʂɥɛ˦：

"杆子树，杆子揭，你做媳妇我晓得。"

"kan˧ ·tsɿ ʂu˧, kan˧ ·tsɿ tɕie˦, n̩˅ tsuɛ˧ ɕi˦ pʻo˦˧ ŋo˅ ɕiau˅ tɛ˧˦。"

妇女苦
fu˧ n̩˅ kʻu˅

日头出来照山坡，

ər˦ tʻəu˅˧ tʂʻu˦ nai˅ tʂau˧ ʂan˧ pʻo˧，

筲子打米下铁锅，簸箕滤饭甑里蒸，

tʻuŋ˅ ·tsɿ ta˅ mi˅ ɕia˧ tʻiɛ˦ ko˧，po˧ tɕi˧ ni˦ fan˧ tsən˧ ·ni tʂən˧，

心想把哥哥留下来吃顿饭，公婆在堂下不做声。

ɕin˧ ɕiaŋ˅ pa˅ ko˧ ·ko niəu˅ ɕia˧ nai˅ tɕʻi˦ tən˧ fan˧，kŋ˧ pʻo˅ tai˧ tʻaŋ˅ ·ɕia pu˦ tsəu˧ ʂən˧。

把哥哥送到门外，抱住门闩哭哀哀。

pa˅ ko˧ ·ko suŋ˧ tau˧ mən˅ uai˧，pau˧ tʂʻu˦˧ mən˧ ʂuan˧ kʻu˦ ŋai˧ ·ŋai，

把哥哥送到道场中，眼泪流了几茶盅，

pa˅ ko˧ ·ko suŋ˧ tau˧ tau˧ tʂʻaŋ˅ tʂuŋ˧，niɛn˅ ni˅ niəu˅ ·uau tɕi˅ tʂʻa˅ tʂuŋ˧。

把哥哥送到梨树坡，抱倒梨树哭哥哥。

pa˅ ko˧ ·ko suŋ˧ tau˧ ni˅ ʂu˦˧ pʻo˧，pau˧ ·tau ni˅ ʂu˦˧ kʻu˦ ko˧ ·ko。

哥哥吃饭冇开钱，哥哥开钱犹是可，

ko˧ ·ko tɕʻi˦ fan˧ mau˧ kʻai˧ tɕʻiɛn˅，ko˧ ·ko kʻai tɕʻiɛn˅ iəu˅ ʂɿ˧ kʻo˅，

妹妹开钱要找公婆。

mei˧ ·mei kʻai˧ tɕʻiɛn˅ iau˧ tʂau˅ kuŋ˧ pʻo˅。

小妹诉苦

ɕiauˇ mei꜓ səu꜓ kʻuˇ

叫声哥哥听端详，妹来婆家好凄凉，

tɕiau꜓ ʂən꜓ ko꜓ ·ko tʻin꜓ tan꜓ ɕiaŋˇ, meiˇ naiˇ pʻoˇ tɕia꜓ xauˇ tɕʻi꜓ niaŋˇ,

一年四季忙掉魂，一年四季想亲娘。

i꜓ ienˇ sꜚ꜓ tɕi꜓ maŋˇ tiau꜓ xuənˇ, i꜓ ienˇ sꜚ꜓ tɕi꜓ ɕiaŋˇ tɕʻin꜓ niaŋˇ。

哥问正月是个么事忙，正月是个烧火忙，

ko꜓ uən꜓ tʂən꜓ ɥe꜓ sꜚ꜓ ko꜓ moˇ sꜚ꜓ maŋˇ, tʂən꜓ ɥe꜓ sꜚ꜓ ko꜓ ʂau꜓ xoˇ maŋˇ,

烧起我的火，记起我的娘，

ʂau꜓ tɕʻiˇ ŋoˇ ·ti xoˇ, tɕi꜓ tɕʻiˇ ŋoˇ ·ti niaŋˇ,

眼泪流在锅沿上。

niɛnˇ niˇ niəuˇ tai꜓ ko꜓ ienˇ ·ʂaŋ。

哥问二月是个么事忙，二月是个薅草忙，

ko꜓ uən꜓ ɻe꜓ ɥe꜓ sꜚ꜓ ko꜓ moˇ sꜚ꜓ maŋˇ, əɻ꜓ ɥe꜓ sꜚ꜓ ko꜓ xau꜓ tsʻauˇ maŋˇ,

薅起我的草，想起我的娘，

xau꜓ tɕʻiˇ ŋoˇ ·ti tsʻauˇ, ɕiaŋˇ tɕʻiˇ ŋoˇ ·ti niaŋˇ,

眼泪流在锄把上。

niɛnˇ niˇ niəuˇ tai꜓ tsʻəuˇ pa꜓ ·ʂaŋ。

哥问三月是个么事忙，三月是个扯秧忙，

ko꜓ uən꜓ san꜓ ɥe꜓ sꜚ꜓ ko꜓ moˇ sꜚ꜓ maŋˇ, san꜓ ɥe꜓ sꜚ꜓ ko꜓ tʂʻɛˇ pai꜓ maŋˇ,

扯起我的秧，记起我的娘，

tʂʻɛˇ tɕʻiˇ ŋoˇ ·ti pai꜓, tɕi꜓ tɕʻiˇ ŋoˇ ·ti niaŋˇ,

眼泪滴在秧苗上。

niɛnˇ niˇ ti꜓ tai꜓ pai꜓ miauˇ ·ʂaŋ。

哥问四月是个么事忙，四月是个割麦忙，

ko꜓ uən꜓ sꜚ꜓ ɥe꜓ sꜚ꜓ ko꜓ moˇ sꜚ꜓ maŋˇ, sꜚ꜓ ɥe꜓ sꜚ꜓ ko꜓ ko꜓

mɛ˧ maŋ˨,
　　割起我的麦，记起我的娘，
　　ko˧ tɕi˧ ŋo˨ ·ti mɛ˧, tɕi˧ tɕi˧ ŋo˨ ·ti niaŋ˨,
　　眼泪流在镰把上。
　　niɛn˨ ni˨ niəu˨ tai˧ niɛn˨ pa˧ ·ṣaŋ。
　　哥问五月是个么事忙，五月是个栽秧忙，
　　ko˧ uən˨ u˨ ɥɛ˧ ʂʅ˧ ko˧ mo˨ ʂʅ˧ maŋ˨, u˨ ɥɛ˧ ʂʅ˧ ko˧ tsai˧ iaŋ˧ maŋ˨,
　　栽起我的秧，记起我的娘，
　　tsai˧ tɕi˧ ŋo˨ ·ti iaŋ˧, tɕi˧ tɕi˧ ŋo˨ ·ti niaŋ˨,
　　眼泪流在秧苗上。
　　niɛn˨ ni˨ niəu˨ tai˧ iaŋ˧ miau˨ ·ṣaŋ。
　　哥问六月是个么事忙，六月是个推磨忙，
　　ko˧ uən˨ nəu˨ ɥɛ˧ ʂʅ˧ ko˧ mo˨ ʂʅ˧ maŋ˨, nəu˨ ɥɛ˧ ʂʅ˧ ko˧ tʰi˧ mo˧ maŋ˨,
　　推起我的磨，记起我的娘，
　　tʰi˧ tɕi˧ ŋo˨ ·ti mo˧, tɕi˧ tɕi˧ ŋo˨ ·ti niaŋ˨,
　　眼泪流在磨盘上。
　　niɛn˨ ni˨ niəu˨ tai˧ mo˧ pʰan˨ ·ṣaŋ。
　　哥问七月是个么事忙，七月是个割谷忙，
　　ko˧ uən˧ tɕʰi˧ ɥɛ˧ ʂʅ˧ ko˧ mo˨ ʂʅ˧ maŋ˨, tɕʰi˧ ɥɛ˧ ʂʅ˧ ko˧ ko˧ ku˧ maŋ˨,
　　割起我的谷，想起我的娘，
　　ko˧ tɕi˧ ŋo˨ ·ti ku˧, ɕiaŋ˨ tɕi˧ ŋo˨ ·ti niaŋ˨,
　　眼泪流在谷垅上。
　　niɛn˨ ni˨ niəu˨ tai˧ ku˧ nuŋ˨ ·ṣaŋ。
　　哥问八月是个么事忙，八月是个拣花忙，
　　ko˧ uən˨ pa˧ ɥɛ˧ ʂʅ˧ ko˧ mo˨ ʂʅ˧ maŋ˨, pa˧ ɥɛ˧ ʂʅ˧ ko˧ tɕiɛn˨ xua˧ maŋ˨,
　　拣起我的花，想起我的娘，
　　tɕiɛn˨ tɕi˧ ŋo˨ ·ti xua˧, ɕiaŋ˨ tɕi˧ ŋo˨ ·ti niaŋ˨,

眼泪流在花篮上。

niɛnˇ niˇ niəuˇ taiˉ xuaˉ nanˇ ·ʂaŋ。

哥问九月是个么事忙，九月是个织布忙，

koˉ uənˉ tɕiəuˇ ɥɛˊ ʂʅˊ koˉ moˇ ʂʅˊ maŋˇ, tɕiəuˇ ɥɛˊ ʂʅˊ koˉ tʂʅˊ puˉ maŋˇ,

织起我的布，记起我的娘，

tʂʅˊ tɕʰiˇ ŋoˇ ·ti puˉ, tɕiˇ tɕʰiˇ ŋoˇ ·ti niaŋˇ,

眼泪流在梭子上。

niɛnˇ niˇ niəuˇ taiˉ soˉ ·tsʅ ·ʂaŋ。

哥问冬月是个么事忙，冬月是个整米忙，

koˉ uənˉ tuŋˉ ɥɛˊ ʂʅˊ koˉ moˇ ʂʅˊ maŋˇ, tuŋˉ ɥɛˊ ʂʅˊ koˉ tʂənˇ miˇ maŋˇ,

整起我的米，想起我的娘，

tʂənˇ tɕʰiˇ ŋoˇ ·ti miˇ, ɕiaŋˇ tɕʰiˇ ŋoˇ ·ti niaŋˇ,

眼泪流在筛子上。

niɛnˇ niˇ niəuˇ taiˉ ʂaiˉ ·tsʅ ·ʂaŋ。

哥问腊月是个么事忙，腊月是个做鞋忙，

koˉ uənˉ naˉ ɥɛˊ ʂʅˊ koˉ moˇ ʂʅˊ maŋˇ, naˉ ɥɛˊ ʂʅˊ koˉ tsəuˉ xaiˇ maŋˇ,

做起我的鞋，想起我的娘，

tsəuˉ tɕʰiˇ ŋoˇ ·ti xaiˇ, ɕiaŋˇ tɕʰiˇ ŋoˇ ·ti niaŋˇ,

眼泪滴在鞋底上。

niɛnˇ niˇ tiˉ taiˉ xaiˇ tiˇ ·ʂaŋ。

叫声亲哥哥，唤声亲爹娘，

tɕiauˉ ʂənˉ tɕʰinˉ koˉ ·ko, xuanˉ ʂənˉ tɕʰinˉ tiɛˉ niaŋˇ,

只恨妹妹命太苦，只叹女儿遭罗网，

tʂʅˇ xənˉ meiˉ ·mei minˉ tʰaiˉ kʰuˇ, tʂʅˇ tʰanˇ ȵyˇ ərˇ tsauˉ noˇ uaŋˇ,

今日落个秧鸡命，来日展翅飞何方。

tɕinˉ ərˉ noˉ koˉ iaŋˉ tɕiˉ minˉ, naiˇ ərˉ tʂanˇ tʂʅˇ feiˉ xoˇ faŋˉ。

寡妇歌
kua˅ fu˧˦ ko˧

正月寡妇是新年，酒壶提在你面前，

tsən˧ ɥɛ˧˦ kua˅ fu˧˦ sɿ˧ ɕin˧ iɛn˅, tɕiəu˅ xu˅ tʻi tai˧ n̩˅ miɛn˧ tɕʻiɛn˅,

酌杯酒喊声天，郎在阴间好安眠。

tʂo˧ pei˧ tɕiəu˅ xan˅ ʂən˧ tʻiɛn˧, naŋ˅ tai˧ in˧ tɕiɛn˧ xau˅ ŋan˧ miɛn˅。

二月寡妇倒春寒，有儿抚的有世界，

ər˅ ɥɛ˧ kua˅ fu˧˦ tau˧ tʂʻɥən˧ xan˅, iəu˅ ər˅ fu˅ ·ti iəu˅ sɿ˧ kai˧˦,

无儿抚的两丢开，实在好心酸。

u˅ ər˅ fu˅ ·ti niaŋ˅ tiəu˧ kʻai, sɿ˧ tsai˅ xau˅ ɕin˧ san˧。

三月寡妇是清明，家家户户上祖坟，

san˧ ɥɛ˧ kua˅ fu˧˦ sɿ˧ tɕʻin˧ min˅, tɕia˧ tɕia˧ xu˅ xu˅ ʂaŋ˧ tsəu˅ fən˅,

人家有男男上坟，我的无男奴上坟。

zən˅ ka˅ iəu˅ nan˅ nan˅ ʂaŋ˧ fən˅, ŋo˅ ·ti u˅ nan˅ nəu˅ ʂaŋ˧ fən˅。

娇儿在前提香蜡纸，我在后头换衣裳，

tɕiau˧ ər˅ tai˧ tɕʻiɛn˅ tʻi˅ ɕiaŋ˧ na˧ tʂɿ˧, ŋo˅ tai˧ xəu˧ ·təu xuan˧ i˧ ʂaŋ˅,

白布衫来白布裙，白里子孝鞋白手巾。

pɛ˅ pu˧ ʂan˧ nai˅ pɛ˅ pu˧ tʂʻɥən˅, pɛ˅ ni˅ ·tsɿ ɕiau˧ xai˅ pɛ˅ ʂəu˅ tɕin˧。

烧把纸作个揖，母子二人走回去，

ʂau˧ pa˅ tʂɿ˅ tso˧ ko˧ i˧, mu˅ tsɿ˅ ər˅ zən˅ tsəu˅ xuei˅ tɕʻi˧˦,

奴家越望天越黑，心里越想越着急。

nəu˅ tɕia˧ ɥɛ˧ uaŋ˧ tʻiɛn˧ ɥɛ˧ xɛ˅, ɕin˧ ·ni ɥɛ˧ ɕiaŋ˅ ɥɛ˧ tʂo˅ tɕi˧。

四月寡妇麦子黄，望儿送学读文章，
sɿ˩ ɥɛ˦˩ kua˥ fu˧˩ me˦ ·tsɿ xuaŋ˩, uaŋ˩ ər˥ suŋ˧ ɕio˥ təu˥ uən˥ tʂaŋ˧,

上学读的《三字经》，提笔写的上大人。
ʂaŋ˧ ɕio˥ təu˥ ·ti san˧ tsɿ˩ tɕin˧, t'i˥ pi˦ ɕi˥ ·ti ʂaŋ˧ ta˧ zən˥。

有朝一日读天亮，是我为娘的守一场。
iəu˧ tʂau˧ i˦ ər˥ təu˥ t'ien˧ niaŋ˩, ʂɿ˩ ŋo˥ uei˥ niaŋ˥ ·ti ʂəu˥ i˦ tʂ'aŋ˥。

五月寡妇是端阳，桌面摆的雄黄酒，
u˥ ɥɛ˦˩ kua˥ fu˧˩ ʂɿ˩ tan˧ iaŋ˥, tʂo˧ mien˧ pai˥ ·ti ɕyŋ˥ xuaŋ˥ tɕiəu˥,

未见儿父眼悲伤。
uei˧ tɕien˧ ər˥ fu˧ ien˥ pei˧ ʂaŋ˧。

六月寡妇热难当，公婆劝人怎么不把他忘，
nəu˥ ɥɛ˦˩ kua˥ fu˧˩ ɥɛ˦ nan˥ taŋ˧, kuŋ˧ p'o˥ tʂ'ɥan˧ zən˥ tsən˥ mo˥ pu˦ pa˥ t'a˧ uaŋ˥,

不必把他放心上。
pu˦ pi˦ pa˥ t'a˧ faŋ˧ ɕin˧ ·ʂaŋ。

七月寡妇七难逢，娇儿好比瞌睡虫，
tɕ'i˦ ɥɛ˦˩ kua˥ fu˧˩ tɕ'i˦ nan˥ fuŋ˥, tɕiau˧ ər˥ xau˥ pi˥ k'o˦ ʂɥei˧ tʂ'uŋ˥,

来无影去无踪，心想儿父在房中。
nai˥ u˥ iŋ˥ tʂ'ɥ˩ u˥ tsuŋ˧, ɕin˧ ɕiaŋ˥ ər˥ fu˧ tai˧ faŋ˥ tʂuŋ˧。

我一醒是手压胸。
ŋo˥ i˦ ɕin˥ ʂɿ˩ ʂəu˥ ia˥ ɕyŋ˧。

八月寡妇院门开，纺棉织布无人卖，
pa˦ ɥɛ˦˩ kua˥ fu˧˩ ɥan˧ mən˥ k'ai˧, faŋ˥ mien˥ tʂɿ˩ pu˦ u˥ zən˥ mai˧,

油盐小菜无人买，心想小叔走进来，
iəu˥ ien˥ ɕiau˥ ts'ai˧˩ u˥ zən˥ mai˥, ɕin˧ ɕiaŋ˥ ɕiau˥ ʂu˥ tsəu˥ tɕin˧ nai˥,

又怕别个说好坏。

iəu˧ pʻa˧ pie˧ ko˧ ʂʮɛ˧ xau˪ kuai˪。

九月寡妇是重阳，重阳造酒菊花香，

tɕiəu˪ ɥɛ˧ kua˪ fu˧ ʂʅ˧ tʂʻuŋ˪ iaŋ˪，tʂʻuŋ˪ iaŋ˪ tsʻau˧ tɕiəu˧ tʂʮ˧ xua˧ ɕiaŋ˧，

寡妇门前是非多，走在天边人哆嗦。

kua˪ fu˧ mən˪ tɕien˪ ʂʅ˧ fei˧ to˧，tsəu˪ tai˧ tʻien˧ pien˧ zən˪ to˧ so˪。

十月寡妇小阳春，公婆劝奴莫嫁人，

ʂʅ˧ ɥɛ˧ kua˪ fu˧ ɕiau˪ iaŋ˪ tʂʻʮn˧，kuŋ˧ pʻo˪ tʂʻʮan˧ nəu˪ mo˧ tɕia˧ zən˪，

一马配双鞍，女嫁二夫落骂名。

i˧ ma˪ pʻei˧ ʂʮaŋ˧ ŋan˧，ʮ˪ tɕia˧ ər˧ fu˧ no˧ ma˧ min˪。

莫做后母娘

mo˧ tsəu˧ xəu˧ mu˪ niaŋ˪

一个鸡蛋两个黄，有钱不讨后母娘。

i˧ ko˧ tɕi˧ tan˧ niaŋ˧ ko˧ xuaŋ˪，iəu˪ tɕʻien˪ pu˧ tʻau˪ xəu˧ mu˪ niaŋ˪。

前头的娘大些碗盛，尽他的儿子吃不赢。

tɕʻien˪ tʻəu˪ ·ti niaŋ˪ ta˧ ɕie˧ uan˪ ʂən˪，tɕin˧ tʻa˧ ·ti ər˪ ·tsʅ tɕʻi˧ pu˧ in˪。

后头的娘盛饭盛一口，还要留点看门狗。

xəu˧ tʻəu˪ ·ti niaŋ˪ ʂən˪ fan˧ ʂən˪ i˧ kʻəu˪，xai˪ iau˧ niəu˪ tien˪ kʻan˧ mən˪ kəu˪。

前头的娘切肉大些块子切，尽他的儿子吃不彻。

tɕʻien˪ tʻəu˪ ·ti niaŋ˪ tɕʻiɛ˧ zəu˧ ta˧ ɕie˧ kʻuai˪ ·tsʅ tɕʻiɛ˧，tɕin˧ tʻa˧ ·ti ər˪ ·tsʅ tɕʻi˧ pu tʂʻɛ˧。

后头的娘切肉切一刁，还要留倒喂老猫。

xəu˧ tʻəu˪ ·ti niaŋ˪ tɕʻiɛ˧ zəu˧ tɕʻiɛ˧ i˧ niau˧，xai˪ iau˧ niəu˪ ·tau uei˧ nau˪ mau˧。

前头的娘<u>下下</u>打，<u>下下</u>跑，

tɕʰiɛn˅ tʰəu˅ ·ti niaŋ xa˧ ·xa ta˅, xa˧ ·xa pʰau˅,

后头的娘<u>下下</u>打，<u>下下</u>不饶。

xəu˧ tʰəu˅ ·ti niaŋ xa˧ ·xa ta˅, xa˧ ·xa pu˧ ʐau˅。

前头的娘用麻秆，后头的娘用扁担。

tɕʰiɛn˅ tʰəu˅ ·ti niaŋ yŋ˧ ma˅ kan˧˩, xəu˧ tʰəu˅ ·ti niaŋ yŋ˧ piɛn˅ tan˧。

前头的娘死了拿么衣，打开箱子拿孝衣。

tɕʰiɛn˅ tʰəu˅ ·ti niaŋ sʅ˅ ·au na˅ mo˅ i˧, ta˅ kʰai˧ ɕiaŋ˧ tsʅ na˅ ɕiau˧ i˧。

后头的娘死了拿么衣，打开园门拿蓑衣。

xəu˧ tʰəu˅ ·ti niaŋ sʅ˅ ·au na˅ mo˅ i˧, ta˅ kʰai˧ ɥan˅ mən˅ na˅ so˧ i˧。

前头的娘死了拿么鞋，打开箱子拿孝鞋。

tɕʰiɛn˅ tʰəu˅ ·ti niaŋ sʅ˅ ·au na˅ mo˅ xai˅, ta˅ kʰai˧ ɕiaŋ˧ tsʅ na˅ ɕiau˧ xai˅。

后头的娘死了拿么鞋，打开茅屋寻草鞋。

xəu˧ tʰəu˅ ·ti niaŋ sʅ˅ ·au na˅ mo˅ xai˅, ta˅ kʰai˧ mau˅ u˧ tɕʰin˅ tsʰau˅ xai˅。

前头的娘死了么人上坟，孙儿孙女一大群。

tɕʰiɛn˅ tʰəu˅ ·ti niaŋ sʅ˅ ·au mo˅ zən˅ ʂaŋ˧ fən˅, sən˧ ɻe˧ sən˧ ɥ˅ i˧ ta˧ tʂʰɥən˅。

后头的娘死了么人上坟，鸦雀老鸦一大群。

xəu˧ tʰəu˅ ·ti niaŋ sʅ˅ ·au mo˅ zən˅ ʂaŋ˧ fən˅, ia˧ tɕʰio˧ nau˅ ua˧ i˧ ta˧ tʂʰɥən˅。

嫁人歌

tɕia˧ zən˅ ko˧

板栗开花一条冲，嫁人莫嫁大相公，

pan˅ ni˧˩ kʰai˧ xua˧ i˧ tʰiau˅ tʂʰuŋ˧, tɕia˧ zən˅ mo˧ tɕia˧ ta˧ ɕiaŋ˧ kuŋ˧,

大相公，有钱用，大把的票子往外送，

taㄧ ɕiaŋㄧ kuŋㄧ, iəuˇ tɕʻienˇ yŋㄧ, taㄧ paˇ ·ti pʻiauㄧ tsˌˇ uaŋˇ uaiㄧ suŋㄧ，

绣花枕头肚子空。

ɕiəuㄧ xuaㄧ tʂənㄧ tʻəuˇ təuˇ ·tsˌ kʻuŋㄧ。

茄子开花紫缎色，嫁人莫嫁鸦片客，

tɕʻieˇ ·tsˌ kʻaiㄧ xuaㄧ tsˌˇ tanㄧ sɛˇ, tɕiaㄧ zənˇ moㄧ tɕiaㄧ iaㄧ pʻienㄧ kʻɛˇ，

鸦片客，牙齿黑，黄皮寡瘦死人的皮，

iaㄧ pʻienㄧ kʻɛˇ, iaˇ tʂʻˌˇ xɛˇ, xuaŋˇ pʻiˇ kuaˇ səuㄧ sˌˇ zənˇ ·ti pʻiˇ，

口里的气色气味闻不得。

kʻəuˇ niˇ ·ti tɕʻiㄧ sɛㄧ uənˇ ·pu tɛㄧ。

黄豆开花两块板，嫁人莫嫁浪荡汉，

xuaŋˇ təuㄧ kʻaiㄧ xuaㄧ niaŋˇ kʻuaiˇ panˇ, tɕiaㄧ zənˇ moㄧ tɕiaㄧ naŋㄧ taŋㄧ xanㄧ，

浪荡汉，到处窜，不会做活只会玩，

naŋㄧ taŋㄧ xanㄧ, tauㄧ tʂʻˌㄧ tʂʻˌanㄧ, puㄧ xueiㄧ tsəuˇ xoˇ tʂˌˇ xueiㄧ uanˇ，

过的日子真见盼见鬼。

koㄧ ·ti ərㄧ tsˌˇ tʂənㄧ tɕienㄧ pʻanㄧ。

杨树开花满天飞，嫁人莫嫁保安队，

iaŋˇ ʂˌㄧ kʻaiㄧ xuaㄧ manˇ tʻienㄧ feiㄧ, tɕiaㄧ zənˇ moㄧ tɕiaㄧ pauˇ ŋanㄧ teiㄧ，

保安队，名声屁，身披"二五"黄军衣，

pauˇ ŋanㄧ teiㄧ, minˇ ʂənㄧ pʻiˇ, ʂənㄧ pʻiㄧ "ərㄧ uˇ" xuaŋˇ tʂyənㄧ iㄧ，

开口就是他妈的。

kʻaiㄧ kʻəuˇ tsəuㄧ ʂˌㄧ tʻaㄧ maㄧ ·ti。

小麦开花一条槽，嫁人要嫁杀猪佬，

ɕiauˇ mɛˇ kʻaiㄧ xuaㄧ iㄧ tʻiauˇ tsʻauˇ, tɕiaㄧ zənˇ iauㄧ tɕiaㄧ ʂaㄧ tʂˌㄧ nauˇ，

杀猪佬，心肠好，别人割肉他不称少，

ʂaˉ tʂʅˉ nauˇ, ɕinˉ tʂʰaŋˇ xauˇ, piɛˇ zənˇ koˉ zəuˉ tʰaˉ puˉ tsʰənˉ ʂauˇ,

撩秧下种都会搞。

niauˇ iaŋˉ ɕiaˉ tʂuŋˉ təuˉ xueiˉ kauˇ。

葫芦开花花叶黄，嫁人要嫁小木匠，

kʰuˇ nəuˇ kʰaiˉ xuaˉ xuaˉ iɛˉ xuaŋˇ, tɕiaˉ zənˇ iauˉ tɕiaˉ ɕiauˇ muˉ tɕiaŋˉ,

小木匠，手艺强，会打家具会打床，

ɕiauˇ muˉ tɕiaŋˉ, ʂəuˇ iˉ tɕʰiaŋˇ, xueiˉ taˇ tɕiaˉ tʂʅˉ xueiˉ taˇ tsʰɻaŋˇ,

奴家爱的是乜这一行。

nəuˇ tɕiaˉ ŋaiˉ ·ti ʂʅˉ niɛˉ iˉ xaŋˇ。

摇篮曲

iauˇ nanˇ tʂʰʅˉ

小宝宝，快睡觉，妈妈望你笑。

ɕiauˇ pauˇ ·pau, kʰuaiˉ ʂɥeiˉ tɕiauˉ, maˉ ·ma uaŋˉ n̩ˇ ɕiauˉ。

奶奶把你摇，祖孙三代都是花，

naiˉ ·nai paˇ n̩ˇ iauˇ, tsəuˇ sənˉ sanˉ taiˉ təuˉ ʂʅˉ xuaˉ,

数你开得娇，我的好宝宝。

səuˇ n̩ˇ kʰaiˉ tɛ tɕiauˉ, ŋoˇ ·ti xauˇ pauˇ ·pau。

小小猪

ɕiauˇ ɕiauˇ tʂʅˉ

小小猪，胖乎乎。

ɕiauˇ ɕiauˇ tʂʅˉ, pʰaŋˉ xuˉ xuˉ。

耳朵大，胯娃儿腿粗，

ɚˇ toˇ taˉ, kʰuaˇ uarˇ tsʰəuˉ,

摇尾巴，点点头。

iauˇ iˇ ·pa, tiɛnˇ tiɛnˇ tʰəuˇ。

唱起歌，呼噜噜。

tʂʻaŋ˧ tɕʻi˥ ko˧, xu˧ nəu˅ nəu˅。

骂人歌
ma˧ zən˅ ko˧

腊月腊月，不能瞎说。

na˧ ɥɛ˦ na˧ ɥɛ˦，pu˧ nən˅ ɕia˧ ʂɥɛ˧。

打你一掌，跟你的妈说。

ta˅ n̩˅ i˧ tʂaŋ˅，kən˧ n̩˅ ·ti ma˧ ʂɥɛ˧。

拐坏舅妈
kuai˅ tɕiəu˧ ma˦

三岁伢，锄草皮，锄到家婆家去吃炒米，

san˧ ɕi˧ ŋa˅，tsʻəu˅ tsʻau˅ pʻi˅，tsʻəu˅ tau˧ ka˧ pʻo˅ tɕia˧ tɕʻi˥ tɕʻi˥ tʂʻau˅ mi˅。

我从舅妈门前过，舅妈问我是哪个，

ŋo˅ tsʻuŋ˅ tɕiəu˧ ma˦ mən˅ tɕʻien˅ ko˧，tɕiəu˧ ma˦ uən˧ ŋo˅ ʂ̩˥ na˅ ko˦，

我说是你的亲外甥，

ŋo˅ ʂɥɛ˧ ʂ̩˥ n̩˅ ·ti tɕʻin˧ uai˧ sən˧，

拉进去，喝杯茶，吃碗饭，

na˧ tɕin˧ tɕʻi˥，xo˧ pei˧ tʂʻa˅，tɕʻi˥ uan˅ fan˧，

一杯茶涩又苦，一碗饭又糙口，

i˧ pei˧ tʂʻa˅ sɛ˧ iəu˧ kʻu˅，i˧ uan˅ fan˧ iəu˧ tsʻau˅ kʻəu˅，

一碗豇豆十来根，一碗鹅米豆尽是筋，

i˧ uan˅ kaŋ˧ təu˧ ʂ̩˥ nai˅ kən˧，i˧ uan˅ ŋo˅ mi˅ təu˧ tɕin˧ ʂ̩˥ tɕin˧，

一碗酸菜酸得要人命，我说你老儿过了细，

i˧ uan˅ san˧ tsʻai˦ san˧ ·tɛ iau˧ zən˅ min˧，ŋo˅ ʂɥɛ˧ n̩˅ nar˅ ko˧ ·au ɕi˧，

舅妈听了不过意。

tɕiəu˧˩ ma˧˩˨ tʰin˧˩ ·niau pu˧˩ ko˧˩ i˧˩.

懒大娘
nan˧˥ ta˧˩ niaŋ˧˥

懒大娘呀懒大娘，睡得日头晒屋梁。

nan˧˥ ta˧˩ niaŋ˧˥ ·ŋa nan˧˥ ta˧˩ niaŋ˧˥, ʂʅ̺ɕei˧˩ ·tɛ ər˧˥ tʰəu˧˩˨ ʂai˧˩ u˧˩ niaŋ˧˥.

闻见了锅巴香，忙忙起来慌了张。

uən˧˥ tɕiɛn˧˩ ·niau ko˧˩ ·pa ɕiaŋ˧˩, maŋ˧˥ maŋ˧˥ tɕʰi˧˥ nai˧˥ xuaŋ˧˩ ·ŋau tʂaŋ˧˩.

头不梳，脚不裹，暂且弄得吃了着。

tʰəu˧˩ pu˧˩ səu˧˩, tɕio˧˩ pu˧˩ ko˧˥, tʂan˧˩ tɕʰiɛ˧˥ nuŋ˧˩ ·tɛ tɕʰi˧˩ ·iau tʂo˧˥.

锅里糊得锄头挖，碗里糊得取锅巴，

ko˧˩ ·ni xu˧˩ ·tɛ tsʰəu˧˥ tʰəu˧˥ ua˧˩, uan˧˥ ·ni xu˧˩ ·tɛ tɕʰi˧˥ ko˧˩ ·pa,

筷子糊得槌子大，你说我抹点儿快点儿吃，

kʰuai˧˩ ·tsʅ xu˧˩ ·tɛ tʂʰʅ̺ɕei˧˥ ·tsʅ ta˧˩, n˧˥ ʂʅ̺ɕei˧˩ ŋo˧˥ ma˧˩ tier tɕʰi˧˩,

我还是几根黄头发。

ŋo˧˥ xai˧˥ ʂʅ˧˩ tɕi˧˥ kən˧˩ xuaŋ˧˥ tʰəu˧˥ pʰa˧˩.

绕口令
zau˧˥ kəu˧˥ nin˧˩

神皇庙有四个破鼓，需一丈二尺布补，

ʂən˧˥ xuaŋ˧˥ miau˧˩ iəu˥ ʂʅ˧˩ ko˧˩˨ pʰo˧˩ ku˧˥, ɕi˧˩ i˧˩ tʂaŋ˧˩ ər˧˥ tʂʰʅ˧˩ pu˧˩ pu˧˥,

不是布补鼓，而是鼓补布。

pu˧˩ ʂʅ˧˩ pu˧˩ pu˧˥ ku˧˥, ər˧˥ ʂʅ˧˩ ku˧˥ pu˧˥ pu˧˩.

张七遇唐一，唐一喜张七，

tʂaŋ˧˩ tɕʰi˧˩ y˧˩ tʰaŋ˧˥ i˧˩, tʰaŋ˧˥ i˧˩ ɕi˧˥ tʂaŋ˧˩ tɕʰi˧˩,

张七打唐一，唐一怨张七。

tṣaŋ˧ tɕʼi˧ ta˅ tʼaŋ˅ i˧, tʼaŋ˅ i˧ ɣan˧ tṣaŋ˧ tɕʼi˧。

不管三七二十一，怄七不怄一。

pu˧ kuan˅ san˧ tɕʼi˧ ər˧ ʂɿ˅ i˧, ŋəu˧ tɕʼi˧ pu˧ ŋəu˧ i˧。

周扒皮，李扒皮，披床棉絮来偷鸡，

tṣəu˧ pa˧ pʼi˅, ni˅ pa˧ pʼi˅, pʼi˧ tṣʼɣaŋ˅ mien˅ ɕi˧ nai˅ tʼəu˧ tɕi˧,

扒皮遇扒皮，扒皮互剥衣，

pa˧ pʼi˅ y˧ pa˧ pʼi˅, pa˧ pʼi˅ xu˧ po˧ i˧,

偷鸡不是好东西，捂倒出气大一堆。

tʼəu˧ tɕi˧ pu˧ ʂɿ˧ xau˅ tuŋ˧ ɕi, u˅ ·tau tṣʼɿ˧ tɕʼi˧ ta˧ i˧ ti˧。

一二三四五六七，你说稀奇不稀奇！

i˧ ər˧ san˧ sɿ˧ u˅ nəu˧ tɕʼi˧, ŋ˅ ʂɣɛ˧ ɕi˧ tɕʼi˧ pu˧ ɕi˧ tɕʼi˅。

儿歌游戏

ər˅ ko˧ iəu˅ ɕi˧

脚，脚，皮蛋壳，

tɕio˧, tɕio˧, pʼi˅ tan˧ kʼo˧,

杨家河，水不落，

iaŋ˅ tɕia˧ xo˅, ʂɣei˅ pu˧ no˧,

不落南，不落北，

pu˧ no˧ nan˅, pu˧ no˧ pɛ˧,

北上田里种荞麦，

pɛ˧ ·ṣaŋ tʼien˅ ·ni tṣuŋ˧ tɕʼiau˅ mɛ˧˧,

荞麦开花一汪白，

tɕʼiau˅ mɛ˧˧ kʼai˧ xua˧ i˧ uaŋ˧ pɛ˅,

茄子开花紫红色。

tɕʼiɛ˅ ·tsɿ kʼai˧ xua˧ tsɿ˅ xuŋ˅ sɛ˧。

金簸箕，银簸箕，

tɕin˧ po˧ tɕi˧, in˅ po˧ tɕi˧,

哪个的小脚缩过去。

na˅ ko˧ ·ti ɕiau˅ tɕio˧ səu˧ ko˧ tɕʼi˧。

附 录

一、安陆地图

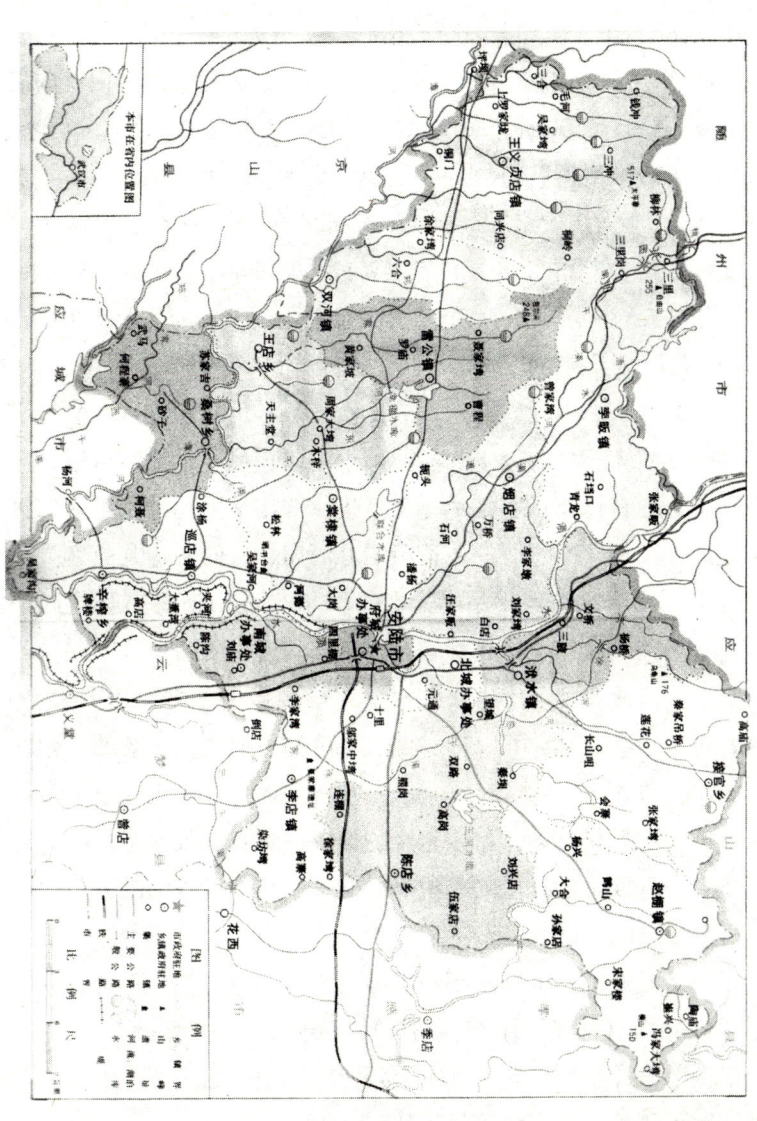

二、安陆民俗文化

安陆的年、节礼俗

现按农历记录安陆过年过节的礼俗。

正月初一，小孩们都穿上新衣服、新鞋子。本家亲戚、隔壁邻居互相拜年，通常不带礼物，上门互道恭喜，主家发烟给客人，泡一碗米子茶，一天都要拜遍，因此有"拜跑年"之说。如果头一年老人去世，则本家初一来兴香，一般是放鞭炮、烧纸钱。安陆有一个习俗：初一白天大门要关着，意为财不外露；初一不能洗衣裳，也不能扫地。

正月初二，给舅爷家拜年，女婿到亲妈丈母娘家拜年，要带礼物。

正月初三，五更左右要放鞭炮，送年。亲戚互相走动拜年、喝酒、玩乐，一直到正月十五。有这样的说法：拜年拜到初五六，又是酒又是肉；拜年拜到十五六，蒸干的酒，吊干的肉；拜年不怕拜得迟，拜到青草盖地皮。现在还流行年是拜，月是接。拜年是主动拜，不专门接。元宵节之后，互相接客，有的还请厨子办酒席，有的多达几桌客人，比过年还隆重。除了亲戚互相请客之外，同事也互相请，一般是周末轮流请，一直请到五月。安陆人好客，真不是瞎说。

正月十五元宵节，安陆又叫过月半。要做月半粑，用大米磨成粉，炒熟，再放水和，把萝卜、肉、油豆腐等都剁成末末，炒熟，包在和好的米粉里，放在锅里蒸。有的人家蒸很多月半粑，当天吃不完就放着慢慢吃。月半粑做得越多，希望将来的麦子、稻谷等收得多。

正月十五要把水缸里的水挑满，意为"正月款挑满缸，八月十五收满仓"。

正月十五要把屋里屋外都扫干净，把扫的渣子扫到一堆，砍几根柏树丫子柏树枝放在渣子堆上烧，还要放鞭炮，叫炸疙蚤跳蚤。

清明节，儿子、媳妇、孙子上坟，放鞭炮，磕头。在农事方面，有二月清明不用忙，三月清明早下秧下谷种的说法。

端阳节端午节，分大端阳（农历五月十五）、小端阳（农历五月初五）。刚出嫁的女儿，要送端阳到娘屋里，买肉、桃子、蒸的三角包子等，包子三十个叫一盒，有的送几盒包子。旧时，娘屋里给竹床、席子、伞，现在给钱女儿自己去买。

七月半（农历七月十五），又叫鬼节。安陆非常重视这个节，叫过七月半，要请亲朋在一起吃喝玩乐，有一道必吃的菜，就是蒸肉，即一般的粉蒸肉。七月十五这一天早上或中午要祭祀祖先，叫"叫老人家"。晚上到处烧纸钱，烧一处，喊几声"孤人野鬼拿钱去，走黑路莫吓我，走白路莫打我"。

中秋节，安陆不怎么重视。现在随别处的人过节吃月饼。

腊月准备过年，要做的事很多。腊月二十四过小年，旧时过小年要烧净茶，拿麻糖等东西供司命老爷。现在过小年没有这些讲究，仅仅叫过小年。有一个说法，腊月二十四是老鼠嫁女。

腊月二十五打豆腐，过年吃的豆腐都是自己磨黄豆，过滤豆浆，烧豆浆，点卤，最后成豆腐，用来作炸豆腐丸子，过年期间吃。

临近过年，有一个小孩子唱的顺口溜："二十五，打豆腐；二十六，炸滑肉（家有老人去世的当年，腊月二十六过肉年）；二十七，年（年货）办毕；二十八，插大蜡；二十九，样样有；三十夜，桃花谢；初一早，年拜了，腰一躬，手一妥，糖果米子倒得我。"

腊月三十，过大年。过大年一般是早饭吃肉，即炖一大锅猪骨头、肉。吃肉之前要先祭祀祖先，安陆叫"叫老人家"。未满孝的，要单独叫，满孝后所有的祖先一起叫。一个大方桌，摆八个椅子、八双筷子、八个酒杯、八个饭碗、六个菜碗，有的摆八个菜。小孩磕头。煞黑傍晚的时候，家家户户都要贴对子对联，每个门上都要贴，包括堂屋、房门、厨房、窖屋厕所、鸡筹儿鸡笼、猪栏屋、牛栏屋等。三十夜吃年饭，一家人团圆。吃饭时或吃饭过后长辈给晚辈压岁钱。晚上通宵点灯，在米缸里、坛子里、灶台上、水缸边等处摆放大蒜，意为消毒。

安陆农村丧事礼俗

安陆的风俗是，人在家里不能死在床上，而是在死之前在堂屋（客厅）铺稻草打地铺，叫做铺草，人在地铺上咽气。人死后把打地铺的稻草烧掉，意为"牵床铺草"，有人死后再投胎寿命长的寓意。如果死在床上，就要把床敲掉一块板子烧掉，有的甚至把整个床都烧掉。如果是上吊死的，则要把上吊处的横梁凿一块下来。

不管是以前的土葬还是现在的火化，最终都是土埋。一般人死后视家庭情况，停放在家里的时间长短不一，家庭情况好一点儿的，儿女有孝心的，则停放在家里的时间长，有的甚至长达一个星期。如果家庭情况一般或较差，则停放在家里的时间短，有的两天，有的三天，有的头一天死，第二天就埋了。因为人死后所有的亲戚朋友及族人都在死者家里吃喝，开销很大，一般家庭承受不了。

如果是出烂事而死，比如车祸或过年期间死的，则放在家里的时间短，有的第二天就埋掉。小孩夭折，如掉在塘里浯淹死的或者生病死的，有的做一个小棺材，叫壳娃儿，有的直接用衣服被子一裹，当天就埋掉。

人死后找八个重山（男性，负责挖坟坑、抬棺材）挖坟坑，旧时重山一天把坟坑挖好，现在重山延长到两天才把坟坑挖好，期间死者家属要送山酒，即要供应三餐酒菜，还要给每个重山一条毛巾、一双鞋、一条烟、若干糖。重山把坟坑挖好后，要在里面砌上砖头，叫"砌阁"。据说，旧时只有有钱人死后才会砌阁，普通人就是一个土坑，而现在，一般人的坟坑都会砌阁，因为砌阁要费工、费料，还要给砌阁的重山钱。如果死者家属对重山不客气，重山就不会重视死人，那就会对死者家人不利。重山的费用由死者女儿负担。

人死后，让主要的亲戚（娘家的人）来看看遗体，第二天火化，然后把骨灰盒拿回家里，设灵堂，亲戚朋友前来拜祭，拜祭时要带三斤纸钱、一串鞭炮、一个花圈、挂帐子（旧时指买一块布料，改革开放后生活水平提高了，帐子的规格高了，买一床毯子。现在干脆送钱，几百上千不等。旧时认为帐子多就是田多，外侄、舅侄最重。现在不讲这些）。

人死后，本家都来帮忙，有的帮忙通知亲友，有的招待重山，有的负责采购吃、用的东西，有的帮忙烧火做饭、招待亲友等，孝子只出钱。

下葬的头一天，女儿要送灵件（红绸子、白纸做成的用竹竿挂起的长条状的东西），要请响房（吹、拉、弹、唱），要扎大轿、大马、车子、电视等（用纸扎）。如果死者没有女儿就由娘屋的舅侄儿送灵件。下葬的头一天晚上要开追悼会。

下葬的那一天，早上四点多钟吃早点，然后上山，一路上，各亲友一人拿一个花圈，不停地放鞭炮，丢纸钱，响房一路吹吹打打，通常绕一个大圈子，再到坟地下葬。第二天天还未亮，死者的儿子、媳妇、女儿、女婿、姨侄、舅侄等到坟头去拜祭，叫复山，有一种说法，死者见亲人最后一面。

复山后烧"头七"（七天为一七，头七就是第一个七天，以此类推），即烧纸钱给死者，主家放鞭炮。女儿、女婿一直烧到"五七"。然后烧"百日"，亲戚到场。第二年过年初一烧纸钱，放鞭炮，叫"兴香"，亲戚都要去烧。死者家里贴白对联。

人死后，死者家属每天每餐饭都要叫饭，即桌上摆菜，盛一碗饭，把筷子架在碗上，然后叫死者吃饭。一直要叫三年。有一个说法，爷（父亲）叫两年半，妈叫三年满。三年孝满后除灵，把家里设的灵位、挽幛等烧掉。当然，现在已经开始简化这些程序，实行移风易俗。

安陆的嫁娶礼俗

安陆嫁姑娘的礼俗。

最早定亲是媒人拿八字帖到女方家，八字合，则亲戚可以定下来。现在多为自由恋爱，或者通过别人介绍。

过门，男方到女方家，拿一道盒礼，包括肉、鱼、面、布等。

上门。可以结婚时，男方在端阳节送端阳，即买肉、桃子、蒸的三角包子等，包子三十个叫一盒。送端阳总称为一道盒礼。

送日子，一般选在八月，不选七月，因为七月的日子是鬼日子。也要送一道盒礼，并定好结婚的具体日期，还有女方要的衣服、金银首饰等都订下来。

过盒，旧时姑娘出嫁的前两天过盒，亲戚朋友来吃酒席，要送礼钱，还要给出嫁的姑娘礼钱，叫压袋钱。男方把女方家的陪嫁抬回家。现在简单化了，过盒改在结婚的前一天，和待媒（专门招待媒人）合二为一了。过盒的那一天，姑娘家要给姑娘的舅舅送一道礼，就是砍两斤半猪肉（男方家送来的），叫送折饭。有几个舅舅就送几个折饭。过盒的那一天，搬嫁妆时亲朋也可以闹嫁妆，即拿着某一件嫁妆，如一床被子，男方要拿一个封子_{红包}或一包烟把这一床被子换过去。

待媒，专门招待媒人，是姑娘出嫁的前一天晚上，亲戚朋友都来吃酒席，酒席通常要吃到晚上十一二点，酒席上有女婿、媒人、男方家来的两个打灯的（相当于伴郎）。酒席上大家都可以闹媒人，无论怎么闹他（她），他（她）都不能生气。吃完酒席后是熬夜。

出嫁，姑娘出嫁叫发亲，送姑娘到婆家去的通常是姑娘的舅爷、叔叔、舅妈、姑妈、姐妹，叫送亲。送亲的有几个人，接亲的就有几个人。安陆有一个习俗，说姑娘出嫁越早越好，现在有的凌晨两点钟就发亲了。

回门，姑娘出嫁的第三天，姑娘、女婿回娘屋里，要早去早回，有说法，叫早去早回早发财。回门时要提一篓子东西，包括面、肉、点心等，给娘家，但娘家一般不接受，直接让姑娘提回婆家去谢媒。

转九，回门后的第四天娘屋里的兄弟接姑娘回娘家，叫转九。在娘家住两天后女婿要来接姑娘回家。有说法，转九要在娘家少住，意为在娘屋里少住一天，在婆家多住一天。转九之后，姑娘就可以随意回娘家了。

安陆接媳婆儿_{媳妇}的礼俗。

过盒的前一天开猪，杀一头猪，还要接媒人过来，砍折饭给女方的舅舅。把猪头、猪脚、猪尾巴砍下来一套，外加半边猪肉，全部送到女方家。

过盒，早餐是酒席，是男方家的过盒。吃完早上的酒席后把姑娘结婚穿的衣服、鞋等送到女方家。在女方家吃完中饭酒席后把女方家的嫁妆抬回来。晚上在自己家吃待媒的酒席后又到女方家去吃一次酒席，通常很晚。

接媳婆儿，过盒的第二天很早很早就把姑娘接回家，有早上、中午两顿酒席。中午的酒席过后是喝茶，新姑娘_{新媳妇}倒给公婆及所有的亲友茶喝，被敬茶的人要给礼钱，多少不等，叫倒茶的钱。喝完茶后亲友散场回家。新人入洞房，老表们（新郎的表兄弟姐妹）和弟兄和里（堂兄弟姐妹）闹洞房。现在也有同事、朋友参与闹洞房的。

主要参考文献

[1]闭思明.广西横县平话的反复问句[J].广西师院学报:哲学社会科学版,2002(2):106-108.

[2]曹志耘.金华汤溪方言的"得"[J].语言研究,2001(2):23-29.

[3]曹广顺.元典章·刑部中的"讫"和"到"[C]//四川大学汉语史研究所.汉语史研究集刊(第1辑)(上).成都:巴蜀书社,1998.

[4]曹广顺.近代汉语助词[M].北京:语文出版社,1995.

[5]车竞.现代汉语比较句论略[J].湖北师范学院学报:哲学社会科学版,2005(3):60-63.

[6]陈鸿迈.《楚辞》里的三字语[J].中国语文,1988(2):143-145.

[7]陈立民.汉语的时态和时态成分[J].语言研究,2002(3):14-31.

[8]陈妹金.北京话疑问语气词的分布、功能及成因[J].中国语文,1995(1):17-22.

[9]陈淑梅.鄂东方言语法研究[M].南京:江苏教育出版社,2001.

[10]陈淑梅.英山方言的"有"和普通话的"没"、"没有"[A]//双语双方言[二].北京:彩虹出版社,1992:32-38.

[11]陈淑梅.汉语方言里一种带虚词的特殊双宾句式[J].中国语文,2001(5):439-446.

[12]陈月明.时间副词"在"与"着"[J].汉语学习,1999(4):10-14.

[13]陈泽平.福州话的否定词与反复疑问句[J].方言,1998(1):63-70.

[14]陈忠."着"的语义特征对其句法分布规律的制约[J].云南师范大学学报,2003(4):15-18.

[15]储泽祥.现代汉语方所系统研究[M].武汉:华中师范大学出版社,1997.

[16]戴耀晶.现代汉语表示持续体的"着"的语义分析[J].语言教学与研究,1991(2):92-106.

[17]戴耀晶.汉语否定句的语义确定性[J].世界汉语教学,2004(1):20-27.

[18]戴昭铭.天台方言初探[M].北京:中国社会科学出版社,2003.

[19]丁加勇.汉语方言句末"着"的类型学考察[J].常德师范学院学报:社会科学版,2003(1):100-103.

[20]丁声树,等.现代汉语语法讲话[M].北京:商务印书馆,1979.

[21]杜道流.与"多(么)、太、好"有关的感叹句[J].语言研究,2004(3):52-56.

[22]范方莲.存在句[J].中国语文,1963(5):11-19.

[23]范晓.汉语的句子类型[M].太原:书海出版社,1998.

[24]范晓.复动"V得"句[A]//语法研究和探索(六).北京:语文出版社,1993.

[25]方梅.从"V着"看汉语不完全体的功能特征[A]//语法研究和探索(九).北京:商务印书馆,2000.

[26]方梅.北京话句中语气词的功能研究[J].中国语文,1994(2):129-138.

[27]方梅.汉语对比焦点的句法表现手段[J].中国语文,1995(4):279-288.

[28]方松熹.浙江吴方言里的儿尾[J].中国语文,1993(2):130-137.

[29]冯胜利.论汉语的韵律结构及其对句法构造的制约[J].语言研究,1996(1):108-122.

[30]高名凯.汉语语法论[M].北京:商务印书馆,1986.

[31]郭锐.汉语动词的过程结构[J].中国语文,1993(6):410-419.

[32]郭锐."把"字句的语义构造和论元结构[A]//语言学论丛(二十八辑).北京:商务印书馆,2003.

[33]郭锡良.先秦语气词新探(一)[J].古汉语研究,1988(创刊号):32-40.

[34]郭锡良.先秦语气词新探(二)[J].古汉语研究,1989(1):74-82.

[35]郭校珍.山西晋语的疑问系统及其反复问句[J].语文研究,2005

(2):49-54.

[36]韩建奇.基于多视角下的现代汉语感叹句分析[J].语文学刊,2008(5):117.

[37]韩建奇,王继中.对现代汉语感叹句的一点思考[J].现代语文,2009(1):42-44.

[38]胡明扬.北京话的语气助词和叹词(上)[J].中国语文,1981(5):347-350.

[39]胡明扬.北京话的语气助词和叹词(下)[J].中国语文,1981(6):416-423.

[40]胡明扬.语气助词的语气意义[J].汉语学习,1988(6):4-7.

[41]胡萍.长沙方言语气词研究[J].湖南经济管理干部学院学报,2002(4):108-110.

[42]胡文泽.也谈"把"字句的语法意义[J].语言研究,2005(2):21-28.

[43]胡裕树.现代汉语(增订本)[M].上海:上海教育出版社,1995.

[44]何洪峰.黄冈方言的比较句[J].语言研究,2001(4):28-38.

[45]何洪峰.黄冈方言的"把"字句[J].语言研究,1996(2):81-87.

[46]贺巍.获嘉方言的疑问句——兼论反复问句两种句型的关系[J].中国语文,1991(5):325-336.

[47]贺阳.试论汉语书面语的语气系统[J].中国人民大学学报,1992(5):56-62.

[48]华宏仪.感叹句语气结构与表情[J].烟台师范学院学报:哲学社会科学版,2004(1):63-68.

[49]黄伯荣.汉语方言语法类编[M].青岛:青岛出版社,1996.

[50]黄伯荣,廖序东.现代汉语(下)(增订四版)[M].北京:高等教育出版社,2007.

[51]黄国营.句末语气词的层次地位[J].语言研究,1994(1):1-9.

[52]金立鑫.试论"了"的时体特征[J].语言教学与研究,1998(1):105-120.

[53]金立鑫.词尾"了"的时体意义及其句法条件[J].世界汉语教学,2002(1):34-43.

[54]竟成.动态助词"了"的语法意义及其实现[C]//中国对外汉语教学学会第四次学术讨论会论文集.北京:北京语言学院出版社,1993.

[55]竟成.汉语的成句过程和时间概念的表述[J].语文研究,1996(1):1-5.

[56]孔令达.关于动态助词"过1"和"过2"[J].中国语文,1986(4):272-276.

[57]雷涛.存在句的范围、构成和分类[J].中国语文,1993(4):59-64.

[58]黎锦熙.新著国语文法[M].北京:商务印书馆,1992.

[59]李广明.感叹句及其分类[J].天水师专学报:哲学社会科学版,1994(1、2):72-78.

[60]李国敏,张林林.九江话里的反复问句[J].江西教育学院学报:哲学社会科学版,2000(4):33-35.

[61]李向农.现代汉语时点时段研究[M].武汉:华中师范大学出版社,1997.

[62]李崇兴.湖北宜都方言助词"在"的用法和来源[J].方言,1996(1):61-63.

[63]李崇兴,胡颖.武汉方言中由V+他形成的祈使句[J].江汉大学学报:社会科学版,2006(6):71-73.

[64]李临定.究竟哪个"补"哪个?——"动补"格关系再议[J].汉语学习,1984(2):1-10.

[65]李临定.现代汉语句型[M].北京:商务印书馆,1986.

[66]李如龙,张双庆.动词谓语句[M].广州:暨南大学出版社,1997.

[67]李如龙.汉语方言的比较研究[M].北京:商务印书馆,2001.

[68]李如龙.汉语方言学[M].北京:高等教育出版社,2001.

[69]李小凡.现代汉语词尾"了"的语法意义再探讨[A]//语法研究和探索(十).北京:商务印书馆,2000.

[70]李小凡.苏州方言语法研究[M].北京:北京大学出版社,1999.

[71]李一平."什么"表示否定和贬斥的用法[J].河南大学学报:社会科学版,1996(3):63-66.

[72]李莹.感叹句标记手段的跨语言比较[J].汉语学报,2008(3):73-81.

[73]李子云.汉语句法规则[M].合肥:安徽教育出版社,1991.

[74]林裕文.谈疑问句[J].中国语文,1985(2):91-98.

[75]林祥媚.现代汉语[M].北京:语文出版社,1995.

[76]刘丹青.吴语的句法类型特点[J].方言,2001(4):332-343.

[77]刘丹青,刘海燕.崇明方言的指示词——繁复的系统及其背后的语言共性[J].方言,2005(2):97-108.

[78]刘丹青.苏州方言的发问词和可VP句[J].中国语文,1991(1):27-33.

[79]刘海章.荆楚方言研究[M].武汉:华中师范大学出版社,1992.

[80]刘红曦.试析重庆方言的单音节语气词[J].四川三峡学院学报,2000(4):43-47.

[81]刘坚,江蓝生等.近代汉语虚词研究[M].北京:语文出版社,1992.

[82]刘坚,曹广顺,吴福祥.论诱发汉语词汇语法化的若干因素[J].中国语文,1995(3):161-169.

[83]刘培玉.关于"把"字句的语法意义[J].汉语学习,2009(3):28-33.

[84]刘平.宜春话的语气助词"着"[J].语言研究,2002(特刊):255-258.

[85]刘守华.文化学通论[M].北京:高等教育出版社,1992.

[86]刘祥柏.六安丁集话体貌助词"倒"[J].方言,2000(2):138-146.

[87]刘兴策.试论"楚语"的归属[J].华中师范大学学报:人文社会科学版,1988(4):104-111.

[88]刘勋宁.现代汉语句尾"了"的语法意义及其与词尾"了"的联系[J].世界汉语教学,1990(2):80-87.

[89]刘勋宁.现代汉语词尾"了"的语法意义[J].中国语文,1988(5):321-330.

[90]刘月华.动态助词"过2过1了1"用法比较[J].语文研究,1988

(1):6-16.

[91]刘月华.实用现代汉语语法(增订本)[M].北京:商务印书馆,2003.

[92]刘月华.可能补语用法的研究[J].中国语文,1980(4):246-247.

[93]刘永耕.使令类动词和致使词[J].新疆大学学报:哲学·人文社会科学版,2000(1):93-96.

[94]刘永耕.使令度和使令类动词的再分类[J].语文研究,2000(2):8-13.

[95]罗骥.北宋语气词及其源流[M].成都:巴蜀书社,2003.

[96]罗杰瑞.建阳方言否定词探源[J].方言,1995(1):31-32.

[97]罗自群.现代汉语方言"VP+[O]+在里/在/哩"格式的比较研究[J].语言研究,1999(2):51-61.

[98]罗自群.汉语方言读上声的持续标记"倒"[J].语言研究,2006(1):30-36.

[99]陆俭明.现代汉语时间词说略[J].语言教学与研究,1991(1):24-37.

[100]陆俭明.由"非疑问形式+呢"造成的疑问句[J].中国语文,1982(6):422-431.

[101]陆俭明.关于现代汉语里的疑问语气词[J].中国语文,1984(5):330-337.

[102]吕必松."把"字短语、"把"字句和"把"字句教学[J].汉语学习,2010(5):76-82.

[103]吕叔湘.现代汉语八百词[M].北京:商务印书馆,1980.

[104]吕叔湘.中国文法要略[M].北京:商务印书馆,1982.

[105]吕叔湘.释《景德传灯录》中"在"、"著"二助词[A]//汉语语法论文集.北京:商务印书馆,1984.

[106]吕叔湘.疑问、否定、肯定[J].中国语文,1985(4):241-250.

[107]吕叔湘.关于否定的否定[J].中国语文,1986(1):1-11.

[108]吕晓军.汉语趋向动词"起来"的多义性认知研究[J].中南民族大学学报:人文社会科学版,2007(3):138-139.

[109]马建忠.马氏文通[M].北京:商务印书馆,1983.

[110]马庆株.汉语动词和动词性结构[M].北京:北京语言学院出版社,1992.

[111]马学良,史有为.说"哪儿上的"及其"的"[J].语言研究,1982(1):60-70.

[112]毛宇.对"动词+来/去"动补结构带宾句式及动词的考察[J].西南民族学院学报:哲学社会科学版,2000(7):90-92.

[113]梅祖麟.汉语方言里虚词"著"字三种用法的来源[A]//梅祖麟语言学论文集.北京:商务印书馆,1988.

[114]梅祖麟.从汉代的"动、杀"、"动、死"来看动补结构的发展——兼论中古时期起次的施受关系的中立化[A]//语言学论丛(第16辑).北京:商务印书馆,1991.

[115]聂文龙.存在和存在句的分类[J].中国语文,1989(2):99-114.

[116]彭逢澍.湖南娄底方言语气词选析[J].零陵学院学报,2002(3):112-114.

[117]彭兰玉.衡阳方言的语气词[J].方言,2003(2):171-176.

[118]彭兰玉,欧阳竹.存现句的语用考察[J].湖南文理学院学报:社会科学版,2008(1):111-113.

[119]彭锦维.重庆话语气词的特点[J].西南民族学院学报,2001(22):55-57.

[120]齐沪扬.论现代汉语语气系统的建立[J].汉语学习,2002(1):1-12.

[121]齐沪扬.现代汉语短语[M].上海:华东师范大学出版社,2000.

[122]齐沪扬.对外汉语教学语法[M].上海:复旦大学出版社,2005.

[123]钱乃荣.北部吴语研究[M].上海:上海大学出版社,2002.

[124]钱汝敏.否定载体"不"的语义——语法考察[J].中国语文,1990(1):30-37.

[125]邱莉芹,等.浅谈"哪里"的否定用法[J].常熟高专学报,2000(5):95-99.

[126]饶长溶.长汀方言表"得到"和表"给予"的"得"[A]//汉语层次分析录.北京:北京语言文化大学出版社,1997.

[127]邵敬敏.量词的语义分析及其与名词的双向选择[J].中国语文,1993(3):169-176.

[128]邵敬敏.语气词"呢"在疑问句中的作用[J].中国语文,1989(3):170-175.

[129]邵敬敏.现代汉语疑问句研究[M].上海:华东师范大学出版社,1996.

[130]邵敬敏,王鹏翔.陕北方言的正反是非问句——一个类型学的过渡格式研究[J].方言,2003(1):40-48.

[131]宋玉柱.关于时间助词"的"和"来着"[J].中国语文,1981(4):271-276.

[132]宋玉柱.现代汉语特殊句式[M].太原:山西教育出版社,1991.

[133]宋玉柱.现代汉语存在句[M].北京:语文出版社,2007.

[134]沈家煊.如何处置"处置式"——论"把"字句的主观性[J].中国语文,2002(5):387-399.

[135]沈家煊.现代汉语"动补结构"的类型学考察[J].世界汉语教学,2003(3):17-23.

[136]沈开木."不"字的否定范围和否定中心的探索[J].中国语文,1984(6):404-413.

[137]盛银花.安陆方言的句末助词"得"和"着"[J].语文教学与研究,2006(9):74-75.

[138]盛银花.安陆方言语法研究[M].武汉:华中师范大学出版社,2010.

[139]施其生.汕头方言的反复问句[J].中国语文,1990(3):182-185.

[140]石毓智.论现代汉语的体范畴[J].中国社会科学,1992(2):13-20.

[141]石毓智.肯定和否定的对称和不对称[M].北京:北京语言文化大学出版社,2001.

[142]石毓智.现代汉语的动补结构:一个类型学的比较研究[J].现代中国语研究,2000(1):62-69.

[143]史金生.传信语气词"的""了""呢"的共现顺序[J].汉语学习,

2000(5):32-35.

[144]史有为.表已然意义的"的B"补议[J].语言研究,1984(1):249-255.

[145]寿永明.疑问代词的否定用法[J].上海师范大学学报:哲学社会科学版,2002(2):113-117.

[146]孙利萍.汉语方言可能补语标志的类型学考察[J].内蒙古农业大学学报:社会科学版,2009(2):418-420.

[147]孙利萍.汉语可能补语的语法意义[J].江南大学学报:人文社会科学版,2007(1):94-95.

[148]孙锡信.近代汉语语气词[M].北京:语文出版社,1999.

[149]唐爱华.宿松方言的语气词[J].皖西学院学报,2005(3):90-93.

[150]汪国胜.湖北大冶方言的语缀[J].方言,1993(2):218-227.

[151]汪国胜.大冶话里的状态形容词[J].湖北师范学院学报:哲学社会科学版,1994(2):81-93.

[152]汪国胜.湖北方言的"在"和"在里"[J].方言,1999(2):104-111.

[153]汪国胜.湖北大冶话的语气词[J].方言,1995(2):138-150.

[154]汪国胜.湖北大冶方言的比较句[J].方言,2000(3):211-221.

[155]汪国胜.大冶方言的双宾句[J].语言研究,2000(3):88-98.

[156]汪化云.黄冈方言的指示代词[J].语言研究,2000(4):88-96.

[157]汪化云.鄂东方言研究[M].成都:巴蜀书社,2004.

[158]汪平.苏州话表疑问的"阿、曾阿、啊"[J].中国语文,1984(5):354-356.

[159]王红旗."把"字句的意义究竟是什么[J].语文研究,2003(2):35-40.

[160]王灿龙."起去"的语法化未完成及其认知动因[J].世界汉语教学,2004(3):27-38.

[161]王光和.汉语感叹句形式特点浅析[J].贵州大学学报:社会科学版,2002(5):85-90.

[162]王光全.过去完成体标记"的"在对话语体中的使用条件[J].语

言研究,2003(4):18-25.

[163]王还."把"字句和"被"字句[M].上海:上海教育出版社,1984.

[164]王还.再谈现代汉语词尾"了"的语法意义[J].中国语文,1990(3):180-181.

[165]王力.中国现代语法[M].北京:商务印书馆,1985.

[166]王力.汉语语音史[M].北京:中国社会科学出版社,1985.

[167]王力.古代汉语[M].北京:中华书局,1962.

[168]王立和.吉林方言"子"缀名词的结构类型及其特点[J].吉林师范学院学报:人文社会科学版,1992(1):21-27.

[169]王鹏翔.陕北方言的动态类型[J].延安教育学院学报,2002(4):38-40.

[170]王求是.孝南话的人称代词和指示代词[J].孝感师专学报,1999(2):31-34.

[171]王群生.荆沙方言中的"不过"补语句[J].中国语文,1993(2):141-142.

[172]王世华.扬州方言里两种反复问句共存[J].中国语文,1985(6):415-416.

[173]王玉梅.泗阳方言里正反问句的几种特殊形式[J].语文学刊,2004(5):90-91.

[174]王智杰.存现句的句型[J].广播电视大学学报:哲学社会科学版,2004(1):94-96.

[175]王志清.试论语气词连用[J].社科纵横,2006(4):108-109.

[176]吴福祥.试论现代汉语动补结构的来源[C]//首届汉语语言学国际研讨会文集.北京:中国社会科学出版社,1999.

[177]吴福祥.南方方言里虚词"到[倒]"的用法及其来源[J].中国语文研究,2002(2):92-99.

[178]吴福祥.南方方言几个状态补语标记的来源(二)[J].方言,2002(1):24-34.

[179]吴福祥.汉语能性述补结构"V得/不C"的语法化[J].中国语文,2002(1):29-40.

[180] 吴福祥. 试论现代汉语动补结构的来源[C]//首届汉语语言学国际研讨会文集. 北京:中国社会科学出版社,1999.

[181] 吴风华. 武汉话的程度副词"几"[J]. 华中师范大学学报:人文社会科学版,1995(5):82-84.

[182] 吴宗济. 普通话语句中的声调变化[J]. 中国语文,1982(6):439-449.

[183] 伍和忠. 汉语表"体"助词研究述要[J]. 广西师范学院学报:哲学社会科学版,2005(3):104-110.

[184] 鲜丽霞. 成都话中的语气助词"在"[J]. 四川师范大学学报:社会科学版,2002(4):93-96.

[185] [日]香坂顺一. 白话语汇研究[M]. 北京:中华书局,1997.

[186] 项梦冰. 连城客家话语法研究[M]. 北京:语文出版社,1997.

[187] 肖奚强. "正(在)"、"在"与"着"功能比较研究[J]. 语言研究,2002(4):27-34.

[188] 薛恭穆. 楚辞中形容词副词的后缀[J]. 中国语文,1980(6):451-455.

[189] 邢福义. 汉语语法学[M]. 长春:东北师范大学出版社,1997.

[190] 邢福义. 汉语复句研究[M]. 北京:商务印书馆,2002.

[191] 邢福义. 说"句管控"[J]. 方言,2001(2):97-106.

[192] 邢福义. 现代汉语语法修辞专题[M]. 北京:高等教育出版社,2002.

[193] 邢福义. "有没有 VP"疑问句式[J]. 华中师范大学学报:人文社会科学版,1990(1):82-87.

[194] 邢福义. 否定形式和语境对否定度量的规约[J]. 世界汉语教学,1995(3):5-11.

[195] 邢福义. 现代汉语[M]. 北京:高等教育出版社,2000.

[196] 邢欣. 现代汉语兼语式[M]. 北京:北京广播学院出版社,2004.

[197] 邢向东. 论现代汉语方言祈使语气词"着"的形成[J]. 方言,2004(4):311-323.

[198] 萧国政. 武汉方言"着"字与"着"字句[J]. 方言,2000(1):55-60.

[199]徐杰.疑问范畴与疑问句式[J].语言研究,1999(2):22-36.

[200]徐杰,李英哲.焦点和两个非线性语法范畴:"否定""疑问"[J].中国语文,1993(2):81-92.

[201]徐烈炯,邵敬敏."阿 V"及其相关疑问句式比较研究[J].中国语文,1999(3):163-174.

[202]徐通锵.语言论——语义型语言的结构原理和研究方法[M].长春:东北师范大学出版社,1997.

[203]徐时仪.否定词"没""没有"的来源和语法化过程[J].湖州师范学院学报,2003(1):1-6.

[204]徐枢.《现代汉语感叹句研究》序[J].淮北煤炭师范学院学报:哲学社会科学版,2005(5):167-168.

[205]徐燕青."没有"型比较句的初步考察——兼及"不像"型比较句[J].世界汉语教学,1997(1):42-67.

[206]杨伯峻.文言文法[M].北京:中华书局,1963.

[207]杨树达.高等国文法[M].北京:商务印书馆,1984.

[208]杨鲜灵.疑问焦点与否定焦点[J].运城高等专科学校学报,2002(2):53-54.

[209]杨勇.《儿女英雄传》中的"V+得+……"结构[J].四川师范大学学报:社会科学版,1994(1):133-138.

[210]杨永龙.汉语方言先时助词"着"的来源[J].语言研究,2002(2):1-7.

[211]易亚新.常德方言表程度加深的形式和手段[J].湖南文理学院学报:社会科学版,2005(2):107-110.

[212]姚双云.现代汉语时间词的两个核心要素及其理论价值[J].华中师范大学学报:人文社会科学版,2010(5):112-116.

[213]尹世超.否定性答句否定的隐显与程度[J].汉语学习,2004(3):10-14.

[214][丹麦]叶斯帕森.语言哲学[M].北京:语文出版社,1988.

[215]叶向阳."把"字句的致使性解释[J].世界汉语教学,2004(2):25-39.

[216]游汝杰.现代汉语兼语句的句法和语义特征[J].汉语学习,

2002(6):1-6.

[217]余蔼芹.现代汉语句法结构[M].哈尔滨:黑龙江人民出版社,1982.

[218]俞光中.《水浒全传》句末的"在这那里"考[J].中国语文,1986(1):63-69.

[219]袁毓林.现代汉语祈使句研究[M].北京:北京大学出版社,1993.

[220]袁毓林.定语顺序的认知解释及其理论蕴涵[J].中国社会科学,1999(2):185-199.

[221]袁毓林.正反问句及相关类型学参项[J].中国语文,1993(2):103-111.

[222]袁毓林.论否定句的焦点、预设和辖域歧义[J].中国语文,2000(2):99-108.

[223]袁毓林.述结式的结构和意义的不平衡性[J].现代中国语研究,2000(1):49-61.

[224]曾美勤.洪江方言动态助词的考察[J].怀化师专学报,2002(3):78-82.

[225]曾毅平,杜宝莲.略论反问的否定功能[J].暨南大学华文学院学报,2004(2):66-71.

[226]张爱民,王媛媛."着"字虚化问题研究[J].徐州师范大学学报:哲学社会科学版,2004(1):79-83.

[227]张斌.汉语语法学[M].上海:上海教育出版社,1998.

[228]张伯江.否定的强化[J].汉语学习,1996(1):15-18.

[229]张华文.昆明方言常见的语气词[J].方言,1996(3):220-228.

[230]张济卿.有关"把"字句的若干验证与探索[J].语文研究,2000(1):28-37.

[231]张林林.九江话里的"着"[J].中国语文,1991(5):347.

[232]张邱林.河南陕县话远指代词的面指和背指[J].华中师大研究生报,1989(3).

[233]张宁."儿"语缀的语境语义分析[J].汉语学习,1993(2):16-17.

[234]张小峰.试谈否定和语气的互相影响[J].宝鸡文理学院学报:

社会科学版,2003(3):67-72.

[235]张小峰.关联理论视角下语气词"吧"在祈使句中的话语功能探析[J].南京师大学报:社会科学版,2009(5):157-160.

[236]张谊生."把+N+Vv"祈使句的成句因素[J].汉语学习,1997(1):13-16.

[237]张一舟,张清源,邓英树.成都方言语法研究[M].成都:巴蜀书社,2001.

[238]赵元任,丁声树.湖北方言调查报告[M].上海:商务印书馆,1948.

[239]赵元任.中国话的文法[A]//中国现代学术经典·赵元任卷.石家庄:河北教育出版社,1996.

[240]赵元任.钟祥方言的助词[J].方言,1992(2):81-82.

[241]赵元任.汉语口语语法[M].北京:商务印书馆,1979.

[242]赵新."不过"补语句的历史考察[J].语言研究,2000(2):70-76.

[243]赵日新.形容词带程度补语结构的分析[J].语言教学与研究,2001(6):45-51.

[244]甄尚灵.四川方言代词初探[J].方言,1983(1):36-46.

[245]甄尚灵.遂宁方言里的"有"和"没有"[J].方言,1981(3):206-208.

[246]郑庆君.湖南常德方言的语气词[J].柳州职业技术学院学报,2002(3):23-31.

[247][日]志村良治.中国中世语法史研究[M].北京:中华书局,1995.

[248]周小兵.谈汉语时间词[J].语言教学与研究,1995(3):85-93.

[249]周一民.北京口语语法(词法卷)[M].北京:语文出版社,1998.

[250]周政.平利方言的情态语气词[J].安康师专学报,2006(1):8-16.

[251]朱承平.先秦汉语句尾语气词的组合及组合层次[J].中国语文,1998(4):299-303.

[252]朱德熙.语法讲义[M].北京:商务印书馆,2003.

[253]朱德熙.汉语方言里的两种反复问句[J].中国语文,1985(1):10-20.

[254]朱德熙."V-neg-VO"与"VO-neg-V"两种反复问句在汉语方言里的分布[J].中国语文,1991(5):321-332.

[255]朱德熙.与动词"给"相关的句法问题[J].方言,1979(2):81-87.

[256]朱建颂.武汉方言研究[M].武汉:武汉出版社,1992.

[257]朱景松,周维网.江都话里的语气词[J].苏州大学学报:哲学社会科学版,1995(1):74-79.

[258]朱晓亚.现代汉语感叹句初探[J].徐州师范学院学报:哲学社会科学版,1994(2):124-127.

[259]祝清凯.四川方言中的一种特殊感叹句探析[J].成都航空职业技术学院学报,2009(3):78-81.

[260]左林霞.孝感方言的标记被动句[J].语言研究,2004(2):29-33.

[261]左思民.试论"体"的本质属性[J].汉语学习,1998(4):7-11.

后　记

　　本书为教育部人文社会科学重点研究基地重大项目，同时也是湖北省高校人文社科重点基地"湖北方言文化研究中心"研究成果。

　　20年前，我考入刘兴策教授的门下攻读汉语方言学的硕士学位，从此与方言研究结下不解之缘。20年来，从开始接触到有些了解，最终深深地爱上了她。调查汉语方言，研究汉语方言，认识方言学者，汉语方言研究已经成为我生活的一部分。

　　1993年夏天，刘兴策教授带着门下弟子参加青岛的汉语方言学年会。那一年我读研一，在刘老师的要求下，向大会提交了论文。第一次参加这样的国际学术研讨会，并且还要在会上发言，既紧张又兴奋。会后，郑张尚芳先生还鼓励我说"后生可畏"。会议期间，白天听学术报告，晚上刘老师带我们去拜访方言学界的老前辈，先后拜见了李荣先生、侯精一先生、熊正辉先生、郑张尚芳先生、钱曾怡先生、张振兴先生、张惠英先生，等等。这些前辈大家，学识渊博，学风严谨，待人和蔼。第一次见到钱曾怡先生时，为之一惊，感觉她是一个不食人间烟火的学者，她的睿智，她的学识，她的风范，令我为之倾倒，心里暗暗地把她作为学习的楷模。

　　硕士毕业之后，我在学校教现代汉语，业余做一点研究，主要集中在母语安陆方言方面，也做共同语语法研究。这期间，经历了家人的变故，世人的不理解，但都没有动摇对方言研究的兴趣。1997年，我父亲身患癌症去世。1997年年底，我丈夫身患尿毒症，1998年肾移植至今。在人生最艰难的时期，我没有放弃研究工作。有的人见了我，奇怪地问，你就是那个丈夫得了尿毒症的盛银花？怎么看起来不像啊？我感到奇怪，问他，怎么才算像呢？我觉得，心中有个太阳，脸上就会有阳光，生活就会有希望。在我的心中，太阳就是方言研究，它让我暂时忘却生活的磨难，心理的压力以及对亲人的担忧。

2004年，我有幸进入华中师范大学攻读博士学位，师从汪国胜教授，研究方向是方言。汪老师的言传身教，使我受益匪浅。2007年博士毕业以后，汪老师启动了湖北方言研究丛书计划，让我参加，写安陆方言。这是一项伟大的工程。从研究内容的确定，到研究队伍的组建，到研究、出版经费的落实，无不体现出汪老师的胆识和灼见，体现出华中师范大学语言与语言教育研究中心的魄力。我能参与其中，深感荣幸。

我写的安陆方言吸收了我之前出版的《安陆方言研究》和《安陆方言语法研究》的部分内容。《安陆方言研究》的主体是安陆方言语音系统、安陆方言与北京话的语音比较、安陆方言词疏证、部分语法例说。《安陆方言语法研究》是在博士论文的基础上修改而成的，该书研究了体貌、语气、否定、疑问、指代、程度这六个语法范畴，对汉语方言研究的方法论作了一些思考和总结。这次的安陆方言研究，则在语音、词汇、语法方面增加了大量的内容，研究更加全面深入。语音部分增加了声韵调配合关系、连读变调、轻声儿化、音系特点、文白异读、与中古音系的比较，等等。词汇方面增加了词汇特点，分类词表按中国社会科学院语言研究所的分类词表栏目增加了大量的词。语法方面增加的内容更多，增加了词法和句法两部分内容。后面还增加了语料记音和附录。由于本人水平有限，不当之处请专家、学者批评指正。

20年来，在方言研究的路上，有幸得到过许许多多专家、学者的鼓励和指点。本书付梓之际，衷心感谢所有帮助和关心我的老师、朋友！特别感谢中国社会科学院语言研究所的张振兴先生。张先生仔细审读了本书稿，提出了很多中肯的修改意见，让我从中学到了很多知识。

盛银花
2014年9月10日

新出图证(鄂)字 10 号
图书在版编目(CIP)数据

安陆方言研究/盛银花 著.—武汉:华中师范大学出版社,2015.2
(湖北方言研究丛书)
ISBN 978-7-5622-6760-7

Ⅰ.①安… Ⅱ.①盛… Ⅲ.①江淮官话—方言研究—安陆市 Ⅳ.①H172.3

中国版本图书馆 CIP 数据核字(2014)第 19475 号

安陆方言研究

作　　者	盛银花
责任编辑	陈良军
责任校对	罗　艺
封面设计	罗明波
编 辑 室	学术出版中心
电　　话	027—67863220
出版发行	华中师范大学出版社
社　　址	湖北省武汉市洪山区珞喻路 152 号
电　　话	027—67863426/67863280(发行部)
	027—67861321(邮购)
传　　真	027—67863291
网　　址	http://www.ccnupress.com
电子邮箱	hscbs@public.wh.hb.cn
印　　刷	湖北新华印务有限公司
督　　印	章光琼
字　　数	490 千字
开　　本	710mm×1000mm　1/16
印　　张	32.25
版　　次	2015 年 2 月第 1 版
印　　次	2015 年 2 月第 1 次印刷

ISBN 978-7-5622-6760-7

定价:89.00 元